Seelische Gesundheit und Verhaltenskontrolle

Seelische Gesundheit und Verhaltenskontrolle

Eine integrative Persönlichkeitstheorie und ihre klinische Anwendung

von

Peter Becker

Hogrefe-Verlag für Psychologie
Göttingen • Bern • Toronto • Seattle

Prof. Dr. Peter Becker, geb. 1942. Studium der Psychologie an der Universität des Saarlandes in Saarbrücken, Diplom 1969. Von 1969-1970 Leiter einer Erziehungsberatungsstelle. 1970 Promotion. Seit 1979 Professor für Psychologie im Fach Psychologie an der Universität Trier. Arbeitsschwerpunkte: Persönlichkeits-, Diagnostische und Klinische Psychologie.

Die Deutsche Bibliothek - CIP-Einheitsaufnahme

Peter Becker: Seelische Gesundheit und Verhaltenskontrolle: eine integrative Persönlichkeitstheorie und ihre klinische Anwendung / von Peter Becker. - Göttingen; Bern; Toronto; Seattle: Hogrefe, Verl. für Psychologie, 1995
ISBN 3-8017-0759-8

Druck: Hubert & Co., Göttingen
Printed in Germany
Auf säurefreiem Papier gedruckt

ISBN 3-8017-0759-8

Für Karin

Vorwort

"Die Psychologie befindet sich unbestreitbar in einem Zustand weitgehender Desintegration. Nicht nur zwischen einzelnen Fachgebieten oder breiten theoretischen Richtungen, sondern auch innerhalb dieser Gebiete und selbst in der Behandlung und Interpretation eng umrissener Problembereiche bestehen tiefe Gegensätze." (von Cranach et al., 1980, S. 278). Dieses Zitat stelle ich mit Bedacht an den Anfang des Buches; es gibt einen Eindruck wieder, den ich mit den zitierten Autoren, vielen meiner Kolleginnen und Kollegen sowie vor allem mit Studierenden der Psychologie teile.

Blickt man auf die Persönlichkeitspsychologie der 80er und 90er Jahre, wie sie in Lehrbüchern ihren Niederschlag findet, so stößt man einerseits auf eine theoriearme, deskriptiv und methodisch orientierte differentielle Psychologie und andererseits auf klassische Persönlichkeitstheorien, die "in die Jahre gekommen sind". Exemplarisch sei auf die "Big Five" verwiesen. Sie sind das Produkt ausgefeilter faktorenanalytischer Methodik, haben in den letzten Jahren eine kosmische Anziehungskraft entfaltet, lassen jedoch eine theoretische Einbindung weitgehend vermissen. Gerade als Persönlichkeitspsychologe mit klinischen und pädagogischen Interessen fühlt man sich dazu herausgefordert, einen Beitrag zur Milderung dieses unbefriedigenden Zustandes zu leisten.

Nach einigem Überlegen habe ich mich auf ein Wagnis eingelassen: den Versuch, die faktorenanalytische Persönlichkeitsforschung mit der Systemtheorie in Beziehung zu bringen - in der Hoffnung, das Resultat möge für klinische und pädagogische Psychologen nicht nur verdaubar, sondern anregend sein und Orientierung bieten. Dieses Unterfangen bedeutete für mich als Persönlichkeitspsychologen die Bereitschaft zur Grenzüberschreitung und zur Sichtung von Literatur, deren Umfang und in Teilen auch hochspezifischer Charakter hin und wieder abschreckend wirkte. Um zum Schreiben zu kommen, mußte ich der Versuchung widerstehen, mich in Details zu verlieren und manchem verlockenden Weg zu folgen. Was ich zu Papier gebracht habe, ist unvollkommen; es handelt sich stellenweise um Hypothesen - gelegentlich recht spekulativer Art - und nicht um abgesichertes Wissen. Zur Rechtfertigung kann ich lediglich ins Feld führen, daß eine in Einzelheiten fehlerhafte Landkarte für eine Orientierung in verwirrendem Gelände von größerem Nutzen sein kann als zehn präzise Ausschnittskarten, die jedoch kein Gesamtbild ergeben.

Wer sich einen raschen Überblick über den Inhalt des Buches verschaffen möchte, ist eingeladen, die am Ende jedes Kapitels vorhandenen Zusammenfassungen zu lesen.

Welche Leserinnen und Leser hatte ich beim Schreiben vor Augen? In erster Linie Studierende der Psychologie. Ich wollte eine Sprache finden, die ihnen den Zugang zu den ausgewählten Themen erleichtert, d.h. ich habe mich darum bemüht, einen Mittelweg zwischen einem eingängigen, aber oberflächlichen und einem präzisen, jedoch trockenen Stil zu finden. Um zu überprüfen, ob dieses Ziel erreicht wurde, habe ich meine Entwürfe Studierenden - studentischen wissenschaftlichen Hilfskräften - zur kritischen Lektüre angeboten. Für sorgfältiges Korrekturlesen und vor allem wertvolle Rückmeldungen und inhaltliche sowie stilistische Verbesserungsvorschläge danke ich Alexandra Mingers, Christina Sommer, Gunther Krampe, Andreas Mettchen sowie Thomas Schmidt. Herrn Mettchen verdanke ich auch den grafischen Entwurf zum Umschlag des Buches, der mich auf Anhieb überzeugte.

An zweiter Stelle dachte ich beim Schreiben an Kolleginnen und Kollegen in der psychologischen Praxis, speziell in der klinischen und pädagogischen Psychologie. Eingedenk der Bemerkung von Kurt Lewin, daß nichts praktischer ist als eine gute Theorie, versuchte ich, mir vorzustellen, was an den theoretischen Ausführungen für die Praxis tauglich sein könnte. Wiederholt habe ich Beispiele herangezogen, die Brücken zwischen Theorie und Praxis schlagen sollten. Manchmal hätte ich gerne redundanter und ausschmückender formuliert, habe es mir aber angesichts des ins Auge gefaßten Umfangs und Verkaufspreises verkniffen.

Und last but not least sollte der Text auch meinen Kolleginnen und Kollegen in Forschung und Lehre etwas bieten. Aus diesem Grund bin ich in einigen Passagen auf methodische Details oder spezielle Literatur eingegangen. Insbesondere Experten auf den Gebieten der allgemeinen Psychologie und der Entwicklungspsychologie bitte ich um Nachsicht für Vergröberungen, die mir sicherlich unterlaufen sind, und für Wissenslücken, zu denen ich mich bekenne. An dieser Stelle möchte ich meiner wissenschaftlichen Mitarbeiterin, Dipl.-Psych. Andrea Wustmans, aufrichtig danken. Sie war mir stets eine äußerst anregende und kluge Diskussionspartnerin. Durch ihre Rückmeldungen zu Textentwürfen hat sie sehr dazu beigetragen, daß ich einige Schwächen ausbügeln konnte. Meine Sekretärin, Senta Kaiser, rückte mit Sorgfalt und Geduld beim Erstellen des umfangreichen Literaturverzeichnisses dem Fehlerteufel zu Leibe, wofür ich ihr großen Dank schulde. Für noch vorhandene Mängel inhaltlicher und formaler Art trage ausschließlich ich selbst die Verantwortung.

Sehr gefreut habe ich mich über die Bereitschaft von Prof. Dr. W. John Livesley, dem Leiter des Department of Psychiatry der University of British Columbia, Vancouver, mir Daten zur faktorenanalytischen Auswertung zur Verfügung zu stellen. Für diese uneigennützige kollegiale Geste danke ich ihm herzlich.

Für den Schluß habe ich mir den Dank an meine Frau, Karin Becker, aufgehoben. Durch ihr Verständnis und ihre Verzichtbereitschaft hat sie nicht nur die Voraussetzungen dafür geschaffen, daß ich zügig an der Fertigstellung des Manuskripts arbeiten konnte, sondern sie hat mir in Gesprächen zu Einsichten verholfen, die mein Denken beeinflußt haben und an verschiedenen Stellen in den Text eingeflossen sind. Ihr widme ich dieses Buch.

Trier, im Januar 1995
Peter Becker

Inhaltsverzeichnis

Kapitel 1

AUF DER SUCHE NACH DEN VARIANZSTÄRKSTEN, REPLIZIERBAREN PERSÖNLICHKEITSFAKTOREN

"Die Notwendigkeit einer wissenschaftlichen Psychologie der individuellen Differenzen ergibt sich gleichermaßen aus theoretischen Bedürfnissen, wie aus Forderungen der praktischen Kultur."
Stern (1911; Nachdruck 1994, S. 1)

1. EINLEITUNG

Man mag es begrüßen oder beklagen: Menschen unterscheiden sich in ihrem Verhalten und Erleben; jeder Mensch hat nicht nur seine unverwechselbaren Fingerabdrücke, sondern auch seine einzigartige Persönlichkeit. Dies weckt Neugier auf den anderen, kann eine Quelle der Bereicherung sein, aber auch zum Problem werden, Konflikte hervorrufen, Angst und Aversionen oder verständnisloses Kopfschütteln auslösen. Wir alle müssen mit der Verschiedenartigkeit unserer Mitmenschen rechnen, uns darauf einstellen, den anderen richtig einschätzen lernen. *Menschenkenntnis* ist gefragt; sie umfaßt Wissen über das Allgemeinmenschliche, aber vor allem Wissen über individuelle Eigenarten. Wir alle stellen uns Fragen der folgenden Art, deren Beantwortung uns helfen soll, zurückliegendes oder gegenwärtiges Verhalten einer Person zu erklären oder zukünftiges Verhalten vorherzusehen:

- Warum hat Klaus seine Frau betrogen?
- Wie kommt es, daß Claudia die Prüfung mit "sehr gut" bestanden hat?
- Warum redet Dieter so leise und undeutlich, daß ich ihn kaum verstehen kann?
- Aus welchem Grund betrinkt sich Klaus schon wieder?
- Kann ich meinem Gegenüber vertrauen?
- Wird mir dieser Mensch helfen, wenn ich in Not bin?
- Ist dies ein tüchtiger, gründlicher Arzt?

Um unsere Menschenkenntnis zu erweitern, greifen wir auf verschiedene Informationsquellen zurück. Wir beobachten die Mitglieder unserer Familie: Eltern, Geschwister, Kinder, sonstige Verwandte, wir lesen Romane oder Zeitschriften, erhoffen uns Einsichten aus Theaterstücken, Kinofilmen oder Fernsehproduktionen, und wir ziehen die Erkenntnisse der Psychologie, insbesondere der Persönlichkeitspsychologie zu Rate.

Die wissenschaftliche Persönlichkeitspsychologie, die auf eine hundertjährige Geschichte zurückblicken kann, betrachtet es als ihre Hauptaufgabe, individuelles Verhalten zu beschreiben, zu erklären und vorherzusagen. Im Gegensatz zur allgemeinen Psychologie, die nach Gesetzmäßigkeiten des Verhaltens (z.B. der Wahrnehmung oder des Denkens) sucht, die für möglichst viele oder alle Personen gelten, werden in der Persönlichkeitspsychologie (oder differentiellen Psychologie) die zwischen Individuen bestehenden Verhaltensunterschiede erforscht. Dabei wird von der Grundannahme ausgegangen, daß die in einer bestimmten Situation (z.B. einer mündlichen Prüfung) beobachtbaren interindividuellen Verhaltensunterschiede unter anderem auf relativ stabile *Persönlichkeitseigenschaften* (z.B. Intelligenz oder Ängstlichkeit) zurückzuführen sind, die bei verschiedenen Personen in unterschiedlichen Ausprägungsgraden vorliegen.

Verwendet man Persönlichkeitseigenschaften im rein deskriptiven Sinn, so sind die Eigenschaftszuschreibungen als *Wahrscheinlichkeitsaussagen* über (typisches) Verhalten und Erleben - eventuell begrenzt auf bestimmte Situationskontexte - zu verstehen (vgl. Buss & Craik, 1983). Person A, der man eine hohe Ängstlichkeit zuschreibt, erlebt mithin besonders häufig und/oder in besonders starker Ausprägung ein Muster von Gedanken, Gefühlen, physiologischen Reaktionen und Verhaltenstendenzen, das man als einen Angstzustand bezeichnet, wobei sich die Angstzustände gegebenenfalls in bestimmten Situationsklassen (z.B. "Auftrittssituationen") besonders deutlich manifestieren (Becker, 1980). Verwendet man Eigenschaften hingegen als *explikative* Konstrukte, in der Absicht, mit ihrer Hilfe individuelles Verhalten zu erklären, so verknüpft man die für eine Eigenschaft charakteristischen Verhaltens- und Erlebensweisen im Rahmen einer Theorie mit zugrundeliegenden Bedingungen (z.B. genetischen Faktoren, Lernerfahrungen, biologischen oder psychischen Strukturen und Prozessen), die dann für Erklärungszwecke herangezogen werden (z.B. erklärt man das gute Abschneiden von Person B in einer Prüfung mit Hilfe einer hohen Intelligenz, die ihrerseits als Produkt des Zusammenwirkens von Anlagefaktoren und förderlichen Umweltbedingungen aufgefaßt wird).

Im folgenden wenden wir uns der ersten und grundlegenden Aufgabe der Persönlichkeitspsychologie - der Persönlichkeitsbeschreibung mit Hilfe von Eigenschaften - zu. In formaler Hinsicht kann man Eigenschaften nach ihrer Breite unterscheiden. Enge Eigenschaften (z.B. die Fähigkeit, addieren zu können) beziehen sich auf ein schmales Spektrum ähnlicher Verhaltensweisen und Situationen. Weite Eigenschaften (z.B. allgemeine Intelligenz) umfassen ein vielschichtiges Muster von Verhaltensweisen in einer Vielfalt von Situationen. Enge und weite Eigenschaften lassen sich in hierarchischen Strukturmodellen verknüpfen, wobei weite Eigenschaften Gemeinsamkeiten enger Eigenschaften widerspiegeln und sich damit auf einer höheren Abstraktionsebene bewegen. So umfaßt beispielsweise die weite Eigenschaft "seelische Gesundheit" in dem unten zu beschreibenden Modell des Verfassers die drei Komponenten (engeren Eigenschaften) "körperlich-seelisches Wohlbefinden", "Selbstaktualisierung" und "selbst- und fremdbezogene Wertschätzung", die ihrerseits in noch engere Eigenschaften (z.B. "Expansivität" oder "Autonomie") unterteilt werden können.

Sowohl in der Umgangssprache als auch in der Psychologie und verwandten Wissenschaften existiert ein reicher Fundus an Persönlichkeitseigenschaften. Die Persönlichkeitspsychologie betrachtet es als eine ihrer Aufgaben, die Menge dieser Eigenschaftsbegriffe zunächst zu sichten und zu ordnen und dann eine auf Empirie und breiten Konsens gestützte Eigenschafts*taxonomie* zu erstellen. Wir werden uns in diesem Kapitel mit zwei grundsätzlichen Strategien zur Entwicklung einer solchen Taxonomie befassen:

- dem sogenannten lexikalischen Ansatz und
- dem von Persönlichkeitsinventaren ausgehenden Ansatz.

Da sich die Aufmerksamkeit und die Hoffnungen vieler Persönlichkeitspsychologen zur Zeit auf das sogenannte Fünf-Faktorenmodell der Persönlichkeit bzw. die "Big Five" (siehe unten) richten, stehen diese Konstrukte im Mittelpunkt unserer Ausführungen. Wir stellen zunächst die beiden Grundstrategien zur Bestimmung der "Big Five" dar, vergleichen die bisher erzielten Ergebnisse miteinander und formulieren sodann kritische Fragen zu diesem Ansatz. Löst das Fünf-Faktorenmodell die Versprechen ein, die von seinen Befürwortern geäußert werden? Haben wir mit den "Big Five" das tragfähige Modell der Zukunft vor uns?

2. DER LEXIKALISCHE ANSATZ UND DIE "BIG FIVE"

Auf der Suche nach den grundlegenden Persönlichkeitseigenschaften liegt es nahe, von den im Wortschatz einer Sprachgemeinschaft vorhandenen Eigenschaftsbegriffen auszugehen. Die Annahme erscheint plausibel, daß die Mitglieder einer Sprachgemeinschaft über Generationen hinweg für jene Verhaltens- und Erlebensaspekte sprachliche Kodierungen gewählt haben, die ihnen besonders bedeutsam erschienen, sei es, daß sie sich für eine rasche Verständigung über individuelle Eigenarten, für die Erklärung individuellen Verhaltens oder die Prognose des künftigen Verhaltens einer Person als nützlich erweisen.

Wir wollen die Geschichte des lexikalischen Ansatzes nicht nachzeichnen, da es dazu ausführliche Überblicke gibt (John, 1990; John, Angleitner & Ostendorf, 1988; Ostendorf, 1990). Statt dessen interessieren uns neuere Forschungsergebnisse. Erwähnt sei lediglich, daß die Vertreter des lexikalischen Ansatzes dessen Wurzeln bei Klages (1926) sehen und vor allem die Beiträge von Allport und Odbert (1936), Cattell (1943), Fiske (1949) sowie Norman (1963) als grundlegend herausstreichen. Die im Rahmen des lexikalischen Ansatzes verfolgte Strategie besteht darin, in möglichst umfassender Weise die in einer Sprache vorhandenen Eigenschaftswörter herauszusuchen, zu ordnen und zueinander in Beziehung zu setzen. Da es in vielen Sprachen (z.B. im Englischen oder Deutschen) mehrere tausend derartiger Eigenschaftsbegriffe gibt, handelt es sich um eine Herkulesaufgabe. Es ist kaum zumutbar und bisher nicht realisiert worden, alle diese Adjektive Personen zur Selbst- oder Fremdbeschreibung vorzugeben und die entsprechenden Datenmatrizen faktorenanalytisch auszuwerten (man denke nur an die in die zehntausende gehende Zahl erforderlicher Versuchspersonen und die auch für leistungsfähige Computer beachtlichen Berechnungsprobleme!). Aus diesem Grund behilft man sich damit, die Eigenschaftsbegriffe nach semantischen Gesichtspunkten - unter Beachtung von Synonymen, Antonymen usw. - in Kategorien bzw. Cluster vorzugruppieren. Uns erscheint es wichtig, auf den *subjektiven* Charakter dieser Vorentscheidungen hinzuweisen, der deutlich wird, wenn man sich beispielsweise die von Goldberg (1990) zusammengestellten Cluster im Detail anschaut. Ausgehend von derartigen Clustern kann man Selbst- oder Fremdbeschreibungen erheben und diese faktorenanalytisch auswerten; dies ist der von den meisten Autoren eingeschlagene Weg. Ostendorf (1990) hingegen ließ aus einer Taxonomie von 5.092 Adjektiven durch mehrere Beurteiler 411 auswählen, die nach deren Ansicht

Temperaments- und Charaktereigenschaften sowie Fähigkeiten, Begabungen und Talente bezeichnen. Andere Autoren haben engmaschigere oder gröbere Siebe zur Vorauswahl der Adjektive verwendet und dadurch die Ergebnisse (z.B. die Anzahl der zu extrahierenden Faktoren) beeinflußt (vgl. Ostendorf, 1994).

Nach Auffassung der Anhänger des lexikalischen Ansatzes hat eine Vielzahl von Untersuchungen zu dem übereinstimmenden Ergebnis geführt, daß fünf breite Persönlichkeitsfaktoren ausreichen, um die Hauptvarianzquellen in Persönlichkeitseigenschaften zu erfassen. In Anlehnung an Norman (1963) werden diese fünf Faktoren ("Big Five") meist wie folgt benannt:

- *Surgency* (Lebhaftigkeit),
- *Agreeableness* (Verträglichkeit),
- *Conscientiousness* (Gewissenhaftigkeit),
- *Emotional Stability* (emotionale Stabilität) und
- *Culture* (Kultur bzw. Kultiviertheit) (vgl. John, 1990).

Allerdings findet man auch andere Interpretationen. So spricht Fiske (1949) beispielsweise von "Confident Self-Expression" statt von "Surgency", Borgatta (1964) von "Task Interest" statt von "Conscientiousness" oder Goldberg (1990, 1992) von "Intellect" statt von "Culture". Ob es sich dabei lediglich um konvergente Begriffe (d.h. verschiedene Bezeichnungen für dasselbe Konstrukt) oder um unterschiedliche Konzepte handelt, ist eine wichtige Frage, auf die wir - ebenso wie auf die Frage nach der Binnenstruktur der "Big Five", d.h. die Frage nach den Teilkomponenten der fünf Konstrukte, - unten genauer eingehen.

3. DIE SUCHE NACH DEN VARIANZSTÄRKSTEN, REPLIZIERBAREN PERSÖNLICHKEITSFAKTOREN, AUSGEHEND VON FRAGEBOGENTESTS

Während die Vertreter des lexikalischen Ansatzes sich ursprünglich darauf beschränkten, die breiten Hauptfaktoren der Persönlichkeit aufzufinden und hochladende Eigenschaftswörter (sogenannte Markiervariablen) für Ratingskalen zu ihrer Messung zusammenzustellen, setzten sich die Repräsentanten der klassischen "großen" Persönlichkeitssysteme (z.B. Cattell, Guilford oder Eysenck) ehrgeizigere Ziele (zum Überblick über diese Systeme siehe Amelang & Bartussek, 1990; Bartussek, 1991). Deren wichtigste sind:

- Entwicklung diagnostischer Instrumente zur *reliablen Messung* der für relevant erachteten Eigenschaften,

- *theoretische Verankerung* der Eigenschaften und
- Überprüfung der *Validität* der entwickelten diagnostischen Verfahren in verschiedenen Kontexten (vor allem in Feldern der angewandten Psychologie).

Mit Blick auf diese Ziele hat sich der eingeschlagene Weg als erfolgreich erwiesen. Insbesondere mit Hilfe von Fragebogentests wurden Skalen zur Messung von Persönlichkeitseigenschaften entwickelt, die sich durch befriedigende oder gute interne Konsistenzen und Retestreliabilitäten auszeichnen und sich bei der Prognose individuellen Verhaltens oder beispielsweise im klinischen Kontext bewährt haben.

Anlaß zur Unzufriedenheit bot jedoch die mangelnde Übereinstimmung der von verschiedenen Autoren vorgeschlagenen Persönlichkeitskonstrukte mit der Gefahr ausufernder Kataloge immer neuer Persönlichkeitseigenschaften, von denen nicht ohne weiteres zu erkennen ist, ob sie substantiell Neues oder bloß "alten Wein in neuen Schläuchen" beinhalten. Eine gewisse Klärung dieser Frage konnte mit Hilfe von Faktorenanalysen, speziell solchen höherer Ordnung, erzielt werden. Es stellte sich nämlich heraus, daß auf der Ebene der Faktoren höherer Ordnung (oder der ersten, varianzstärksten Faktoren erster Ordnung) deutlich bessere Übereinstimmungen zwischen den verschiedenen Persönlichkeitssystemen bestehen als auf der Ebene der Ausgangsvariablen. So ist Eysenck (1992) davon überzeugt, daß sich mit Hilfe der von ihm als Extraversion, Neurotizismus und Psychotizismus interpretierten "Superfaktoren" der Persönlichkeit (die *"großen Drei"*) eine weitgehende Integration verschiedener Persönlichkeitssysteme realisieren läßt. Diese Auffassung findet allerdings keine allgemeine Zustimmung. Vielmehr konkurrieren mit diesem Modell andere Modelle mit drei, vier, fünf oder mehr Faktoren (z.B. Andresen, 1994; Costa, McCrae & Dye, 1991; Guilford, 1975; MacKenzie, 1988; Royce & Powell, 1983; Zuckerman, Kuhlman, Thornquist & Kiers, 1991; Zuckerman, Kuhlman & Camac, 1988).

Das Modell von Costa und McCrae

Aus einer Reihe von Gründen wollen wir uns im folgenden schwerpunktmäßig mit dem von Costa und McCrae entwickelten Modell befassen: (1) Es zielt auf eine Operationalisierung der "Big Five" ab und ist damit den im Rahmen des lexikalischen Ansatzes entworfenen Fünf-Faktorenmodellen eng verwandt. (2) Die Autoren formulieren präzise Aussagen über die Binnenkomponenten der "Big Five", indem sie zu jedem der fünf Faktoren sechs *Facetten* vorschlagen und entsprechende Skalen vorlegen. (3) Die Autoren haben umfangreiches empirisches Material gesammelt, das die Beziehungen zwischen ihren Skalen und denen anderer Autoren zu beurteilen erlaubt. (4) Costa und McCrae versuchen, zumindest in Ansätzen nachzuweisen, daß sich ihr Modell für klinische Zwecke als fruchtbar erweisen könnte (vgl. das entsprechende Themenheft des Journal of Personality Assessment, 1991; Costa & McCrae, 1990; McCrae, 1991; sowie Costa & Widiger, 1994).

Das von Costa, McCrae und Dye (1991) vorgelegte Persönlichkeitsinventar (*NEO-PIR*) zur Messung der "fünf Hauptdimensionen der Persönlichkeit" wurde schrittweise entwickelt. Ursprünglich beschränkten sich die Autoren auf drei Konstrukte: "**N**eurotizismus", "**E**xtraversion" und "**O**ffenheit für Erfahrung" (daher die Bezeichnung NEO; PIR steht für **P**ersonality **I**nventory **R**evised Form), die jeweils mit Hilfe von sechs Facetten (Binnenkomponenten) gemessen wurden. Später fügten sie im NEO-PI (Costa & McCrae, 1985) die beiden Konstrukte "Conscientiousness" ("Gewissenhaftigkeit") und "Agreeableness" ("Verträglichkeit") hinzu, die zunächst nur in globaler Weise operationalisiert wurden. Von dem zuletzt genannten Instrument liegt auch eine Kurzform vor, die von Borkenau und Ostendorf (1993) ins Deutsche übertragen und überprüft wurde. Erst in jüngster Zeit veröffentlichten Costa et al. (1991) eine revidierte Version (NEO-PIR), bei der auch die Konstrukte "Gewissenhaftigkeit" und "Verträglichkeit" eine differenzierte Operationalisierung mit jeweils sechs Facetten erfahren.

Auf den ersten Blick scheint damit eine Grundaufgabe der empirischen Persönlichkeitsforschung erfolgreich gelöst zu sein, nämlich die Verständigung über die wichtigsten varianzstarken und replizierbaren Persönlichkeitsfaktoren: Sowohl im Rahmen des lexikalischen Ansatzes als auch im Bereich der Persönlichkeitsdiagnostik mittels Fragebogentests lassen sich fünf breite Konstrukte identifizieren, die zwar etwas unterschiedlich benannt werden, jedoch weitgehend identisch sind. Jedenfalls versucht eine Reihe von Autoren diesen Eindruck zu vermitteln. So werden beispielsweise die beiden Konstrukte "Extraversion" und "Surgency" oder die beiden Konstrukte "Culture" und "Offenheit für Erfahrungen" als so ähnlich betrachtet, daß man sie quasi gegeneinander austauschen kann.

Wir werden uns im folgenden anhand einiger Fragen mit dem "Big Five"-Ansatz kritisch auseinandersetzen, nicht um ihn grundsätzlich zu disqualifizieren, sondern mit dem Ziel, auf offensichtliche Probleme hinzuweisen, die nicht übersehen werden sollten und deren Lösung verstärkte Anstrengungen erfordert (Becker, 1994 c). Wir stimmen nicht der Einschätzung von Widiger (1993 a, S. 82) zu, der sich wie folgt äußert: "Das Fünf-Faktoren-Modell ist nicht von

Kritik verschont geblieben (z.B. Tellegen & Waller, in Druck; Waller & Ben-Porath, 1987), aber ein Großteil der Bedenken richtet sich auf technische und/oder zweitrangige Gesichtspunkte (z.B. die optimale Benennung eines Faktors oder die optimale Auswahl von Facetten innerhalb eines Faktors)." (Übers. d. Verf.). Nach unserer Auffassung betrifft diese Kritik nicht sekundäre Aspekte, sondern den *Nerv* das Fünf-Faktoren-Modells (zur Kritik des Fünf-Faktoren-Modells, speziell im klinischen Kontext, siehe auch Carson, 1993; Clark, 1993; Davis & Millon, 1993; McAdams, 1992; Schacht, 1993; Tellegen, 1993; Waller & Zavala, 1993).

4. KRITISCHE FRAGEN ZUM BIG FIVE-ANSATZ

Wenn verschiedene Untersucher in Faktorenanalysen umfangreicher Sammlungen von Persönlichkeitseigenschaften oder Persönlichkeitsskalen jeweils fünf Faktoren extrahieren und diese nach orthogonalen Varimax-Rotationen zur Einfachstruktur im Sinne der "Big Five" *interpretieren*, garantiert dies nicht, daß tatsächlich identische Konstrukte erfaßt werden. Vielmehr bedarf es bestimmter methodischer Absicherungen, um diesen Nachweis zu erbringen. Die Faktorenanalyse ist keine Methode, um "real" vorhandene Faktoren quasi aufzuspüren oder zu entdecken - so wie man einen Gegenstand durch systematisches Suchen auffindet - , vielmehr ist sie ein Hilfsmittel, das es gestattet, bestimmte *Konstrukte* zu bilden. Wie das Wort "Konstrukt" ausdrückt, handelt es sich dabei um theoretische Konstruktionen, die eher "erfunden" als "entdeckt" werden. *Daher ist es von größter Bedeutung, der Frage Aufmerksamkeit zu widmen, anhand welcher Komponenten oder Indikatoren ein Konstrukt verankert wird.* Da es sich bei den "Big Five" um breite Konstrukte handelt, die mehrere Komponenten integrieren, verändert sich das Konstrukt bei veränderten *nicht äquivalenten* Indikatoren.

Wenn ein Forscher beispielsweise das Konstrukt "Extraversion" verwendet, muß er es entweder anhand bestimmter Meßvorschriften operationalisieren ("operationale Definition") oder in abstrahierender Form die zentralen Komponenten benennen, die zur Messung unverzichtbar sind, und er muß gegebenenfalls Komponenten ausschließen, die nicht enthalten sein dürfen. Darüber hinaus ist es aus theoretischen Gründen wünschenswert, das Konstrukt in einem umfassenden nomologischen Netzwerk zu verankern (Eysenck, 1991, 1994).

Unsere erste Frage lautet daher: *Stimmen Autoren, die im Rahmen des lexikalischen Ansatzes (bzw. unter Verwendung unipolarer oder bipolarer Eigenschaftsratings) die "Big Five" operationalisieren, in den für relevant erachteten Komponenten überein?*

Um diese Frage zu beantworten, stellen wir in den Tabellen 1.1 - 1.5 vier Listen der in bipolaren oder unipolaren Skalen verwendeten Eigenschaften zusammen, die aus der Feder von vier prominenten Vertretern des Fünf-Faktoren-Ansatzes stammen (Borkenau, 1988; Goldberg, 1992; John, 1990; Ostendorf, 1990).

Tabelle1.1: Operationalisierungen des Faktors "Surgency" mit Hilfe von Eigenschaftswörtern

Ostendorf (1990)

gesprächig	-	schweigsam
direkt	-	taktierend
kontaktfreudig	-	zurückhaltend
freimütig	-	gehemmt
gesellig	-	zurückgezogen
anschlußbedürftig	-	einzelgängerisch
aktiv	-	passiv
offen	-	zugeknöpft
impulsiv	-	selbstbeherrscht

Borkenau (1988)

gesprächig	-	schweigsam
freimütig	-	verschlossen
unternehmungslustig	-	zurückhaltend
gesellig	-	zurückgezogen

Goldberg (1992)

extraverted	introverted
talkative	shy
assertive	quiet
verbal	reserved
energetic	untalkative
bold	inhibited
active	withdrawn
daring	timid
vigorous	bashful
unrestrained	unadventurous

John (1990)

talkative	quiet
assertive	reserved
active	shy
energetic	silent
outgoing	withdrawn
outspoken	retiring
dominant	
forceful	
enthusiastic	
show-off	
sociable	
spunky	
adventurous	
noisy	
bossy	

Tabelle 1.1 erlaubt einen Vergleich der Operationalisierungen des Faktors *"Surgency"*. In formaler Hinsicht fallen drei Dinge auf:

• Während Borkenau (1988) und Ostendorf (1990) für eine Erfassung mit Hilfe bipolarer Ratingskalen plädieren, propagieren Goldberg (1992) und John (1990) eine unipolare Diagnostik. Daß dies nicht nur eine Frage des Geschmacks ist, sondern durchaus die Gütekriterien des resultierenden Instruments tangiert, belegen vergleichende Analysen von Goldberg (1990) und Ostendorf (1990). Angesichts der sprachlichen Uneindeutigkeit bestimmter Eigenschaftswörter (wie z.B. "passiv", "genau" oder "ruhig") bietet es unseres Erachtens Vorteile, mit bipolaren Skalen zu arbeiten, da dadurch die intendierte Bedeutung eines Adjektivs präzisiert werden kann.
• Die Listen sind unterschiedlich lang. So beschränkt sich Borkenau (1988) - in Anlehnung an Norman (1963) - auf *vier* bipolare Ratingskalen pro Faktor. Dies geht zu Lasten der internen Konsistenz und vor allem der Inhaltsvalidität, da nur ein Teil der von anderen Autoren für relevant erachteten Komponenten abgebildet werden kann. Mithin sind die resultierenden "Surgency"-Konstrukte unterschiedlich breit.
• Am Beispiel der Liste von John (1990) wird deutlich, daß nicht zu beiden Polen eines Faktors genügend viele Eigenschaften in der betreffenden Sprache vorzuliegen scheinen.

Der inhaltliche Vergleich der vier Operationalisierungen läßt unter anderem folgendes erkennen:

• Einige wenige Eigenschaftsbegriffe tauchen in allen Listen auf und können damit als konsensfähige Kernelemente des Faktors betrachtet werden: *gesprächig, gesellig* (bzw. extraverted, sociable), *aktiv* (bzw. unternehmungslustig). Dieser Kernbereich läßt sich unseres Erachtens unter dem Begriff *"Soziabilität"*, einer der zwei ursprünglichen Komponenten der Extraversion nach Eysenck und Eysenck (1963), zusammenfassen.

• Die große Mehrzahl der Eigenschaftsbegriffe ist jedoch für ein oder zwei Autoren spezifisch, d.h. nicht generalisierbar (z.B. impulsiv, bold (kühn), daring (verwegen), assertive/dominant (dominant), energetic (energisch, tatkräftig), noisy (lärmend, geräuschvoll)).

• Der Faktor scheint nicht unabhängig von Neurotizismus bzw. emotionaler Labilität zu sein. Dafür sprechen Eigenschaften wie "gehemmt", "zurückgezogen" oder "timid/shy" (schüchtern, ängstlich). Möglicherweise bestehen auch Beziehungen zur "Offenheit für Erfahrungen".

Zusammenfassend kann unseres Erachtens nicht die Rede davon sein, daß Übereinstimmung im Hinblick auf die Breite des Konstruktes und seine relevanten Komponenten besteht. Der relativ enge

Kern übereinstimmend genannter Eigenschaften betrifft eher die *Soziabilität* als die "Surgency".

Tabelle1.2: Operationalisierungen des Faktors "Agreeableness" mit Hilfe von Eigenschaftswörtern

Ostendorf (1990)			Borkenau (1988)		
zustimmend	-	gegensätzlich	gutmütig	-	grantig
vertrauensvoll	-	mißtrauisch	wohlwollend	-	mißgünstig
gutmütig	-	reizbar	freundlich	-	starrköpfig
nachsichtig	-	barsch	kooperativ	-	feindselig
selbstlos	-	selbstsüchtig			
friedfertig	-	streitsüchtig			
weichherzig	-	rücksichtslos			
leichtgläubig	-	zynisch			
höflich	-	grob			

Goldberg (1992)		John (1990)	
kind	cold	sympathatic	fault-finding
cooperative	unkind	kind	cold
sympathetic	unsympathetic	appreciative	unfriendly
warm	distrustful	affectionate	quarrelsome
trustful	harsh	soft-hearted	hard-hearted
considerate	demanding	warm	unkind
pleasant	rude	generous	cruel
agreeable	selfish	trusting	stern
helpful	uncooperative	helpful	thankless
generous	uncharitable	forgiving	stingy
		pleasant	
		good-natured	
		friendly	
		cooperative	
		gentle	
		unselfish	
		praising	
		sensitive	

Tabelle 1.2 informiert über die vier Operationalisierungen von *"Agreeableness"* (Verträglichkeit). Sieht man davon ab, daß die von Borkenau (1988) verwendete Operationalisierung das Konstrukt notwendigerweise einengt, besteht in diesem Fall eine höhere Übereinstimmung bezüglich der für zentral erachteten Komponenten als beim vorhergehenden Faktor. Als ganz oder weitgehend konsensfähige Indikatoren für "Verträglichkeit" erscheinen: *gutmütig, vertrauensvoll, freundlich* (kind), *kooperativ* (cooperative) und *warmherzig.* Andere Eigenschaften werden jedoch nur von ein oder zwei Autoren genannt (z.B. helpful (hilfsbereit), generous (großzügig), selbstlos (unselfish), sensitive (feinfühlend, empfindlich)). Aus-

gehend von diesem Bedeutungskern kann bezweifelt werden, daß er von "Neurotizismus" bzw. "emotionaler Labilität" unabhängig ist (siehe unten).

Zusammenfassend besteht ein relativ hoher Konsens bezüglich einer Grunddimension Freundlichkeit/Wärme/Kooperationsbereitschaft vs. Unfreundlichkeit/Kälte/Feindseligkeit, während unklar bleibt, ob darüber hinausgehende Eigenschaften ebenfalls unter "Verträglichkeit" subsumiert werden sollen und können.

Tabelle 1.3: Operationalisierungen des Faktors "Conscientiousness" mittels Eigenschaftswörtern

Ostendorf (1990)			Borkenau (1988)		
gründlich	-	unsorgfältig	sorgfältig	-	nachlässig
ordentlich	-	unachtsam	zuverlässig	-	unzuverlässig
geordnet	-	ungeordnet	genau	-	ungenau
strebsam	-	ziellos	beharrlich	-	sprunghaft
geschäftstüchtig	-	verspielt			
übergenau	-	ungenau			
gewissenhaft	-	nachlässig			
fleißig	-	faul			
sparsam	-	verschwenderisch			
Goldberg (1992)			John (1990)		
organized		disorganized	organized		careless
systematic		careless	thorough		disorderly
thorough		unsystematic	planful		frivolous
practical		inefficient	efficient		irresponsible
neat		undependable	responsible		slipshod
efficient		impractical	reliable		independable
careful		negligent	dependable		forgetful
steady		inconsistent	conscientious		
conscientious		haphazard	precise		
prompt		sloppy	practical		
			deliberate		
			(painstaking)		
			(cautious)		

Tabelle 1.3 liefert einen Überblick über die vier Operationalisierungen von *"Conscientiousness"* (Gewissenhaftigkeit). Folgende Eigenschaften werden weitgehend übereinstimmend als Indikatoren verwendet: *gewissenhaft*, *sorgfältig* (genau, gründlich, careful, precise), *geordnet* (organized). Nur von ein oder zwei Autoren genannt werden hingegen unter anderem: sparsam, fleißig, strebsam, geschäftstüchtig, beharrlich, responsible (verantwortungsbewußt), planful (planvoll), practical (praktisch), prompt (pünktlich). Betrachtet man einige der zur Charakterisierung des Gegenpols ver-

wendeten Eigenschaften, so gewinnt man den Eindruck, daß "Gewissenhaftigkeit" nicht unabhängig von Neurotizismus bzw. emotionaler Labilität ist (z.B. nachlässig, ungenau, sprunghaft, disorganized (desorganisiert), inefficient (ineffizient), irresponsible (verantwortungslos)).

Zusammenfassend besteht - abgesehen von einem engen Kern von drei Komponenten - keine Klarheit darüber, wie breit der Faktor "Gewissenhaftigkeit" zu konzipieren ist und welche Komponenten gegebenenfalls zusätzlich aufgenommen werden sollten.

Tabelle 1.4: Operationalisierungen des Faktors "Emotionale Stabilität" mittels Eigenschaftswörtern

Ostendorf (1990)		Borkenau (1988)	
robust	- verletzlich	ausgeglichen	- nervös
selbstzufrieden	- selbstmitleidig	entspannt	- ängstlich
entspannt	- überempfindlich	gelassen	- erregbar
mutig	- furchtsam	körperlich stabil	- wehleidig
ruhig	- ängstlich		
überzeugt	- selbstachtungslos		
selbstvertrauend	- hilflos		
gefühlsstabil	- labil		
sicher	- unsicher		

Goldberg (1992)		John (1990)	
unenvious	anxious	stable	tense
unemotional	moody	calm	anxious
relaxed	temperamental	(contented)	nervous
impertubable	emotional	(unemotional)	moody
unexcitable	irritable		worrying
undemanding	fretful		touchy
	jealous		fearful
	touchy		high-strung
	nervous		self-pitying
	insecure		temperamental
	fearful		unstable
	self-pitying		self-punishing
	high-strung		despondent
			emotional

Tabelle 1.4 informiert über die vier Eigenschaftslisten zur Messung von *"Emotionaler Stabilität"*. Es fällt zunächst auf, daß in den beiden englischen Versionen von Goldberg (1992) und John (1990) sehr viel mehr Items zur Charakterisierung des Poles "Emotionale Labilität" als des Poles "Emotionale Stabilität" aufgeführt werden, so daß der Faktor eher in *"Emotionale Labilität"* oder *"Neurotizismus"* um-

benannt werden sollte, wie es auch von anderen Autoren vorgeschlagen wird (siehe unten; z.B. Conley, 1985; Costa & McCrae, 1985; Eysenck & Eysenck, 1985). Bei der folgenden Gegenüberstellung der vier Operationalisierungen wenden wir uns aus diesem Grund dem *Neurotizismus*- Pol zu, zumal dies einen besseren Vergleich mit Konstrukten in Fragebogentests erlaubt (siehe unten).

Übereinstimmend werden von drei oder vier Autoren folgende Kernvariablen benannt: *ängstlich* (anxious, fearful), *nervös* (nervous), *selbstmitleidig* (wehleidig, self-pitying) und *überempfindlich* (touchy, high strung). Eine Reihe anderer Eigenschaften wird hingegen nur von ein oder zwei Autoren aufgelistet, z.B.: verletzlich, selbstachtungslos, hilflos, erregbar (irritable), jealous (eifersüchtig), temperamental (temperamentvoll).

Zusammenfassend sollte der Faktor eher die Benennung "Neurotizismus" oder "Emotionalität" erhalten, und es sollte geklärt werden, ob außer den vier Kernvariablen weitere Eigenschaften darunter subsumiert werden können und sollen.

In Tabelle 1.5 sind die vier Operationalisierungen des Faktors (bzw. der Faktoren) *Culture/Intellect* zusammengestellt. Folgende Eigenschaften werden übereinstimmend von drei bzw. vier Autoren genannt und können als Kernvariablen angesehen werden: *intelligent* (intellektuell, intellectual, bright), *kreativ* (originell, creative, original, inventive), *künstlerisch* (kunstverständig, artistic), *phantasievoll* (imaginative). Andere Eigenschaften werden hingegen nur von ein oder zwei Autoren aufgeführt, z.B.: liberal, gebildet (kultiviert), philosophisch, tief, introspective (introspektiv), breite Interessen, witty (witzig, geistreich), clever, wise (weise).

Zusammenfassend scheint der gemeinsame Kern der unterschiedlichen Operationalisierungen am besten durch den Begriff *"Intellekt"* abgedeckt zu werden, eine Schlußfolgerung, zu der auch Ostendorf (1990, S. 203) nach seinen Analysen gelangte: "Die Ergebnisse der vorliegenden Untersuchungen bestätigen eindeutig die Faktorinterpretation von Peabody und Goldberg (1989). Der Faktor wird primär durch Begriffe markiert, die die intellektuellen Fähigkeiten von Personen beschreiben, und sekundär durch Begriffe, die die Kreativität und Phantasie kennzeichnen." Inwieweit es sinnvoll und gerechtfertigt ist, auch weitere Eigenschaften (wie z.B. introspektiv oder liberal) dem Faktor zu subsumieren, bedarf weiterer Untersuchungen. Dabei ist auch im Auge zu behalten, inwieweit es zu Überschneidungen mit dem Konstrukt "Introversion" kommt.

Tabelle 1.5: Operationalisierungen des Faktors "Culture/Intellect" mittels Eigenschaftswörtern

Ostendorf (1990)			Borkenau (1988)		
künstlerisch	-	unkünstlerisch	kunstverständig	-	kunstunverständig
kreativ	-	unkreativ	intellektuell	-	ungebildet
komplex	-	einfach	kultiviert	-	ungeschliffen
originell	-	konventionell	phantasievoll	-	phantasielos
liberal	-	konservativ			
phantasievoll	-	phantasielos			
intelligent	-	unintelligent			
gebildet	-	ungebildet			
modern	-	traditionell			

Goldberg (1992)		John (1990)	
intellectual	unintellectual	wide interests	commonplace
creative	unintelligent	imaginative	narrow interests
complex	unimaginative	intelligent	simple
imaginative	uncreative	original	shallow
bright	simple	insightful	unintelligent
philosophical	unsophisticated	curious	
artistic	unreflective	sophisticated	
deep	imperceptible	artistic	
innovative	uninquisitive	clever	
introspective	shallow	inventive	
		sharp-witted	
		ingenious	
		witty	
		resourceful	
		wise	
		logical	
		(civilized)	
		(foresighted)	
		(polished)	
		(dignified)	

Wie läßt sich unsere erste Frage abschließend beantworten? Autoren, die im Rahmen des lexikalischen Ansatzes die "Big Five" operationalisieren, stimmen lediglich bei drei oder vier Eigenschaftsbegriffen pro Faktor (Ausnahme: Faktor Agreeableness mit fünf Eigenschaften) überein. Darüber hinaus wird eine große Anzahl von Adjektiven aufgeführt, die mehr oder weniger charakteristisch für die Auffassung eines bestimmten Autors zu sein scheint. Zumindest bedarf es weiterer Untersuchungen, um zu klären, inwieweit solche Konzepterweiterungen sinnvoll sind (etwa unter dem Gesichtspunkt der Replizierbarkeit, der internen Konsistenz oder der Validität). Ferner gibt es gewichtige Argumente für eine *Umbenennung* von drei Faktoren. Faktor I sollte "Soziabilität", Faktor IV "Neurotizismus" (oder emotionale Labilität) und Faktor V "Intellekt" benannt werden. Tabelle 1.6 faßt die Ergebnisse unserer Analyse zusammen.

Tabelle 1.6: Vorgeschlagene Benennung der mit Hilfe von Adjektiven erfaßten "Big Five" und (vorläufige) Zusammenstellung konsensfähiger Markiervariablen (Adjektive).

Sociability (Soziabilität)	**Agreeableness** (Verträglichkeit)	**Conscientiousness** (Gewissenhaftigkeit)	**Neuroticism** (Neurotizismus)	**Intellect** (Intellekt)
gesprächig gesellig aktiv	gutmütig warmherzig freundlich kooperativ vertrauensvoll	gewissenhaft sorgfältig geordnet	ängstlich nervös selbstmitleidig überempfindlich	intelligent kreativ künstlerisch phantasievoll

Unsere zweite Frage lautet: *Stimmen die Operationalisierungen von "Big Five"-Faktoren im Bereich der Fragebogentests überein?*

Unseres Wissens liegt bisher nur ein Fragebogeninventar vor, das zur Messung der "Big Five" konzipiert wurde und die Binnenkomponenten der Faktoren explizit berücksichtigt: das von Costa et al. (1991) entwickelte *NEO-PIR.* Seine Struktur ist in Tabelle 1.7 wiedergegeben.

Man erkennt, daß für jeden der fünf Faktoren Extraversion, Verträglichkeit, Gewissenhaftigkeit, Neurotizismus und Offenheit für Erfahrungen jeweils sechs *Facetten* (Komponenten, Subskalen) herangezogen werden. (Warum es jedesmal genau sechs Facetten sein müssen, bleibt das Geheimnis der Testautoren!).

Zur Beantwortung unserer zweiten Frage ist es notwendig, auf Untersuchungen bzw. diagnostische Instrumente einzugehen, in denen zumindest eine Untermenge der "Big Five" erfaßt wird und die Binnenkomponenten der betreffenden Faktoren offengelegt werden. Um unser Anliegen und unsere Vorgehensweise zu erläutern, beschränken wir uns exemplarisch auf einen Vergleich der verschiedenen Operationalisierungen des klassischen *Extraversionsfaktors,* der von der Mehrzahl der Persönlichkeitspsychologen als eine "Säule" der empirischen Persönlichkeitsmessung betrachtet wird. Tabelle 1.8 informiert über die Ergebnisse unserer Analyse.

Tabelle 1.7: Die jeweils sechs Facetten der fünf Faktoren des NEO-PIR von Costa, McCrae und Dye (1991).

Extraversion
Warmth (Wärme)
Gregariousness (Geselligkeit)
Assertiveness (Durchsetzungsfähigkeit)
Activity (Aktivität)
Excitement Seeking (Suche nach Aufregung)
Positive Emotions (Positive Gefühle)
Agreeableness (Verträglichkeit)
Trust (Vertrauen)
Straightforwardness (Offenheit, Direktheit)
Altruism (Selbstlosigkeit, Interesse am anderen)
Compliance (Nachgiebigkeit)
Modesty (Bescheidenheit, Nichtarroganz)
Tender-Mindedness (Gefühlsbetontheit)
Conscientiousness (Gewissenhaftigkeit)
Competence (Kompetenzgefühl)
Order (Ordnungsliebe, Ordentlichkeit)
Dutifulness (Normorientierung, Pflichterfüllung, strenges Überich)
Achievement Striving (Leistungsorientierung, Leistungsstreben)
Self-Discipline (Selbstdisziplin, Ausdauer)
Deliberation (Besonnenheit)
Neuroticism (Neurotizismus)
Anxiety (Ängstlichkeit)
Hostility (Feindseligkeit)
Depression
Self-Consciousness (Befangenheit, Selbstunsicherheit)
Impulsiveness (Impulsivität)
Vulnerability (Verletzlichkeit)
Openness to experience (Offenheit für Erfahrung)
Fantasy (Fantasie)
Aesthetics (Ästhetik, Kunst)
Feelings (Gefühle)
Actions (Handlungen)
Ideas (Ideen)
Values (Werte)

Man erkennt, daß die ausgewählten Persönlichkeitspsychologen bzw. Diagnostiker eine größere Anzahl von Indikatoren der "Extraversion" nennen. Keiner der Indikatoren ist konsensfähig. Am häufigsten berücksichtigt werden die beiden Komponenten *"Soziabilität"* und *"Surgency"* (Rhathymia, Lebhaftigkeit usw.). Guilford und Norman - oder Cattell und Norman - stimmen in nicht einem einzigen Indikator überein. Guilford, ein Pionier der empirischen Extraversionsforschung, definierte und operationalisierte dieses Konstrukt über die Indikatoren "Rhathymia" und "Thinking extraversion" und schloß die Soziabilität - einen der am häufigsten mit Extraversion in Verbindung gebrachten Indikatoren - *explizit* aus. Das Merkmal "Impulsivität" wurde von Eysenck im Rahmen seiner Theorie von der dualen Natur der Extraversion in seinen beiden Fragebogentests MPI und EPI als Kernkomponente des Extraversionskonstruktes verwendet. Später ordnete er es weitgehend dem Psychotizismuskonstrukt zu. Wärme bzw. Warmherzigkeit wird von Cattell sowie von Costa und McCrae als Extraversionsindikator betrachtet, während das Konstrukt im Rahmen des lexikalischen Ansatzes als Verträglichkeitsindikator geführt wird. Gestützt auf empirische und begriffliche Analysen vertritt Becker (1986 a; 1988 b; 1992 b) die Auffassung, daß es - überspitzt formuliert - so viele Extraversionskonstrukte wie Extraversionsforscher gibt, bzw. daß es sich bei der "Extraversion" um ein *Nebelkonstrukt* handelt, in dessen Dunst sich unterschiedliche Konzeptionen scheinbar problemlos "einschmuggeln" lassen, ohne daß deren Verschiedenheit erkannt wird. Auf diesem Weg kommt es zu *Pseudoreplikationen* von Extraversionsfaktoren. Ein besonders problematisches Beispiel dafür liefern Schroeder, Wormworth und Livesley (1994) (siehe Becker, 1994 c), die zwei Faktoren als Extraversionsfaktoren interpretieren, obwohl sie völlig verschiedene Ladungsmuster aufweisen und die Faktorkongruenz nur .27 beträgt.

Was wir am Beispiel der Extraversion erläutert haben, läßt sich auch auf andere "Big Five"-Faktoren übertragen. Die Antwort auf unsere zweite Frage lautet also: Die Operationalisierungen der "Big Five" im Bereich der Persönlichkeitsinventare stimmen nicht hinreichend überein. Wenn man dennoch identische Faktorenbenennungen für *unterschiedliche* Konstrukte, die aus nichtkompatiblen Operationalisierungen resultieren, verwendet, erzeugt man den falschen Eindruck, man habe das Problem der wichtigsten Persönlichkeitsfaktoren in Fragebogentests definitiv gelöst. Daß bis in die jüngste Gegenwart hinein die inhaltliche Bedeutung der "Big Five" umstritten ist bzw. Anlaß zu unterschiedlichen Interpretationen bietet, sei an einem Beispiel erläutert. Morey (1993, S. 155) diskutiert die "Big Five" im Zusammenhang mit Persönlichkeitsstörungen und verwendet dabei unter anderem folgende Erläuterungen: "Extraversion bezieht sich auf eine gesellige (sociable) und warmherzige (affectionate) Person ... " (Übers. d. Verf.). Warmherzig (bzw. affectionate) ist jedoch offiziell ein Indikator für Verträglichkeit (siehe Tabelle 1.6). "Offenheit für Erfahrung kennzeichnet eine phantasievolle (imaginative), unabhängige Persönlichkeit im Gegensatz zu einer konformistischen (conforming) ordentlichen (orderly) Natur." (Übers. d. Verf.).

Tabelle 1.8: Binnenstruktur bzw. Indikatoren der Extraversion. (In Anlehnung an Bartussek, 1991).

Indikatoren	*Untersucher bzw. diagnostische Instrumente*						
	Guilford	MPI	EPI	EPQ	Cattel	Norman	Costa & McCrae
Soziabilität, Geselligkeit, Gesprächigkeit		x	x	x		x	x
Rhathymia, Ausgelassenheit, Begeisterungsfähigkeit, Lebhaftigkeit, positive emotions	x		x		x		x
Sensation-seeking, excitement-seeking, abenteuerlustig, unternehmungslustig						x	x
Impulsivität		x	x	(x)			
Durchsetzungsfähigkeit, Dominanz					(x)		x
Warmherzigkeit					x		x
Aktivität							x
Thinking extraversion	x						
Gruppenverbundenheit					x		
Selbstsicherheit					x		
Freimütigkeit						x	

Ordentlich und konformistisch sind jedoch offiziell Attribute von Gewissenhaftigkeit und nicht von Offenheit für Erfahrung.

- Unsere dritte Frage lautet: *Stimmen die Kernkomponenten der "Big Five", die von Vertretern des lexikalischen Ansatzes genannt werden, mit den Komponenten überein, die in Persönlichkeitsinventaren ihren Niederschlag finden?*

Nach dem, was wir gerade im Zusammenhang mit unserer zweiten Frage ausgeführt haben, fiele die Antwort leicht. Um uns nicht dem Vorwurf der Destruktivität auszusetzen, beschränken wir uns auf den Vergleich der in Tabelle 1.6 zusammengestellten konsensfähigen Markiervariablen der fünf Faktoren mit den in Tabelle 1.7 zusammengestellten Facetten aus dem NEO-PIR. Dabei fällt zunächst einmal auf, daß die Faktoren nicht identisch benannt werden: Faktor I heißt "Soziabilität" bzw. "Extraversion" und Faktor V "Intellekt" bzw. "Offenheit für Erfahrung". Daß es sich dabei nicht nur um semantische Variationen eines Themas (Synonyme oder konvergente Begriffe), sondern um essentielle Unterschiede handelt, zeigt die Betrachtung auf der Ebene der Facetten bzw. Markiervariablen. Das Extraversionskonstrukt im NEO-PIR ist zweifellos breiter als der Faktor Soziabilität, denn es umfaßt auch die

Komponente Wärme, die in Tabelle 1.6 dem Faktor Verträglichkeit zugeordnet ist, sowie Durchsetzungsvermögen, Suche nach Aufregungen und Positive Emotionen. Die Übereinstimmung bezüglich der Verträglichkeitsfaktoren ist relativ gut, jedoch keineswegs vollständig. Der Faktor Gewissenhaftigkeit im NEO-PIR ist ein wesentlich breiteres Konstrukt als der zugeordnete Faktor in Tabelle 1.6. So fehlen im Konsensbereich des lexikalischen Faktors das Kompetenzgefühl, die Normorientierung/Pflichterfüllung, das Leistungsstreben und die Besonnenheit. Im Neurotizismusfaktor des lexikalischen Ansatzes (siehe Tabelle 1.6) fehlt die Komponente Feindseligkeit, die dort dem Faktor Verträglichkeit zugeordnet ist, ferner fehlen die Depressivität und vor allem die Impulsivität. Die inhaltlichen Überschneidungen in den beiden fünften Faktoren sind relativ gering; daß die Faktoren unterschiedlich benannt werden (Intellekt bzw. Offenheit für Erfahrung) erscheint durchaus gerechtfertigt.

Man kann die Übereinstimmung der Operationalisierungen der "Big Five" mit Hilfe des NEO-PI und mit Hilfe von Eigenschaftsratings auch anhand von empirischen Befunden überprüfen, die Goldberg (1992) mitteilt. Ausgehend von 98 speziell ausgelesenen unipolaren Markiervariablen (Eigenschaftswörtern; siehe die Tabellen 1.1 bis 1.5) berechnete Goldberg die Korrelationen zwischen den Scores in den fünf lexikalischen Faktoren und den entsprechenden Scores in den fünf Bereichen (Domänen, Faktoren) des NEO-PI. Es ergaben sich folgende signifikante Korrelationen:

- Extraversion (.69),
- Verträglichkeit (.56),
- Gewissenhaftigkeit (.67),
- Neurotizismus (.69) und
- Offenheit für Erfahrung (.46).

Berücksichtigt man, daß es sich jeweils um Variablen mit guter interner Konsistenz handelt, so liegen die Koeffizienten (konvergenten Validitäten) unterhalb jener Werte, die man erwarten würde, falls es sich jeweils um Paralleltests handelte. Insbesondere die niedrigen Korrelationen in den Faktoren II (Verträglichkeit) und V (Offenheit für Erfahrungen/Intellekt) belegen, daß es sich keinesfalls um sehr ähnliche, geschweige denn identische Konstrukte handelt. Ostendorf (1990, S. 193) ermittelte an einer deutschen Stichprobe von über 350 Probanden auf der Ebene von Selbstbeschreibungen folgende Korrelationen zwischen den Scores in den Skalen des NEO-PI und den Faktorenwerten, die auf einer repräsentativen Liste von 430 unipolaren Ratingskalen zur Messung der "Big Five" basieren:

- Surgency (.71),
- Verträglichkeit (.70),
- Gewissenhaftigkeit (.74),
- emotionale Stabilität (.42) und
- Intellekt (.41).

Auch in dieser Studie fallen zwei Korrelationen, nämlich bei der emotionalen Stabilität und dem Intellekt, indiskutabel niedrig aus.

Zusammenfassend läßt sich unsere dritte Frage wie folgt beantworten: Die Kernkomponenten der "Big Five", die von Vertretern des lexikalischen Ansatzes genannt werden, stimmen nicht hinreichend mit den Komponenten überein, die in Persönlichkeitsinventaren, vor allem dem NEO-PIR, ihren Niederschlag finden. Gleiche oder ähnliche Faktorenbenennungen täuschen über die bestehenden Unterschiede in dem, was tatsächlich gemessen wird, hinweg.

Unsere vierte Frage lautet: *Handelt es sich bei den "Big Five" um unabhängige Persönlichkeitsfaktoren*?

Die Beantwortung dieser Frage ist aus zwei Gründen wichtig:

- Vertreter des "Big Five"-Ansatzes verfolgen in der Regel das Ziel, unabhängige Persönlichkeitsfaktoren zu ermitteln bzw. zu messen, die angeblich die höchste Ebene der Persönlichkeitsbeschreibung darstellen (McCrae & John, 1992). Dies geht aus Formulierungen wie etwa derjenigen von Goldberg (1992, S. 26) hervor: "Schritt für Schritt ist die Übereinstimmung darüber gewachsen, wieviele *orthogonale* Faktoren benötigt werden, um die Interkorrelationen zwischen englischsprachigen Begriffen zur Eigenschaftsbeschreibung zu erklären." (Übers. u. Hervorheb. d. Verf.). McAdams (1992, S. 348; Übers. d. Verf.) spricht in seiner kritischen Bewertung des Fünf-Faktoren-Modells von unabhängigen Faktoren: "Insoweit das Endergebnis einer ´Big Five´-Analyse im wesentlichen ein Psychogramm unabhängiger Eigenschaften ist, scheint sich das Fünf-Faktoren-Modell der Persönlichkeit schlecht dafür zu eignen, Licht auf die Organisation der Persönlichkeit in der ganzen Person zu werfen." Auch Amelang und Bartussek (1990, S. 345) leiten ihren Überblick über das Fünf-Faktoren-Modell mit einer Formulierung ein, die die Unabhängigkeit der Beschreibungsdimensionen betont: "In den 1960er Jahren versuchte Norman (1963, 1969) in Anlehnung an das Vorgehen und die Ergebnisse von Cattell ... die wichtigsten voneinander unabhängigen Beschreibungsdimensionen der Persönlichkeit mit Hilfe von Fremdbeurteilungen zu finden."

• Sollten die "Big Five" nicht unabhängig sein, so könnte man - ausgehend von den Interkorrelationen der fünf Maße - nach Konstrukten höherer Ordnung suchen, die eine ökonomischere, nichtredundante Beschreibung ermöglichen.

Sind die fünf Persönlichkeitskonstrukte tatsächlich unabhängig? Nach allem, was oben ausgeführt wurde, läßt sich die Frage nicht allgemein beantworten, da es verschiedene Varianten der "Big Five" gibt und man präzisieren muß, auf welches Modell man sich bezieht. Mancher Leser mag unsere Frage im übrigen für unverständlich halten, da ja bei Verwendung orthogonaler Rotationen - wie sie beispielsweise das häufig benutzte Varimax-Programm liefert - automatisch orthogonale Faktoren erzeugt werden. Wie unter anderem Becker (1988 b) näher erläuterte, gilt diese Orthogonalität jedoch nur unter bestimmten Voraussetzungen bei Verwendung von Faktorenscores, nicht jedoch bei einfacher (ungewichteter) Summation über die Markiervariablen eines Faktors. Letztere Vorgehensweise ist jedoch bei der praktischen Nutzung diagnostischer Instrumente - aus ökonomischen Gründen - üblich.

Wir berichten im folgenden über die Ergebnisse von sechs Untersuchungen, in denen bekannte und bewährte Indikatoren der "Big Five" interkorreliert wurden. Es handelt sich zum einen um zwei von uns durchgeführte Studien an 82 Studierenden (Studie 1) bzw. 116 erwachsenen Männern und Frauen (Studie 2), bei denen die von Ostendorf (1990) entwickelten und vorgeschlagenen bipolaren Ratingskalen (siehe Tabellen 1.1 bis 1.5) zum Einsatz kamen. Zum anderen greifen wir auf eigene Daten aus einer Stichprobe von 89 Studierenden (Studie 3) zurück, bei der das von Borkenau und Ostendorf (1993) entwickelte NEOFFI, eine Kurzform des NEO-PI, verwendet wurde. Außerdem übernehmen wir in unserer Aufstellung die von Borkenau und Ostendorf (1991) mitgeteilten Korrelationen, die auf einer Stichprobe von 578 Personen (Studie 4) bzw. auf der Eichstichprobe von 2112 Personen (Studie 5) basieren, sowie die von Costa et al. (1991) mitgeteilten Korrelationen der NEO-PIR-Skalen (Studie 6). Ferner berichten wir über die Ergebnisse einer Studie von Soldz, Budman, Demby und Merry (1993) mit 50 bipolaren Ratingskalen von Goldberg (1992) (Studie 7).

Tabelle 1.9 gibt einen Überblick über die jeweiligen Zusammenhänge. Die Benennung der Faktoren entspricht der von den Autoren gewählten Terminologie. Man erkennt, daß 66% der Korrelationen (46/70) signifikant von Null verschieden sind. Wir greifen im folgenden lediglich jene Zusammenhänge heraus, die in mindestens sechs von sieben Fällen mit konsistenten Vorzeichen signifikant wurden:

Tabelle 1.9: Interkorrelationen zwischen Indikatoren für die "Big Five" aus sieben verschiedenen Studien. Bei den Studien 1 und 2 handelt es sich um bipolare Ratingskalen von Ostendorf, bei der Studie 3 um das NEO-FFI von Costa und McCrae, bei den Studien 4 und 5 um die deutsche Version des NEO-FFI von Borkenau und Ostendorf, bei Studie 6 um das NEO-PIR von Costa et al. und bei Studie 7 um die 50 bipolaren Selbstratingskalen von Goldberg (1992; siehe Soldz et al., 1993). Nachkommastellen. Nähere Erläuterungen im Text. x (p < .05), xx (p < .01), zweiseitig.

Faktor	Studie	Extrav./ Surgency	Verträg- lichkeit	Gewissen- haftigkeit	Emotionale Stabilität
Verträg- lichkeit	1	02			
	2	11			
	3	01			
	4	15 xx			
	5	16 xx			
	6	-07			
	7	34 xx			
Gewissen- haftigkeit	1	00	**01**		
	2	00	**21** x		
	3	17	**52** xx		
	4	08 x	**13** xx		
	5	10 xx	**10** xx		
	6	22 xx	**13** x		
	7	05	**37** xx		
Emotionale Stabilität	1	**44** xx	-02	**21**	
	2	**41** xx	14	**24** xx	
	3	**42** xx	13	**26** x	
	4	**24** xx	05	**38** xx	
	5	**33** xx	09 xx	**31** xx	
	6	**21** xx	25 xx	**49** xx	
	7	**44** xx	37 xx	**32** xx	
Offenheit für Erfah- rung/ Intellekt	1	**31** xx	-28 xx	27 x	22 x
	2	**33** xx	-13	-03	27 xx
	3	**22** x	-07	-16	10
	4	**04**	03	-17 xx	10 x
	5	**05** x	07 xx	-10 xx	-08 xx
	6	**43** xx	-06	-04	-05
	7	**39** xx	37 xx	25 x	20 x

- Extraversion/Surgency korreliert positiv mit emotionaler Stabilität.
- Extraversion/Surgency korreliert positiv mit Offenheit für Erfahrung/Intellekt.
- Verträglichkeit und Gewissenhaftigkeit korrelieren positiv.
- Gewissenhaftigkeit und emotionale Stabilität korrelieren positiv.

Mit großer Wahrscheinlichkeit besteht darüber hinaus ein positiver, wenn auch schwacher Zusammenhang zwischen emotionaler Stabilität und Verträglichkeit, der auch inhaltlich plausibel erscheint.

Wenngleich man eine solche Zusammenstellung mit Vorsicht betrachten muß, da es sich um unterschiedliche Operationalisierungen der "Big Five" handelt, läßt sich unsere vierte Frage relativ eindeutig beantworten: *Die Operationalisierungen der "Big Five" sind nicht unabhängig voneinander.* 18 Korrelationen in Tabelle 1.9 überschreiten den Wert von .30 (bis hin zu .52). Mithin erscheint die Aussage vertretbar, daß es sich bei den "Big Five" - in den vorliegenden Operationalisierungen - um *partiell redundante Konstrukte* handelt. Zu einem vergleichbaren Ergebnis gelangte auch Ostendorf (1990, S. 145) im Rahmen des lexikalischen Ansatzes bei der Berechnung der Interkorrelationen von "Big Five"-Indikatoren, die durch Summation über bipolare Ratingskalen mit den höchsten Faktorenladungen (HFL) gebildet wurden: "Werden z.B. die Skalensummenwerte für die Probanden jeweils über die 10 Markiervariablen der Komponenten der HFL-Ratingskalen berechnet, so *korrelieren diese im Mittel zu .34 (Selbst-) und .39* (Bekanntenbeurteilungen)."

Es sollte Konstrukte geben, die den "Big Five" übergeordnet sind, mit deren Hilfe man auf eine weniger redundante Weise Hauptvarianzquellen der Persönlichkeit erfassen kann. In diesem Sinn argumentiert auch Eysenck (1992, S. 668) in seiner kritischen Auseinandersetzung mit dem "Big Five"-Ansatz: "Von besonderer Bedeutung ist die Beziehung zwischen Psychotizismus im Eysenck-System und Verträglichkeit und Gewissenhaftigkeit im "Big Five"-System. McCrae und Costa (1985) berichteten entsprechende Korrelationen von -.45 und -.31, und Goldberg (persönliche Mitteilung) berichtete eine Korrelation von -.85 zwischen P und der Kombination aus Verträglichkeit und Gewissenhaftigkeit. Dies spricht sehr dafür, daß Verträglichkeit (und in schwächerem Ausmaß Gewissenhaftigkeit) Primärfaktoren sind, die einen Teil des Psychotizismus bilden." (Übers. d.Verf.). Im folgenden Kapitel gehen wir dieser grundsätzlichen Frage anhand empirischer Daten nach.

5. ZUSAMMENFASSUNG

Zu den Aufgaben der Persönlichkeitspsychologie gehört die Entwicklung einer empirisch begründeten, konsensfähigen Taxonomie von Persönlichkeitseigenschaften. Um diese Aufgabe zu lösen, wurden zwei Strategien vorgeschlagen: (1) der *lexikalische Ansatz,* der die in einer Sprache vorhandenen Eigenschaftsbegriffe sichtet und systematisiert, sowie (2) die Auswertung umfassender *Batterien von Fragebogentests.* In jüngerer Zeit wurden von Anhängern beider Richtungen Fünf-Faktorenmodelle der Persönlichkeit ("Big Five" - Ansätze) vorgestellt, auf die sich die Aufmerksamkeit vieler Persönlichkeitspsychologen richtet.

Der lexikalische Ansatz basiert auf der Annahme, daß die Mitglieder einer Sprachgemeinschaft über viele Generationen hinweg die ihnen am wichtigsten erscheinenden Eigenschaften sprachlich kodiert haben, so daß bei systematischer Auswertung von Eigenschaftsbegriffen die taxonomische Aufgabe zu lösen sein sollte. Angesichts der großen Anzahl von Eigenschaftsbegriffen lassen sich allerdings bestimmte *subjektive* Vorentscheidungen (Vorgruppierungen der Begriffe) nicht vermeiden. Nach Auffassung der Anhänger des lexikalischen Ansatzes haben die faktorenanalytischen Untersuchungen einer Reihe von Forschern (relativ) übereinstimmend fünf Faktoren (die "Big Five") zu Tage gefördert, die meist in Anlehnung an Norman (1963) wie folgt benannt werden:

- Surgency (Lebhaftigkeit),
- Agreeableness (Verträglichkeit),
- Conscientiousness (Gewissenhaftigkeit),
- Emotional Stability (emotionale Stabilität) und
- Culture (Kultur).

Allerdings findet man auch andere Interpretationen.

Im Rahmen des Fragebogentestansatzes wurden von den Vertretern der klassischen "großen" Persönlichkeitssysteme unterschiedliche Taxonomien vorgeschlagen, deren Heterogenität Anlaß zur Unzufriedenheit bot und Versuche einer Annäherung oder Integration der Modelle bewirkte. Es kristallisierte sich die Erkenntnis heraus, daß lediglich auf der Ebene der varianzstärksten Persönlichkeitsfaktoren Chancen für Übereinstimmungen bestehen; dabei handelt es sich um breite Konstrukte, die aus mehreren Komponenten (Facetten, Indikatoren) zusammengesetzt sind. Als relativ neues und differenziert ausgearbeitetes Modell findet das im NEO-PIR von Costa et al. (1991) operationalisierte Fünf-Faktorenmodell starke Beachtung. Es verwendet die Faktoren Extraversion, Verträglichkeit, Gewissenhaftigkeit, Neurotizismus und Offenheit für Erfahrung, die durch jeweils sechs Facetten untergliedert sind. Da mithin sowohl im lexikalischen Ansatz als auch im NEO-PIR "Big Five"-Modelle vorgeschlagen wurden, die auf der semantischen Ebene (weitgehend) identisch sind, scheint die taxonomische Aufgabe befriedigend gelöst zu sein.

Ob diese optimistische Annahme zutrifft, sollen die Antworten auf vier kritische Fragen zum "Big Five"-Ansatz entscheiden helfen:

• Stimmen Autoren, die im Rahmen des lexikalischen Ansatzes die "Big Five" operationalisieren, in den für relevant erachteten Komponenten überein?
• Stimmen die Operationalisierungen von "Big Five"-Faktoren im Bereich der Fragebogentests überein?
• Stimmen die Kernkomponenten der "Big Five", die von Vertretern des lexikalischen Ansatzes genannt werden, mit den Komponenten überein, die in Persönlichkeitsinventaren ihren Niederschlag finden?
• Handelt es sich bei den "Big Five" um unabhängige Persönlichkeitsfaktoren, die die höchste Ebene der Persönlichkeitsbeschreibung bilden?

Bei kritischer Betrachtung müssen alle vier Fragen *verneint* werden. Die taxonomische Aufgabe ist bisher nicht befriedigend gelöst. Man kann lediglich aussagen:

• daß es mit Hilfe von fünf Faktoren (bzw. Hauptkomponenten) im allgemeinen befriedigend gelingt, die Hauptvarianzquellen in Eigenschaftsbegriffen bzw. Fragebogenskalen zu erschließen; im Einzelfall bzw. bei bestimmten Persönlichkeitseigenschaften kann die Varianzaufklärung jedoch gering ausfallen,
• daß diese fünf Faktoren ("Big Five") aus verschiedenen Studien eine gewisse Ähnlichkeit untereinander aufweisen, und
• daß die *Operationalisierungen* der "Big Five" zu teilweise redundanten Messungen führen, da sie signifikant interkorrelieren, so daß es Faktoren höherer Ordnung geben muß, die eine ökonomischere (nichtredundante) Persönlichkeitsdeskription ermöglichen.

Als gravierende Schwäche des Fünf-Faktorenmodells ist ferner festzuhalten, daß es sich um einen weitgehend *atheoretischen,* rein deskriptiven Ansatz handelt.

Kapitel 2

ZWEI VARIANZSTARKE ORTHOGONALE PERSÖNLICHKEITSFAKTOREN: SEELISCHE GESUNDHEIT UND VERHALTENSKONTROLLE

"Die Differentielle Psychologie steckt in einer Krise."
Asendorpf (1993, S. 484)

1. EINLEITUNG

Die faktorenanalytische Persönlichkeitsforschung und die Diskussion der letzten Jahre über die Vergleichbarkeit und Replizierbarkeit von Persönlichkeitsfaktoren haben zu dem Ergebnis geführt, daß lediglich die *varianzstärksten* Faktoren hinreichend gut zu replizieren sind (Becker, 1988 b; Kline & Barrett, 1983; Ostendorf & Angleitner, 1992; Zuckerman et al., 1988). Aus diesem Grund verdienen das Kriterium der Varianzstärke eines Faktors (siehe unten) und die varianzstärksten Persönlichkeitsfaktoren besondere Beachtung.

In diesem Kapitel gehen wir zunächst auf die Varianzstärke von Persönlichkeitsfaktoren ein und belegen anhand typischer Eigenwerteverläufe, daß die ersten beiden unrotierten Faktoren bereits fast zwei Drittel der Varianz der ersten fünf Faktoren aufklären, das heißt die folgenden Faktoren deutlich in ihrer Varianzstärke übertreffen. Dieses Ergebnis läßt die ersten beiden Faktoren besonders interessant erscheinen. Der von ihnen aufgespannte Raum (bzw. die entsprechende Ebene) hat - wie zu zeigen sein wird - Circumplexcharakter, d. h. die abgebildeten Variablen sind kreisförmig angeordnet (siehe unten). In diesem Circumplex bilden die beiden Konstrukte *"seelische Gesundheit"* und *"Verhaltenskontrolle"* die orthogonalen (senkrecht aufeinander stehenden) Hauptfaktoren. Da es sich dabei um besonders breite Konstrukte handelt, interessiert die Frage nach ihrer Binnenstruktur, d.h. nach den sie konstituierenden Teilkomponenten. Es werden die Ergebnisse entsprechender Untersuchungen mit dem Trierer Persönlichkeitsfragebogen (TPF) und dem Trierer Inventar zur Verhaltenskontrolle (TIV) berichtet, die jeweils hierarchische Strukturmodelle nahelegen. Ausführlich wird auch auf die Beziehungen zwischen seelischer Gesundheit und Verhaltenskontrolle sowie den "Big Five" und anderen Persönlichkeitskonstrukten eingegangen.

2. ZUR VARIANZSTÄRKE VON PERSÖNLICHKEITSFAKTOREN

Das Prinzip der in der Faktorenanalyse üblicherweise verwendeten Hauptachsenmethode besteht darin, Faktoren unter zwei Nebenbedingungen zu bestimmen:

- Die Faktoren sollen orthogonal (unabhängig, nullkorrelierend) sein.
- Die Summe der Quadrate der Faktorenladungen des ersten Faktors soll ein Maximum der Gesamtvarianz erreichen, die des zweiten Faktors ein Maximum der Restvarianz usw. (Überla, 1968).

Die zweite Bedingung ist in unserem Zusammenhang von Bedeutung, denn die ersten Faktoren unterscheiden sich unter Umständen erheblich im Grad der Varianzaufklärung (Anteil der durch die Faktoren aufgeklärten Varianz an der Gesamtvarianz aller Variablen) von den nachfolgenden, varianzschwächeren Faktoren. Inhaltlich bedeutet dies, daß die ersten Faktoren - sofern man einen nicht zu einseitig vorselegierten Variablensatz verwendet - besonders breite Konstrukte abbilden. Dies gilt auch für die "Big Five", d.h. die ersten fünf Faktoren im Bereich der Persönlichkeit; sie repräsentieren breite Konstrukte, die sich aus mehreren korrelierenden Komponenten zusammensetzen, so daß man sie wie Faktoren zweiter Ordnung (Faktoren von obliquen Faktoren erster Ordnung) betrachten kann. Während die Aussage von der abnehmenden Varianzstärke aufeinanderfolgender Faktoren für die unrotierten Faktoren gilt, kann und wird sich im allgemeinen die Varianzstärke der Faktoren nach einer Rotation zur (orthogonalen oder obliquen) Einfachstruktur (z.B. nach dem Varimax-Kriterium) verändern und zwar im Sinne einer Angleichung der verschiedenen Varianzstärken. Zwischen den Varianzstärken der *rotierten* Faktoren bestehen mit anderen Worten nicht mehr so große Unterschiede wie zwischen den Varianzstärken der *unrotierten* Faktoren.

Außerordentlich wichtig erscheint uns die Frage, wie groß die Unterschiede in den Varianzstärken der ersten fünf unrotierten Faktoren bei Hauptkomponentenanalysen umfangreicher Batterien von Persönlichkeitskonstrukten sind. Insbesondere werfen wir die Frage auf, wieviel Prozent der Varianz, die von den ersten fünf Faktoren aufgeklärt wird (Summe dieser fünf Varianzen gleich hundert Prozent gesetzt), bereits durch die ersten beiden unro-

nachschlagen

tierten Faktoren aufgeklärt wird. Es ist damit zu rechnen, daß dieser Prozentsatz deutlich höher als 2/5 (bzw. 40 %) liegt, da die ersten beiden Faktoren varianzstärker als die nächsten drei Faktoren sind.

Wir sind dieser Fragestellung nachgegangen, indem wir die von anderen Untersuchern mitgeteilten Eigenwerte (bzw. Varianzstärken der Faktoren, sofern man durch die Anzahl der untersuchten Variablen dividiert) tabelliert und verglichen haben. In allen Fällen handelt es sich um umfassende Zusammenstellungen persönlichkeitsbeschreibender Daten. Dabei unterscheiden wir drei Arten von Ausgangsdaten:

- Untersuchungen im Rahmen des lexikalischen Ansatzes (siehe oben) unter Verwendung von Adjektiven als Ausgangsvariablen,
- Untersuchungen, ausgehend von *Items* aus Persönlichkeitinventaren, und
- Untersuchungen, ausgehend von *Skalen* aus Persönlichkeitsinventaren.

Tabelle 2.1 informiert über die Eigenwerte aus elf Untersuchungen, in denen Adjektive in bipolaren Ratingskalen als Datenbasis dienten. Diese Tabelle lehnt sich eng an eine von Ostendorf (1990, S. 74) mitgeteilte Tabelle an; der Hauptunterschied in der Darstellung besteht darin, daß wir uns auf die ersten fünf Eigenwerte beschränken, daß wir deren Summe gleich hundert Prozent setzen und berechnen, welcher Anteil an diesen hundert Prozent auf die ersten beiden Eigenwerte zurückgeht. Die Auswertung führt zu dem Ergebnis, daß die ersten beiden (unrotierten) Faktoren im Mittel 63.43 % - also knapp zwei Drittel - der Varianz aufklären, die von der Gesamtheit aller fünf Faktoren aufgeklärt wird. So ist der erste unrotierte Faktor fast fünfmal so varianzstark wie der fünfte Faktor.

In Tabelle 2.2 haben wir die Ergebnisse, die auf Daten aus Persönlichkeitsinventaren basieren, zusammengestellt - und zwar getrennt für das Item- und das Skalenniveau. In beiden Fällen bestätigt sich weitgehend das oben mitgeteilte Ergebnis. Auf der Itemebene klären die ersten beiden Faktoren im Mittel 62.8 % der Varianz der fünf Faktoren auf, während sich auf der Skalenebene ein Wert von 63.6 % ergibt. Dieser hohe Grad an Übereinstimmung ist erstaunlich.

Zusammenfassend besagen unsere Auswertungen, daß sich allein mit Hilfe der ersten beiden Faktoren etwa 63% - 64% - also fast zwei Drittel - der Varianz aufklären lassen, die bei Extraktion aller fünf Faktoren aufzuklären ist.

Tabelle 2.1: Verlauf der ersten fünf Eigenwerte (obere Zeile) und Anteile erklärter Varianz bezogen auf die ersten fünf Hauptkomponenten (untere Zeile, in Klammern) in den Hauptkomponentenanalysen diverser Inventare bipolarer Ratingskalen. Ergebnisse basieren auf Selbstbeurteilungsdaten. Aus Ostendorf (1990, S. 74; leicht veränderte Darstellung; dort nähere Erläuterungen zu den Skalen).

Bipolare Skalen	Eigenwerte 1	2	3	4	5	*Summe*
Norman	4.26	2.83	1.94	1.75	1.22	12.00
	(35.5)	(23.6)	(16.2)	(14.6)	(10.2)	
Norman PB	4.44	2.80	1.87	1.52	1.46	12.09
	(36.7)	(23.2)	(15.5)	(12.6)	(12.1)	
NEO-R	16.80	8.14	5.65	4.63	3.52	38.74
	(43.4)	(21.0)	(14.6)	(12.0)	(9.1)	
Pea & Gol	13.67	6.35	4.14	2.75	2.20	29.11
	(47.0)	(21.8)	(14.2)	(9.4)	(7.6)	
Goldberg	9.23	3.54	3.20	2.40	2.22	20.59
	(44.8)	(17.2)	(15.5)	(11.7)	(10.8)	
John	9.86	3.76	3.09	2.79	2.18	21.68
	(45.5)	(17.3)	(14.3)	(12.9)	(10.1)	
BRS 179	38.41	17.53	12.53	9.38	6.77	84.62
	(45.4)	(20.7)	(14.8)	(11.1)	(8.0)	
BRS 119	26.09	11.79	7.99	5.99	4.47	56.33
	(46.3)	(20.9)	(14.2)	(10.6)	(7.9)	
HFL	13.29	5.07	4.16	3.69	2.82	29.03
	(45.8)	(17.5)	(14.3)	(12.7)	(9.7)	
Proto	12.63	4.95	3.80	3.44	2.92	27.74
	(45.5)	(17.8)	(13.7)	(12.4)	(10.5)	
MRS	9.34	5.27	3.62	3.21	2.54	23.98
	(38.9)	(22.0)	(15.1)	(13.4)	(10.6)	
Mittelwerte	(43.16)	(20.27)	(14.76)	(12.13)	(9.69)	

Tabelle 2.2: Verlauf der ersten fünf Eigenwerte (obere Zeile) und Anteile erklärter Varianz bezogen auf die ersten fünf Faktoren (untere Zeile, in Klammern) in den Faktorenanalysen von Items oder Skalen diverser Fragebogentests.

Untersucher	*Eigenwerte*					
	1	2	3	4	5	*Summe*
Untersuchungen auf Itemniveau						
Brown & Howarth (1977) 400 Items + Geschlecht	28.19 (43.4)	13.34 (20.5)	8.68 (13.3)	8.21 (12.6)	6.73 (10.3)	65.15
Ostendorf & Angleitner (1992); 576 Items	35.7 (31.6)	29.4 (26.0)	19.6 (17.3)	14.6 (12.9)	13.8 (12.2)	113.1
Sells et al. (1971); 300 Items (Guilford)	24.74 (46.3)	12.39 (23.2)	8.18 (15.3)	4.48 (8.4)	3.63 (6.8)	53.42
Sells et al. (1971); 300 Items (Cattell)	17.61 (39.7)	9.20 (20.7)	6.88 (15.5)	6.01 (13.5)	4.66 (10.5)	44.36
Mittelwerte der vier Studien	(40.23)	(22.60)	(15.35)	(11.85)	(9.95)	
Untersuchungen auf Skalenniveau						
Boyle (1989) 32 Skalen	5.65 (32.3)	5.04 (28.8)	2.74 (15.7)	2.34 (13.4)	1.71 (9.8)	17.48
Ruch, Angleitner & Strelau (1991), 25 Skalen	6.50 (41.9)	3.61 (23.3)	2.08 (13.4)	1.78 (11.5)	1.55 (10.0)	15.52
Zuckerman et al. (1988) 46 Skalen	22 (40.7)	13 (24.0)	9 (16.7)	5 (9.3)	5 (9.3)	54
Zuckerman et al. (1991) 33 Skalen	6.3 (32.6)	5.9 (30.6)	3.0 (15.5)	2.3 (11.9)	1.8 (9.3)	19.3
Mittelwerte der vier Studien	(36.88)	(26.68)	(15.33)	(11.53)	(9.60)	

Da die ersten fünf Faktoren nach einer Rotation zur Einfachstruktur in der Regel als die "Big Five" identifiziert bzw. interpretiert werden, beinhaltet dieses Ergebnis, daß fast zwei Drittel der durch die "Big Five" erfaßten Persönlichkeitsvarianz durch die ersten beiden Faktoren aufgeklärt werden können. Mithin handelt es sich um Faktoren, die breiter sind als die "Big Five". Mit ihrer Hilfe läßt sich eine sehr ökonomische *globale* Persönlichkeitsbeschreibung realisieren - eine differenziertere Beschreibung kann auf der Ebene der untergeordneten Primärfaktoren erfolgen. Wie weiter unten zu zeigen sein wird, erweisen sich diese Faktoren auch in theoretischer Hinsicht sowie aufgrund der Tatsache ihrer empirischen Unabhängigkeit (auch auf der Ebene der Operationalisierung!) als interessant.

3. SEELISCHE GESUNDHEIT UND VERHALTENSKONTROLLE: ZWEI VARIANZSTARKE, REPLIZIERBARE, UNABHÄNGIGE PERSÖNLICHKEITSFAKTOREN

Auf der Suche nach den beiden varianzstärksten Persönlichkeitsfaktoren hatte Becker (1986 a, b) - ganz in der Tradition der empirischen Persönlichkeitsforschung stehend - erwartet, die beiden zum damaligen Zeitpunkt "dominierenden" und als "Säulen" apostrophierten Eysenckschen Faktoren "Neurotizismus" und "Extraversion-Introversion" zu ermitteln. Zur eigenen Überraschung fand der Verfasser jedoch zwei Faktoren, die er als *"seelische Gesundheit"* und *"Verhaltenskontrolle"* interpretierte. Beide wurden zwar als verwandt mit Neurotizismus (bzw. emotionaler Stabilität) und Introversion, jedoch als breiter und keinesfalls mit den erwarteten Faktoren identisch betrachtet (dies gilt insbesondere für den Vergleich von Verhaltenskontrolle und Introversion).

Um den Nachweis zu erbringen, daß es sich bei der seelischen Gesundheit und der Verhaltenskontrolle tatsächlich um neue Konstrukte (und nicht nur um "alten Wein in neuen Schläuchen") handelt, reanalysierte Becker (1988 b) acht umfangreiche Batterien von Persönlichkeitsskalen und extrahierte jeweils nur die ersten beiden Hauptkomponenten. Zu den verwendeten diagnostischen Verfahren gehörten unter anderem der 16 Persönlichkeitsfaktorentest von Schneewind, Schröder und Cattell (1983), das Freiburger Persönlichkeitsinventar (FPI) von Fahrenberg, Hampel und Selg (1978), das Eysenck-Persönlichkeits-Inventar (EPI) von Eggert (1974), der MMPI von Spreen (1963), die Sensation Seeking Skalen (SSS) von Zuckerman (1971), die Objektive Testbatterie OA-TB 75 von

Schmidt, Häcker, Cattell und Schwenkmezger (1975) sowie weitere Tests, über die Becker (1988 b) informiert. Das methodische Vorgehen war aufwendig und sorgfältig. Ausgehend von einer kritischen Diskussion einiger Gründe für die Stagnation der faktorenanalytischen Persönlichkeitsforschung wurde dafür Sorge getragen, daß keine trivialen und keine nur scheinbar divergierenden Ergebnisse ermittelt wurden. So wurde z.B. verhindert, daß sich durch die Verwendung mehrerer Paralleltests (z.B. für Extraversion) zwangsläufig ein Extraversionsfaktor ergeben *muß;* ferner wurde durch eine Zielrotation der Faktorenachsen erreicht, daß sie durch *Markiervariablen* für einen Faktor verliefen und mithin eine einheitliche Ausrichtung der Faktoren in der betreffenden Ebene erfolgte. Durch die Berechnung von Faktorkongruenzkoeffizienten (Ähnlichkeitsmaß für Muster von Faktorenladungen; Burt, 1948; Pawlik, 1968) wurde nachgewiesen, daß es sich bei den resultierenden Faktoren in den acht Untersuchungen jeweils um paarweise sehr ähnliche Faktoren handelt, nämlich die beiden orthogonalen Faktoren seelische Gesundheit und Verhaltenskontrolle.

Seelische Gesundheit ist ein breiteres Konstrukt als emotionale Stabilität, denn es umfaßt zusätzlich Eigenschaften wie Selbstbewußtsein, Autonomie und gute Problemlösefähigkeit. Starke Verhaltenskontrolle ist gekennzeichnet durch Eigenschaften wie besonnen, vorausschauend, planend, vorsichtig, pflichtbewußt, sorgfältig, ausdauernd und konservativ, während der Gegenpol (geringe Verhaltenskontrolle) durch Eigenschaften wie sorglos, risikofreudig, überschwenglich, impulsiv, auf Reizsuche und radikal zu charakterisieren ist (nähere Einzelheiten siehe unten). Ein weiteres Ergebnis dieser Untersuchung besagt, daß diese beiden Faktoren im Mittel etwa 60 % der wahren Varianz (Gesamtvarianz minus Fehlervarianz) der Ausgangsvariablen (Persönlichkeitsskalen) aufklären. Dieser Prozentsatz entspricht weitgehend dem oben mitgeteilten Prozentsatz von 63 % bis 64 %, der mit Hilfe der ersten beiden unrotierten Faktoren im lexikalischen Ansatz und bei Verwendung von Persönlichkeitsfragebögen ermittelt wurde. Zumindest in formaler Hinsicht (ausgehend von der Varianzstärke) könnten diese beiden Faktoren der seelischen Gesundheit und der Verhaltenskontrolle entsprechen.

Die vergleichende Gegenüberstellung der acht Hauptkomponentenanalysen bestätigte eine bereits von Becker (1986 a) aufgestellte Hypothese, daß die Persönlichkeitsvariablen in der Ebene der ersten beiden Hauptkomponenten eine Circumplexstruktur aufweisen. Abgesehen von den beiden Hauptfaktoren seelische Gesundheit und Verhaltenskontrolle können in dieser Ebene zwei um 45° gedrehte orthogonale Nebenfaktoren "soziale Anpassung vs. Zügellosigkeit" und "Selbstaktualisierung vs. Gehemmtheit" identifiziert werden. Da die 1988 mitgeteilte Circumplexstruktur durch neuere Daten teilweise überholt ist, verzichten wir auf deren Wiedergabe und verweisen den interessierten Leser auf Becker (1988 b).

Wie gezeigt wurde, handelt es sich bei der seelischen Gesundheit und der Verhaltenskontrolle um besonders breite Faktoren. Daher ist es erforderlich, ihre Binnenstruktur genauer zu bestimmen.

4. DIE BINNENSTRUKTUR VON SEELISCHER GESUNDHEIT UND VERHALTENSKONTROLLE

Die Entdeckung, daß es sich bei den beiden varianzstärksten Persönlichkeitsfaktoren in den von Becker (1986 a, b; 1988 b) ausgewerteten umfangreichen Batterien von Persönlichkeitsskalen um zwei Konstrukte handelt, die als seelische Gesundheit und Verhaltenskontrolle interpretiert werden können, bildete zunächst nur den Ausgangspunkt für weiterführende theoretische und empirische Analysen, die erforderlich waren, um die beiden Konstrukte anzureichern und der empirischen Messung zugänglich zu machen. Im folgenden skizzieren wir unsere Studien zur Binnenstruktur und Diagnostik der seelischen Gesundheit sowie der Verhaltenskontrolle.

4.1 Die Binnenstruktur der seelischen Gesundheit

Die zu beschreibende Binnenstruktur ist das Ergebnis einer Sequenz von Top-down- und Bottom-up-Untersuchungen, die mit dem Ziel begonnen wurde, theoriegeleitet einen Itempool zur Messung hypothetischer Komponenten der seelischen Gesundheit zusammenzustellen. Die Definition von seelischer Gesundheit als Fähigkeit zur Bewältigung externer und interner Anforderungen, die Formulierung von sieben Indikatorenbereichen der seelischen und körperlichen Gesundheit sowie einer ersten Version einer Systemtheorie der Persönlichkeit durch Becker (1986 a) bildeten den Ausgangspunkt für die Erstellung einer 299 Items umfassenden Vorform des Trierer Persönlichkeitsfragebogens (TPF) zur Messung von seelischer Gesundheit und ihrer verschiedenen Teilkomponenten sowie zusätzlich der Verhaltenskontrolle.

Tabelle 2.3: Kurzcharakterisierung von Personen mit hohen bzw. niedrigen Werten in acht TPF-Skalen

Hohe Werte	**Niedrige Werte**
Seelische Gesundheit	
- stark ausgeprägte Fähigkeit zur Bewältigung externer und interner Anforderungen	- gering ausgeprägte Fähigkeit zur Bewältigung externer und interner Anforderungen
- hohes Selbstwertgefühl	- geringes Selbstwertgefühl
- Sinnerfülltheit	- geringe Sinnerfülltheit
- hohe Lebenszufriedenheit	- geringe Lebenszufriedenheit
- durchsetzungsfähig	- wenig durchsetzungsfähig
Sinnerfülltheit versus	*Depressivität*
- Leben erscheint sinnvoll	- Gefühl der Sinnlosigkeit und Leere
- relativ frei von Gefühlen der Ohnmacht und Hilflosigkeit	- häufige Gefühle der Ohnmacht und Hilflosigkeit
- selbstsicher	- selbstunsicher
Selbstvergessenheit versus	*Selbstzentrierung*
- grübelt wenig	- grübelt viel
- sorglos	- besorgt um Zukunft
- wenig ängstlich	- ängstlich
Beschwerdefreiheit versus	*Nervosität*
- fühlt sich körperlich wohl	- häufige körperliche Beschwerden
- fühlt sich gesund	- fühlt sich häufig krank
- frei von Gedächtnis- und Konzentrationsstörungen	- leidet häufiger unter Gedächtnis- und Konzentrationsstörungen
Expansivität	
- durchsetzungsfähig	- wenig durchsetzungsfähig
- selbstsicher	- selbstunsicher
- entscheidungsschnell	- entscheidungsunsicher
- dominant	- unterwürfig
Autonomie	
- trifft Entscheidungen gern allein	- lehnt sich bei wichtigen Entscheidungen gern an andere an
- löst Probleme selbst	- sucht Hilfe bei anderen
- übernimmt Verantwortung für ihr Leben	- weicht Verantwortung für ihr Leben aus
Selbstwertgefühl	
- selbstbewußt	- hat Probleme, sich zu akzeptieren
- häufig unbeschwert	- häufig bedrückt, schlecht gelaunt
- ruhig und ausgeglichen	- erregbar
Liebesfähigkeit	
- interessiert an anderen	- gleichgültig gegenüber anderen
- kann anderen Liebe geben	- schwer, anderen Liebe zu geben
- kann sich in andere einfühlen	- kann sich schlecht einfühlen
- hilfsbereit	- wenig hilfsbereit

In mehreren Schritten, über die Becker (1989) im Detail berichtet, wurden unter Verwendung von Hauptkomponenten- und Itemanalysen sowie unter Erweiterung des ursprünglichen Itempools acht Skalen zur Messung der seelischen Gesundheit und ihrer Komponenten sowie eine Verhaltenskontrolle-Skala entwickelt, die befriedigende oder gute interne Konsistenzen, Retestreliabilitäten, Verteilungskennwerte und Validitäten besitzen. Tabelle 2.3 informiert in komprimierter Form über den Inhalt der acht auf seelische Gesundheit bezogenen TPF-Skalen. Die Interkorrelationen aller neun Skalen in der 436 Männer und 525 Frauen umfassenden Eichstichprobe des TPFs sind in Tabelle 2.4 wiedergegeben.

Tabelle 2.4: Interkorrelationen der TPF-Skalen bei 436 männlichen (untere Dreiecksmatrix) und 525 weiblichen (obere Dreiecksmatrix) Personen aus der Eichstichprobe des TPF. Nachkommastellen.

Skala	VK	SG	SE	SV	BF	EX	AU	SW	LF
VK: Verhaltens-kontrolle	-	08	04	-01	-12	-30	-03	-02	13
SG: Seelische Gesundheit	12	-	76	49	50	60	58	76	47
SE: Sinnerfülltheit vs. Depressivität	15	70	-	55	57	38	41	63	38
SV: Selbstvergessenheit vs. Selbstzentrier.	-05	44	50	-	39	15	21	39	07
BF: Beschwerdefreiheit vs. Nervosität	-15	52	55	45	-	29	35	37	14
EX: Expansivität	-17	65	32	22	29	-	47	43	22
AU: Autonomie	01	51	34	20	33	48	-	38	08
SW: Selbstwert-gefühl	04	64	52	30	30	43	17	-	45
LF: Liebesfähigkeit	16	41	28	02	10	23	05	47	-

Man erkennt, daß die sieben Skalen zur Messung von Teilkomponenten der seelischen Gesundheit (SG) untereinander mittelhoch und mit der SG-Skala deutlich höher korrelieren und daß diese Skalen von der Verhaltenskontrolle (VK)-Skala weitgehend unabhängig sind. Exploratorische und konfirmatorische Faktorenanalysen der Interkorrelationen von acht TPF-Skalen (ohne die VK-Skala) belegen die in Abbildung 2.1 wiedergegebene hierarchische Struktur der seelischen Gesundheit.

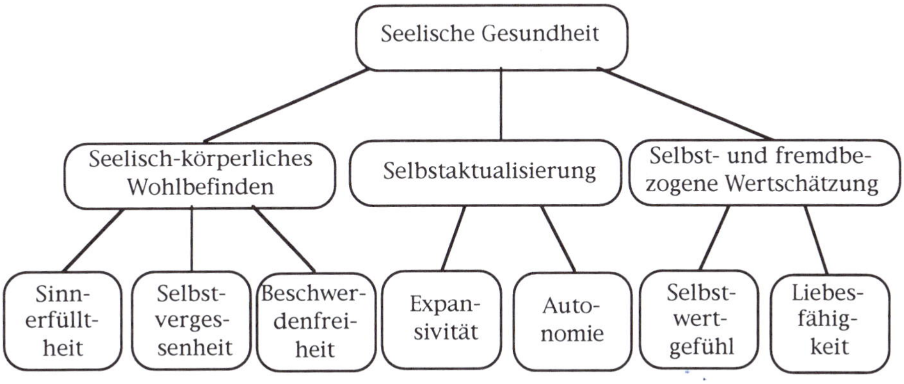

Abbildung 2.1: Hierarchisches Strukturmodell der seelischen Gesundheit, basierend auf TPF-Skalen.

Nach diesen Analysen ist seelische Gesundheit als ein breites Persönlichkeitskonstrukt (im Sinne eines Faktors höherer Ordnung) zu betrachten, als dessen bester Einzelindikator sich die SG-Skala erweist. Sie umfaßt drei übergeordnete Komponenten, die ihrerseits jeweils in zwei oder drei Teilkomponenten auf Skalenebene untergliedert werden können. Die drei übergeordneten Komponenten werden

- *"seelisch-körperliches Wohlbefinden"*,
- *"Selbstaktualisierung"* und
- *"selbst- und fremdbezogene Wertschätzung"* benannt.

Zusammenfassend läßt sich Abbildung 2.1 wie folgt interpretieren: Aussagen über die seelische Gesundheit sind auf drei Ebenen möglich:

- auf einer obersten, globalen, hoch abstrahierten Ebene unter Einbeziehung aller Skalen, wobei die SG-Skala als bester Einzelindikator fungiert,
- auf einer mittleren Ebene, auf der zwischen einer Wohlbefindens-, Selbstaktualisierungs- und Wertschätzungskomponente unterschieden wird,

Tabelle 2.5: Kurzcharakterisierung von Personen mit hohen bzw. niedrigen Werten in zehn TIV-Skalen

Hohe Werte	**Niedrige Werte**
Verhaltenskontrolle	
- besonnen	- unbesonnen
- vorausschauend	- spontan
- vorsichtig	- leichtsinnig
- ordnungsliebend	- legt wenig Wert auf Ordnung
- normorientiert	- setzt sich über Normen hinweg
- kann Belohnungen aufschieben	- geringer Belohnungsaufschub,
- kontrolliert	- ausgelassen
Normorientierung	
- beachtet Normen	- setzt sich über Normen hinweg
- strenges Gewissen	- laxes Gewissen
- diszipliniert	- undiszipliniert
- ehrlich	- zu Notlügen neigend
- pflichtbewußt	- wenig pflichtbewußt
Ordnungsstreben und Prinzipientreue	
- ordnungsliebend	- legt wenig Wert auf Ordnung
- prinzipientreu	- wenig Wert auf Prinzipientreue
- legt Wert auf gutes Benehmen	- wenig Wert auf gutes Benehmen
- konservativ	- legt wenig Wert auf Traditionen
Zuverlässigkeit	
- zuverlässig	- unzuverlässig
- pünktlich	- unpünktlich
- sorgfältig	- unsorgfältig
Arbeitsorientierung	
- arbeitsbesessen	- kann von der Arbeit abschalten
- fleißig	- faul
- ehrgeizig	- wenig ehrgeizig
Zukunfts- und Vernunftsorientierung	
- plant auf lange Sicht	- hat Abneigung gegen Pläne
- denkt vor dem Handeln	- handelt impulsiv
- vernünftig, vernunftbetont	- gefühlsbetont, unvernünftig
- ausdauernd	- wenig ausdauernd
Sparsamkeit	
- kontrolliert im Geldausgeben	- großzügig im Geldausgeben
- spart Geld an	- neigt nicht zum Sparen
Ausgelassenheit und Begeisterungsfähigkeit	
- begeisterungsfähig	- stumpf, zögerlich
- hat Spaß daran, Verrücktes zu tun	- hat Abneigung gegen Verrücktes
- ausgelassen	- kontrolliert
- leidenschaftlich	- beherrscht
Erlebnishunger	
- Sehnsucht nach Abenteuern	- wenig Interesse an Abenteuern
- auf Suche nach Abwechslung	- Vorliebe für Gewohntes
- über eigene Verhältnisse lebend	- bescheiden, selbstgenügsam
Hedonismus	
- vergnügungssüchtig	- asketisch
- unersättlich	- bescheiden, beherrscht
- genießerisch	- versagend
- triebhaft	- triebgehemmt
- maßlos	- maßvoll

- auf der unteren Ebene von sieben TPF-Skalen, die engere Aspekte der seelischen Gesundheit (wie z.B. Autonomie oder Sinnerfülltheit) zu messen erlauben.

4.2 Die Binnenstruktur der Verhaltenskontrolle

Die Binnenstruktur der Verhaltenskontrolle (VK) wurde analog zum oben bei der seelischen Gesundheit beschriebenen Vorgehen herausgearbeitet. Die im TPF von Becker (1989) verwendete VK-Skala galt lediglich als erster Schritt, dem weitere Schritte mit dem Ziel einer differenzierten Diagnostik der Verhaltenskontrolle und ihrer Komponenten folgen sollten. Den Ausgangspunkt einer Testentwicklung bildete ein theoriegeleitet zusammengestellter Pool von 324 potentiellen VK-Items, der von Becker (1990) faktoren- und itemanalytisch ausgewertet wurde. Neben einer Skala zur Messung der Verhaltenskontrolle als breites übergeordnetes Konstrukt wurden sieben Skalen zur Erfassung von Teilkomponenten der Verhaltenskontrolle konstruiert. Mit neu hinzugewonnenen empirischen Erkenntnissen und ergänzenden Hypothesen zur Binnenstruktur der Verhaltenskontrolle wurden in zwei Stufen Veränderungen auf der Item- und Skalenebene vorgenommen, bis schließlich die Endversion des Trierer Inventars zur Verhaltenskontrolle (TIV) erstellt werden konnte. Sie umfaßt insgesamt zehn Skalen, deren Inhalt in Tabelle 2.5 in komprimierter Form dargestellt ist.

Tabelle 2.6 informiert über die Interkorrelationen der zehn Skalen bei 358 männlichen und 417 weiblichen Personen aus der Eichstichprobe des TIV. Man erkennt, daß alle Skalen positiv interkorrelieren, wobei die höchsten Korrelationen zur VK-Skala bestehen. Nach exploratorischen und konfirmatorischen Faktorenanalysen zeichnet sich die in Abbildung 2.2 wiedergegebene hierarchische Struktur der Verhaltenskontrolle ab.

Analog zu den Ergebnissen zur seelischen Gesundheit ist Verhaltenskontrolle als ein breites Persönlichkeitskonstrukt aufzufassen, für das alle TIV-Skalen als Indikatoren fungieren und dessen bester Einzelindikator die VK-Skala ist. Auf der daruntergelegenen Ebene lassen sich die beiden Komponenten *Kontrolliertheit* und *Spontaneität* unterscheiden, für die sechs bzw. drei TIV-Skalen als Indikatoren dienen. Die unterste Ebene setzt sich aus neun TIV-Skalen, die engere Teilaspekte der Verhaltenskontrolle repräsentieren, zusammen.

Tabelle 2.6: Interkorrelationen der TIV-Skalen bei 358 männlichen (untere Dreiecksmatrix) und 417 weiblichen (obere Dreiecksmatrix) Personen aus der Eichstichprobe des TIV. Nachkommastellen.

Skala	VK	NO	OS	ZUV	AO	ZUK	SPA	AUS	EH	HE
VK: Verhaltenskontrolle	-	74	72	51	50	67	60	-64	-68	-68
NO: Normorientierung	73	-	75	54	51	61	55	-43	-60	-64
OS: Ordnungsstreben und Prinzipientreue	69	74	-	46	55	60	57	-35	-45	-55
ZUV: Zuverlässigkeit	47	48	47	-	28	44	41	-27	-43	-37
AO: Arbeitsorientierung	45	49	50	27	-	45	38	-20	-30	-41
ZUK: Zukunfts- und Vernunftsorientierung	66	60	58	40	50	-	57	-35	-41	-48
SPA: Sparsamkeit	68	61	58	36	34	59	-	-37	-51	-54
AUS: Ausgelassenheit und Begeister. fähigkeit	-65	-42	-27	-23	-12	-31	-48	-	62	67
EH: Erlebnishunger	-67	-55	-43	-27	-22	-36	-58	67	-	64
HE: Hedonismus	-72	-63	-49	-29	-36	-45	-60	72	70	-

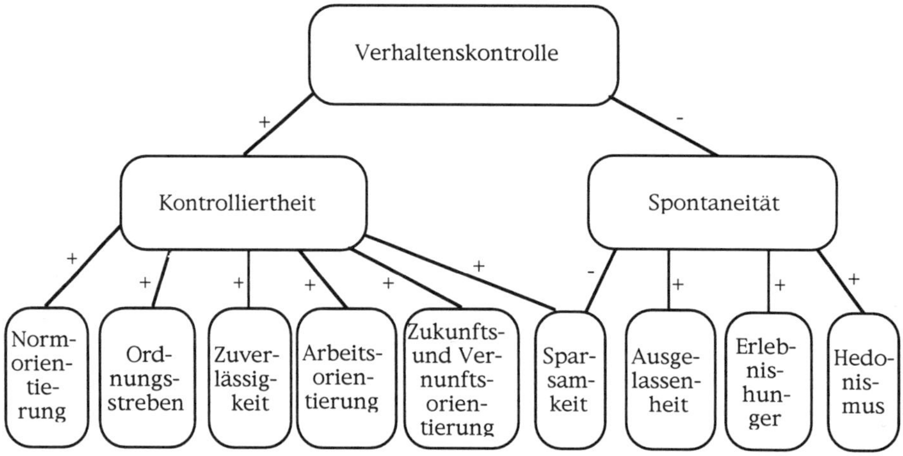

Abbildung 2.2: Hierarchische Struktur der Verhaltenskontrolle, basierend auf TIV-Skalen.

Vergleicht man die Binnenstrukturen der seelischen Gesundheit und der Verhaltenskontrolle mit der in Tabelle 1.7 beschriebenen Binnenstruktur der "Big Five", wie sie von Costa et al. (1991) im NEO-PIR realisiert wurde, erkennt man einen wesentlichen Unterschied: Costa et al. (1991) ziehen jeweils sechs Facetten (Indikatoren) pro Persönlichkeitsfaktor heran und beschränken sich auf *eine* Ebene der Komponenten des jeweiligen Faktors, während wir sowohl bei der seelischen Gesundheit als auch der Verhaltenskontrolle hierarchische Modelle mit *zwei* Ebenen verwenden. In diesem Unterschied spiegelt sich wider, daß es sich bei der seelischen Gesundheit und der Verhaltenskontrolle um breitere Konstrukte handelt als bei den "Big Five". Diese Aussage läßt sich anhand von Analysen erhärten, auf die wir im folgenden zu sprechen kommen.

5. BEZIEHUNGEN VON SEELISCHER GESUNDHEIT UND VERHALTENSKONTROLLE ZU DEN "BIG FIVE" SOWIE WEITEREN PERSÖNLICHKEITSKONSTRUKTEN

Unsere bisherigen Ausführungen haben gezeigt, daß man große Varianzanteile in einer Vielzahl von Persönlichkeitseigenschaften entweder mit Hilfe der "Big Five" oder - in eingeschränkterem Maße - mit Hilfe der beiden Konstrukte seelische Gesundheit und Verhaltenskontrolle aufklären kann. Die "Big Five" stellen dabei das differenziertere Modell, das von uns vertretene Zwei-Faktoren-Modell die ökonomischere Lösung dar. Welche Beziehungen bestehen zwischen diesen beiden Strukturmodellen?

Wir sind dieser Frage in drei Studien mit umfangreichen Batterien von Persönlichkeitsskalen - darunter Indikatoren der "Big Five" und der seelischen Gesundheit sowie der Verhaltenskontrolle - nachgegangen. Tabelle 2.7 enthält die Ergebnisse einer Untersuchung von 89 männlichen und weiblichen Studierenden, die folgende Fragebogen beantworteten:

- eine Vorform des Trierer Inventars zur Verhaltenskontrolle (TIV) (vgl. Becker, 1990),
- eine 6 Items umfassende *Kurzform* der seelischen Gesundheits(SG)-Skala des Trierer Persönlichkeitsfragebogens (TPF) von Becker (1989); aus ökonomischen Gründen konnte nicht der gesamte TPF eingesetzt werden, so daß die Messung der seelischen Gesundheit nur eingeschränkt möglich erscheint;
- das Eysenck-Persönlichkeits-Inventar (EPI) von Eggert (1974),

- das Strelau-Temperament-Inventory (STI) von Strelau, Angleitner, Bantelmann und Ruch (1990) in einer Kurzform (STI-RS) sowie
- das NEOFFI von Costa und McCrae in der deutschen Bearbeitung von Borkenau und Ostendorf (1993); dabei handelt es sich um eine Kurzform zur Messung der "Big Five" nach Costa und McCrae (1985).

Tabelle 2.7: Ergebnisse von Hauptkomponentenanalysen diverser Skalen. Zwei- und fünffaktorielle Varimax-Lösungen. Nachkommastellen. h^2 = Kommunalitäten. F21: Seelische Gesundheit. F22: Verhaltenskontrolle. F51: Emotionale Stabilität. F52: Kontrolliertheit vs. Offenheit für Erfahrung. F53: Verträglichkeit vs. Selbstbehauptung. F54: Spontaneität vs. Gehemmtheit. F55: Zuverlässigkeit.

Skala	F21	F22	*h2*	F51	F52	F53	F54	F55	*h2*
SG: Seel.Gesundheit (Kurzform)	**80**	18	67	**84**	09	16	23	-02	80
VK: Verhaltenskontrolle	-33	**82**	79	-06	53	48	-51	18	81
NO: Normorientierung	-07	**75**	57	02	**65**	45	-08	30	73
OS: Ordnungsstreben..	-13	**58**	35	-11	**81**	02	-02	28	74
ZUV: Zuverlässigkeit	03	**47**	22	-13	17	13	02	**75**	61
ZUK: Zukunftsorient...	-04	**58**	33	13	47	-25	-52	34	69
SPA: Sparsamkeit	-10	**48**	24	-14	**60**	12	08	33	51
AUS: Ausgelassenheit ..	47	**-57**	55	12	-15	-31	**81**	01	79
EH: Erlebnishunger	13	**-61**	38	-13	-22	**-78**	30	08	77
IF: Improvisationsfreude	**72**	-38	66	48	-17	-54	46	16	79
EPI-N: Neurotizismus	**-72**	-27	59	**-87**	05	-17	09	01	80
EPI-E: Extraversion	**65**	-48	65	38	-17	-18	**76**	-08	79
EPI-L: Lügenskala	18	**44**	23	15	15	-14	-23	**61**	49
STI: Strength of excitation	**75**	-17	59	**66**	-14	-46	19	12	71
STI: Strength of inhibition	02	**43**	19	22	-12	10	**-61**	25	51
STI: Mobility	**83**	-23	73	**65**	-16	-19	50	09	74
STI: Social desirability	**75**	19	61	**73**	-22	-05	00	39	72
NEO-FFI: Extraversion	**70**	-23	55	45	00	-02	**75**	05	78
NEO-FFI: Verträglichkeit	10	**62**	39	12	01	**73**	-06	46	77
NEO-FFI: Gewissenhaft.	38	**73**	68	35	32	26	-07	**69**	78
NEO-FFI: Neurotizismus	**-84**	-12	72	**-93**	05	-02	-07	04	88
NEO-FFI: Offenheit ...	25	**-41**	23	08	**-71**	-07	17	14	56
Summe quadr. Ladungen	5.74	5.19	10.93	4.61	2.87	2.50	3.46	2.35	15.79

Die 22 Skalen wurden interkorreliert und nach der Hauptkomponentenmethode faktorenanalysiert. Der Eigenwerteverlauf ließ zwei besonders varianzstarke Faktoren erkennen, und der Scree-Test sprach für eine fünffaktorielle Lösung. Es wurden eine zwei-

und eine fünffaktorielle Lösung nach dem Varimax-Kriterium zur orthogonalen Einfachstruktur rotiert. Tabelle 2.7 informiert über die Faktorenladungen, Kommunalitäten der Variablen und Varianzstärken der Faktoren. Die zweifaktorielle Lösung klärt beachtliche 69.2 % der Varianz auf, die die fünf Faktoren insgesamt aufklären (10.93/15.79). Sie umfaßt mithin zwei sehr breite Faktoren, die alle Faktoren der fünffaktoriellen Lösung in der Varianzaufklärung übertreffen. Die beiden Faktoren erhalten die Interpretationen "seelische Gesundheit" und "Verhaltenskontrolle", wobei der erste Faktor seelische Gesundheit nur suboptimal repräsentiert ist, da die TPF-Markiervariablen für seelische Gesundheit bis auf die SG-Kurzskala fehlen. Ein Blick auf die Ladungen der NEO-FFI-Skalen in der fünffaktoriellen Lösung zeigt, daß die entsprechenden Faktoren mehr oder weniger gut die "Big Five" abbilden. Unter Berücksichtigung der anderen hoch ladenden Skalen interpretieren wir die fünf Faktoren wie folgt:

- emotionale Stabilität vs. Neurotizismus,
- Kontrolliertheit vs. Offenheit für Erfahrung,
- Verträglichkeit vs. Selbstbehauptung,
- Spontaneität vs. Gehemmtheit und
- Zuverlässigkeit.

Ausgehend von den Markiervariablen der Faktoren zeigt Abbildung 2.3 die Zusammenhänge zwischen den Faktoren aus den zwei- und fünffaktoriellen Lösungen.

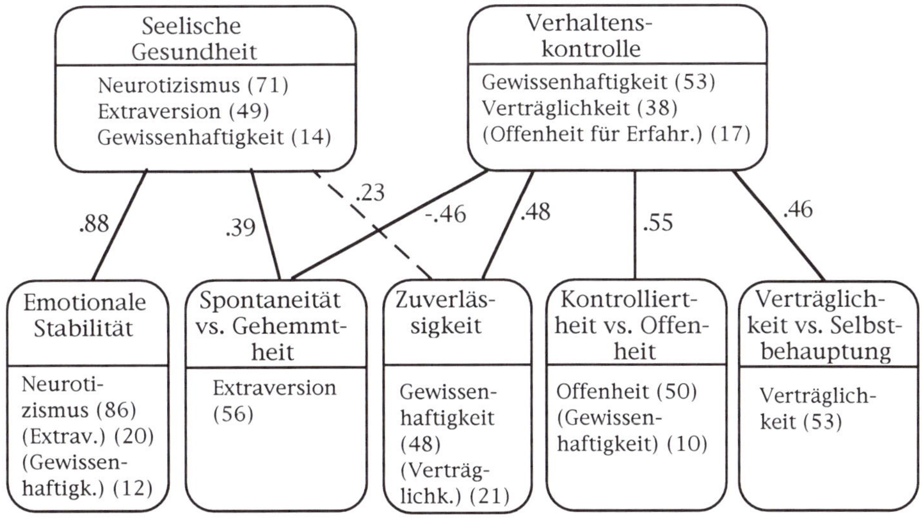

Abbildung 2.3: Bedeutsame Korrelationen zwischen den Faktorenscores aus zwei- und fünffaktoriellen Hauptkomponentenanalysen; ferner von den Faktoren aufgeklärte Varianzen in Skalen (in Klammern; Nachkomma)

In dieser Abbildung sind zusätzlich angegeben: (1) die von dem betreffenden Faktor aufgeklärten *Varianzanteile* (nicht Korrelationen!) der "Big Five"-Indikatoren, sofern sie 10 % erreichen oder übertreffen, sowie (2) die signifikanten Korrelationen der Faktorenwerte aus der zweifaktoriellen und der fünffaktoriellen Lösung.

Sowohl Abbildung 2.3 als auch Tabelle 2.7 belegen, daß es sich bei den Faktoren aus der zweifaktoriellen Lösung um breitere Konstrukte handelt als bei den Faktoren der fünffaktoriellen Lösung. So klärt die zweifaktorielle Lösung im Mittel 51.4 % der Varianz der NEO-FFI-Skalen auf. Für diese erstaunlich hohe Varianzaufklärung sind zwei Gründe verantwortlich: (1) der umfassendere Charakter der zwei Konstrukte, (2) die partielle Redundanz der "Big Five"-Indikatoren (vgl. Tabelle 1.9). Aus Tabelle 2.7 geht zugleich hervor, daß die Faktoren seelische Gesundheit und Verhaltenskontrolle nur wenig Varianz der Skalen "Offenheit für Erfahrung" (23 %) und "Verträglichkeit vs. Selbstbehauptung" (39 %) aufklären.

Die zweite von uns durchgeführte Untersuchung basiert auf den Daten von 82 männlichen und weiblichen Studierenden, die folgende Fragebogenverfahren beantworteten:

- den TPF,
- das TIV,
- den Fragebogen zur Erfassung von Flexibilität ("flexible Zielanpassung") und Tenazität ("hartnäckige Zielverfolgung") von Brandtstädter und Renner (1990) sowie
- die von Ostendorf (1990) vorgeschlagene 45 Adjektivpaare umfassende Version zur Messung der "Big Five" (siehe Tabellen 1.1 - 1.5).

Die Auswertung erfolgte analog zum oben beschriebenen Vorgehen bei Studie 1, d.h. es wurden zwei- und fünffaktorielle Hauptkomponenentenanalysen mit anschließenden Varimaxrotationen gerechnet, wobei wir uns am Eigenwerteverlauf orientierten. Tabelle 2.8 informiert über die Faktorenladungen und Kommunalitäten der 25 Ausgangsvariablen sowie die Varianzstärken der zwei bzw. fünf Faktoren.

Man erkennt, daß die beiden Faktoren der zweifaktoriellen Lösung 63.7 % der Varianz aufklären (10.56/16.58), die die fünf Faktoren zusammen aufklären. Wiederum handelt es sich um zwei breite Faktoren, die zweifelsfrei als seelische Gesundheit und Verhaltenskontrolle interpretiert werden können. Sie klären große Varianzanteile der drei "Big Five"-Indikatoren "Surgency", "Gewissenhaftigkeit" und "emotionale Stabilität" auf, nicht jedoch der Skalen "Verträglichkeit" und "Intellekt". Ein Blick auf die fünffaktorielle Lösung - speziell auf die fünf Ostendorf-Skalen und deren Ladungen - zeigt, daß vier der fünf Faktoren - mit Ausnahme des Intellekts -

den "Big Five" ähnlich sind. Unter Berücksichtigung aller Markiervariablen schlagen wir folgende Interpretationen vor:
- emotionale Stabilität,
- Kontrolliertheit,
- Spontaneität,
- Selbstaktualisierung vs. Zwanghaftigkeit (eine Interpretation, die weniger gesichert erscheint) und
- Verträglichkeit.

Tabelle 2.8: Ergebnisse von Hauptkomponentenanalysen diverser Skalen. Zwei- und fünffaktorielle Varimax-Lösungen. Nachkommastellen. h^2 = Kommunalitäten. F21: Seelische Gesundheit. F22: Verhaltenskontrolle. F51: Emotionale Stabilität. F52: Kontrolliertheit. F53: Spontaneität. F54: Selbstaktualisierung vs. Zwanghaftigkeit. F55: Verträglichkeit.

Skala	F21	F22	h^2	F51	F52	F53	F54	F55	h^2
SG: Seel.Gesundheit	**90**	05	81	**84**	24	22	17	-09	84
SE: Sinnerfülltheit	**71**	00	50	**70**	07	01	41	15	69
SV: Selbstvergessenheit	**46**	-05	21	**60**	-14	-09	12	07	41
BF: Beschwerdefreiheit	**45**	10	21	51	00	-29	53	10	64
EX: Expansivität	**74**	-10	56	54	27	53	-05	-37	78
AU: Autonomie	**53**	16	31	43	24	-07	42	-44	62
SW: Selbstwertgefühl	**70**	-17	52	**76**	-04	35	-17	23	78
LF: Liebesfähigkeit	**59**	-06	35	39	26	35	34	**54**	74
VK: Verhaltenskontrolle	-18	**88**	80	-05	55	**-67**	-25	09	82
NO: Normorientierung	11	**58**	35	-08	**72**	-03	-06	32	64
OS: Ordnungsstreben..	-08	**51**	27	-10	53	02	**-65**	13	73
ZUV: Zuverlässigkeit	11	**57**	34	-05	**63**	-17	06	-07	44
AO: Arbeitsorientierung	40	**48**	39	19	**68**	11	-10	-13	54
ZUK: Zukunftsorient...	27	**67**	53	16	**73**	-10	-24	-09	64
SPA: Sparsamkeit	-03	**55**	30	05	40	-24	-49	-13	48
AUS: Ausgelassenheit ..	33	**-57**	44	05	-07	**84**	01	10	73
EH: Erlebnishunger	14	**-54**	32	-09	-15	**69**	-02	-31	61
HE: Hedonismus	03	**-74**	56	-17	-37	**70**	10	05	67
FLEX: Flexibilität	**59**	23	40	**76**	09	-16	-08	04	63
TEN: Tenazität	**69**	14	49	42	46	25	38	-24	65
Surgency	**61**	-32	48	41	12	**73**	-11	15	74
Verträglichkeit	-04	05	00	11	-08	-13	-04	**85**	76
Gewissenhaftigkeit	33	**63**	51	11	**78**	-11	17	-04	66
Emotionale Stabilität	**84**	04	71	**89**	10	11	04	-13	84
Intellekt	**42**	-16	20	07	26	45	41	-25	51
Summe quadr. Ladungen	6.01	4.53	10.56	4.89	4.03	3.77	1.99	1.89	16.58

Analog zur Abbildung 2.3 veranschaulicht Abbildung 2.4 die Zusammenhänge zwischen den Faktoren der zwei- und fünffaktoriellen Lösungen. Zusätzlich sind in Klammern angegeben: (1) die von dem betreffenden Faktor aufgeklärten *Varianzanteile* der "Big Five"-Indikatoren, sofern sie 10 % erreichen oder übertreffen, sowie (2) die signifikanten Korrelationen der Faktorenwerte aus der zweifaktoriellen und der fünffaktoriellen Lösung.

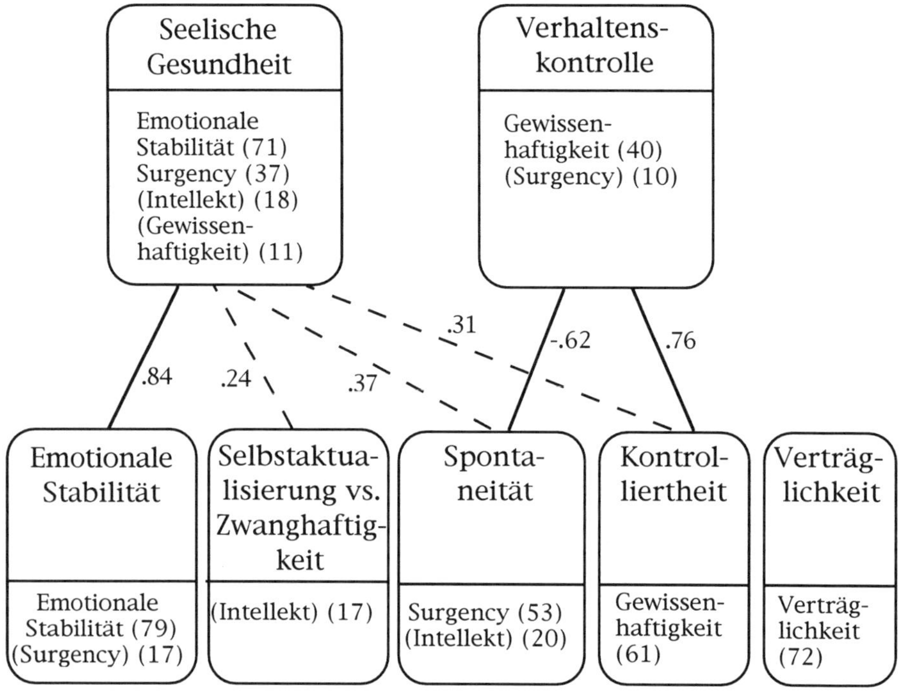

Abbildung 2.4: Bedeutsame Korrelationen zwischen den Faktorenscores aus zwei- und fünffaktoriellen Hauptkomponentenanalysen; ferner von den Faktoren aufgeklärte Varianzen in Skalen (in Klammer stehend; Nachkommastellen).

In der dritten Studie wurden bei einer Gruppe von 116 Frauen und Männern, die sich überwiegend aus Studierenden zusammensetzte, folgende Fragebogenverfahren verwendet:
- die Skalen seelische Gesundheit, Expansivität und Liebesfähigkeit aus dem Trierer Persönlichkeitsfragebogen (TPF),
- das Trierer Inventar zur Verhaltenskontrolle (TIV),
- der Gießen Test (GT) von Beckmann und Richter (1975) sowie
- die von Ostendorf (1990) vorgeschlagene 45 Adjektivpaare umfassende Version zur Messung der "Big Five".

Nach Inspektion des Eigenwerteverlaufs bot es sich an, bei Hauptkomponentenanalysen zwei und fünf Faktoren zu extrahieren und nach dem Varimaxkriterium zu rotieren. Tabelle 2.9 enthält die Faktorenladungen und Kommunalitäten der insgesamt 25 Skalen sowie die Spaltensummen der quadrierten Faktorenladungen als Maße für die Varianzstärke der Faktoren.

Tabelle 2.9: Ergebnisse von Hauptkomponentenanalysen diverser Skalen. Zwei- und fünffaktorielle Varimax-Lösungen. Nachkommastellen. h^2 = Kommunalitäten. F21: Seelische Gesundheit. F22: Verhaltenskontrolle. F51: Emotionale Stabilität. F52: Kontrolliertheit. F53: Spontaneität. F54: Soziabilität. F55: Verträglichkeit.

Skala	F21	F22	h^2	F51	F52	F53	F54	F55	h^2
SG: Seel.Gesundheit	**86**	09	76	**89**	03	-05	27	-01	88
EX: Expansivität	**74**	-15	56	**62**	15	24	34	-39	73
LF: Liebesfähigkeit	**56**	12	33	23	27	26	**54**	35	61
VK: Verhaltenskontrolle	-15	**84**	73	-04	48	**-72**	-11	12	78
NO: Normorientierung	-08	**76**	58	-17	**64**	-38	07	24	65
OS: Ordnungsstreben..	-19	**55**	34	-31	**62**	-23	04	-08	54
ZUV: Zuverlässigkeit	16	**51**	28	08	**60**	03	07	34	49
AO: Arbeitsorientierung	00	**47**	22	-01	**65**	-06	-07	-08	44
ZUK: Zukunftsorient...	01	**61**	37	20	**68**	-16	-32	06	63
SPA: Sparsamkeit	-08	**39**	16	-09	21	**-50**	06	-23	36
AUS: Ausgelassenheit ..	50	**-52**	52	15	-11	**60**	52	-19	70
EH: Erlebnishunger	-01	**-70**	49	-08	-12	**78**	-05	-38	77
HE: Hedonismus	42	**-56**	49	13	-23	**57**	45	-08	61
IF: Improvisationsfreude	**65**	-46	64	56	-11	47	26	-31	72
Soziale Resonanz	**73**	11	55	**64**	12	-03	37	-06	56
Dominanz	23	-33	16	13	-06	08	19	**-80**	70
Kontrolle	-07	**74**	56	-06	**60**	-51	-02	-03	63
Grundstimmung	**70**	-12	50	**85**	-15	14	05	12	77
Durchlässigkeit	**70**	04	49	41	-15	-10	**67**	25	72
Soziale Potenz	**58**	07	37	18	09	-02	**72**	01	56
Surgency	**72**	-23	57	33	-19	09	**77**	-13	77
Verträglichkeit	19	**38**	18	06	08	-15	27	**81**	76
Gewissenhaftigkeit	26	**77**	65	21	**65**	-46	16	02	70
Emotionale Stabilität	**79**	07	62	**89**	00	-03	15	05	82
Intellekt	**49**	-27	31	35	-05	26	31	-24	35
Summe quadr. Ladungen	5.94	5.48	11.42	4.19	3.40	3.25	3.11	2.27	16.23

Man erkennt, daß die beiden Faktoren der zweifaktoriellen Lösung sehr varianzstark sind und insgesamt 70.4% der durch die fünffaktorielle Lösung aufgeklärten Varianz aufklären (11.42 / 16.23); wir interpretieren sie als seelische Gesundheit und Verhaltenskontrolle. Die Faktoren der fünffaktoriellen Lösung erhalten folgende Interpretationen:

- emotionale Stabilität,
- Kontrolliertheit,
- Spontaneität,
- Soziabilität und
- Verträglichkeit vs. Dominanz.

Abbildung 2.5 veranschaulicht die Beziehungen zwischen der zweifaktoriellen und fünffaktoriellen Lösung und informiert über: (1) die durch die betreffenden Faktoren aufgeklärten Varianzanteile der "Big Five"-Indikatoren, soweit sie wenigstens 10% betragen, sowie (2) die signifikanten Korrelationen der Faktorenwerte aus der zweifaktoriellen und der fünffaktoriellen Lösung.

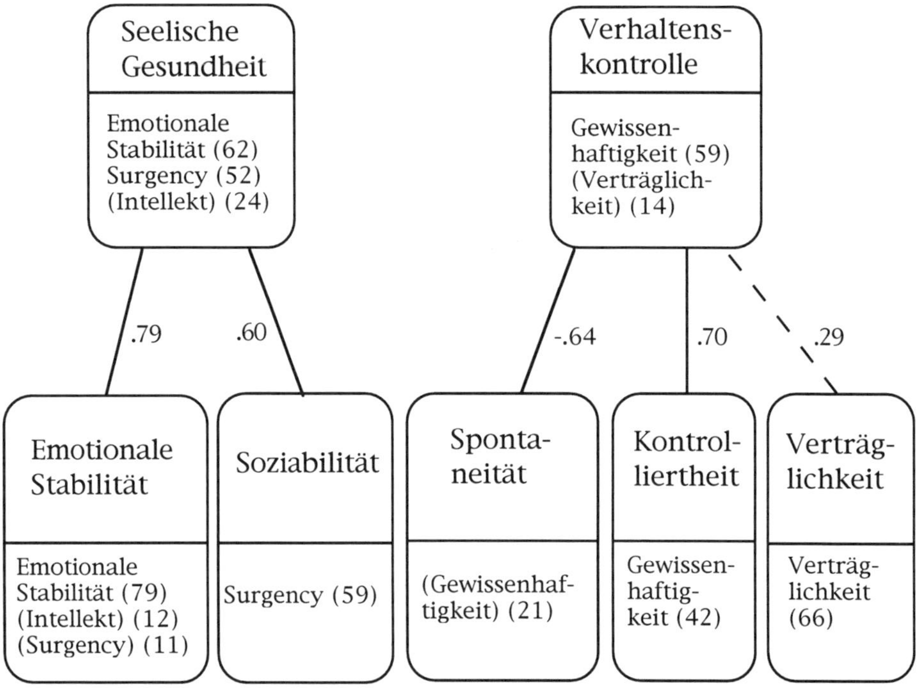

Abbildung 2.5: Bedeutsame Korrelationen zwischen den Faktorenscores aus zwei- und fünffaktoriellen Hauptkomponentenanalysen; ferner von den Faktoren aufgeklärte Varianzen in Skalen (in Klammern stehend; Nachkommastellen).

Wir *fassen* im folgenden die drei Studien *zusammen*, die in wichtigen Punkten zu weitgehend übereinstimmenden Ergebnissen geführt haben:

(1) Nach dem Eigenwerteverlauf sind jeweils zwei- und fünffaktorielle Lösungen in Betracht zu ziehen.

(2) Zweifaktorielle Lösungen liefern breitere, varianzstärkere Faktoren als fünffaktorielle Lösungen und klären etwa zwei Drittel (zwischen 64% und 70%) der Varianz der fünffaktoriellen Lösungen auf. Die entsprechenden Varimaxfaktoren können als seelische Gesundheit und Verhaltenskontrolle interpretiert werden. Wie in den acht Untersuchungen von Becker (1988 b) erweisen sich diese beiden Faktoren als besonders robust bzw. gut replizierbar. Beschränkt man sich auf die Indikatoren der "Big Five", klären die beiden Faktoren - gemittelt über die drei Studien - 63.6% der Varianz auf, die fünffaktorielle Lösungen aufzuklären in der Lage sind. Durch die breiten Faktoren seelische Gesundheit und Verhaltenskontrolle lassen sich hohe Varianzanteile insbesondere in drei "Big Five"-Indikatoren aufklären: emotionale Stabilität bzw. Neurotizismus; Gewissenhaftigkeit; "Extraversion" bzw. Surgency (Lebhaftigkeit).

(3) Die fünffaktoriellen varimaxrotierten Lösungen unterscheiden sich infolge unterschiedlicher Ausgangsvariablen in Teilaspekten voneinander, wobei sich mehr oder weniger große Ähnlichkeiten zu den "Big Five" abzeichnen. Die beste Replizierbarkeit ergibt sich bei den Faktoren emotionale Stabilität (als zentrale Komponente des breiteren Faktors seelische Gesundheit), Kontrolliertheit und Spontaneität (als zentrale Komponenten des breiten Faktors Verhaltenskontrolle) sowie Verträglichkeit vs. Dominanz/Selbstbehauptung.

6. DIE CIRCUMPLEXSTRUKTUR VON SEELISCHER GESUNDHEIT UND VERHALTENSKONTROLLE

Wie bereits Becker (1986a; 1988b) ermittelte, resultiert eine Circumplexstruktur, wenn man die in Hauptkomponentenanalysen umfangreicher Batterien von Persönlichkeitsskalen ermittelten Ladungen auf den beiden varianzstärksten Faktoren seelische Gesundheit und Verhaltenskontrolle in einer von ihnen aufgespannten Ebene abbildet. Bei einem *Circumplex* handelt es sich um eine kreisförmige Anordnung von Variablen mit folgenden Charakteristika:

•Legt man Achsen durch den Mittelpunkt des Kreises ("Ursprung"), so korrelieren Variablen an gegenüber liegenden Polen relativ hoch negativ miteinander.
• Variablen, deren Verbindungslinien zum Ursprung rechte Winkel bilden, sind (weitgehend) unabhängig voneinander.
• Variablen, die dicht beieinander liegen (bzw. deren Verbindungslinien zum Ursprung spitze Winkel bilden), korrelieren positiv miteinander.
• Es lassen sich unterschiedliche Paare von senkrecht aufeinander stehenden, durch den Ursprung verlaufenden Achsen bilden, die in mathematischer Hinsicht äquivalent sind und sich durch Rotationen ineinander transformieren lassen. Welches Achsenpaar man als herausgehoben auswählt, hängt von der Höhe der Ladungen der jeweiligen Markiervariablen für den betreffenden Faktor und vom Zweck der Darstellung (z.B. der theoretischen Fruchtbarkeit) ab.

Wir haben in Abbildung 2.6 die Circumplexstruktur wiedergegeben, die bei Rotation der Achsen durch die Markiervariablen von seelischer Gesundheit und Verhaltenskontrolle resultiert. Die horizontale Achse repräsentiert den Faktor seelische Gesundheit, die dazu senkrechte vertikale Achse den Faktor Verhaltenskontrolle. An den Polen dieser Achsen sind ausgewählte Persönlichkeitseigenschaften eingezeichnet, die zur inhaltlichen Charakterisierung der Faktoren beitragen. Dabei stützen wir uns auf die Ergebnisse faktorenanalytischer und korrelativer Studien.

Neben den beiden Hauptfaktoren sind zwei senkrecht aufeinander stehende, um 45 Grad rotierte Achsen ("Nebenfaktoren") eingezeichnet, deren Pole die Benennungen *"soziale Anpassung vs. Zügellosigkeit"* und *"Selbstaktualisierung vs. Gehemmtheit"* tragen. Auch diese Pole sind durch Persönlichkeitskonstrukte charakterisiert. Dabei ergeben sich für eine Circumplexstruktur typische Interpretationsmöglichkeiten benachbarter Oktanten:
• *Soziale Anpassung* kann als Kombination von starker Verhaltenskontrolle und hoher seelischer Gesundheit aufgefaßt werden, d.h. es handelt sich um die verhaltenskontrollierte Variante seelischer Gesundheit, die sich durch Eigenschaften wie Wohlangepaßtheit, Leistungs- und Arbeitsorientierung sowie Gewissenhaftigkeit auszeichnet.
• Demgegenüber kann *Selbstaktualisierung* als Kombination von geringer Verhaltenskontrolle und hoher seelischer Gesundheit betrachtet werden.
• Analoges gilt für die Gegenpole *Zügellosigkeit* und *Gehemmtheit*, die jeweils Varianten geringer seelischer Gesundheit in Verbindung mit geringer bzw. hoher Verhaltenskontrolle darstellen.

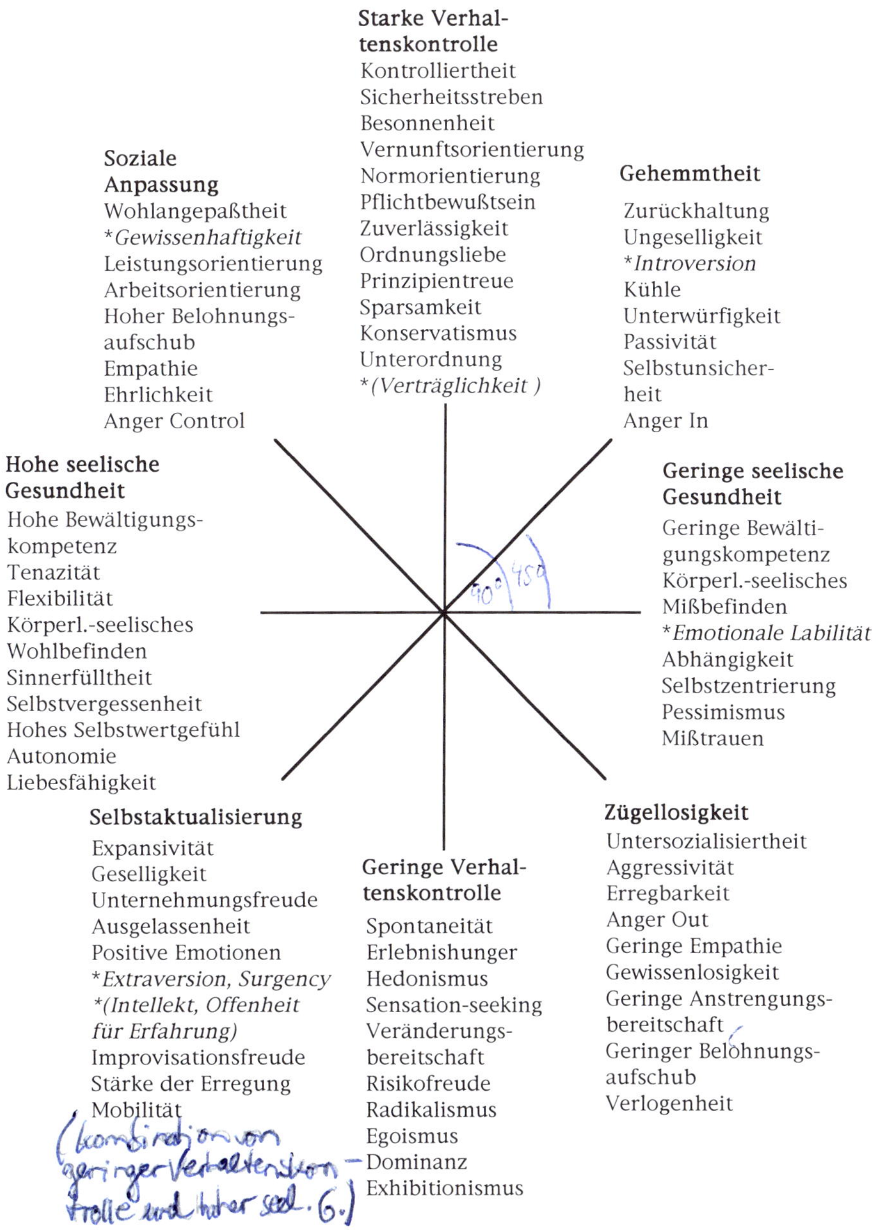

Abbildung 2.6: Circumplex- bzw. Oktantenmodell der Persönlichkeit, basierend auf den orthogonalen Faktoren "seelische Gesundheit" und "Verhaltenskontrolle" sowie zwei "Nebenfaktoren" in den Diagonalen. Kursive Eigenschaften gehören zu den "Big Five".

Man erkennt, daß sich in diesem Circumplex eine Vielzahl von Persönlichkeitsvariablen, darunter die "Big Five", abbilden lassen, wobei wir uns aus Platzgründen auf eine Auswahl beschränken müssen. Wie oben ausgeführt wurde, können drei der fünf "Big Five"-Indikatoren mit befriedigender Varianzaufklärung eingeordnet werden, während dies für Verträglichkeit (vs. Selbstbehauptung/Dominanz) und Intellekt (bzw. Offenheit für Erfahrung) nur begrenzt möglich ist.

Wir stimmen mit Eysenck (1992) darin überein, daß verschiedene Rotationen senkrechter Achsen in einem mehrdimensionalen Faktorenraum formal äquivalent sind und eine Entscheidung für eine bestimmte Lösung zusätzlicher Kriterien bedarf. Wir halten das *Kriterium der theoretischen Verankerung* für besonders wichtig und widmen diesem Thema spätere Kapitel dieses Bandes.

Worin liegt die Bedeutung des in Abbildung 2.6 widergegebenen Circumplexmodells? Es erfüllt primär einen deskriptiven Zweck, d.h. es erlaubt eine ökonomische Darstellung von Zusammenhängen zwischen einer Vielzahl von Persönlichkeitsvariablen. Ferner kann man die acht Oktanten dazu verwenden, um acht *"Persönlichkeitstypen"* zu definieren (z.B. den Typus des "sozial Angepaßten" oder des "Gehemmten"). Mit Persönlichkeitstypus ist dabei eine Teilmenge von Personen gemeint, die untereinander ähnlich sind und sich durch ein Muster eng zusammenhängender Eigenschaften auszeichnen, die man bei Personen des betreffenden Typs häufig gleichzeitig antreffen kann. So zeichnet sich beispielsweise der Typ des "Gehemmten" durch die Eigenschaften Zurückhaltung, Ungeselligkeit, "Introversion", Kühle, Unterwürfigkeit, Passivität, Selbstunsicherheit und "Anger In" (Wendung von Ärger nach innen gegen die eigene Person) aus.

Auf die nähere Beschreibung und klinische Relevanz dieser acht Typen gehen wir im Kapitel 10 genauer ein. Zunächst ist es jedoch erforderlich, die Aufgabe der Persönlichkeits*beschreibung* um die Aufgabe der Persönlichkeits*erklärung* zu erweitern. Erst die theoretische Verankerung der beiden Persönlichkeitskonstrukte seelische Gesundheit und Verhaltenskontrolle liefert - neben dem Aspekt der Ökonomie - den entscheidenden Vorteil gegenüber einer rein deskriptiven Betrachtungsweise, wie sie zur Zeit bei Anhängern des "Big Five"-Ansatzes dominiert.

7. ZUSAMMENFASSUNG

Die faktorenanalytische Persönlichkeitsforschung der letzten Jahre hat zu der übereinstimmenden Erkenntnis geführt, daß sich lediglich die ersten, varianzstärksten (in der Regel varimaxrotierten)

Persönlichkeitsfaktoren hinreichend gut replizieren lassen. Anhänger des "Big Five"-Ansatzes präzisieren diese Aussage, indem sie sich auf die ersten *fünf* Faktoren festlegen, die ihres Erachtens in mehr oder weniger ähnlicher Form in unterschiedlichen Datensätzen ermittelt werden konnten. Die *Varianzstärke* von Persönlichkeitsfaktoren ist damit zu einem stark beachteten Kriterium geworden, und die Hauptaufmerksamkeit richtet sich auf die varianzstärksten Faktoren. Aufschlußreich ist der Vergleich der Varianzstärke der ersten fünf unrotierten Hauptkomponenten bei hinreichend umfangreichen (möglichst repräsentativen) Batterien von Persönlichkeitsvariablen.

Bereits nach der mathematischen Logik der Extraktion von Hauptkomponenten ist zu erwarten, daß die ersten beiden (unrotierten) Hauptkomponenten die restlichen Hauptkomponenten in der Varianzstärke deutlich übertreffen, also "breiter" sind. Anhand von Literaturanalysen konnten wir zeigen, daß die ersten beiden Hauptkomponenten knapp zwei Drittel der Varianz aufklären, die die ersten fünf Faktoren (die meist als die "Big Five" interpretiert werden) gemeinsam aufklären. Dieses Ergebnis erhält man unabhängig davon, ob man von Adjektivlisten im Rahmen des lexikalischen Ansatzes, von Fragebogenitems oder Fragebogenskalen ausgeht. Die ersten beiden - gegebenenfalls varimaxrotierten - Hauptkomponenten sind also wesentlich breitere Konstrukte als die "Big Five" und erscheinen für eine ökonomische, wenn auch notwendigerweise weniger differenzierte Persönlichkeitsbeschreibung sowie für die Theorienbildung und Persönlichkeitserklärung von großem Interesse. Sie werden als *seelische Gesundheit* und *Verhaltenskontrolle* interpretiert.

Da es sich um besonders breite Konstrukte handelt, ist es erforderlich, ihre Binnenstruktur zu ermitteln. Es wird beschrieben, daß theoriegeleitet mehr als 300 Items umfassende Pools zur Messung von seelischer Gesundheit und Verhaltenskontrolle zusammengestellt und faktoren- und itemanalysiert wurden. In beiden Fällen resultierten hierarchische Modelle der Binnenstruktur der seelischen Gesundheit und der Verhaltenskontrolle, d.h. die Konstrukte können (1) auf einer globalen, hoch abstrahierten Ebene, (2) auf einer darunter angesiedelten Ebene der wichtigsten Teilkomponenten sowie (3) auf der untersten Ebene der spezifischen Teilaspekte diagnostiziert werden. So umfaßt seelische Gesundheit, verstanden als Fähigkeit zur Bewältigung externer und interner Anforderungen, auf der mittleren Ebene die drei Komponenten *"seelisch-körperliches Wohlbefinden", "Selbstaktualisierung"* und *"selbst- und fremdbezogene Wertschätzung"*. Die beiden wichtigsten Komponenten der Verhaltenskontrolle auf der mittleren Ebene werden als *"Kontrolliertheit"* und *"Spontaneität"* interpretiert. Zur Messung der seelischen Gesundheit dient der Trierer Persönlichkeitsfragebogen (TPF), zur Messung der Verhaltenskontrolle das Trierer Inventar zur Verhaltenskontrolle (TIV).

Gestützt auf diese beiden Inventare werden drei Studien berichtet, in denen Hauptkomponentenanalysen mit umfangreichen Batterien bekannter Persönlichkeitsskalen gerechnet und jeweils zwei- und fünffaktorielle Lösungen ausgewählt wurden. Die zweifaktoriellen Lösungen führen nach Varimaxrotationen übereinstimmend zu den beiden Hauptkomponenten seelische Gesundheit und Verhaltenskontrolle, die sich mithin - wie bei Becker (1988 b) - als sehr robust erweisen. Sie klären etwa zwei Drittel der Varianz auf, die mit Hilfe von fünf Hauptkomponenten aufzuklären ist. Die drei fünffaktoriellen Lösungen unterscheiden sich in Teilaspekten voneinander, die Faktoren ähneln jedoch mehr oder weniger stark den "Big Five". Durch eine Gegenüberstellung der zwei- und fünffaktoriellen Lösungen lassen sich die Beziehungen zwischen seelischer Gesundheit und Verhaltenskontrolle und den "Big Five"-Indikatoren klären. Seelische Gesundheit und Verhaltenskontrolle klären größere Varianzanteile bei drei "Big Five"-Indikatoren auf: emotionale Stabilität, Gewissenhaftigkeit und "Extraversion"/Surgency/Soziabilität. Intellekt lädt primär auf seelischer Gesundheit und Verträglichkeit vs. Dominanz primär auf Verhaltenskontrolle.

Den Abschluß bildet die Abbildung der *Circumplexstruktur,* die mit Hilfe der beiden Hauptkomponenten seelische Gesundheit und Verhaltenskontrolle und den Ladungen von Persönlichkeitsvariablen auf den betreffenden Faktoren erzeugt werden kann. In dem Circumplex läßt sich eine Vielzahl von Persönlichkeitsvariablen anhand der Faktorenladungen einordnen, so daß sich eine anschauliche und ökonomische Struktur der Beziehungen zwischen Variablen ergibt. Neben den beiden Hauptfaktoren seelische Gesundheit und Verhaltenskontrolle werden zwei um 45 Grad gedrehte Nebenfaktoren *"soziale Anpassung vs. Zügellosigkeit"* und *"Selbstaktualisierung vs. Gehemmtheit"* eingezeichnet, so daß acht Oktanten resultieren. Diese können den Ausgangspunkt zur Bildung und Beschreibung von acht "Persönlichkeitstypen" (z.B. der Typus des "Gehemmten") bilden.

Das rein deskriptive Modell der hierarchischen bzw. Circumplexstruktur von seelischer Gesundheit und Verhaltenskontrolle bedarf der theoretischen Verankerung, um seine wissenschaftliche Fruchtbarkeit zu erhöhen. Darauf wird im folgenden eingegangen.

Kapitel 3

GRUNDKONZEPTE DER SYSTEMTHEORIE

"General systems behavior theory is concerned with a subset of all such systems, the living systems. It provides a conceptual framework within which the content of biological and social sciences can be logically integrated with that of the physical sciences."
Miller (1975, p. 75)

1. EINLEITUNG

Das Verhalten der meisten Menschen ist durch eine große Flexibilität gekennzeichnet. Wir sind in der Lage, mit den unterschiedlichsten Anforderungen umzugehen; wir lernen, unsere Umwelt zu gestalten und uns an sie anzupassen. Faktorenanalytisch begründete Eigenschaftsmodelle erlauben Aussagen über die zentralen Eigenschaften des Menschen, doch liefern sie damit lediglich hypothetische Strukturelemente der Persönlichkeit. Solange diese Strukturen isoliert nebeneinander stehen, resultiert nur ein statisches Bild der Persönlichkeit, während die Dynamik des Verhaltens und die Frage nach den psychischen Funktionen unberücksichtigt bleiben. Diesen Aspekten widmen sich andere Disziplinen, allen voran die allgemeine Psychologie.

Bereits Cronbach (1957) wies darauf hin, wie wichtig es ist, die differentielle und die allgemeinpsychologische Sichtweise miteinander zu verbinden. Wir sind der Auffassung, daß die *Systemtheorie* ein geeignetes Bindeglied sein könnte.

In Anlehnung an Ford (1987) stellen wir im folgenden die Grundkonzepte der Systemtheorie dar und beschreiben die Strukturen und Funktionen einfacher sowie adaptiver Kontrollsysteme. In späteren Kapiteln werden diese Konzepte auf den Menschen übertragen, woraus ein hypothetisches Struktur- und Funktionsmodell der Persönlichkeit hervorgeht, das eine systemtheoretische Einbindung der Persönlichkeitseigenschaften "Verhaltenskontrolle" und "seelische Gesundheit" ermöglicht.

2. EINE NEUE PERSPEKTIVE

Es mehren sich die Anzeichen dafür, daß systemisches Denken auch in der Psychologie an Bedeutung gewinnt. Eine kleine, aber wachsende Zahl von Psychologen ist der Auffassung, daß sich die Systemtheorie hervorragend dazu eignet, komplexe Strukturen und Funktionen abzubilden und integrative Modelle des Verhaltens und der Persönlichkeit zu entwickeln (Becker, 1986; Carver & Scheier, 1981, 1982, 1988; Dörner, 1993; Ford, 1987; Ford & Ford, 1987; Herrmann, 1969; Kuhl & Kazen-Saad, 1988; Lantermann, 1994; Royce & Powell, 1983; Scherer, 1984, 1990; Udris, 1976; von Cranach & Ochsenbein, 1984; zum Überblick siehe Karoly, 1993). Sie können auf prominente Vorläufer verweisen, deren Ansätze systemischem Denken nahestehen (u.a. Freud, 1972; Hacker, 1978; Jung, 1971; Menninger, 1968; Miller, Galanter & Pribram, 1960; Powers, 1973; Rogers, 1959; Semmer & Pfäfflin, 1978).

Die erste Darstellung der Grundzüge der Systemtheorie erfolgte durch von Bertalanffy (1940), der drei Jahrzehnte später die kumulierten Erkenntnisse zu einer allgemeinen Systemtheorie integrierte (Bertalanffy, 1968, 1975; siehe zusammenfassend Miller, 1975). Etwa zur selben Zeit führte Cannon (1939) das Konzept der Homöostase ein, und um die Jahrhundertmitte entstand die Informationstheorie (Shannon & Weaver, 1949). Die *Systemtheorie* ist ein Teilgebiet der Kybernetik, das in sehr allgemeiner Weise die Zustandsänderungen und Prozeßabläufe in unterschiedlichen Systemen analysiert und die Zusammenhänge zwischen der Struktur und Funktionsweise von Systemen zum Gegenstand hat. Da ihre Aussagen unabhängig von der konkreten Realisierung der Systeme sind, lassen sie sich auf eine Vielzahl von Wissenschaften, darunter die Biologie und die Psychologie, anwenden.

Ford (1987) faßt die Grundzüge einer durch die Systemtheorie nachhaltig geprägten neuen Sichtweise über den Menschen in folgenden sechs Thesen zusammen:

- Im Brennpunkt steht die geordnete Komplexität des Zusammenwirkens von Person und Umwelt.
- Die Vorstellung linearer Reiz-Reaktionsmuster, die dem klassischen mechanistischen Denken entspringt, wird durch ein Modell abgelöst, das von sich *wechselseitig beeinflussenden* Größen ausgeht.
- Die Person wird als aktiver, sich selbst regulierender und selbst konstruierender Organismus betrachtet, der zielgerichtet handelt und nicht bloß auf Reize reagiert (siehe auch Bandura, 1991 a).

• Eine Person entwickelt sich von einfachen zu komplexeren Organisationsformen. Dieser Prozeß verläuft nicht notwendigerweise kontinuierlich und glatt, vielmehr sind innere Entwicklungs- oder äußere Störfaktoren dafür verantwortlich, daß bestehende Gleichgewichte gestört und neue (eventuelle höhere) Gleichgewichte geschaffen werden, die den veränderten Bedingungen besser angepaßt sind.
• Die Selektion, Organisation und Nutzung von Informationen spielen bei der menschlichen Entwicklung eine zentrale Rolle. Alle Lebewesen tauschen Energie und Materie mit der Umwelt aus, jedoch zeichnet den Menschen die Elaboriertheit seiner *Informationsverarbeitungsprozesse* aus.
• Auf zunehmend komplexeren Organisationsebenen können neue Eigenschaften auftreten, die sich nicht einfach aus den isoliert betrachteten Eigenschaften der Komponenten ableiten lassen. Will man lebende Systeme verstehen, ist es erforderlich, unterschiedliche Analyseeinheiten und Erklärungsprinzipien zu verwenden, wenn man sich auf unterschiedlichen Organisations- bzw. Interpretationsebenen bewegt.

3. SYSTEME

Der Begriff "System" wird in unterschiedlicher Bedeutung verwendet. Eine sehr allgemeine Definition lautet: *Ein System ist eine Menge von Elementen, zwischen denen Beziehungen bestehen, wobei der Zustand jedes Elementes durch den Zustand der anderen Elemente beeinflußt wird.*

Unter anderem lassen sich konzeptuelle, technische und lebende Systeme unterscheiden. Ein Beispiel für ein einfaches technisches System ist ein Thermostat zur automatischen Temperaturregelung (siehe unten). Hingegen dient eine aus Eltern und Kindern bestehende Familie, deren Mitglieder sich gegenseitig beeinflussen, als Beispiel für ein lebendes (soziales) System. Ein lebendes System setzt sich aus Subsystemen zusammen und ist selbst Subsystem eines übergeordneten Suprasystems. Es kann mithin auf hierarchisch angeordneten Ebenen - zum Beispiel von Zellen über Organe, Organismen, Gruppen, Gesellschaften bis zu supranationalen Gebilden - beschrieben werden (Miller, 1975). Als sogenanntes offenes System - im Gegensatz zu geschlossenen Systemen - tauscht es mit seiner Umgebung Materie, Energie oder Informationen aus und versucht dabei, einen Zustand des Fließgleichgewichts mit seiner Umgebung aufrechtzuerhalten.

Bevor wir uns dem Menschen, einem äußerst komplexen System, zuwenden, beschreiben wir im folgenden die Strukturen und Funktionen einfacher sowie adaptiver Kontrollsysteme.

3.1 Einfache Kontrollsysteme

Einfache Kontrollsysteme sind in technischen Realisationen weitverbreitet. Sie bestehen aus physikalischen Strukturen, die bestimmte Funktionen erfüllen. Nach Klaus und Liebscher (1974) läßt sich ein technisches Kontrollsystem, das die Grundstruktur eines Regelkreises hat, wie folgt schematisch veranschaulichen (vgl. Abbildung 3.1)

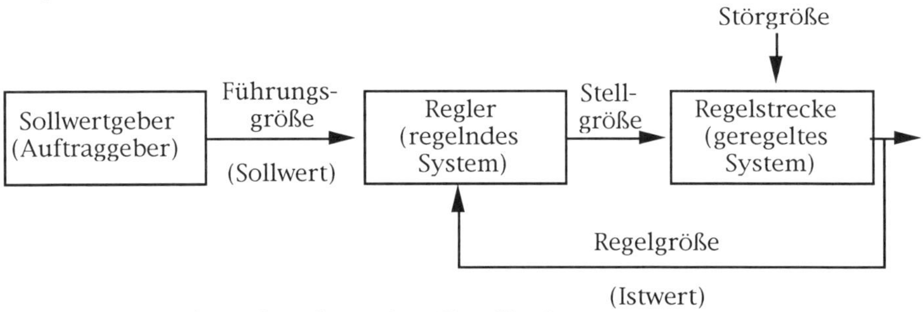

Abbildung 3.1: Grundstruktur eines Regelkreises

Wir wollen diese Abbildung am klassischen Beispiel eines Thermostaten erläutern. Ein Sollwertgeber (Auftraggeber) - denken wir an eine Person, die im Winter im Wohnzimmer eine Temperatur von 20 Grad Celsius wünscht - stellt an einem (Temperatur-)Regler als Führungsgröße eine Solltemperatur von 20 Grad ein. Der Regler prüft, ob die gemessene Raumtemperatur diesem Wert entspricht. Ist dies der Fall, geschieht nichts, denn es besteht kein Bedarf nach zusätzlicher Wärme. Liegt die Temperatur jedoch unterhalb des Sollwertes, schaltet der Regler ein Heizgerät ein, das auf die Regelstrecke (Luft im Wohnzimmer) einwirkt und diese erwärmt. Dabei kompensiert die Heizung mögliche Störgrößen (z.B. ein vorübergehend geöffnetes Fenster oder eine Abkühlung durch die Zimmerwände). Die erhöhte Raumtemperatur wird als Regelgröße an den Regler rückgemeldet (rückgekoppelt). Hat die Isttemperatur die Solltemperatur erreicht, stellt der Regler automatisch die Heizung ab, bis der Zyklus nach einiger Zeit aufgrund des Einwirkens von Störgrößen erneut von vorne beginnt. In diesem Fall wird die Raumtemperatur durch das beschriebene System automatisch kontrolliert bzw. geregelt, wobei Regelabweichungen (Istwert-Sollwert-Diskrepanzen) ausgeglichen werden. Man spricht dabei von einer *negativen* Rückkoppelung (Verringerung einer Diskrepanz) bzw. von einem negativen Rückkoppelungssystem.

Neben einer negativen gibt es auch eine *positive* Rückkoppelung, bei der die Istwert-Sollwert-Diskrepanz durch Feedbackprozesse vergrößert wird. Als technisches Beispiel für einen positiven Rückkoppelungskreis möge das Auftreten eines Pfeiftons aufgrund akustischer Rückkoppelung dienen. Wenn ein Rundfunkteilnehmer "live" über Telefon mit einem Rundfunksender verbunden ist und in der Nähe des Telefonhörers ein Rundfunkgerät auf den betreffenden Sender eingestellt hat, tritt ein Pfeifton auf. Die über Telefon gesprochenen Worte erreichen den Sender, gelangen zurück zum Rundfunkempfänger und von dort auf akustischem Weg zum Telefonmikrofon; dieser Zyklus wiederholt sich, so daß es binnen kürzester Zeit zu einem Aufschaukelungsprozeß bzw. einer positiven Rückkoppelung kommt. In der Psychologie ist der Begriff der positiven Rückkoppelung weniger geläufig als die Begriffe "Teufelskreis" oder - in anderem Zusammenhang - "sich selbst-erfüllende Prophezeiung". Als *"Teufelskreis"* beschreibt beispielsweise Beck (1979) die Entwicklung bestimmter depressiver Störungen: Eine aversive Lebenssituation aktiviert bislang latent gebliebene kognitive Schemata (z.B. eine negative Sicht der eigenen Person und der Zukunft). Diese rufen negative Gefühle (z.B. Hoffnungslosigkeit) hervor, die ihrerseits als Bestätigung für die kognitiven Schemata dienen usw.. Im Falle einer *"sich selbst-erfüllenden Prophezeiung"* (z.B. der Prophezeiung von Eltern, daß ihr Kind "sitzenbleiben" wird) schafft oder verstärkt die Prophezeiung die Bedingungen (z.B. Resignation, Scham- oder Haßgefühle des Kindes), die dann tatsächlich die Nichtversetzung herbeiführen (siehe Kapitel 7).

Abbildung 3.1 beschreibt einen *negativen* Rückkoppelungkreis in seiner Grundstruktur, während die folgende Abbildung 3.2 die Verhältnisse etwas differenzierter wiedergibt, wobei die in der kybernetischen System- und Regelungstechnik üblichen Termini verwendet werden (vgl. Lerner, 1970).

Man erkennt, daß der Regler sich aus einem Vergleichssystem sowie einem Kontrollsystem zusammensetzt. Das Vergleichssystem überprüft die Größe der Istwert-Sollwert-Diskrepanz, die als Regelabweichung an das Kontrollsystem weitergegeben wird. Das Kontrollsystem initiiert Maßnahmen, die als Steuergröße auf eine Stelleinrichtung (z.B. ein Heizgerät im Fall des Thermostatbeispiels) einwirken. Die Stelleinrichtung ihrerseits sorgt mit Hilfe der Stellgröße durch Beeinflussung der Regelstrecke dafür, daß die Störgrößen kompensiert werden.

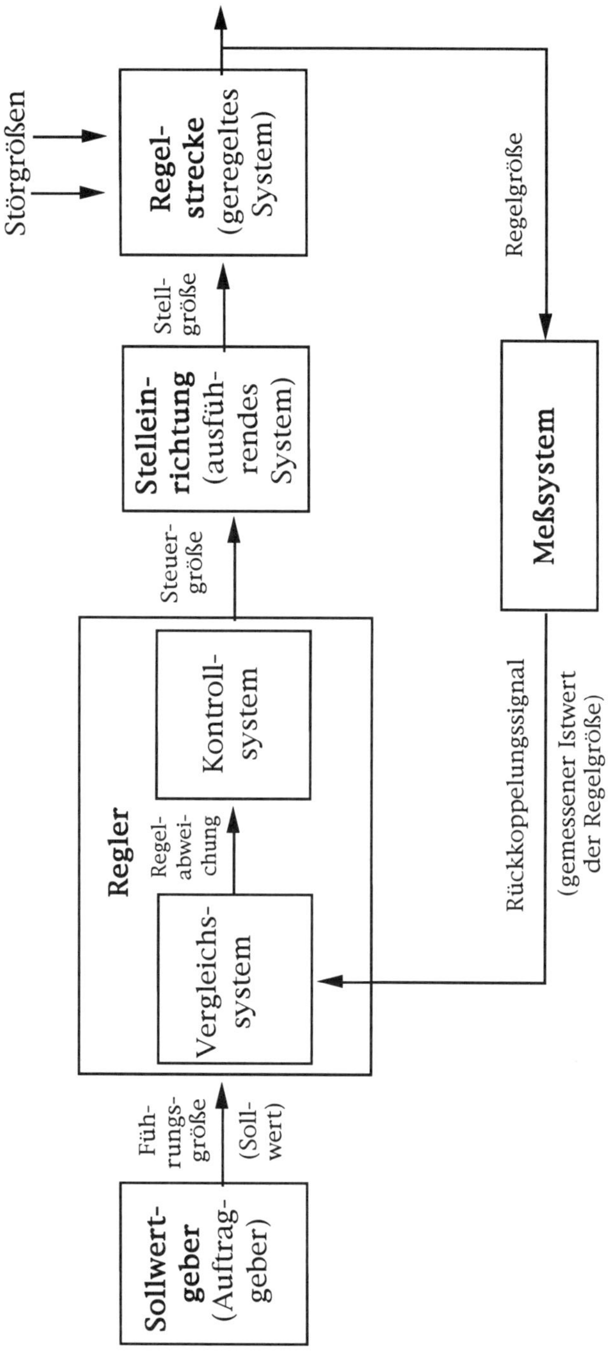

Abbildung 3.2: Differenzierte Struktur eines Regelkreises

Zur Überprüfung des Effektes wird die Regelgröße von einem Meßinstrument (z.B. von einem Thermometer) gemessen und an das Vergleichssystem rückgemeldet. Ford (1987) schlägt zur Beschreibung derartiger Prozesse ein in Abbildung 3.3 wiedergegebenes Schema vor, das die Strukturelemente des Regelkreises durch deren *Funktionen* ersetzt und eine in der Psychologie gebräuchlichere Terminologie verwendet. Er geht davon aus, daß alle Kontrollsysteme über *sechs Funktionen* verfügen müssen, die durch ihr Zusammenspiel bestimmte Größen kontrollieren können:

- Die *Befehlsfunktion* legt ein Ziel bzw. eine anzustrebende Konsequenz fest (z.B. die intendierte Raumtemperatur von 20 Grad Celsius).
- Diese Information wird als Befehlssignal an eine *Vergleichs- bzw. Regulationsfunktion* weitergeleitet, die prüft, ob die intendierte Konsequenz mit dem aktuellen Zustand übereinstimmt.
- Im Fall einer Abweichung (wenn die Raumtemperatur deutlich unter 20 Grad liegt) wird diese an eine *Kontrollfunktion* gemeldet, die bestimmte Maßnahmen "auswählen" kann, die sich zur Diskrepanzreduktion eignen (z.B. die Heizung einzuschalten).
- Nach Auswahl der Maßnahme bzw. Handlung wird die *Aktionsfunktion* über ein Aktionssignal in Gang gesetzt und wirkt auf die zu beeinflussende Variable (z.B. Zimmerluft) ein.
- Die *Informationssammelfunktion* erfaßt den interessierenden Aspekt der beeinflußten Variablen (z.B. die Temperatur der Zimmerluft) und meldet den gemessenen Wert an die Vergleichsfunktion zurück.
- Da jede Aktivität Energie benötigt, muß einem Kontrollsystem eine *energetisierende Funktion* (z.B. Elektrizität) zur Verfügung stehen. Zur Veranschaulichung der Energiebereitstellung enthält die Abbildung 3.3 eine gestrichelte Linie (z.B. ein Stromnetz), mit der alle Funktionen verknüpft sind.

Einfache Kontrollsysteme, wie die oben beschriebenen, erfüllen ihre Aufgabe in einer festgelegten Weise. Es ist jedoch möglich, Kontrollsysteme zu konzipieren, die über eine größere Flexibilität verfügen.

3.2 Adaptive Kontrollsysteme

Das Ziel einer flexibleren Anpassung läßt sich auf wenigstens drei Wegen erreichen: (1) durch multiple Optionen, (2) durch Selbstprogrammierung und (3) durch Antizipation.

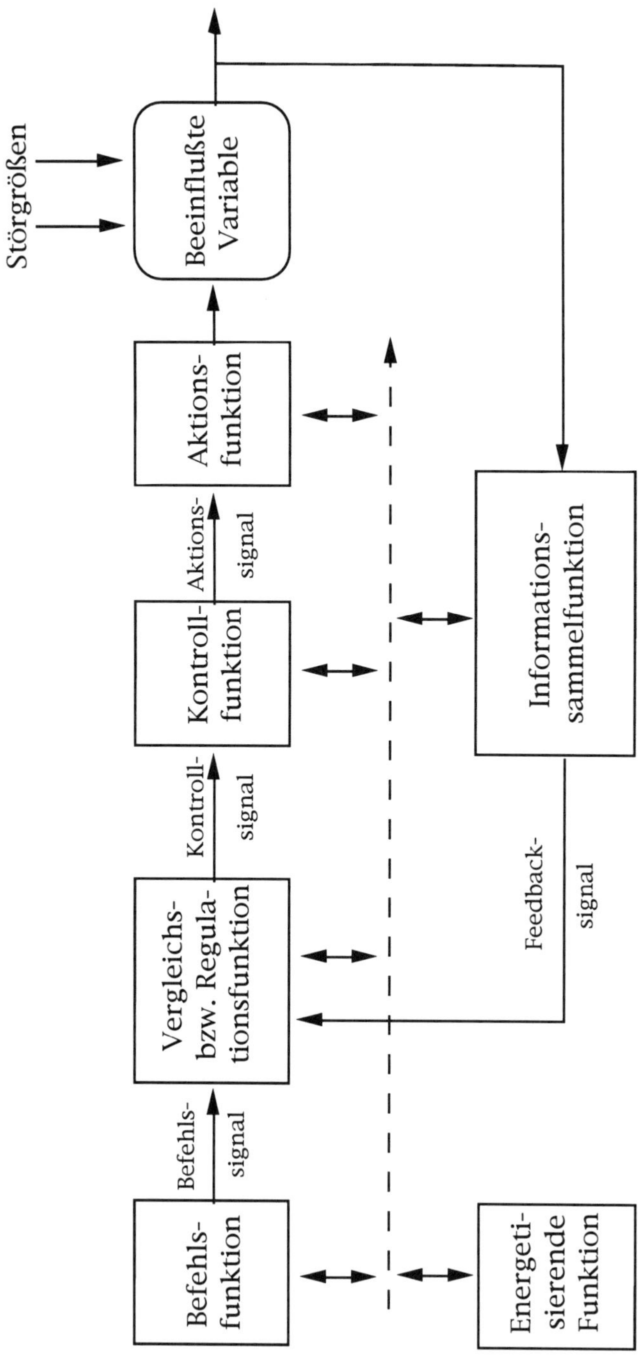

Abbildung 3.3: Sechs Grundfunktionen eines Regelkreises nach Ford (1987)

3.2.1 Adaptation durch multiple Optionen

Im Gegensatz zu dem in Abbildung 3.3 wiedergegebenen System verfügt das erweiterte System aus Abbildung 3.4 in jeder seiner Funktionen über multiple Optionen.Zur Erläuterung wählen wir in Anlehnung an Ford (1987) und in Ermangelung einer friedlicheren Alternative das Beispiel einer sich selbst steuernden Angriffsrakete A. Eine solche Rakete kann ihr Flugprogramm in Abhängigkeit von bestimmten Umweltbedingungen (z.B. dem Auftauchen einer feindlichen Rakete F) flexibel abändern. Die Befehlsfunktionen können an Stelle von nur einem Befehlssignal gleichzeitig mehrere Signale aussenden. Eines betrifft z.B. das Ansteuern des "heißen Punktes" (d.h. der Rückstoßgase) eines anzugreifenden Flugzeuges. Ein zweites Signal befiehlt, einer feindlichen Rakete F auszuweichen. Beide Befehle werden durch Regeln der Vergleichsfunktion und negative Rückkoppelung ausgeführt.

Damit es nicht zu störenden Interferenzen zwischen den beiden Signalen kommt, benötigen multiple Befehle eine entsprechend komplexe Regulationsfunktion. Falls die Angriffsrakete A ein Ausweichmanöver fliegt, weicht sie von ihrem Angriffsziel ab. Steuert sie hingegen einen starren Kurs auf das Flugzeug, verstößt sie gegen den Ausweichbefehl und riskiert, selbst abgeschossen zu werden. Es bedarf mithin einer übergeordneten Vergleichsregel, die die Beziehungen zwischen den beiden Ausgangsregeln ordnet. Sie könnte z.B. besagen, daß dem Ausweichmanöver Priorität einzuräumen ist und die Kursabweichung so groß wie nötig, jedoch so gering wie möglich sein soll.

Damit die Kontrollfunktion ihrer Aufgabe gerecht wird, müssen verschiedene Flugpläne gespeichert sein, aus denen sie in Abhängigkeit von den Rahmenbedingungen des Flugs eine Auswahl trifft. Dies bedeutet z.B. eine Veränderung von Flugrichtung, -höhe und -geschwindigkeit, falls dies durch Flugbewegungen des anzugreifenden Flugzeugs und der feindlichen Rakete F erforderlich erscheint. Die Aktionsfunktion muß in der Lage sein, den jeweiligen Plan in konkrete Flugprogramme umzusetzen. Dazu gehört der schnelle Rückgriff auf die energetisierende Funktion, um die eigene Fluggeschwindigkeit anzupassen. Die Informationssammelfunktion muß mehrere für die Befehlsausführung relevante Variablen überwachen und die entsprechenden Informationen als Feedbacksignale an die Regulationsfunktion weiterleiten.

Solche adaptiven Kontrollsysteme haben in der modernen Industrie als Roboter eine weite Verbreitung gefunden. Sie sind dennoch nicht mehr als komplexe Varianten klassischer Maschinen. Ihre Funktionen beschränken sich auf jene Bedingungen, die vom Konstrukteur vorgesehen wurden.

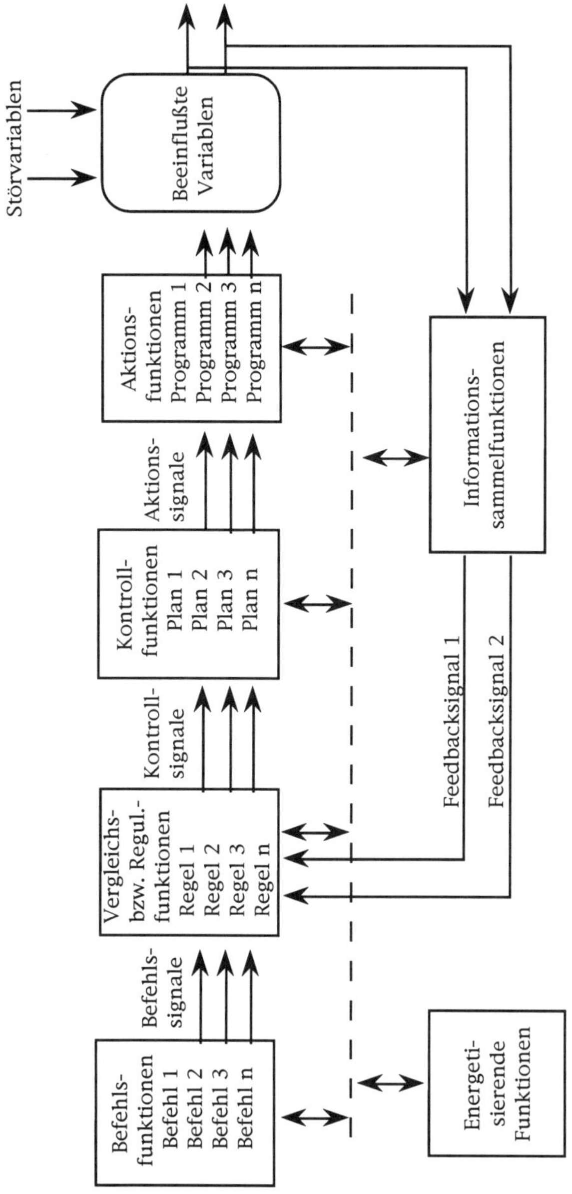

Abbildung 3.4: Adaptation durch multiple Optionen in einem Modell der Funktionen eines Regelkreises nach Ford (1987)

Trifft ein solches System auf Bedingungen, die nicht vorausgesehen und für die keine Programme eingebaut wurden, kann es sich nicht anpassen.

3.2.2 Adaptation durch Selbstprogrammierung

Offensichtlich ließe sich die Anpassungsflexibilität eines Systems noch steigern, wenn es in der Lage wäre, aus seinen Erfahrungen aus der Interaktion mit der Umwelt zu lernen; aufgrund dieser Erfahrungen würde es sein eigenes Programm schreiben, das sein künftiges Funktionieren steuert. Bemühungen in dieser Richtung wurden und werden im technischen Bereich (Robotik) sowie bei der Entwicklung von Computermodellen des Menschen (Loehlin, 1968) unternommen. Zwei Beispiele mögen zur Verdeutlichung dienen:

- Es gibt inzwischen Fotoapparate, die in ihrer Programmautomatik die Wahl von Blende und Belichtungszeit des Benutzers bei früheren Aufnahmen berücksichtigen und sich entsprechend anpassen. Hat der Benutzer in der Vergangenheit zum Beispiel vorrangig kurze Belichtungszeiten gewählt, so "lernt" die Programmautomatik und stellt ihr Programm auf kurze Belichtungszeiten ein.
- Ferner wurde eine mechanische "Ratte" konstruiert, die den Weg durch ein Labyrinth selbsttätig herausfindet. Nach anfänglichem Versuch und Irrtum lernt die Ratte, die über ein *"Gedächtnis"* verfügt, ohne fremde Hilfe, wie sie vom Start- zum Zielpunkt gelangt.

Der Forschung auf dem Gebiet der künstlichen Intelligenz (KI) kommt in diesem Zusammenhang eine herausragende Bedeutung zu.

3.2.3 Adaptation durch Antizipation

Die bisher beschriebenen, ausschließlich auf Rückkoppelung basierenden Systeme haben eine gravierende Beschränkung: Die Informationssammelfunktion "berichtet" der Regulationsfunktion darüber, was gerade geschehen ist bzw. aktuell geschieht. Sie ermöglicht es dem System, auf Bedingungen zu antworten, *nachdem* sie eingetreten sind. Sie schweigt jedoch bezüglich dessen, was wahrscheinlich als nächstes geschehen wird. Dies ist so lange kein großes Problem, wie die Umwelt im wesentlichen stabil bleibt. Wenn sie sich jedoch künftig in bedeutsamer Weise verändert, droht die Gefahr der Fehlanpassung und unter Umständen der Zerstörung des Systems, da die Reaktion zu spät erfolgt. Unter diesen Umständen benötigt das Kontrollsystem die Fähigkeit, aus aktuellen und zurückliegenden Informationen die wahrscheinliche zukünftige Entwicklung (z.B. den Einfluß von Störgrößen auf die Funktionen des Systems) zu antizipieren.

Ein mit dieser Fähigkeit zur Antizipation ausgestattetes System würde - in kybernetischer Terminologie ausgedrückt - als *Steuerkette* funktionieren (vgl. Klaus & Liebscher, 1974; Lerner, 1970). Eine Steuerkette entspricht in ihrer Grundfunktion den in den Abbildungen 3.1 und 3.2 wiedergegebenen Schemata, jedoch ohne die Rückkoppelungsschleife. An ihrer Stelle wird ein Meßsystem (bzw. eine Informationssammelfunktion) benötigt, die über den Zustand von Störvariablen (in der Umwelt) berichtet (vgl. Abbildung 3.5).

Im Ausgangsbeispiel der Temperaturregelung würde dies folgendes bedeuten: Da aus Erfahrung bekannt ist, daß die Zimmertemperatur absinken wird, sobald die Außentemperatur (Störgröße) einen bestimmten Wert unterschreitet, läßt sich *antizipatorisch* über eine Steuerkette eine vorbeugende Gegenmaßnahme (Einschaltung der Zimmerheizung) ergreifen.

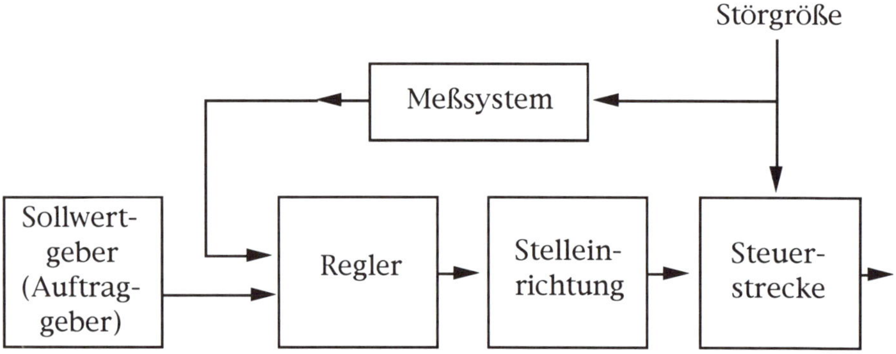

Abbildung 3.5: Adaptation durch Antizipation in einer Steuerkette

Brandtstädter (1982 a) nutzt das Modell der Steuerkette zur theoretischen Einordnung von *Prävention* im Gegensatz zur *Korrektur* (z.B. Therapie), die auf dem Regelkreisprinzip basiert. Er diskutiert die Vor- und Nachteile von Prävention und Korrektur - etwa im Hinblick auf den erforderlichen Überwachungsaufwand - und streicht heraus, daß es im allgemeinen günstig ist, beide Prinzipien, d.h. Steuerkette und Regelkreis, miteinander zu verbinden.

4. ZUSAMMENFASSUNG

Die Systemtheorie stellt einen konzeptuellen Rahmen bereit, der sich für eine Vielzahl von Wissenschaften, darunter die Psychologie, als fruchtbar erweist. Mit Hilfe der Systemtheorie ist es möglich, Systeme unterschiedlicher Komplexität nach einheitlichen Prinzipien zu beschreiben. Unter einem System versteht man eine Menge von Elementen, zwischen denen Beziehungen bestehen. Lebende Systeme tauschen Materie, Energie und Informationen mit der Umwelt bzw. zwischen ihren Subsystemen aus. Es werden einfache sowie adaptive Kontrollsysteme näher charakterisiert, wobei vor allem auf Regelkreise eingegangen wird. Nach Ford (1987) verfügt ein Kontrollsystem über folgende sechs Funktionen: Befehlsfunktion, Vergleichs- bzw. Regulationsfunktion, Kontrollfunktion, Aktionsfunktion, Informationssammelfunktion sowie energetisierende Funktion. Adaptive Kontrollsysteme erlangen gegenüber einfachen Kontrollsystemen eine höhere Flexibilität durch multiple Optionen, Selbstprogrammierung und die Fähigkeit zur Antizipation künftiger Entwicklungen.

Kapitel 4

EIN SYSTEMMODELL DES MENSCHEN

"Man muß Hypothesen über das gesamte psychische System aufstellen."
Dörner (1993, S. 513)

1. EINLEITUNG

In einem Überblicksartikel über theoretische Grundfragen der Persönlichkeitsforschung vertritt Magnusson (1990, S. 200; Übers. d. Verf.) folgende Position: "Die Gesetzmäßigkeiten zu verstehen, wie Subsysteme der Wahrnehmung, Kognitionen, Ziele, Pläne, Werte, Emotionen, Bewältigungsstrategien und physiologische Prozesse zusammenwirken und als ein integriertes Gesamtsystem in aktuellen Situationen funktionieren, und zu verstehen, wie diese Subsysteme sich im Prozeß der Reifung und Erfahrung entwickeln, wird daher zu einer zentralen Aufgabe der Theorienbildung und der Forschung auf dem Gebiet der Persönlichkeitsentwicklung." In den folgenden Kapiteln wenden wir uns den von Magnusson formulierten Aufgaben zu.

Ziel dieses (und des nächsten) Kapitels ist die Übertragung systemtheoretischer Konzepte auf den Menschen. Diese Aufgabe umfaßt drei Schritte, von denen zwei in diesem Kapitel zur Sprache kommen. In einem ersten Abschnitt wird menschliches Handeln unter Rückgriff auf das von Miller, Galanter und Pribram (1960) entwickelte Konzept der TOTE-Einheit, einem Äquivalent zum negativen Rückkoppelungskreis, analysiert. Es folgt ein umfangreiches Unterkapitel, in dem der Mensch als Informationsverarbeitungssystem unter Einbeziehung motivationaler und emotionaler Prozesse interpretiert und ein Modell psychischer Strukturen entworfen wird, das die oben beschriebenen sechs Funktionen adaptiver Kontrollsysteme erfüllt. Dem dritten Schritt (Nutzung des Systemmodells zur Erklärung von Persönlichkeitsunterschieden) ist ein eigenes, späteres Kapitel gewidmet.

2. ÜBERTRAGUNG SYSTEMTHEORETISCHER KONZEPTE AUF MENSCHLICHES HANDELN

2.1 Die TOTE-Einheit

Eine stringente Übertragung kybernetischer Konzepte auf menschliches Verhalten erfolgte durch Miller, Galanter und Pribram (1960). Als Grundeinheit des Verhaltens betrachten sie nicht mehr den Reflex, also einfache Reiz-Reaktions-Verknüpfungen, sondern den Rückkoppelungskreis bzw. die sogenannte TOTE-Einheit. TOTE ist ein Akronym für "Test-Operate-Test-Exit". Eine *TOTE- Einheit* umfaßt eine Sequenz von Aktivitäten, die mit einer Testphase beginnt, auf die entweder eine Aktivität (Operate) oder keine Aktivität bzw. die Beendigung der Aktivität (Exit) folgt. Zunächst wird in der Testphase geprüft, ob ein bestimmter Istzustand mit einem angestrebten Sollzustand (Zielzustand) übereinstimmt oder nicht. Wird eine Abweichung festgestellt, die eine kritische Größe überschreitet, setzt eine Aktivität (Operate) ein, die auf eine Diskrepanzreduktion abzielt (negative Rückkoppelung). Es schließt sich eine erneute Prüfung an, die entweder bei erfolgreicher Diskrepanzreduktion die Beendigung der Aktivität (Exit) auslöst oder zur Wiederholung bzw. Ergänzung der Aktivität (Operate) führt. Abbildung 4.1 zeigt in schematischer Form eine solche TOTE-Einheit.

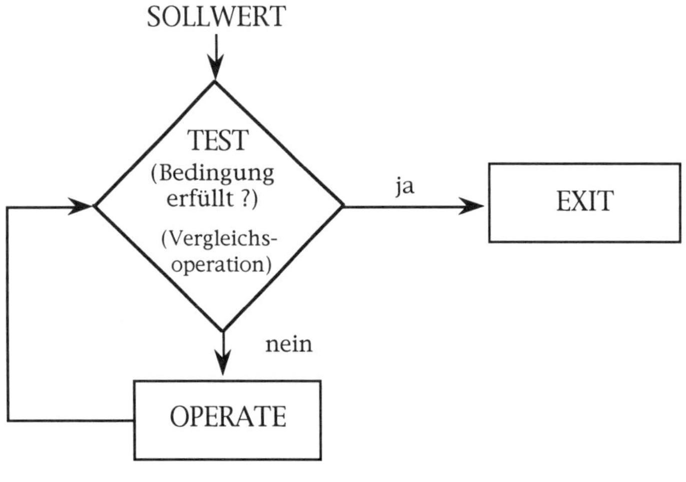

Abbildung 4.1: Grundstruktur einer TOTE-Einheit nach Miller et al. (1960)

Vergleicht man diese Abbildung mit dem Grundmodell eines Regelkreises (siehe Abbildung 3.1), so erkennt man - abgesehen von der unterschiedlichen Terminologie - die grundsätzliche Übereinstimmung. Entscheidend am Konzept der TOTE-Einheit im Gegensatz zum Reflex ist die Annahme, daß Verhalten nicht eine unmittelbare Reaktion auf einen Reiz darstellt, die quasi automatisch "abläuft", sondern dem Verhalten eine Prüfphase vorausgeht, in der ein Vergleich mit einem Sollzustand erfolgt. Das Verhalten bzw. die Handlung steht mithin unter der Führung einer *Zielantizipation*. "Auslöser" der Handlung ist nicht ein Reiz, sondern eine Vergleichsoperation (Test).

2.2 Sequentielle und hierarchische Struktur von TOTE-Einheiten

Analysiert man menschliches Verhalten, das sich über einen längeren Zeitraum erstreckt, so läßt es sich als eine Kette von Handlungen bzw. als Sequenz von TOTE-Einheiten interpretieren. In Anlehnung an Carver und Scheier (1981) verwenden wir das in Abbildung 4.2 wiedergegebene Beispiel zur Veranschaulichung. Es beschreibt in Gestalt eines Flußdiagramms das Verhalten eines Autobesitzers, der sich als Hobby-Automechaniker versucht und einen Fehler im Bremssystem (Aufleuchten eines Warnlichts bei Betätigung des Bremspedals) zu beheben trachtet. In Abhängigkeit vom Ergebnis der verschiedenen Vergleichsoperationen endet die Sequenz früher oder später entweder mit dem Ergebnis "Fehler beseitigt" oder "Aufsuchen einer Werkstatt".

Während in dem soeben besprochenen Beispiel der sequentielle Charakter des Handelns verdeutlicht wurde, eignet sich die Abbildung 4.3 zur Veranschaulichung einer hierarchischen Verschachtelung von TOTE-Einheiten. Dargestellt ist das Verhalten einer Person, die einen Nagel in ein Stück Holz klopft.

Auf eine Prüfphase (ist der Nagel ganz im Holz?) folgt bei Verneinung der Frage die Aktivität "Hämmern". Das Hämmern selbst ist ein Vorgang, der die Verknüpfung zweier TOTE-Einheiten ("Hammer heben" und "Zuschlagen") umfaßt. Der hierarchische Charakter des gesamten Verhaltens kommt darin zum Ausdruck, daß die untergeordnete Handlung "Hämmern" unter der Kontrolle der übergeordneten Aktivität "Prüfung des Nagels" steht: Nur unter der Voraussetzung, daß der Nagel noch ein Stück weit aus dem Holz herausragt, wird das Hämmern fortgesetzt. Bei genauer Betrachtung erweist sich mithin der Gesamtvorgang "Hineinklopfen eines Nagels" als hierarchische Verschachtelung mehrerer TOTE-Einheiten.

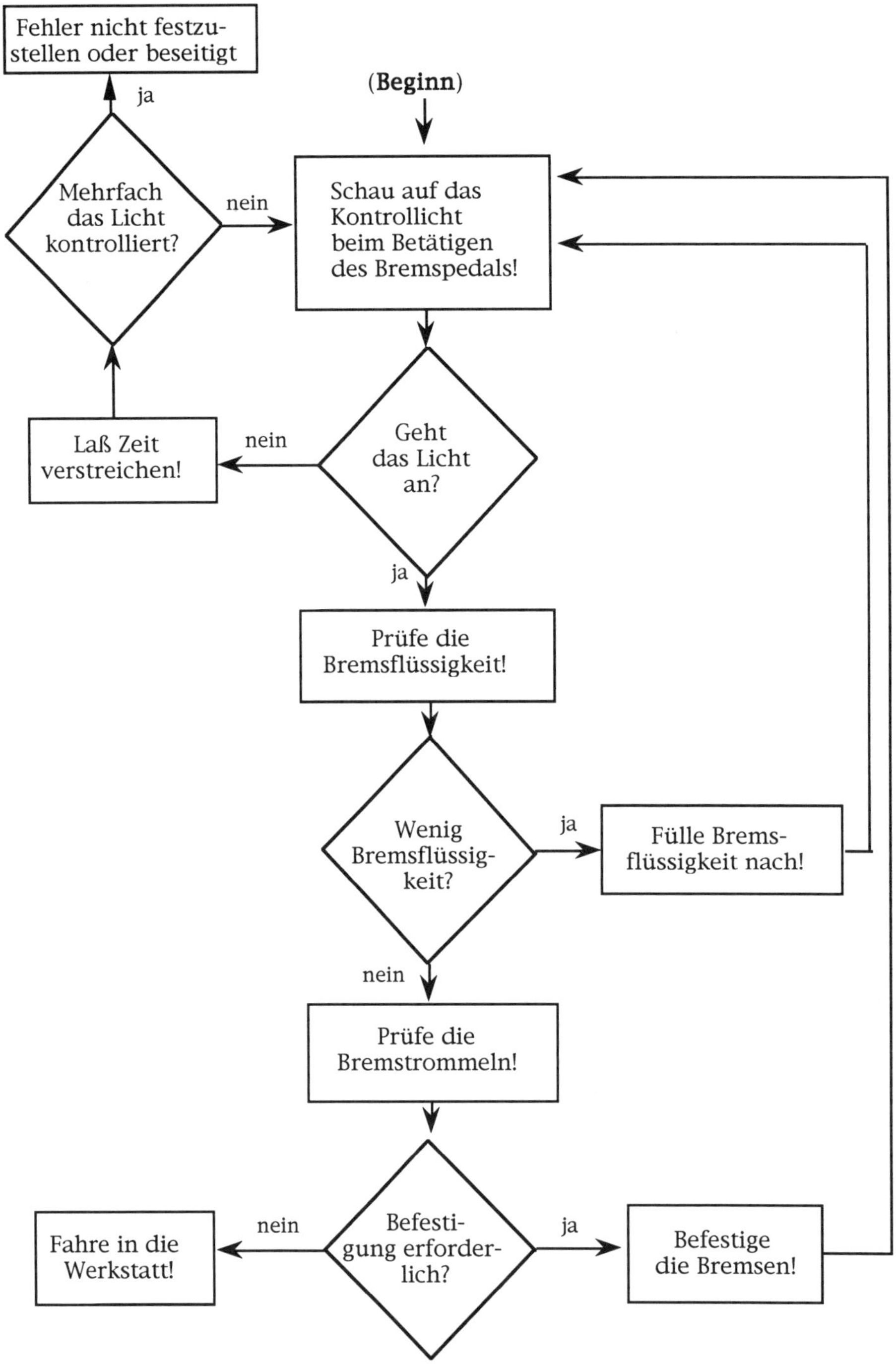

Abbildung 4.2: Beispiel einer Sequenz von TOTE-Einheiten (Suche nach Fehler in Bremsanlage). Erläuterungen im Text.

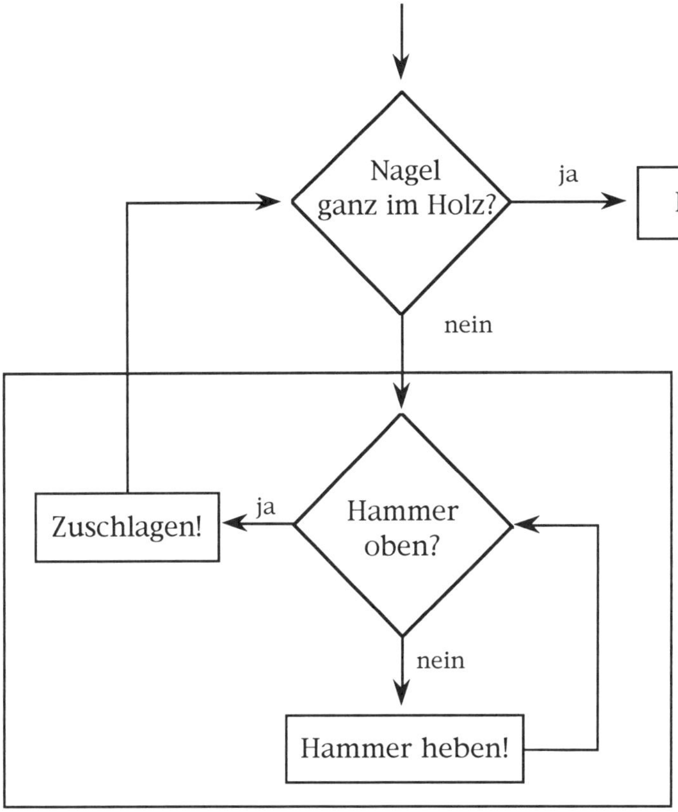

Abbildung 4.3: Hierarchische Verschachtelung von TOTE-Einheiten.

In Anlehnung an Loehlin (1968) verwenden wir eine weitere Abbildung, die eine Verknüpfung von sequentiellen und hierarchischen TOTE-Einheiten veranschaulicht. Schematisch wiedergegeben ist der Vorgang "Kauf einer Krawatte". Ein solcher Vorgang könnte Teil einer Kette von Handlungen sein, die der Vorbereitung auf eine wichtige Familienfeier dienen. Unter Punkt 2. der Abbildung wird der Kauf einer Krawatte als Sequenz von Einzelschritten (z.B. "Aussuchen einer passenden Krawatte") dargestellt. Fokussiert man diesen Schritt, erweist er sich als Sequenz mehrerer untergeordneter TOTE-Einheiten. Eine derartige Operation "Suche passende Krawatte" ist im unteren Teil der Abbildung 4.4 ihrerseits detailliert als hierarchisch geordnete Sequenz von Teilschritten wiedergegeben. Je nach gewähltem Analyseraster läßt sich mithin der Vorgang "Kauf einer Krawatte" auf unterschiedlichen Verhaltensebenen beschreiben, wobei die unteren Ebenen jeweils differenziert die einzelnen Teilschritte auflisten.

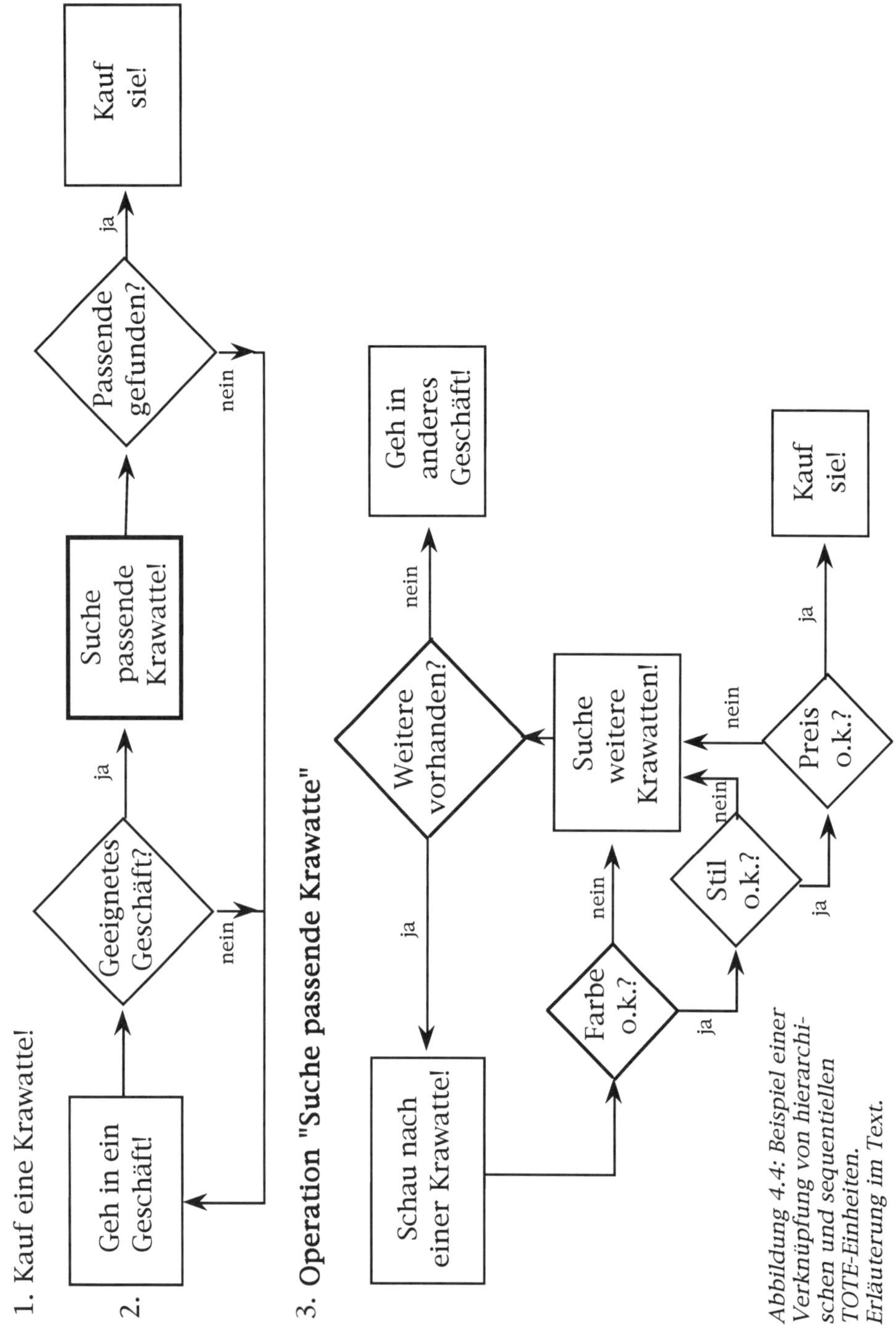

Abbildung 4.4: Beispiel einer Verknüpfung von hierarchischen und sequentiellen TOTE-Einheiten. Erläuterung im Text.

In analoger Weise hat Hacker (1978) die hierarchische Struktur von Tätigkeiten herausgearbeitet. Tätigkeiten begreift er als Sequenzen von Handlungen, die ihrerseits Operationen umfassen, die sich aus Bewegungen zusammensetzen, die letztlich auf den Aktionen bestimmter Muskeln basieren (siehe auch Semmer & Pfäfflin, 1978).

Der folgende Exkurs zu Computerprogrammen soll die breite Anwendbarkeit des Prinzips der sequentiellen und hierarchischen Verknüpfung von TOTE-Einheiten verdeutlichen (Loehlin, 1968). *Computerprogramme* verknüpfen - in Analogie zu TOTE-Einheiten - Operationen mit Entscheidungen. Wenn es sich um komplexe Programme handelt, haben sie im allgemeinen eine hierarchische Struktur, bestehen also zum Beispiel aus einem (übergeordneten) Hauptprogramm und mehreren Unterprogrammen, die ihrerseits hierarchisch aufgebaut sein können, d.h. Unterprogramme enthalten können. Das Hauptprogramm *"delegiert"* eine bestimmte Aufgabe an ein Unterprogramm, das sie *autonom* ausführt und sich nach deren Abschluß wieder beim Hauptprogramm "zurückmeldet". Dem Hauptprogramm kommt dabei die Führungsrolle zu. So wie es möglich ist, komplexe Computerprogramme mittels hierarchischer Programmstrukturen zu erstellen, lassen sich auch komplexe menschliche Handlungen als hierarchisch geordnete TOTE-Einheiten begreifen.

Von Powers (1973) wurde der Grundgedanke, daß Handlungen bzw. die ihnen zugeordneten Regelkreise häufig eine hierarchische Struktur aufweisen, in besonders differenzierter Weise umgesetzt (vgl. auch Carver & Scheier, 1981). Powers zufolge kann man Handlungen auf verschiedenen *Ebenen* beschreiben, die von unten nach oben einen immer abstrakteren Charakter annehmen. Im folgenden beschränken wir uns bei der Beschreibung der Ebenen auf die Betrachtung der Inputseite.

Auf der untersten Ebene, und nur dort, erfolgt der Kontakt zwischen dem Organismus und seiner Umwelt. Zum einen werden Reize aus der Umwelt über die Sinnesorgane aufgenommen, und zum anderen wirken Muskelbewegungen auf die Umwelt ein. Diese Ebene bezeichnet Powers als *Intensitätsebene,* da hier lediglich auf die Intensität von Stimulation reagiert wird, unabhängig davon, wie es zu dieser Stimulation gekommen ist. Informationen auf dieser Ebene sind also äußerst begrenzt, da sie sich auf nur eine Dimension, nämlich die Intensität, beschränken.

Auf der Ebene 2 werden mehrere Informationen der untersten Ebene integriert und in *Empfindungen* transformiert, zum Beispiel in eine Farb-, Ton- oder Wärmeempfindung. Diese Information geht insofern über eine reine Intensitätswahrnehmung hinaus, als sie qualitativ gefärbt ist, entsprechend der jeweiligen Sinnesmodalität.

Auf der Ebene 3 werden Empfindungen zu *Konfigurationen* (z.B. Objekten oder Phonemen) gruppiert. Solche Objekte (z.B. ein Stuhl) werden als invariant erlebt, auch wenn sich die Sinnesempfindungen aufgrund von Positionsveränderungen (z.B. Drehung des Stuhls) verändern.

Auf den im folgenden besprochenen höheren Ebenen werden nicht mehr relativ statische Phänomene, sondern Veränderungen oder Bewegungen in der zeitlichen Dimension betrachtet. Die Ebene 4 betrifft *Veränderungen* ("transitions"), d.h. eine Serie von Konfigurationen, die über die Zeit hinweg ineinander übergeführt werden. Beispiele wären das Erleben einer Bewegung beim Autofahren oder die Veränderungen in der wahrgenommenen Tonhöhe, wenn ein Pianist nacheinander verschiedene Töne am Klavier anschlägt. Dabei handelt es sich um recht einfache Veränderungen. Auf der fünften Ebene erfolgen diese Veränderungen in geordneter Weise. Powers nennt sie *Sequenzen*. Typisch hierfür sind bestimmte Ereignisse, z.B. eine Person, die eine Tür öffnet, hindurchgeht und die Tür hinter sich schließt. Das Charakteristische an Sequenzen - im Gegensatz zu beliebigen Veränderungen - ist die Geordnetheit des Prozesses. Weitere Beispiele wären eine Melodie oder das Binden einer Krawatte. Verändert man die *Reihenfolge* der Töne (im Fall der Melodie) oder der Bewegungen (beim Binden einer Krawatte), tritt eine Störung des geordneten Ablaufs auf: die Melodie geht verloren bzw. das Binden der Krawatte mißlingt.

Die nächst höhere Ebene bezeichnet Powers als Ebene der *Beziehungen*. Eine Beziehung erfordert wenigstens zwei Erfahrungsgegenstände, die in einer bestimmten Weise interagierend wahrgenommen werden, so daß das gesamte Ereignis mehr umfaßt als zwei unabhängige Sequenzen. Beispiele wären Ursache-Wirkungs-Relationen, Raum-Zeit-Beziehungen oder statistische Beziehungen (z.B. der Zusammenhang zwischen Körpergröße und Körpergewicht).

Für unsere Zwecke am interessantesten sind die darüber liegenden Ebenen der Programme und der Prinzipien. *Programme* umfassen Sequenzen aufeinander bezogener Handlungen und Ereignisse, die einem einheitlichen Ziel dienen (z.B. dem Ziel, seine Gäste zu bewirten). Sie entsprechen weitgehend dem, was Ford (1987) *"Verhaltensepisodenschemata"* und Schank und Abelson (1977) *"Skripte"* nennen. Programme bezeichnen mithin Handlungs*schemata*, die in einer kohärenten und mehr oder weniger stereotypen Weise das Verhalten in bestimmten Situationstypen leiten. Man darf sie sich nicht als einfache Listen von Reaktionen vorstellen, vielmehr repräsentieren sie *geordnete Sequenzen von Wenn-dann-Entscheidungen*. "Das Wesen eines Programms ist, was Computerprogrammierer einen Test, eine Verzweigung oder eine ´Wenn-Aussage´ nennen - ein Punkt, an dem die Operationsfolge unterbrochen wird und eine Prüfung erfolgt, ob ein bestimmter Zustand einem Sollzustand entspricht. Ist A gleich B? ... Ist ein Schlüsselereignis jetzt aufgetreten?" (Powers, 1973, S. 161).

Häufig lassen sich Programme als spezielle Realisationen übergeordneter *Prinzipien* interpretieren. So kann das Programm "Bewirte deine Gäste!" die in einer bestimmten Situation verwirklichte Variante des Prinzips "Sei ein netter Mensch!" sein. Prinzipien sind mit anderen Worten *"Meta-Skripten"* (Schank & Abelson, 1977) vergleichbar, die in hoch abstrahierter Form Orientierungen und Ziele bereitstellen, die auf der Ebene von Programmen ihre konkrete Umsetzung erfahren. Auf eine weitere an der Spitze der Hierarchie befindliche Ebene der *Realitätstheorie* gehen wir weiter unten ein.

Es stellt sich die Frage, wie die Steuerung des Verhaltens mit Bezug auf die hierarchischen Ebenen erfolgt. Nach Powers (1973) bzw. Carver und Scheier (1981) umfaßt die Antwort drei wesentliche Annahmen:

- Das Nervensystem arbeitet als eine Hierarchie von Rückkoppelungskreisen bzw. TOTE-Einheiten.
- Der Output der jeweils höheren Ebene legt die Sollwerte für die darunter befindliche Ebene fest.
- Lediglich auf der untersten (Intensitäts-)Ebene ist der Systemoutput tatsächlich ein Verhaltensoutput, nämlich in Gestalt von Veränderungen in Muskelspannungen. Zur Verdeutlichung können die Abbildungen 4.5 und 4.6 dienen.

Abbildung 4.5 gibt eine acht Ebenen umfassende Hierarchie von Kontrollsystemen in allgemeiner Form wieder, während Abbildung 4.6 ein konkretes Beispiel liefert. Dabei handele es sich um folgende Situation: Person A erhält überraschend von mehreren Leuten Besuch. Wir beobachten sie bei einer ihrer ersten Handlungen. Das übergeordnete Prinzip, von dem sie sich leiten läßt, laute: "Sei ein netter Mensch!" Bezogen auf die aktuelle Situation setzt Person A dieses Prinzip in Gestalt des Sollwertes "Sei ein guter Gastgeber!" um. Auf der Programmebene erfolgt die Realisation durch den Sollwert "Biete deinen Gästen etwas zu trinken an!" Die weitere Umsetzung auf den darunter liegenden Ebenen ist in Abbildung 4.6 erläutert. Die jeweiligen Rückkoppelungskreise werden über sensorische Rückmeldungen an die Vergleichsfunktion geschlossen.

Würde man Person A mitten in ihrer gerade ablaufenden Aktivität (beim Füllen des Meßlöffels mit Kaffeepulver) unterbrechen, stellte sich die Frage, was sie zur Zeit tut: Ein guter Gastgeber sein?

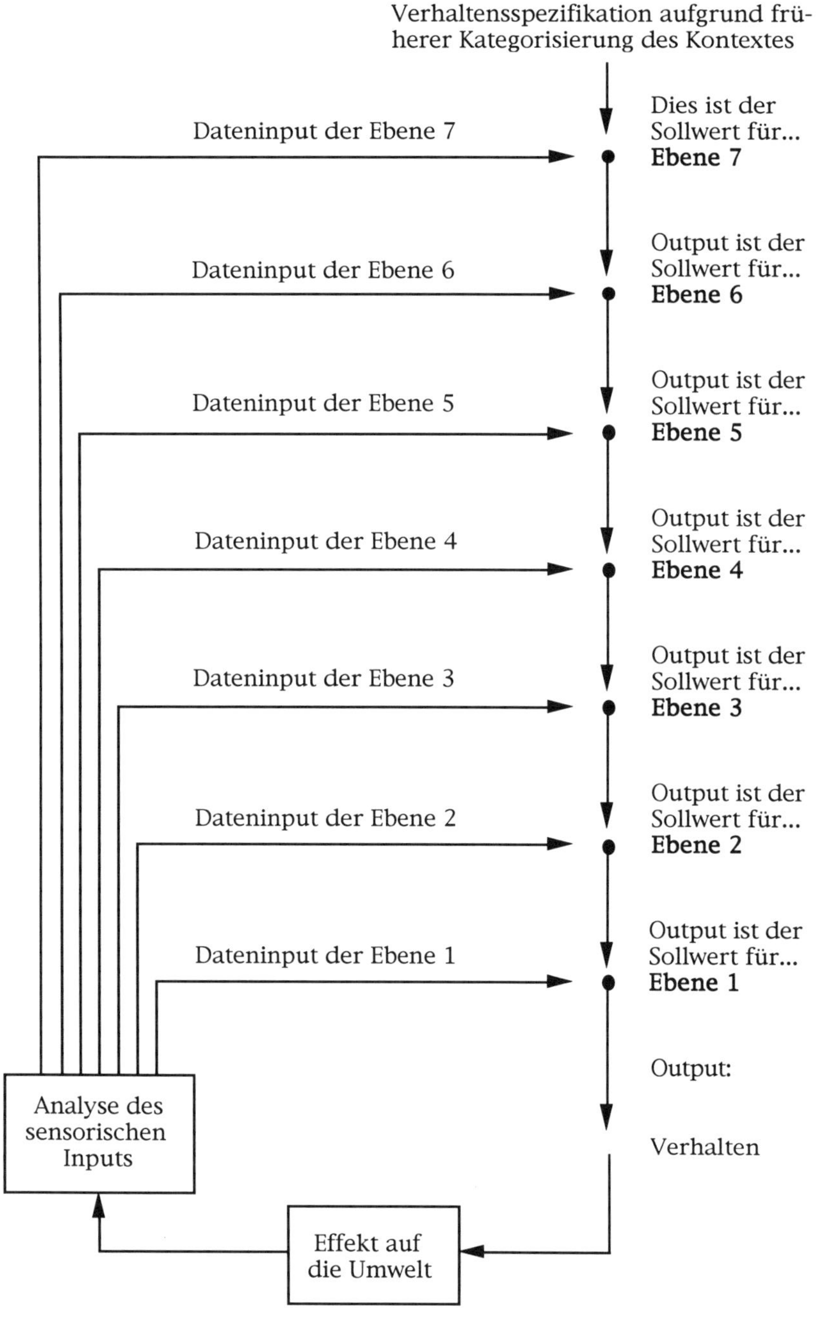

Abbildung 4.5: Sieben-Ebenen-Hierarchie von Kontrollsystemen, in der das Verhalten implizit von einem Sollwert auf der siebten Ebene gesteuert wird (nach Carver & Scheier, 1981, p. 130).

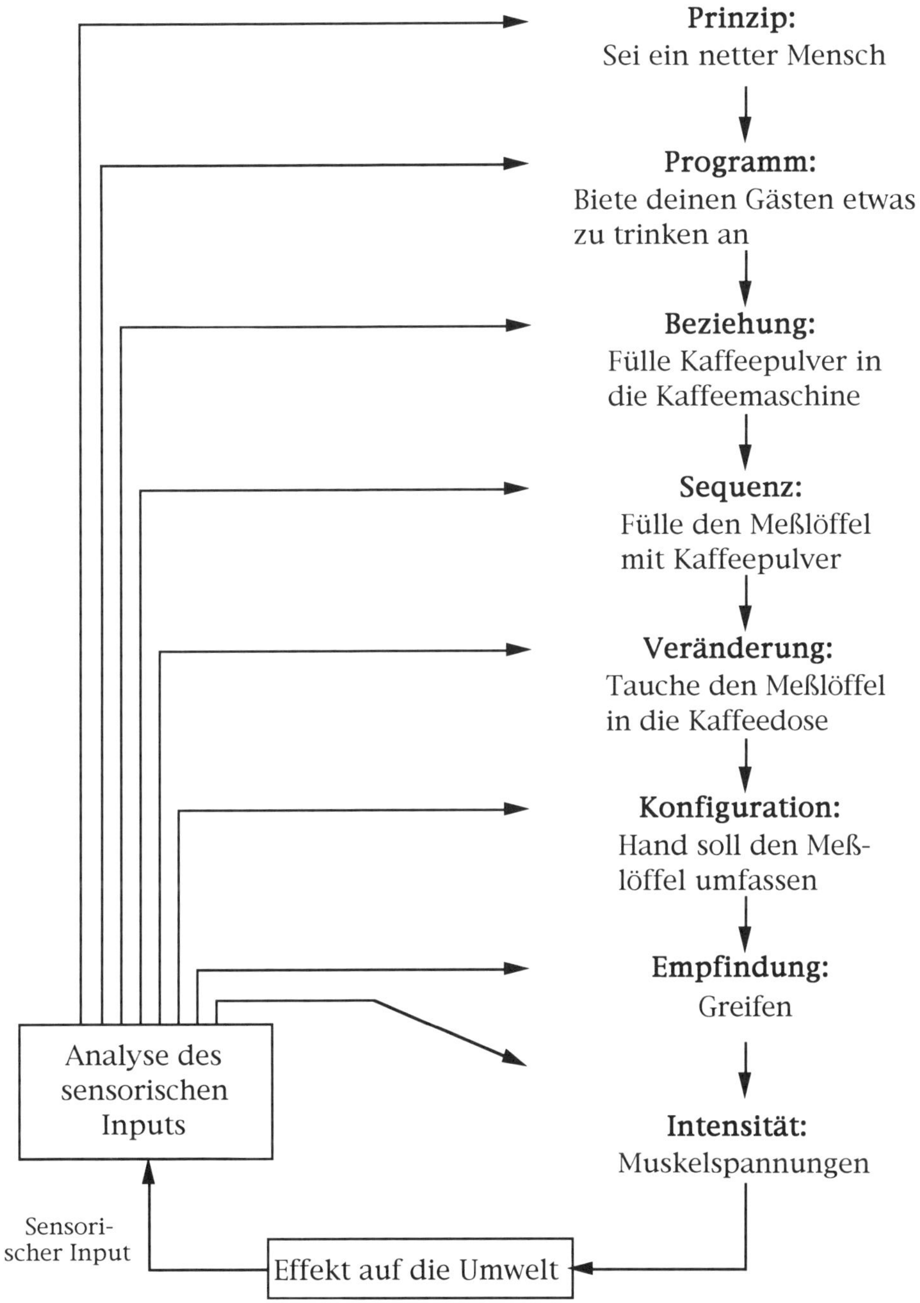

Abbildung 4.6: Umsetzung des allgemeinen Schemas der Abbildung 4.5 anhand eines konkreten Beispiels (siehe Text). Ein Prinzip dient als Sollwert für die Ebene 7 (ein bestimmtes Programm).

Den Gästen etwas zu trinken anbieten? Kaffeepulver in die Kaffeemaschine füllen? Den Meßlöffel mit Kaffepulver füllen und so weiter? Offensichtlich sind *alle* diese Antworten zutreffend, denn sie unterscheiden sich lediglich hinsichtlich der ausgewählten (globaleren oder elementareren) Betrachtungsebene. Je nach dem Erfahrungsgrad der Person A mit derartigen Situationen würde sie bei der Ausführung der Tätigkeiten ihre bewußte Aufmerksamkeit auf höhere oder niederere Ebenen richten. Ein sehr erfahrener und routinierter Gastgeber - oder ein häufiger Kaffeetrinker - würde beispielsweise seine Aufmerksamkeit primär auf die "Beziehung" (sensu Powers) "Kaffeepulver in die Kaffeemaschine füllen" richten, wobei alles andere (auf den unteren Ebenen) automatisiert abliefe (zu näheren Einzelheiten siehe Carver und Scheier, 1981; Powers, 1973).

3. EIN MODELL PSYCHISCHER STRUKTUREN UND FUNKTIONEN

Unsere bisherigen Ausführungen in diesem Kapitel beschränkten sich in Anlehnung an Miller et al. (1960) auf eine formale Beschreibung menschlichen Handelns als Sequenzen hierarchisch verschachtelter TOTE-Einheiten. Im folgenden übertragen wir Grundkonzepte der Systemtheorie auf den Menschen, indem wir ihn als System betrachten, dessen Strukturen und Funktionen sich mit Hilfe der in Kapitel 3 beschriebenen Strukturen und Funktionen adaptiver Kontrollsysteme zu einem wesentlichen Teil charakterisieren lassen.

Wir haben gesehen, daß nach Ford (1987) für adaptive technische Kontrollsysteme folgende sechs Funktionen unverzichtbar sind:

- Befehlsfunktion,
- Vergleichs- bzw. Regulationsfunktion,
- Kontrollfunktion,
- Aktionsfunktion,
- Informations(sammel)funktion sowie
- energetisierende Funktion.

Beim Menschen kommt als weitere Funktion die *zentrale Koordinationsfunktion* (bzw. das Bewußtsein, die Aufmerksamkeit und der "Wille") hinzu, wodurch das "System Mensch" einen wesentlich höheren Grad an Flexibilität und Adaptivität erreicht als technische

Systeme. Es stellt sich die Frage, in welcher Form diese Funktionen bzw. die sie tragenden Strukturen beim Menschen realisiert sind.

Während Ford (1987) primär ein komplexes Modell der *Funktionen* des Menschen vorlegt, auf das wir weiter unten zu sprechen kommen, entwerfen wir im folgenden ein hypothetisches *Strukturmodell* des Menschen. Wir haben uns aus einer Reihe von Gründen für diese Art der Darstellung entschieden:

- Sie erscheint uns klarer und übersichtlicher als das von Ford (1987, S. 78) entworfene Modell.
- Sie ermöglicht einen Vergleich mit anderen Strukturmodellen der Persönlichkeit, darunter die Modelle von Freud sowie ein eigenes früheres Modell (Becker, 1986).
- Sie gestattet es, auf einfache Weise Verknüpfungen zu den Persönlichkeitskonstrukten "Verhaltenskontrolle" und "seelische Gesundheit" herzustellen und damit einen Beitrag zur theoretischen Verankerung dieser Konstrukte zu leisten.

Trotz wichtiger Abweichungen von Ford (1987) verkennen wir nicht, in welch hohem Maße unsere Überlegungen durch ihn geprägt wurden.

Wenn im folgenden von Strukturen oder Systemen die Rede ist, so verstehen wir sie vorrangig als *hypothetische* psychische Strukturen - vergleichbar den Freudschen Instanzen Es, Ich und Überich - und nicht als präzise lokalisierte biologische Strukturen (wie etwa das autonome Nervensystem oder das limbische System). Wir sind mit anderen Worten primär an einem *psychologischen* Struktur- und Funktionsmodell des Menschen interessiert und gehen nur am Rand auf biologische Grundlagen ein (vgl. ein analoges Modell einer "kognitiv-emotional-motivationalen Dampfmaschine" von Dörner, 1993, oder ein Modell bewußter und unbewußter Verhaltenssteuerung von Perrig, Wippich & Perrig-Chiello, 1993). Dieses Modell ist als Orientierungsrahmen und nicht als präzise Theorie zu verstehen; es dient primär der Veranschaulichung. In Anknüpfung an das vorangehende Kapitel stellen wir die Verbindungen zwischen den Funktionen und hypothetischen psychischen Strukturen her. Dabei ist zu beachten, daß keine Eins-zu-Eins-Beziehungen zwischen Strukturen und Funktionen bestehen, d.h. bestimmte Funktionen können von mehreren Strukturen wahrgenommen werden, und eine Struktur kann mehr als eine Funktion übernehmen (vgl. Tabelle 4.1). Statt von Strukturen werden wir von Systemen sprechen, womit zum Ausdruck gebracht wird, daß es sich um Gefüge von Elementen handelt, zwischen denen Beziehungen bestehen. Die Systeme arbeiten einerseits zusammen, können aber andererseits bestimmte Funktionen (weitgehend) autonom erfüllen.

3.1 Zentrale Systeme und Funktionen des Menschen

Die folgende Beschreibung psychischer Systeme orientiert sich an den in den Abbildungen 3.2, 3.3 und 3.4 aufgeführten Strukturen bzw. Funktionen eines adaptiven Kontrollsystems, erweitert um die Steuerungszentrale bzw. die Bewußtseinsfunktion. Zunächst geben wir einen orientierenden und vereinfachenden Überblick über die Systeme, die in Abbildung 4.7 veranschaulicht sind. Danach stellen wir sie der Reihe nach ausführlicher vor, bevor in einem späteren Abschnitt auf ihr Zusammenspiel eingegangen wird. Es versteht sich, daß angesichts des gegenwärtig wenig gesicherten Wissens jeder Versuch einer Aufzählung und Beschreibung psychischer Systeme einen hypothetischen Charakter hat und als vorläufig anzusehen ist. Trotz dieser Schwierigkeit erscheint uns der Versuch nicht nur lohnend, sondern unverzichtbar. Die theoretische Bedeutung und den praktischen Nutzen solcher Modellbildung hat Dörner (1993) eindrucksvoll demonstriert.

3.1.1 Gesamtüberblick

Wie man der Abbildung 4.7 entnimmt, ist das Systemmodell des Menschen weitgehend symmetrisch aufgebaut (mit einer Spiegelung um die horizontale Mittenachse). Es stehen sich jeweils paarweise Systeme gegenüber, die ähnliche Funktionen zu erfüllen haben (z.B. das "System angeborener Emotionen" und das "System erworbener Emotionen"; siehe Tabelle 4.1).

Die Anordnung der Systeme von links nach rechts lehnt sich an die in den Abbildungen 3.2 und 3.3 wiedergegebenen Strukturen und Funktionen adaptiver Kontrollsysteme an. Zusätzlich enthält Abbildung 4.7 acht schmale Rechtecke ("Informationsregler") zwischen der *"Steuerungszentrale"* in der Mitte und den anderen Systemen, auf deren Bedeutung weiter unten eingegangen wird.

Damit ein System überhaupt funktionieren kann, benötigt es eine energetisierende Funktion bzw. ein Subsystem, das die erforderliche Energie bereitstellt. Diese Funktion wird von *"lebenswichtigen Organsystemen"* übernommen. Der Vollständigkeit halber erwähnen wir sie, ohne jedoch näher darauf einzugehen, da wir uns auf ein rein psychologisches Modell beschränken. Die energetisierende Funktion kommt im Zusammenhang mit den beiden Emotionssystemen zur Sprache. Das von uns entworfene Modell umfaßt ein *"System angeborener Bedürfnisse"*, das wichtige Befehlsfunktionen übernimmt bzw. Sollwerte liefert. Das *"System angeborener Emotionen"* ist primär ein Vergleichssystem.

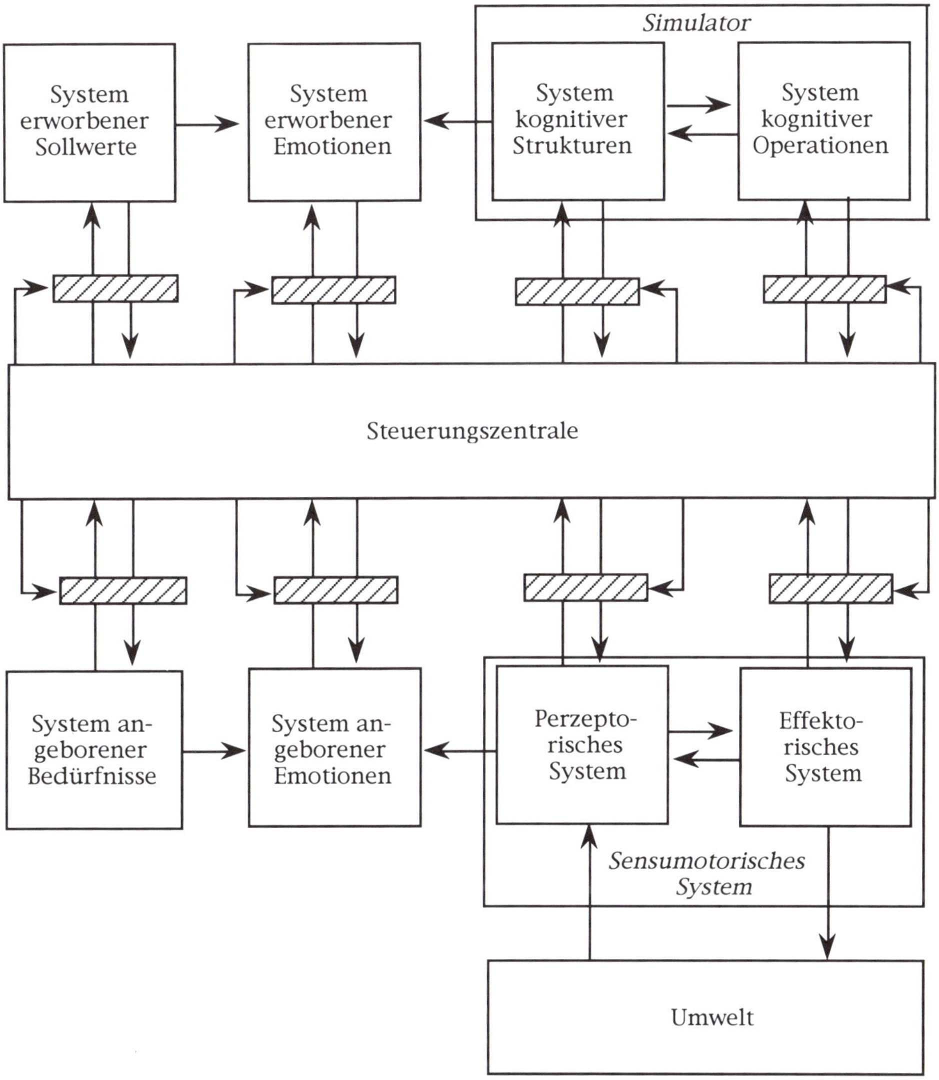

Abbildung 4.7: Hypothetisches Systemmodell des Menschen mit neun Subsystemen sowie acht Informationsreglern (schraffiert). Erläuterungen im Text.

Es vergleicht Informationen ("Sollwerte") aus dem "System angeborener Bedürfnisse" (z.B. ein akutes Bedürfnis nach Nahrung) mit Informationen ("Istwerten"), die vom *"perzeptorischen System"* aus der Außenwelt bereitgestellt werden (z.B. die Information, daß keine Nahrung in unmittelbarer Nähe verfügbar ist).

Tabelle 4.1 Zuordnungen zwischen psychischen Systemen und Funktionen. Systeme mit ähnlichen Funktionen sind einander paarweise zugeordnet.

System in Abbildung 4.7	Funktionen	Zugeordnetes System in Abbildung 3.2
System angeborener Bedürfnisse	Befehlsfunktion	Sollwertgeber
System erworbener Sollwerte	Befehlsfunktion	Sollwertgeber
System angeborener Emotionen	Vergleichsfunktion Energetische Regulationsfunktion	Vergleichssystem -
System erworbener Emotionen	Vergleichsfunktion Energetische Regulationsfunktion	Vergleichssystem -
Perzeptorisches System	Informationsfunktion (bzgl. Außenwelt) Befehlsfunktion	Informations- bzw. Meßsystem Sollwertgeber
System kognitiver Strukturen	Informationsfunktion (bzgl. Wissensbestände) Befehlsfunktion	Informationssystem Sollwertgeber
Effektorisches System	Kontrollfunktion Aktionsfunktion (bzgl. Motorik)	Kontrollsystem Stelleinrichtung
System kognitiver Operationen	Kontrollfunktion Aktionsfunktion (bzgl. kognitiver Inhalte)	Kontrollsystem Stelleinrichtung
Steuerungszentrale	Zentrale Koordination, Bewußtsein, Aufmerksamkeit	-

Liegt eine hinreichend große Istwert-Sollwert-Diskrepanz vor (z.B. starkes Bedürfnis nach Nahrung bei fehlender Nahrung in unmittelbarer Nähe), löst sie im "System angeborener Emotionen" eine emotional getönte Spannung (z.B. Hungergefühl) aus, die zum Handeln motiviert. Das "System angeborener Emotionen" erfüllt mithin zugleich eine wichtige energetische Regulationsfunktion. Die Istwert-Sollwert-Diskrepanz wird über die "Steuerungszentrale" (siehe unten) an den *"Simulator"* gemeldet, der unter anderem für die Kontrollfunktion (z.B. Denken und Problemlösen) zuständig ist und geeignete Maßnahmen (z.B. einen Plan zur Nahrungssuche) vorschlägt, die vom *"effektorischen System"* ausgeführt werden (z.B. Suche nach Nahrung). Dabei wirkt das "effektorische System" - unterstützt durch das "perzeptorische System" - auf die Umwelt ein. Wegen der engen Zusammenarbeit dieser beiden Systeme lassen sie sich unter dem Begriff *"sensumotorisches System"* zusammenfassen.

Die Effekte der Maßnahmen des "effektorischen Systems" auf die Umwelt bzw. in der Umwelt (z.B. das Auffinden von Nahrung) werden über das "perzeptorische System" an die beiden Vergleichssysteme ("System angeborener Emotionen" und *"System erworbener Emotionen"*) rückgemeldet. Das "System angeborener Bedürfnisse" überprüft unter anderem auf die "biologische Zuträglichkeit" (z.B. Qualität der Nahrung), während das *"System erworbener Sollwerte"* die "soziale Verträglichkeit" (z.B. Vereinbarkeit der Art der Nahrung bzw. der Nahrungsbeschaffung mit sozialen Normen) beurteilt.

Unsere bisherige Erläuterung psychischer Strukturen und Funktionen nahm ihren Ausgang von Prozessen im "System angeborener Bedürfnisse". Für den Menschen als geistig hoch entwickeltes Wesen ist es jedoch charakteristisch, daß sein Handeln auch durch andere *Sollwertgeber* motiviert ist. Diese Befehlsfunktion können neben dem "perzeptorischen System" das *"System erworbener Sollwerte"* sowie das *"System kognitiver Strukturen"* übernehmen. Im ersten Fall können Informationen, die der Mensch aus der Umwelt aufnimmt (z.B. eine Aufforderung eines anderen Menschen; ein attraktiver oder aversiver Reiz in der Umwelt), Sollwerte vorgeben, die das Verhalten beeinflussen. Im zweiten Fall gilt Analoges für langfristige Ziele (z.B. "Projekte") und soziale Normen, die unter bestimmten Voraussetzungen Befehlsfunktionen übernehmen. Im dritten Fall kann aber auch das "System kognitiver Strukturen", also der Bestand an deklarativem Wissen, als Sollwertgeber fungieren, wenn beispielsweise eine kognitive Dissonanz zwischen zwei Wissensbeständen auftritt, die zur Dissonanzreduktion motiviert. Ein Beispiel wäre eine Dissonanz zwischen dem frisch erworbenen Wissen, daß intensives Sonnenbaden schädlich für die Haut ist, und dem

Wissen, daß man - in der Vorfreude auf ausgiebiges Sonnenbaden - für den Sommer eine Urlaubsreise in den Süden geplant hat. Neben der Funktion als Sollwertgeber besteht die primäre Aufgabe des "Systems kognitiver Strukturen" darin, erworbenes Wissen (z.B. Begriffe, Schemata, Propositionen, bildliche Vorstellungen, kognitive Landkarten, Selbst- und Umweltmodelle) bereitzustellen.

Auf dieses Wissen greift das *"System kognitiver Operationen"* zurück, das zum Erinnern, Vorausschauen, Planen, Entscheiden und Urteilen in der Lage ist, so daß im *"Simulator"*, d.h. dem Verbund aus "System kognitiver Strukturen" und "System kognitiver Operationen", ein antizipatorisches Probehandeln in der Vorstellung möglich wird (vgl. Hoffmann, 1993). Dabei bildet das "System kognitiver Operationen" das Pendant zum "effektorischen System": Während das "effektorische System" über die Motorik (Bewegungen, Kommunikation etc.) auf die reale Umwelt einwirkt, führt das "System kognitiver Operationen" mentale Akte im "System kognitiver Strukturen" durch (z.B. als antizipatorisches Probehandeln unter Rückgriff auf ein internes Modell der Außenwelt sowie ein internes Modell der eigenen Person).

Im Zentrum unseres Systemmodells des Menschen befindet sich die *"Steuerungszentrale"*, ein System, dem die zentrale Koordinationsfunktion und die Bewußtseinsfunktion zukommen und das über Prozesse der Aufmerksamkeitssteuerung auf die anderen Systeme einwirkt. Diese Einwirkung erfolgt primär über Informationsregler - vergleichbar der Blende eines Fotoapparates -, die den Informationsfluß (bzw. die Kommunikation) zwischen "Steuerungszentrale" und anderen Systemen lenken. Die "Steuerungszentrale" kann mit anderen Worten den Einfluß der anderen Systeme vorübergehend oder habituell verstärken, abschwächen oder ganz eliminieren. Diese Funktion ist in Abbildung 4.7 durch schmale Rechtecke angedeutet, die jeweils zwischen "Steuerungszentrale" und einem anderen System angeordnet und mit einem von der "Steuerungszentrale" ausgehenden Pfeil versehen sind. Wie ihr Name besagt, ist die "Zentrale" die wichtigste Schaltzentrale des Gesamtsystems und für den koordinierten Ablauf der psychischen Prozesse, soweit sie bewußtseinspflichtig sind, verantwortlich (siehe unten). In der Sprache der kybernetischen System- und Regelungstheorie ausgedrückt, repräsentiert sie das *"übergeordnete System"* (Klaus & Liebscher, 1974).

Diese komprimierte Darstellung wird im folgenden durch eine genauere Beschreibung der einzelnen Systeme ergänzt.

3.1.2 System angeborener Bedürfnisse

Das "System angeborener Bedürfnisse" ist ein *Sollwertgeber*. Seine Aufgabe besteht darin, die dem Menschen angeborenen physischen und psychischen Bedürfnisse zur Geltung zu bringen. Wir erörtern zunächst und in erster Linie die Anzahl und Art der angeborenen Bedürfnisse. Danach gehen wir kurz auf die Frage ein, in welcher Form die Bedürfnisse verhaltensrelevant werden.

Art der angeborenen Bedürfnisse

Die Diskussion über die Bedürfnisse des Menschen - und speziell über angeborene Bedürfnisse - hat eine lange Geschichte, und sie wird kontrovers geführt. Die erste Schwierigkeit betrifft die Definition von Bedürfnis und die Abgrenzung oder Nichtabgrenzung gegenüber verwandten Begriffen wie Motiv, Trieb, Instinkt, Antrieb, Verlangen und so weiter. In Übereinstimmung mit Gasiet (1981, S. 239) fassen wir Bedürfnisse als lebensnotwendige Bedingungen menschlicher Existenz auf. "Lebensnotwendig ist in diesem Zusammenhang nicht streng biologisch zu verstehen, da der Mensch - von seltenen Ausnahmefällen abgesehen - stets ein nicht nur biologisches Leben führt. Das bedeutet, daß Menschen zwar fähig sind, sich biologisch am Leben zu erhalten, auch wenn ein Teil ihrer ´lebensnotwendigen´ Bedürfnisse un- oder unterbefriedigt bleibt. Aber ein menschlich erträgliches, mehr oder weniger zufriedenstellendes Leben erfordert zusätzliche ´lebensnotwendige´ Bedingungen, denen zusätzliche Bedürfnisse entsprechen."

In Anlehnung an Cattell (1978, 1979) und Maslow (1981) setzen wir Bedürfnisse mit angeborenen Bedürfnissen gleich. "Angeboren" bedeutet dabei nicht, daß die betreffenden Bedürfnisse bereits beim Neugeborenen voll ausgebildet sind, sondern daß sie angelegt sind und sich *bei allen Menschen* im Verlauf der Ontogenese manifestieren. Daß ein Bedürfnis angeboren ist, schließt nicht aus, daß es zwischen Individuen und Kulturen Unterschiede in der habituellen Bedürfnisstärke gibt und daß soziale Faktoren Einfluß auf die Art der Anregung, des Ausdrucks und der Befriedigung der Bedürfnisse nehmen (vgl. Bischof-Köhler, 1985).

Cattell verwendet für angeborene Bedürfnisse die Bezeichnung *"Ergs"*. Er grenzt sie ab gegenüber "Sentiments", d.h. erlernten Motivzielen. Angeborene Bedürfnisse sind hypothetische Konstrukte, die eingeführt werden, um zu erklären, warum Personen Präferenzen für bestimmte Aktivitäten zeigen und persistente Anstrengungen zur Erreichung bestimmter Ziele unternehmen (Zimbardo,

1992); man kann sie nicht unmittelbar beobachten, sondern lediglich aus bestimmten Phänomenen erschließen. Auch die Selbstauskünfte einer Person über ihre Bedürfnisse liefern nur begrenzt valide Informationen, da sich Menschen ihrer Bedürfnisse stets nur lückenhaft bewußt sind (vgl. das tiefenpsychologische Konzept "unbewußter Bedürfnisse").

Erste Hinweise auf Art und Umfang menschlicher Bedürfnisse lassen sich gewinnen, indem man Personen danach befragt, warum sie etwas tun, und dabei so lange nachfragt, bis sie keine weitere Begründung zu geben vermögen (vgl. Cattell, 1978). Eine ausgefeiltere von Cattell verwendete Methode basiert auf der Faktorenanalyse umfangreicher und möglichst repräsentativer Sammlungen von *"Einstellungen"*. Auf diesem Weg identifizierte Cattell (1978, 1979) etwa zehn angeborene Bedürfnisse, die jeweils durch eine spezifische zugeordnete Emotion charakterisiert sind.
Beispiele wären:

- Bedürfnis nach Nahrungsaufnahme, verbunden mit der Emotion Hunger,
- Geselligkeitsbedürfnis, verbunden mit der Emotion Einsamkeit,
- Explorationsbedürfnis, verbunden mit der Emotion Neugier,
- Selbstbehauptungsbedürfnis, verbunden mit der Emotion Stolz.

Maslow (1981) diskutiert ausführlich die Frage, wie man nachweisen kann, daß bestimmte Bedürfnisse angeboren sind. Er nennt eine Reihe von Argumenten, darunter als wichtigste:

- Die dauerhafte und schwere Deprivation von Bedürfnissen macht Menschen körperlich und seelisch krank. Diese negativen Folgen zeigen sich unter Umständen erst langfristig.
- Die Befriedigung von Bedürfnissen ist für die seelische und körperliche Gesundheit förderlich.
- Bei freier Wahl, d.h. fehlenden inneren oder äußeren Bedrohungen oder Barrieren, haben alle Menschen eine spontane Vorliebe für entsprechende Aktivitäten zur Bedürfnisbefriedigung.

Als weitere wichtige Indizien könnte man die *universale Verbreitung* der betreffenden Bedürfnisse, ihre phylogenetische Verankerung (vgl. Bischof-Köhler, 1985) sowie den engen Zusammenhang zwischen Bedürfnissen und Emotionen heranziehen. Die Befriedigung von Bedürfnissen löst positive Emotionen (z.B. Freude, Glück, körperliche Lust) aus, während Bedürfnisdeprivationen von negativen Gefühlen (z.B. Ärger, Traurigkeit oder Langeweile) begleitet sind. Dabei handelt es sich um kurzfristige Folgen.

Für das Verständnis der Funktionsweise von Bedürfnissen - so wie wir den Begriff verwenden - ist es wichtig festzuhalten, daß

Bedürfnisse - im Gegensatz zu Instinkten - das Verhalten nicht notwendigerweise in ganz spezifischer Weise (z.B. auf ein spezifisches Objekt) lenken, sondern zunächst lediglich eine Groborientierung des Verhaltens in Richtung auf eine bestimmte *Klasse* von Zielobjekten bzw. eine *Klasse* von Aktivitäten bewirken. Diese relativ lockere Verbindung zwischen Bedürfnis und Bedürfnisobjekt schafft die Voraussetzung für ein flexibles situationsangemessenes Verhalten. Erst durch Lernen kann eine engere Koppelung von Bedürfnis und spezifischer Art der Bedürfnisbefriedigung erfolgen.

Wir kommen erneut auf die Frage zurück, welches die angeborenen Bedürfnisse des Menschen sind. Bei der Beantwortung dieser Frage schließen wir uns *weitgehend* Maslow (1981) an, auf den wir auch im Hinblick auf eine genauere Beschreibung dieser Bedürfnisse verweisen. Maslows Theorie diente verschiedenen anderen Klassifikationssystemen als fruchtbarer Ausgangspunkt, darunter dem durchdachten und sparsamen Modell menschlicher Bedürfnisse von Gasiet (1981; siehe unten). Uns ist bewußt, daß beim jetzigen Kenntnisstand jede derartige Klassifikation auf Widerspruch stoßen wird und als vorläufig zu betrachten ist. Maslow nennt fünf angeborene Grundbedürfnisse: physiologische Bedürfnisse, Sicherheitsbedürfnis, Bedürfnis nach Zugehörigkeit und Liebe, Bedürfnis nach Achtung und Bedürfnis nach Selbstverwirklichung. Zusätzlich erwähnt er das Verlangen nach Wissen und Verstehen sowie ästhetische Bedürfnisse, deren genauer Status jedoch unklar bleibt.

Wenngleich wir uns in den Grundzügen an Maslows Motivationstheorie orientieren, unterscheidet sich unsere Auffassung in mehreren Punkten von derjenigen Maslows (siehe auch Tabelle 4.2):

- Während Maslow von einer *universalen Hierarchie* der Motive ausgeht, erscheint uns diese Annahme unnötig restriktiv und nicht mit allen empirischen Beobachtungen im Einklang zu stehen. Interpretiert man die Hierarchie im Sinne einer Rangreihe der Wichtigkeit der Bedürfnisse (Priorität bei der Befriedigung), so unterscheidet sich diese Rangreihe zweifellos bei verschiedenen Menschen sowie bei ein und derselben Person zu verschiedenen Zeitpunkten. Im übrigen erscheint auch ihre Übertragbarkeit auf alle Kulturen fragwürdig.

Aram und Piraino (1978) überprüften Maslows Theorie in Chile an einer Stichprobe von 1447 Erwachsenen, die mit einem standardisierten Fragebogen zur Messung der relativen Stärke der fünf von Maslow unterschiedenen Bedürfnisse untersucht wurden. Die Personen waren nach ihrem sozioökonomischen Status in sechs Schichten eingeteilt worden.

Tabelle 4.2: Bedürfnisse des Menschen (mit Beispielen und Erläuterungen) sowie zugeordnete Emotionen bei Bedürfnisbefriedigung bzw. Bedürfnisdeprivation.

Art der Bedürfnisse	Beispiele, Erläuterungen	Emotionen bei Bedürfnisbefriedigung	Emotionen bei eingetretener oder erwarteter Bedürfnisdeprivation
Physiologische Bedürfnisse Fokus 1: Selbst Fokus 2: Umwelt	Nahrung, Atmung, Sexualität, Schlaf, Bewegung	Freude, Lust	Wut, Ärger, Schmerz, Unlust, Ekel, Angst, Müdigkeit, Gereiztheit
Explorationsbedürfnis Fokus 1: Umwelt Fokus 2: Selbst	Neugier, Suche nach Neuem, Abwechslung	Interesse, Spannung	Langeweile
Selbstaktualisierungsbedürfnisse Fokus: Selbst	Fähigkeiten entfalten; gemäß Temperamentsanlagen und Interessen leben; Wachsen, Veränderung	Freude, Interesse	Kummer, Traurigkeit, Wut, Ärger, Angst
Bedürfnis nach Orientierung und Sicherheit Fokus 1: Umwelt Fokus 2: Selbst	Verstehen, Vorhersehen, Ordnung, Stabilität	Freude, Sicherheitsgefühl	Angst, Schreck, Überraschung, Hilflosigkeit
Bedürfnis nach Bindung Fokus 1: Umwelt Fokus 2: Selbst	Nähe suchen, Kontakte pflegen, Freundschaft, bei sich sein	Freude, Glück, Interesse, Zuneigung, Bindungsgefühl, innere Ruhe	Einsamkeit, Kummer, Traurigkeit, Angst
Bedürfnis nach Achtung Fokus 1: Umwelt Fokus 2: Selbst	Beachtung, Ansehen, Anerkennung, Einfluß, Macht, Selbstdurchsetzung, Selbstachtung	Freude	Traurigkeit, Kummer, Ärger, Wut, Angst

In den untersten Schichten dominierten die physiologischen und Sicherheitsbedürfnisse gegenüber "höheren" Bedürfnissen (nach Achtung und Selbstverwirklichung). In der obersten sozialen Schicht fanden sich hingegen besonders viele Personen mit einem starken Bedürfnis nach Selbstverwirklichung. Das Bedürfnis nach

Achtung - in der für die chilenische Kultur verwendeten spezifischen Operationalisierung (im Sinne der "persönlichen Würde") - war generell in allen Schichten schwach ausgeprägt. Aram und Piraino interpretieren ihre Befunde zwar als weitgehende Bestätigung der Maslowschen Theorie, doch gilt dies nur unter einer Reihe spezifischer Annahmen. Außerdem fand sich in der untersuchten Stichprobe eine größere Anzahl von Personen, die sich nicht im Einklang mit der Maslowschen Theorie verhielt.

Bei der Interpretation der Tabelle 4.2 ist zu berücksichtigen, daß die von uns gewählte Reihenfolge am ehesten Entwicklungsprozesse der Bedürfnisse widerspiegelt (siehe unten), jedoch nichts bezüglich der Wichtigkeit dieser Bedürfnisse bei einem spezifischen Erwachsenen besagt. Um Mißverständnissen vorzubeugen, wiederholen wir, daß wir zwar an der Universalität bestimmter (angeborener) Bedürfnisse, nicht jedoch an der Universalität einer Hierarchie ihrer Wichtigkeit festhalten.

- Im Gegensatz zu Maslow unterscheiden wir zwei *Fokusse,* auf die Bedürfnisse gerichtet sein können: das Selbst sowie die (primär soziale) Umwelt. Diese Unterscheidung gründet in folgender Annahme: Wir gehen davon aus, daß der Mensch seine Intentionen, Emotionen, Kognitionen und Einstellungen nicht nur auf "Objekte" in der Umwelt, sondern auf sich selbst bezieht. Dazu ist er aufgrund seiner *Fähigkeit zur Selbstreflexion* in der Lage. Dies bedeutet zum Beispiel, daß ein Mensch nicht nur ein Bedürfnis zur Exploration seiner Umwelt, sondern auch zur Exploration seines Selbst besitzt. Er ist mit anderen Worten nicht nur motiviert, neue Eindrücke aus der Umwelt, sondern auch Neues über sich selbst zu erfahren.
- Was die *physiologischen Bedürfnisse* betrifft, ist festzuhalten, daß der menschliche Organismus für sein normales Funktionieren beispielsweise bestimmte Mindestmengen an Bewegung, Schlaf, Flüssigkeit, Nährstoffen oder Sauerstoff sowie Außentemperaturen, die sich nur in einem engen Bereich bewegen dürfen, benötigt. Diese biologischen Vorgaben werden als Sollwerte an das "System angeborener Emotionen" weitergeleitet. Über die Bedeutung physiologischer Bedürfnisse besteht unter Motivationsforschern Konsens. Im Gegensatz zu Maslow heben wir jedoch bei dem "physiologischen" Bedürfnis nach Sexualität explizit den Fokus der sozialen Umwelt hervor, d.h. wir betrachten Sexualität nicht als rein physiologisches, sondern als soziales Phänomen.
- Statt von einem Sicherheitsbedürfnis sprechen wir vom *Bedürfnis nach Orientierung und Sicherheit,* weil der Begriff "Orientierung" eine Verbindung zu Verstehen und Vorhersehen (Antizipieren) herzustellen erlaubt. Dabei gehen wir in Übereinstimmung mit Antonovsky (1979, 1987), Klix (1980) und Hoffmann (1993) davon aus,

daß der Mensch ein Bedürfnis hat, Situationen zu verstehen bzw. Konsequenzen seines Handelns vorherzusehen. Dörner und Stäudel (1990) sprechen in diesem Zusammenhang vom *"Erwartungshorizont"* eines Individuums. Hoffmann (1993, S. 43) unterscheidet zwischen "inhaltsbezogenen Bedürfnissen" (z.B. physiologischen Bedürfnissen) und einem "Antizipationsbedürfnis": "Ein Antizipationsbedürfnis würde also jedes Verhalten fördern, das zu vorhersagbaren Konsequenzen führt. Während also inhaltsbezogene Bedürfnisse die Verhaltensmöglichkeiten auf solche zur Erreichung bestimmter Ziele einschränken, würde ein Antizipationsbedürfnis für eine Erweiterung der Verhaltensmöglichkeiten sorgen. Darüber hinaus würde es Lernprozesse auch dann veranlassen, wenn kein sonstiger Mangel vorliegt. Es wären Lernprozesse, die dafür Sorge tragen, daß Verhaltenskonsequenzen immer vollständiger und sicherer antizipiert werden, so daß das Verhalten immer gezielter eingesetzt werden kann, um diese Konsequenzen auch zu erreichen. Ein Organismus, ausgestattet mit einem Antizipationsbedürfnis, würde also, allein schon indem er dieses Bedürfnis befriedigt, lernen, mit seiner Umwelt immer vollständiger und effektiver zu interagieren."

Wie der Tabelle 4.2 zu entnehmen ist, unterscheiden wir im Zusammenhang mit dem Bedürfnis nach Orientierung und Sicherheit neben dem bisher besprochenen Fokus "Umwelt" auch einen zweiten Fokus "Selbst". Der Mensch hat mit anderen Worten nicht nur ein Bedürfnis, seine Umwelt zu verstehen, sondern auch sich selbst zu verstehen (Selbsteinsicht, Selbsterkenntnis) und sein eigenes Verhalten vorhersagen zu können. Daß letztere Voraussetzung nicht selbstverständlich erfüllt ist, belegen Menschen, die sich selbst nicht mehr verstehen und Angst haben, die Kontrolle über sich selbst zu verlieren bzw. "verrückt zu werden." Neben dem Verstehen und Antizipieren umfaßt "Orientierung" einen zweiten Aspekt, nämlich die Existenz von Zielen, auf die das Verhalten ausgerichtet ist. Ohne übergeordnete *Zielorientierung* handelt der Mensch entweder erratisch, oder er gerät in eine Sinnkrise mit erhöhtem Risiko einer psychischen Störung. Angesichts der kaum zu überschätzenden Bedeutung des Bedürfnisses nach Orientierung und Sicherheit, werden wir an vielen Stellen darauf zurückkommen (z.B. im Zusammenhang mit dem "System kognitiver Strukturen" sowie bei der Erklärung und Therapie psychischer Störungen).

• Maslows Bedürfnisse nach Zugehörigkeit und Liebe nennen wir kürzer *Bedürfnis nach Bindung*. Dieses Bedürfnis sowie dasjenige nach Achtung fassen wir unter der Rubrik "soziale Bedürfnisse" zusammen. Auch beim Bedürfnis nach Bindung berücksichtigen wir neben dem geläufigen Fokus der sozialen Umwelt einen zweiten

Fokus, nämlich das Selbst. Wir nehmen an, daß Menschen nicht nur die Nähe, den Kontakt und die Freundschaft anderer Menschen suchen, sondern auch die Nähe und den Kontakt zu sich selbst. Diese Formulierung mag befremdlich klingen. Gemeint ist damit folgendes: So wie bei Personen mit starker "Introversion" die Gefahr besteht, daß sie sich zurückziehen und den Kontakt zu anderen Menschen verlieren, so besteht bei Personen mit starker "Extraversion" die Gefahr, daß sie sich selbst verlieren, d.h. in einer Vielzahl nach außen gerichteter Aktivitäten "aufgehen". Wir nehmen - mit anderen Worten - an, daß Menschen ein interindividuell verschieden stark ausgeprägtes Bedürfnis haben, den Kontakt zu sich selbst (im Sinne der inneren Sammlung, des "Bei-sich-Seins") zu suchen.

• Zwar verwenden auch wir den Begriff *"Bedürfnis nach Achtung"* in einer breiten Bedeutung, doch ordnen wir das von Maslow darunter subsumierte Bedürfnis nach Leistung und Kompetenz den Selbstaktualisierungsbedürfnissen (Entfaltung von Fähigkeiten) zu. In unserem Verständnis umfaßt das Bedürfnis nach Achtung, dem unter anderem Adler (1912, 1966), Horney (1951, 1991) und Rogers (1959) besondere Aufmerksamkeit widmeten, folgende Aspekte, die von manchen Autoren (z.B. Bischof-Köhler, 1985; Cattell, 1978, 1979) auch als getrennte Bedürfnisse aufgefaßt werden: Bedürfnis nach Beachtung, Ansehen und Anerkennung durch andere Personen; Bedürfnis nach Selbstdurchsetzung, Macht und Einfluß in sozialen Gruppen sowie Bedürfnis nach Selbstachtung (Wunsch, das Selbstwertgefühl zu erhalten oder zu erhöhen).

Wie bei anderen oben aufgeführten Bedürfnissen unterscheiden wir auch bei dem "Bedürfnis nach Achtung" zwischen einem Umwelt- und einem Selbstfokus. Diese Bedürfnisse lassen sich unseres Erachtens unter einem Oberbegriff zusammenfassen, weil sie sich darauf beziehen, wie eine Person ihren eigenen Wert in den Augen anderer sowie nach eigener Sicht einschätzt, und wie ernst sie ihre eigenen Bedürfnisse im Vergleich zu denen anderer Menschen nimmt. Gasiet (1981) spricht vom "Bedürfnis nach Anerkennung" und ist der Auffassung, daß es sich dabei um ein Bedürfnis (bzw. eine Klasse von Bedürfnissen) handelt, das bei vielen Menschen unter den heutigen gesellschaftlichen Lebensbedingungen gegenüber anderen Bedürfnissen eine dominierende Stellung einnimmt. Diese Menschen sind bereit, auf die Befriedigung anderer Bedürfnisse über längere Zeiträume oder in stärkerem Ausmaß zu verzichten, um höhere soziale Anerkennung zu erlangen. Dieses Bedürfnis ist von Grund auf widersprüchlich, zielt auf asymmetrische menschliche Beziehungen (d.h. solche mit einem Macht-, Status- und Freiheitsgefälle) ab und bildet den Anlaß zu den meisten sozialen Konflikten - bis hin zu kriegerischen Auseinandersetzungen.

• Ergänzend zu Maslows Liste beziehen wir das *Explorationsbedürfnis* ein. Dabei handelt es sich um ein bereits bei Säuglingen beobachtbares Motiv, dem im übrigen auch bei Tieren eine hohe Bedeutung zukommt. Bei Erwachsenen äußert es sich unter anderem als Interesse an neuen Informationen (z.B. Nachrichten) oder darin, neue Menschen kennenzulernen, als Reiselust oder als Wunsch nach Abwechslung und Vermeidung von Monotonie im Arbeitsbereich. Unseres Erachtens kann man das Explorationsbedürfnis mit dem Bedürfnis nach Orientierung und Sicherheit in Verbindung bringen. Um sich zu orientieren und um künftige Ereignisse (z.B. Handlungseffekte) immer besser vorherzusehen, erweist sich ausgiebiges Explorieren als vorteilhaft. Wie oben ausgeführt wurde, hat das Explorationsbedürfnis neben einem Umwelt- auch einen Selbstfokus, d.h. Menschen sind motiviert, Neues über sich zu erfahren, indem sie beispielsweise mit Nahestehenden oder einem Therapeuten über sich selbst sprechen. Selbstexploration wird im Rahmen der Gesprächspsychotherapie systematisch gefördert.

• Maslow (1981, S. 73) definiert das *Bedürfnis nach Selbstaktualisierung* wie folgt: "Auch wenn alle diese Bedürfnisse befriedigt sind, wird man häufig ... erwarten können, daß neue Unzufriedenheit ... entsteht, wenn der einzelne nicht das tut, wofür *er*, als Individuum geeignet ist. Musiker müssen Musik machen, Künstler malen, Dichter schreiben, wenn sie sich letztlich im Frieden mit sich selbst befinden wollen. Was ein Mensch sein *kann, muß* er sein." Dabei betont Maslow die Entfaltung von Begabungen. Wir erweitern den Begriff, indem wir auch das Bedürfnis, gemäß seinen Temperamentsanlagen sowie seinen Interessen zu leben, darunter subsumieren. (Dabei verstehen wir in diesem Zusammenhang unter Interessen angeborene Vorlieben für bestimmte Arten von Aktivitäten. Selbstverständlich werden Interessen auch über Umweltbedingungen modifiziert und kanalisiert.) Durch die Einführung eines Bedürfnisses nach Selbstaktualisierung wird primär der Tatsache Rechung getragen, daß es Unterschiede zwischen Individuen (in Fähigkeiten, Interessen, Temperamentsmerkmalen) gibt, die aus dem Zusammenwirken von Anlagen und frühen Umwelterfahrungen resultieren und die zur Folge haben, daß die Betreffenden versuchen, sich im Einklang mit diesen "Vorgaben" individuell zu entfalten. Berücksichtigt die soziale Umwelt diese Eigenarten zu wenig - besteht also eine zu geringe "Passung" - , wächst die Gefahr einer Fehlentwicklung (vgl. etwa Becker, 1986 c; Buss & Plomin, 1975; French, Rodgers & Cobb, 1974).

Exkurs: Bedürfnis nach Sinn

Tabelle 4.2 enthält nicht das von Frankl (1973) und Logotherapeuten für eminent wichtig erachtete *Bedürfnis nach Sinn* (bzw. den "Willen zum Sinn"). Dafür gibt es zwei Gründe:

- Der Begriff "Sinn" ist nicht eindeutig. Dies bekennt auch Kurz (1991 a, S. 10), einer der führenden Logotherapeuten: "Zugegeben: die Kategorie Sinn ist ein semantisches Chamäleon. Sie wechselte im Lauf der Geschichte, vor allem seit der zweiten Hälfte des 19. Jahrhunderts, permanent ihre Gewänder, und der gegenwärtige Sprachgebrauch ist alles andere als eindeutig."
- Nicht selten wird der Begriff "Sinn" in sehr breiter Bedeutung verwendet. So schreibt Kurz (1991 a, S.11): "In Anlehnung an den allgemeinen logotherapeutischen Sprachgebrauch verstehe ich unter "Sinn" etwas Einfaches: glückendes Leben. Begreift man den Menschen in diesem Sinne als sinnorientiert, dann begreift man ihn als ein Wesen, das seiner Essenz nach das Gelingen seines Lebens will bzw. das Scheitern seines Lebens verhindern will." Auch Klinger, ein international bekannter Sinnforscher, sieht die Schwierigkeit, dem Franklschen Sinnbegriff eine hinreichend enge und präzise Bedeutung zu verleihen: "Obwohl der Wille zum Sinn wahrscheinlich kein reines Prinzip menschlicher Motivation darstellt, scheinen die Bindungen an Langzeitanreize, die Frankl als besonders wirksame Sinnquelle betrachtet, sehr viel von dem zu umfassen, was dem menschlichen Leben am meisten Stabilität und Sinn gibt." (Klinger, 1977, S. 134; Übers. d. Verf.). Klinger berichtet über eine empirische Untersuchung an Studierenden, die danach befragt wurden, was ihrem Leben Sinn verleihe. Es bereitete ihnen keine Mühe, diese Frage zu verstehen und zu beantworten. Sie nannten unter anderem: Freunde, Kommunizieren, Eltern, Geschwister, Ehepartner (sprachen mithin das Bedürfnis nach Bindung an), religiöser Glaube, Sicherheit (Aspekte des Bedürfnisses nach Orientierung und Sicherheit), beruflicher Erfolg und Verantwortung (Aspekte des Bedürfnisses nach Achtung), Explorieren (Explorationsbedürfnis) und Wachstum (Selbstaktualisierungsbedürfnisse).

Richter (1994) befragte 213 Frauen und Männer im Alter von 17 bis 88 Jahren in schriftlicher Form danach, was sie als sinngebend und sinnvoll in ihrem Leben empfanden. Die Auswertung der frei formulierten Antworten ergab eine Rangreihe der am häufigsten genannten Sinninhalte. Die Spitzenposition mit einer Nennungshäufigkeit von 67.9% nahm die Kategorie ein: *"Für andere Menschen etwas tun."* Es folgten die Kategorien

- "Mit anderen Menschen etwas tun",
- "Arbeit, Beruf, Pflichten, Aufgaben, Erfolg",

- "Familie",
- "Gefühle",
- "seelisches Wachstum und seelisches Lernen",
- "Partnerschaft"
- "Kinder",

während "philosophische Gedanken" oder "materielle Sicherheiten" auf den letzten Rangplätzen landeten. Interessant erscheint, daß - in Übereinstimmung mit Viktor Frankls Thesen - die meisten der besonders oft angeführten Sinninhalte dem Kriterium der *Selbsttranszendenz* genügen. Es handelt sich um Ziele, mit denen der Betreffende über sich selbst hinauslangt und sich anderen Menschen oder Aufgaben zuwendet.

Da an verschiedenen Stellen in der logotherapeutischen Literatur im Zusammenhang mit dem "Sinnbedürfnis" des Menschen von Orientierung, Hingabe und Verstehen die Rede ist, überschneidet sich der von uns verwendete Begriff "Bedürfnis nach Orientierung und Sicherheit" am stärksten mit dem logotherapeutischen Begriff des "Willens zum Sinn".

Zwar haben wir soeben auf die Schwierigkeiten hingewiesen, die sich ergeben, wenn man von einem Sinnbedürfnis des Menschen spricht, doch sind uns zwei Ansätze bekannt, die sich durch ihre Klarheit (und im ersten Fall durch ihre erfolgreiche Operationalisierung) auszeichnen: die Ansätze von Antonovsky (1987) sowie von Gasiet (1981).

Antonovsky (1979, 1987) hat einen bemerkenswerten Beitrag zur Beantwortung der Frage nach der *"Salutogenese"* geleistet; dabei ist zu klären, wieso bestimmte Menschen trotz erheblicher Belastungen und Krankheitsgefährdungen *nicht* erkranken, sondern ihre Gesundheit bewahren. Nach Antonovsky zeichnen sich jene wiederstandsfähigen Menschen durch einen stark ausgeprägten *Kohärenzsinn* aus. Darunter versteht Antonovsky (1987, S. 19; Übers. d. Verf.): "... eine globale Orientierung, die zum Ausdruck bringt, in welchem Umfang man ein generalisiertes, überdauerndes und dynamisches Gefühl des Vertrauens besitzt, (1) daß die im Verlaufe des Lebens aus den eigenen internen und externen Umwelten stammenden Reize geordnet, vorhersagbar und erklärbar sind, (2) daß einem die Ressourcen zur Verfügung stehen, um die von diesen Reizen ausgehenden Anforderungen zu bewältigen und (3) daß es sich bei diesen Anforderungen um Herausforderungen handelt, für die es sich lohnt, Anstrengungen zu investieren und sich zu engagieren." Wir interpretieren den von Antonovsky ermittelten Zusammenhang zwischen einem hohen Kohärenzsinn und guter Gesundheit (vgl. auch Becker, 1994 a; Becker et al., 1994) als Ausdruck dafür, daß es dem betreffenden Menschen gut gelingt, ein angeborenes Bedürfnis nach Sinn (bzw. in unserer Terminologie: nach Orientierung und Sicherheit) zu befriedigen.

Gasiet (1981) listet in seiner Theorie menschlicher Bedürfnisse ein *Grundbedürfnis nach Sinngebung* auf. "Obgleich es phylogenetisch und ontogenetisch allem Anschein nach später auftritt als die anderen Grundbedürfnisse, bei einem Großteil der Menschen nie vollentwickelt zum Ausdruck kommt und nur in individuellen und sozio-historischen Ausnahmesituationen (Krisensituationen) zu einer meist vorübergehenden Vorrangigkeit über die anderen Grundbedürfnisse gelangt, ist es dennoch ein menschliches Grundbedürfnis, das vermutlich seit dem Anfang der Menschwerdung besteht." (Gasiet, 1981, S. 272). "Es ist, ganz kurz gesagt, das Bedürfnis oder die Notwendigkeit, die Unstimmigkeiten und Widersprüche zwischen den menschlichen Bedürfnissen zu integrieren, zu überbrücken oder zu versöhnen." (Gasiet, 1981, S. 273). Das Bedürfnis nach Sinngebung äußert sich unter anderem darin, (1) daß Menschen zu fast unglaublichen Entbehrungen bzw. Verzicht auf die Befriedigung anderer Bedürfnisse bereit sind, wenn sie darin nur einen Sinn sehen können, und (2) daß sie bestimmte sinngebende "Produkte" herstellen (z.B. Wertordnungen, Denkkategorien, Mythen, Religionen, philosophische Systeme und wissenschaftliche Theorien). Wir interpretieren derartige Motive des Menschen als Ausdruck eines Bedürfnisses nach Orientierung und Sicherheit.

Bedürfnisstärke

Die Aufzählung angeborener Bedürfnisse stellt einen ersten wichtigen Schritt für das Verständnis der Motivation menschlichen Verhaltens dar. Es schließt sich die Frage an, in welcher Form Bedürfnisse verhaltenswirksam werden. Im allgemeinen lautet die globale Antwort, daß die Verhaltenswirksamkeit eine Funktion der *aktuellen* Bedürfnisstärke ist: Je stärker ein Bedürfnis ausgeprägt ist, desto stärker nimmt es auf menschliches Handeln Einfluß. Als Indikatoren für die aktuelle Stärke eines Bedürfnisses können nach Zimbardo (1992) unter anderem dienen: a) das allgemeine Aktivitätsniveau, b) die Lernrate, c) das Leistungsniveau, d) die Löschungsresistenz einer Reaktion, e) die Interferenz mit anderen gleichzeitigen Aktivitäten, f) die Präferenz für ein bestimmtes Ziel oder eine bestimmte Aktivität und - soweit anwendbar - g) konsumatorisches Verhalten (beispielsweise die Menge der verzehrten Nahrung oder die Eßgeschwindigkeit).

Bisher läßt sich nur in groben Umrissen erklären, von welchen Bedingungen die aktuelle Stärke eines Bedürfnisses abhängt (vgl. Heckhausen, 1989). Zu den relevanten Determinanten gehören interne Bedingungen - wie die Dauer und das Ausmaß der vorausgehenden Bedürfnis*deprivation* (beispielsweise das Vorenthalten von Nahrung oder Wasser oder die Dauer einer sozialen Deprivation) sowie externe Bedingungen wie das Vorhandensein von *Anreizen* zur Bedürfnisbefriedigung (beispielsweise die Anwesenheit attraktiver Sexualpartner oder die Erreichbarkeit interessanter neuer Reize).

Maslow (1981) hat die Unterscheidung zwischen Mangel- und Wachstumsbedürfnissen eingeführt. Während die Stärke von *Mangelbedürfnissen* (z.B. physiologischen Bedürfnissen) nach einer Befriedigung nachläßt (Spannungsreduktionsprinzip), gilt dies für *Wachstumsbedürfnisse* (Bedürfnis nach Selbstaktualisierung) nicht; vielmehr kann die Bedürfnisstärke erhalten bleiben oder sogar anwachsen. "Wenn wir jedoch Menschen untersuchen, die vorwiegend wachstumsmotiviert sind, wird die Ruhekonzeption der Motivation vollkommen nutzlos. Bei solchen Menschen erzeugt Befriedigung zunehmende und nicht abnehmende Motivation, erhöhte und nicht niedrigere Aufregung... . Sie wachsen aus sich selbst heraus; anstatt immer weniger zu wollen, verlangt ein solcher Mensch immer mehr, z.B. Bildung. Der Mensch kommt nicht zur Ruhe, sondern wird aktiver." (Maslow, 1981 b, S. 45). So interessant derartige Hypothesen auch sein mögen, es erscheint uns dringend erforderlich, sie empirisch zu überprüfen und insbesondere genauere Aussagen über die zeitlichen Verläufe von Bedürfnisstärken als Funktion der für relevant erachteten Bedingungen zu formulieren.

Die von Maslow getroffene Unterscheidung zweier motivationaler Prinzipien findet sich in ähnlicher Form bei Bandura (1991 a, S. 92; Übers. d. Verf.): "Die menschliche Selbstmotivation basiert sowohl auf der *Erzeugung von Diskrepanzen* als auch auf der *Reduktion von Diskrepanzen*. Sie erfordert sowohl eine *proaktive* als auch eine *reaktive* Kontrolle. Menschen motivieren sich zunächst durch eine proaktive Kontrolle, indem sie sich positiv bewertete Standards setzen, die einen Zustand des Ungleichgewichts schaffen, und dann mobilisieren sie ihre Anstrengungen, wobei sie antizipatorisch abschätzen, was erforderlich ist, um die Standards zu erreichen. Feedback-Kontrolle kommt bei anschließenden Regulationen des Energieeinsatzes ins Spiel, um die erwünschten Ergebnisse zu erzielen."

Zusammenfassend läßt sich eine unserer motivationspsychologischen Grundannahmen wie folgt formulieren: Nicht nur als Reaktion auf (veränderte) äußere Umstände und fremdbestimmte Anforderungen oder zum Zweck der Befriedigung physiologischer Bedürfnisse wird der Mensch aktiv, sondern er sucht sich selbst

Probleme und Aufgaben - erzeugt Istwert-Sollwert-Diskrepanzen -, die ihn herausfordern, seinem Handeln Ziele setzen und einen Prozeß der Diskrepanzreduktion einleiten bzw. aufrechterhalten. Im Gegensatz zur Freudschen triebtheoretischen Annahme eines homöostatischen Strebens nach Spannungsreduktion *kennzeichnet den Menschen ein ständiger Wechsel zwischen Spannungserzeugung und Spannungsabbau:* Erst schafft sich der Mensch Probleme, setzt sich Ziele, formuliert für sich Wünsche, um danach Lösungen zu suchen, Ziele zu erreichen und sich seine Wünsche zu erfüllen.

Wie im folgenden Abschnitt über das "System angeborener Emotionen" ausgeführt wird, liegt eine wichtige adaptive Funktion von Istwert-Sollwert-Diskrepanzen - seien sie von außen oder innen hervorgerufen - in der Regulation der Energiebereitstellung bzw. der Aktivierung.

3.1.3 System angeborener Emotionen

Voranstellen möchten wir drei Zitate, die ein Schlaglicht auf die Schwierigkeiten einer Gegenstandsbestimmung der Emotionspsychologie werfen: "Emotionen gehören zu den meist umstrittenen Phänomenen in der Psychologie." (Euler & Mandl, 1983, S. 5). "Es ist bisher nicht gelungen, ein einheitliches, allgemeiner Anerkennung fähiges Emotionskonzept zu erarbeiten." (Traxel, 1983, S. 17). "Insgesamt ist beim Leser wohl der - vom Autor durchaus angestrebte - Eindruck entstanden, daß es sich hier um einen noch weitgehend unterentwickelten aber durchaus entwicklungsfähigen Arbeitsbereich der Psychologie handelt." (Scherer, 1990, S. 22). Angesichts dieser notorischen Probleme beanspruchen die folgenden Ausführungen nicht, eine allgemein befriedigende Emotionstheorie zu sein. Vielmehr handelt es sich um einen skizzenartigen Entwurf, der an verschiedenen Stellen der Präzisierung und Korrektur bedarf. (Für einen komprimierten differenzierten Überblick über Emotionstheorien und anregende Hypothesen zur Entstehung und den Auswirkungen von Emotionen siehe Kuhl, 1983 b,c).

Die Probleme der Emotionspsychologie werden bereits bei dem Versuch deutlich, sich über die Verwendung des Begriffs "Emotion" zu verständigen. Was soll unter einer Emotion verstanden werden? Hilfreich erscheint uns eine von Ewert (1983) vorgeschlagene Unterscheidung der drei Begriffe "Stimmung", "Erlebnistönung" und "Gefühl im engeren Sinn". Im Gegensatz zu Gefühlen sind *Stimmungen* als Zustandserlebnisse nichtintentional, d.h. sie beziehen sich nicht unmittelbar auf Personen, Dinge oder Ereignisse. Sie sind von längerer Dauer (Stunden oder Tage) und bilden als eine Art

Dauertönung den Hintergrund für andere Erlebnisinhalte. Die Vielfalt des Stimmungserlebens läßt sich auf faktorenanalytischem Weg auf eine Reihe von Grunddimensionen (z.B. Aktiviertheit, gehobene vs. gedrückte Stimmung, Gereiztheit; siehe Becker, 1988 a) reduzieren.

Unter *Erlebnistönungen* versteht Ewert (1983) bewertende Reaktionen auf Empfindungen, die auf einer Lust-Unlust-Dimension lokalisierbar sind und von motorischen Korrelaten im Sinne des Aufsuchens oder Meidens von Reizen begleitet werden. Mit wechselnden Bewußtseinsinhalten wandeln sich die Erlebnistönungen.

Im Gegensatz zu Stimmungen haben *Gefühle* im engeren Sinn eine deutlich kürzere zeitliche Erstreckung und einen "Einsatz", d.h. sie treten in variabler Intensität als Reaktion auf bestimmte Personen oder Situationen auf, entfalten sich und verklingen. Sie bilden gewissermaßen die Figur vor dem (Hinter-)Grund von Stimmungen und Erlebnistönungen. Wenn wir im folgenden von Emotionen sprechen, so verwenden wir - in Übereinstimmung mit Frijda (1987) - den Begriff als Oberbegriff für Gefühle im engeren Sinn und Stimmungen. Dies hat u.a. zur Folge, daß wir die Stimmung (bzw. emotionale Befindlichkeit) *Müdigkeit* zu den "Emotionen" zählen (vgl. Davitz, 1969; Frijda, 1987). Die Begründung für diese Betrachtungsweise ergibt sich aus der im folgenden dargelegten Emotionstheorie.

Im Rahmen unserer Theorie erscheint es sinnvoll, zwischen Emotionen zu unterscheiden, die zur angeborenen Grundausstattung des Menschen gehören, mithin bereits bei Säuglingen in den ersten Lebensmonaten - nicht jedoch notwendigerweise bereits unmittelbar nach der Geburt - zu beobachten sind, und erworbenen "höheren" Emotionen, die sich erst im Laufe der Ontogenese als Ergebnis von Erfahrung und kognitiver Reifung herausbilden (vgl. hierzu die Theorie von Leventhal & Scherer, 1987).

Der manchen Leser vielleicht überraschende Grundgedanke unserer Emotionstheorie besagt, daß das "System angeborener Emotionen" (ebenso wie das "System erworbener Emotionen") *Vergleichsfunktionen* erfüllt. Es prüft - verkürzt gesprochen -, ob persönlich bedeutsame Zustände, Ereignisse oder Prozesse den Antizipationen bzw. Notwendigkeiten entsprechen oder nicht. Treten Diskrepanzen (also Veränderungen bzw. Abweichungen) auf entweder (a) zwischen einem unveränderten Sollwert und einem (sich verändernden oder veränderten) Istwert oder (b) zwischen einem sich verändernden oder veränderten Sollwert und einem stabilen Istwert, kommen Emotionen ins Spiel. Sie drängen sich auf, haben den Charakter eines *"Widerfahrnisses"* (Brandtstädter, 1983).

Das "System angeborener Emotionen" steht in enger Verbindung mit dem "System angeborener Bedürfnisse", das Sollwerte bereitstellt (z.B. Nahrung zu sich zu nehmen), und dem "perzeptorischen System", das Istwerte (z.B. die Information, daß keine Nahrung verfügbar ist) liefert. Dies bedeutet, daß angeborene Emotionen etwas darüber aussagen, ob äußere Umweltbedingungen dem entsprechen, was aufgrund aktueller aktivierter Bedürfnisse antizipiert oder gewünscht wird. Emotionen verweisen mithin sowohl auf wichtige Bedürfnisse als auch auf relevante Umweltbedingungen (vgl. Greenberg & Safran, 1989). Größere Istwert-Sollwert-*Diskrepanzen* oder deren *Veränderung* lösen im "System angeborener Emotionen" entsprechende Emotionen (z.B. Unlust und Frieren wegen zu geringer Zimmertemperatur oder Freude und Behagen wegen eines als angenehm empfundenen Temperaturanstiegs) aus. Emotionen bringen wir mithin mit zwei Phänomenen in Verbindung:

- *Veränderungen* (im Sinne von Verringerungen oder Vergrößerungen) *von Istwert-Sollwert-Diskrepanzen* im Hinblick auf angeborene Bedürfnisse (oder "erworbene Sollwerte"; siehe unten). Beispiele wären: (a) Ekel, wenn man plötzlich im Salat einen Wurm entdeckt. (Istwert = Wurm; Sollwert = sauberer Salat). (b) Freude, wenn eine vermißte Person auftaucht. (Reduktion einer bestehenden Istwert-Sollwert-Diskrepanz). (c) Traurigkeit, wenn eine geliebte Person sich von einem verabschiedet oder trennt. (d) Schreck, wenn ein lautes unbekanntes Geräusch zu hören ist. (e) Ärger, wenn die Bewegungsfreiheit plötzlich eingeengt wird.
- *Fortbestehende Istwert-Sollwert-Diskrepanzen.* Nicht nur bei Veränderungen von Istwert-Sollwert-Diskrepanzen, sondern auch bei deren längerem Fortbestehen werden Emotionen erlebt, die dann an Intensität gewinnen, wenn der Betreffende die Aufmerksamkeit auf die bestehende Diskrepanz richtet. Beispiele wären: (a) Einsamkeit, wenn jemand sich nach Bindung sehnt (Sollwert) und zur Zeit keine soziale Beziehung hat (Istwert). (b) Langeweile, wenn ein Verkäufer ohne Kundschaft neben seinem Verkaufsstand steht (Istwert) und auf Kundschaft wartet (Sollwert). (c) Angst, wenn ein Kind sich im Wald verlaufen und die Orientierung verloren hat. (d) Müdigkeit, wenn eine Person seit längerer Zeit ihr Schlafbedürfnis nicht mehr befriedigen konnte.

Wir vertreten die Hypothese, daß die Stärke einer Emotion - abgesehen von Temperamentseigenschaften - vor allem von drei Bedingungen abhängt:

- *Größe der Istwert-Sollwert-Diskrepanz.* Je größer die Diskrepanz desto ausgeprägter die Emotion. So ist zum Beispiel ein Schreck um so heftiger, je lauter ein plötzliches Geräusch ist. Oder das Gefühl der Einsamkeit wächst mit der Dauer der sozialen Deprivation. Oder die (positiv getönte) Spannung ist um so größer, je mehr ein neuer attraktiver Reiz von den bisherigen Erfahrungen abweicht. Oder die Müdigkeit wächst mit der Dauer des Schlafentzugs.

- *Schnelligkeit der Veränderung von Istwert-Sollwert-Diskrepanzen.* Rasch eintretende Veränderungen von Istwert-Sollwert-Diskrepanzen bewirken im allgemeinen stärkere Emotionen als sich allmählich herausbildende Veränderungen. Dies hängt mit Kontrastphänomenen bzw. Adaptationsprozessen zusammen (vgl. Becker, 1991 a; Solomon, 1980). Läßt zum Beispiel ein Kälteschmerz plötzlich nach, sobald die frierende Hand in warmes Wasser eintaucht, so wird das resultierende Lustgefühl besonders stark empfunden, da der Kontrast von Kälte und Wärme groß ist und deutlich gespürt wird. Bei langsam eintretenden Veränderungen erfolgt zwischenzeitlich eine Gewöhnung, die den Effekt abschwächt.
- *Persönliche Bedeutung* des zugrundeliegenden Bedürfnisses. Es gibt interindividuelle (z.B. lebensaltersabhängige) Unterschiede in der persönlichen Bedeutung eines Bedürfnisses. Wenn eine Person - aus welchen Gründen auch immer - ein starkes Bedürfnis nach Achtung hat, wird sie auf eine bedürfnisrelevante Istwert-Sollwert-Diskrepanz mit besonders starken Emotionen reagieren. Ein Beispiel wäre die überschäumende Freude eines Politikers, der erfährt, daß er eine Wahl gewonnen hat.

(Heftige) Emotionen liefern mit anderen Worten einen Schlüssel zum Verständnis der Bedürfnishierarchie eines Menschen (sowie zum Befriedigungsstatus seiner Bedürfnisse). Mithin sind sie für die Psychotherapie besonders aufschlußreich (vgl. Greenberg & Safran, 1989; Sachse, 1992; sowie unten).

Tabelle 4.2 (siehe oben) enthält neben einer Auflistung und exemplarischen Erläuterung angeborener Grundbedürfnisse unsere Hypothesen über Emotionen, die mit der Befriedigung bzw. Deprivation dieser Bedürfnisse verknüpft sind. Dabei orientieren wir uns an Ergebnissen der Motivations- und Emotionsforschung (u.a. Euler & Mandl, 1983; Frijda, 1986; Izard, 1981; Maslow, 1981; Plutchik & Kellerman, 1980, 1983; Scherer, 1984; Scherer et al., 1983).

Eine Reihe von Emotionstheoretikern hält die Emotionen für das Hauptmotivationssystem des Menschen. Stellvertretend sei Izard (1981, S. 63) zitiert: "Die Emotionen werden nicht nur als das Hauptmotivationssystem angesehen, sondern sogar noch grundlegender als die Persönlichkeitsprozesse, die menschlicher Existenz Sinn und Bedeutung geben." Unseres Erachtens bleiben diese Theoretiker eine Antwort auf die Frage schuldig, woher die Emotionen ihrerseits resultieren. Wir stimmen zu, daß Emotionen eine wichtige Motivationsquelle darstellen, führen sie jedoch zum einen auf angeborene Bedürfnisse und zum anderen auf erworbene Sollwerte (siehe unten: "System erworbener Sollwerte") zurück. Unsere Auffassung deckt sich an dieser Stelle mit derjenigen von Tomkins (1980), der Emotionen als Verstärker ("amplifier") von Bedürfnissen betrachtet; d.h. Emotionen erfüllen eine energetisierende bzw. Aktivierungsfunktion (Regulation des Energieniveaus) und bewirken, daß der Bedürfnisbefriedigung verstärkte Beachtung geschenkt wird.

Welche Prozesse die Verbindungen zwischen Bedürfnissen und erworbenen Sollwerten einerseits und Emotionen andererseits herstellen, läßt sich im Rahmen der von Scherer (1984) bzw. Leventhal und Scherer (1987) formulierten Emotionstheorie analysieren (siehe auch Stäudel, 1987). Nach dieser Theorie resultieren Emotionen aus einer Sequenz von bis zu fünf bewertenden Reizprüfungen ("stimulus evaluation checks"), die auf drei Ebenen ablaufen können: der sensumotorischen, der schematischen und der konzeptuellen Ebene. Die fünf bewertenden Reizprüfungen betreffen:

(1) den Neuigkeitscharakter,
(2) die intrinsische positive oder negative Tönung des Reizes,
(3) die Bedürfnisrelevanz,
(4) das eigene Bewältigungspotential sowie
(5) die Übereinstimmung mit sozialen Werten, Normen und Konventionen.

Die Prüfungen (1) bis (5) beziehen sich mithin - in unserer Terminologie ausgedrückt - auf das "System angeborener Bedürfnisse", das "System erworbener Sollwerte" sowie das "System kognitiver Strukturen" (Selbstmodell). Frijda (1986, 1987), Frijda et al. (1989), Lazarus (1991 a, b), Leventhal und Scherer (1987), Scherer (1984) sowie Smith und Lazarus (1993) haben differenzierte Annahmen über die Bedingungen (z.B. primäre und sekundäre Einschätzungen) formuliert, von denen es abhängt, *welche* Emotion in einer bestimmten Situation zu erwarten ist. Kuhl (1983 b) hat den Prozeß der Emotionsgenese in einem Systemmodell beschrieben, das in der Lage ist, die Annahmen peripheralistischer, zentralistischer und kognitivistischer Emotionstheorien zu integrieren (den interessierten Leser verweisen wir auf die Originalliteratur).

Funktion von Emotionen

Wie die meisten Theoretiker betonen, haben Emotionen oft eine *adaptive* Funktion (zum Überblick siehe Ford, 1987; Frijda, 1986;

Greenberg & Safran, 1989; Izard, 1981; Lazarus, 1991 b; Oatley, 1990; Plutchik & Kellerman, 1980; Scherer, 1990 b; Schneider & Dittrich, 1990; Zimbardo, 1992). Selbst Dörner und Stäudel (1990, S. 337), die sich schwerpunktmäßig mit ungünstigen Effekten negativer Emotionen auf das Lösen komplexer Probleme befassen, merken folgendes an: "Wir meinen aber trotz der Schwerpunktbildung hinsichtlich negativer Effekte, daß es ohne Emotionen bzw. ohne die ihnen unterliegenden Parameterverstellungen der Instanzen der Informationsverarbeitung, insgesamt schlechter bestellt wäre mit dem menschlichen System der Handlungssteuerung."

In evolutionärer Hinsicht beruht die *Flexibilität,* mit der sich Organismen an ihre Umwelt anpassen, weitgehend auf dem Emotionssystem. Emotionen - sofern sie nicht eine bestimmte Intensitätsschwelle überschreiten (siehe unten) - lockern die Koppelung von Reizen und Reaktionen, indem sie an die Stelle rigider reflexartiger Reaktionsmuster oder Instinktmechanismen treten (Lazarus, 1991 a; Scherer, 1984; Schneider & Dittrich, 1990; Zimbardo, 1992). Das "System angeborener Emotionen" erhält seine Informationen einerseits vom "System angeborener Bedürfnisse" und andererseits aus der Umwelt, vermittelt über das "perzeptorische System". Es überprüft Informationen aus der Umwelt darauf hin, ob sie im Hinblick auf die angeborenen Bedürfnisse des Menschen als positiv oder negativ einzustufen sind. Carl Rogers (1959) spricht in diesem Zusammenhang vom "organismischen Bewertungssystem" (vgl. auch Becker, 1982 a).

Darüber, daß es angeborene Emotionen gibt, besteht in der Forschung Konsens. Analoges gilt weitgehend bezüglich der *Funktionen von Emotionen.* So hebt Scherer (1984) drei Funktionen hervor:
- *die Bewertung der Relevanz von Reizen* (siehe auch Mees, 1991),
- *die psychologische und physiologische Vorbereitung* geeigneter Reaktionen auf diese Reize und
- *die Kommunikation* der inneren Befindlichkeit und Absichten.

Von Cranach und Ochsenbein (1984) betonen die aufmerksamkeitsrichtende und die motivationale Funktion. Nach Frijda (1986) dienen Emotionen primär der Aktivierung von "Handlungsbereitschaften", wobei die Art der Handlungsbereitschaft von der Art der Situationseinschätzung ("appraisal") abhängt (siehe unten). Dörner und Stäudel (1990) arbeiten die Bedeutung von Emotionen für die *Handlungsregulation* heraus. Im Rahmen ihrer Systemtheorie (bzw. Instanzentheorie der Absichtsregulation) weisen sie den Emotionen die Funktion zu, für die einzelnen Instanzen der Informationsverarbeitung Parameter so einzustellen, daß die Instanzen ihre Arbeitsweise der Gesamtsituation anpassen. Entsprechend schlagen die Autoren folgende an ihre Theorie gebundene Definition einer Emotion vor: "Eine Emotion ist ein psychischer Zustand oder Prozeß, der gekennzeichnet ist durch eine bestimmte Parameterkonstellation der Informationsverarbeitungsinstanzen. Der spezifische Charakter einer Emotion ergibt sich aus der Art der Parameter und aus der Bedeutung der verarbeiteten Inhalte." (Dörner & Stäudel, 1990, S. 319).

Uns erscheint es wichtig, eine Funktion von Emotionen hervorzuheben, die von einer Reihe von Emotionstheoretikern übersehen oder in ihrer Bedeutung unterschätzt wird: die *energetische Regulationsfunktion* (siehe auch Tabelle 4.1). In Abhängigkeit von der aktuellen äußeren Situation (z.B. Auftauchen einer Gefahr oder eines Hindernisses) sowie inneren Situation (z.B. Nahrungs- oder Schlafdefizit) ist es zweckmäßig, daß der Organismus die zum angemessenen Reagieren erforderliche Energiemenge bereitstellt. Wird bei der Wahrnehmung von Gefahrsignalen, die von Furcht begleitet ist, eine Fluchtreaktion vorbereitet, unterstützt eine Aktivierung des Organismus (z.B. eine Sympathikusaktivierung) die erforderlichen motorischen Reaktionen. Analoges gilt für eine (Hyper)Aktivierung im Zustand wütender Erregung als Vorbereitung auf einen Akt der Selbstbehauptung oder einen Angriff. Befindet sich eine Person hingegen in einem Zustand der Langeweile, Depression oder Müdigkeit, erscheint eine Reduktion von Handlungsenergie (bzw. eine Hypoaktivation) funktional (siehe auch einen späteren Abschnitt sowie die dort verwendete Tabelle 4.6).

(Auf weitere Funktionen und Effekte von Emotionen - insbesondere auch negative Effekte - gehen wir weiter unten bei der Besprechung des "Systems erworbener Emotionen" ein.)

Klassifikation von Emotionen

Umstritten unter Emotionsforschern sind die Fragen nach der Anzahl und Klassifikation der Emotionen (Davitz, 1969; Ekman & Friesen, 1975; Ford, 1987; Izard, 1981; Lazarus, 1991 a; Plutchik & Kellerman, 1980) sowie nach dem Zusammenhang von Emotion und Kognition (vgl. Izard & Buechler, 1980; Lazarus, 1982, 1984, 1991 a; Leventhal & Scherer, 1987; Mandl & Huber, 1983; Zajonc, 1980). Plutchik (1980) zum Beispiel zählt acht grundlegende angeborene Emotionen auf, die aus vier Gegensatzpaaren bestehen: Freude und Traurigkeit, Furcht und Wut, Überraschung und Vorahnung (Antizipation) sowie Akzeptanz und Ekel. Tomkins (1980) unterscheidet neun angeborene "Affekte", drei positive (Interesse, Freude,

Überraschung) und sechs negative (Kummer, Furcht, Scham, Verachtung, Ekel und Wut). Wie Izard (1981) vertritt er die Auffassung, daß Emotionen das Hauptmotivationssystem des Menschen bilden. Izard und Buechler (1980) listen zehn Emotionen auf: Interesse, Freude, Überraschung, Traurigkeit, Ärger, Ekel, Verachtung, Furcht, Scham/Schüchternheit und Schuldgefühl. Die von den verschiedenen Autoren berücksichtigten angeborenen oder Grundemotionen treten oft nicht in Reinform, sondern in Kombination auf. Davitz (1969) berücksichtigt in seiner Untersuchung 50 "Emotionen".

Eine unterschiedliche Beachtung und theoretische Einbindung erfahren in der einschlägigen Literatur schmerzhafte bzw. unlustbetonte körperliche Zustände, wie sie etwa bei Kälte, Hitze, Reizüberflutung oder Gewebeschädigung zu beobachten sind (soll man sie zu den Emotionen zählen?, vgl. Leventhal & Everhart, 1979; von Cranach & Ochsenbein, 1984), sowie die Phänomene der Langeweile oder der Müdigkeit. Während man im Register des Sammelbandes von Plutchik und Kellerman (1980) über Emotionstheorien den Begriff *"Langeweile"* ("boredom") vergeblich sucht, wird er unter anderem von Davitz (1969), Ford (1987) und Scherer (1984) den Emotionen zugerechnet. Im Rahmen unserer Systemtheorie des Menschen verdienen die zuletzt genannten Zustände den Status von Emotionen, denn sie basieren auf wahrgenommenen und bewerteten Istwert-Sollwert-Diskrepanzen im Hinblick auf angeborene Bedürfnisse, ziehen die (Selbst)Aufmerksamkeit auf sich, werden als aversiv erlebt, motivieren zum Handeln, verändern den Grad der Aktivierung und haben eine kommunikative Funktion. Darauf kommen wir weiter unten bei der Diskussion persönlichkeitspsychologischer Implikationen genauer zu sprechen.

Ontogenese von Emotionen

Wie oben erwähnt, halten wir eine Unterscheidung zwischen angeborenen Emotionen und im Verlaufe der Ontogenese als Ergebnis von Erfahrung und kognitiver Reife erworbenen "höheren" Emotionen für sinnvoll. Die Ontogenese von Emotionen ist erst in jüngerer Zeit zu einem Forschungsthema geworden (Harris, 1992; Izard & Buechler, 1980; Kasten, 1983; Keller & Meyer, 1982; Plutchik & Kellerman, 1983; Scherer, 1984; Sroufe, 1981; Ulich & von Salisch, 1993). Nach Scherer (1984) sind Kleinkinder im Alter von etwa 5-9 Monaten zu folgenden Emotionen in der Lage: Erschrecken, Unlust, Überraschung, Freude, Ärger/Wut und Furcht, während Scham- und Schuldgefühle oder Verachtung erst im zweiten Lebensjahr auftreten können, da sie eine entsprechende kognitive Entwicklung und Sozialisationserfahrungen voraussetzen. Sroufe (1981) geht davon aus, daß sich im Laufe der Ontogenese drei grundlegende Emotionssysteme zunehmend differenzieren: (1) Wut/Ärger, (2) Gespanntheit/Furcht sowie (3) Vergnügen/Freude. Dabei betont er die entscheidende Bedeutung der Fähigkeit des Kindes, etwas zu antizipieren, zu beabsichtigen und kognitiv zu bewerten. (Zur emotionalen Entwicklung und zum emotionalen Lernen siehe auch Buck, 1983).

3.1.4 Perzeptorisches System

Das "perzeptorische System" erfüllt primär die Informationssammelfunktion bezüglich der Außenwelt, d.h. es organisiert und interpretiert Informationen über die Außenwelt. Dabei ist natürlich zu beachten, daß die Bezeichnung "perzeptorisches System" in gewisser Weise irreführend ist, da der Mensch über verschiedene Sinne bzw. Wahrnehmungssysteme verfügt: Sehen, Hören, Empfindungen der Haut, Geruch, Geschmack, Körperbewegung, Gleichgewicht und Empfindungen der inneren Organe (Zimbardo, 1992). Im Rahmen unserer Systemtheorie des Menschen ist es nicht erforderlich, auf die Prozesse der Wahrnehmung, ihre anatomischen und physiologischen Grundlagen sowie die dazu vorliegenden Theorien in Einzelheiten einzugehen. Vielmehr beschränken wir uns auf einige grundsätzliche Aussagen.

Wahrnehmung ist ein *mehrstufiger Prozeß:* Auf der sensorischen Stufe werden Sinnesempfindungen kodiert und analysiert; auf der Stufe der Wahrnehmung im engeren Sinn werden Informationen integriert und auf der Stufe der Klassifikation als Objekte identifiziert und kategorisiert (Zimbardo, 1992). Hervorzuheben ist der *selektive* Charakter der Wahrnehmung. Er ergibt sich aus der Aufgabe, die Informationsfülle, der die Sinnesorgane ausgesetzt sind, aktiv in stabilen, geordneten Perzepten zu organisieren und somit einen Orientierungsrahmen für das Handeln bereitzustellen. Perzepte (subjektiv wahrgenommene Phänomene, z.B. die subjektive Wahrnehmung einer Situation) sind dabei nach dem Figur-Hintergrund-Prinzip organisiert; sie umfassen einen Fokus relativ scharfer Wahrnehmung, der umgeben ist von einem eher unscharfen Kontext. Was zum Fokus und was zum Kontext wird, hängt stark davon ab, worauf die "Steuerungszentrale" (siehe unten) die Aufmerksamkeit richtet.

Zu der Frage, worauf die Selektivität der Wahrnehmung zurückzuführen ist, gibt es unterschiedliche theoretische Vorstellungen. Die klassische Auffassung postuliert eine beschränkte Kapazität der

Informationsverarbeitung, die es erforderlich macht, aus der Fülle der von den Sinnen bereitgestellten Informationen eine Auswahl zu treffen. Dadurch wird die selektive Wahrnehmung gewissermaßen zur "defizitären Informationsübertragung" (Hoffmann, 1993). Neuere Ansätze in der Wahrnehmungs- und Aufmerksamkeitsforschung verweisen - gestützt auf empirische Studien - auf die Grenzen dieser Sichtweise und interpretieren die Selektivität als notwendigen und *adaptiven Prozeß im Dienste der Verhaltenssteuerung* (Hoffmann, 1993; Neumann, 1987, 1992). "Für die Realisierung aktueller Verhaltensabsichten ist der größte Teil der jeweils gegebenen Reizwirkungen ohne Belang. Für das Schreiben dieses Textes etwa sind die Ereignisse auf der Straße oder auf dem Flur völlig belanglos." (Neumann, 1993, S. 86).

Neisser (1979) betont bei der visuellen Wahrnehmung deren *konstruktiven* Charakter und die Bedeutung *antizipatorischer Schemata,* d.h. Wahrnehmung ist in starkem Maße von Erwartungen - und damit von bisherigen Erfahrungen und der Motivation - des Wahrnehmenden geleitet. Neisser spricht vom zyklischen Charakter der Wahrnehmung. Der Zyklus umfaßt Antizipationen, Erkundungen und Informationsaufnahme unter der Leitung von Schemata. "In der normalen Umgebung sind die meisten wahrnehmbaren Objekte und Ereignisse *bedeutungsvoll.* Sie bieten verschiedene Handlungsmöglichkeiten, enthalten Implikationen darüber, was geschehen ist oder geschehen wird, gehören in einen größeren, zusammenhängenden Kontext, haben eine Identität, die ihre einfachen physikalischen Eigenschaften überschreitet." (Neisser, 1979, S. 62).

Da er uns so wichtig erscheint, heben wir den von Neisser formulierten Gedanken, daß Wahrnehmung (in den meisten Fällen) ein von *Antizipationen* geleiteter Prozeß ist, nochmals hervor. Wenn eine Person sich in vertrauter Umgebung (z.B. in der eigenen Wohnung) bewegt, antizipiert sie - meist automatisch und ohne ihre Aufmerksamkeit explizit darauf zu richten - , was sie als nächstes wahrnehmen (z.B. sehen, hören oder riechen) wird. Sie weiß aus Erfahrung und bildet entsprechende Erwartungen im "Simulator", daß sie beispielsweise nach Öffnen der Küchentür rechterhand den Küchenschrank und geradeaus das Fenster zum Hof sehen wird. Dank einer "kognitiven Landkarte" im Kopf kann sie sich auch dann in der Wohnung orientieren, wenn es stockdunkel ist. (Außerdem kann die Person rein in der Vorstellung in der imaginierten Küche beispielsweise das Tiefkühlfach im Kühlschrank öffnen und Speiseeis entnehmen.) Das Antizipierte dient dabei als Sollwert. Sollte das tatsächlich Wahrgenommene vom Antizipierten abweichen, wäre nach unserer Theorie mit Emotionen zu rechnen (z.B. mit den Emotionen Überraschung, Schreck oder Angst; vgl. Tabelle 4.2). Aus dem Gesagten wird zugleich die enge Zusammenarbeit des "perzeptorischen Systems" (bzw. des "sensumotorischen Systems") und des "Simulators" deutlich. Der "Simulator" entwirft antizipatorisch ein "Bild" der Umwelt, das als Orientierung (Sollwert) dient und eine antizipatorische Verhaltenssteuerung ermöglicht. In diesem Sinne lebt eine Person gewissermaßen simultan in zwei "Welten", einer vorgestellten und einer von den Sinnen wahrgenommenen Welt, wobei es sich bei dieser Wahrnehmung ("Abbildung") gleichfalls um einen mehr oder weniger selektiven Konstruktionsprozeß handelt.

Wie der Abbildung 4.7 zu entnehmen ist, arbeitet das "perzeptorische System" eng mit dem "System angeborener Emotionen" zusammen, wodurch es zu einer emotionalen Einfärbung des Wahrgenommenen kommt. Dies bedeutet, daß externe und interne Reize in vielen Fällen nicht einfach emotionsfrei zur Kenntnis genommen werden (z.B. als Anwesenheit einer Frau oder eines Mannes), sondern im Hinblick auf vorhandene Bedürfnisse emotional eingefärbt werden (also z.B. als ein attraktiver und "aufregender" potentieller Sexualpartner wahrgenommen werden). Die vom "perzeptorischen System" gelieferten Informationen sind - vermittelt über die "Steuerungszentrale" - auch für andere Systeme von großer Bedeutung. So werden beispielsweise Wahrnehmungsinhalte vom "Simulator" weiterverarbeitet, und sie sind auch für das "effektorische System", das auf die Umwelt einwirkt, unverzichtbar.

Neben der sicherlich zentralen Informationssammelfunktion kann das "perzeptorische System" auch die Funktion eines *Sollwertgebers* erfüllen. Dies betrifft jene Fälle, in denen sensumotorische Leistungen erbracht werden müssen. So könnte beispielsweise die Aufgabe einer Versuchsperson darin bestehen, mit Hilfe eines Steuerknüppels einen Leuchtpunkt auf einem Monitor so zu bewegen, daß er einem Ziel, das ebenfalls auf dem Monitor zu sehen ist, genau folgt. Mithin würde das "perzeptorische System" sowohl als Sollwertgeber als auch als Meßsystem fungieren. Diese Aufgabe ist in Abbildung 4.8 schematisch und stark vereinfachend wiedergegeben.

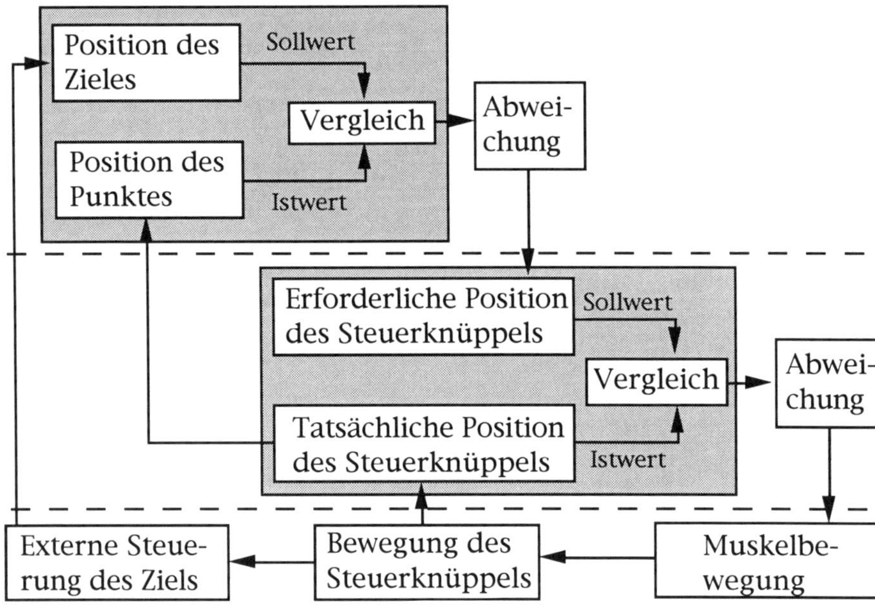

Abbildung 4.8: Hierarchisch gesteuerte Aktivität des sensumotorischen Systems, erläutert am Beispiel des Verfolgens eines Ziels mit einem Lichtpunkt, der mit einem Steuerknüppel bewegt wird (aus Powers, 1973, p. 58).

Im oberen Drittel der Abbildung ist das Ziel-Leuchtpunkt-Kontrollsystem, darunter das Steuerknüppel-Kontrollsystem und ganz unten die physikalische Ursache-Wirkungs-Kette, die die beiden oberen Rückkoppelungskreise schließt, dargestellt. Diese Abbildung veranschaulicht zugleich das von Powers (1973) und Carver und Scheier (1981) beschriebene Prinzip, daß der Output einer höheren Ebene den Sollwert für eine untere Ebene bereitstellt.

Exkurs: Zur Frage unbewußter Wahrnehmung

Perrig, Wippich und Perrig-Chiello (1993, S. 11) vertreten in ihrem Buch über "Unbewußte Informationsverarbeitung" die Auffassung, daß ... "die empirische Psychologie unbewußten Prozessen lange Zeit zu Unrecht eine geringe Beachtung geschenkt hat." Mit empirischer Psychologie ist primär die allgemeine Psychologie gemeint. Die Autoren tragen eine Fülle experimenteller, klinischer und entwicklungspsychologischer Belege sowie Beobachtungen aus dem Alltag zusammen für ihre zentrale These, daß menschliches Verhalten auch durch *unbewußt* ablaufende Wahrnehmungsprozesse beeinflußt wird. "Menschliches Verhalten wird unter Nutzung perzeptueller Repräsentationen über die assoziative Reaktionsfunktion gesteuert, ohne daß dabei Bewußtsein beteiligt ist." (Perrig et al., 1993, S. 52). Unter unbewußten Prozessen verstehen sie: "Wenn es gelingt, beim Menschen nachzuweisen, daß er Information aufnimmt und speichert, die später sein Verhalten steuert, ohne daß diese Information zum Objekt des Bewußtseins wird, sind wir bereit, von ´unbewußten´ Prozessen zu sprechen." (Perrig, et al., 1993, S. 25).

Deutliche Hinweise auf unbewußte Prozesse der Informationsverarbeitung gewinnen die Autoren unter Verwendung der sogenannten *"Oppositionstechnik"* : "Im Anschluß an eine Lernphase, in der die Versuchspersonen auf ganz natürliche Art und ohne Lernabsicht (inzidentell) experimentell definierte Stimuli (Gegenstände, Bilder, Gerüche) wahrnehmen oder Bewegungen ausführen, muß entweder die bewußte Erinnerung darüber berichtet werden, oder es muß mit alten (vorher wahrgenommenen) und neuen Stimuli eine Aufgabe ohne Erinnerungsbemühungen gelöst werden. In einer groben Unterscheidung wird von direkten und indirekten Gedächtnistests gesprochen. Der Ergebnisvergleich dieser direkten und indirekten Erfahrungsnutzung stützt unsere Hypothesen .... So war es möglich, in allen von uns untersuchten Sinnesbereichen bei der indirekten Erfahrungsnutzung Gedächtnisspuren zu identifizieren, denen keine bewußte Erinnerung gegenübergestellt werden kann." (Perrig et al., 1993, S. 106).

Exemplarisch seien zwei Arten von Belegen, die die Autoren anführen, herausgegriffen: "Aus der Traumforschung gibt es Hinweise für das Auftauchen von Information, die im Wachzustand nicht bewußt registriert wurde. Das Phänomen des ´blinden Sehens´ demonstriert quasi ´on line´, daß die betroffenen Patienten mit Schäden im Okzipitallappen visuelle Stimuli ´wahrnehmen´ und daraus korrekte Entscheide ableiten, ohne daß sie diese Stimuli sehen." (Perrig et al., 1993, S. 213).

Worin liegt die Bedeutung der von Perrig et al. beschriebenen Prozesse unbewußter Informationsverarbeitung im Hinblick auf unser Systemmodell der Persönlichkeit? Es ist offensichtlich notwendig, die Möglichkeit vorzusehen, daß vom "perzeptorischen System" bereitgestellte Informationen verhaltenswirksam werden, ohne daß dieser Einfluß über bewußte Prozesse (also unter Hinlenkung der Aufmerksamkeit durch die "Steuerungszentrale"; siehe unten) erfolgt. In Abbildung 4.7 wird diese Möglichkeit durch Pfeile zwischen dem "perzeptorischen System" und dem "effektorischen System" sowie zwischen dem "perzeptorischen System" und dem "System angeborener Emotionen" angedeutet.

Auf den zuletzt genannten Punkt gehen wir im folgenden näher ein. Wir schließen uns der Argumentation von Öhman (1988) an, der im Zusammenhang mit der Emotionsgenese zwischen *prä-attentiven-* und Aufmerksamkeitsprozessen unterscheidet. In Übereinstimmung mit unseren emotionstheoretischen Grundannahmen betont Öhman die adaptive Signalfunktion von Emotionen. Emotionen treten in Situationen auf, die für die Anpassung und das Überleben des Organismus von großer (biologischer) Bedeutung sind. Um entsprechende (Hinweis-)Reize zu entdecken, überprüft das "perzeptorische System" automatisch und *ohne bewußte Aufmerksamkeit* fortlaufend den sensorischen Input. "Kurz zusammengefaßt besagt unsere Analyse, daß Organismen dazu in der Lage sind, simultan und effektiv eine große Zahl perzeptorischer Kanäle zu überwachen, um emotional bedeutsame Ereignisse in ihrer Umwelt zu lokalisieren. Sollten Menschen derartige Ereignisse antreffen, werden Emotionen aktiviert, und die Kontrolle wird von dieser automatischen perzeptorischen Ebene auf eine bewußt-kontrollierte Ebene verlagert, die die Situation analysiert, bevor eine Handlung ausgeführt wird." (Öhman, 1988, S. 131, Übers. d. Verf.)

In die Sprache unserer Systemtheorie übertragen, bedeutet dies, daß emotionale Prozesse zwischen dem "perzeptorischen System" und dem "System angeborener Bedürfnisse" - vermittelt durch das "System angeborener Emotionen" - unbewußt ablaufen können, so daß eine Person sich beispielsweise in einer Situation unwohl fühlt, ohne genau zu wissen, woher ihr Unbehagen rührt. Im allgemeinen wird die Person jedoch - vermittelt über die "Steuerungszentrale" (und ihre Aufmerksamkeitsfunktion) - auf den "Simulator" zurückgreifen, um die Situation genauer zu analysieren und geeignete Handlungen zu planen (siehe unten).

3.1.5 Effektorisches System

Das "effektorische System" erfüllt - neben dem "System kognitiver Operationen" - die Kontroll- und Aktionsfunktion. Über motorische Prozesse wirkt es direkt oder indirekt auf die Umwelt ein. Beispiele für direkte Einwirkungen wären das Sich-Fortbewegen in der Umwelt, das Ergreifen und Verzehren von Nahrung oder das physische Attackieren einer Gefahrenquelle. Um seine Aufgabe erfüllen zu können, ist das "effektorische System" auf eine enge Zusammenarbeit mit dem "perzeptorischen System" angewiesen, weswegen wir für ihren Verbund die Bezeichnung *"sensumotorisches System"* verwenden (siehe auch Royce & Powell, 1983, die von "sensumotorischer Integration" sprechen, und Shallice, 1978, der die Bezeichnung sensumotorische "Aktionssysteme" verwendet). Über

Kommunikationsprozesse (Sprache, Mimik, Gestik etc.) erfolgt eine indirekte Einwirkung des "effektorischen Systems" auf die Umwelt.

Motorische Prozesse werden vor allem im Rahmen der Sportpsychologie sowie der Arbeitspsychologie näher analysiert. Exemplarisch sei auf Hacker (1978) verwiesen, der unter Rückgriff auf die Systemtheorie die hierarchische Struktur von Arbeitstätigkeiten beschreibt (siehe auch Ford, 1987; Semmer & Pfäfflin, 1978). Es steht außer Frage, daß motorische Prozesse durch Übung (bzw. Prozesse der Assimilation und Akkomodation) verbessert und automatisiert werden können und daß dabei verschiedene Formen von Rückmeldung eine wichtige Rolle spielen. In dem Maße, wie motorische Prozesse weitgehend oder völlig automatisch ablaufen, entlasten sie die "Steuerungszentrale" von Überwachungsaufgaben und ermöglichen es, die Aufmerksamkeit auf andere Aspekte zu richten. So braucht sich beispielsweise ein brillanter Pianist kaum mit "technischen Problemen" - etwa schwierigen Läufen auf dem Klavier - zu befassen und kann sich statt dessen auf den künstlerischen Ausdruck konzentrieren.

Auf diesem Weg ist es auch möglich, mehrere Handlungen *parallel* auszuführen, sofern sie nicht zu schwierig sind (Shallice, 1978) bzw. strukturell nicht zu ähnlich sind und es nicht zu Interferenzen kommt (Neumann, 1992). So kann ein versierter Autofahrer gleichzeitig lenken, abbremsen, den Blinker setzen und dabei ein intensives Gespräch mit dem Beifahrer führen. Mit der linken Hand das Lenkrad zu drehen, mit dem rechten Fuß das Bremspedal zu betätigen und dabei zu sprechen, führt bei einem geübten Autofahrer nicht zu Interferenzen; Versuche, mit der linken Hand *gleichzeitig* das Lenkrad zu drehen und den entfernt angebrachten Lichtschalter zu betätigen, müssen hingegen automatisch ausgeschlossen werden. Inwieweit für die Koordination der parallelen motorischen Abläufe die höchste "Steuerungszentrale" oder/und untere Ebenen zuständig sind, bedarf genauerer Erforschung (Shallice, 1978). Oft besteht die Lösung in der vorübergehenden Dominanz eines Handlungssystems (sensu Shallice).

In ihrem Modell unbewußter Informationsverarbeitung unterscheiden Perrig et al. (1993) zwei Prozeßvarianten der Verhaltenssteuerung: assoziative Reaktion und konstruktive Interpretation. Die *assoziative Reaktionsfunktion* ist im Zusammenhang mit dem "sensumotorischen System" von Bedeutung. Sie ist eine automatische, sensorische Form der Informationsverarbeitung bzw. ein Vermögen, auf Reize reflexartig zu reagieren und die Speicherung solcher Reiz-Reaktionsverbindungen zu garantieren. Es handelt sich dabei um Vorgänge, die ohne bewußtes Erkennen oder begriffliches Wissen operieren. "Da die Reaktionsfunktion automatische Vorgänge darstellt, geschieht diese Verarbeitung für unser Erleben ohne Anstrengung, und es können quasi beliebig viele solcher Prozesse parallel ablaufen. So können schon innerhalb eines Sinnessystems, von der Stimulation eines Rezeptors bis zu einer Reaktion in Form einer Muskelbewegung, eine Vielzahl von Subsystemen parallel aktiv sein, und dies auch noch gleichzeitig und zusammen mit anderen Sinnessystemen." (Perrig et al., 1993, S. 44). Die Autoren ordnen der assoziativen Reaktionsfunktion ein perzeptuelles (oder sensorisches) Gedächtnis - wir würden statt dessen von einem sensumotorischen Gedächtnis sprechen - zu, dem die Verarbeitung und Speicherung episodischer Information und die automatische motorische Bewegungssteuerung auf niederer Ebene obliegt. Die konstruktive Interpretationsfunktion hingegen umfaßt "höhere" mentale Prozesse der Verhaltenssteuerung (wie Erkennen, Beurteilen oder Entscheiden), die bewußt erlebt werden. (Für weitere Einzelheiten verweisen wir auf die Originalarbeit.)

Die Imitation komplexer motorischer Abläufe durch Roboter (Robotik) ist ein interessantes Anwendungsfeld, in dem Techniker, Informatiker, Biologen und Psychologen zusammenarbeiten. Zu den zu lösenden Aufgaben gehört unter anderem das koordinierte Zusammenspiel der Bewegungen mehrerer technischer Gliedmaßen - etwa bei einer künstlichen Spinne oder Heuschrecke, die sich in ihrer Fortbewegung unterschiedlichen Umwelten anpassen kann. Der Kommunikation zwischen den beteiligten Systemen sowie reziproken Aktivations- und Hemmungsprozessen kommt dabei eine Schlüsselrolle zu.

3.1.6 Zwischenbilanz

Ein mit den bisher besprochenen Systemen ausgestattetes Lebewesen ist unter bestimmten Voraussetzungen überlebensfähig. Es verfügt über energetisierende "lebenswichtige Organsysteme", die biologische Grundfunktionen erfüllen, über ein "System angeborener Bedürfnisse" und ein "System angeborener Emotionen", die Verhalten im Sinne des Aufsuchens oder Vermeidens bestimmter Umweltreize ausrichten. Ferner kann das Lebewesen Informationen aus der Umwelt aufnehmen, und es kann mit Hilfe seines "effektorischen Systems" auf seine Umwelt einwirken. Entscheidende Voraussetzungen für die Überlebensfähigkeit eines solchen Lebewesens sind angeborene Instinkte, die in relativ starrer Weise die Reaktionen auf bestimmte Auslösereize determinieren, sowie weitgehend invariante Umweltbedingungen, an die das Lebewesen optimal angepaßt sein muß. Verändern sich hingegen die Umweltbedingungen (z.B. im Hinblick auf die Art des Nahrungsangebots, klimatische Faktoren oder die Art der "Feinde"), erweist sich die Inflexibilität der vorprogrammierten Reaktionsweisen als schwerwiegender Nachteil. "Höhere" Lebewesen benötigen aus diesem Grund weitere Systeme, die ihre Anpassungsfähigkeit verbessern.

Wir kommen im folgenden auf derartige, für den Menschen charakteristische Systeme zu sprechen, wobei wir die aus der Systemtheorie gewohnte Reihenfolge, beginnend mit "Sollwertgebern", wählen. Die Gemeinsamkeit dieser Systeme besteht darin, daß sie für höhere geistige Prozesse wie Denken, Planen, Vorausschauen, Bewerten und das Anstreben langfristiger Ziele verantwortlich sind. Häufig sind diese Prozesse auf die *Zukunft* ausgerichtet, etwa beim Anstreben langfristiger Ziele, beim "Probehandeln in der Vorstellung" oder beim Antizipieren und Bewerten der Konsequenzen bestimmter Handlungen für die eigene Person, andere Menschen oder die Umwelt.

3.1.7 System erworbener Sollwerte

Angelehnt an unsere systemtheoretische Terminologie verwenden wir den technisch klingenden Begriff der "erworbenen Sollwerte", weil er sich als Oberbegriff für zwei Arten von Konzepten eignet, die auf individuellen Erfahrungen basieren und denen für die Handlungsmotivation eine große Bedeutung zukommt:
- Ziele, Wünsche, Projekte, Ichideal und
- soziale Werte, Normen, Regeln und Vorschriften.

Diese Zweiteilung entspricht der bekannten Unterscheidung zwischen Wollen und Sollen. Ziele, Projekte und Ichideal sind das Ergebnis zurückliegender persönlicher Zustimmungen. Sie haben den Charakter von *Wünschen* (z.B. ich wünsche mir ein Auto; ich möchte gern besonders intelligent sein; ich möchte nicht als Prostituierte arbeiten). Soziale Werte (so wie wir sie verstehen), Normen, Regeln und Vorschriften haben hingegen einen *Aufforderungs- oder Verbotscharakter;* man verspürt sie als Verpflichtung oder als Druck oder Zwang zu einem bestimmten Verhalten bzw. zur Vermeidung eines Verhaltens (z.B. ich sollte nicht länger als 9 Semester studieren; man sollte Notleidenden Geld spenden). Kombiniert man diese zwei Arten von Sollwerten mit der Differenzierung zweier Handlungsrichtungen, nämlich Annäherung und Vermeidung, so erhält man die in Tabelle 4.3 wiedergegebene Klassifikation erworbener Sollwerte, die uns als Gliederung dieses Kapitels dient:
- Annäherungsziele ("ich möchte gerne ..."),
- Vermeidungsziele ("ich möchte nicht, daß ..."),

- Gebote ("ich sollte/muß ...") und
- Verbote ("man sollte/darf nicht...").

Tabelle 4.3: Zweidimensionale Klassifikation erworbener Sollwerte

Art der Sollwerte	Annäherung	Vermeidung
Ziele, Wünsche, Projekte, Ichideal	*Annäherungsziele* (ich möchte gerne)	*Vermeidungsziele* (ich möchte nicht, daß)
Soziale Werte, Normen, Regeln, Vorschriften	*Gebote* (ich sollte/muß) (man sollte/muß)	*Verbote* (ich sollte nicht; ich darf nicht) (man sollte nicht; man darf nicht)

Ziele, Wünsche, Projekte, Ichideal

Befragt man Menschen, die ihr Leben als sinnvoll erachten, danach, was ihrem Leben Sinn verleiht, nennen sie in erster Linie entweder aktuelle Umstände, die für sie einen hohen Wert besitzen (z.B. Freunde oder eine Familie zu haben) oder in der Zukunft liegende Ziele (z.B. sein Studium mit dem Diplom abzuschließen und Ingenieur zu werden) (vgl. Klinger, 1977). Es besteht kein Zweifel daran, daß nicht nur aktuelle angeborene Bedürfnisse Sollwerte des Handelns vorgeben, sondern Menschen sich auch an langfristigen Zielen orientieren, wobei es interindividuelle Unterschiede in der Bevorzugung kurz- und langfristiger Ziele gibt (vgl. die theoretische Einordnung der "Verhaltenskontrolle" weiter unten).

Unter einem *Ziel* wollen wir einen zukünftigen Zustand der eigenen Person oder der Umwelt verstehen, den man anstrebt, weil man ihm einen positiven Wert beimißt. Im allgemeinen verfolgen Menschen eine Reihe langfristiger Ziele, die ihrem Leben Orientierung und Sinn vermitteln. Das Fehlen von Zielen wird als aversiv erlebt: als Langeweile im Falle vorübergehend fehlender Ziele, als Depression, falls bisher vorhandene persönlich bedeutsame Ziele nicht mehr erreichbar erscheinen, ohne daß neue Ziele an ihre Stelle getreten wären (Becker, 1981; Klinger, 1977).

Man kann Ziele nach verschiedenen Gesichtspunkten einteilen (Ford & Nichols, 1987; Winell, 1987), wobei uns neben dem Inhaltsaspekt (z.B. Einteilung in selbstbezogene Entwicklungsziele, die auch als *Ichideal* bezeichnet werden, und umweltorientierte Ziele) die Zeitperspektive sowie die Generalität der Ziele besonders wichtig erscheinen. Ziele haben unter den zuletzt genannten beiden Gesichtspunkten eine hierarchische Struktur, d.h. langfristige Ziele (Fernziele) implizieren im allgemeinen Sequenzen kurz- und mittelfristiger Ziele (Zwischenziele), und sehr globale Ziele lassen sich in spezifischere Teilziele untergliedern. Verknüpft man die hierarchische Struktur mit der davon unabhängigen Inhaltsdimension von Zielen, ergibt sich eine Darstellungsmöglichkeit individueller Zielstrukturen, wie sie exemplarisch in Tabelle 4.4 ausgeführt ist (in Anlehnung an Winell, 1987).

Tabelle 4.4: Beispiel einer individuellen hierarchischen Zielstruktur

	Ziele		
Lebensbereich	kurzfristig spezifisch	mittelfristig breit	langfristig sehr breit
Arbeit und Schule	Seminare besuchen Ein Referat halten Sich einer Arbeitsgruppe anschließen	Scheine erwerben Prüfungen bestehen	Einen guten Beruf haben Ein eigenes Geschäft haben
Familienleben	Der Schwester schreiben Die Eltern anrufen	Kontakt zu den Eltern halten	Heiraten; Kinder haben
Soziales Leben	Mit Freunden Karten spielen Parties aufsuchen	Mit netten Leuten zusammensein Neue Leute kennenlernen	Viele Freunde haben Gemocht werden
Freizeit	Konzert besuchen Fahrrad fahren Fernsehen	Auf dem laufenden bleiben Sport treiben	Im Alter aktiv bleiben
Persönliches Wachstum	Malen Laufen	Kreativ sein In Form bleiben	Innere Harmonie erreichen Gesund sein
Materielles, Umwelt	Sein Zimmer sauber halten	Dinge haben, die man gerne mag, (z.B. Stereoanlage)	Reich sein; viel Geld verdienen

Werden Ziele sehr global bzw. hoch abstrahiert definiert, so entsprechen sie eher Werten (siehe unten) und sollten dort eingeordnet werden. Zur Erläuterung möge folgendes Beispiel dienen: Das sehr global formulierte Ziel "später reich sein" besagt, daß für die betreffende Person materieller Wohlstand ein hoher Wert ist. Hingegen wären Intentionen wie "ein komfortables Haus kaufen" oder "Zahnarzt werden, weil man in dem Beruf viel Geld verdient" konkrete langfristige Ziele im engeren Sinn.

Langfristige Ziele sind einerseits in angeborenen Bedürfnissen und andererseits in übergeordneten (erworbenen) sozialen Normen und Werten verankert. Sie werden angesteuert, weil sie sich subjektiv als geeignet erweisen, wichtige Bedürfnisse zu befriedigen und verinnerlichten sozialen Normen und Werten zu entsprechen. Sie verleihen dem Handeln zugleich eine übergeordnete Orientierung. Nach Alfred Adler liefern sie einen der besten Schlüssel zum Verständnis der individuellen Persönlichkeit eines Menschen.

Langfristige Ziele haben häufig den Charakter von *"Projekten"*, denen man sich verpflichtet fühlt und zu deren Realisierung man einen mehr oder weniger durchstrukturierten Plan entwickelt hat. Beispiele für derartige Projekte wären: den Beruf eines Ingenieurs erlernen, ein erfolgreicher Tennisspieler werden, ein Haus bauen oder eine Familie gründen und wenigstens zwei Kinder haben. Im Regelfall verfolgen Menschen mehrere Projekte gleichzeitig, woraus sich die Notwendigkeit einer Koordination ergibt, um Konflikte zu vermeiden. Dies kann unter anderem durch das Setzen von Prioritäten geschehen oder dadurch, daß man nach Wegen sucht, wie sich mehrere Ziele gleichzeitig erreichen lassen. Ein Beispiel wäre die Strategie, eine reiche Person zu heiraten, um dadurch die drei Projekte zu verwirklichen: eine Familie gründen, ein komfortables Haus erwerben und eine Weltreise antreten.

Langfristige Ziele lassen sich meist nicht geradlinig erreichen, vielmehr ist mit Unterbrechungen und Umwegen zu rechnen, da kurzfristigen Zielen Vorrang eingeräumt werden muß, Hindernisse auftauchen oder auf Gelegenheiten zur Zielannäherung gewartet werden muß. Das Verfolgen langfristiger Ziele setzt mithin *Vertrauen* in die eigenen Fähigkeiten, in andere Menschen und in die Zukunft voraus (Becker, 1994 b). Dieses Vertrauen ist Menschen abhanden gekommen, die sich in einer schweren depressiven Phase befinden und bei denen eine *"negative Triade"* (negative Sicht der Zukunft, anderer Menschen sowie der eigenen Person) dominiert (Beck, 1979).

Unsere bisherigen Ausführungen orientierten sich an der üblichen Auffassung von Zielen als positiv bewerteten Zuständen, die man anzustreben gedenkt. Es stellt sich die Frage, ob es daneben auch Ziele im Leben eines Menschen geben kann, die negativ formuliert sind im Sinne von *Vermeidungszielen.* Unseres Erachtens trifft dies zu, wobei uns bewußt ist, daß es sich um eine Auffassung handelt, die Widerspruch hervorruft. Was ist gemeint mit einem Vermeidungsziel?

Wir verstehen darunter, daß eine Person ihr Handeln darauf ausrichtet, das Eintreten aversiv erlebter Situationen (Zustände der eigenen Person, der Umwelt oder der Person-Umwelt-Beziehung) zu vermeiden. Beispiele dafür wären folgende negativen "Ziele": nicht mehr an den Tod eines Angehörigen erinnert werden; einen Einbruch in die eigene Wohnung verhindern; dafür sorgen, daß man als Frau nicht mehr von einem Mann enttäuscht und gedemütigt werden kann; der Gefahr ausweichen, durch einen Flugzeugabsturz ums Leben zu kommen.

Die von uns getroffene Unterscheidung positiver und negativer Ziele entspricht Herzbergs (1966) Hypothese von der dualen Natur des Menschen. Sie besagt, daß Menschen zwei grundlegend verschiedene Arten von Motiven haben: Wachstumsmotive und Vermeidungsmotive. Wachstumsmotive kennzeichnen seelisch Gesunde, während Menschen mit psychischen Störungen unter der Herrschaft von Vermeidungsmotiven stehen.

Es lassen sich auch Verbindungen zur Lewinschen Feldtheorie herstellen. Lewin (1963) unterschied zwischen Objekten mit positiver und negativer Valenz im *Lebensraum* einer Person. Erstere haben einen Aufforderungscharakter und lösen Annäherungstendenzen aus; letztere sind aversiver Natur und rufen Vermeidungsverhalten hervor.

In Übereinstimmung mit Herzberg erscheint uns das Konzept der Vermeidungsziele attraktiv, weil es zum Verständnis des Verhaltens von Menschen mit psychischen Störungen beitragen kann. Besonders augenfällig trifft diese These auf phobische Patienten zu, die bestimmte Situationen (z.B. geschlossene Räume oder belebte Plätze) um jeden Preis zu vermeiden suchen. Darüber hinaus lohnt es sich, darüber nachzudenken, welche Verhaltenskonsequenzen resultieren, wenn ein Mensch sein Denken und Handeln stark davon leiten läßt, beispielsweise nicht mehr an ein schmerzliches Ereignis eigener Ohnmacht und Hilflosigkeit oder eigener Schuld erinnert zu werden. Wie von tiefenpsychologischer Seite ausgeführt wurde, kann ein solches Vermeidungsziel psychische Fehlanpassungen hervorrufen. Zum Beispiel kann der Radius perzeptorischer, motorischer oder gedanklicher Aktivitäten zunehmend eingeengt werden.

Soziale Werte, Normen, Regeln, Vorschriften

Werte sind ein wichtiges Forschungsfeld mehrerer Wissenschaften, darunter die Anthropologie, Philosophie, Pädagogik, Ökonomie, Politologie, Theologie und Psychologie. Es überrascht daher nicht, wenn es Schwierigkeiten bereitet, Konsens über einen verbindlichen Wertebegriff herzustellen oder eine allgemein anerkannte Theorie der Werte zu formulieren. In Überblicksartikeln stößt man auf kritische Einschätzungen der theoretischen Fundierung und des methodischen Niveaus der Werteforschung (z.B. Graumann & Willig, 1983; Six, 1985; Westmeyer, 1984).

Probleme ergeben sich bereits bei der Definition von Werten und ihrer Abgrenzung gegenüber verwandten Begriffen wie Zielen, Normen und Einstellungen. Im Rahmen unserer Theorie verwenden wir den Begriff "Werte" in folgendem Sinn: *Werte* sind relativ stabile Überzeugungen über erwünschte Zustände oder Eigenschaften von Personen, Objekten und Lebensbedingungen. Beispiele wären: Gesundheit, Glück oder Hilfsbereitschaft einer Person; Nützlichkeit oder Schönheit eines Objektes; soziale Gerechtigkeit oder Frieden als gesellschaftliche Rahmenbedingungen. Rokeach (1973, 1979), einer der einflußreichsten Werteforscher, schlug eine Einteilung vor in *instrumentelle Werte* (für anstrebenswert gehaltene Persönlichkeitseigenschaften wie z.B. ehrgeizig, fröhlich, hilfsbereit oder liebevoll) und *terminale Werte* (für erstrebenswert gehaltene Zielzustände bzw. Rahmenbedingungen der Existenz, z.B. Glück, Freiheit, Gleichheit oder nationale Sicherheit). Diese Einteilung diente als Grundlage für die Entwicklung diagnostischer Instrumente. Die von einer Person vertretenen Werte (ihre Wertvorstellungen) stehen nicht unverbunden nebeneinander, sondern sind in einem *Wertsystem* hierarchisch nach ihrer persönlichen Bedeutsamkeit geordnet. Das Wertsystem eines Individuums läßt sich erfassen, indem man Wichtigkeits- oder Präferenzurteile erhebt (Rokeach, 1973; Schwartz & Bilsky, 1987; Staufenbiel & Borg, 1989; Todt, 1989).

Die Frage, wie Werte entstehen und welcher Natur sie sind, wird kontrovers erörtert. Wir vertreten die Auffassung, daß Werte zweierlei Ursprungs sind: Entweder resultieren sie aus angeborenen Strukturen des Menschen, nämlich dem "System angeborener Bedürfnisse" und dem damit verbundenen "System angeborener Emotionen", sind mithin angeborener, kulturübergreifender, allgemeinmenschlicher Natur und stehen im Dienste der Bedürfnisbefriedigung (Lebenserhaltung, Selbstaktualisierung usw.), oder sie sind das Resultat sozialer Lernprozesse und mithin im "System erworbener Sollwerte" bzw. dem damit verbundenen "System erworbener Emotionen" verankert (siehe unten). Beispiele für kulturübergreifende Werte sind: Gesundheit, Beachtung, Freundschaft oder Liebe. Beispiele für Werte als Resultat sozialer Lernprozesse sind: Reichtum, Gehorsam, beruflicher Erfolg, Pflichterfüllung, Fähigkeit zum Belohnungsaufschub, Ehrlichkeit oder Unabhängigkeit. Welche sozialen Werte von den Mitgliedern einer Gemeinschaft vertreten werden, hängt von den jeweiligen politischen, wirtschaftlichen und kulturellen Rahmenbedingungen ab.

Erworbene soziale Werte betreffen das von einer Gesellschaft (bzw. Subgruppen der Gesellschaft) für wünschenswert Gehaltene. Sie nehmen in Gestalt von Idealen, Normen oder Rollenvorschriften Einfluß auf das Verhalten der Mitglieder einer Gesellschaft, indem sie (1) dem einzelnen Orientierung und Entscheidungshilfen geben, (2) sein Verhalten mehr oder weniger streng vorschreiben ("normieren") und damit in Grenzen vorhersehbar machen. Unter *"Normen"* verstehen wir Vorschriften, die aus Werten abgeleitet sind, wobei unter anderem zwischen ethischen, gesetzlichen und technischen Normen differenziert werden kann. In psychologischer Hinsicht erscheint eine Einteilung in *Gebote* ("man sollte/muß ..." bzw. "ich sollte/muß ...") und *Verbote* ("man sollte nicht ..."; "man darf nicht ..." bzw. "ich sollte nicht ..."; "ich darf nicht ...") fruchtbar. Gebote lösen Annäherungs-, Verbote Vermeidungstendenzen aus. Im Interesse der Erhaltung und Förderung der Gemeinschaft werden unter anderem von Eltern und Erziehern (als "Gebote" bzw. positive soziale Werte) bei der nachfolgenden Generation prosoziale Eigenschaften wie Einfühlungsvermögen, Kooperations- und Hilfsbereitschaft oder Ehrlichkeit, aber auch Leistungsstreben, gefördert. Aus demselben Grund werden "Verbote" ausgesprochen (z.B. das Inzestverbot). (Zu Modellen der Entwicklung und Erziehung im Wertebereich siehe Oser & Althof, 1992).

Im Zusammenhang mit den Zielen dieses Kapitels ist es nicht erforderlich, auf die Prozesse, die zur Übernahme sozialer Werte und Normen führen, in Einzelheiten einzugehen (siehe auch Bandura, 1991 a). Wir beschränken uns vielmehr auf wenige grundlegende Anmerkungen. Die Aneignung sozialer Werte erfolgt im Verlauf des Sozialisationsprozesses (siehe Kapitel 7). Als Motor der Aneignung kommt den angeborenen Bedürfnissen des Menschen nach Bindung (vgl. Grossmann, 1983) sowie nach Achtung (vgl. Adler, 1912, 1933) - insbesondere seitens seiner wichtigsten Bezugspersonen - eine Schlüsselfunktion zu. In den frühen Phasen der individuellen Entwicklung sind dies im Regelfall die Eltern. Um ihr Kind auf die Erwartungen und Anforderungen in der Gesellschaft vorzubereiten, bemühen sich Eltern darum, ihm ein System sozialer Werte zu vermitteln. Dieser Prozeß vollzieht sich zum Teil über sprachliche Kommunikation. Da ein Kind normalerweise um die Achtung und Zuneigung seiner Eltern ringt, wird es daran interessiert sein und dafür verstärkt werden, deren Wertvorstellungen und Normen zu übernehmen, denn im Falle konsistenter Nichtbeachtung drohen der Verlust der elterlichen Achtung, Wertschätzung und Liebe sowie andere Formen der Bestrafung.

Es wäre jedoch eine unzulässige Vereinfachung, wollte man die Entwicklung eines Systems erworbener Werte ausschließlich auf diesem Weg erklären. Von wahrscheinlich größerer Bedeutung ist die Übernahme von Wertvorstellungen durch den Prozeß der *Identifikation* mit Vorbildern, die diese Werte in ihrem Verhalten vorleben. Die klassische Beschreibung eines derartigen Prozesses erfolgte durch Freud, der die Ausbildung des Überichs während der ödipalen Phase auf die Identifikation des Jungen oder Mädchens mit dem gleichgeschlechtlichen Elternteil zurückführte.

Meist wird das *Gewissen* des Menschen mit dem Überich bzw. dem System erworbener Werte und Normen gleichgesetzt. Es ist das Verdienst Erich Fromms (1954), diese Gleichsetzung in Frage gestellt und zwei Formen des Gewissens unterschieden zu haben: das *autoritäre* Gewissen und das *humanistische* Gewissen. "Das autoritäre Gewissen ist die Stimme einer nach innen verlegten äußeren Autorität, also der Eltern, des Staates oder was immer in einer bestimmten Kultur als Autorität gelten mag... Das Gewissen ist ein wirksamerer Regulator des Verhaltens als alle Furcht vor äußeren Autoritäten. Denn vor der Autorität kann man davonlaufen, vor sich selbst jedoch nicht und daher auch nicht vor einer nach innen verlegten Autorität, die zu einem Bestandteil des Ich geworden ist. Das autoritäre Gewissen entspricht dem, was Freud als Überich beschrieben hat. Wie ich noch zeigen werde, ist dies aber nur *eine* Form des Gewissens, möglicherweise sogar nur eine Vorstufe in der Entwicklung des Gewissens." (Fromm, 1954, S. 158-159).

Das humanistische Gewissen wird hingegen als innere Stimme des Menschen betrachtet, die von keinen äußeren Strafen und Belohnungen abhängt. "Das humanistische Gewissen ist die Reaktion unserer Gesamtpersönlichkeit auf deren richtiges oder gestörtes Funktionieren; keine Reaktion auf das Funktionieren dieser oder jener Fähigkeit, sondern auf alle Fähigkeiten, die unsere menschliche und individuelle Existenz ausmachen. Das Gewissen beurteilt, ob wir als menschliche Wesen funktionieren. Gewissen ist ... die *Kenntnis über uns selbst*, die Kenntnis über unsere Erfolge oder über unser Versagen in der Kunst des Lebens... Handlungen, Gedanken und Gefühle, die ein richtiges Funktionieren und die Entfaltung unserer Gesamtpersönlichkeit fördern, rufen ein Gefühl der inneren Zustimmung, der Richtigkeit hervor. Das charakterisiert das humanistische ´gute Gewissen´." (Fromm, 1954, S. 173).

Fromms Unterscheidung zwischen autoritärem und humanistischem Gewissen scheint weitgehend unserer Unterscheidung zwischen dem "System erworbener Sollwerte" und dem "System angeborener Bedürfnisse" bzw. zwischen erworbenen und angeborenen Werten zu entsprechen. Diese beiden Arten von Werten stehen im Dienste zweier übergeordneter Prinzipien:

- Förderung des einzelnen Individuums und Befriedigung seiner angeborenen Bedürfnisse (= angeborene individuumsbezogene Werte) sowie
- Schaffung von Rahmenbedingungen für das Funktionieren sozialer Gemeinschaften (= erworbene soziale Werte).

Wenngleich beide Prinzipien ihre Berechtigung haben und sich im Idealfall sinnvoll ergänzen, kann es dennoch zu Kollisionen und Wertkonflikten kommen. So wird in einer ausschließlich am wirtschaftlichen Profit orientierten Gesellschaft dem rücksichtslosen Streben nach wirtschaftlichem Erfolg ein hoher Wert beigemessen, während ein solches Streben individuumsbezogenen Werten im Sinne des humanistischen Gewissens widerspricht. In einem solchen Fall droht dem Menschen eine innere Entfremdung bzw. ein Verstoß gegen Werte, die als Korrektiv gegen gesellschaftliche Fehlentwicklungen dienen können.

Auch in der Persönlichkeitstheorie von Carl Rogers (1959, 1973) findet sich eine Zweiteilung von "Werten". Zum einen spricht Rogers von "Werten", die vom Organismus direkt erfahren wurden. In der Terminologie unseres Systemmodells handelt es sich dabei um "Werte", die im "System angeborener Bedürfnisse" verankert sind und sich im "System angeborener Emotionen" als Emotionen äußern. Davon unterscheidet Rogers "Werte", die von anderen übernommen (introjiziert) wurden (sogenannte "conditions of worth"). Diese Übernahme erfolgt oft in einer solchen Weise, daß die betreffende Person glaubt, es seien ihre eigenen "Werte". Sie richtet dann ihr Verhalten an "Werten" aus, die nicht auf eigener (organismischer) Erfahrung basieren, wodurch es zu Fehlanpassungen kommen kann.

Zusammenfassend differenzieren wir - in Übereinstimmung mit Erich Fromm, Carl Rogers und Carl Gustaf Jung - zwischen zwei Arten von Systemen, die sich im Menschen als "innere Stimme" zu Wort melden. Man könnte sie als

- *erworbenes Anreiz- und Mahnsystem* (= "System erworbener Sollwerte" und "System erworbener Emotionen") sowie
- als *organismisches Anreiz- und Mahnsystem* (= "System angeborener Bedürfnisse" und "System angeborener Emotionen") bezeichnen.

Beide erfüllen "Gewissensfunktionen", wobei viele Autoren das Gewissen (im eigentlichen Sinn) auf das "System erworbener Sollwerte" (bzw. Überich) beschränken.

Menschen - und Kulturen - unterscheiden sich voneinander in der Gewichtung von Werten, insbesondere darin, ob sie stärker individuelle Ziele (Individualismus, Hedonismus, Egoismus etc.) oder kollektive, soziale Ziele (Normorientierung, Konformismus, Konventionalismus, prosoziales Verhalten etc.) anstreben. Darauf kommen wir im Zusammenhang mit unserer Theorie der Verhaltenskontrolle zu sprechen. Wie Schwartz und Bilsky (1987) auch empirisch belegen konnten, kollidieren bestimmte Werte miteinander. Dies gilt zum Beispiel für die Werte Unabhängigkeit und Konformismus; Leistung und prosoziales Verhalten; Hedonismus und Sicherheit.

Interessant ist folgende Frage: Werden erworbene Sollwerte immer bewußt angestrebt, oder gibt es auch (1) *unbewußte* Ziele, Wünsche, Projekte und Ichidealanteile und (2) *unbewußte* soziale Werte, Normen, Regeln und Vorschriften? In Übereinstimmung mit tiefenpsychologischen Annahmen und der Position von Grawe, Donati und Bernauer (1994) gehen wir davon aus, daß unter bestimmten Voraussetzungen das Handeln von unbewußten Zielen gesteuert wird. "Das ursprüngliche Bedürfnis und die darauf ausgerichteten Ziele können, wenn es sich um schwere Traumata handelt, nicht zum Gegenstand bewußter Kognitionen in Form von erlebten Wünschen werden, da diese unmittelbar mit dem Trauma assoziiert sind und durch die Aktivität des negativen emotionalen Schemas am Bewußtwerden gehindert werden." (Grawe et al., 1994, S. 765).

In diesem Zusammenhang sind auch Ausführungen von Gollwitzer (1987) und Sachse (1992) zu sogenannten *"Identitätszielen"* von Bedeutung. "Eine Person versucht, durch die Erreichung bestimmter Ziele (z.B. hoher beruflicher Ziele, hoher moralischer Ansprüche usw.) ihre Identität zu definieren. Dieses Vorgehen ist, wie Gollwitzer (1987) annimmt, unstillbar, da mit der Erreichung eines Ziels immer wieder neue Ziele auftauchen, die zur Herstellung der Identität auch noch erreicht werden müssen. Im Sinne Kuhls (1983) liegt hier eine degenerierte Handlungsabsicht vor, da es kein wirklich klar definiertes Ziel gibt, das erreicht und damit befriedigt werden kann. ... Offenbar kann dieses Handeln auch so lange nicht wirklich aufgegeben werden, bis dieses Ziel in seiner persönlichen Bedeutung geklärt und damit in seiner Bedeutung *verändert* werden kann." (Sachse, 1992, S. 191).

Analoges gilt für die Frage nach unbewußten sozialen Werten und Normen. Gibt es den Fall, daß ein Mensch sich in seinem Verhalten an einem bestimmten sozialen Wert oder einer sozialen

Norm orientiert, ohne sich dessen bewußt zu sein? Wir schließen uns der tiefenpsychologischen Auffassung an und neigen zur Bejahung dieser Frage. (So spricht beispielweise Freud von unbewußten Anteilen des Überichs.) Sowohl bei unbewußten Zielen, Wünschen und Ichidealanteilen als auch bei unbewußten sozialen Werten und Normen besteht eine erhöhte Gefahr psychischer Störungen, denn der betreffende Mensch wird unter Umständen starke Emotionen (z.B. Schuldgefühle; siehe nächsten Abschnitt) erleben, die er sich nicht erklären kann und denen er sich hilflos ausgeliefert fühlt. Dies bedeutet umgekehrt, daß (starke) Emotionen, insbesondere wenn sie der Person "unerklärlich" und "ichfremd" erscheinen, einen wichtigen Fingerzeig auf die Existenz unbewußter Sollwerte (oder Istwerte) liefern. *Aus diesem Grund sind emotionale Reaktionen für die Psychotherapie von herausragender Bedeutung.*

3.1.8 System erworbener Emotionen

Wie das oben besprochene "System angeborener Emotionen" fungiert auch das "System erworbener Emotionen" primär als Vergleichssystem, d.h. es reagiert mit Emotionen (und damit verbundenen energetischen Regulationen) auf wahrgenommene Istwert-Sollwert-Diskrepanzen bzw. deren Vergrößerungen oder Verringerungen. Gemeint sind dabei Diskrepanzen zwischen Sollwerten aus dem "System erworbener Sollwerte" (z.B. "Man sollte Menschen in Not helfen.") und Istwerten aus dem "System kognitiver Strukturen" (z.B. "Ich habe den hungernden Menschen in Somalia bisher nicht durch eine Spende geholfen."). Wir rechnen damit, daß das Bewußtwerden dieser Diskrepanz von Emotionen (z.B. Schuldgefühlen) begleitet ist. Vergleichbare emotions- und motivationstheoretische Annahmen wurden unter anderem von Boesch (1975, 1976), Kutter (1983), Lantermann (1983) oder Schmalt (1983) vertreten. So schreibt Schmalt (1983, S. 253): "Die Handlungssteuerung selbst funktioniert in diesen Modellvorstellungen nach dem Rückkoppelungsprinzip. Das Individuum legt die Normsituation fest (Standardsetzung), es registriert sein eigenes Verhalten (Selbstbeobachtung), es vergleicht Norm- und Ist-Situation (Selbstbewertung) und reagiert schließlich, je nach Maßgabe der Norm- und Ist-Wert-Diskrepanz, mit selbstwertthematischen Emotionen."

Bei den hier zu besprechenden Gefühlen handelt es sich um "höhere" Emotionen, deren Auftreten ein fortgeschrittenes Stadium kognitiver und sozialer Reife bzw. Lernprozesse voraussetzt. Diese Emotionen lassen sich in solche einteilen, die auf die eigene Person bezogen sind, und solche, die auf andere Menschen bezogen sind.

Mit anderen Worten reagiert der Mensch nicht nur emotional auf Personen oder Ereignisse in der Umwelt, sondern auf sich selbst. Er selbst kann zu einem wichtigen Fokus seiner Aufmerksamkeit bzw. zu einem Teil seines phänomenalen Feldes werden. Tabelle 4.5 listet eine Reihe erworbener Emotionen in einem Vierfelder-Schema auf, das sich ergibt, wenn man den Bezugspunkt mit der Art der Istwert-Sollwert-Diskrepanzen kombiniert.

Tabelle 4.5: Vierfelder-Schema zur Einordnung ausgewählter erworbener Emotionen. Differenzierung nach dem Bezugspunkt sowie der Art der Diskrepanz(veränderung).

Bezugspunkt	*Wahrnehmung einer negativen Diskrepanz oder Diskrepanzvergrößerung*	*Wahrnehmung einer Diskrepanzverringerung oder positiven Diskrepanz*
auf eigene Person bezogen	Schuldgefühl Schamgefühl Enttäuschung Reue Pflichtgefühl	(Angenehme) Überraschung Erleichterung Flow Stolz Triumph
auf andere Person bezogen	Neid Eifersucht Enttäuschung Verachtung Haß Mitleid Scham Ressentiment	(Angenehme) Überraschung Erleichterung Stolz Bewunderung Begeisterung Liebe

Die Aufzählung hat exemplarischen Charakter; es wird keine Vollständigkeit beansprucht. Im folgenden gehen wir auf einige dieser Emotionen ein. Dabei soll jeweils der Zusammenhang zu Istwert-Sollwert-Diskrepanzen hergestellt werden.

Scham- und Schuldgefühle

Es handelt sich um zwei verwandte Emotionen, die im Vergleich zu einigen anderen Emotionen bis in jüngste Zeit relativ wenig untersucht wurden (Izard, 1991). Sie treten auf, wenn eine Person ihre Aufmerksamkeit auf ein persönlich bedeutsames zurückliegendes oder aktuelles Ereignis lenkt, das sie verursacht hat oder an dem sie beteiligt war bzw. ist, und dabei eine negative Abweichung eines Istwertes von einem Sollwert, d.h. eine "Verfehlung", feststellt.

Nicht immer wird in der Fachliteratur und in der individuellen Begriffsverwendung zwischen diesen beiden Emotionen unterschieden (z.B. Weiner, 1992), da sie eine Reihe von Gemeinsamkeiten im Erleben aufweisen (Wicker, Payne & Morgan, 1983) und auch gemeinsam auftreten können. Dennoch lassen sich Unterschiede zwischen Scham- und Schuldgefühlen ausmachen (Gilligan, 1976; Kutter, 1983; Piers & Singer, 1953; Salloch-Vogel & Vogel, 1986; Taylor, 1985; Wicker et al., 1983).

Wie Gilligan (1976) und Wurmser (1993 b) ausführen, unterscheiden Anthropologen zwischen Scham- und Schuldkulturen. In *Schamkulturen* (z.B. bei den Kwakiutl-Indianern) wird die Quelle moralischer Sanktionen und moralischer Autorität in anderen Personen wahrgenommen, die durch Kritik, Lächerlichmachen oder Verachtung eine Person auf eine "Verfehlung" aufmerksam machen oder eine "Verfehlung" einfach nur beobachten. Aus diesem Grund schämt sich eine Person, wenn sie derartige Fremdbewertungen oder -beobachtungen über sich ergehen lassen muß und dabei einen "Gesichtsverlust" (Ehrverlust) erlebt. Wird in einer Kultur beispielsweise körperliche Nacktheit als etwas auf den engsten Privatraum zu Beschränkendes betrachtet, empfindet eine Person Scham, wenn sie von einer fremden Person nackt ertappt wird. Unter einer evolutionär-biologischen Perspektive hat Scham folgende Funktionen: Sie sensibilisiert das Individuum für die Meinungen und Gefühle anderer und fördert die soziale Kohäsion. Sie gibt der Gruppe oder Gesellschaft, der ein Individuum angehört, die Gewähr, daß das Individuum auf Kritik reagieren wird - vor allem Kritik, die sich auf zentrale Aspekte des Selbst bezieht (Izard, 1991).

In *Schuldkulturen* (z.B. bei den Hutteriten) liegen die Verhältnisse genau umgekehrt: Die Quelle moralischer Urteile liegt im eigenen Ich. Schuldgefühle werden als gerechte Strafe für Verstöße gegen verinnerlichte Normen (z.B. das Verbot "Du sollst keine Aggressionen gegenüber anderen zeigen!") empfunden. Die Hutteriten zum Beispiel sind extrem pazifistisch und zeigen praktisch keine Aggressionen gegen andere Menschen. Dafür findet man bei ihnen gehäuft Menschen mit schweren Depressionen, wobei die Depressionen als Formen der Selbstaggression zu interpretieren sind.

Nach Kutter (1983) und Schwarzer (1993) entstehen Schamgefühle, wenn ein Kind nicht den Erwartungen der Eltern oder nicht den eigenen Erwartungen entspricht. Besonders häufig treten Schamgefühle im Zusammenhang mit Befürchtungen bei sexuellem Verhalten auf. Piers und Singer (1953) betrachten Schamgefühle als Reaktion auf Abweichungen vom Ichideal; hingegen resultieren

Schuldgefühle aus Abweichungen von Forderungen des Überichs (vgl. unsere Unterscheidung zweier Arten von Sollwerten in Tabelle 4.3).

Taylor (1985) interpretiert Scham- und Schuldgefühle - ebenso wie Stolz und Erniedrigung - als "Emotionen der Selbsteinschätzung" (self-assessment). "Wenn eine Person eine dieser Emotionen erlebt, wird sie von sich selbst denken, daß sie von einer Norm abgewichen ist und daß sie dabei ihren Platz in der Welt verändert hat. Objekt dieser Emotionen ist das Selbst, und was die Person glaubt, entspricht einer Einschätzung dieses Selbst." (Taylor, 1985, S. 1; Übers. d. Verf.) Nach Taylor läßt sich das Wesen von Scham und Schuld erst dann verstehen, wenn man diese Emotionen mit der *Integrität* einer Person in Verbindung bringt. Im Falle der *Scham* nimmt die Person ihr *Selbst* als weniger wertvoll wahr, als sie zuvor dachte oder erhoffte; sie verliert an Selbstachtung. Im Falle der *Schuld* sieht sie sich als jemand, der eine moralisch verwerfliche *Tat oder Unterlassung* begangen hat (Verletzung einer Norm oder eines Tabus) und sich dabei von sich selbst entfremdet hat; hier geht es nicht um einen Verlust an Selbstachtung, sondern um die Gefahr der Selbstentfremdung bzw. des Verlustes an Integrität. Auch Tangney, Wagner, Fletcher und Gramzow (1992), die großen Wert auf die unterschiedlichen Funktionen von Scham und Schuld legen, betonen, daß bei Scham die Aufmerksamkeit des Individuums auf das eigene "schlechte" Selbst und bei Schuldgefühlen auf eine bestimmte Tat oder Unterlassung gerichtet ist. Izard (1991) sieht eine wichtige Funktion von Schuldgefühlen darin, daß sie Verantwortungsgefühle wecken, die letztlich das psychische Wachstum und die seelische Reife fördern.

Unterschied zw. Scham und Schuld

Schwarzer (1993, S. 124) betont folgende Gemeinsamkeiten und Unterschiede zwischen Scham und Schuld: "Beide Emotionen haben mit Moral zu tun, aber Schuld ist mehr an inneren, und Scham ist mehr an äußeren Normen orientiert. Schuldig fühlt sich jemand, der einen anderen irgendwie verletzt oder beeinträchtigt hat, verschämt ist dagegen jemand, der andere enttäuscht hat, indem er zum Beispiel feige war oder verbotene sexuelle Handlungen ausgeführt hat. Der wichtigste Unterschied liegt in der Richtung selbstbezogener kognitiver Prozesse. Um sich schuldig zu fühlen, bedarf es der privaten, um sich zu schämen, bedarf es der öffentlichen Selbstaufmerksamkeit."

Zusammenfassend wird deutlich, daß keine völlige Übereinstimmung in der Verwendung der Begriffe Scham- und Schuldgefühle besteht. *Schamgefühle* beziehen sich eher auf Verhaltensweisen oder Eigenschaften, die nicht den eigenen Zielen, Wünschen, Standards oder Idealen entsprechen, ohne daß es sich dabei um moralische Verfehlungen zu handeln braucht. Ein Mensch, der sich schämt, erlebt verstärkte (öffentliche) Selbstaufmerksamkeit, möchte am liebsten "in den Boden versinken", fühlt sich minderwertig, verachtenswert, tadelnswert; er erfährt einen Verlust an Selbstachtung (Schwarzer, 1993). Gegenüber Personen, die in ihm Schamgefühle hervorrufen bzw. vor denen er sich schämt (das kann auch die eigene Person sein), empfindet er Wut, Rachegefühle und Ressentiments (Wurmser, 1988) sowie Aggressionsimpulse, die häufig auch gegen die eigene Person gerichtet werden (Selbstverachtung).

Schuldgefühle werden hingegen erlebt, wenn eine Person anderen durch aktives Tun oder durch Unterlassung einen psychischen oder physischen Schaden (Leid) zugefügt und gegen verinnerlichte Regeln bzw. moralische und religiöse Prinzipien verstoßen hat und sich für das Unrecht verantwortlich fühlt. Die Person sieht dadurch ihre Integrität bedroht und befürchtet eine Selbstentfremdung. Sie empfindet Mitleid mit dem "Opfer" bzw. Reue und möchte das Unrecht am liebsten wiedergutmachen, um die soziale Harmonie wiederherzustellen. Dieser "Wunsch nach Ausgleich des Unrechts" durch eine Sühne wurde von Boll (1994) am Beispiel von Schuldgefühlen wegen Fahrens unter Alkoholeinfluß bei Kraftfahrern untersucht. Es zeigte sich, daß das Ausmaß an Schuldgefühlen bei höherer Strafe (Führerscheinsperre und Geldbuße) geringer war, jedoch nur bei Personen, die ihr Fehlverhalten (überdurchschnittlich) moralisch mißbilligten. Nur unter dieser Voraussetzung - so die Interpretation - wurde die Bestrafung als Sühne erlebt und war damit geeignet, Schuldgefühle zu reduzieren.

Daneben beschreibt Montada (1978) das spezielle Phänomen *"existentieller Schuld"*, die Privilegierte angesichts des Leidens und der Not anderer Menschen (z.B. der Hungersnöte in der dritten Welt) erleben können, auch wenn sie dafür nicht selbst verantwortlich sind.

Auf Scham- und Schuldgefühle gehen wir wegen ihrer bisher zu wenig beachteten klinischen Bedeutung in Kapitel 10 näher ein (Häfner, 1959; Lewis, 1971; Wurmser, 1993).

Stolz

Stolz betrifft den Status des Selbst; er ist in gewisser Hinsicht das Gegenteil von Scham. Stolz wird empfunden, wenn eine Person eine vorher bestehende negative Diskrepanz zwischen einem Sollwert und einem Istwert reduzieren oder in eine positive Diskrepanz verwandeln konnte. Beispiele sind das Erreichen eines hochgesteckten und hochvalenten Zieles (Sollwertes) durch eigene Anstrengung oder Begabung, d.h. internale Faktoren (vgl. Meyer, 1983; Weiner, 1982), oder das Überwinden eines früheren Defizits (z.B. Ausgleich einer "Organminderwertigkeit" durch Überkompensation; wenn eine Person beispielsweise eine leichte Verkrüppelung einer Hand überwindet und ein herausragender Pianist wird).

Stolz kann aber auch auf andere Personen bezogen erlebt werden. So ist z.B. eine Mutter dann stolz auf ihr Kind, wenn es Verhaltensweisen zeigt oder Eigenschaften besitzt (Istwert), die ihre Erwartungen (Sollwert) erfüllen oder sogar übertreffen.

Triumph

Triumphgefühle wurden von Boesch (1975, 1976) einer psychologischen Betrachtung unterzogen. Sie sind unter ähnlichen Bedingungen zu beobachten wie Gefühle des Stolzes, d.h. sie sind Reaktionen auf Erfolge oder Siege über andere, über sich selbst oder über symbolische "Gegner" (z.B. Triumph über einen Berg, den man bezwungen hat). Negative Istwert-Sollwert-Diskrepanzen werden reduziert oder in positive verwandelt. Die Besonderheit besteht jedoch im zuvor ungewissen Handlungsausgang. "In der Tat, die Unsicherheit des Handlungsausganges wird oft als Bedrohung empfunden; das Gefühl des Triumphes enthält einerseits die Erleichterung darüber, daß die Bedrohung nicht Wirklichkeit wurde, andererseits den Stolz darauf, daß man selbst, durch eigene Geschicklichkeit, vermochte, den positiven Handlungsausgang herbeizuführen. Wir könnten deshalb auch sagen: Triumph bezieht sich auf Handlungserfolge, die das Individuum als eine Stärkung des Ich empfindet." (Boesch, 1975, S. 14).

Neid, Eifersucht

Neid entsteht dann in einer Beziehung zwischen zwei oder mehr Personen, wenn man selbst weniger hat (Istwert) als eine andere Person (Sollwert), mit der man konkurriert, und wenn man diesen Unterschied als ungerecht empfindet (Mummendey & Schreiber, 1983), oder wenn man glaubt, den Sollwert selbst erreichen zu können. Klassische Beispiele sind der Geschlechterneid (speziell auch der "Penisneid"), der Generationenneid oder Sozialneid.

Eifersucht bezieht im Gegensatz zum Neid stets (wenigstens) drei Personen ein. Ein klassisches Beispiel ist die von Freud beschriebene ödipale Eifersucht des Jungen auf seinen Vater, der dem Jungen die Mutter wegzunehmen scheint. Der Sollwert wäre in diesem Fall, daß die Mutter den Sohn dem Vater vorzieht. Der Istwert besagt, daß die Mutter in Wirklichkeit den Vater (also den "Rivalen") bevorzugt. Dabei fügt sie dem Sohn eine narzißtische Kränkung zu. Eifersucht ist häufig ein Konglomerat aus verschiedenen Emotionen (Angst, Scham, Empörung, Haß, Hilflosigkeit usw.) (Montada, 1989).

Ressentiment

Es läßt sich darüber streiten, ob man das Ressentiment als eigene Gefühlskategorie betrachten soll. In den meisten Fachbüchern über Emotionen wird es nicht aufgeführt. Hingegen bezog es Davitz (1969) in seine Untersuchungen zur "Sprache der Emotionen" ein. Er fand heraus, daß der Gefühlszustand des Ressentiments u.a. durch ein Spannungsgefühl im Körper, Rachegedanken, ein Gefühl des Betrogen-worden-Seins und den Wunsch anzugreifen gekennzeichnet ist.

Von Wurmser (1988) stammt eine der wenigen psychologischen Analysen dieses Gefühls, dem er eine große klinische Bedeutung zuspricht (siehe Kapitel 10). Das Ressentiment wird von ihm als eine Emotion interpretiert, die in dem Gefühl der *Ungerechtigkeit* ihre Wurzel hat. Die betreffende Person ist davon überzeugt, daß ihr Unrecht geschehen ist (daß sie z.B. ohne eigenes Verschulden von den Eltern oder anderen Personen lieblos oder entwürdigend behandelt wurde), und sie empfindet darüber andauernde Verbitterung, verbunden mit Rachegefühlen, die sich bis zum Haß gegen alles Menschliche steigern können. "So stehen hinter dem Ressentiment die Gefühle der Erniedrigung und des einem zugefügten Unrechts. Von seinen Gründen abgelöst wird dieses Gefühl der Scham zu einem zerfressenden, zersetzenden Gift. Wer von ihm erfüllt ist, schreit nach Rache und Wiedergutmachung." (Wurmser, 1988, S. 303).

Funktionen und Effekte von Emotionen

Die folgenden Ausführungen zur Funktion von Emotionen ergänzen unsere obigen Bemerkungen in dem Abschnitt über das "System angeborener Emotionen". Sie stützen sich wesentlich auf Beiträge von Boesch (1975, 1976), Dörner und Stäudel (1990) sowie Lantermann (1983 a,b), auf die für eine genauere Darstellung verwiesen sei. Diese Autoren diskutieren Emotionen im handlungstheoretischen Kontext. Sie prüfen, welche regulative Bedeutung Emotionen in den verschiedenen Phasen der Handlung (Antizipations-, Planungs-, Ausführungs- und Endphase) zukommt. So stellen beispielsweise antizipierte Lust-Unlust-Erfahrungen in der Antizipations- bzw. Vorbereitungsphase des Handelns wichtige

Anregungsbedingungen für das Auftreten bestimmter Verhaltensweisen dar (Schmalt, 1983), bzw. sie dienen der Mobilisation von Handlungsenergie (energetische Regulationsfunktion; siehe auch Birbaumer, 1983; Boesch, 1976; Duffy, 1962; sowie obigen Abschnitt über das "System angeborener Emotionen").

Da der Gesichtspunkt der *energetischen Regulation* von zahlreichen Emotionstheoretikern - vor allem jenen, die kognitive Theorien vertreten, - vernachlässigt wird, berichten wir im folgenden Ergebnisse einer Studie von Davitz (1969), zur "Sprache der Emotion". Das primäre Ziel von Davitz bestand nicht darin, eine umfassende Emotionstheorie zu formulieren, sondern zu klären, was gebildete Laien (genauer: Studierende nichtpsychologischer Fächer) mit 50 ausgewählten Emotionsbegriffen verbinden. In aufwendigen Befragungen wurden Studierende gebeten, sich jeweils eine Situation in Erinnerung zu rufen, in der sie eine bestimmte Emotion (z.B. "Furcht") erlebt hatten. Anhand von 556 Aussagen sollten sie ihre Erfahrung differenziert beschreiben. Die 556 Aussagen wurden zu 12 Beschreibungsclustern gruppiert, und es wurde überprüft, inwieweit jedes der 12 Cluster zur Beschreibung jeder der 50 Emotionen herangezogen wurde. Tabelle 4.6 gibt einen Ausschnitt der Ergebnisse wieder.

Der Verfasser hat 14 Emotionen und sieben Beschreibungscluster herausgegriffen. Die zwischen 0 und 100 liegenden Zahlen in den Zellen der oberen Tabelle besagen, in welchem Ausmaß das jeweilige Cluster zur Charakterisierung der jeweiligen Emotion herangezogen wurde. Vier der sieben Cluster beziehen sich auf den Grad der *Aktivation* bzw. auf die energetische Regulation: Aktivation, Erhöhung, Hypoaktivation und Hyperaktivation. Die nächsten drei Cluster betreffen drei *Richtungen der Bezogenheit:* "hin zu" (etwas oder jemandem), "weg von" und "gegen". Man erkennt, daß die ersten vier Beschreibungscluster, die etwas mit energetischer Regulation zu tun haben, zur Charakterisierung und Differenzierung von Emotionen entscheidend beitragen (vgl. ähnliche Ergebnisse von Frijda, 1987; Frijda et al., 1989). Dies sei an einigen Beispielen erläutert:

- *Glück* ist im Erleben gekennzeichnet durch eine Aktivation sowie durch Erhöhung. Von der Tendenz her kann auch eine Hyperaktivation auftreten. (Dies hängt von der Art des Glückserlebens ab. Glück ist ein Oberbegriff für verschiedene Varianten des Glücks; siehe Abele & Becker, 1991).
- *Langeweile* und *Depression* sind mit einer Hypoaktivation (und einer Weg-Tendenz) verbunden.
- *Panik, Furcht* und *Wut* werden als Zustände der Hyperaktivation erlebt (verbunden mit Weg-Tendenzen bzw. Gegen-Tendenzen).

Tabelle 4.6: Charakterisierung verschiedener Emotionen mit Hilfe von sieben Beschreibungsclustern (nach Davitz, 1969).

Emotion	Aktivation	Erhöhung	Hypoaktivation	Hyperaktivation	Hin	Weg	Gegen
Glück	**56,6**	**26,8**	0	5,8	3,6	0	0
Entzücken	**44,2**	3,0	0	12,8	5,8	0	0
Stolz	**27,0**	**28,4**	0	5,4	0	0	0
Liebe	**29,6**	**17,6**	0	12,0	**66,0**	0	0
Zuneigung	15,4	4,0	0	0	**47,0**	0	0
Langeweile	0	0	**51,2**	0	0	**28,0**	0
Depression	0	0	**48,6**	0	0	**38,0**	0
Traurigkeit	0	0	**13,8**	0	0	0	0
Panik	0	0	0	**47,6**	0	4,6	0
Furcht	0	0	0	**44,6**	0	5,4	0
Wut	0	0	0	**53,0**	0	0	**46,0**
Haß	0	0	0	22,6	0	0	**54,0**
Ressentiment	0	0	3,6	5,8	0	0	**25,6**
Scham	0	0	3,4	0	0	**5,8**	0

Aktivation:	• sich lebendig fühlen; zusätzliche Energie haben • beschwingt, wach, munter sein; intensive Bewußtheit
Erhöhung:	• sich größer, stärker, voller Energie fühlen • mehr Selbstvertrauen; intellektuell leistungsfähiger
Hypoaktivation:	• sich schwer, träge, kraftlos, müde, schläfrig fühlen • Körper scheint sich zu verlangsamen
Hyperaktivation:	• Blut rast durch den Körper; Herz schlägt schneller • Körper scheint zu beschleunigen; Überregung
Hin:	• intensive positive Beziehung zu jemandem; • sich hingezogen fühlen zu jemandem
Weg:	• sich zurückziehen wollen; alleinsein wollen • Gefühl der Einsamkeit; Distanz gegenüber anderen
Gegen:	• Impuls zu schlagen, treten, beißen, verletzen • kurz vorm Explodieren; Fäuste sind geballt

Davitz (1969) zieht aus seinen Befunden den Schluß, daß es sich bei der Aktivation um eine von vier zentralen Dimensionen zur Charakterisierung von Emotionen handelt (die drei anderen Dimensionen sind: Bezogenheit, hedonischer Tonus und Kompetenz; zu Einzelheiten siehe Originalarbeit).

Lantermann unterscheidet zwischen Emotionen bzw. *emotionalen Prozessen* einerseits und *"Gefühlen"* andererseits. Erstere verlaufen in der Regel weitgehend unbewußt. "Emotionen sind integrierende, unausweichliche und orientierende Prozesse, die dem Akteur signalisieren, inwieweit (positive oder negative) Diskrepanzen zwischen einem aktuellen und einem erstrebten (Richt-) Transaktionszustand bestehen. ... Emotionale Prozesse bestimmen so - ohne jeden Anstrengungsaufwand, ´unwillkürlich´ und damit äußerst ökonomisch - den Startpunkt und die Richtung von kognitiven Regulationstätigkeiten." (Lantermann, 1983 a, S. 276). Kognitive und emotionale Prozesse sind mithin aufs engste verknüpft und beeinflussen sich wechselseitig.

Welche Effekte emotionale Prozesse auf kognitive Prozesse haben, hängt unter anderem von der Stärke der Emotion ab. "In Abhängigkeit von der Intensität der emotionalen Prozesse werden kognitive Operationen mehr oder weniger stark *aneinander ´geschweißt´* . .Die Entscheidungsfreiheit beim Denken wird eingeengt. ... Dieser Übergang von einer ´lockeren´ zu einer ´festen Verdrahtung´ kognitiver Operationen ist in solchen Situationen von Vorteil, in denen der Akteur gezwungen wird, schnell auf wichtige Ereignisse zu antworten." (Lantermann, 1983 a, S. 277). Der Aspekt einer *schnellen* Reaktion erscheint uns sehr bedeutsam, und er sei aus diesem Grund nochmals explizit hervorgehoben (vgl. auch Dörner & Stäudel, 1990; Posner & Snyder, 1975). Da schnelles Reagieren einen weitgehenden Verzicht auf vorausschauendes Denken und sorgfältiges Planen beinhaltet, birgt es Risiken in sich, sofern die Person sich in einer persönlich bedeutsamen und unübersichtlichen, komplexen Situation befindet. Die Risiken resultieren nicht nur aus einer möglichen Unüberlegtheit, sondern auch aus einer *Rigidität* des Verhaltens, die vor allem durch sehr intensive Emotionen begünstigt wird. Kognitive oder motorische Regulationen, die von heftigen Emotionen ausgelöst oder begleitet werden, können nur schwer abgebrochen und in eine andere Richtung gelenkt werden. Zum Beispiel tritt eine Person eine kopflose Flucht an oder gerät in einen ungesteuerten Anfall von Zerstörungswut.

Mithin läßt sich der adaptive Charakter von Emotionen nicht uneingeschränkt behaupten. Alltagsbeobachtungen und die Erkenntnisse der forensischen Psychologie und Psychiatrie bezeugen, daß sehr starke Emotionen den Anlaß zu Affekt- oder Primitivreaktionen liefern können, denen man kaum einen adaptiven Charakter zuschreiben wird. Witter (1970) spricht von abnormen Reaktionen und faßt u.a. *Explosivreaktionen* und *Kurzschlußhandlungen* darunter. Bei den Explosivreaktionen führt eine als unerträglich erlebte äußere Belastung zu einer plötzlichen affektiven Entladung in einer mehr oder minder gewalttätigen Aktion. "Wesentlich ist, daß in der Affektreaktion kaum eine wirklich zielgerichtete auf einen äußeren Erfolg abgestellte Handlung zutage tritt, sondern offensichtlich vor allem eine *intrapsychische* Entlastung erstrebt wird." (Witter, 1970, S. 117). Beispiele für Kurzschlußhandlungen im Zustand hoher emotionaler Beteiligung sind Fahrerflucht, Fahnenflucht oder ein Liebes-Doppelsuizid. Huber (1981, S. 269) verwendet die Bezeichnung "Affekthandlung": "Bei der sogenannten *Affekthandlung* sind Affekt und Handlung unkontrolliert, gleichsam kurzgeschlossen; es kommt ohne Kontrolle durch die Gesamtpersönlichkeit zur Entladung einer Affektstauung in Form einer Explosivhandlung (Kurzschlußhandlung), z.B. zu einem Selbstmordversuch oder einem Affektdelikt, so daß u.U. Minderung der Schuldfähigkeit gemaß § 21 StGB anzunehmen ist."

Lantermann (1983 b) stellt ein systemtheoretisches Handlungs-Kontrollmodell vor, in dem er zwischen einem kognitiven Kontrollsystem und einem emotionalen Kontrollsystem unterscheidet. Das *kognitive Kontrollsystem* entwickelt Handlungspläne und kontrolliert aktuelle ablaufende Handlungen. Das *emotionale Kontrollsystem* produziert unbezweifelbare globale Signale, die dem Handelnden Diskrepanzen zwischen Sollwerten (Standards, Zielen) und Istwerten mitteilen, leitet zu unterschiedlichen kognitiven Kontrollprozessen über und begrenzt so den Bereich verfügbarer kognitiver und Verhaltensoperationen. Nach Lantermann hängt die Art der Zusammenarbeit zwischen dem kognitiven und dem emotionalen Kontrollsystem von der *Stärke der emotionalen Erregung* ab:

• Auf mittlerem Erregungsniveau treten verstärkt zirkuläre Handlungen sowie "Sprünge" bei der Handlungskontrolle auf. Unter einer *Zirkularität* des Handelns wird ein perseverierendes kreisförmiges Handeln verstanden, bei dem die Person immer wieder zum Startpunkt ihrer kognitiven Operations-Sequenzen zurückkehrt (vgl. das verwandte Konzept der "Lageorientierung" von Kuhl, 1983 a). Ein Beispiel liefert ein Prüfling, der eine schwierige Frage in einer Klausur nicht beantworten kann, zwischenzeitlich sich einer anderen Aufgabe zuwendet, ohne sie jedoch bis zu Ende zu bearbeiten, anschließend wieder zur ursprünglichen Aufgabe zurückkehrt, erneut keine Lösung findet und darauf mit erhöhter emotionaler Erregung reagiert, wiederum auf eine andere Aufgabe ausweicht, um kurze Zeit später den Zyklus zu wiederholen. *Sprünge* sind dadurch gekennzeichnet, daß der Akteur während der "Abarbeitung" eines Ziels (z.B. Ansprechen einer attraktiven unbekannten Frau in einem Tanzlokal, zu der sich gerade in diesem Augenblick ein Mann an den Tisch setzt) weitere Ziele auf höheren Ebenen aktiviert (z.B. das Ziel, sich keine Blöße zu geben und sich vor Mißerfolgen zu schützen) und von dort wieder zurückspringt und dabei die für ein erfolgreiches Handeln erforderlichen Analyseschritte ausläßt (z.B. nach einem Weg suchen, wie man mit der Frau ins Gespräch kommen könnte) und schließlich das Handlungsziel ganz aufgibt (z.B. frustriert das Tanzlokal verläßt).

- Auf hohem emotionalen Erregungsniveau wächst die Wahrscheinlichkeit für positive Rückkoppelungsprozesse bzw. ein Aufschaukeln der Emotionen, bis es zu *Notfallreaktionen* des gesamten Kontrollsystems kommt (siehe hierzu ausführlicher Stäudel, 1987). In einem solchen Fall (z.B. sehr hoher ängstlicher oder wütender Erregung) tritt das Ziel der Verringerung der Erregung absolut in den Vordergrund (z.B. das Ziel, sich durch Beschimpfungen des Gegenübers seine Wut aus dem Bauch zu schreien).

Dörner und Stäudel (1990), Dörner, Schaub, Stäudel und Strohschneider (1988) sowie Stäudel (1987) berichten über die Auswirkungen stärkerer negativer Emotionen (z.B. Angst, Ärger oder depressive Verstimmung) auf das Verhalten von Personen, die komplexe Probleme lösen sollen. Exemplarisch seien Dörner und Stäudel (1990, S. 335) zitiert: "Bei fortgesetztem Mißerfolg, also in Situationen, in denen auch die gut gelernten und in der Vergangenheit erfolgreichen Reaktionen nicht mehr zum Ziel führen, wird auf sehr basale, vermutlich angeborene und universell einsetzbare Verhaltensweisen zurückgegriffen. In Anlehnung an Lazarus (1966, 1968), kann man als solche basalen ´Notfallreaktionen´ Aggression bei Ärger und Wut, Flucht bzw. Regression zusammen mit Angst, und Resignation bei Trauer und Depression ansehen (s. Dörner, Reither & Stäudel, 1983). Diese basalen Verhaltensweisen bieten den letzten Ausweg in einer Situation, die in der einen oder anderen Form nicht mehr kontrollierbar ist." Wie Stäudel (1983) betont, *sollten Menschen mithin keinesfalls als rein rationale Wesen betrachtet werden.* Diese Erkenntnis, die den meisten "Laien" wohlvertraut ist, dürfte den Wert von Theorien, die den Menschen als rational Handelnden konzipieren, deutlich relativieren. (Vergleiche in diesem Zusammenhang Freuds Unterscheidung von Primär- und Sekundärvorgängen!)

Während die meisten Autoren den Einfluß negativer Emotionen auf das Handeln thematisieren, hat Abele (1991) die Auswirkungen positiver Emotionen - genauer gesagt: des aktuellen psychischen

Wohlbefindens, verstanden als Oberbegriff für verschiedene Formen positiver Gefühle und Stimmungen - zusammenfassend beschrieben. Sie listet u.a. folgende Effekte auf:

- erhöhte Aktivierung,
- höhere eigene Energieeinschätzung,
- differentielle Aktivitätsförderung (Förderung von Aktivitäten, die dem Stimmungserhalt dienen),
- geringe Beschäftigung mit der eigenen Person und mit den Ursachen des eigenen Handelns und Erlebens,
- verstärkte Außen- bzw. Umweltorientierung,
- Förderung der Spendenbereitschaft und Hilfeleistung,
- vermehrte Kontaktbereitschaft,
- größere Bereitschaft zur Selbstenthüllung,
- größere Kooperationsbereitschaft in Verhandlungssituationen,
- Stimmungskongruenzeffekt des Gedächtnisses (besseres selektives Speichern und Erinnern stimmungskongruenter Informationen),
- Förderung eines intuitiv-ganzheitlichen Denkstils (im Gegensatz zu einem analytisch-sequentiellen Denkstil),
- Förderung der Kreativität,
- positivere Urteile über die eigene Person, über Handlungs- und Kontrollmöglichkeiten und Zukunftsperspektiven (d.h. größerer Optimismus).

Lantermann (1983 a) bereichert die Diskussion über die Funktion von Emotionen durch eine Unterscheidung von emotionalen Prozessen und Gefühlen. Während emotionale Prozesse unwillkürlich und oftmals wenig bewußt ablaufen, werden *Gefühle* dann erlebt, wenn die Person ihre Aufmerksamkeit in einem Stadium der Selbstreflexion darauf richtet und das Beobachtete mit Hilfe semantischer Schemata ("Gefühlsschemata") interpretiert. "Bei einer Aktivierung von Gefühlsschemata rücken Subjekt-Objekt-Relationen ins Zentrum der Aufmerksamkeit und werden einer reflektierenden Bearbeitung zugänglich. Gefühle orientieren die Regulationstätigkeiten auf solche kognitiven Operationen, die Transaktions-Ereignisse in Beziehung setzen zu eigenen Werten, Zielen, Standards, Handlungsmöglichkeiten etc., die in dem aktualisierten Gefühlsschema enthalten sind. Beim Gewahrwerden eines Gefühls wird so der Akteur zu Regulationstätigkeiten auf ´höherem´ Niveau gedrängt." (Lantermann, 1983 a, S. 280-281).

Die Unterscheidung zwischen Emotionen und Gefühlen, auch wenn sie unseres Erachtens nur eine graduelle ist, liefert einen Zugang zum Verständnis persönlichkeitspsychologisch und klinisch bedeutsamer Phänomene, die unter anderem unter den Begriffen "unbewußte Emotionen" sowie "Alexithymie" diskutiert werden.

Einer Person, die ihre Aufmerksamkeit habituell von den eigenen emotionalen Prozessen abwendet, fällt es verständlicherweise schwer, ihre Gefühle zu benennen, so daß Außenstehende ihr "Gefühlsblindheit" (Alexithymie) zuschreiben. Es erscheint uns wichtig, darauf hinzuweisen, daß "Emotionen" (in einem breiten Sinn verstanden) (1) von einer Person in unterschiedlicher Deutlichkeit (auf einem Kontinuum von unbewußt über diffus bis präzise kodiert) erfahren werden können (siehe auch Montada, 1989) und (2) sich in einem dynamischen Prozeß qualitativ, quantitativ und im Deutlichkeitsgrad verändern können. Auf weitere Funktionen von Emotionen und ihre therapeutische Relevanz gehen wir in Kapitel 10 ein.

Zusammenfassend lassen sich unsere Annahmen zur Funktion und den Effekten von Emotionen wie folgt beschreiben:

- Emotionen haben in vielen Fällen eine adaptive Funktion; erst mit steigender Intensität und vor allem bei extremen Ausprägungsgraden wächst die Wahrscheinlichkeit für fehlangepaßte Reaktionen (z.B. Notfallreaktionen oder Kurzschlußhandlungen), insbesondere wenn die Person komplexe Probleme lösen muß oder viel für sie auf dem Spiel steht.
- Emotionen dienen u.a. der energetischen Regulation. Da energetische Prozesse für jede Art des Handelns unverzichtbar sind, kann die Bedeutung von Emotionen für den Menschen kaum überschätzt werden. (Vergleiche in diesem Zusammenhang den unerträglichen Eindruck, keine Gefühle mehr zu haben, der für bestimmte Patienten mit psychischen Störungen charakteristisch ist.)
- Emotionen beeinflussen kognitive Prozesse:
  - Sie sorgen für eine Lenkung der Aufmerksamkeit auf bedeutsame Inhalte und für eine begrenzte Nutzung von Hinweisreizen (Easterbrook, 1959).
  - Sie begünstigen eine emotionskongruente Speicherung bzw. Erinnerung von Erfahrungsinhalten. Bei extremen Emotionen können amnestische Störungen auftreten.
  - Sie beeinflussen das Denken (Verlangsamung oder Beschleunigung; Auflösungsgrad; Rigidität und Zirkularität vs. Flexibilität; Sprunghaftigkeit; Rationalität vs. Irrationalität; Einengung der Zeitperspektive auf die Gegenwart, Vergangenheit oder Zukunft).
- Emotionen haben eine doppelte Kommunikationsfunktion: Sie informieren andere Personen über die eigene Befindlichkeit, und aus emotionalen Begleitphänomenen kann die Person auf ihre eigene Befindlichkeit und ihre "Lage" (z.B. ihre Bedürfnisse oder erworbenen Sollwerte) rückschließen.

• Die Unterscheidung zwischen emotionalen Prozessen und Gefühlen kann sich für bestimmte Zwecke als fruchtbar erweisen.

Emotionsgesetze

In einem kürzlich erschienenen Artikel hat Frijda (1988) einen bemerkenswerten Versuch unternommen, *"Emotionsgesetze"* zu formulieren. Seine Annahmen sind mit unseren vorangehenden Ausführungen weitgehend kompatibel. Unter "Gesetzen" versteht Frijda gewisse "empirische Regelmäßigkeiten".

• Emotionen treten als Reaktion auf die Bedeutungsstrukturen einer gegebenen Situation auf; verschiedene Emotionen sind Reaktionen auf verschiedene Bedeutungsstrukturen. In Übereinstimmung mit Lazarus (1981, 1982) betont Frijda die subjektive Einschätzung und Bewertung einer Situation durch die Person. Die Emotionen haben dabei die primäre Funktion, bestimmte *"Handlungsbereitschaften"* ("action readiness") zu aktivieren. Als Beispiele nennt Frijda (1987) unter anderem:

- Unkontrollierbare Ereignisse oder im allgemeinen unkontrollierbare Situationen, bei denen man sich nicht sicher ist, ob man sie bewältigen kann, lösen die Handlungsbereitschaft "Vermeidung" (in Verbindung mit Furcht) aus.
- Ein interessantes Ereignis, das das Selbstwertgefühl erhöht, führt zu Annäherungsverhalten.
- Angenehme Bedingungen, die es einem freistellen zu handeln und die kontrollierbar erscheinen, lösen Ruhe (oder Entspannung) aus.

• Emotionen treten als Reaktion auf Ereignisse auf, die für die Ziele, Motive oder Projekte ("concerns") einer Person von Bedeutung sind.

• Emotionen werden durch Ereignisse hervorgerufen, die als *real eingeschätzt* werden, und ihre Intensität entspricht dem Grad, zu dem dies der Fall ist. Vor allem sensorische Reize (vgl. das "perzeptorische System") und lebhafte Vorstellungen (vgl. den "Simulator") haben diese Qualität des "Realen".

• Emotionen werden nicht so sehr durch die Anwesenheit günstiger oder ungünstiger Bedingungen ausgelöst, sondern durch tatsächliche oder erwartete *Veränderungen* in günstigen oder ungünstigen Bedingungen. Allerdings schränkt Frijda (1988, S. 353, Übers. d. Verf.) die Aussage wie folgt ein, so daß sie noch besser zu unserer Theorie paßt: "Die Intensität einer Emotion hängt von der Relation zwischen einem Ereignis und einem Bezugssystem (frame of reference) ab, demgegenüber das Ereignis beurteilt wird."

• Gesetz der hedonischen Asymmetrie: Vergnügen ist immer eine kontingente Folge einer Veränderung und verschwindet mit dem

Fortbestehen der Befriedigung. Schmerz kann unter anhaltenden aversiven Bedingungen dauerhaft fortbestehen. (Eine analoge Hypothese wurde von Becker, 1991 a, formuliert.)

• Im Gegensatz zu der These, daß die Zeit alle Wunden heile, behalten emotionale (z.B. traumatische) Ereignisse ihr Vermögen, Emotionen hervorzurufen, für unbegrenzte Zeit, sofern ihnen nicht wiederholte andere Reize entgegenwirken, die eine Löschung oder Habituation ermöglichen. Das ursprüngliche emotionale Ereignis muß also durch neue Ereignisse "überschrieben" werden, um seine Wirkung einzubüßen.

• Emotionen haben einen absoluten Charakter (in dem Sinne, daß man ihnen ausgeliefert ist), und sie erlangen oft eine starke Kontrolle über das Handeln (im Sinne bestimmter Handlungsbereitschaften).

• Jeder emotionale Impuls löst einen sekundären Impuls aus, der den ersten Impuls dadurch beeinflußt, daß er die möglichen Konsequenzen berücksichtigt. Mit anderen Worten kommt es in der Regel zu einer Mäßigung der Emotionsäußerung bzw. zur Emotionskontrolle, damit unangenehme Konsequenzen vermieden werden.

• Wenn eine (mehrdeutige) Situation in unterschiedlicher Weise wahrgenommen werden kann, bestehen Tendenzen, sie so zu sehen, daß (a) negative emotionale Folgen minimiert und (b) positive Emotionen maximiert werden. (Diese Hypothese Frijdas läßt sich unseres Erachtens nicht uneingeschränkt aufrechterhalten, wenn man sich beispielsweise die "negative Triade" bei Depressiven vor Augen führt.)

3.1.9 System kognitiver Strukturen

Das oben besprochene "perzeptorische System" stellt lediglich Informationen über eine aktuelle Situation bereit. Verfügte der Mensch nicht über ein Gedächtnis, wäre er völlig von aktuellen Ereignissen abhängig, also total außengesteuert, und sein Verhalten erfolgte entweder nach angeborenen Instinkt- bzw. Reflexmechanismen oder nach dem Versuch-und-Irrtums-Prinzip, d.h. ohne die Fähigkeit, aus Erfahrung zu lernen und Künftiges zu antizipieren. Um ihn aus dieser Abhängigkeit zu befreien und seine Chancen für eine erfolgreiche Auseinandersetzung mit der Umwelt zu verbessern, haben sich im Verlauf der Evolution neben dem "System erworbener Sollwerte" und dem "System erworbener Emotionen" das "System kognitiver Strukturen" und das "System kognitiver Operationen" herausgebildet, auf die wir im folgenden zu sprechen kommen (vgl. die oben beschriebenen Prinzipien einer verbesserten Adaptation durch Selbstprogrammierung und durch Antizipation).

Indem das "System kognitiver Strukturen" Informationen aus erworbenen Wissensbeständen, die über die aktuelle Situation hinausreichen, zur Verfügung stellt, ist es das Pendant zum "perzeptorischen System". In der Terminologie der Gedächtnispsychologie entspricht das "System kognitiver Strukturen" jenem Teil des Langzeitgedächtnisses, den man als *deklaratives Gedächtnis* bezeichnet (Zimbardo, 1992). Das deklarative Gedächtnis ist für die Speicherung von Fakten zuständig. Es wird üblicherweise in das episodische Gedächtnis und das semantische Gedächtnis unterteilt. Das *episodische Gedächtnis* speichert autobiographische Informationen, d.h. Erlebnisse und Erfahrungen einer Person in einer konkreten Situation und zu einem konkreten Zeitpunkt. Episodisches Wissen steht mithin im Hinblick auf seinen anschaulichen Charakter Perzepten nahe. Das *semantische Gedächtnis* umfaßt symbolisch repräsentiertes Wissen, das eine Person über sich und die Umwelt besitzt; es speichert die grundlegenden Bedeutungen von Wörtern und Begriffen. Dieses Wissen basiert auf Abstraktionen und ist unanschaulich.

Die Inhalte bzw. Elemente des "Systems kognitiver Strukturen" sind nicht willkürlich, sondern in organisierter Form gespeichert, wobei unser Wissen über die genaue Art der Speicherung begrenzt ist. Gute empirische Belege gibt es für die Organisation nach Bedeutung. Als fruchtbar erweist sich unseres Erachtens eine von Epstein (1979, S. 15) in seinem Entwurf einer integrativen Persönlichkeitstheorie formulierte Grundannahme: "Eine wesentliche Prämisse ist, daß der Mensch seine Erfahrungen in konzeptuellen Systemen organisiert. Das menschliche Gehirn leistet Verknüpfungen zwischen Ereignissen, verbindet diese Verknüpfungen wiederum untereinander und so fort, bis ein organisiertes, differenziertes und integriertes Gesamtsystem aufgebaut ist. Jeder von uns konstruiert - willentlich oder unwillentlich - seine *Theorie von der Wirklichkeit* und ordnet somit, was ohne eine solche Theorie chaotische Erfahrungswelt bliebe. Wir brauchen eine solche Theorie, um unserer Welt Sinn zu verleihen, genau wie der Wissenschaftler seine Theorie braucht, um seinen begrenzten Informationsschatz interpretieren und verstehen zu können. " (Hervorhebung des Verf.).

Nach Epstein umfaßt die Theorie eines Individuums von der Wirklichkeit - wir nennen sie kurz seine *"Realitätstheorie"* - Untertheorien über die eigene Person (sein Selbstmodell), über die Umwelt (sein Umweltmodell) sowie über die Wechselwirkung zwischen beiden Modellen. "Wie das Individuum sich selbst sieht, ist natürlich nicht unabhängig von der Wahrnehmung seiner Umwelt. Wie es seine Umwelt konzeptualisiert, ist in hohem Maße eine Reflektion seiner Selbstkognitionen und umgekehrt." (Epstein, 1979, S. 16).

Im Rahmen unserer Systemtheorie der Persönlichkeit betrachten wir die Realitätstheorie als den *obersten Sollwertgeber* in einer Hierarchie von Sollwerten (siehe auch Carver & Scheier, 1982; Powers, 1973). Zur Veranschaulichung dient Abbildung 4.9 (siehe auch Abbildungen 4.5 und 4.6).

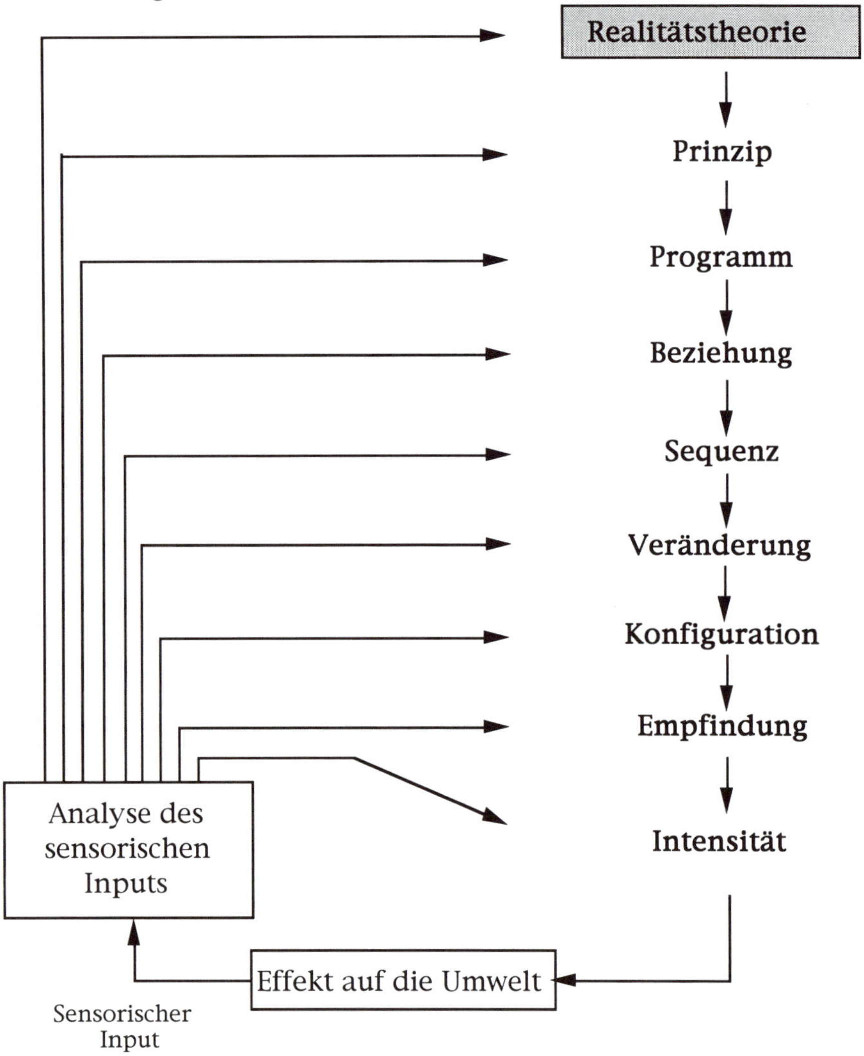

Abbildung 4.9: Die Realitätstheorie als oberster Sollwertgeber in einer Hierarchie von Sollwerten.

Wir gehen mit anderen Worten davon aus, daß eine Person in höchstem Maße motiviert ist, ihre Realitätstheorie zu stabilisieren, und daß sie nur unter besonderen Umständen und in sehr dosierter Form bereit ist, sie an Veränderungen anzupassen (siehe unten). Erschütterungen der Realitätstheorie werden als äußerst bedrohlich empfunden (z.B. als Angst "verrückt zu werden") und lösen starke Sicherungstendenzen bzw. Abwehrmechanismen aus. Aus Abbildung 4.9 ist weiterhin zu ersehen, daß eine Person ihr Verhalten danach ausrichtet - also bestimmte *Prinzipien* des Handelns wählt -, daß es mit ihrer Realitätstheorie in Einklang steht.

Wir stimmen mit Epstein (1979, 1991) darin überein, daß sowohl das Selbstmodell als auch das Umweltmodell eine *hierarchische* Organisationsstruktur besitzen. Die Elemente (z.B. Schemata) stehen in einem Verhältnis der Über- bzw. Unterordnung zueinander. Zentrale, grundlegende Elemente an der Spitze der Hierarchie sind eher globaler Natur und weitgehend resistent gegenüber dem Einfluß neuer Erfahrung. Periphere Elemente auf tieferen Ebenen der Hierarchie können sich hingegen durch neue Erfahrungen leicht verändern. "Das Ergebnis ist, daß die hierarchische Gesamtorganisation des Systems bemerkenswert adaptiv ist, denn sie erlaubt die Aufrechterhaltung von Stabilität auf der oberen Organisationsebene, während sie Veränderung auf den unteren Ebenen akkomodiert. Alles in allem ist das System zugleich stabil und flexibel." (Epstein, 1991, S. 92; Übers. d. Verf.).

Im *Umweltmodell* ist Wissen über die Struktur und die Funktionsweise der Umwelt gespeichert. Dieses Wissen kann unter anderem die Form von Begriffen, Schemata, Propositionen, Wenn-dann-Beziehungen (Gesetzmäßigkeiten oder Wahrscheinlichkeitsaussagen), bildlichen Vorstellungen oder kognitiven Landkarten aufweisen. Solche kognitiven Strukturen (z.B. Schemata) sind nicht nur Grundbausteine des Denkens, sondern beeinflussen unsere Wahrnehmung und unser Erinnern - Prozesse, die nach Neisser (1979) als aktive Konstruktionen zu betrachten sind. Das Umweltmodell einer Person kann eine weitgehend realistische Widerspiegelung von tatsächlichen Gegebenheiten beinhalten, es kann aber auch aufgrund spezifischer (z.B. traumatischer) Erfahrungen defensiv verzerrt sein; dann besteht eine erhöhte Gefahr einer Fehlanpassung.

Das *Selbstmodell* ist ein Produkt der für den Menschen charakteristischen Fähigkeit zur Selbstreflexion, d.h. der Fähigkeit, sich selbst zum Objekt kognitiver Prozesse zu machen. Es enthält Informationen über die eigene Identität bzw. über das Selbst. Darunter fallen vor allem Vorstellungen über eigene psychische und physische Eigenschaften (z.B. eigene Fähigkeiten oder das Körperschema). Daneben können aber auch bestimmte Individuum-Umwelt-Beziehungen zu wesentlichen Aspekten der eigenen Identität werden. So würden wahrscheinlich manche Menschen auf die Frage, wer sie sind, sich selbst als Hausbesitzer, als Eltern oder als Bürger der Gemeinde XY bezeichnen und sich auch so erleben. Auf die Prozesse, die zur Herausbildung eines Selbstmodells beitragen, gehen wir weiter unten näher ein.

Von großer Bedeutung für die Funktion des "Systems kognitiver Strukturen" ist der Umstand, daß die darin enthaltenen Wissenselemente (z.B. Konzepte) eine *affektive Tönung* besitzen, in der sich einerseits die eigene emotionale Erfahrung des Individuums und andererseits die von anderen Menschen übernommenen Bewertungen widerspiegeln (Bower, 1981). So hat eine Person beispielsweise das Konzept eines "Mercedes-Benz" entwickelt, worunter sie nicht nur einen bestimmten Typ von Auto, sondern einen *positiv bewerteten* Typ von Auto versteht. Menschen haben mit anderen Worten positiv oder negativ getönte Einstellungen zu den "Objekten" ihres Erfahrungsbereichs. Richten sie ihre gedankliche Aufmerksamkeit auf ihre gespeicherten Erfahrungselemente bzw. verwenden sie ihre Schemata, so werden dabei mehr oder weniger starke positive oder negative Emotionen ausgelöst. Aus diesem Grund vermeidet es eine Person unter Umständen, auf bestimmte Erfahrungselemente zuzugreifen, da sie die auftauchende Unlust fürchtet - ein Geschehen, das Tiefenpsychologen als "Leugnung" oder "Verdrängung" bezeichnen. Mit Engelkamp (1983, S. 262) sind wir der Meinung, daß die Kognitionspsychologie dieses Thema - von Ausnahmen abgesehen - bisher vernachlässigt hat und sich ihm verstärkt zuwenden sollte: "In der Sprach- und Kognitionspsychologie wurde das Problem der Emotion bisher mit Erfolg ignoriert. Dies wird verständlich, wenn man bedenkt, daß die Sprach- und Kognitionspsychologie vornehmlich Informationsverarbeitungsprozesse in emotional neutralen Situationen untersucht."

Umwelt- und Selbstmodell fungieren nicht nur als Wissenssysteme (Informationssysteme), sondern auch als Sollwertgeber. Dies bedeutet, daß Menschen dazu neigen, ihre Erfahrungen in stabilen und mehr oder weniger konsistenten Strukturen (Schemata) zu organisieren. Treffen neue Informationen ein, werden sie versuchsweise an die vorhandenen Strukturen assimiliert. Dabei kommt es unter Umständen zu Anreicherungen oder leichten Modifikationen dieser Schemata, d.h. Prozesse der Assimilation und Akkomodation (siehe unten) sind bei Person-Umwelt-Interaktionen eng miteinander verbunden, und es steht meist einer der beiden Prozesse im Vordergrund, ohne daß der andere völlig fehlt. Gelingt die Assimilation neuer Informationen nicht, werden sie häufig verzerrt verarbeitet oder ganz abgewehrt (vgl. Rogers, 1973). Führt auch dies nicht zum Erfolg, kann es zu einer Identitätskrise kommen, wenn sich ein Mensch in bestimmten psychischen oder physischen Eigenschaften verändert oder wenn er wichtige Umweltaspekte seiner Identität, z.B. einen materiellen Besitz oder seine Heimat, verliert. Eine Identitätskrise ihrerseits kann den Anlaß zu weitreichenden akkomodativen Veränderungen in entsprechenden Aspekten des Selbst bieten (Brandtstädter & Greve, 1992; Epstein, 1991, sowie weiter unten).

Der große Vorteil eines Lebewesens, das über einen "Simulator" (bzw. ein "System kognitiver Strukturen" und ein "System kognitiver Operationen") verfügt, besteht darin, daß es zum internen Probehandeln in der Lage ist und sich damit auf flexible Weise *antizipatorisch* auf Situationen einstellen kann (Hoffmann, 1993). Wie Dörner (1993) ausführt, profitiert ein Mensch davon, wenn er Erfahrungen auf unterschiedlichen Abstraktionsebenen (d.h. in hierarchischer Form) gespeichert hat. Je nach *Dringlichkeit* der zu lösenden Aufgaben können sich konkrete oder abstrakte Schemata als überlegen erweisen. Konkrete Schemata ermöglichen feine Differenzierungen und schützen vor falschen Übergeneralisierungen. Abstrakte Schemata sind das Ergebnis von Generalisierungen oder des Vergessens von Details. Sie lassen sich auf eine breite Klasse von Situationen anwenden und erlauben daher ein rasches Reagieren, wobei der Preis eines geringen Auflösungsgrades zu entrichten ist. "Wenn eine Sache schnell erledigt werden muß, so sollte beispielsweise der Planungsprozeß und auch die Wahrnehmung auf einen *niedrigen Auflösungsgrad* zurückgeschaltet werden. D.h., die Wahrnehmung sollte nur noch in einer sehr groben Abtastung der Umwelt bestehen, und die Planung sollte nur noch darin bestehen, daß grob geprüft wird, ob die Bedingungen für bestimmte Operationen erfüllt sind und was die Folgen der Operation sein würden. Eine Planung auf einem niedrigen Auflösungsgrad ist zwar riskant, aber wenn es dringend ist, ist es oftmals besser, eine vielleicht suboptimale Lösung für ein Problem zu finden als gar keine." (Dörner, 1993, S. 505).

3.1.10 System kognitiver Operationen

Das "System kognitiver Operationen" ist das kognitive Pendant zum "effektorischen System", d.h. ihm obliegen die Kontrollfunktion (Auswahl von Maßnahmen) und die Aktionsfunktion (Durchführung von Maßnahmen) im kognitiven Bereich. In Analogie zum Einwirken auf die Umwelt erstreckt sich das Aufgabengebiet des "Systems kognitiver Operationen" auf das Einwirken auf kognitive Inhalte

(Denken im weitesten Sinn). Dies kann in unterschiedlicher Form geschehen: als Erinnern, Vorausschauen, Planen, Entscheiden, Problemlösen oder Urteilen.

Parallelen zwischen Denken und motorischen Aktivitäten werden von Neisser (1974, S. 366) hervorgehoben: "Der kognitive Ansatz bei der Behandlung des Gedächtnisses und des Denkens betont, daß Erinnerung und Problemlösen konstruktive Akte seien, die sich auf Informationen stützten, die von früheren Handlungen stammen. Diese Information ist ihrerseits entsprechend der Struktur dieser früheren Handlungen organisiert, obwohl ihre Verwendungsweise auch von gegenwärtigen Umständen und gegenwärtigen konstruktiven Fertigkeiten abhängt. Dies legt nahe, daß die höheren geistigen Prozesse eng mit gelernten motorischen Fertigkeiten verwandt sind..."

Welches sind nun wichtige kognitive Operationen, soweit sie unser Modell tangieren? Ausgehend von umfangreichen Literaturanalysen zur faktorenanalytischen Intelligenzforschung propagieren Royce und Powell (1983) ein hierarchisches Modell kognitiver Operationen, in dem drei breite Faktoren dritter Ordnung unterschieden werden:

- *Wahrnehmen* (perceiving; die Fähigkeit zur Erfassung direkt beobachtbarer Eigenschaften von Dingen; zum Beispiel perzeptive Auffassungsgeschwindigkeit oder Erfassen räumlicher Beziehungen),
- *Konzeptualisieren* (conceptualizing; die Fähigkeit zum begrifflichen und logischen Denken; zum Beispiel syllogistisches Denken oder Umgang mit Zahlen) und
- *Symbolisieren* (symbolizing; die Fähigkeit zum divergenten und kreativen Denken; zum Beispiel Wortflüssigkeit oder Originalität).

Jäger (1984) hat im "Berliner Intelligenzstrukturmodell" auf faktorenanalytischem Weg vier breite kognitive Operationen (bzw. genauer: intellektuelle Fähigkeiten) ermittelt: "Bearbeitungsgeschwindigkeit", "Gedächtnis", "Einfallsreichtum" und "Verarbeitungskapazität", die auf die drei kognitiven Inhalte "figurales", "numerisches" und "verbales" Material angewendet werden können.

Es würde zu weit führen und unsere Kompetenzen übersteigen, wollten wir auf die Vielfalt theoretischer Modelle und empirischer Befunde aus dem umfangreichen Gebiet der Kognitiven Psychologie näher eingehen (vgl. Aebli, 1980, 1981; Anderson, 1988; Hoffmann, 1993; Hussy, 1984, 1986; Neisser, 1974, 1979). Statt dessen greifen wir Teilaspekte heraus, denen im Rahmen unserer Theorie besondere Bedeutung zukommt. Wie oben bereits angedeutet, besteht der Vorteil eines mit einem *"Simulator"* ausgestatteten Lebewesens darin, daß es die Möglichkeit zum internen Probehandeln hat. Dadurch verbessern sich die Chancen, auch in einer Umwelt, die durch Gefahren, Mangelsituationen und Hindernisse, aber auch durch besondere Gelegenheiten gekennzeichnet ist, Ziele zu erreichen bzw. "Projekte" zum erfolgreichen Abschluß zu bringen (bzw. abstrakter formuliert: Istwert-Sollwert-Diskrepanzen zu reduzieren). Mit Hilfe seines "Simulators" kann ein solches Lebewesen Chancen erkennen, aber auch rechtzeitig sich vor Gefahren schützen, sofern es diese beim internen Probehandeln entdeckt und über Mittel zur Gefahrenabwendung verfügt (vgl. die ausführliche Diskussion der Bedeutung von Simulationen für das Bewältigungsverhalten in Taylor & Schneider, 1989). Im "Simulator" können Handlungen gefahrlos durchgespielt werden, die auf der Ebene des offenen Verhaltens zu riskant wären. Darüber hinaus lassen sich Entscheidungsprozesse, die auf der Prüfung verschiedener Alternativen basieren, oft schneller abwickeln, wenn die Alternativen in der Vorstellung durchgespielt werden, als wenn eine Erprobung in der Realität erfolgen müßte. Nicht zuletzt verbessert sich die Entscheidungseffizienz dadurch, daß mit Hilfe gedanklicher Abstraktionsprozesse Probleme vereinfacht oder umstrukturiert und damit einer Lösung näher gebracht werden können, die auf anderem Weg unlösbar blieben.

Neben den genannten Vorteilen ergeben sich aus dem Rückgriff auf den "Simulator" unter Umständen aber auch Nachteile. Bei komplexen, schwer durchschaubaren Problemen erfordert das interne Probehandeln viel Zeit und psychische Energie, so daß ein unter Zeitdruck stehendes Individuum einer erheblichen emotionalen Belastung ausgesetzt ist und möglicherweise sogar in Panik gerät (Battmann, 1984). Generell ist anzumerken, daß der Rückgriff auf den "Simulator" - im Sinne des inneren Probehandelns - gegenüber einem spontanen Verhalten zu einer Reaktionsverzögerung führt. Falls eine günstige Gelegenheit ein rasches, wenn auch mit leichtem Risiko behaftetes Handeln erfordert, befindet sich ein Individuum mit einer stark ausgeprägten Tendenz zum Probehandeln gegenüber spontaner reagierenden und risikobereiteren Personen im Nachteil. Eine weitere Gefahr besteht darin, daß ein Individuum das interne Probehandeln dem instrumentellen Verhalten in der Umwelt in einem solchen Ausmaß vorzieht, daß es externe Anforderungen vernachlässigt, sich Tagträumen hingibt und im Extremfall sich in eine fiktive Scheinwelt zurückzieht (vgl. den "unreifen" Mechanismus der "schizoiden Phantasie" bei Vaillant, 1980).

Ungünstige Auswirkungen von Simulationen sind auch zu erwarten, wenn eine Person (wiederholt) eine vor ihr liegende belastende

Situation in Gedanken durchspielt und dabei ausschließlich negative Ereignisse (z.B. Mißerfolge, Verluste, Demütigungen oder unüberwindliche Schwierigkeiten) antizipiert (Taylor & Schneider, 1989). In einem solchen Fall ist mit Ängsten oder depressiven Verstimmungen und einer beeinträchtigten Handlungsmotivation zu rechnen. Ein Beispiel hierfür wäre ein Student, der einer Prüfung mit pessimistisch gefärbten Erwartungen entgegensieht und Schwierigkeiten hat, sich zum Arbeiten aufzuraffen (Becker & Schneider, 1976).

Der "Simulator" hat nicht nur die soeben beschriebenen Funktionen, sondern arbeitet aufs engste mit dem "sensumotorischen System" zusammen. Zur Erläuterung sei auf die Bedeutung von *Skripten* für effizientes Handeln verwiesen. Wie oben bereits ausgeführt wurde, entspricht ein Skript einem Handlungsprogramm, d.h. es umfaßt Wissen über Sequenzen aufeinander bezogener spezifischer Ereignisse und Handlungen. Skripte sind gewissermaßen Verbindungsstränge zwischen dem "Simulator" und dem "sensumotorischen System". Wer sich von einem Skript leiten läßt, hat *Erwartungen* über den Ablauf und die Umstände von Ereignissen und Handlungen. Lassen sich diese Erwartungen auf eine aktuelle Situation anwenden, ergibt sich daraus ein effizientes Handeln. Als Beispiel möge das Skript "Ein Speiserestaurant besuchen" dienen. Nach Betreten des Restaurants umfaßt das Skript eine Ereignissequenz etwa der folgenden Art:

- Vom Kellner begrüßt und zu einem Tisch geleitet werden.
- Mantel an der Garderobe aufhängen.
- Vom Kellner die Speisekarte ausgehändigt bekommen.
- Speisen und Getränke beim Kellner bestellen usw.

Verfügt das Individuum nicht über geeignete Skripte bzw. *"überträgt"* es unpassende Skripte auf die Situation (vgl. Beckmann, 1978), so besteht die Gefahr einer Fehlanpassung, sofern es *rigide* an einem unpassenden Skript festhält.

Wiederholt haben wir auf die große Bedeutung von Antizipationen für die Verhaltensmotivation und Verhaltenssteuerung hingewiesen und Antizipationen als eine zentrale Aufgabe des "Simulators" bezeichnet. Wie relevant diese Prozesse sind, hat unlängst Hoffmann (1993) überzeugend dargelegt. Er setzt sich kritisch mit der traditionellen Sichtweise der Kognitionspsychologie auseinander, wonach der Zweck organismischer Reizverarbeitung im Aufbau eines möglichst korrekten Abbildes der Umwelt besteht. "Dies ist, denke ich, falsch. Die Biologie kennt letztlich allein den Zweck der Selbsterhaltung. Reizverarbeitung dient nicht der Erkenntnis, sondern dem Überleben. Organismen verarbeiten Reize ..., um das ihnen mögliche Verhalten für den Erhalt ihrer Existenz und die Befriedigung ihrer Bedürfnisse einzusetzen. Das gelingt nur dann, wenn sie die Konsequenzen ihres Verhaltens voraussehen können." (Hoffmann, 1993, S. 13).

Eine effektive Verhaltenssteuerung setzt nach Hoffmann unabdingbar Wissen darüber voraus, welche Verhaltensweisen zu welchen Konsequenzen *unter welchen Bedingungen* führen. Ein solches Wissen kann angeboren sein, es wird beim Menschen jedoch in erster Linie durch Lernen erworben. Eine zweckmäßige Struktur für einen solchen Lernprozeß veranschaulicht Abbildung 4.10.

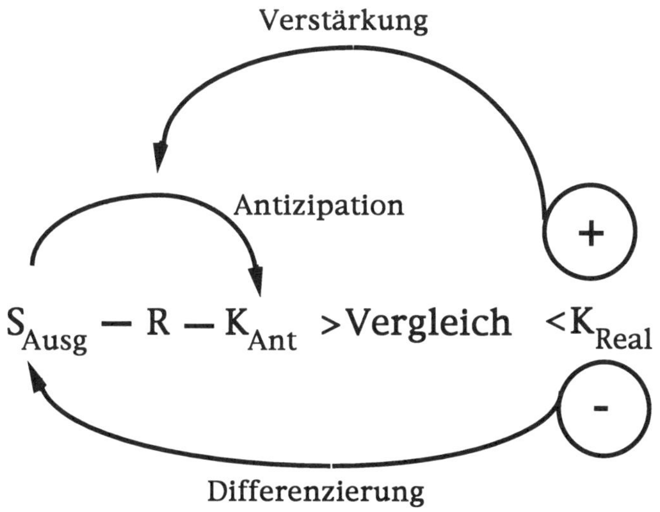

Abbildung 4.10: Struktur eines Lernprozesses, der auf einem Vergleich antizipierter und realer Konsequenzen basiert (nach Hoffmann, 1993, S. 44).

"Es wird angenommen, daß erstens intentionales Verhalten (R) stets von Antizipationen der nach bisherigen Erfahrungen in der jeweils gegebenen Ausgangssituation (S_{Ausg}) zu erwartenden Konsequenzen (K_{Ant}) begleitet wird. Es wird zweitens angenommen, daß die Antizipationen mit den tatsächlich eintretenden Konsequenzen (K_{Real}) kontinuierlich verglichen werden. Übereinstimmungen sollten die verhaltensbezogene Bindung der bestätigten Antizipationen an die Reizwirkungen der vorliegenden Situation, von denen sie ausgingen, verstärken. Ein solches Lernen würde dazu führen, daß unter den jeweils gegebenen Bedingungen immer genauer diejenigen Konsequenzen antizipiert werden, die mit dem jeweiligen

Verhaltensakt kontingent eintreten. Es würden also die mit dem Verhalten *invariant* einhergehenden Situationsänderungen abstrahiert werden. Unzureichende Übereinstimmungen zwischen antizipierten und eintretenden Situationsänderungen sollten zur Differenzierung der Situationsbedingungen hinsichtlich der mit ihnen verbundenen Verhaltenskonsequenzen führen. Das Nichteintreten der erfahrungsgemäß zu erwartenden Konsequenzen signalisiert ja, daß sich die gegebene von den gewohnten Situationen unterscheidet." (Hoffmann, 1993, S. 45).

Die Bedeutung des Prinzips der antizipatorischen Verhaltenssteuerung sehen wir darin, daß sich daraus sowohl die *Selektivität* der Wahrnehmung als auch der Verhaltensakte ableiten läßt. Intentionales Verhalten ist nämlich mit zwei Arten von Antizipationen verbunden: einer Antizipation von Eigenschaften des zu erreichenden *Zielzustandes,* die als Resultat der Verhaltensausführung erfahrungsgemäß zu erwarten sind, sowie eine Antizipation von Eigenschaften des *Ausgangszustandes,* die erfahrungsgemäß vorliegen müssen, damit das Verhalten zu den erwarteten Konsequenzen führt. Beide Antizipationen zusammen ergeben ein mentales Bild von zu erwartenden Veränderungen situativer Bedingungen und erlauben zugleich eine Kontrolle über den Einsatz und den Erfolg der Verhaltensausführung (Istwert-Sollwert-Vergleich). Bei hinreichender Entsprechung zwischen Istwert und antizipiertem Sollwert kann der intendierte Verhaltensakt ausgeführt werden.

Unterschiedliche theoretische Auffassungen findet man in der Literatur zur Frage, wie eine antizipatorische Verhaltenssteuerung im Detail erfolgt, wenn eine Person mit neuartigen Situationen konfrontiert ist, für die sie bisher keine Erfahrungen sammeln konnte. Ob man die dann erforderlichen Prozesse als Interpolationen, Generalisierungen, Akkomodationen, Analogieschlüsse, Steuerungen vermittels globaler, abstrakter Schemata oder wie auch immer zu interpretieren hat, bedarf genauerer Erforschung (vgl. Hoffmann, 1993; Schmidt, 1988).

3.1.11 Steuerungszentrale

Vertritt man eine systemtheoretische Sicht des Menschen, stellt sich zwangsläufig die Frage, wie die verschiedenen partiell autonomen (parallel verarbeitenden) Systeme zusammenarbeiten. Freud, der das erste und einflußreichste Modell psychischer Systeme ("Instanzen") konzipierte, sah sich genötigt, eine zentrale koordinierende Instanz, das Ich, zu postulieren. Auch Klaus und Liebscher (1974) heben in ihrer allgemeinen Einführung in die System- und Regelungstheorie hervor, daß komplexe Systeme eines *"übergeordneten*

Systems" bedürfen, um eine Ultrastabilität bzw. Multistabilität zu gewährleisten. Dörner (1993) stattet seine "kognitiv-emotionale Dampfmaschine" mit einem Steuerungssystem aus, welches ihr ein gewisses Ausmaß an "Geist" verleiht. Neisser (1974), einer der Väter der modernen kognitiven Psychologie, zweifelt nicht daran, daß die Annahme einer *"Exekutive"* (bzw. eines "Agenten") für viele Arten des Denkens unverzichtbar ist. Auch wenn ihm mit Blick auf das "Homunkulus"-Problem (siehe unten) die Antwort nicht leicht fällt, argumentiert er doch wie folgt: "So wenig schmackhaft diese Vorstellung sein mag, wir können sie doch kaum völlig beiseite schieben. Wenn wir *keinen* solchen Agenten postulieren, der die gespeicherte Information auswählt und verwendet, müssen wir uns jeden Gedanken und jede Reaktion bloß als das momentane Ergebnis eines interagierenden Systems vorstellen, das im wesentlichen einer ´Laissez-faire-Ökonomie´ folgt." (Neisser, 1974, S. 367). Zur Begründung verweist er unter anderem auf ein Experiment von Yntema und Trask (1963), das die Notwendigkeit irgendeiner Art von aktivem Exekutivprozeß in einer Theorie des Gedächtnisses deutlich macht: Man liest einer Versuchsperson eine Liste von fünf Wörtern vor und wiederholt kurz danach vier davon in wahlloser Reihenfolge. Die Versuchsperson soll sagen, welches Wort beim zweiten Mal weggelassen wurde. Diese Aufgabe wird leicht gelöst. "Es gibt viele Mechanismen, die diese Aufgabe bewältigen könnten, aber man kann sich kaum einen vorstellen, der nicht zwischen einem *Gedächtnis,* in dem die erste Liste irgendwie gespeichert ist, und einem Agens oder einer *verarbeitenden Instanz,* die davon Gebrauch macht, unterscheidet." (Neisser, 1974, S. 368).

Als wichtigen Grund für die Bedenken mancher Theoretiker gegenüber einer "Exekutive" nennt Neisser das *"Homunkulus"*- Problem. Es wird befürchtet, daß die Psychologie zu einer Psychologie der Seele, des Willens und des Homunkulus zurückkehrt (eine Erklärung des Verhaltens mit Hilfe eines "kleinen Mannes im Kopf"). Diese Gefahr bestand in der Tat, sie ist jedoch nicht mehr aktuell. "Noch vor einer Generation mußte man sich Steuerungsprozesse als *Homunkuli* vorstellen, weil der Mensch das einzige bekannte Modell eines exekutiven Agens war. Heute zeigt uns der moderne Computer eine andere Möglichkeit in Form des *ausführenden Unterprogrammes.* Dies ist ein Konzept, das für die Psychologie von beträchtlichem Nutzen sein könnte." (Neisser, 1974, S. 370). Zu ergänzen wäre dieses Zitat durch die Anmerkung, daß moderne Computer die Fähigkeit zur Parallelverarbeitung von Informationen (d.h. parallelen Ausführung mehrerer Programme) besitzen.

Wenngleich das Konzept einer Steuerungszentrale inzwischen zahlreiche Anhänger hat, ist umstritten, wie die Steuerung im Detail erfolgt (z.B. Ford, 1987; Gadenne und Oswald, 1993; Neumann, 1992; Ornstein, 1989; Royce & Powell, 1983; Shallice, 1978). Unsere eigene Auffassung, die eine Weiterentwicklung früherer Gedanken beinhaltet (Becker, 1986 a), arbeitet primär mit drei Konzepten: *Aufmerksamkeit, Informationsregler, Delegation* an partiell autonome Subsysteme. Wie an zentralen Stellen dieses Kapitels deutlich wurde, betrachten wir den Menschen als komplexes kognitiv-emotionales Informationsverarbeitungs- und motorisches Ausführungssystem mit den oben beschriebenen und in Abbildung 4.7 wiedergegebenen *partiell autonomen* Subsystemen. Partiell autonom bedeutet, daß die Systeme jeweils für bestimmte Funktionen zuständig und spezialisiert sind, die sie weitgehend selbständig (jedoch in der Regel unter der Delegation der "Steuerungszentrale") wahrnehmen, wobei sie andererseits koordiniert zusammenarbeiten müssen.

Während bei adaptiven technischen Systemen die Art der Zusammenarbeit durch feste Vorgaben (Verdrahtungen, mechanische Verbindungen, Programme) geregelt ist (siehe oben), zeichnet es den Menschen aus, daß er über eine *"Steuerungszentrale"* (abgekürzt "Zentrale") verfügt, die variabel und flexibel koordiniert, indem sie Informationsströme steuert. Zu diesem Zweck benutzt die "Zentrale" *"Informationsregler"*, die - vergleichbar der Blende einer Kamera oder den Helligkeits- und Lautstärkereglern eines Fernsehgeräts - das Fließen von Informationen zwischen "Zentrale" und anderen Systemen erleichtern oder erschweren bzw. Systeme aktivieren oder hemmen. Dies ist ein erster Aspekt von *Aufmerksamkeit*. Wie man sieht, bringen wir in Übereinstimmung mit Hoffmann (1993) oder Neumann (1987, 1992) die Aufmerksamkeit und die Selektivität von Wahrnehmung und Handeln mit der Notwendigkeit einer organisierten Verhaltenssteuerung in Beziehung. So wird zum Beispiel die "Zentrale" in einer Phase intensiven Nachdenkens den Informationsfluß innerhalb des "Simulators" und zwischen "Simulator" und "Zentrale" intensivieren (volle Konzentration auf das Nachdenken) und dabei Informationen aus dem "perzeptorischen System" und dem "System angeborener Bedürfnisse" weitgehend ausblenden (man ist so konzentriert auf das Nachdenken, daß man kaum noch wahrnimmt, was um einen herum geschieht und daß man eigentlich Hunger hat - ein Hunger, den man man vor kurzem noch deutlich verspürte). Oder die Aufmerksamkeit wird auf Körpersignale (z.B. Sensationen im Magen, die über das autonome Nervensystem vermittelt sind, oder Rückmeldungen des mimischen Ausdrucks) gelenkt, wodurch sich die Intensität und möglicherweise die Qualität einer Emotion verändern. Dieser Aspekt von Aufmerksamkeit betrifft die Selektion *zwischen* verschiedenen Systemen.

Ein zweiter Aspekt von Aufmerksamkeit bezieht sich auf die Art der Informationsverarbeitung *innerhalb* eines Systems, z.B. innerhalb des "perzeptorischen Systems". Auch hier besteht die Wahl zwischen einer eher *verteilten Aufmerksamkeit,* bei der Informationen aus verschiedenen Sinneskanälen in etwa gleichwertig behandelt und weitergeleitet (und z.B. bewußt wahrgenommen) werden, und einer *fokussierten Aufmerksamkeit* auf nur einen Sinneskanal. Und selbst innerhalb dieses Sinnes kann unterschiedlich stark fokussiert werden. Greifen wir den visuellen Kanal und das Orientierungsverhalten eines Autofahrers heraus. Ein Autofahrer wird im allgemeinen die Straße und den Verkehr fokussieren (und dabei die Verkehrssituation differenziert analysieren), der Umgebung (d.h. den Häusern oder der Landschaft) jedoch nur wenig Aufmerksamkeit widmen (und sie entsprechend unscharf und wenig bewußt wahrnehmen), wenn man unterstellt, es herrsche starker Verkehr.

Eine unserer Grundannahmen besagt, daß der Mensch nicht primär wegen begrenzter Informationsverarbeitungskapazität, sondern im Interesse einer effizienten Informationsverarbeitung und Handlungssteuerung nur einen Teil der von den Systemen bereitgestellten aktuellen Informationen mit hoher Auflösung (d.h. "feinkörnig") und bewußt verarbeitet. Bereits aus diesem Grund ist es notwendig, einerseits als Resultat von Lernen bestimmte Prozesse zu automatisieren und andererseits die Aufmerksamkeit auf das jeweils Bedeutungsvolle zu lenken und Unwesentliches nicht zu beachten. Je stärker die Aufmerksamkeit auf ein bestimmtes System bzw. innerhalb eines Systems auf einen bestimmten Bereich fokussiert ist,

- desto feinkörniger ist die Auflösung in diesem Bereich,
- desto bewußter und intensiver wird der betreffende Inhalt erlebt
- bzw. desto handlungsrelevanter wird er, und
- desto weniger ist der Mensch in der Lage, Informationen in anderen Systemen bzw. außerhalb des Aufmerksamkeitsfokusses bewußt und differenziert wahrzunehmen. Dies bedeutet zum Beispiel, daß vorzügliches Essen weniger gut schmeckt, wenn man sich parallel dazu an einer Konzentration erfordernden Konversation beteiligt; umgekehrt wird zum Beispiel der Genuß von Musik gesteigert, wenn man sich ihr voll zuwendet und nicht von musikfremden visuellen Reizen oder Gedanken abgelenkt wird. Wie Perrig et al. (1993) zeigten (siehe oben), können gleichwohl auch Reize außerhalb des Aufmerksamkeitsfokusses späteres Verhalten beeinflussen, selbst wenn sie von der Person nicht bewußt wahrge-

nommen wurden. Jedoch können nur solche Inhalte zum Gegenstand eines Erinnerungsbewußtseins werden, die vorgängig eine Bewertung durch die Interpretationsfunktion erfahren haben (siehe Perrig et al., 1993, S. 51).

Angeregt durch die "Theorie der objektiven Selbstaufmerksamkeit" von Duval und Wicklund (1972) wurde von Carver und Scheier (1981) eine bekannte Theorie der Aufmerksamkeit und Selbstregulation entworfen, die auf einem kontrolltheoretischen (kybernetischen) Ansatz zur Erklärung menschlichen Verhaltens basiert. Carver und Scheier unterscheiden zwischen umweltfokussierter und selbstfokussierter Aufmerksamkeit. *Umweltfokussierte Aufmerksamkeit* liegt vor, wenn eine Person Informationen bewußt verarbeitet, die aus der Umwelt stammen und sich auf die Umwelt beziehen (z.B. das Betrachten eines Baumes im Gegensatz zum Sich-Vorstellen eines Baumes). *Selbstfokussierte Aufmerksamkeit* besagt, daß das Selbst (die eigene Person) sowohl die Informationsquelle ist, als auch die Information sich auf selbstbezogene Aspekte richtet. Als selbstbezogene Aspekte zählen Carver und Scheier unter anderem auf: emotionale Erfahrungen, moralische Prinzipien und zielgerichtete Strategien.

Neben einer aktuellen selbst- oder umweltfokussierten Aufmerksamkeit postulieren die Autoren im Bereich selbstfokussierter Aufmerksamkeit zwei Formen *habitueller* Selbstaufmerksamkeit: private und öffentliche Selbstaufmerksamkeit (vgl. Drinkmann, 1986; Fenigstein, Scheier & Buss, 1975; Filipp & Freudenberg, 1989). "*Private* Selbstaufmerksamkeit ist die Disposition, sich der verborgenen Aspekte des Selbst bewußt zu sein. Wer einen hohen Wert auf dieser Dimension hat, ist sich vermutlich seiner eigenen Gedanken, Gefühle, Einstellungen, Motive und Verhaltenstendenzen besonders bewußt. *Öffentliche* Selbstaufmerksamkeit ist die Tendenz, sich der öffentlich zur Schau gestellten Aspekte des Selbst bewußt zu sein; dabei erscheint das Selbst wie ein soziales Objekt, das auf andere einen Eindruck hinterläßt. Personen mit hohen Werten auf dieser Dimension wollen Kenntnis davon haben, wie sie von anderen gesehen werden." (Carver & Scheier, 1981, S. 46; Übers. d. Verf.)

In einer Reihe empirischer Studien konnten Carver und Scheier (1981) vergleichbare Effekte aktueller und habitueller Selbstaufmerksamkeit nachweisen und zwar unter anderem auf:

- die Intensität erlebter Emotionen (bei erhöhter privater Selbstaufmerksamkeit erfolgt eine Intensivierung sowohl angenehmer als auch unangenehmer Gefühlszustände),

- Verhaltenskonsistenz und Veridikalität von Selbstberichten (bei erhöhter privater Selbstaufmerksamkeit stimmen selbstberichtete und fremdbeurteilte Verhaltensweisen besser überein),
- normorientiertes Verhalten (bei erhöhter privater Selbstaufmerksamkeit verhalten sich die Betreffenden normorientierter, also zum Beispiel ehrlicher) sowie
- das Verhalten in Leistungssituationen (z.B. ergeben sich in Leistungssituationen bei erhöhter privater Selbstaufmerksamkeit eher Leistungsbeeinträchtigungen aufgrund einer Aufmerksamkeitsabkehr von den zu bearbeitenden Aufgaben). Für einen Überblick und eine kritische Sichtung der Forschung zu habituellen Aufmerksamkeitsorientierungen siehe Krampen (1985); für eine Diskussion des Zusammenhangs von Selbstaufmerksamkeit und Leistungsverhalten (Performanz) siehe Hormuth (1991).

Da Carver und Scheier (1981) nicht über ein ausgearbeitetes Modell verschiedener psychischer Subsysteme verfügen, beschränken sich ihre Aussagen über die Zusammenhänge von Aufmerksamkeit, Verhalten und Erleben im Vergleich zu unseren Überlegungen auf ausgewählte Teilaspekte. (Für eine generelle Diskussion der Konzepte Aufmerksamkeit und Bewußtsein sowie neuerer theoretischer Ansätze siehe Gadenne und Oswald, 1993; Hoffmann, 1993; Neumann, 1987, 1992).

Die Funktionsweise der von uns postulierten "Steuerungszentrale" erläutern wir in drei Schritten. Zunächst beschreiben wir schematisch und vereinfachend die Aufgaben der "Zentrale". Danach unterscheiden wir exemplarisch drei Typen von Handlungen mit jeweils unterschiedlicher Beteiligung der einzelnen Subsysteme und wenden unser Systemmodell auf ein einfaches Beispiel (Suche eines traurigen Kindes nach seiner Mutter) an. Zum Schluß kommen wir auf einige allgemeine Prinzipien, nach denen die "Zentrale" funktioniert, zu sprechen.

Aufgaben der "Zentrale"

Die erste grundlegende und permanente Aufgabe der "Zentrale", die sie mit Hilfe anderer Systeme erfüllt, besteht in der *allgemeinen Orientierung*. Sie betrifft (1) die räumliche Orientierung (wo befindet man sich in der realen Umwelt?) und (2) die existentielle Orientierung (wo befindet man sich in existentieller Hinsicht?; Frage nach dem Sinn und der Bedeutung der Situation). Ohne eine solche allgemeine Orientierung ist es nicht möglich, zielgerichtet zu handeln; sie wird über das "perzeptorische System" und das "System kognitiver Strukturen" vermittelt und erfolgt mit Hilfe von Schemata. Diese Orientierung ist kein passiver Vorgang, sondern ein aktiver Konstruktionsprozeß; sie wird nicht gefunden, sondern hergestellt. Wenn es einer Person mit Hilfe der ihr zur Verfügung stehenden Schemata nicht mehr gelingt, eine für sie verstehbare "Gestalt" herzustellen, ist sie desorientiert und erfährt sich in einer Situation, die jeglichen Sinns entbehrt.

Die zweite Aufgabe ist die *Zielbildung.* Zu diesem Zweck beachtet die "Zentrale" Informationen aus Systemen, die als Sollwertgeber fungieren können (vgl. Tabelle 4.1), d.h. das "System angeborener Bedürfnisse" (z.B. ein akutes physiologisches Bedürfnis), das "System erworbener Sollwerte" (z.B. Projekte oder Gebote und Verbote), das "perzeptorische System" (z.B. das Verhalten von Modellen in der Umwelt oder Aufforderungen aus der Umwelt) sowie das "System kognitiver Strukturen" (z.B. wahrgenommene Inkongruenzen zwischen Inhalten des Selbstmodells).

Weitere Aufgaben umfassen die *Suche nach und die Planung von geeigneten Maßnahmen* (im "Simulator"), die Festlegung auf eine bestimmte Handlung ("Absicht"; siehe Dörner & Stäudel, 1990) und die volitionale Abschirmung dieser Handlung gegenüber konkurrierenden motivationalen Vorlieben (vgl. Dörner et al., 1988; Kuhl & Kazen-Saad, 1988), das *Ausführen der Maßnahmen* (in enger Abstimmung zwischen "Simulator" und "sensumotorischem System") sowie die *Evaluation der Ausführung* im Hinblick auf das angestrebte Ziel (unter Einbeziehung des "Systems angeborener Emotionen" und des "Systems erworbener Emotionen" in ihrer Rolle als Vergleichssysteme).

Aus der Aufzählung dieser verschiedenen Funktionen könnte der Eindruck entstehen, die "Zentrale" sei ein "Alleskönner" bzw. ein Homunkulus. Dies ist jedoch - wie mehrfach betont - nicht der Fall, da die "Zentrale" die meisten Aufgaben durch Delegation an andere Systeme erfüllt. Ihre wichtigsten und spezifischen Funktionen bestehen in der zentralen Koordination aller Systeme, in der Aufmerksamkeitssteuerung und in der volitionalen Kontrolle (Auswahl und Abschirmung von Absichten).

Drei Arten von Verhaltensepisoden

Ford (1987) bzw. Ford und Ford (1987a) unterscheiden drei Arten von *"Verhaltensepisoden"*, worunter sie zielgerichtete Verhaltensmuster verstehen, die sich über eine bestimmte Zeitspanne erstrecken:

- Beobachtungsepisoden,
- Denkepisoden und
- instrumentelle Episoden.

Wenngleich das breite Spektrum menschlichen Verhaltens damit nicht abgedeckt wird, greifen wir zur exemplarischen Erläuterung der Arbeitsweise der "Steuerungszentrale" diese Dreiteilung auf.

In einer *Beobachtungsepisode* verstärkt die "Zentrale" über die entsprechenden Informationsregler den Einfluß des "perzeptorischen Systems" und schwächt zugleich den Einfluß der anderen Systeme ab, wobei je nach Art der Situation und des Beobachtungsziels das eine oder andere System - oder auch mehrere Systeme - kooperieren können (z.B. Steuerung der Augenbewegungen durch das effektorische System, wenn sich das Ziel bewegt, oder Speicherung des Beobachteten im "System kognitiver Strukturen"). Dörner (1993), der zur Erläuterung und Veranschaulichung seiner Theorie der Handlungsregulation in komplexen Umwelten eine "kognitiv-emotionale Dampfmaschine" verwendet und das Verhalten und die inneren Prozesse "künstlicher Versuchspersonen" per Computer simuliert, spräche von einer vorübergehenden *Außenorientierung* der Maschine. In Abbildung 4.11 haben wir eine solche Beobachtungsepisode schematisch dargestellt. Eine Person mit einem aktivierten Explorationsbedürfnis befindet sich in einer reizarmen Umwelt (d.h. das "perzeptorische System" entdeckt im Augenblick keine attraktiven Reize). Auf diese Istwert-Sollwert-Diskrepanz antwortet das "System angeborener Emotionen" mit der Emotion "Langeweile". Diese Informationen werden von der "Steuerungszentrale" fokussiert und an den "Simulator" weitergeleitet. Der "Simulator" legt ein visuelles Beobachtungs- bzw. Suchverhalten - eventuell in Verbindung mit einer räumlichen Fortbewegung - fest, das dem "effektorischen System" (bzw. dem "sensumotorischen System") als Sollwert dient. Mit einer gewissen Wahrscheinlichkeit führt dieses vom "effektorischen System" ausgeführte Verhalten zum Erfolg (Entdeckung "attraktiver" Reize und damit verbundene Istwert-Sollwert-Diskrepanzreduktion).

Während einer reinen *Denkepisode* wird die Aufmerksamkeit der "Zentrale" dem "Simulator" gewidmet, was gleichbedeutend ist mit einer Abschwächung des Einflusses anderer Systeme auf die "Zentrale" und einer Abschwächung des Einflusses der "Zentrale" auf andere Systeme (z.B. auf das "sensumotorische System", das während dieser Zeit in einer automatisierten Weise Informationen verarbeitet bzw. motorische Prozesse steuert). Nach Dörner (1993) befindet sich der betreffende Mensch dann in einer Phase der *Innenorientierung*. "Dies ist dann vernünftig, wenn aus der Außenwelt keine großen Überraschungen zu erwarten sind, dagegen aber die ´Realitätsmodelle´ im Gedächtnis dringend einer Revision bedürfen, da sie sich als unvollständig oder widersprüchlich erwiesen haben." (Dörner, 1993, S. 505).

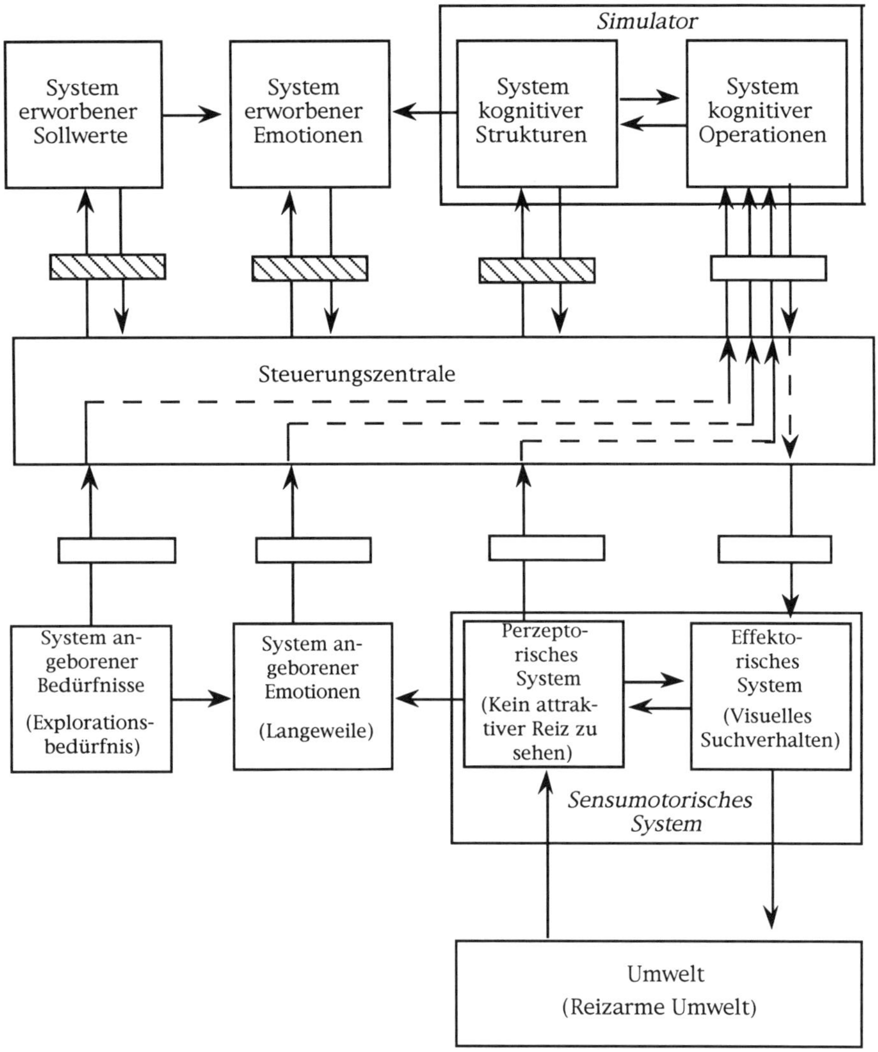

Abbildung 4.11: Vereinfachte Darstellung der Aktivitäten von Subsystemen, erläutert am Beispiel einer Beobachtungsepisode bei erhöhtem Explorationsbedürfnis. Schraffierte Informationsregler bedeuten, daß der Informationsfluß zwischen dem betreffenden System und der Zentrale abgeschwächt oder unterbrochen ist.

Als kleiner Exkurs sei festgehalten, daß unsere Systemtheorie es erlaubt, zwischen Vorstellungen und Wahrnehmungen zu unterscheiden: erstere werden vom "Simulator", letztere vom "perzeptorischen System" generiert. Eine analoge Unterscheidung trifft Neisser (1979, S. 105): "Vorstellen ist nicht Wahrnehmen, aber

Vorstellungen sind wirklich Derivate von Wahrnehmungsaktivität. Genauer gesagt, sind sie die *antizipatorischen Phasen* dieser Aktivität, Schemata, die der Wahrnehmende für andere Zwecke aus dem Wahrnehmungszyklus herausgelöst hat. Vorstellen wird normalerweise nicht mit Wahrnehmen verwechselt, weil letzteres dauernde Aufnahme neuer Information einschließt. Nur wenn diese Aufnahme verzögert oder unterbrochen ist, erscheint die Vorstellung." Und an anderer Stelle streicht Neisser (1979, S. 108) die große Bedeutung von Vorstellungen heraus: "Die Fähigkeit, unsere Antizipationen aufzuteilen, herauszulösen und zu manipulieren, ist außerordentlich wichtig. Ich glaube, sie ist die grundlegende Operation in allen sogenannt höheren geistigen Prozessen."

Handelt es sich um eine reine *instrumentelle Episode* (z.B. das Hinaufklettern auf eine Leiter), richtet die "Zentrale" die Aufmerksamkeit auf das "sensumotorische System" (und die Umwelt) und begrenzt zugleich den Einfluß anderer Systeme, zum Beispiel des "Simulators". Dabei ist es nicht etwa so, daß die "Zentrale" wie ein Homunkulus bis ins Detail die sensumotorischen Abläufe selbst steuert, sondern sie setzt die Zwischenziele und *überwacht* die Aktivitäten des "sensumotorischen Systems", das - soweit es sich um vertrautes, gelerntes Verhalten handelt - seine Funktion weitgehend automatisch und autonom erfüllt. Erst im Falle unerwarteter Handlungsschwierigkeiten (Diskrepanzen zwischen antizipierten Ereignissen und tatsächlichen Ereignissen) schaltet sich die "Zentrale" aktiv ein.

Als nächstes erläutern wir an einem sehr einfachen Beispiel das Zusammenspiel verschiedener Subsysteme. Ausgangspunkt sei ein Kleinkind, das sich seit einiger Zeit allein in seinem Bettchen befindet und ein Bedürfnis nach Bindung verspürt, das sich als Wunsch nach Kontakt mit einer wichtigen Bezugsperson (z.B. nach Kontakt mit der Mutter) äußert (Sollwert). Das Kind bemerkt, daß keine geeignete Person in der Nähe ist (Istwert). Auf diese Istwert-Sollwert-Diskrepanz reagiert es mit der angeborenen Emotion Traurigkeit, die zu Verhalten motiviert. Das gesamte Informationsmuster wird von der Steuerungszentrale an den Simulator gemeldet, der als Lösung auf das Schema "Weinen" zurückgreift, das sich in der Vergangenheit in ähnlichen Situationen bewährt hat (antizipatorische Verhaltenssteuerung). Dieses Schema steuert das effektorische bzw. sensumotorische System, das ein deutlich vernehmbares Weinen produziert (siehe Abbildung 4.11).

Wir nehmen an, daß das Weinen zum Erfolg führt, indem es nach einiger Zeit die Mutter herbeiruft. Sobald das Kind die Mutter wahrnimmt, reagiert es auf die Istwert-Sollwert-Diskrepanzreduktion mit Freude und einer energetischen Regulation (Aktivierung).

Zugleich wird in dem von Hoffmann (1993) beschriebenen Sinne die Verbindung zwischen der bestätigten Antizipation und der Kombination von Ausgangssituation und Verhalten verstärkt (siehe Abbildung 4.10). Das gesamte Informationsmuster wird von der "Steuerungszentrale" an das "System kognitiver Operationen" weitergeleitet. Von dort werden Anweisungen an das "sensumotorische System" zur Produktion von Freudenlauten und zur Hinwendung zur Mutter gegeben.

In der Regel ist die "Zentrale" keineswegs durch eine Fülle von Aufgaben überlastet, da die Prinzipien der hierarchischen Verhaltenssteuerung (siehe oben) gelten und viele Prozesse automatisiert, parallel und zu einem Großteil unbewußt (bzw. in der Terminologie Freuds "vorbewußt") ablaufen. Die Situation ändert sich hingegen in neuartigen komplexen Situationen, bei simultanen und interferierenden Anforderungen innerhalb oder zwischen Subsystemen, oder wenn die "Zentrale" stark "emotionalisiert" ist.

Allgemeine Prinzipien der "Zentrale"

Die zuletzt formulierten Aussagen werfen eine grundsätzliche Frage auf: Lassen sich allgemeine Prinzipien formulieren, nach denen die "Zentrale" ihren Aufgaben gerecht zu werden versucht? Wir gestehen, daß unsere diesbezüglichen Einsichten sehr begrenzt sind. Die folgenden sechs Thesen bleiben bruchstückhaft und spekulativ. Sie sind sicher nicht mehr als erste tastende Schritte auf einem langen Weg (zu detaillierteren Annahmen auf systemtheoretischer Basis siehe auch Dörner et al., 1988; Dörner & Stäudel, 1990; Dörner, 1993).

(1) *Vorrang der Befriedigung lebenswichtiger physiologischer Bedürfnisse*
Wir gehen davon aus, daß *unter normalen Umständen* die "Zentrale" der Befriedigung lebenswichtiger physiologischer Bedürfnisse absoluten Vorrang einräumt. Dazu zählen u.a. die Bedürfnisse nach Sauerstoff, nach Außentemperaturen, an die sich der Mensch anpassen kann, nach Flüssigkeit und Nahrung oder nach Schlaf, sofern entsprechende gravierende Defizite vorliegen. Einen analogen Stellenwert hat das Vermeiden von Situationen, in denen eine schwere akute Verletzungs- oder Lebensgefahr besteht (z.B. angesichts einer drohenden Explosion, eines Wohnungsbrandes, eines Erdbebens oder einer Verletzung durch Waffen). Allerdings gilt dieses Prinzip nicht uneingeschränkt, denn unter besonderen Voraussetzungen (z.B. wenn ein anderes Bedürfnis - etwa nach Achtung oder Bindung - in einer spezifischen Lebenssituation domi-

nant wird) sind manche Menschen dazu bereit, Folter auf sich zu nehmen, ihr Leben aufs Spiel zu setzen oder es durch Suizid zu beenden. Um hier zu präziseren Aussagen zu gelangen, ist es erforderlich, Theorien darüber zu entwickeln und zu überprüfen, von welchen Bedingungen es abhängt, ob in einer bestimmten Situation ein bestimmtes Bedürfnis A oder ein Bedürfnis B oder ein bestimmter erworbener Sollwert C verhaltensdeterminierend wird. Neben der Stärke der damit verbundenen angeborenen oder erworbenen Emotionen dürften auch Wahrscheinlichkeitseinschätzungen antizipierter Konsequenzen eine Rolle spielen.

(2) *Verhalten im Einklang mit der Realitätstheorie*
In Übereinstimmung mit Epstein (1979) schreiben wir dem Bedürfnis des Menschen nach Orientierung bzw. nach einem Verhalten, das im Einklang mit der Realitätstheorie steht, einen herausragenden Stellenwert zu. Damit der Mensch sich in der Welt orientieren und handeln kann, ist es erforderlich, daß die "Zentrale" auf das "System kognitiver Strukturen" bzw. auf die Realitätstheorie zurückgreift. Zentrale Aspekte der Selbst- und Umweltmodelle fungieren in der Regel als oberste Sollwertgeber (siehe oben). In diesem Zusammenhang räumen andere Autoren einem von ihnen postulierten *"Bedürfnis nach Kompetenz"* einen hohen Stellenwert ein (z.B. Dörner und Mitarbeiter).

(3) *Vorrang unlustreduzierender Maßnahmen*
Wir haben oben gesehen, daß eine Reihe von Autoren die Emotionen als Hauptmotivationssystem des Menschen betrachtet. Auch wenn wir nicht so weit gehen, bestreiten wir nicht, daß negative Emotionen (wie Angst, Scham, Schuldgefühle, depressive Verstimmungen oder Ärger), wenn sie stark ausgeprägt sind oder über längere Zeit andauern, weitgehend unerträglich sind. Aus diesem Grund wird die "Zentrale" Maßnahmen zu ihrer Verringerung oder Vermeidung in der Regel vorrangig ergreifen. Die Art der Maßnahmen hängt von der Lokalisation der Emotionsauslöser (in der Innen- oder Außenwelt), den situativen Rahmenbedingungen (z.B. Kontrollierbarkeit von Bedingungen) und Persönlichkeitseigenschaften ab.

Für die Klassifikation von Maßnahmen erweist sich die aus der Copingforschung bekannte Unterscheidung in unmittelbar *emotionsorientierte* ("palliative") und in *problemorientierte* ("instrumentelle") Strategien als fruchtbar (vgl. Becker, 1980; Brüderl, 1988; Lazarus & Folkman, 1984). Beispiele für emotionsorientierte Strategien, die auf die Regulation von Emotionen abzielen, wären: der Konsum von Alkohol, Drogen oder Medikamenten, das Anvertrauen oder Abreagieren von Gefühlen sowie der Einsatz von Abwehrmechanismen - z.B. Leugnung, Verdrängung - oder andere Formen der Realitätsverzerrung, wie z.B. die Verwendung von Lügen (zur empirischen Überprüfung von Abwehrmechanismen siehe Eriksen & Pierce, 1968; Kiener, 1978). Das Ergreifen von Vorsichtsmaßnahmen, Hilfesuchen und die Erweiterung von Kompetenzen wären hingegen Beispiele für problemorientierte Strategien (zum Überblick siehe Brüderl, 1988). Angriffs-, Vermeidungs- oder Fluchtstrategien können hingegen sowohl eine emotionsregulierende als auch eine problemlösende Funktion haben (zu einer anderen theoriegeleiteten differenzierten Klassifikation von Bewältigungsformen siehe Perrez & Reicherts, 1992).

Unsere These besagt, daß die "Zentrale" beim Vorliegen sehr intensiver negativer Emotionen der Verringerung der emotionalen Spannung in der Regel Vorrang einräumt. Dabei schaltet sie auf elementare (angeborene?) Mechanismen der emotionalen Entlastung ("Katharsis") zurück. Dazu zählen die oben erwähnten "Affekt"- oder "Primitivreaktionen" wie z.B. Abfuhr von Wut in lautem Schreien, Zerstörung von Gegenständen oder tätliche Angriffe auf Personen, Panikreaktionen, unkontrollierte Weinkrämpfe oder Erstarren im Sinne des Totstellreflexes. Häufig handelt es sich um irrationales Verhalten, mit dem die Person sich und andere Menschen in Gefahr bringen oder schädigen kann.

Mit anderen Worten distanzieren wir uns von einem Menschenbild, das ausschließlich die rationalen Anteile des Menschen zur Kenntnis nimmt. Es erscheint uns realistischer, neben rationalen Entscheidungs- und Handlungsprinzipien eine zweite Ebene des primär emotionsgesteuerten Reagierens zu berücksichtigen (siehe oben).

(4) *Vorrang überlernter, automatisierter Strategien*
Aus Gründen der Verhaltensökonomie aber auch wiederholter oder sehr früher prägender Erfahrung wird die "Zentrale" im Regelfall auf überlernte, automatisierte Strategien (bzw. Schemata) zurückgreifen. Dies gilt insbesondere für Verhaltensweisen, die sich (nach subjektiver Erfahrung) bewährt haben, unabhängig davon, ob sie auch von Außenstehenden als erfolgversprechend und angemessen betrachtet werden. Dieses Prinzip trägt zum Verständnis der Aufrechterhaltung fehlangepaßter Reaktionen bei, wie sie zum Beispiel für Menschen mit Persönlichkeitsstörungen charakteristisch sind (siehe spätere Kapitel).

Natürlich ist dieses Prinzip nicht uneingeschränkt gültig, denn sonst gäbe es keine Lernprozesse und keine Weiterentwicklung der Persönlichkeit. Wie oben besprochen wurde, verändern sich Schemata bei ihrer Anwendung auf neue Situationen in gewissem Ausmaß, d.h. Assimilationen werden von Akkomodationen begleitet, woraus sich ein (geringfügig) verändertes Verhalten in künftigen Situationen ergibt (Neisser, 1979). Mit Dörner (1993) oder Semmer und Pfäfflin (1978) ist jedoch damit zu rechnen, daß die "Zentrale" unter Bedingungen der zeitlichen Dringlichkeit oder unter anderen Belastungen bevorzugt auf automatisierte Strategien zurückgreift.

(5) *Verhalten unter der Leitung antizipatorischer Schemata*
Aus den bisherigen Ausführungen dürfte hervorgegangen sein, daß wir Handeln als in hohem Maße durch *antizipatorische Schemata* geleitet betrachten (siehe auch Bandura, 1991 b). "Wenn wir uns für eine *Handlung* entscheiden und nicht für die andere, schließt das umfassende Schema gewöhnlich eine Antizipation unserer eigenen künftigen Situation ein; wie eine kognitive Landkarte enthält es das Ich. Wir erwarten, daß wir erfreut werden oder belohnt oder zumindest einigermaßen befriedigt, wenn wir uns für A entscheiden; von B erwarten wir vielleicht wenig Gutes. Wahrnehmungsentscheidungen scheinen weniger gewichtig als diese und werden gewöhnlich ohne große Berücksichtigung solcher Ergebnisse getroffen. Trotz dieses Unterschiedes haben aber Wahrnehmungs- und Handlungsentscheidungen denselben existentiellen Status. Keine Entscheidung ist je frei von der Information, auf der sie beruht. Dennoch wird diese Information durch den Entscheidenden selbst ausgewählt. Andererseits ist kein Entscheid je direkt von der Umgebung bestimmt. Dennoch vermittelt die Umgebung die Information, die der Entscheidende verwenden wird." (Neisser, 1979, S. 142-143).
Nimmt man diesen Gedanken ernst, so impliziert dies unter anderem folgendes:

- Verhalten ist durch die Vergangenheit, die zum Aufbau von Schemata beitrug, durch die Gegenwart, die Kontextinformationen bereitstellt (vgl. in diesem Zusammenhang das Prinzip des "context matching" von Kuhl & Kazen-Saad, 1988), sowie durch die (antizipierte) Zukunft determiniert.
- Das Verhalten einer Person A (z.B. eines Klienten) läßt sich von Person B (z.B. einem Therapeuten) nur insoweit verstehen und (in begrenztem Umfang) vorhersagen, wie Person B die von Person A verwendeten Schemata an seine eigenen Schemata assimilieren, d.h. sich in die phänomenale Welt dieser Person versetzen kann (vgl. Rogers, 1973).
- Da sich Schemata infolge von Erfahrungen verändern, befindet sich der Mensch während seines gesamten Lebens in einem Prozeß kontinuierlicher Entwicklung.

(6) *Große Bedeutung unbewußter Prozesse*
Angesichts der beschränkten Informationsverarbeitungskapazität der "Zentrale", der partiellen Autonomie der einzelnen Subsysteme der Persönlichkeit und als Resultat der oben beschriebenen Verhaltenssteuerung mittels hierarchisch strukturierter Sequenzen von TOTE-Einheiten ergibt sich zwangsläufig, daß die meisten psychischen Prozesse unbewußt (oder vorbewußt) verlaufen. Dies ist nicht nur ein Kerngedanke der Freudschen Theorie, sondern auch vieler moderner Theorien der Informationsverarbeitung (z.B. der Handlungs- und Regulationstheorie von Hacker, 1978). Freud (1972, S. 254) argumentierte unter anderem wie folgt: "Wir haben einerseits Belege dafür, daß selbst feine und schwierige intellektuelle Arbeit, die sonst angestrengtes Nachdenken erfordert, auch vorbewußt geleistet werden kann, ohne zum Bewußtsein zu kommen. Diese Fälle sind ganz unzweifelhaft, sie ereignen sich zum Beispiel im Schlafzustand und äußern sich darin, daß eine Person unmittelbar nach dem Erwachen die Lösung eines schwierigen mathematischen oder anderen Problems weiß, um das sie sich am Tage vorher vergeblich bemüht hatte."

4. ZUSAMMENFASSUNG

Systemtheoretische Konzepte können auf menschliches Handeln übertragen werden. Einen wichtigen Schritt in diese Richtung taten Miller, Galanter und Pribram (1960) mit der Konzeptualisierung von TOTE ("Test-Operate-Test-Exit")-Einheiten, einem Äquivalent zu negativen Rückkoppelungskreisen. Verhaltensabläufe lassen sich als Sequenzen von TOTE-Einheiten interpretieren, die häufig eine hierarchische Struktur aufweisen. Powers beschreibt verschiedene Ebenen des Handelns, wobei die Ebenen der Programme und der Prinzipien für die bewußte Handlungssteuerung besonders wichtig sind.

Eine weitere Anwendung der Systemtheorie erfolgt in der Formulierung eines Modells psychischer Strukturen und Funktionen, wobei der Mensch primär als Informationsverarbeitungssystem aufgefaßt wird. Nach einem orientierenden Überblick über insgesamt neun psychische Systeme und deren Zusammenwirken werden die Systeme ausführlich bezüglich ihrer Funktionen beschrieben (z.B. wird detailliert auf die Funktionen und Effekte von Emotionen eingegangen). Es handelt sich dabei um das "System angeborener Bedürfnisse", das "System angeborener Emotionen", das "sensumotorische System", das sich aus dem "perzeptorischen System" und dem "effektorischen System" zusammensetzt, das "System erworbener Sollwerte", das "System erworbener Emotionen", den "Simulator", der das "System kognitiver Strukturen" und das "System kognitiver Operationen" umfaßt, sowie die "Steuerungszentrale". Die Zentrale ist das übergeordnete System (die "Exekutive" bzw. die zentrale Koordinationsstelle zwischen den verschiedenen Systemen), die über Informationsregler den Informationsfluß zwischen Systemen im Sinne der Aktivierung und Hemmung steuert, so daß jeweils eine optimale Anpassung und Ausnutzung vorhandener Kapazitäten durch Aufmerksamkeitsfokussierung erfolgen kann.

Da die einzelnen Systeme ihre Aufgaben weitgehend autonom erfüllen, ist die Zentrale kein Homunkulus und in der Regel nicht überlastet. Zunächst wird die Grundstrategie der Zentrale beschrieben, bevor an einfachen Beispielen (z.B. einer Beobachtungs-, einer Denk- und einer instrumentellen Episode) die Steuerungsprozesse und die je unterschiedliche Beteiligung von Subsystemen zur Sprache kommen. Zum Abschluß des Kapitels werden sechs Prinzipien der "Zentrale" postuliert, die im allgemeinen, jedoch nicht uneingeschränkt, gelten:

- Vorrang der Befriedigung lebenswichtiger physiologischer- und Sicherheitsbedürfnisse,
- Verhalten im Einklang mit der Realitätstheorie,
- Vorrang unlustreduzierender (palliativer und instrumenteller) Maßnahmen,
- Vorrang überlernter, automatisierter Strategien,
- Verhalten unter der Leitung antizipatorischer Schemata und
- große Bedeutung unbewußter (bzw. vorbewußter) Prozesse.

Es wird hervorgehoben, daß Theorien über den Menschen, die ihn ausschließlich als rationalen Problemlöser konzipieren, eine verkürzte Sicht propagieren, da sie den emotionalen und irrationalen Anteilen im Verhalten, die in bestimmten Situationen zu beobachten sind, ungenügend Rechnung tragen.

Kapitel 5

EIN SYSTEMMODELL DER PERSÖNLICHKEIT

"Jedes lebende System hat Probleme der innen- und außengerichteten Anpassung zu bewältigen; dies geschieht in fortlaufenden Prozessen innerer Veränderung und äußerer Handlung."
Von Cranach et al. (1980, S. 288)

1. EINLEITUNG

Im Mittelpunkt des vorangehenden Kapitels stand der Entwurf eines Systemmodells des Menschen, mit dessen Hilfe Verhalten aus allgemeinpsychologischer Sicht beschrieben und analysiert werden kann. Doch wie lassen sich Unterschiede zwischen Menschen im Rahmen dieses Systemmodells charakterisieren? Wie äußern sich unterschiedliche Ausprägungen in den zentralen Eigenschaften "Verhaltenskontrolle" und "seelische Gesundheit" im Hinblick auf die Inhalte und Arbeitsweisen der neun Subsysteme? Antworten auf diese Fragen liefert das folgende Kapitel, indem es die systemtheoretischen Annahmen mit unserem hierarchischen Traitmodell der Persönlichkeit verbindet.

Die Verknüpfung erfolgt in drei Schritten. Wir beginnen mit der Theorie der Verhaltenskontrolle, wobei wir dieses Konstrukt zunächst unter entwicklungspsychologischer Perspektive betrachten, bevor wir die einzelnen Binnenkomponenten der Verhaltenskontrolle systemtheoretisch interpretieren und einordnen. Darauf folgt unsere (revidierte) Theorie der seelischen Gesundheit, die ebenfalls unter Bezugnahme auf unsere Systemtheorie dargestellt wird. Wir diskutieren zunächst die Fähigkeit zur Bewältigung *externer* Anforderungen, insbesondere die adäquate Repräsentation der Wirklichkeit sowie verschiedene Kompetenzen, darunter die Liebesfähigkeit und die Expansivität, bevor wir ausführlich auf die Fähigkeit zur Bewältigung *interner* Anforderungen eingehen. Zum Abschluß des Kapitels werden vier Kombinationen aus starker bzw. geringer Verhaltenskontrolle und hoher bzw. geringer seelischer Gesundheit erörtert, die den vier Oktanten unseres Circumplexmodells der Persönlichkeit entsprechen: soziale Anpassung, Selbstaktualisierung, Gehemmtheit und Zügellosigkeit.

2. THEORIE DER VERHALTENSKONTROLLE

Bei der Verhaltenskontrolle handelt es sich um eine Persönlichkeitseigenschaft, deren Ausprägungsgrad einen engen Zusammenhang zum *Lebensalter* aufweist. In erster Annäherung scheint die Hypothese vertretbar, daß die Verhaltenskontrolle von der Geburt bis ins hohe Lebensalter zunimmt, wobei die Frage, ob es sich um einen monotonen Verlauf handelt, mangels empirischer Daten bisher nicht zu beantworten ist. Wir verfügen lediglich über Querschnittsdaten an Erwachsenen aus unterschiedlichen Altersstufen (siehe Abbildung 5.1).

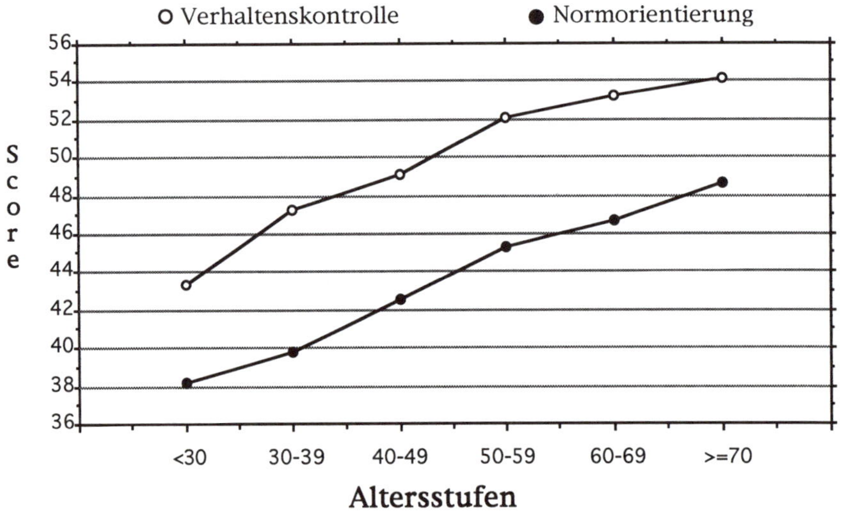

Abbildung 5.1: Anstieg der Verhaltenskontrolle und der Normorientierung mit steigendem Lebensalter. Querschnittsdaten aus der TIV-Eichstichprobe.

Dieser empirische Zusammenhang zum Lebensalter legt es nahe, Verhaltenskontrolle zunächst unter entwicklungspsychologischer Perspektive zu betrachten. Dabei betonen wir den allgemeinpsychologischen Aspekt stärker als den differentialpsychologischen.

Interindividuellen Unterschieden in der Verhaltenskontrolle und ihren Binnenkomponenten widmen wir ein anschließendes Unterkapitel.

2.1 Entwicklungspsychologische Aspekte

Im folgenden unternehmen wir den Versuch, Aussagen über die Entwicklung des Menschen von der Geburt bis ins hohe Alter zu formulieren. Wir sind uns dessen bewußt, daß ein solches Unterfangen vermessen ist. Um Mißverständnissen vorzubeugen, sei klargestellt, daß es sich nur um eine selektive, vergröbernde, der Vielfalt individueller Lebensverläufe nicht gerechtwerdende Darstellung handeln kann. Entwicklungspsychologisch versierte Kolleginnen und Kollegen mögen Nachsicht üben, wenn vieles nur pauschal angerissen wird oder überhaupt nicht zur Sprache kommt.

In unseren Ausführungen nehmen wir auf das in Abbildung 4.7 wiedergegebene Systemmodell der Persönlichkeit Bezug. Wir versuchen zu zeigen, daß in den ersten Lebensjahren ein Prozeß stattfindet, in dessen Verlauf schrittweise neue Systeme auf- und ausgebaut werden, wobei das "System angeborener Bedürfnisse" den Ausgangspunkt bildet und das "System erworbener Sollwerte" den Schlußpunkt setzt. Es handelt sich also - auf Abbildung 4.7 bezogen - um eine Bewegung im umgekehrten Uhrzeigersinn von links unten ("System angeborener Bedürfnisse"), über rechts unten ("sensumotorisches System"), rechts oben ("Simulator") bis nach links oben ("System erworbener Sollwerte").

Es besteht Einvernehmen darüber, daß das Verhalten Neugeborener primär von dem "System angeborener Bedürfnisse" bestimmt wird. In den ersten Lebenstagen und -wochen stehen Schlafperioden (bei den meisten Säuglingen etwa 16 Stunden pro Tag) sowie die Befriedigung elementarer physiologischer Bedürfnisse im Mittelpunkt (Rauh, 1982). Wie Mussen, Conger und Kagan (1976) anmerken, ist das (gesunde) Neugeborene vom ersten Atemzug an ein bemerkenswert tüchtiger Organismus. Es kann sehen, hören, riechen und empfindet Schmerz, Berührung und Positionsveränderungen. Darüber hinaus ist es mit angeborenen Reflexen (z.B. Saugreflex) ausgestattet, so daß die im unteren Teil der Abbildung 4.7 dargestellten Systeme entweder voll ausgebildet oder zumindest in einer ontogenetisch frühen Form vorhanden sind.

Zur Beschreibung des weiteren Entwicklungsverlaufs greifen wir auf die in Abbildung 4.2 aufgelisteten angeborenen Bedürfnisse zurück. Neben den physiologischen Bedürfnissen manifestiert sich bereits sehr früh das *Explorationsbedürfnis* des Neugeborenen.

Oerter (1969) widmet der Entwicklung des Neugierverhaltens ein eigenes Kapitel seiner "modernen Entwicklungspsychologie". Unmittelbar nach der Geburt verhält sich das Kind reaktiv. Es antwortet nicht nur auf schmerzhafte Reize, sondern auch auf Reizänderungen (z.B. Wechsel der Helligkeit). In einem zweiten Entwicklungsabschnitt sucht es aktiv den Kontakt mit Reizquellen. "Reizmonotonie scheint den Organismus nicht nur zu ´lähmen´, sondern wird offenbar auch als langweilig und unangenehm erlebt." (Oerter, 1969, S. 128). Ein dritter Entwicklungsabschnitt ist durch das Interesse an Neuem bzw. das eigentliche Neugierverhalten gekennzeichnet. Dabei bevorzugt das Kind einen Reizbereich, der zwischen allzu homogenen und vertrauten Reizen einerseits und allzu fremdartigen (furchterregenden) Reizen andererseits liegt. Für den Menschen - ein Lebewesen, das zwar über nur wenige angeborene Reflex- und Instinktmechanismen, dafür jedoch über ein besonders hohes Lernvermögen verfügt - erfüllt das Explorationsverhalten eine äußerst adaptive Funktion (White, 1959). Wir werden sehen, daß Personen mit geringer Verhaltenskontrolle sich durch ein besonders stark ausgeprägtes Bedürfnis nach neuen *externen* Reizen ("sensation seeking" bzw. Reizhunger) auszeichnen.

Aufgrund des Explorationsbedürfnisses richtet das Kind im ersten Lebensjahr einen wesentlichen Teil seiner Aktivität im Wachzustand auf die Erkundung seiner gegenständlichen und sozialen Umwelt, verbessert dabei die Leistungsfähigkeit seines "sensumotorischen Systems" und baut in zunächst rudimentärer Form einen "Simulator" auf. Zur genaueren Beschreibung der kognitiven Entwicklung des Kindes sei auf Montada (1982 a) und Piaget (1969, 1974) verwiesen. Dieser Prozeß läßt sich - mit Blick auf Tabelle 4.2 - auch als Ausdruck des angeborenen *Bedürfnisses nach Selbstaktualisierung* (Entfaltung von Fähigkeiten) interpretieren.

Daß die Entfaltung von Fähigkeiten bereits in den ersten Lebenswochen einsetzt und als angenehm erlebt wird, zeigt exemplarisch eine Studie von Watson und Ramey (1972). Diese Autoren untersuchten Kinder im Alter von acht bis zehn Wochen zu Hause in ihrem speziell präparierten Bettchen. Dank eines druckempfindlichen Kissens konnten die Neugeborenen eine über ihrem Bettchen schwebende bunt bemalte Figur mit Hilfe eines elektrischen Motors eine Sekunde lang in Drehung versetzen. Im Sinne des instrumentellen Konditionierens oder sekundärer Kreisreaktionen hatten die Kinder mithin Kontrolle über das Geschehen. Es zeigte sich, daß die Experimentalgruppe im Vergleich zu zwei Kontrollgruppen während zwei Wochen Beobachtungszeit ihre gezielten Aktivitäten signifikant steigerte. Und interessanterweise äußerten die Kinder aus der Experimentalgruppe gurrende Laute des Vergnügens und ein deutlich erkennbares Lächeln, während sie die Figur durch ihre Körperbewegung in Drehung versetzten.

Nach Piaget strebt das Kind in seiner Entwicklung und bei der Verwendung von Schemata nach immer neuen und höheren Gleichgewichten zwischen Assimilation (Verarbeitung eines Reizes durch Aufnahme in ein mentales Schema; Transformation der Umwelt im Sinne einer Angleichung an die eigene Struktur) und Akkomodation (Anpassung von Schemata an die Umwelt; Veränderung der eigenen Struktur in Richtung einer Angleichung an die Anforderungen der Umwelt). Bezogen auf die von uns postulierten angeborenen Bedürfnisse bedeutet dies, daß das Kind neben einem Streben nach neuen Erfahrungen, Reifen und Wachsen (Akkomodation) zugleich ein *Bedürfnis nach Orientierung und Sicherheit* (Assimilation) hat. Wir werden weiter unten sehen, daß bei Verhaltenskontrollierten das zuletzt genannte Bedürfnis - ebenso wie das Bedürfnis nach Achtung - besonders stark ausgeprägt ist.

Wurde bisher die kognitive Entwicklung hervorgehoben, so manifestiert sich in der zweiten Hälfte des ersten Lebensjahres zugleich das angeborene sozial-emotionale Bedürfnis des Kindes nach *Bindung*. Für eine gesunde psychische und physische Entwicklung ist es von großer Bedeutung, daß das Kind zu wenigstens einer engen Bezugsperson eine positiv getönte emotionale Beziehung bzw. Bindung aufbaut (Bowlby, 1969; Grossmann, 1983, 1993; Grossmann et al., 1989; Parkes, Stevenson-Hinde & Marris, 1991; Rauh, 1982). Diesen Aspekt hatte bereits Erikson (1965, 1966) in seinem Acht-Stadien-Modell der Persönlichkeitsentwicklung hervorgehoben: Konsistenz und Kontinuität bei der Befriedigung der physiologischen Bedürfnisse und eine stabile "psychische Versorgung" des Kleinkindes begünstigen die Entwicklung eines Urvertrauens. Und es war Erikson, der auf ein weiteres soziales Bedürfnis des Kindes, nämlich das *Bedürfnis nach Achtung,* hinwies. Das zweite Stadium der Persönlichkeitsentwicklung charakterisierte er mit der Kurzformel "Autonomie versus Scham und Zweifel". In dieser Periode, die sich auf das Alter von etwa 18 bis 36 Monaten bezieht, verbessert das Kind seine sensumotorischen Fertigkeiten; es verstärkt seine Bemühungen, die Umwelt zu erkunden und zu "erobern" (vgl. Keller & Boigs, 1989). Es zeigt ein Bedürfnis nach Achtung (Beachtung, Anerkennung), das sich unter anderem als Freude (und später Stolz) äußert, wenn das Kind Aufgaben erfolgreich gelöst hat, während bei Mißerfolgen und fehlender Anerkennung Traurigkeit oder Ärger (und später Schamgefühle) ausgelöst werden.

Mit fortschreitender geistiger Entwicklung steigert sich die Leistungsfähigkeit des "Simulators". Diese zeigt sich zum einen in höher entwickelten kognitiven Operationen, die von Piaget beschrieben wurden, und zum anderen im Aufbau zunehmend komplexerer und realitätsangemessenerer Umwelt- und Selbstmodelle. Damit befreit sich das Kind teilweise von seiner ausschließlichen Abhängigkeit von aktuellen sensorischen Reizen und Umweltbedingungen und entwickelt die Fähigkeit, künftige Ereignisse zu *antizipieren* und Situationen in der Vorstellung durchzuspielen (*"symbolische Funktion"*). Wir werden sehen, daß Verhaltenskontrollierte stärker als ihr Gegentyp zu derartigen zukunftsorientierten Aktivitäten neigen.

Wenngleich uns bewußt ist, daß die Entwicklung des Kindes auf allen Gebieten voranschreitet und enge wechselseitige Beziehungen zwischen intellektueller, affektiver, sozialer, moralischer und Selbstkonzeptentwicklung bestehen (Harter, 1983; Kegan, 1986; Piaget, 1981), beschränken wir uns im folgenden auf einen Bereich, der im Zusammenhang mit unserer Theorie der Verhaltenskontrolle von besonderer Bedeutung ist: den Bereich der *Selbstkontrolle* (für einen Überblick über den aktuellen Forschungsstand siehe Karoly, 1993).

Harter (1983), die einen ausgezeichneten Überblick über die Entwicklung des Selbstsystems gibt, betrachtet es als eine Hauptaufgabe des heranwachsenden Kindes, Kontrolle über sein eigenes Verhalten zu erlangen. "Während der gesamten Zivilisationsgeschichte haben Gesellschaften Trainingsprozeduren entwickelt, die gewisse Formen externaler gesellschaftlicher Kontrolle durch internale persönliche Kontrolle ablösen, da dies das wirksamste Mittel ist, um sicherzustellen, daß die soziale und moralische Ordnung aufrechterhalten bleibt. Demgemäß muß das heranwachsende Kind lernen, seine Impulse zu kontrollieren, unmittelbare Befriedigungen hinauszuschieben bzw. Belohnungsaufschub und Frustration zu ertragen, indem es sich entweder von sozial untersagtem Verhalten zurückhält oder prosoziales Verhalten ausführt." (Harter, 1983, S. 339; Übers. d. Verf.).

Freud beschrieb diesen Prozeß als Entwicklung von Ichstärke und als Ausbildung eines Überichs (Gewissen und Ichideal). Loevinger (1966) formulierte ein Stufenmodell, wonach die Ichentwicklung von einer ersten "impulsiven Stufe" mit fehlender Impulskontrolle über opportunistische, konformistische, gewissenhafte, autonome Stufen bis zur höchsten "integrierten Stufe" verläuft. Shibutani (1961) bezeichnet es als Aufgabe des heranwachsenden Kindes, seine Impulse zu zügeln und anzuerkennen, daß andere von ihm erwarten, daß es bestimmte Pflichten erfüllt. Eine wichtige kognitive Voraussetzung dafür ist die Fähigkeit zur Rollenübernahme. Nach Shibutani leistet das Kind zunächst Widerstand gegen elterliche Kontrollversuche, bis es schließlich über mehrere Entwicklungsstufen Selbstkontrolle erlernt. Die von Loevinger (1966) und Shibutani (1961) beschriebenen Entwicklungslinien von "impulsiven", spontanen, am Lustprinzip orientierten Verhaltensweisen hin zu "höheren" Stufen, die durch eine stärkere Selbststeuerung und die Beachtung von Pflichten und Normen gekennzeichnet sind, stehen in enger Beziehung zum Konstrukt der Verhaltenskontrolle und ihren beiden Komponenten "Spontaneität" und "Kontrolliertheit".

Auch aus der Sicht der sozialen Lerntheorie wurde dieser Entwicklungsprozeß intensiv studiert, wobei unter anderem die Rolle von Bestrafung, der Effekt von Modellen, die Funktion der Aufmerksamkeit und die Bedeutung von Selbstinstruktionen untersucht wurden (Aronfreed, 1968; Bandura, 1977 b, 1978; Mischel, 1974; Mischel & Mischel, 1977). Nicht zuletzt haben Piaget (1981) und in seiner Tradition Kohlberg (1974) den Sozialisationsprozeß bzw. die moralische Entwicklung in differenzierten Stufenmodellen analysiert (siehe auch Montada, 1982 b; Oser & Althof, 1992).

Kuhl und Kazen-Saad (1988) betrachten den Prozeß wachsender Selbstkontrolle vor dem Hintergrund einer Theorie der "Volition". Sie haben ein Systemmodell der "Volition" entwickelt, das u.a. erklärt, wieso eine Person sich für die Ausführung einer Handlung entschließt, die nicht mit ihren ursprünglichen "motivationalen Vorlieben" in Einklang steht. Eine wichtige Voraussetzung dafür ist die Fähigkeit und Bereitschaft der Person, längerfristige Konsequenzen des Handelns vorauszusehen.

Wenngleich die aufgeführten theoretischen Ansätze zum Teil beträchtlich voneinander abweichen, stimmen sie doch in folgenden für unsere Theorie wichtigen Punkten überein:

- In einem (mehrstufigen) Entwicklungsprozeß lernt das heranwachsende Kind eine erhöhte Selbstkontrolle im oben beschriebenen Sinn, wobei aufgrund unterschiedlicher interner und externer Sozialisationsvoraussetzungen (vor allem Grad der "Kontrolle" bzw. der "fördernden Anleitung" seitens der Umwelt; siehe unten) interindividuelle Unterschiede im Grad der Selbstkontrolle zu erwarten sind. In der Sprache des in Abbildung 4.7 wiedergegebenen Systemmodells beinhaltet diese Entwicklung primär die Ausbildung eines *"Systems erworbener Sollwerte"* und eine Zunahme des Einflusses dieses Systems auf die Verhaltenssteuerung. Unsere Theorie der Verhaltenskontrolle besagt, daß dieser Sozialisationsprozeß bei Verhaltenskontrollierten "erfolgreicher" verläuft als bei wenig Verhaltenskontrollierten.
- Das Ausüben von Selbstkontrolle ist an bestimmte intellektuelle und zwischenmenschliche Voraussetzungen (z.B. Erziehungsver-

halten von Eltern, Beziehungen zu den Eltern) gebunden (vgl. Block & Block, 1980, sowie unten).

Während obige Autoren sich auf Entwicklungen im Kindes- und Jugendalter beschränken, dehnen wir die Betrachtung auf die gesamte Lebensspanne aus und formulieren die Hypothese, daß die durchschnittliche *Normorientierung* bis ins hohe Alter anwächst (siehe Abbildung 5.1).

Schließt man sich Eriksons Stufenmodell der menschlichen Entwicklung an, sind die Ausführungen zum Jugendalter von besonderem Interesse, denn in dieser Phase erreicht der Prozeß der Ausbildung eines *"Systems erworbener Sollwerte"* einen ersten Höhepunkt. Nach Erikson handelt es sich bei der Formung der Identität - einschließlich eines *Ichideals* - sowie bei der Entscheidung für einen bestimmten Berufs- oder Ausbildungsweg um charakteristische Entwicklungsaufgaben des Jugendalters. Es steht außer Frage, daß Jugendliche sich in einem allmählichen Prozeß der Ablösung vom Elternhaus und der Suche nach der eigenen Identität und einem Ichideal befinden, wobei sie sich vorübergehend stark an ihrer Peergruppe sowie an bewunderten Idolen orientieren, ohne jedoch bei guten Beziehungen zu ihren Eltern einen Bruch mit deren grundlegenden Werten zu vollziehen (Conger, 1977; Oerter, 1982 b, c; Zimbardo, 1992).

Im Zusammenhang mit unserer Theorie der Verhaltenskontrolle ist das von Oerter (1982 c) mitgeteilte Ergebnis von Interesse, daß die Fähigkeit zu *langfristiger Planung* von Handlungsschritten während des Jugendalters zunimmt. Nach unserer Auffassung sind Verhaltenskontrollierte in verstärktem Maße daran interessiert und in der Lage, langfristig zu planen und diese Pläne zu einer wichtigen Grundlage ihres Handelns zu machen.

Die oben skizzierten Entwicklungsverläufe und unsere dazu gebildeten Hypothesen lassen sich wie folgt *zusammenfassen*:

- Von der Kindheit bis ins Erwachsenenalter vollzieht sich eine Entwicklung hin zu stärkerer Verhaltenskontrolle. Mit Bezug auf unsere Systemtheorie der Persönlichkeit bedeutet dies die Herausbildung der im oberen Teil der Abbildung 4.7 dargestellten vier Systeme, die zunehmend mehr Einfluß auf das Verhalten erlangen. Mit unseren Befunden stehen Ergebnisse einer Querschnittuntersuchung an Frauen und Männern in verschiedenen Altersstufen von 20 bis über 80 Jahren im Einklang, über die Kallus und Wittkowski (1994) berichten. Mit dem Streßverarbeitungsfragebogen von Janke et al. (1978) fanden diese Autoren eine hochsignifikante Zunahme der "Vermeidungstendenz" sowie eine hochsignifikante Abnahme von "Aggression" mit dem Lebensalter. Die Zunahme der "Vermeidungstendenz" beinhaltet, daß ältere Personen verstärkt darauf achten, belastende Situationen vorausschauend zu erkennen und ihnen aus dem Weg zu gehen. Die Abnahme aggressiver Reaktionen auf Belastungen läßt sich als zunehmende Kontrolle über das Äußern von Wut und ungerechtfertigten Angriffen auf andere interpretieren.

• Unsere Theorie besagt, daß bei stark Verhaltenskontrollierten der Einfluß der oberen vier Systeme in Abbildung 4.7 größer ist als bei wenig Verhaltenskontrollierten. Spontane schenken ihrerseits bestimmten angeborenen Bedürfnissen (vor allem den physiologischen Bedürfnissen und dem Explorationsbedürfnis) stärkere Beachtung, so daß ihre größere Spontaneität (Ausgelassenheit, Erlebnishunger und Hedonismus) in gewisser Weise Züge ursprünglichen kindlichen Verhaltens zeigt. Stark Verhaltenskontrollierte erscheinen hingegen "übersozialisiert" (normorientiert, zukunfts- und vernunftsorientiert usw.). Zu der Abnahme des Hedonismus mit dem Lebensalter passen Ergebnisse von Kallus und Wittkowski (1994), wonach es im Altersbereich zwischen 30 und 60 Jahren zu einer deutlichen Abnahme von "Ersatzbefriedigungen" kommt. Gemeint sind damit Reaktionen auf Belastungssituationen wie "etwas Gutes essen", "sich etwas Gutes tun" oder "sich einen langersehnten Wunsch erfüllen".

2.2 Verhaltenskontrolle im Jugend- und Erwachsenenalter: Verknüpfung von Traittheorie und Systemtheorie

In Kapitel 2 wurde die hierarchische Struktur der Verhaltenskontrolle dargestellt. Verhaltenskontrolle erwies sich als breites Superkonstrukt der Persönlichkeit mit den beiden Teilkomponenenten *"Kontrolliertheit"* und *"Spontaneität"*, die ihrerseits aus insgesamt neun engeren Komponenten zusammengesetzt sind (vgl. Abbildung 2.2). Zur Messung dieser Komponenten dienen Skalen des "Trierer Inventars zur Verhaltenskontrolle" (TIV). In Tabelle 5.1 verknüpfen wir die neun Komponenten bzw. Skalen mit unserer Systemtheorie des Menschen. Auf diesem Weg läßt sich zeigen, welches die charakteristischen und theoretisch bedeutungsvollsten Merkmale sind, in denen sich stark Verhaltenskontrollierte ("Kontrollierte") von wenig Verhaltenskontrollierten ("Spontanen") unterscheiden.

Tabelle 5.1: Charakterisierung von Personen mit erhöhten Werten in TIV-Skalen unter Bezugnahme auf drei Subsysteme der Persönlichkeit.

TIV-Skalen	*System erworbener Sollwerte*	*System angeborener Bedürfnisse*	*Simulator*
Normorientierung	Beachtung sozialer Normen; strenges Gewissen	B. nach Orientierung und Sicherheit; B. nach Achtung	
Ordnungsstreben und Prinzipientreue	Beachtung sozialer Normen	B. nach Orientierung und Sicherheit; B. nach Achtung	Strenge Prinzipien; geordnetes Denken
Zuverlässigkeit	Beachtung sozialer Normen; Pünktlichkeit; Orientierung an Fernzielen	B. nach Orientierung und Sicherheit; B. nach Achtung	
Arbeitsorientierung	Orientierung an Fernzielen; Fleiß	Aufschub physiolog. B.; B. nach Achtung; B. nach Selbstaktualisierung	Denken; Problemlösen
Zukunfts- u. Vernunftsorientierung	Orientierung an Fernzielen	Aufschub physiolog. B.	Denken; Vorausschauen
Sparsamkeit	Orientierung an Fernzielen	B. nach Orientierung und Sicherheit; Aufschub physiolog. B.	
Ausgelassenheit und Begeisterungsfähigkeit	Geringe Orientierung an Fernzielen; Orientierung am Hier-und-Jetzt; geringe Beachtung sozialer Normen	Physiolog. B.; B. nach Bindung	
Erlebnishunger	Geringe Orientierung an Fernzielen; Orientierung am Hier-und-Jetzt; geringe Beachtung sozialer Normen	Explorationsb.; Sensation-seeking	
Hedonismus	Geringe Orientierung an Fernzielen; Orientierung am Hier-und-Jetzt; geringe Beachtung sozialer Normen	Physiolog. B.	Wenig vorausschauendes Denken

2.2.1 Analyse auf Skalenebene

Normorientierung (NO). Personen mit starker Ausprägung dieses Merkmals (bzw. mit hohen Scores in der NO-Skala) neigen zu strikter Beachtung sozialer Normen. Legt man ihre Beantwortung der Items der NO-Skala zugrunde, so:
- sagen sie von sich, daß ihre Wertschätzung eines Menschen stark davon abhängt, ob er die allgemeinen sozialen und moralischen Normen beachtet;
- halten sie sich für pflichtbewußt;
- haben sie früher ihre Schulaufgaben sorgfältig erledigt;
- halten sie Selbstdisziplin für erstrebenswert;
- verlangen sie von sich und anderen, daß man sich an die Verkehrsregeln hält;
- bevorzugen sie Parteien, die sich für Recht und Ordnung einsetzen und so weiter.

Mit Blick auf unsere Systemtheorie besagt dies vor allem folgendes: Personen mit hoher Normorientierung verfügen über ein gut entwickeltes *"System erworbener Sollwerte"*, dem die "Steuerungszentrale" verstärkte Beachtung schenkt. Wir nehmen an, daß die hohe Normorientierung Ausdruck dafür ist, daß der Betreffende stark ausgeprägte Bedürfnisse nach Orientierung und Sicherheit sowie nach Achtung hat.

Als empirische Belege für diese Hypothese bzw. als Validitätshinweise für die NO-Skala berichten wir die Ergebnisse einer Untersuchung von 246 erwachsenen Frauen und Männern, die neben dem TIV einen Fragebogen zu ihren persönlichen *Wertvorstellungen* beantworteten. Dieser umfaßt 24 Items, die sich an Vorarbeiten (Wertelisten) von Herbert (1992) und Klages, Franz und Herbert (1987) orientieren. Es ergab sich eine Reihe hochsignifikanter korrelativer Zusammenhänge zwischen Normorientierung und folgenden Wertvorstellungen: "Gesetz und Ordnung respektieren" (r = .56), "Nach Sicherheit streben" (r = .44), "Stolz sein auf die deutsche Geschichte" (r = .39), "Fleißig und ehrgeizig sein" (r = .37), "Am Althergebrachten festhalten" (r = .36), "An Gott glauben" (r = .31), "Gesundheitsbewußt leben" (r = .30) und "Ein gutes Familienleben führen" (r = .23). Interessant erscheint auch die hochsignifikant negative Korrelation zu dem Item "Die guten Dinge des Lebens genießen" (r = -.26).

Ordnungsstreben und Prinzipientreue. Dieses Konstrukt weist eine enge Verwandtschaft zur Normorientierung auf. Personen mit hohen Werten in der betreffenden Skala betrachten prinzipientreue Menschen als Vorbilder; empfinden Bewunderung für sehr ordentliche Menschen; sind selbst sehr ordentlich; halten gutes Benehmen von Kindern für wichtig; finden, daß man an seinen Grundsätzen streng festhalten sollte, und so fort. Neben einem gut entwickelten und einflußreichen "System erworbener Sollwerte" zeichnet sich ihr "Simulator" durch Geordnetheit und feste Prinzipien aus. Auch bei diesen Personen sind das Bedürfnis nach Orientierung und Sicherheit sowie das Bedürfnis nach Achtung überdurchschnittlich ausgeprägt. Sie haben einen ausgeprägten Hang zum Bewahren (vgl. Kurz, 1991 b). In der oben erwähnten Studie an 246 Erwachsenen ergaben sich zum Teil noch engere Zusammenhänge zu den persönlichen Wertvorstellungen als bei der Normorientierung. Wir beschränken uns auf die höchsten Korrelationen: "Gesetz und Ordnung respektieren" ($r = .68$), "Nach Sicherheit streben" ($r = .56$), "Fleißig und ehrgeizig sein" ($r = .55$), "Stolz sein auf die deutsche Geschichte" ($r = .50$) und "Am Althergebrachten festhalten" ($r = .46$).

Zuverlässigkeit. Personen mit hohen Skalenscores legen bei sich und anderen viel Wert auf Pünktlichkeit; sie halten das, was sie versprochen haben, und erledigen die ihnen übertragenen Aufgaben sorgfältig. Diese vergleichsweise enge Eigenschaft läßt sich mit Blick auf unsere Systemtheorie als Ausdruck eines gut entwickelten "Systems erworbener Sollwerte", einer Orientierung an Fernzielen sowie starker Bedürfnisse nach Orientierung und Sicherheit sowie nach Achtung interpretieren.

Arbeitsorientierung. Bei einem hohen Wert in dieser Skala ist dem Betreffenden seine Arbeit im Vergleich zu anderen Dingen im Leben sehr wichtig, bis hin zur Arbeitsbesessenheit; Faulsein bereitet einer solchen Person ein schlechtes Gewissen; sie ist fleißig und ehrgeizig. In den Termini unserer Systemtheorie formuliert, orientiert sich der Betreffende an Fernzielen ("System erworbener Sollwerte"). Der soziale Wert "Fleiß" hat einen hohen Stellenwert. Da Arbeiten in der Regel kognitive Anforderungen stellen, wird das "System kognitiver Operationen" häufig zur Problemlösung herangezogen. Hartes, intensives Arbeiten bedeutet zugleich einen vorübergehenden Aufschub der Befriedigung physiologischer Bedürfnisse ("System angeborener Bedürfnisse"). Wir rechnen ferner mit stark ausgeprägten Bedürfnissen nach Achtung sowie nach Selbstaktualisierung (Entfaltung von Fähigkeiten). Wie nicht anders zu erwarten, korreliert in unserer Studie die Arbeitsorientierung hochsignifikant ($r = .48$) mit der persönlichen Wertvorstellung "Fleißig und ehrgeizig sein".

Zukunfts- und Vernunftsorientierung. Personen mit hohen Scores in dieser Skala planen sorgfältig und auf lange Sicht; denken erst gründlich nach, bevor sie etwas tun; zählen Ausdauer und Beständigkeit zu ihren Stärken; halten sich für vernunftbetont und haben einen starken Willen, wenn es um Lustverzicht geht.

Im Rahmen unserer Systemtheorie interpretieren wir dieses Verhaltensmuster wie folgt: Das "System erworbener Sollwerte" hat einen großen Einfluß und dominiert über eine Orientierung am Hier-und-Jetzt. Demgemäß kann die Befriedigung aktueller physiologischer Bedürfnisse relativ leicht aufgeschoben werden. Der "Simulator" wird häufig zur vorausschauenden Planung genutzt.

Erwartungsgemäß ergibt sich in unserer Studie eine hochsignifikante Korrelation (r = .42) zu "Fleißig und ehrgeizig sein".

Sparsamkeit. Personen mit hohen Scores in dieser Skala machen es sich zur Gewohnheit, Geld zur Seite zu legen, bewundern sparsame Menschen und kommen mit ihrem Geld gut aus, im Gegensatz zu ihrem Gegentyp, dem das Geld nach eigenen Aussagen locker in der Tasche sitzt. Systemtheoretisch gesprochen, verfolgen sie langfristige Ziele ("System erworbener Sollwerte") und sind dafür bereit, die Befriedigung aktueller physiologischer Bedürfnisse aufzuschieben. Sie haben ein ausgeprägtes Bedürfnis nach Orientierung und vor allem nach Sicherheit. Im Einklang mit unseren Hypothesen korreliert Sparsamkeit hochsignifikant mit den Wertvorstellungen "Fleißig und ehrgeizig sein" (r = . 40) sowie "Nach Sicherheit streben" (r = . 37).

Die folgenden drei Skalen erfassen Komponenten einer hohen Spontaneität bzw. geringen Verhaltenskontrolle.

Ausgelassenheit und Begeisterungsfähigkeit. Wer in dieser Skala einen hohen Score erzielt, liebt es, verrückte Dinge zu tun; ist schnell für eine Sache zu begeistern und übersieht leicht mögliche Nachteile; bezeichnet sich als leidenschaftlichen, ungestümen und impulsiven Menschen.

Mit anderen Worten kommt dem "System erworbener Sollwerte" nur eine untergeordnete Bedeutung im Vergleich zu einer Orientierung am Hier-und-Jetzt zu. Einengende soziale Normen treten in den Hintergrund gegenüber der Befriedigung aktueller, vor allem physiologischer und Bindungsbedürfnisse ("System angeborener Bedürfnisse"). Aus angeborenen Bedürfnissen und Gefühlen resultierende Impulse werden leicht in Bewegungen umgesetzt; zum

Beispiel beginnt man bei flotter Musik zu tanzen (Aktivierung des "sensumotorischen Systems").

Im Einklang mit diesen Hypothesen stehen die folgenden hochsignifikanten Korrelationen mit persönlichen Wertvorstellungen: "Die guten Dinge des Lebens genießen" (r = .30), "Sich bei Entscheidungen von seinen Gefühlen leiten lassen" (r = .32), "Viele Kontakte zu anderen Menschen haben" (r = .30) und "Gute Freunde haben, die einen anerkennen und akzeptieren" (r = .40). Daß die beiden zuletzt genannten Werte bevorzugt werden, interpretieren wir wie folgt: Um ausgelassen sein zu können, sucht und benötigt man den Kontakt zu anderen Menschen und natürlich vor allem zu Freunden.

Erlebnishunger. Dieses Konstrukt ist mit dem vorangehenden eng verwandt. Personen mit hohen Scores verspüren eine Sehnsucht nach echten Abenteuern; haben ein Verlangen, aus dem Alltag auszubrechen; finden ein Leben, das in gewohnten Bahnen verläuft, langweilig und ohne Reiz; neigen dazu, ein wenig über ihre Verhältnisse zu leben.

Im Rahmen unserer Systemtheorie lassen sie sich wie folgt charakterisieren: Es dominiert das Hier-und-Jetzt; sie orientieren sich weniger an sozialen Werten und Normen; sie haben ein eher schwach ausgeprägtes Bedürfnis nach Orientierung und Sicherheit, hingegen ein starkes Explorationsbedürfnis; sie beschaffen sich mit Hilfe ihres perzeptorischen Systems aufregende Erfahrungen und Erlebnisse. An Stelle des Wunsches nach Bewahrung hat bei ihnen der Wunsch nach Veränderung Vorrang (vgl. Kurz, 1991 b).

Die Ergebnisse unserer Studie zu Wertvorstellungen passen in dieses Bild. Hochsignifikant negative Korrelationen bestehen zu "Gesetz und Ordnung respektieren" (r = -.34), "Nach Sicherheit streben" (r = -.21) und "Am Althergebrachten festhalten" (r = -.15), während Erlebnishunger mit "Die guten Dinge des Lebens genießen" positiv (r = .32) korreliert.

Hedonismus. Wer hohe Scores in dieser Skala erzielt, hat ein starkes Verlangen nach Vergnügungen; ist in seinen Wünschen unersättlich; hat Probleme, beim Genießen Maß zu halten; trinkt mehr, als ihm guttut; hat eine leichtlebige Art; denkt wenig an mögliche negative Folgen, wenn ihm etwas Vergnügen bereitet.

Wie bei den beiden vorangehenden Konstrukten kommt auch hier dem "System erworbener Sollwerte" eine eher geringe Bedeutung im Vergleich zur Orientierung am Hier-und-Jetzt und an der Befriedigung aktueller physiologischer Bedürfnisse zu.

Erwartungsgemäß fallen die Korrelationen zu Wertvorstellungen aus: "Die guten Dinge des Lebens genießen" (r = .36), "Gesetz und Ordnung respektieren" (r = -.27) und "Fleißig und ehrgeizig sein" (r = -.24).

2.2.2 Schlußfolgerungen

Nachdem wir die Tabelle 5.1 - ausgehend von den neun TIV-Skalen - zeilenweise besprochen haben, läßt sich bei spaltenweiser Betrachtung das Konstrukt der Verhaltenskontrolle systemtheoretisch verankern. Die Unterschiede zwischen stark Verhaltenskontrollierten und wenig Verhaltenskontrollierten betreffen hauptsächlich vier Systeme: das "System erworbener Sollwerte", das "System angeborener Bedürfnisse", den "Simulator" sowie die "Steuerungszentrale".

(1) "System erworbener Sollwerte"

Verhaltenskontrollierte sind eher *"übersozialisiert"*, d.h. sie fühlen sich sozialen Werten und Normen verpflichtet und verwenden sie häufig als Richtschnur ihres Handelns. Personen mit geringer Verhaltenskontrolle setzen sich hingegen öfter über soziale Werte, Normen und Konventionen hinweg. Die Korrelationen zwischen der VK-Skala und den TIV-Skalen "Normorientierung" sowie "Ordnungsstreben und Prinzipientreue" betragen jeweils r = .70. Nach ihren Selbstauskünften in der VK-Skala fällt es Kontrollierten leicht, einer Versuchung zu widerstehen, während Spontane beispielsweise dazu neigen, aus der Reihe zu tanzen. In unserer Studie zu Wertvorstellungen ergaben sich unter anderem bei folgenden Items hochsignifikante Korrelationen zur VK-Skala: "Gesetz und Ordnung respektieren" (r = .56), "Am Alterhergebrachten festhalten" (r = .36) und "Ein gutes Familienleben führen" (r = .23).

Weitere Unterschiede zwischen Kontrollierten und Spontanen zeigen sich in der *Zielorientierung.* Während Kontrollierte häufiger Fernziele im Auge haben, sind Spontane am Hier-und-Jetzt interessiert. Als empirische Belege ziehen wir neben der Korrelation der VK-Skala mit der TIV-Skala "Zukunfts- und Vernunftsorientierung" (r = .66) einerseits Selbstbeschreibungen von Verhaltenskontrollierten in Items der VK-Skala und andererseits Korrelationen der VK-Scores mit Wertvorstellungen heran. Nach ihren Selbstauskünften würden sich Verhaltenskontrollierte z.B. auf vor ihnen liegende Prüfungen bereits sehr früh vorbereiten. Die VK-Scores korrelieren hochsignifikant mit folgenden Wertvorstellungen: "Fleißig und ehrgeizig sein" (r = .37) sowie "Gesundheitsbewußt leben" (r = .30).

(2) "System angeborener Bedürfnisse"

Während spontane Menschen im Vergleich zu Kontrollierten stärker auf die Befriedigung jener Bedürfnisse achten, die in Tabelle 4.2 oben angeordnet sind, nämlich "physiologische Bedürfnisse" und "Explorationsbedürfnis", legen Kontrollierte mehr Wert auf die Befriedigung der in der Tabelle 4.2 weiter unten aufgelisteten Bedürfnisse nach Orientierung und Sicherheit sowie nach Achtung. Es fällt Verhaltenskontrollierten relativ leicht, die Befriedigung physiologischer Bedürfnisse (vorübergehend) aufzuschieben. Sie haben einen stark ausgeprägten *Wunsch nach Bewahrung* bestehender Verhältnisse, Ordnungen und Wertvorstellungen.

Die VK-Skala korreliert mit den relevanten TIV-Skalen wie folgt: "Ausgelassenheit und Begeisterungsfähigkeit" (r = -.41), "Erlebnishunger" (r = -.52) und "Hedonismus" (r = -.55). Auf der Ebene der Selbstbeschreibung in der VK-Skala sagen Spontane von sich, daß sie oft auf der Suche nach Abwechslung und Aufregung sind oder daß sie die Gelegenheit zu einem Flirt ergreifen würden. Kontrollierte hingegen bezeichnen sich als vorsichtige Menschen, die bedächtig und wohlüberlegt handeln und Ordnung am Arbeitsplatz, in ihrem Zimmer und ihrem Tagesablauf halten. Auf der Ebene der Wertvorstellungen ergaben sich in unserer Studie bei folgenden Items hochsignifikante Korrelationen zur Verhaltenskontrolle: "Gesetz und Ordnung respektieren" (r = .56), "Nach Sicherheit streben" (r = .44), "Am Althergebrachten festhalten" (r = .36) und "Die guten Dinge des Lebens genießen" (r = -.26). In einer Untersuchung von Becker und Weißer (1988) an 393 männlichen und weiblichen Gymnasiasten korrelierte Verhaltenskontrolle hochsignifikant negativ (r = -.21) mit der Werteskala "hedonistische Lebensgestaltung". In Übereinstimmung mit der Hypothese, daß Verhaltenskontrollierte einen starken Hang zum Bewahren haben, steht die bei 246 Erwachsenen ermittelte hochsignifikante Korrelation von r = .46 mit der Konservatismusskala von Schenk (1980).

(3) "Simulator"

Ein weiterer Unterschied zwischen Kontrollierten und Spontanen, der jedoch weniger ausgeprägt erscheint, besagt, daß vor allem Personen mit starker Arbeits- sowie Zukunfts- und Vernunftsorientierung häufiger auf den "Simulator" zurückgreifen, d.h. zu vorausschauendem Denken neigen, während Ausgelassene, Erlebnishungrige und Hedonisten dem "sensumotorischen System" öfter Beachtung schenken (siehe auch Andresen, 1986, 1990).

(4) "Steuerungszentrale"

Faßt man diese interindividuellen Differenzen auf einer höheren Ebene zusammen, so läßt sich unter Rückgriff auf unser in Abbildung 4.7 schematisch wiedergegebenes Systemmodell folgende Hypothese aufstellen: Verhaltenskontrollierte zeichnen sich dadurch aus, daß ihre "Steuerungszentrale" (habituell) die im oberen Teil der Abbildung 4.7 aufgelisteten Systeme stärker beachtet, als es bei Spontanen der Fall ist. Bei Spontanen hingegen widmet die "Zentrale" im Vergleich zu Kontrollierten den in der frühen Entwicklung des Menschen besonders dominanten physiologischen und Explorationsbedürfnissen sowie dem "sensumotorischen System" verstärkte Aufmerksamkeit. In diesem Sinn zeigen wenig Verhaltenskontrollierte ein ursprünglicheres, spontaneres, für Veränderungen aufgeschlosseneres Verhalten, während bei Kontrollierten der Einfluß des Lernens und der Sozialisation deutlicher zum Tragen kommt. Mit Lernen ist dabei vor allem folgendes gemeint: das Erkennen und Berücksichtigen *langfristiger* Konsequenzen des Verhaltens aus Erfahrung sowie die Verinnerlichung sozialer Werte, Normen und Konventionen.

Man kann die Unterschiede zwischen Kontrollierten und Spontanen auch mit Blick auf die Schnelligkeit und Flexibilität der Zielbildung (Sollwertbildung) bzw. die *Schnelligkeit des Zielwechsels* charakterisieren. In dieser Hinsicht ist die "Steuerungszentrale" bei Spontanen durch hohe Schnelligkeit des Zielwechsels bzw. eine niedrige "Schwelle für Absichtswechsel" (Dörner, 1993) gekennzeichnet. Spontaneität bedeutet ja gerade und in erste Linie Spontaneität der Zielbildung. Nicht nur fällt es Spontanen viel leichter als Kontrollierten, von einem Ziel auf ein anderes überzuwechseln, sondern sie bevorzugen Situationen, die rasche Zielwechsel ermöglichen.

Exkurs: Hypothesen von Epstein (1991)

Es ist interessant, in einem kleinen Exkurs Querverbindungen zu der von Epstein (1991) vertretenen "kognitiv-erfahrungsbezogenen Selbsttheorie" ("cognitive-experiential self theory") herzustellen. Epstein löst sich von der gängigen Vorstellung, der Mensch besitze nur ein einziges Selbst als Agens (bzw. Ich). Vielmehr postuliert er ein *rationales Selbst* und ein *erfahrungsbezogenes Selbst* ("experiential self"). "Das rationale handelnde Selbst organisiert Erfahrung und lenkt das Verhalten nach einer Selbsttheorie, die auf bewußten, vermutlich rationalen Überzeugungen basiert. Das erfahrungsbezogene handelnde Selbst, auf der anderen Seite, organisiert Erfahrungen und lenkt das Verhalten nach einer Selbsttheorie, die auf erfahrungsbezogenen Schemata basiert. Da die beiden Varianten eines handelnden Selbst das Individuum unter Umständen zu verschiedenen Zielen führen, kann ein Konflikt zwischen beiden auftreten. Solche Konflikte, die man im allgemeinen als Konflikte zwischen dem Herzen und dem Verstand deutet, äußern sich oft als kleinere Streßquellen im Alltagsleben, sie können aber auch die Quelle größerer Unlust sein." (Epstein, 1991, S. 81; Übers. d. Verf.).

Nach Epstein ist das rationale Selbst unter anderem analytisch, vernunftorientiert, es enkodiert die Realität in abstrakten Symbolen (Wörtern und Zahlen), und es verarbeitet Informationen eher langsam, aber gründlich, d.h. es ist besonders geeignet für besonnenes Handeln, Planen und die Antizipation langfristiger Konsequenzen. Demgegenüber wird das erfahrungsbezogene Selbst unter anderem wie folgt charakterisiert: ganzheitlich, emotional, es enkodiert die Realität in Bildern und Metaphern, und es verarbeitet Informationen eher schnell, dafür weniger genau, so daß spontane Reaktionen erfolgen.

Unschwer sind Entsprechungen zwischen einem rationalen Selbst und starker Verhaltenskontrolle sowie einem erfahrungsbezogenen Selbst und geringer Verhaltenskontrolle zu erkennen. Es bestehen jedoch folgende Unterschiede auf der theoretischen Ebene: Epstein lehnt sich nur lose an systemtheoretische Modellvorstellungen an. Seine Theorie ist im wesentlichen eine Selbsttheorie der Persönlichkeit. Ferner stehen in Epsteins Modell die beiden Selbstsysteme in einer unklaren Beziehung zueinander. Es ist die Rede von einer "beträchtlichen Überschneidung zwischen den beiden Systemen" (Epstein, 1991, S. 80). Wie sie zusammenarbeiten, auf welchem Weg "Konflikte" zwischen ihnen gelöst werden, bleibt weitgehend offen. Insbesondere fehlt im Gegensatz zu unserer Theorie eine übergeordnete "Steuerungszentrale". Insgesamt ist Epsteins Modell weniger ausgearbeitet und differenziert als das in Abbildung 4.7 wiedergegebene Modell.

Weitere Interpretationshypothesen zur Verhaltenskontrolle

Nach diesem Exkurs kehren wir zu unseren Hypothesen zurück. Aus der relativen Vorherrschaft der im oberen Teil der Abbildung 4.7 wiedergegebenen Systeme ergibt sich eine ausgeprägte Tendenz der Verhaltenskontrollierten zum *Bewahren*. Wer langfristige Ziele verfolgt, an verinnerlichten sozialen Werten, Normen und Konventionen festhält und eine Tendenz zur Beibehaltung seiner erworbenen Umwelt- und Selbstmodelle besitzt, verhält sich berechenbar und im Extremfall rigide. Bei einer solchen Person erlangen mit anderen Worten *assimilative* Prozesse die Oberhand.

Wenig Verhaltenskontrollierte hingegen zeigen ein dazu spiegelbildliches Verhaltensmuster: Sie lockt das Neue und Überraschende, sie lieben *Veränderungen* und Entwicklungen, stellen sich flexibel auf Bedingungen im Hier-und-Jetzt ein, sind schnell bereit, Ziele und Absichten zu wechseln, statt sich primär an langfristigen Zielen zu orientieren; sie können sich leichter über soziale Normen und Konventionen hinwegsetzen, und ihre Umwelt- und Selbstmodelle sind offener für kurzfristige Revisionen. Bei ihnen dominieren mit anderen Worten *akkomodative* Prozesse. Möchte man an die von Riemann (1985) und - daran angelehnt - von Kurz (1991 b) vertretene Typologie menschlicher Charaktere anknüpfen, so gleichen stark verhaltenskontrollierte Menschen mit einer zwanghaften Persönlichkeitsstruktur, während Spontane eine Affinität zur hysterischen Persönlichkeitsstruktur aufweisen (nähere Einzelheiten in Kapitel 10).

Aus einer übergeordneten Perspektive betrachtet, repräsentieren Verhaltenskontrollierte und Spontane zwei gegensätzliche, aber gleichermaßen wichtige und unverzichtbare Prinzipien: Stabilität und Veränderung. Während Stabilität und Ordnung dem Bedürfnis des Menschen (und der Gesellschaft) nach Orientierung und Sicherheit (Vorhersehbarkeit, Kontrollierbarkeit usw.) Rechnung tragen, kommen Veränderungen den Bedürfnissen nach Exploration und Selbstaktualisierung entgegen. Man kann den seelisch gesunden Menschen als jemanden betrachten, dem eine Balance zwischen Stabilität und Veränderung (seiner Werte und Ziele, seines Selbst- und Umweltmodells usw.) gelingt. Die höchsten Ausprägungen seelischer Gesundheit werden in der Tat von Personen mit mittleren Werten in der Verhaltenskontrolledimension erreicht. Je mehr eine Person sich von der Mitte in Richtung auf extreme Verhaltenskontrolle oder extreme Spontaneität entfernt, desto unwahrscheinlicher wird es, daß sie sehr hohe Werte in seelischer Gesundheit aufweist, denn ihre Verhaltensweisen werden zunehmend einseitiger und damit weniger adaptiv.

Man kann wesentliche Unterschiede zwischen diesen beiden Typen auch in anderer Weise zusammenfassen, indem man an Jung (1971), Guilford (1977) oder Dörner (1993) anknüpft: Verhaltenskontrollierte befinden sich - bei sonst gleichen Bedingungen - häufiger als ihr Gegentyp im Zustand der *"Innenorientierung"* (Beachtung des "Systems erworbener Sollwerte" und des "Systems erworbener Emotionen" sowie Aktivitäten im "Simulator"), während

Spontane eine Vorliebe haben für eine *"Außenorientierung"* (Hinwendung zu aktuellen und variablen Umweltbedingungen, Aktivitäten des "sensumotorischen Systems" im Dienste der Befriedigung aktueller Bedürfnisse, vor allem physiologischer Bedürfnisse und des Explorationsbedürfnisses). In *diesem* Sinne lassen sich Verhaltenskontrollierte auch als "introvertiert", Spontane als "extravertiert" bezeichnen (siehe das nächste Kapitel). Dabei ist allerdings zu beachten, daß der Begriff "Extraversion" in sehr unterschiedlicher Bedeutung verwendet wird, weswegen man ihm mit Vorsicht und Zurückhaltung begegnen sollte.

Führt man sich diese vielfältigen Bezüge vor Augen, überrascht es kaum, daß es sich bei der Verhaltenskontrolle um einen Superfaktor der Persönlichkeit handelt.

3. THEORIE DER SEELISCHEN GESUNDHEIT

Wie in Kapitel 2 ausgeführt wurde, stößt man in der Literatur auf unterschiedliche Verwendungen des Begriffs "seelische Gesundheit". Es dient der Klärung, wenn zunächst zwischen der seelischen Gesundheit als (aktuellem) *Zustand* (SGZU) und der seelischen Gesundheit als (relativ stabiler) *Eigenschaft* (SGE) differenziert wird. SGZU betrifft Aspekte des aktuellen Verhaltens und Erlebens, z.B. die momentane emotionale Befindlichkeit oder die aktuelle Funktions- und Leistungsfähigkeit. Von Becker (1986 a) wurden sieben Indikatorenbereiche für Zustände der körperlichen und seelischen Gesundheit zusammengestellt: (1) positive vs. negative emotionale Befindlichkeit, (2) hohes Energieniveau vs. Antriebsschwäche, (3) Expansivität vs. Defensivität, (4) Leistungsfähigkeit vs. Funktionsstörungen, (5) Selbsttranszendenz vs. Selbstzentrierung, (6) Autonomie vs. Hilfesuchen und Abhängigkeit sowie (7) hohes vs. niedriges Selbstwertgefühl.

In Abhängigkeit von förderlichen oder belastenden Lebensbedingungen sowie vom Grad der seelischen Gesundheit als Eigenschaft (SGE) unterliegt die SGZU mehr oder weniger starken zeitlichen Fluktuationen, wie es in Abbildung 5.2 schematisch dargestellt ist. Es gibt empirische Hinweise darauf, daß sich die Fluktuationen im allgemeinen um ein mittleres Niveau bewegen, auf das sich die Indikatoren der SGZU immer wieder einpendeln (zu Fluktuationen im psychischen Wohlbefinden siehe z.B. Becker, 1986 b, 1988 a; Becker, Krieger, Kamm & Schoerer, 1989; Headey & Wearing, 1991). Dieses *mittlere Niveau,* in dem Personen sich deutlich voneinander unterscheiden, bzw. die über einen längeren Zeitraum *aggregierten* SGZU-Werte spiegeln den Grad der SGE wider.

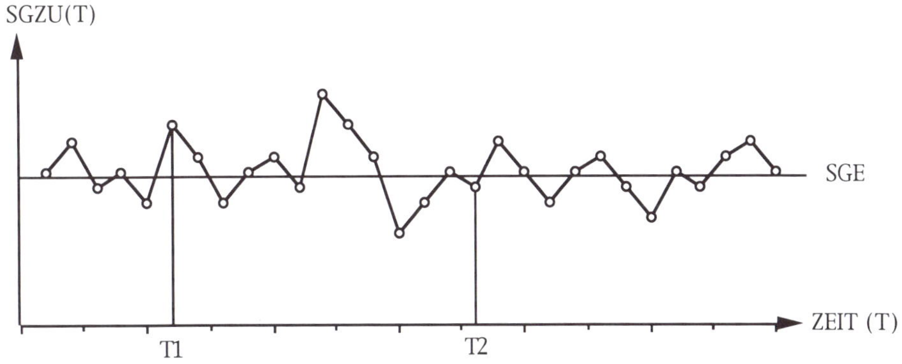

Abbildung 5.2: Seelische Gesundheit als Eigenschaft (SGE), aufgefaßt als mittleres Niveau der zeitlich fluktuierenden seelischen Gesundheit als Zustand (SGZU) (siehe Becker, 1986 a).

Zwei Einschränkungen sind dabei zu beachten:

- Möglicherweise kommt es im Verlauf des Erwachsenenalters zu einem generellen (leichten) Anstieg der SGE. Darauf deuten Ergebnisse hin, die Becker (1989) in der Eichstichprobe des Trierer Persönlichkeitsfragebogens (TPF) erzielte. Ob sich diese querschnittlich gewonnenen Resultate auch in Längsschnittstudien bestätigen, bedarf der empirischen Überprüfung.
- Es gibt einzelne Personen, bei denen entweder phasisch oder zyklisch länger andauernde Veränderungen in SGZU auftreten (z.B. Personen mit affektiven Störungen), so daß ein aggregierter mittlerer Wert nicht aussagekräftig ist (vgl. Becker, 1986 a).

Eine Konzeptualisierung von SGE ausschließlich über die Aggregation von SGZU ist unter anderem aus diesem Grund nicht befriedigend. Unverzichtbar erscheint eine theoretische Einbindung der SGE. Da sich die folgenden Ausführungen auf die seelische Gesundheit als Eigenschaft beziehen, *verwenden wir ab hier zur sprachlichen Vereinfachung für SGE den Begriff der seelischen Gesundheit.*

Sichtet man die Literatur, lassen sich drei Grundmodelle der seelischen Gesundheit unterscheiden:

(1) *Regulationskompetenzmodelle* (z.B. Freud oder Menninger),
(2) *Selbstaktualisierungsmodelle* (z.B. Maslow, Rogers oder Jung),
(3) *Sinnfindungsmodelle* (z.B. Frankl oder Allport),

die von Becker (1982 a) ausführlich dargestellt und einander gegenübergestellt wurden (siehe auch Becker, 1993 c). Da sich diese drei Grundvorstellungen eher ergänzen, als sich gegenseitig ausschließen, wurde von Becker (1986 a) der Versuch unternommen, sie in einem Modell zu integrieren. Der Kerngedanke dieses Modells, der zugleich die Definition von seelischer Gesundheit liefert, lautet:

Seelische Gesundheit ist die Fähigkeit zur Bewältigung externer und interner (psychischer) Anforderungen.

Wir stellen im folgenden unsere Theorie der seelischen Gesundheit dar, wobei es sich um eine Weiterentwicklung früherer Auffassungen (vgl. Becker, 1986 a) handelt. Dabei nehmen wir auf die in Abbildung 4.7 wiedergegebenen Systeme des Menschen Bezug. Da einige der dort abgebildeten Systeme dazu dienen, interne Anforderungen zur Geltung zu bringen und andere dazu, externe und interne Anforderungen zu bewältigen, ist der Grad der seelischen Gesundheit auch ein Ausdruck dafür, wie gut es den psychischen Systemen gelingt, ihre Aufgaben zu erfüllen. (Um Mißverständnissen vorzubeugen, stellen wir die Bemerkung voran, daß wir den seelisch Gesunden nicht mit einem "effizienten Bewältiger" - im einseitigen Sinne des aktiven, emotionsarmen Problemlösers - gleichsetzen, sondern explizit neben der Fähigkeit zur Bewältigung externer Anforderungen gleichwertig die Fähigkeit zur Bewältigung interner Anforderungen betonen; vgl. Weber, 1993).

Unsere Ausführungen betreffen zunächst die Fähigkeit zur Bewältigung *externer* Anforderungen. Es wird zu diskutieren sein, welche Systeme auf welchem Weg dazu beitragen, diese Aufgabe zu erfüllen. Danach kommen wir auf die Fragen zu sprechen, was unter der Fähigkeit zur Bewältigung *interner* Anforderungen zu verstehen ist, welche Systeme primär daran beteiligt sind und inwieweit seelisch Gesunde diese Anforderungen besser meistern als psychisch Kranke. Dem folgt eine Erörterung der Zusammenhänge von seelischer Gesundheit und Emotionen.

Um inhaltliche Überschneidungen zwischen verschiedenen Kapiteln weitgehend zu vermeiden, stellen wir einige Aspekte des Themas an dieser Stelle zurück, auf die wir im abschließenden Kapitel 10 näher eingehen (z.B. die Bedeutung der "Steuerungszentrale" im Zusammenhang mit der seelischen Gesundheit).

3.1 Die Fähigkeit zur Bewältigung externer Anforderungen

Unter externen Anforderungen verstehen wir solche, die von der Umwelt ausgehen. Abbildung 4.7 veranschaulicht, daß das Individuum in ständiger Interaktion mit seiner Umwelt steht, wobei einerseits die Umwelt auf das Individuum und andererseits das Individuum auf die Umwelt einwirken. Für unsere Zwecke erscheint es fruchtbar, die Umwelt wie folgt zu charakterisieren: Sie stellt einerseits *Anforderungen* an das Individuum und bietet andererseits *Ressourcen* zur Bewältigung dieser Anforderungen (siehe auch das Anforderungs-Ressourcen-Modell der körperlichen Gesundheit von Becker, 1992, sowie Becker, Bös & Woll, 1994).

Externe Anforderungen sind vielfältiger Art und richten sich unter anderem nach dem Lebensalter, Geschlecht, Gesundheitszustand und der Lebenssituation der betreffenden Person. Der Begriff ist also weit gefaßt. Er bezieht sich zum einen auf Erwartungen der sozialen Umwelt, die mit den von der Person übernommenen Rollen (Rollenverpflichtungen) verknüpft sind. Darüber hinaus rechnen wir zu den externen Anforderungen alle sonstigen verhaltensrelevanten soziokulturellen Normen sowie ökonomische und physikalische Kontextbedingungen, die den spontanen Intentionen eines Individuums Widerstand entgegensetzen und von ihm Anpassungsleistungen verlangen. Externe Anforderungen sind also nicht nur äußere Reize, die auf ein (passives) Individuum einwirken und es zum Reagieren zwingen, sondern auch Hindernisse in der Umwelt, die sich einem (aktiven) Individuum bei seinen Versuchen einer Einflußnahme auf die Umwelt in den Weg stellen.

Durch die Wahl eines mehr oder weniger anspruchsvollen und begabungskongruenten Berufs, die Übernahme vieler oder weniger Rollen und durch weitere den Lebensstil prägende Entscheidungen kann eine Person in einem gewissen Ausmaß ihre Umwelt selbst bestimmen und die Höhe der externen Anforderungen steuern (vgl. Harrison, 1979). Im Rahmen unserer Theorie wird der Mensch also nicht einseitig als reagierendes Objekt, sondern als *aktiv seine Umwelt selegierendes und mitgestaltendes Subjekt* konzipiert (vgl. Schmidt, 1982).

Zur Bewältigung externer Anforderungen benötigt eine Person eine Vielzahl von Kompetenzen bzw. bereichsspezifischen Problemlösefähigkeiten. Diese Kompetenzen werden im Verlaufe der Entwicklung und Sozialisation als Ergebnis des Zusammenwirkens von Anlage- und Umweltfaktoren durch Lernen erworben (Mandl, Friedrich & Hron, 1986; Prenzel & Schiefele, 1986). Faßt man eine hohe Intelligenz als günstige Voraussetzung für effizient verlaufende Lernprozesse auf, so ist zu erwarten, daß ein positiver, wenn auch nicht sehr enger Zusammenhang zwischen seelischer Gesundheit und Intelligenz bestehen sollte. Empirische Belege für diese Annahme wurden von Becker (1986 b) berichtet. Auch Block und Block (1980) ermittelten bereits bei Kindern im Vorschulalter signifikante positive Korrelationen zwischen Indikatoren der "seelischen Gesundheit" ("ego-resiliency" bzw. Ichstärke) und der Intelligenz. Dieser Zusammenhang fiele vermutlich höher aus, wenn an alle Menschen vergleichbare externe Anforderungen gestellt würden und allen Menschen die Bewältigung bestimmter Anforderungen gleich wichtig wäre. Dies ist jedoch nicht der Fall. Vielmehr achten Menschen im allgemeinen auf Kongruenz zwischen Anforderungen und eigenen Kompetenzen; außerdem hängt ihre seelische Gesundheit auch von der Fähigkeit zur Bewältigung interner Anforderungen ab. Aus diesen Gründen ist der Zusammenhang zwischen seelischer Gesundheit und Intelligenz nicht sehr eng ausgeprägt.

Wegen des hohen Stellenwerts der Fähigkeit zur Bewältigung externer Anforderungen innerhalb unserer Theorie der seelischen Gesundheit wurden von Becker (1986 b) mehrere Untersuchungen berichtet, aus denen sich ergibt, daß Personen mit hoher Fähigkeit zur Bewältigung externer (z.B. schulischer oder sozialer) Anforderungen in der Tat erhöhte Werte in Indikatoren der seelischen Gesundheit aufweisen. Wir ergänzen diese Befunde um die Ergebnisse einer jüngst durchgeführten Studie von Korunka, Frank und Becker (1993). Untersucht wurden 96 Männer und 10 Frauen, die im Zeitraum von 1985 bis 1987 in Österreich Unternehmen aus dem verarbeitenden Gewerbe gegründet hatten und sich in der Folgezeit mehr oder weniger erfolgreich am Markt behaupteten. Erfolgskriterium war die Entwicklung der Mitarbeiterzahl seit Gründung des Unternehmens. Die 106 Personen wurden mit dem Trierer Persönlichkeitsfragebogen (TPF) von Becker (1989) untersucht und mit einer parallelisierten Kontrollgruppe verglichen. Dabei zeigte sich zum einen, daß die Unternehmensgründer, die alle im Prinzip ihre Unternehmen erfolgreich führten, signifikant höhere Werte in der seelischen Gesundheits (SG-) Skala (sowie in weiteren Skalen zur Messung von Teilkomponenten der seelischen Gesundheit) erzielten als die Kontrollpersonen. Ferner wurden bei einer Subgruppe von zehn besonders erfolgreichen Unternehmensgründern signifikant höhere SG-Werte gemessen als bei Gründern mit stagnierenden oder nur leicht wachsenden Unternehmen. Ein vergleichbares Ergebnis hatte Becker (1989) an einer Gruppe von 14 (erfolgreichen) Spitzenmanagern erzielt.

Da es sich in beiden Fällen um Querschnittsdaten handelt, kann nicht entschieden werden, ob die seelische Gesundheit - verstanden als Fähigkeit zur Bewältigung externer und interner Anforderungen - eine günstige Voraussetzung für beruflichen Erfolg darstellt, oder ob sich als Resultat beruflicher Erfolge die seelische Gesundheit verbessert. Wir neigen zu der Interpretation, daß beiden Einflußrichtungen Bedeutung zukommt und es sich entweder um eine positive Rückkoppelung oder um einen Prozeß wechselseitiger Stabilisierung handelt. Um in dieser Frage näheren Aufschluß zu erhalten, sind weitere Untersuchungen, insbesondere Längsschnittstudien, erforderlich (siehe auch Becker et al., 1994).

Im folgenden präzisieren wir diese allgemeinen Formulierungen, indem wir auf die in Abbildung 4.7 wiedergegebenen Systeme zurückgreifen. Die Fähigkeit zur Bewältigung externer Anforderungen sollte sich auf zwei Ebenen manifestieren: (1) als adäquate Repräsentation der Wirklichkeit in den Wissensspeichern "System kognitiver Strukturen" und "System erworbener Sollwerte", (2) als Leistungsfähigkeit der operativen Systeme, nämlich des "Systems kognitiver Operationen" und des "sensumotorischen Systems".

3.1.1 Adäquate Repräsentation der Wirklichkeit

Wir kommen zunächst auf die Aufgabe einer adäquaten Repräsentation der Wirklichkeit zu sprechen (vgl. auch Reykowski, 1981). Es ist uns bewußt, daß sich hinter der Formulierung "adäquate Repräsentation der Wirklichkeit" eine Menge schwieriger Probleme verbergen, dennoch wollen wir an ihr festhalten. Auf einige der Probleme sind wir bereits in Kapitel 4 eingegangen, andere kommen unten zur Sprache. Wie oben ausgeführt wurde, betrachten wir das Umweltmodell und das Selbstmodell als wesentliche Komponenten des *"Systems kognitiver Strukturen"*. Bereits im vorangehenden Kapitel hatten wir ausgeführt, daß die Wissenselemente im Umwelt- und Selbstmodell eine affektive Tönung besitzen. Diese kann auf tatsächlichen Sinneserfahrungen (bzw. emotionalen Erlebnissen) des Individuums in der Vergangenheit basieren und spiegelt dann ein Stück "Realität" wider. Sie kann aber auch - worauf unter anderem Rogers (1973) hinwies - auf Werturteilen basieren, die von wichtigen Bezugspersonen ungeprüft übernommen wurden, ohne daß sich die Person dessen bewußt ist. In letzterem Fall besteht die Gefahr einer Fehlanpassung.

Umweltmodell

Im Umweltmodell ist Wissen über die Struktur und Funktionsweise der Umwelt repräsentiert. Unter Theoretikern der seelischen Gesundheit besteht weitgehender, jedoch nicht vollständiger

Konsens darüber, daß ein seelisch Gesunder in der Lage ist, die für ihn handlungsrelevante Umwelt im großen und ganzen realistisch wahrzunehmen (Becker, 1982 a; Haan, 1977; Jahoda, 1958, 1970; Scott, 1968). Menschen mit psychischen Störungen neigen hingegen zu mehr oder weniger starken Verzerrungen realer Umweltbedingungen, sei es im Sinne ihrer Wünsche und Befürchtungen oder ihrer unbewußten Motive. Beispiele für Realitätsverzerrungen wären das tiefgreifende, ungerechtfertigte Mißtrauen und die Verdächtigungen paranoider Persönlichkeiten, Wahnvorstellungen oder Halluzinationen Schizophrener oder die von Beck (1979) beschriebenen kognitiven Fehler Depressiver (z.B. willkürliche Schlußfolgerungen oder Personalisierung).

Auch nach Befunden aus einer aufwendigen Längsschnittstudie, über die Vaillant (1980) berichtet, besteht kein Zweifel daran, daß krassere Formen der Realitätsverzerrung als Zeichen geringer seelischer Gesundheit zu werten sind. In seiner Studie an Harvard-Absolventen wertete Vaillant das charakteristische Bewältigungs- bzw. Abwehrverhalten seiner Untersuchungsteilnehmer in Krisen- und Konfliktzeiten aus. Dabei wurde zwischen psychotischen, unreifen, neurotischen und reifen Mechanismen differenziert. Personen mit geringer seelischer Gesundheit (bzw. schlechter Erwachsenenanpassung) verwendeten im Vergleich zu solchen mit hoher seelischer Gesundheit häufiger psychotische und unreife Mechanismen (z.B. wahnhafte Projektion, Verleugnung) und seltener reife Mechanismen (z.B. Humor, Antizipation oder Bedürfnisaufschub), während in den neurotischen Mechanismen (z.B. Verdrängung oder Verschiebung) keine signifikanten Unterschiede zutage traten.

Zu derartigen Verzerrungen in bestimmten Bereichen des Umweltmodells kann es aus einer Reihe von Gründen kommen, die insbesondere von Tiefenpsychologen beschrieben wurden. Exemplarisch verweisen wir auf unverarbeitete traumatische Erlebnisse oder auf Erfahrungsmuster und Schemata, die in gestörten Familien erworben wurden und im Sinne einer Generalisierung unbewußt auf neue Situationen übertragen werden.

Selbstmodell

Neben dem Umweltmodell kommt auch dem Selbstmodell einer Person eine wichtige orientierende und handlungsleitende Bedeutung zu. Es resultiert aus der Fähigkeit des Menschen zur Selbstreflexion und enthält Schemata über Eigenschaften, die eine Person sich selbst zuschreibt (ihr Selbstkonzept bzw. ihre Selbsttheorie; vgl. Epstein, 1979, 1991; Filipp, 1979, 1981; Brandtstädter & Greve, 1992). Was zuvor über den Zusammenhang eines realitätsgerechten

Umweltmodells mit seelischer Gesundheit gesagt wurde, läßt sich analog auf das Selbstmodell übertragen. Auch hier neigt die Mehrzahl der Theoretiker zu der Auffassung, daß ein seelisch Gesunder ein Selbstmodell besitzt, das mit seinen Erfahrungen kongruent und nur wenig durch Abwehrmechanismen verzerrt ist (z.B. Epstein, 1979, 1991; Rogers, 1959, 1973; Scott, 1968).

Es ist das besondere Verdienst von Carl Rogers, aus klinischer Sicht den Prozeß der Ausbildung eines Selbstmodells (bzw. einer "Selbst-Struktur") und der dabei auftretenden Gefahren einer Fehlentwicklung beschrieben zu haben. Rogers zufolge basiert das Selbstmodell nicht nur auf unmittelbaren (organismischen) Erfahrungen, die das Individuum bei der Befriedigung von Bedürfnissen und der Bewältigung von Umweltanforderungen gesammelt hat, sondern auf introjizierten Beschreibungen und Bewertungen seitens der Eltern und anderer wichtiger Bezugspersonen. "In dieses Bild tritt bald die Wertung des Selbst durch andere. ´Du bist ein braves Kind´, ´Du bis ein ungezogener Junge´ - diese und ähnliche Wertungen seines Selbst und seines Verhaltens durch die Eltern und andere Leute bilden mit der Zeit einen großen und bedeutenden Teil des Wahrnehmungsfeldes des Kleinkindes. Soziale Erfahrungen, soziale Bewertungen durch andere werden ein Teil seines Erscheinungsfeldes, zusammen mit anderen Erfahrungen, die keine anderen Personen voraussetzen - zum Beispiel, daß Herdplatten heiß sind, Treppen gefährlich und Bonbons wohlschmeckend." (Rogers, 1973, S. 431).

Das Individuum ist sich dieses Umstands jedoch nicht bewußt und schreibt sich mithin (ungeprüft übernommene) Eigenschaften zu, die ihrerseits maßgeblichen Einfluß auf das Verhalten erlangen, da Menschen eine Tendenz haben, sich im Einklang mit ihrem Selbstmodell zu verhalten (Tendenz zur Wahrung von Selbstkongruenz). Insbesondere bei Menschen mit psychischen Störungen enthält das Selbstmodell nicht nur "fiktive" Eigenschaften, sondern es wurden auch bestimmte Erfahrungen geleugnet oder verzerrt wahrgenommen, die zu einem realistischen und funktionalen Selbstmodell beigetragen hätten.

In empirischen Studien wurde der Grad der Übereinstimmung zwischen Selbst- und Fremdbeschreibung (Beschreibung der eigenen Persönlichkeit durch andere Personen) als Indikator für den Realitätsgehalt des Selbstmodells herangezogen. Untersuchungen, über die Scott (1968) berichtet, bestätigen, daß eine geringe Selbsteinsicht mit geringer seelischer Gesundheit verknüpft ist. Extrem verzerrte Selbstmodelle, wie sie etwa bei Patienten mit schizophrenen oder affektiven Störungen (z.B. als Größen- oder Versündigungswahn) vorliegen können, haben in jedem Fall eine hohe pathognostische Bedeutung. Aber auch für andere psychische Störungen (z.B. "Neurosen", narzißtische Persönlichkeitsstörungen oder Depersonalisationssyndrome) sind verzerrte und/oder labile Selbstmodelle charakteristisch (siehe unten).

Einwände und Gegenargumente

Dennoch formulieren einige Theoretiker Vorbehalte gegenüber einer Gleichsetzung von realistischer Wahrnehmung mit seelischer Gesundheit bzw. "effizienter Bewältigung" (Lazarus, 1983; Taylor & Brown, 1988; Weber, 1993). Taylor und Brown können sich auf empirische Befunde stützen, wenn sie psychisches Wohlbefinden mit einem schöngefärbten Selbstbild, illusionärer Zuschreibung persönlicher Kontrolle und einem unrealistischen Optimismus in Verbindung bringen. Die zugrunde gelegten Studien basieren auf einem Vergleich zwischen Nichtdepressiven und (leicht) Depressiven. Sie belegen zum Beispiel, daß (leicht) Depressive im Vergleich zu Nichtdepressiven weniger stark Kontrollillusionen unterliegen und weniger dazu neigen, sich (und zum Teil auch ihre nahen Bekannten und Verwandten) positiver einzustufen als die meisten anderen Leute. Ihr Selbstkonzept ist stärker ausbalanciert, umfaßt also auch weniger erwünschte Facetten. Lazarus (1983) verweist auf die Existenz kollektiver Illusionen (z.B. die Vorstellung, wir lebten in einer freien Gesellschaft) und auf das in zahlreichen Romanen und Theaterstücken abgehandelte Thema, daß Menschen Illusionen benötigen, um das Leben ertragen zu können.

Wie lassen sich diese kontroversen Positionen miteinander vereinbaren? Zunächst einmal erscheint der Hinweis erforderlich, daß die von Taylor und Brown (1988) diskutierten Realitätsverzerrungen primär *selbstbezogene* Inhalte betreffen (z.B. Vorstellungen über die eigenen Kontrollmöglichkeiten oder die eigene Zukunft). Eine Generalisierung auf eine *globale* Verzerrung der Realität ist mithin unangebracht. Ferner handelt es sich in den zur empirischen Absicherung herangezogenen Studien häufig um uneindeutige Situationen, in denen Personen die "Realität" nicht kennen können, sondern lediglich mehr oder weniger positiv oder negativ einschätzen (z.B. das Risiko, an Krebs zu erkranken, oder die Chancen, die eigene Krebskrankheit erfolgreich zu bekämpfen).

Auch wir verkennen nicht, daß leichtere Formen von "Illusionen" bzw. ein Hang zu optimistischer Verklärung in manchen Situationen (z.B. bei existentieller Bedrohung durch eine bereits eingetretene Krankheit oder Kriegsgefangenschaft, aber auch zu Beginn einer Beziehung oder Ehe) sowie ein optimistisches Vertrauen in die eigenen Problemlösefähigkeiten vor allem für das psychische Wohlbefinden und die Handlungsmotivation von Vorteil sein können. Dennoch widerlegen die von Taylor und Brown vorgebrachten Argumente nicht die Auffassungen der Mehrheit der Theoretiker sowie die Erfahrungen klinischer Psychologen, daß ein hinreichender Realitätssinn eine tragende Säule guter Anpassung ist. Stellvertretend seien Perrez und Reicherts (1992, S. 20; Übers. d. Verf.) zitiert: "Wir sind davon überzeugt, daß Organismen mit einer - innerhalb gewisser Grenzen - angemessenen kognitiven Repräsentation der Situation eine bessere Überlebenschance haben als Organismen mit verzerrten Repräsentationen der Realität." Im übrigen verweisen Taylor und Brown (1988) selbst auf Begrenzungen und Kritikpunkte an ihrer Theorie. Exemplarisch nennen wir folgende Einwände:

- Kontrollillusionen und blinder Optimismus in die eigene körperliche Unverletzbarkeit verhindern, daß man rechtzeitig wirksame gesundheitliche Schutz- bzw. Vorbeugemaßnahmen ergreift (Becker, 1994 b; Schwarzer, 1993; Weinstein, 1987). Man denke nur an den Appell von Medizinern, frühzeitig an Krebsvorsorgeuntersuchungen teilzunehmen.
- Wie Lindemann (1944) beobachten konnte, ist es gefährlich, nach einem schweren Verlust eines Angehörigen der erforderlichen "Trauerarbeit" auszuweichen, da die bestehende emotionale Bindung an die verlorene Person erhalten bleibt und dadurch die Aufnahme einer neuen Beziehung verhindert wird.
- Wer bei drohendem Verlust des eigenen Arbeitsplatzes diese Realität zu leugnen versucht, hat längerfristig größere Schwierigkeiten, den Verlust zu verarbeiten, und unternimmt weniger Anstrengungen, einen neuen Arbeitsplatz zu finden, als realistischer eingestellte Personen (Pelzmann, 1983).
- Wer seine eigenen Fähigkeiten überschätzt, läuft Gefahr, sich zu überfordern und z.B. einen unpassenden Beruf zu ergreifen.
- Übersteigt der Hang zur Entwicklung eines übertrieben positiven Selbstbildes einen kritischen Grenzwert, ist der Weg zu einer narzißtischen Persönlichkeitsstörung vorgezeichnet (siehe unten).

Jüngst hat Schwarzer (1993) am Beispiel des Gesundheitsverhaltens dafür argumentiert, daß es in jedem Fall erforderlich ist, zwischen verschiedenen Formen von "Optimismus" - vor allem zwischen defensivem und funktionalem Optimismus - zu unterscheiden, wenn man Widersprüche bzw. Paradoxien vermeiden will. Unter einem *defensiven Optimismus* versteht Schwarzer eine auf Fehlschlüssen bezüglich der eigenen (Un)verwundbarkeit basierende unkritische Haltung, die beispielsweise das Unterlassen präventiver Handlungen gerechtfertigt erscheinen läßt (vgl. Weinstein,

1987). Zentrale Bestandteile eines *funktionalen Optimismus* sind hingegen die Überzeugung von der Wirksamkeit von Präventionshandlungen sowie die Gewißheit, diese auch ausführen zu können.

Bereits ein Jahrzehnt zuvor ist ein grundlegender Artikel von Lazarus (1983) über "Kosten und Nutzen von Leugnung" erschienen, der viel zur Klärung beiträgt. *Leugnung* scheint ein Paradebeispiel für mangelnden Realitätssinn zu sein. Bei genauerer Betrachtung erweist sich das Phänomen als vielschichtig. Zunächst einmal ist eine Abgrenzung von Leugnung gegenüber: (1) bloßer Unwissenheit, (2) dem bewußten Abstreiten aus taktischen Überlegungen heraus (im Sinne des bewußten Lügens) sowie (3) dem Vermeiden bestimmter Themen erforderlich. Wenn eine Person etwas ihr Unangenehmes vor sich selbst leugnet, so tut sie dies oft nicht in einer radikalen, unerschütterlichen Weise, sondern eher versuchsweise; sie bewegt sich gewissermaßen in einer Grauzone zwischen Wissen und Nichtwissen. Zum Beispiel erahnt ein Mensch, der sich im Endstadium einer unheilbaren Krankheit befindet, zumindest phasenweise sein nahes Ende, auch wenn er gegenüber Angehörigen oder Ärzten einen anderen Eindruck zu erwecken versucht (Mittag, 1994). Ausgehend von diesen sowie weiteren Differenzierungen faßt Lazarus (1983) die adaptiven Konsequenzen von leugnungsähnlichen Prozessen in vier Prinzipien zusammen:

- Wenn in einer Situation direkte Aktionen zur Abwehr einer Bedrohung möglich sind, erweist sich Leugnung als unzweckmäßig und gefährlich. Hat man jedoch keine Kontrolle über den Ausgang eines Geschehens, haben Leugnungsprozesse nicht notwendigerweise schädliche Konsequenzen, sondern können im Gegenteil von Nutzen sein, indem sie Spannungen und Leiden verringern und es der Person ermöglichen, sich anderen Dingen zuzuwenden.
- Wenn man einer bestimmten Art von Belastung immer wieder begegnen muß, weil sie sich wiederholen wird, erschwert Leugnen, daß man diese Belastung schließlich bewältigt. Als Beispiel kann eine Studie von Wolff, Friedman, Hofer und Mason (1964) dienen. Untersucht wurden Eltern, deren Kinder an Leukämie starben. Eltern mit starker Leugnungstendenz hatten während der Erkrankung ihrer Kinder zunächst niedrigere Corticosteroidsekretionen (ein biochemischer Indikator für geringen Streß) als Eltern mit schlechterer Abwehr. In einer Follow-up-Studie mit denselben Eltern kehrte sich dieser Zusammenhang jedoch um: Wer vor dem Tod seines Kindes erhöhte Corticosteroidwerte aufwies, zeigte in den Monaten nach dem Tod seines Kindes niedrigere Werte als zuvor und umgekehrt (Hofer, Wolff, Friedman & Mason, 1972).
- Leugnung kann in frühen Stadien der Konfrontation mit schmerzhafter Realität, der man zunächst noch nicht gewachsen wäre, von

positivem Wert sein, da sie verhindert, daß es zu einem emotionalen Zusammenbruch bzw. Zuständen totaler Verwirrung und Handlungsunfähigkeit kommt (vgl. Mittag, 1994).

• Manche Formen der Leugnung sind eher fruchtlos und gefährlich, während andere von beträchtlichem Nutzen sein können. Bereits aus logischen Erwägungen heraus erscheint die Leugnung unbestreitbarer Fakten problematischer als die Leugnung *möglicher* Implikationen, soweit sie künftige Entwicklungen betreffen. Die Zukunft läßt sich bekanntlich - und oftmals zum Glück - nicht mit letzter Sicherheit vorhersagen.

System erworbener Sollwerte

Die adäquate Repräsentation der Wirklichkeit betrifft auch das "System erworbener Sollwerte". Der Mensch als soziales Wesen benötigt ein solches System, ohne das Gemeinschaft und Kultur undenkbar wären. Es bildet sich im Verlauf der Sozialisation heraus und übernimmt im Zusammenleben mit anderen eine orientierende und normierende Funktion. In seiner integrativen Persönlichkeitstheorie drückt Epstein (1979, S. 25) diesen Gedanken wie folgt aus: "Zusammenfassend läßt sich also sagen, daß eine gut angepaßte Person Grundwerte internalisiert hat, die ihrem Verhalten Stabilität verleihen, und zugleich in ihrer Theorie engere Postulate aufgenommen hat, die sie flexibel und angemessen auf Situationsanforderungen reagieren lassen." Epstein verweist auf das Problem, daß eine Person ein inadäquates "System erworbener Sollwerte" ausgebildet haben kann. Daraus resultierende Fehlentwicklungen können wenigstens drei Formen annehmen:

• Aufgrund inkonsistenter oder zu geringer Sozialisationsbemühungen von Eltern und Erziehern ("Vernachlässigung"; siehe Kapitel 7) bzw. nicht vorhandener Anreize zur Verinnerlichung sozialer Werte und Normen bildet der Heranwachsende ein defizitäres "System sozialer Werte" aus, was sich zum Beispiel in einer antisozialen Persönlichkeitsstörung manifestieren kann.

• Wächst eine Person in einem sozialen Milieu auf, dessen Wertvorstellungen sich von denen der großen Mehrheit der Gesellschaft unterscheiden, besteht ebenfalls die Gefahr einer Fehlanpassung.

• Wie unter anderem von Ellis (1962, 1973), dem Begründer der rational-emotiven Therapie, beschrieben, findet man unter Menschen mit neurotischen Störungen gehäuft Personen, die soziale Werte und Normen gewissermaßen "zu gut" verinnerlicht haben bzw. übersozialisiert sind.

Ellis (1962) listet elf "irrationale Überzeugungen" auf, die fast zwangsläufig neurotisierend wirken. Dazu gehören zum Beispiel:

- die Meinung, es sei für jeden Menschen notwendig, von jeder anderen Person in seinem Umfeld geliebt oder anerkannt zu werden (eine Norm, der man wohl kaum gerecht werden kann) oder
- die Meinung, daß man sich nur dann als wertvoll empfinden dürfe, wenn man in jeder Hinsicht kompetent, tüchtig und leistungsfähig ist (vgl. Keßler & Hoellen, 1982). Auf diesen Aspekt kommen wir bei der Besprechung interner Anforderungen zurück.

Wir haben in Anlehnung an Fromms (1954) Unterscheidung zwischen einem autoritären und einem humanistischen Gewissen darauf hingewiesen, daß ein Mensch, der sich ausschließlich von einem autoritären Gewissen leiten läßt, Gefahr läuft, eine psychische Störung zu entwickeln, da er der Stimme seines humanistischen Gewissens zu wenig Beachtung schenkt, also nach (eworbenen sozialen) Werten lebt, die ihn gegebenenfalls von sich selbst entfremden (vgl. eine analoge Sicht bei Rogers, 1973).

3.1.2 Kompetenzen

Neben einer adäquaten Repräsentation der Wirklichkeit sind die Leistungsfähigkeiten des *"Systems kognitiver Operationen"* und des *"sensumotorischen Systems"* unverzichtbare Voraussetzungen für die Fähigkeit zur Bewältigung externer Anforderungen. Aus diesem Grund gehört die Vermittlung eines breiten Spektrums von Kompetenzen zu den vorrangigen pädagogischen Zielen (Kemper, 1991; Mandl et al., 1986; Rotz, 1991; Sommer, 1977). So diskutiert Sommer (1977) den Kompetenzerwerb in der Schule als wichtige Form primärer Prävention. (Zur generellen Bedeutung von Kompetenzen und Kompetenzförderung für die Prävention siehe auch Bond & Rosen, 1980; Brandtstädter, 1982 b; Kent & Rolf, 1979). Unter Kompetenz versteht Sommer (1977, S. 75): "... die Verfügbarkeit und angemessene Anwendung von Verhaltensweisen (motorischen, kognitiven und emotionalen) zur effektiven Auseinandersetzung mit konkreten Lebenssituationen, die für das Individuum und/oder seine Umwelt relevant sind." Der von ihm entworfene Lernzielkatalog umfaßt:

- *instrumentelle Kompetenzen* (u.a. Erwerb der Kulturtechniken sowie allgemeiner Problemlösefähigkeiten),
- *individuelle und soziale Kompetenzen* (u.a. Artikulation eigener Gefühle, Bedürfnisse und Interessen sowie Autonomie und Kreativität) sowie
- *gesellschaftlich-politische Kompetenzen* (u.a. Einsicht in die Notwendigkeit von Demokratisierung sowie Fähigkeit zu Kooperation und Solidarität).

Die mit dem Training von Kompetenzen, speziell sozialer Fertigkeiten, verbundenen Fragen (z.B. bezüglich der theoretischen Grundlagen und des methodischen Vorgehens) werden von Semmer und Pfäfflin (1978) in systematischer Weise behandelt, wobei sich die Autoren primär auf die soziale Lerntheorie sowie auf handlungstheoretische Ansätze stützen. Interessant erscheint unter anderem die Übertragung von Prinzipien des sensumotorischen Lernens auf den Erwerb sozialer Fertigkeiten. Auch in diesem Zusammenhang werden die oben erwähnten Parallelen zwischen Prozessen im "Simulator" und im "sensumotorischen System" deutlich.

Es stellt sich die Frage, welchen Kompetenzen nach unserer Theorie der seelischen Gesundheit eine besondere Bedeutung zukommt. Eine richtungweisende Antwort liefert ein Ergebnis, das bei der Konstruktion des Trierer Persönlichkeitsfragebogens (TPF) gewonnen wurde (Becker, 1989). Dieser Fragebogentest dient primär der Messung der "seelischen Gesundheit" und ihrer Teilkomponenten. Er enthält unter anderem eine Skala "seelische Gesundheit", deren trennschärfstes Item wie folgt lautet: "Ich fühle mich dem Leben und seinen Schwierigkeiten eigentlich gut gewachsen." Dieses Item hatte in einer Hauptkomponentenanalyse von über 300 ursprünglich zur Messung von seelischer Gesundheit konstruierten Items eine der höchsten Ladungen (.71) auf dem ersten unrotierten Faktor, der als "seelische Gesundheit" interpretiert wurde. Aus der Beantwortung dieses Items lassen sich also besonders valide Rückschlüsse auf den Grad der seelischen Gesundheit einer Person ziehen. Wer sich dem Leben und seinen Schwierigkeiten oft oder immer gut gewachsen fühlt, verfügt mit hoher Wahrscheinlichkeit über eine gute seelische Gesundheit. Der Inhalt dieses Items ist relativ allgemein gehalten, und dies macht Sinn. Welche Kompetenzen ein Individuum benötigt, richtet sich nach der jeweiligen Lebenssituation und den dafür typischen externen Anforderungen. So profitiert ein Hochleistungssportler von der herausragenden Leistungsfähigkeit seines "sensumotorischen Systems", während für einen Mathematiker bestimmte Leistungsmerkmale seines "Systems kognitiver Operationen" (z.B. die Fähigkeit zu konvergentem Denken bei symbolischem Material) unverzichtbar sind.

Neben diesen spezifischen aufgaben- bzw. berufsbezogenen Kompetenzen benötigt ein seelisch Gesunder vor allem *soziale Kompetenzen*. Dies zeigt sich bei der Untersuchung von Menschen mit psychischen Störungen. Wie unter anderem Becker (1992 b) in einem Literaturüberblick belegte, sind Störungen des interpersonalen Verhaltens bzw. Defizite in sozialen Fähigkeiten (z.B. mangelnde Selbstbehauptung, fehlendes Vertrauen in die Mitmenschen, soziales Rückzugsverhalten oder überstarke Anlehnung an andere) bei Psychotherapiepatienten weit verbreitet (McLemore & Benjamin, 1979; Millon, 1981; Sullivan, 1953; Trower, Bryant & Argyle, 1978; Ullrich und Ullrich de Muynck, 1980; sowie unten). Bereits bei Vorschul- und Schulkindern lassen sich diese Zusammenhänge zwischen psychischen Störungen und defizitärem Sozialverhalten nachweisen, so daß es konsequent und erfolgversprechend erscheint, wenn Präventivmaßnahmen in diesem Alter beim Sozialverhalten ansetzen (Kent & Rolf, 1979; Shure & Spivack, 1982).

Wir greifen im folgenden zwei Aspekte sozialer Kompetenz heraus, die für die Theorienbildung fruchtbar erscheinen und zu denen wir eigene empirische Befunde vorlegen können: Liebesfähigkeit und Expansivität.

Liebesfähigkeit

Ein spezieller Aspekt sozialer Kompetenz, den Becker (1989) als Liebesfähigkeit bezeichnete, ist als Indikator seelischer Gesundheit allgemein anerkannt. Dies stellte Becker (1982 a) bei einer vergleichenden Gegenüberstellung von neun Theorien seelischer Gesundheit fest. Exemplarisch seien zwei theoretische Positionen herausgegriffen. Sigmund Freud soll auf die Frage, welche Fähigkeiten den seelisch gesunden Menschen auszeichnen, geantwortet haben: Lieben und Arbeiten. In dieser Kurzformel steht "Lieben" für einen "genitalen Charakter" sowie (sexuelle) Genußfähigkeit. Fromm (1960, S. 65) leitet seine Definition seelischer Gesundheit wie folgt ein: "Geistig-seelische Gesundheit ist gekennzeichnet durch die Fähigkeit, zu lieben und schöpferisch zu sein ..." An verschiedenen Stellen seines umfangreichen Gesamtwerkes erläutert er, daß er unter Liebesfähigkeit "produktive Liebe" mit den Attributen Fürsorge für den anderen, Verantwortungsgefühl, Achtung und Verständnis versteht (Fromm, 1980).

Einen Schritt in Richtung Diagnostik der Liebesfähigkeit (LF) ging Becker (1989) mit der Konstruktion einer LF-Skala im Trierer Persönlichkeitsfragebogen (TPF). Die Skala besitzt eine befriedigende interne Konsistenz (> .70). Die beiden trennschärfsten Items lauten: "Ich kann einem anderen Menschen ... viel Liebe geben." und "Ich kann mich in andere Menschen ... sehr gut einfühlen." In der TPF-Eichstichprobe korrelierte die LF-Skala mit der seelischen Gesundheitsskala .41 bei Männern und .47 bei Frauen. Dieses Ergebnis ist ein weiteres Argument dafür, bei der Diagnostik der seelischen Gesundheit den Aspekt der Liebesfähigkeit mitzuberücksichtigen. In der LF-Skala erreichen Frauen signifikant höhere Scores als Männer, während sich in den meisten anderen Indikatoren seelischer Gesundheit das umgekehrte Bild einer geringeren seelischen

Gesundheit der Frauen ergibt (Becker, 1986 c; Becker & Minsel, 1986 b; Becker, Hänsgen & Lindinger, 1991).

Wie läßt sich der Zusammenhang von seelischer Gesundheit und Liebesfähigkeit interpretieren? Wir skizzieren im folgenden drei Argumentationslinien:

(1) Nach faktorenanalytischen Ergebnissen, die mit dem TPF erzielt wurden (Becker, 1989), bilden die beiden Skalen "Liebesfähigkeit" und "Selbstwertgefühl" einen gemeinsamen Faktor "selbst- und fremdbezogene Wertschätzung". In diesem Befund spiegelt sich die klinische Erfahrung wider, daß Menschen, die sich selbst achten und ein hohes Selbstwertgefühl haben, auch in der Lage sind, andere Menschen zu achten, sich für sie zu interessieren und ihnen Liebe zu geben, während umgekehrt bei geringem Selbstwertgefühl die Tendenz besteht, andere abzuwerten, um den eigenen angeschlagenen Selbstwert zu stabilisieren oder zu erhöhen (Becker, 1992 c, 1993 b; Wills, 1981). Als eine gemeinsame Wurzel sowohl des Selbstwertgefühls als auch der Liebesfähigkeit ist nach Trommsdorf und Kornadt (1993) die Art der frühkindlichen Erfahrung in Betracht zu ziehen. Bei Erlebnissen von Geborgenheit und Zuwendung kommt es zu einer *sicheren Bindung* zwischen Kind und Eltern, die sowohl die kindliche Selbstachtung als auch eine prosoziale Motivation sowie Empathie fördern. Im gegenteiligen Fall einer unsicheren Bindung besteht die Gefahr, daß die Umwelt vom Kind als feindselig erlebt wird, eine Sichtweise, die Aggressionen begünstigt.

(2) Der Zusammenhang zwischen seelischer Gesundheit und Liebesfähigkeit kann auch über das einer Person verfügbare Ausmaß an *sozialer Unterstützung* vermittelt werden. Nach pfadanalytischen Befunden von Becker, Bös und Woll (1994) erhalten seelisch Gesunde eine bessere soziale Unterstützung als weniger seelisch Gesunde. *Eine* Ursache dafür könnte in der höheren sozialen Kompetenz der seelisch Gesunden zu suchen sein (Becker, 1994 a; Becker et al., 1994). Gute soziale Unterstützung (also zum Beispiel emotionale oder instrumentelle Unterstützung) zu erhalten, erleichtert es einer Person, Probleme zu lösen oder Bedürfnisse zu befriedigen. Dadurch wird über Gefühle der Dankbarkeit und eine Motivation zur reziproken Wiedergutmachung die Liebesfähigkeit gestärkt (vgl. Foa, Converse, Törnblom & Foa, 1993). Generell scheint es wechselseitig belohnend zu sein, Zuneigung zu zeigen (Rogers, 1959, 1973). So fand Becker (1991 b) innerhalb von Familien signifikante positive Korrelationen zwischen den Liebesfähigkeitsscores von Vätern, Müttern, Söhnen und Töchtern.

Menschen, die - begünstigt durch ihre Liebesfähigkeit - über eine gute soziale Integration verfügen, sind vor einer der schlimmsten Quellen von Unzufriedenheit geschützt: der Vereinsamung. Während gute soziale Beziehungen das Wohlbefinden und die Lebenszufriedenheit fördern (Schwarzer & Leppin, 1991; Stroebe & Stroebe, 1991), fühlen sich (unfreiwillig) Alleinlebende - insbesondere ältere Menschen, aber auch Verwitwete oder Geschiedene ohne Kinder - häufig sehr unglücklich.

(3) Wie Viktor Frankl in seiner Theorie der seelischen Gesundheit hervorhebt, kennzeichnet es den Menschen als Menschen, daß er in seinem Leben nach *Sinn* strebt ("Wille zum Sinn") (Frankl, 1973; siehe auch Becker, 1982 a, 1985 a; Längle, 1985). Zur Befriedigung dieses Sinnbedürfnisses stehen drei grundsätzliche Wege offen: Der erste besteht im Schöpferischsein, indem jemand etwas verwirklicht, eine Tat vollbringt bzw. ein Werk schafft. Aber auch eine zwischenmenschliche Beziehung, insbesondere eine liebevolle Beziehung, kann dem Leben Sinn verleihen. Der dritte Weg beinhaltet das Fertigwerden mit einem unabänderlichen Faktum, z.B. einem Schicksalsschlag (wie dem Verlust eines geliebten Menschen oder dem Auftreten einer eigenen unheilbaren Krankheit). Die zweite Möglichkeit ist im vorliegenden Zusammenhang von besonderer Bedeutung: Menschen mit erhöhter Liebesfähigkeit zeigen Interesse an ihren Mitmenschen und erschließen sich auf diesem Weg eine der wichtigsten Sinnquellen. In genau diese Richtung argumentiert auch Adler (1933), wenn er das "Gemeinschaftsgefühl" zu einem Eckpfeiler der seelischen Gesundheit erklärt (vgl. Becker, 1993 c; Pongratz, 1983).

Expansivität

Während Liebesfähigkeit ein Aspekt sozialer Kompetenz ist, der sich primär darin manifestiert, daß eine Person zur Empathie und zum Eingehen auf die Bedürfnisse anderer in der Lage ist, äußert sich Expansivität in Fähigkeiten wie Selbstbehauptung und Übernahme von Führungspositionen in einer Gruppe. Der Trierer Persönlichkeitsfragebogen (TPF) enthält eine Expansivitätsskala, die in der Eichstichprobe des TPF bei Männern .65 und bei Frauen .60 mit der seelischen Gesundheitsskala korreliert. Dieses Ergebnis steht mit der klinischen Beobachtung im Einklang, daß es vielen - jedoch keineswegs allen! - Psychotherapiepatienten schwerfällt, Selbstbehauptung zu zeigen (Trower et al., 1978; Ullrich & Ullrich de Muynck, 1980). In Untersuchungen mit dem Interaktions-Angstfragebogen (IAF) fand Becker (1982 b) bei verschiedenen Neurotikergruppen erhöhte Scores in der Skala "Angst vor Selbstbehauptung", wobei die entsprechenden Werte bei Patientinnen und Patienten mit Sozialängsten, Phobien und Angstneurosen besonders herausragten. Vergleichbare Ergebnisse wurden mit dem Unsicherheitsfragebogen von Ullrich de Muynck und Ullrich (1979) erzielt (Ullrich & Ullrich de Muynck, 1978). Es überrascht daher nicht, daß Selbstbehauptungstrainings zum Standardrepertoire von Verhaltenstherapeuten gehören. Auf weitere Formen sozialer Kompetenz (z.B. die Fähigkeit zu fördernder Anleitung oder zur Bestätigung des anderen) gehen wir in einem späteren Kapitel genauer ein.

Zusammenfassend läßt sich festhalten, daß seelisch Gesunde sowohl zur Liebesfähigkeit als auch zur Expansivität in der Lage sind. Beide Fähigkeiten korrelieren zwar hochsignifikant mit der seelischen Gesundheit, jedoch nur niedrig (etwa .20) untereinander (Becker, 1989). Dabei scheint ein schwacher Zusammenhang zur Verhaltenskontrolle zu bestehen: Während Liebesfähigkeit Verhaltenskontrollierten etwas leichter fällt als Spontanen, neigen wenig Verhaltenskontrollierte eher zur Expansivität.

Weiterhin zeigen sich Geschlechtsunterschiede: Männer sind expansiver als Frauen, die ihrerseits Männer in der Liebesfähigkeit übertreffen (Becker, 1986 c, 1989; Becker & Minsel, 1986 b). Damit korrespondierende Unterschiede in den Wertorientierungen von Männern und Frauen wurden von Brandtstädter, Renner und Baltes-Götz (1989) in einer quersequentiellen Studie an Erwachsenen im Altersbereich von 30-60 Jahren berichtet. Männer legten unter anderem mehr Wert als Frauen auf Selbstbehauptung, Durchsetzungsfähigkeit sowie beruflichen Erfolg und Tüchtigkeit, während Frauen unter anderem Einfühlungsvermögen, Freundschaft, soziale Integration und Sicherheit der Familie höher gewichteten als Männer. Dieser Befund steht mit den Geschlechterstereotypen *"agency"* (für Männer) bzw. *"communion"* (für Frauen) in Einklang (vgl. Becker, 1986 c).

Mithin liegt es nahe, für Männer und Frauen von der Tendenz her unterschiedliche *Entwicklungsziele* bzw. Wege zur Förderung ihrer seelischen Gesundheit anzuregen. Während viele Frauen davon profitieren könnten, wenn sie ihre Fähigkeit zur Selbstbehauptung verbesserten, täte es vielen Männern gut, ihre Liebesfähigkeit (im oben diskutierten Sinn) zu kultivieren. Genau in diese Richtung zielen auch die Erwartungen von Frauen, wenn sie danach gefragt werden, welche Wünsche sie bezüglich der Entwicklung ihrer Männer hegen (Becker, 1986 c; Steinebach, 1984).

Generell scheint ein ausgewogenes Verhältnis von Liebesfähigkeit und Expansivität Vorteile zu bieten, denn dadurch werden die Gefahren *extremer* Expansivität (Rücksichtslosigkeit auf Kosten anderer) ebenso vermieden wie die Gefahren *extremer* Liebesfähigkeit (Zurückstellen eigener Bedürfnisse bis hin zur scheinbaren Bedürfnislosigkeit und zur Selbstverleugnung) (vgl. Belle, 1982).

Nachdem wir die Fähigkeit zur Bewältigung externer Anforderungen besprochen haben, gehen wir im folgenden auf die internen Anforderungen ein. Dabei ist zum einen der Begriff der internen Anforderungen zu klären und zum anderen der Nachweis zu erbringen, daß seelisch Gesunde in der Lage sind, interne Anforderungen besonders gut zu bewältigen.

3.2 Die Fähigkeit zur Bewältigung interner Anforderungen

Unter internen Anforderungen verstehen wir solche, die von den in Abbildung 4.7 wiedergegebenen psychischen Systemen ausgehen, die gemäß Tabelle 4.1 als Sollwertgeber fungieren: "System angeborener Bedürfnisse", "System erworbener Sollwerte" und "System kognitiver Strukturen". Das "perzeptorische System" klammern wir aus, da es nur unter besonderen Umständen und eher indirekt die Funktion eines Sollwertgebers übernimmt (siehe oben).

3.2.1 System angeborener Bedürfnisse

Wir stimmen mit jenen Theoretikern überein, die die Bedeutung der Fähigkeit zur Bedürfnisbefriedigung für die seelische Gesundheit betonen (z.B. Freud, Rogers, Maslow oder Frankl), wobei wir seelische Gesundheit nicht mit dieser Fähigkeit gleichsetzen. Zwar halten wir die Fähigkeit zur Bedürfnisbefriedigung für notwendig, nicht jedoch für hinreichend, wie aus unserer Definition der seelischen Gesundheit als Fähigkeit zur Bewältigung externer *und* interner Anforderungen hervorgeht. Zu den internen Anforderungen zählen wir Sollwerte aus dem "System angeborener Bedürfnisse". Uns ist bewußt, daß die Trennung dieser beiden Arten von Fähigkeiten etwas Künstliches hat, da die Bewältigung externer Anforderungen häufig instrumentell für die Bewältigung interner Anforderungen ist, wir halten aber dennoch aus Gründen der Systematik an der Unterscheidung fest.
Unsere *Generalthese* lautet:

> *Um seine seelische Gesundheit zu bewahren oder zu fördern, muß ein Mensch in der Lage sein, seine angeborenen Bedürfnisse (allein oder mit Unterstützung anderer) in hinreichendem Ausmaß zu befriedigen. Je besser ihm dies*

gelingt, desto höher ist - ceteris paribus - der Grad seiner seelischen Gesundheit.

Was ist mit der Einschränkung "in hinreichendem Ausmaß" gemeint? Sieht man von lebenswichtigen physiologischen Bedürfnissen ab, die nur kurzzeitige Deprivationen zulassen, kann der Mensch durchaus über längere Zeit existieren, auch wenn andere angeborene Bedürfnisse (z.B. nach Sicherheit, Bindung oder Selbstverwirklichung) nicht befriedigt werden. Allerdings sind solche Phasen der Deprivation in der Regel mit Beeinträchtigungen der seelischen Gesundheit als Zustand verbunden, wobei das Ausmaß der Beeinträchtigung unter anderem von der Dauer und persönlichen Bedeutsamkeit der Deprivation sowie der "Frustrationstoleranz" abhängt. So ist damit zu rechnen, daß eine Person, deren Bedürfnis nach Orientierung und Sicherheit massiv frustriert wird, in eine schwere existentielle Krise gerät, die von Symptomen begleitet ist, wie sie Frankl (1975) oder Klinger (1977) beschrieben haben.

Wir diskutieren im folgenden den Zusammenhang von Bedürfnisbefriedigung und seelischer Gesundheit am Beispiel der *Arbeitstätigkeit*, da es sich um einen existentiell bedeutsamen Lebensbereich handelt und zu diesem Thema zahlreiche empirische Befunde, darunter auch eigene, vorliegen (zum Überblick Becker, 1986 d; Mohr, 1990; Zapf, 1991). Es versteht sich, daß die zur Bedürfnisbefriedigung zu ergreifenden Maßnahmen Aufgabe des "Simulators" und des "sensumotorischen Systems" sind. Uns interessieren an dieser Stelle nicht die Maßnahmen, sondern der Befriedigungsstatus der verschiedenen Bedürfnisse.

Physiologische Bedürfnisse

Da in modernen Industriegesellschaften - im Gegensatz zu wirtschaftlich und sozial weniger entwickelten Ländern (siehe Aram & Piraino, 1978) - die physiologischen Bedürfnisse in der Regel weitgehend befriedigt werden können, mithin eine eingeschränkte Varianz vorliegt, ist nicht mit engen Zusammenhängen zur seelischen Gesundheit zu rechnen. In einer Studie von Becker et al. (1994) korrelierten subjektiv wahrgenommene physisch belastende Arbeitsbedingungen auf der Ebene latenter Konstrukte -.15 mit der seelischen Gesundheit. Seibel und Lühring (1984) konnten keinen signifikanten Zusammenhang zwischen objektiv erfaßten physischen Belastungen am Arbeitsplatz und seelischer Gesundheit nachweisen. Was die Bedeutung von Schicht- und Nachtarbeit - eine fraglos physisch, aber auch psychosozial belastende Bedingung -

betrifft, ist die Befundlage unklar. Während ein nennenswerter Teil der Beschäftigten (etwa 20%) sich nicht an Schichtarbeit gewöhnen kann und erhebliche Beeinträchtigungen der körperlichen und zum Teil auch der seelischen Gesundheit erfährt, scheinen andere Personen die Belastungen relativ gut zu verkraften (vgl. Becker, 1986 d).

Explorationsbedürfnis

Die arbeitswissenschaftliche Literatur belegt, daß die weitaus meisten Beschäftigten eine abwechslungsreiche, interessante Tätigkeit monotoner Arbeit vorziehen (Becker, 1986 c; Krieger, 1992 a; 1992 b; Martin, Ackermann, Udris & Oegerli, 1980; Zapf, 1991). Monotonie wirkt offensichtlich als Stressor und gefährdet bei längerer Dauer die seelische Gesundheit. Aus diesem Grund umfassen Maßnahmen zur "Humanisierung" des Arbeitslebens unter anderem Angebote zur "job rotation" (zyklischer Arbeitsplatzwechsel) bzw. zur Arbeitserweiterung (Maier, 1983; Ulich, Groskurth & Bruggemann, 1973).

Bedürfnis nach Selbstaktualisierung

Zu diesem Aspekt liegt eine umfangreiche Literatur vor, die zwei gut abgesicherte Erkenntnisse liefert: Gelegenheit zur Selbstaktualisierung durch eine interessante, herausfordernde Tätigkeit wird (1) als eine der wichtigsten Quellen der Arbeitszufriedenheit erlebt und (2) trägt zur seelischen Gesundheit bei (z.B. Hackman & Oldham, 1976; Kornhauser, 1965; Zapf, 1991). In Untersuchungen wird häufig die *Kontrolle über die Arbeit* (bzw. der Dispositionsspielraum) als Indikator für Gelegenheiten zur Selbstaktualisierung verwendet (z.B. Frese, 1989; Karasek, 1979). Exemplarisch sei die pfadanalytische Studie von Becker et al. (1994) herangezogen. In einem komplexen pfadanalytischen Modell (LISREL-Analyse) erwies sich die wahrgenommene Kontrolle über die Arbeit als bedeutsame positive Einflußvariable auf die seelische Gesundheit.

Bedürfnis nach Orientierung und Sicherheit

Zahlreiche Untersuchungen belegen, daß Unsicherheit über den Erhalt des Arbeitsplatzes sehr belastend erlebt wird und die seelische Gesundheit beeinträchtigt (Becker, 1986 d; Büssing, 1987; Seibel & Lühring, 1984; Semmer, 1984). Dies überrascht wenig, ist doch die Arbeit für viele Menschen nicht nur ein wichtiger sinnstiftender Lebensinhalt und eine Quelle des Selbstwertgefühls, sondern auch die ökonomische Basis der Existenzsicherung. Ein sicherer Arbeitsplatz und ein gesichertes Einkommen bilden die Basis für längerfristige Planungen und Entscheidungen (z.B. die Entscheidung, ein Haus zu bauen und bestimmte finanzielle Verpflichtungen einzugehen). Als Indiz dafür, daß die meisten Menschen die Arbeit als eine der sinngebenden Säulen ihrer Existenz betrachten, kann der hohe Prozentsatz von Personen gelten, der auch dann weiterarbeiten möchte, wenn er finanziell nicht darauf angewiesen wäre (Becker, 1986 d). Wenngleich interindividuelle Unterschiede und die genauen Randbedingungen der Arbeitslosigkeit in Betracht zu ziehen sind, besteht kein Zweifel daran, daß der Verlust des Arbeitsplatzes Menschen in eine schwere Sinnkrise und in materielle Not stürzen und ihre seelische Gesundheit beeinträchtigen kann (Becker, 1986 d; Brenner, 1979; Dooley & Catalano, 1980).

Bedürfnis nach Bindung

Der Arbeitsplatz eignet sich einerseits gut dazu, Bedürfnisse nach Zugehörigkeit und sozialem Austausch zu befriedigen, er kann andererseits auch starke Belastungen hervorrufen, wenn beispielsweise die Zusammenarbeit und Kommunikation mit Arbeitskollegen gestört ist, wenn es zu häufigen Konflikten mit Vorgesetzten oder Untergebenen kommt oder wenn man zu wenig Beachtung und Unterstützung erhält (Krieger, 1992 b). Von daher sind Zusammenhänge zur seelischen und körperlichen Gesundheit zu erwarten. So korrelierten in einer Studie von Semmer (1984) mangelnde Kommunikationsmöglichkeiten am Arbeitsplatz mit psychosomatischen Beschwerden. Seibel und Lühring (1984) ermittelten in einer multiplen Regressionsanalyse zur Vorhersage der seelischen Gesundheit ein signifikantes negatives Betagewicht der Variablen "Konflikte mit Vorgesetzten". Und in einer pfadanalytischen Reanalyse der von Caplan et al. (1982) erhobenen Daten fand Becker (1986 d) signifikante, positive Pfadkoeffizienten von "Unterstützung durch Kollegen" und "Unterstützung durch Vorgesetzte" zur seelischen Gesundheit bzw. Arbeitszufriedenheit.

Zusammenfassend belegen die Ergebnisse, daß Personen, deren Arbeitsbedingungen gute Voraussetzungen zur Befriedigung von Bindungsbedürfnissen schaffen, seelisch (und körperlich) gesünder sind als Personen mit ungünstigeren Arbeitsbedingungen.

Bedürfnis nach Achtung

Aufgaben, die von anderen als bedeutungsvoll eingeschätzt werden, erfolgreich zu erledigen und dafür Anerkennung zu erhalten, trägt fraglos zur Stabilisierung und Förderung des Selbstwertgefühls bei. Da das Selbstwertgefühl einer der Indikatoren der seelischen Gesundheit ist (siehe oben sowie Becker, 1989), sollte ein positiver Zusammenhang zwischen Gelegenheiten zur Befriedigung des Bedürfnisses nach Achtung und der seelischen Gesundheit bestehen. Zu dieser Frage liegen kaum empirische Befunde vor. In einer von Becker et al. (1994) durchgeführten Untersuchung wurde folgendes bislang unveröffentlichtes Ergebnis erzielt: Bei einer Gruppe von 399 berufstätigen Erwachsenen ergab sich eine hochsignifikante Korrelation von .40 zwischen der seelischen Gesundheitsskala des TPF und einer Skala zur Erfassung positiver sozial-emotionaler Bedingungen am Arbeitsplatz, die unter anderem folgende Items enthält: "Mein Vorgesetzter erkennt meine Arbeitsleistungen an." und "Ich bin stolz auf das, was ich in meiner Tätigkeit leiste." Weitere Untersuchungen sind geboten.

Zusammenfassend läßt sich aus der empirischen Befundlage der Schluß ziehen, daß Menschen, denen es aufgrund ihrer Kompetenzen und entsprechender Ressourcen am Arbeitsplatz in hohem Maße gelingt, ihre angeborenen Bedürfnisse zu befriedigen, eine höhere seelische Gesundheit aufweisen als Personen, die dazu nicht in der Lage sind, weil ihnen die Kompetenzen oder die externen Ressourcen fehlen.

3.2.2 System erworbener Sollwerte

Im vorangehenden Kapitel haben wir im "System erworbener Sollwerte" eine Unterscheidung getroffen zwischen (1) Zielen, Wünschen, Projekten und Ichideal sowie (2) sozialen Werten, Normen, Regeln und Vorschriften. Diese Zweiteilung dient uns hier als Gliederungsgesichtspunkt.

Ziele, Wünsche, Projekte, Ichideal

Menschen verfolgen im allgemeinen eine Reihe mittel- und langfristiger Ziele, die ihrem Leben Sinn und Perspektive verleihen. Befragt man sie danach, so nennen sie in den Untersuchungen im allgemeinen etwa 15 persönliche Ziele ("personal strivings"; Emmons, 1986). Diese Ziele können in Konkurrenz zueinander treten und zu intrapsychischen Konflikten führen. In jüngerer Zeit wurde die Hypothese überprüft, daß derartige Konflikte mit dem psychischen und physischen Wohlbefinden in Zusammenhang stehen. Emmons und King (1988) erbrachten in drei Querschnitt- und Längsschnittstudien den Nachweis, daß Studierende mit vielen Konflikten zwischen ihren Zielen und solche mit ambivalenten Haltungen gegenüber ihren Zielen verstärkt zu Ängsten, Depressionen, Neurotizismus und psychosomatischen Beschwerden neigen.

Häufig haben die persönlichen Ziele den Charakter von "Projekten", um deren Realisierung die Betreffenden sich bemühen. Unter inhaltlichen Gesichtspunkten lassen sich langfristige Ziele bzw. Projekte in *selbstbezogene* und *umweltorientierte* einteilen. Selbstbezogene Ziele werden in der Literatur unter anderem als "ideales Selbst" oder "normativer Selbst-Entwurf" bezeichnet (Brandtstädter et al., 1992; Rogers, 1959; Rosenberg, 1979). Idealselbst und (subjektiv wahrgenommenes) Realselbst weichen im Einzelfall mehr oder weniger voneinander ab. In der Tradition von Carl Rogers wird die Korrelation zwischen Ideal- und Realselbst (erfaßt mittels Q-Sortierung) als Indikator für die Selbstachtung einer Person verwendet, die ihrerseits hoch mit der seelischen Gesundheit korreliert (vgl. Rogers & Dymond, 1954) und als ein Therapieerfolgskriterium dient (Shlien, 1966). Annäherungen des Realselbst an das Idealselbst dienen mithin als Indikator für eine erfolgreich verlaufene Therapie. Dies besagt nichts anderes, als daß seelisch Gesunde besser als psychisch Gestörte in der Lage sind, selbstbezogene Entwicklungsziele zu erreichen und mit dem Erreichten zufrieden zu sein.

Neben Alfred Adler war Viktor Frankl einer der ersten und einflußreichsten Theoretiker, die die Bedeutung *sinnstiftender Ziele und Aufgaben* für die seelische Gesundheit erkannten. Folgerichtig setzt die von Frankl (1975) entwickelte Logotherapie genau an dieser existentiellen Thematik an (Kurz, 1991 a; Längle, 1985; Lukas, 1990, 1992).

Daß Sinnerfülltheit - wie von Frankl behauptet - ein hervorragender Indikator für den Grad der seelischen Gesundheit ist, konnte Becker (1985 a, 1989) in zwei Untersuchungen nachweisen, von denen wir eine herausgreifen: Der Trierer Persönlichkeitsfragebogen (TPF) enthält eine Sinnerfülltheitsskala, die mit der seelischen Gesundheitsskala in der TPF-Eichstichprobe .74 korreliert.

Es ist also davon auszugehen, daß der Mensch sich langfristige Ziele setzt, die sein Handeln motivieren und für seine seelische Gesundheit unverzichtbar sind. Was aber geschieht, wenn sich die Zielerreichung als schwierig oder unmöglich herausstellt? Mit dieser Frage hat sich die Arbeitsgruppe um Brandtstädter theoretisch und empirisch auseinandergesetzt (Brandtstädter, 1993; Brandtstädter & Renner, 1990, 1992; Brandtstädter & Greve, 1992). In unserem Zusammenhang erscheint vor allem die Unterscheidung zweier komplementärer Bewältigungsstrategien von Interesse: "hartnäckige Zielverfolgung" (bzw. "Tenazität") und "flexible Zielanpassung" (bzw. "Flexibilität"). Beide Tendenzen werden auch als *dispositionelle* Konstrukte aufgefaßt, zu deren Diagnostik zwei Skalen konstruiert wurden, die sich durch gute Meßeigenschaften auszeichnen.

Tenazität wird als *assimilative* Tendenz konzipiert. Sie ist durch ein hartnäckiges Festhalten an bisherigen Zielen gekennzeichnet. Zwei exemplarisch herausgegriffene Items lauten: "Wenn sich mir Schwierigkeiten in den Weg stellen, verstärke ich gewöhnlich meine Anstrengungen erheblich." und "Je schwieriger ein Ziel zu erreichen ist, um so erstrebenswerter erscheint es mir oft." Tenazität ist vor allem in Frühphasen des Bewältigungsprozesses von Vorteil.

Unter *Flexibilität* wird die Fähigkeit zu *akkomodativen* Zielanpassungen verstanden. Sie umfaßt vor allem Veränderungen des Anspruchsniveaus sowie der Wertprioritäten und Bewertungsmaßstäbe. Zwei Items mögen zur Verdeutlichung dienen: "Veränderten Umständen kann ich mich im allgemeinen recht gut anpassen." und "Nach schweren Enttäuschungen wende ich mich bald neuen Aufgaben zu.". Nach Brandtstädter und Renner (1990) sind die Skalen zur Erfassung der beiden Strategien gute Prädiktoren einer hohen Lebenszufriedenheit und geringen Depressivität. Beide Skalen sind weitgehend unabhängig voneinander und zeigen umgekehrte korrelative Bezüge zum Lebensalter (Abnahme der Tenazität und Zunahme der Flexibilität). Diese Entwicklungstendenzen im Alter liefern einen Schlüssel zum Verständnis der Tatsache, daß ältere Menschen - obwohl sie zum Teil erhebliche Einbußen und Verluste zu verkraften haben - im allgemeinen ihre Selbstachtung wahren und nicht gehäuft unter Depressionen leiden.

Im Zusammenhang mit unserer Theorie der seelischen Gesundheit erscheint folgender Befund interessant: In einer Studie an 82 männlichen und weiblichen Studierenden ermittelten wir hochsignifikante Korrelationen zwischen der seelischen Gesundheitsskala und der Flexibilitätsskala (.50) bzw. der Tenazitätsskala (.51), während die beiden Bewältigungsskalen untereinander nur leicht positiv (.25) korrelierten. Seelisch Gesunde zeichnen sich mithin durch zwei sich ergänzende Verhaltenstendenzen aus: Einerseits halten sie an ihren langfristigen Zielen fest, ohne vorschnell bei Schwierigkeiten zu resignieren. Ein solches Vorgehen dürfte sich vor allem in den frühen Bewältigungsphasen, wenn die Erfolgsaussichten noch positiv eingeschätzt werden können, als vorteilhaft herausstellen. Andererseits besitzen sie hinreichend viel Flexibilität, um angesichts unerreichbarer bzw. überhöhter Ziele realitätsangemessene Korrekturen vorzunehmen. Darin unterscheiden sie sich von Menschen mit psychischen Störungen, denen es schwerfällt, sich mit Unabänderlichem abzufinden.

Ein entsprechendes Ergebnis hatte bereits Becker (1985 b) in einer Untersuchung des Bewältigungsverhaltens von 30 psychisch gestörten (primär depressiven) und 30 seelisch gesunden älteren Frauen gefunden. Diesen Frauen wurden Belastungs- und Konfliktsituationen beschrieben, die für ihre Lebenssituation angemessen und charakteristisch sind. In einem Interview wurde erfragt, wie die Betreffenden mit diesen Situationen umgehen würden. Ferner wurde ihr Bewältigungsverhalten mit dem Streßverarbeitungsfragebogen SVF von Janke, Erdmann und Kallus (1978) analysiert. Aufgrund der Ergebnisse dieser Studie wurden die seelisch Gesunden wie folgt beschrieben: "(1) Statt zu resignieren, zeigen sie mehr Optimismus und Ausdauer, (2) es fällt ihnen weniger schwer, sich mit Unabänderlichem abzufinden..." (Becker, 1985 b, S. 181).

Das Konzept der "Tenazität" weist eine gewisse Verwandtschaft zu dem von Kuhl (1983) eingeführten Konzept der *"Lageorientierung"* auf, ohne jedoch damit gleichgesetzt werden zu können (siehe auch Kuhl & Kazen-Saad, 1988). Personen, die sich im Zustand der Lageorientierung - im Gegensatz zu einer "Handlungsorientierung" - befinden, halten unter anderem an unrealistischen Zielen fest und haben Schwierigkeiten, ihre Aufmerksamkeit auf aktuelle Aufgaben und deren situative Rahmenbedingungen zu richten. Zum Beispiel denken sie immer wieder über einen zurückliegenden Verlust oder Mißerfolg, die aktuellen emotionalen Folgen dieses Ereignisses oder das ursprünglich angestrebte Ziel nach und werden dadurch beim Lösen einer aktuellen Aufgabe beeinträchtigt. In mehreren Untersuchungen fand Kuhl Belege dafür, daß depressive Zustände als extreme Ausprägungen einer Lageorientierung interpretiert werden können. Die von Kuhl beschriebene Schwierigkeit Depressiver, sich von Unerreichbarem zu lösen, deckt sich mit den Befunden von Becker (1985 b).

Bei der allgemeinen Diskussion des "Systems erworbener Sollwerte" hatten wir bereits die Hypothese formuliert, daß es für das Verständnis bestimmter psychischer Störungen (z.B. Phobien) bzw. Beeinträchtigungen der seelischen Gesundheit aufschlußreich sein kann, neben positiv bewerteten Zielen auch *Vermeidungsziele* zu berücksichtigen. Wir wollen diesen Gedanken hier nochmals aufgreifen. In Anlehnung an Lewin (1963) läßt sich der subjektive *Lebensraum* einer Person durch Bereiche mit positiver und negativer Valenz charakterisieren. Diese Bereiche lösen Annäherungs- bzw. Vermeidungstendenzen aus. Dies gilt nicht nur für die aktuelle, sondern auch für die antizipierte künftige Situation. Auch der künftige Lebensraum enthält Annäherungs- und Vermeidungsziele. Unsere Hypothese besagt, daß sich eine Vielzahl von Personen mit geringer seelischer Gesundheit dadurch auszeichnet, daß ihr aktueller und (antizipierter) künftiger Lebensraum mehr Vermeidungsziele enthält als dies bei Personen mit hoher seelischer Gesundheit der Fall ist.

Um es bildlich auszudrücken: Viele Personen mit geringer seelischer Gesundheit bewegen sich in vermintem Gelände bzw. in einem Gelände, auf dem sich zahlreiche Warntafeln mit der Aufschrift "Betreten verboten. Vorsicht Lebensgefahr!" befinden. Sie können sich nicht spontan und geradlinig auf positive Ziele zubewegen, sondern müssen Vorsicht walten lassen, Umwege machen oder eine neue Richtung einschlagen und mit dem Gedanken spielen, auf das Anstreben eines positiven Ziels ganz zu verzichten. Wenn jedoch das ursprünglich angesteuerte Ziel seine positive Valenz behält, ein endgültiger Verzicht für die Person nicht in Frage kommt, gerät sie in einen emotional belastenden (z.B. angstauslösenden) Konflikt. Als Beispiel für ein daraus resultierendes *"neurotisches"* Verhalten diene ein Student, der einerseits das Fernziel eines erfolgreichen Studienabschlusses anstrebt, aber andererseits - aus welchen Gründen auch immer - das Vermeidungsziel entwickelt hat, sich auf keinen Fall in eine obligate mündliche Prüfung zu begeben.

Zusammenfassend zeichnen sich seelisch Gesunde im Hinblick auf ihre Ziele, Wünsche, Projekte und ihr Ichideal wie folgt aus:

- Sie verfügen über langfristige Ziele, die ihrem Leben Sinn und Orientierung geben.
- Ihre persönlichen Ziele ("personal strivings") verfolgen sie mit relativ wenig Konflikten und Ambivalenzen.
- Zwischen ihrem idealen Selbst und ihren Realselbst besteht keine allzu große Diskrepanz.
- Es gelingt ihnen, eine Balance zwischen hartnäckiger Zielverfolgung (Tenazität) und flexibler Zielanpassung (Flexibilität) bzw. zwischen aktiver Problemlösung und eher resignativem Zurückstecken herzustellen.
- Im Vergleich zu Personen mit geringer seelischer Gesundheit ist ihr Lebensraum durch eine geringere Anzahl von Vermeidungszielen gekennzeichnet.

Soziale Werte, Normen, Regeln und Vorschriften

Der Mensch als in sozialen Gemeinschaften und Kulturen lebendes Wesen bedarf, wie oben ausgeführt wurde, eines "Systems erworbener Sollwerte", in dem das von einer Gesellschaft bzw. einer Subgruppe für wünschenswert Gehaltene seine intrapsychische Repräsentanz findet. Neben der *Kenntnis* sozialer Werte und Normen ist es für den einzelnen unumgänglich, in seinem Verhalten diesen verinnerlichten Werten und Normen *prinzipiell* (d.h. jedoch nicht uneingeschränkt und unter allen Umständen) Beachtung zu schenken. Ohne Frage stellen sie interne Anforderungen, die man in gewissem Umfang bewältigen muß, wenn man sich seine seelische Gesundheit bewahren will. Wie gut dies gelingen kann, hängt unter anderem davon ab, wie angemessen die innere Repräsentation der sozialen Werte ist und wie "human" (sensu Fromm) die Werte als solche sind. Wir hatten oben bereits darauf hingewiesen, daß es eine Subgruppe von Patienten mit psychischen Störungen - darunter vor allem solche mit neurotischen Störungen - gibt, die hinsichtlich sozialer Werte *"irrationale Überzeugungen"* ausgebildet hat (Ellis, 1962, 1973). Wer beispielsweise den sozialen Wert "Leistungsfähigkeit" für sich dahingehend interpretiert, er dürfe sich nur dann als wertvoll empfinden, wenn er stets und auf allen Gebieten höchst kompetent und tüchtig ist (Ellis nennt dies eine "Mußturbation"), stellt sich selbst ein Bein, denn einer solchen Anforderung wird wohl kaum jemand genügen. Vielmehr ist eine solche Person dazu prädestiniert, Scham- oder Schuldgefühle und Ängste zu entwickeln und sich selbst abzuwerten.

Neben klinischen Erfahrungen liegen Untersuchungsergebnisse vor, die einen Zusammenhang zwischen irrationalen Wertvorstellungen und psychischen Beschwerden belegen. Rohsenow und Smith (1982) ermittelten mit dem "Irrational beliefs test" (zur Erfassung irrationaler Überzeugungen) unter anderem eine hochsignifikante positive Korrelation zwischen einem Item, das unrealistische Leistungsnormen mißt, und erhöhten Angstwerten. Ein analoges Ergebnis hatten bereits Goldfried und Sobocinski (1975) berichtet.

3.2.3 System kognitiver Strukturen und System kognitiver Operationen

Oben haben wir zwei Bereiche des "Systems kognitiver Strukturen", das Umweltmodell und das Selbstmodell, hervorgehoben, die beide sowohl als interne Wissensspeicher als auch als Sollwertgeber fungieren. Letztere Funktion spiegelt den Umstand wider, daß Menschen darauf angewiesen sind, ihre Umwelt- und Selbstmodelle und darin enthaltene Schemata als Orientierungsrahmen für ihr Handeln zu verwenden, was nichts anderes besagt, als daß Inhalte der Umwelt- und Selbstmodelle interne Anforderungen stellen. Dies sei im folgenden näher erläutert.

Festinger (1957) hat in seiner kognitiven Dissonanztheorie postuliert und in zahlreichen Untersuchungen empirisch stützen können, daß Menschen dazu neigen, Dissonanzen zwischen persönlich relevanten kognitiven Elementen als aversiv zu erleben und zu reduzieren. Dieser Ansatz ist gleichermaßen für das Verständnis von Prozessen im Umwelt- wie im Selbstmodell von Bedeutung. Wir beschränken uns im folgenden auf das Selbstmodell, da diesbezügliche kognitive Dissonanzen aufgrund ihrer persönlichen Relevanz emotionale Konsequenzen erwarten lassen. Einerseits ist damit zu rechnen, daß Personen auf Konsistenz zwischen ihren Selbstschemata und neuen selbstbezogenen Informationen achten *("Konsistenzprinzip").* Andererseits neigen Menschen dazu, Informationen, die mit ihrem Selbstbild nicht zu vereinbaren sind, akkomodativ zu verarbeiten, wenn dies zu einer Selbstwerterhöhung führt (*"Selbstwerterhöhungsprinzip"*) (siehe dazu Jones, 1973).

Im Zusammenhang mit unserer Theorie der seelischen Gesundheit interessiert primär, wie seelisch Gesunde und Personen mit psychischen Störungen auf *selbstbildinkongruente Informationen* reagieren. Dieser Frage hat Rogers (1959, 1973) große Aufmerksamkeit gewidmet (siehe auch Becker, 1982 a). Eine seiner Thesen lautet: "Wenn Erfahrungen im Leben des Individuums auftreten, werden sie entweder a) symbolisiert, wahrgenommen und in eine Beziehung zum Selbst organisiert, b) ignoriert, weil es keine wahrgenommene Beziehung zur Selbst-Struktur gibt, oder c) geleugnet oder verzerrt symbolisiert, weil die Erfahrung mit der Struktur des Selbst nicht übereinstimmt." (Rogers, 1973, S. 434). Rogers sieht in der Abschirmung eines bereits geschwächten Selbst vor selbstwertbedrohlichen Informationen einen Prozeß, der über eine *Selbstentfremdung* zu psychischen Störungen führt. Demgegenüber ist der seelisch gesunde bzw. sich selbst aktualisierende Mensch offen für neue Erfahrungen und bereit zu angemessenen akkomodativen Selbstbildrevisionen.

In unserer eigenen Theorie vertreten wir die Auffassung, daß seelisch Gesunde eine *Balance* herstellen zwischen assimilativen Strategien zur Stabilisierung des Selbstmodells, wodurch Orientierungs- und Handlungssicherheit gefördert werden, und akkomodativen Strategien zur begrenzten und behutsamen Veränderung des Selbstmodells, woraus sich Entwicklungsperspektiven ergeben. Einen diesbezüglichen Konflikt im Menschen zwischen dem Streben nach Sicherheit einerseits und dem Wunsch nach Freiheit und Weiterentwicklung andererseits hat bereits Fromm (1945) thematisiert (ausführlicher bei Becker, 1982 a).

Auch Epstein (1979, 1991) diskutiert im Zusammenhang mit der Selbsttheorie des Menschen die Notwendigkeit einer Balance von assimilativen und akkomodativen Prozessen. Revisionen der Selbsttheorie erfolgen leichter auf den unteren Ebenen der Hierarchie von Selbstschemata, während es besonders einschneidender und emotional bedeutsamer Erfahrungen (z.B. traumatischer Erlebnisse oder therapeutischer Hilfe) bedarf, bevor Veränderungen zentraler Postulate in Angriff genommen werden. Nach Epstein (1991) gibt es wenigstens fünf Gründe dafür, weshalb Menschen fehlangepaßte Schemata beibehalten, selbst wenn sie im Widerspruch zu neuer Evidenz stehen: Verdrängung; Abkapselung der Schemata höherer Ordnung von Erfahrungsdaten; Bedürfnis, die Stabilität der persönlichen Realitätstheorien zu bewahren; Entwicklung spezifischer "Empfindlichkeiten" (Übergeneralisationen bezüglich Gefahren) sowie "Zwänge" (Übergeneralisationen von Mechanismen der Gefahrenabwehr).

Jüngst haben Brandtstädter und Greve (1992) eine ähnliche Position im Rahmen ihrer Theorie über adaptive und protektive Mechanismen im Alter formuliert. Sie stellen ein Modell vor, das drei Grundprozesse der Sicherung einer positiven Identität und zur Bewältigung von Selbstwertproblemen bei älteren Menschen unterscheidet:

- *Instrumentelle* Handlungen, welche darauf abzielen, Entwicklungsverluste in selbstbildrelevanten Bereichen zu verhindern oder zu beseitigen. Diesen Modus der Identitätssicherung bezeichnen die Autoren als *assimilativ*. Beispiele dafür wären: das Ergreifen von Maßnahmen zur Erhaltung der körperlichen Tüchtigkeit; Kompensationsbemühungen zum Ausgleich von spezifischen Funktionsverlusten; oder das systematische Aufsuchen und Auswählen identitätsstützender Informationen und Kontexte.
- *Akkomodative* Reorganisationen im Gefüge persönlicher Ansprüche und Ziele. Hierunter fallen unter anderem die Ablösung von nicht mehr erreichbaren Zielen oder selbstwertdienliche Vergleiche (z.B. mit Gleichaltrigen statt mit Jüngeren; oder Vergleiche mit Personen, denen es schlechter geht als einem selbst).
- *Immunisierende* Mechanismen, durch die der Einfluß selbstbilddiskrepanter Informationen auf zentrale Elemente des Selbstbilds abgeschwächt wird. Dies kann zum Beispiel dadurch geschehen, daß ältere Personen bedrohliche Informationen diskreditieren oder daß sie ihre Begriffe von intellektueller Kompetenz selbstwertdienlich abwandeln, indem sie zum Beispiel Lebenserfahrung höher und Lernvermögen geringer gewichten als sie dies früher taten.

Im Zusammenhang mit den soeben beschriebenen immunisierenden Mechanismen verdient das von Karoly (1993) eingeführte Konzept der *"defensiven Vermeidung von Bewertung"* ("defensive evaluative avoidance", DEA) Beachtung. Karoly, der eine systemtheoretische Position vertritt, untersucht Mechanismen, die zu fehlerhaften Selbstregulationsprozessen führen. Eine darartige Möglichkeit besteht darin, daß eine Person es vermeidet, ihre

Aufmerksamkeit auf Istwert-Sollwert-Diskrepanzen zu richten. Obwohl ein Sollwert in einer Zielhierarchie aktiviert ist und ein Verhalten (z.B. eine Leistung) unterhalb des Sollwertes erkennbar ist, zieht es die Person vor, diese Diskrepanz in verzerrter Weise zu interpretieren. Dadurch unterbleibt die notwendige Selbstkorrektur. "Ein solches Muster ... tritt mit hoher Wahrscheinlichkeit auf, wenn das Ziel der Regulation ein schwieriges, hochvalentes, selbstrelevantes, sozial wahrnehmbares Ergebnis ist, das so hochgesteckt ist, daß es die Fähigkeiten oder Selbstwirksamkeits-/Ergebnis-Erwartungen der Person übersteigt. Durch eine defensive Vermeidung von Bewertung (DEA) kann die Person kurzfristig einen Sollwert auf einer höheren Ebene der Zielhierarchie erreichen und zugleich die unangenehme Emotion beim Erkennen eines Fehlers abwehren." (Karoly, 1993, S. 43; Übers. d. Verf.). Ein Beispiel dafür wäre ein Student, der sein schlechtes Abschneiden in einer Prüfung auf das unfaire Verhalten des Prüfers zurückführt, statt seinen eigenen Anteil an dem Prüfungsergebnis anzuerkennen. Dabei erreicht er zwar das übergeordnete Ziel einer Aufrechterhaltung seiner Selbstachtung und seiner hohen Leistungsaspiration, jedoch um den Preis einer verzerrten Selbstsicht; außerdem verbessert er seine Studierfähigkeit nicht und riskiert, daß er sein Fernziel eines guten Studienabschlusses verfehlt.

Zusammenfassend stützen die diskutierten Befunde und Theorien unsere Grundannahme, daß seelisch Gesunde in überdurchschnittlichem Maße die Fähigkeit zur Bewältigung interner Anforderungen besitzen. Dies betrifft ihre Fähigkeit zur Befriedigung angeborener Bedürfnisse, zur Erreichung langfristiger Ziele, zur Orientierung an angemessenen sozialen Werten sowie zur Herstellung einer Balance zwischen Stabilisierung und Veränderung ihrer Selbst- und Umweltmodelle bzw. der darin enthaltenen Schemata.

3.3 Systeme angeborener und erworbener Emotionen

Wir haben gesehen, daß sich seelisch Gesunde gegenüber Personen mit geringer seelischer Gesundheit durch ihre besseren Fähigkeiten zur Bewältigung externer und interner Anforderungen auszeichnen. Diese Unterschiede wurden auf der Ebene der Subsysteme der Persönlichkeit genauer analysiert. Dabei haben wir bisher das "System angeborener Emotionen" und das "System erworbener Emotionen" ausgespart. Welche Konsequenzen ergeben sich aus den vorangehenden Ausführungen im Hinblick auf den Zusammenhang von seelischer Gesundheit und Emotionen?

Im vorangehenden Kapitel (siehe Abbildung 4.7) wurden Emotionen mit den Resultaten von zwei Arten von Vergleichsprozessen (Bestimmung von Istwert-Sollwert-Diskrepanzen) in Beziehung gesetzt: (1) Vergleiche zwischen dem "System angeborener Bedürfnisse" und dem "sensumotorischen System" sowie (2) Vergleiche zwischen dem "System erworbener Sollwerte" und dem "Simulator". In Abhängigkeit vom Ergebnis dieser Vergleiche wurden in den Tabellen 4.2 und 4.5 die zu erwartenden Emotionen aufgelistet. Da seelisch Gesunde erfolgreicher bei der Befriedigung angeborener Bedürfnisse und bei der Realisierung von Verhalten sind, das im Einklang mit dem "System erworbener Sollwerte" steht, als Personen mit geringer seelischer Gesundheit, sollten sie häufiger, länger und intensiver die in den Tabellen 4.2 und 4.5 aufgezählten positiven Emotionen erleben: Freude, Lust, Interesse, Spannung, Sicherheitsgefühl, Glück, Zuneigung, Bindungsgefühl, (angenehme) Überraschung, Erleichterung, Flow, Stolz, Triumph, Bewunderung, Begeisterung und Liebe.

Demgegenüber sollten Personen mit geringer seelischer Gesundheit folgende Emotionen häufiger, länger und intensiver erleben: Wut, Ärger, Schmerz, Unlust, Ekel, Angst, Langeweile, Kummer, Traurigkeit, Schreck, (unangenehme) Überraschung, Hilflosigkeit, Einsamkeit, Schuldgefühl, Schamgefühl, Enttäuschung, Reue, Pflichtgefühl, Neid, Eifersucht, Verachtung, Haß und Mitleid.

Diese Ableitung steht mit den Ergebnissen der empirischen Persönlichkeitsforschung und der klinischen Psychologie (weitgehend) in Einklang. Wichtige Unterschiede zwischen verschiedenen Theoretikern bestehen jedoch im Hinblick auf die Interpretation dieser Befunde. Exemplarisch sei auf Eysenck verwiesen, der die entsprechenden interindividuellen Differenzen in hohem Maße auf (weitgehend vererbte) biologische Unterschiede im Neurotizismus bzw. in der emotionalen Labilität zurückführt. Während Eysenck zwar Unterschiede in der globalen emotionalen Stabilität oder Labilität erklären kann, ergeben sich aus unserer Theorie zusätzliche Hinweise auf die *Art* der jeweils zu erwartenden Emotionen.

4. KOMBINATIONEN VON VERHALTENSKONTROLLE UND SEELISCHER GESUNDHEIT

Bisher haben wir Verhaltenskontrolle und seelische Gesundheit zwar detailliert beschrieben, jedoch unabhängig voneinander diskutiert, und in der Tat erweisen sich beide Superkonstrukte der Persönlichkeit als weitgehend unkorreliert (Becker, 1989). Diese

Unkorreliertheit eröffnet andererseits die Möglichkeit, vier Kombinationen von hoher bzw. niedriger Verhaltenskontrolle mit hoher bzw. niedriger seelischer Gesundheit zu bilden.

Im folgenden gehen wir auf die entsprechenden vier Oktanten in unserem Circumplexmodell der beiden varianzstärksten Persönlichkeitskonstrukte näher ein und beschreiben Personen mit den entsprechenden Merkmalskombinationen. Dabei beziehen wir uns einerseits auf das in Abbildung 2.6 wiedergegebene Circumplexmodell und andererseits auf unsere Systemtheorie der Persönlichkeit (siehe Tabelle 5.2). Von den Subsystemen der Persönlichkeit greifen wir an dieser Stelle lediglich drei Systeme heraus, zu denen uns bereits hinreichend viele empirische Befunde vorliegen:

- das "System erworbener Sollwerte",
- das "System angeborener Bedürfnisse" und
- den "Simulator".

In Kapitel 10 werden wir im Zusammenhang mit Fragen der Psychotherapie die Beschreibungen um weitere Aspekte (Systeme) bereichern. Es ist zu berücksichtigen, daß die von uns gewählte *prototypische* Charakterisierung notwendigerweise vergröbert. Sie trifft um so eher zu, je deutlicher die Werte einer Person in der angegebenen Richtung von den Durchschnittswerten in der Population abweichen.

4.1 Soziale Anpassung: hohe Verhaltenskontrolle in Verbindung mit hoher seelischer Gesundheit

Personen mit dieser Merkmalskombination verfügen über hohe Kompetenzen zur Bewältigung externer und interner Anforderungen (erhöhte Liebesfähigkeit, erhöhte Arbeitsfähigkeit und erhöhtes Vertrauen: Selbstvertrauen, interpersonales Vertrauen und Vertrauen in die Zukunft). Mit Stetigkeit und Ausdauer verfolgen sie langfristige Annäherungsziele (z.B. gute Noten im Abschlußzeugnis oder eine leitende Position in einem Unternehmen). Sie halten sich relativ strikt an soziale Werte, Normen und Konventionen (vor allem Gebote, aber auch Verbote). Sie haben ausgeprägte Bedürfnisse nach Orientierung und Sicherheit sowie nach Achtung. Es fällt ihnen relativ leicht, die Befriedigung physiologischer Bedürfnisse bzw. Belohnungen aufzuschieben, wenn dies zur Erreichung mittel- und langfristiger Ziele erforderlich ist.

Tabelle 5.2: Prototypische Charakterisierung von vier Oktanten (bzw. Persönlichkeitstypen) im Hinblick auf das psychische Gesamtsystem sowie drei Subsysteme

Oktant im Circumplexmodell	*Fähigkeit zur Bewältigung externer und interner Anforderungen (=Leistungsfähigkeit des Gesamtsystems)*	*System erworbener Sollwerte*	*System angeborener Bedürfnisse*	*Simulator*
Soziale Anpassung	hohe Leistungsfähigkeit; Liebesfähigkeit; Arbeitsfähigkeit; Vertrauen	Beachtung sozialer Normen; Orientierung an Fernzielen (Annäherungszielen und Geboten)	B. nach Orientierung und Sicherheit; B. nach Achtung; Aufschub physiologischer B.	realistische Selbst- und Umweltmodelle; Dominanz assimilativer Prozesse; Innenorientierung
Selbstaktualisierung	hohe Leistungsfähigkeit; Liebesfähigkeit; Arbeitsfähigkeit; Expansivität	geringe Beachtung sozialer Normen; Orientierung am Hier-und-Jetzt; Orientierung an Annäherungszielen	B. nach Selbstaktualisierung; Explorationsb.; B. nach Bindung	realistische Selbst- und Umweltmodelle; Dominanz akkomodativer Prozesse; Außenorientierung
Gehemmtheit	geringe Leistungsfähigkeit; geringe Liebesfähigkeit; geringe Arbeitsfähigkeit; geringe Expansivität; geringes Vertrauen	Beachtung sozialer Normen; irrationale Überzeugungen; Orientierung an Vermeidungszielen und Verboten	B. nach Orientierung und Sicherheit; B. nach Achtung; Aufschub physiol. B.; geringes B. nach Selbstaktualis.; geringes B. nach Bindung	unrealistische Selbst- und Umweltmodelle; Dominanz assimilativer Prozesse; Innenorientierung
Zügellosigkeit	geringe Leistungsfähigkeit; geringe Liebesfähigkeit; geringe Arbeitsfähigkeit; geringes Vertrauen	defizitäres System sozialer Werte und Normen; Orientierung am Hier-und-Jetzt; Orientierung an kurzfristigen Annäherungszielen	Physiolog. B.; Explorationsb.; geringe B. nach Orientierung und Sicherheit sowie nach Bindung; starkes, unbefriedigtes B. nach Achtung	unrealistische Selbst- und Umweltmodelle; Dominanz akkomodativer Prozesse; Außenorientierung

Sie sind prädestiniert zu einer guten sozialen Anpassung und bringen günstige Voraussetzungen für Erfolg in der Schule, im Beruf und in der Gesellschaft mit (vgl. Korunka et al., 1993). Dieser Erfolg resultiert aus realistischen Selbst- und Umweltmodellen, einer hohen Leistungsorientierung und weiteren sozial positiv bewerteten Eigenschaften wie Zuverlässigkeit, Gewissenhaftigkeit und Zielstrebigkeit.

Was ihre Wertorientierung betrifft, so neigen die Personen aufgrund ihres überdurchschnittlichen Bedürfnisses nach Orientierung und Sicherheit zum *Konservatismus.* In einer Untersuchung an 246 Erwachsenen ermittelten wir hochsignifikante Korrelationen zwischen der Konservatismusskala von Schenk (1980) und den Skalen "Verhaltenskontrolle" ($r = .46$) und "seelische Gesundheit" ($r = .20$). Sobald diese Personen ein "System erworbener Sollwerte" sowie Selbst- und Umweltmodelle aufgebaut haben, dominieren bei ihnen assimilative Prozesse, d.h. die Personen neigen zum Bewahren.

Da die Betreffenden sich an Fernzielen orientieren, rationalen Argumenten zugänglich sind und Risiken zu meiden trachten, verhalten sie sich *gesundheitsbewußt* (vgl. Becker, 1992 d).

Im sozialen Umgang zeichnen sie sich durch Freundlichkeit, Empathie und Rücksichtnahme aus. Sie zeigen wenig Anger Out (unkontrolliertes, impulsives Abreagieren von Ärger), und es gelingt ihnen gut, das Aufkommen von Ärger zu verhindern (Anger Control).

4.2 Selbstaktualisierung: geringe Verhaltenskontrolle in Verbindung mit hoher seelischer Gesundheit

Wer die Merkmalskombination geringe Verhaltenskontrolle und hohe seelische Gesundheit besitzt, bringt aufgrund realistischer Selbst- und Umweltmodelle sowie weiterer unten aufgeführter Eigenschaften gute Voraussetzungen zur Bewältigung externer und interner Anforderungen mit. Eine solche Person verfügt über eine erhöhte Liebesfähigkeit, erhöhte Arbeitsfähigkeit und erhöhte Werte in der Vertrauenstrias. Sie orientiert sich relativ wenig (d.h. weniger als Personen mit hoher Verhaltenskontrolle) an langfristigen Zielen, sozialen Werten, Normen und Konventionen und statt dessen stärker am Hier-und-Jetzt, wobei sie vor allem Annäherungsziele zu erreichen sucht. Sie ist weniger an Sicherheit als an der Erkundung des Neuen und Unbekannten sowie an der Entfaltung ihrer Fähigkeiten und Anlagen interessiert.

Solche Menschen verhalten sich dominant und übernehmen gern Führungspositionen in Gruppen - Verhaltensweisen, die man als seelisch gesunde Formen von "Egoismus" bzw. Expansivität betrachten kann. Sie suchen die Geselligkeit und fühlen sich im Kontakt mit anderen Personen wohl. Sie sind unternehmungsfreudig, können sich gut auf neuartige Situationen einstellen bzw. rasch von einer Situation auf eine andere umschalten (hohe "Mobilität" sensu Strelau; vgl. Daum & Schugens, 1986). Sie gehen aus sich heraus und erleben häufig positive Emotionen (vgl. Abele & Becker, 1991). Viele ihrer Eigenschaften entsprechen dem Bild, das sich die Mehrzahl der Forscher von "Extravertierten" macht (im Sinne einer "Außenorientierung"). Mit Belastungssituationen werden sie gut fertig (hohe "Stärke der Erregung" sensu Strelau; vgl. Daum & Schugens, 1986). Sie haben ein Talent zum Improvisieren. Da sie sich wenig an Konventionen orientieren, können sie - vor allem bei überdurchschnittlicher Intelligenz - hohe Kreativität entfalten. Bei ihnen besteht eine relative Dominanz von Akkomodationen gegenüber assimilativen Prozessen.

4.3 Gehemmtheit: hohe Verhaltenskontrolle in Verbindung mit geringer seelischer Gesundheit

Personen mit dieser Merkmalskombination bilden den Gegentyp zum Selbstaktualisierer. Sie verfügen über nur geringe Fähigkeiten zur Bewältigung externer und interner Anforderungen. Sie haben eher unrealistische Selbst- und Umweltmodelle (z.B. unterschätzen sie ihre Fähigkeiten oder überschätzen Gefahren in der Umwelt) sowie ein dysfunktionales "System erworbener Sollwerte", das sich u.a. in Gestalt "irrationaler Überzeugungen" manifestiert (z.B. glauben sie, es allen Menschen recht machen zu müssen). Sie sind eher wenig liebesfähig und arbeitsfähig und besitzen nicht viel Vertrauen (Selbstvertrauen, interpersonales Vertrauen und Vertrauen in die Zukunft). Sie orientieren sich stark an Vermeidungszielen und Verboten, sind also eher defensiv eingestellt. Sie haben starke Bedürfnisse nach Orientierung und Sicherheit sowie nach Achtung. Als risikoscheue Menschen verhalten sie sich zurückhaltend, ängstlich und submissiv. Anstatt sich anderen gegenüber zu behaupten, nehmen sie sich übertrieben zurück, ein Verhalten, das als unangemessene Form von "Altruismus" betrachtet werden kann. Sie haben entweder ein starkes, jedoch unbefriedigtes oder ein schwaches Bedürfnis nach Bindung und wirken oft "introvertiert" ("Innenorientierung"). In unvertrauten sozialen Situationen fühlen sie sich unwohl und meiden demgemäß den Kontakt mit unbekannten Personen.

Aufgrund ihrer vorausschauenden, jedoch wenig selbstbewußten Art antizipiert ihr "Simulator" häufig Gefahren, vor denen sie sich durch Vorsichtsmaßnahmen - bis hin zur zwanghaften Kontrolliertheit - zu schützen trachten. Sie können sich schlecht auf neue Situationen umstellen und haben wenig Improvisationstalent (Dominanz assimilativer Prozesse).

Im Äußern ihrer Gefühle und einiger Bedürfnisse sind sie gehemmt und unterdrücken Ärger bzw. richten ihn nach innen (Anger In), wodurch das Risiko für psychosomatische Erkrankungen wächst (vgl. Becker, 1992 b). Dazu trägt auch ihre Tendenz zum Aufschub der Befriedigung physiologischer Bedürfnisse oder zu einer nur gehemmten Befriedigung bei.

4.4 Zügellosigkeit: geringe Verhaltenskontrolle in Verbindung mit geringer seelischer Gesundheit

Aus dieser Merkmalskombination resultiert ein Verhaltensmuster, das weitgehend spiegelbildlich zur sozialen Anpassung ist. Die Betreffenden haben ein "System kognitiver Strukturen", das sich durch unrealistische Selbst- und Umweltmodelle auszeichnet (z.B. überschätzen sie sich in unkritischer oder "narzißtischer" Weise, oder sie unterstellen anderen zu Unrecht böse Absichten). Sie orientieren sich eher am Hier-und-Jetzt als an langfristigen Zielen. Ihr System sozialer Werte und Normen ist defizitär; sie setzen sich oft über soziale Werte, Normen und Spielregeln hinweg.

Sie haben schwach ausgeprägte Bedürfnisse nach Orientierung und Sicherheit sowie nach Bindung und ein starkes, jedoch unbefriedigtes Bedürfnis nach Achtung, ein starkes Explorationsbedürfnis sowie starke physiologische Bedürfnisse. Häufig verfolgen sie egoistische, hedonistische Ziele.

Da ihre Fähigkeit zur Bewältigung externer und interner Anforderungen gering ausgeprägt ist, bringen sie in Verbindung mit den aufgelisteten Merkmalen schlechte Voraussetzungen für Erfolg und Anerkennung in der Gesellschaft mit. Sie sind wenig anstrengungsbereit und orientieren sich am Hier-und-Jetzt bzw. an kurzfristigen Annäherungszielen (verstärkte Außenorientierung). Außerdem haben sie eine geringe Frustrationstoleranz, können Belohnungsaufschub nur schwer ertragen, neigen schnell zur Erregbarkeit und Aggressivität. Ihren Ärger reagieren sie unkontrolliert ab (Anger Out). Insgesamt wirken sie "untersozialisiert"; demgemäß kann man sich wenig darauf verlassen, daß sie die Wahrheit sagen, wenn dies mit Nachteilen für sie verbunden ist. Anderen Menschen begegnen sie eher mit Mißtrauen als mit Wohlwollen, Freundlichkeit und Empathie.

5. ZUSAMMENFASSUNG

Das Hauptziel dieses Kapitels besteht in der Verknüpfung der beiden Superfaktoren der Persönlichkeit "Verhaltenskontrolle" und "seelische Gesundheit" mit dem Systemmodell des Menschen.

Zunächst wird die Theorie der *Verhaltenskontrolle* formuliert. Eine ihrer Grundannahmen besagt, daß die Verhaltenskontrolle von der Geburt bis ins hohe Lebensalter zunimmt. Aufgrund dieser Veränderungen liegt es nahe, Verhaltenskontrolle entwicklungspsychologisch zu betrachten. Besondere Aufmerksamkeit wird den Entwicklungsprozessen im "System angeborener Bedürfnisse" sowie dem "System erworbener Sollwerte" gewidmet. Unsere Hypothese lautet, daß bei stark Verhaltenskontrollierten der Einfluß des zuletzt genannten Systems sowie des "Simulators" auf die Aktivität der "Steuerungszentrale" größer ist als bei wenig Verhaltenskontrollierten und daß spontane Menschen bestimmten angeborenen Bedürfnissen mehr Beachtung schenken als Verhaltenskontrollierte. In gewisser Weise haben sich wenig Verhaltenskontrollierte ihre Spontaneität und Züge ursprünglichen, lustbetonten Verhaltens bewahrt, während Kontrollierte "übersozialisiert" (normorientiert, pflichtbewußt, vernunftorientiert usw.) erscheinen. Dies erweist sich auch bei einer Analyse der Verhaltenskontrolle im Jugend- und Erwachsenenalter, die auf einer Verknüpfung der neun Teilkomponenten der Verhaltenskontrolle mit den Elementen des Systemmodells basiert.

Zusammenfassend stellt sich heraus, daß die Unterschiede zwischen stark und wenig Verhaltenskontrollierten hauptsächlich vier Systeme betreffen:

- das *"System erworbener Sollwerte"* (Kontrollierte verfolgen eher Fernziele und beachten stärker als Spontane soziale Werte, Normen, Konventionen und Pflichten, während Spontane stärker am Hier-und-Jetzt bzw. an kurzfristigen Annäherungszielen interessiert sind),
- das *"System angeborener Bedürfnisse"* (Kontrollierte haben ein stärkeres Bedürfnis nach Orientierung und Sicherheit, Spontane schenken ihren physiologischen Bedürfnissen und ihrem Explorationsbedürfnis mehr Beachtung),
- den *"Simulator"* (bei Verhaltenskontrollierten dominieren assimilative Prozesse bzw. der Wunsch zu bewahren, was sich unter anderem in einer Neigung zum Konservatismus äußert, während Spontane für akkomodative Prozesse besonders aufgeschlossen sind, d.h. eine Vorliebe für Neues und Veränderungen haben) und

• die *"Steuerungszentrale"* (bei Spontanen neigt die "Zentrale" zu rascheren Zielwechseln; die "Schwelle für Absichtswechsel" ist - um es mit Dörner (1993) auszudrücken - bei Spontanen niedriger als bei Kontrollierten).

In einem zweiten Unterkapitel wird das Konstrukt der *"seelischen Gesundheit"*, verstanden als Fähigkeit zur Bewältigung externer und interner Anforderungen, mit der Systemtheorie verknüpft. Die Annahmen werden zunächst bezüglich der Fähigkeit zur Bewältigung *externer* Anforderungen erläutert. Diese Fähigkeit manifestiert sich auf zwei Ebenen: (1) als adäquate Repräsentation der Wirklichkeit in den Wissensspeichern "System kognitiver Strukturen" und "System erworbener Sollwerte", (2) als Leistungsfähigkeit der operativen Systeme, nämlich des "Systems kognitiver Operationen" und des "sensumotorischen Systems". Es wird ausgeführt, daß bei inadäquaten Umwelt- und Selbstmodellen sowie einem inadäquaten "System erworbener Sollwerte" eine erhöhte Gefahr psychischer Störungen besteht. Analoges gilt für den Fall, daß eine Person nicht über die erforderlichen aufgaben- bzw. berufsbezogenen Kompetenzen und nicht über hinreichende soziale Kompetenzen verfügt. Besonders ausführlich wird die Bedeutung zweier sozialer Kompetenzen, nämlich der Liebesfähigkeit und der Expansivität, erörtert, und es wird auf diesbezügliche Geschlechtsdifferenzen hingewiesen.

Die Fähigkeit zur Bewältigung *interner* Anforderungen betrifft
• das *"System angeborener Bedürfnisse"* (seelisch Gesunde sind gut in der Lage, ihre Bedürfnisse zu befriedigen),
• das *"System erworbener Sollwerte"* (seelisch Gesunde verfügen über langfristige Ziele, die ihrem Leben Sinn und Orientierung verleihen, und sie zeichnen sich sowohl durch Tenazität als auch durch Flexibilität beim Verfolgen dieser Ziele aus; ferner lassen sie sich von "rationalen" Überzeugungen und Wertvorstellungen leiten und versuchen, im Einklang mit ihrem "humanistischen Gewissen" zu leben) und
• das *"System kognitiver Strukturen"* (seelisch Gesunde stellen eine Balance zwischen einer Stabilisierung und Veränderung von Selbst- und Umweltmodellen her).

Aus den Unterschieden in der Fähigkeit zur Bewältigung externer und interner Anforderungen werden Unterschiede in den Systemen angeborener und erworbener Emotionen, d.h. in der Häufigkeit, Dauer und Intensität von Emotionen abgeleitet.

Den Abschluß des Kapitels bildet eine Beschreibung von Personen, die eine von vier Kombinationen von hoher bzw. geringer

Verhaltenskontrolle und hoher bzw. geringer seelischer Gesundheit aufweisen. Soziale Anpassung, Selbstaktualisierung, Gehemmtheit und Zügellosigkeit werden sowohl auf der Ebene von Eigenschaftsbegriffen als auch in systemtheoretischer Terminologie prototypisch charakterisiert.

Kapitel 6

VERHALTENSKONTROLLE UND SEELISCHE GESUNDHEIT IN IHRER BEZIEHUNG ZU UMWELTBEDINGUNGEN

1. EINLEITUNG

Jeder Mensch besitzt Fähigkeiten, die es ihm erlauben, seine Umwelt (zumindest in gewissen Grenzen) zu beeinflussen. Diese Einflußnahme ist auf unterschiedliche Arten möglich. Wir können beispielsweise bestimmte Umwelten aktiv aufsuchen und vermeiden, oder wir können Aspekte der uns umgebenden Umwelt verändern. Die Eigenschaften eines Menschen bestimmen mit, wie er seine Umwelt wahrnimmt, welche Umweltbedingungen er bevorzugt und wie er seine Umwelt gestaltet.

Im folgenden schenken wir den *Umweltbedingungen* systematische Beachtung und werfen zwei Fragen auf:

(1) Welche Umweltbedingungen werden von stark bzw. wenig Verhaltenskontrollierten bevorzugt, weil sie damit besser umgehen können?

(2) Worin unterscheiden sich die Umwelten von Personen mit hoher und niedriger seelischer Gesundheit?

Mit dieser Thematik begeben wir uns auf schwieriges Terrain, denn die systematische Analyse von Umweltbedingungen wurde von der Persönlichkeitspsychologie traditionellerweise stark vernachlässigt. Dieser Mangel springt ins Auge, wenn man die Vielzahl von Klassifikationssystemen für Eigenschaften der kleinen Anzahl von Situationstaxonomien gegenüberstellt, die von persönlichkeitspsychologisch-, klinisch- oder allgemeinpsychologisch-orientierten Autoren vorgeschlagen wurde (z.B. Becker, 1982 a, 1992 a; Becker, Schneider & Schumann, 1975; Dörner, 1993; Lazarus, 1981; Perrez & Reicherts, 1992; Seligman, 1975). Der vorliegende Beitrag ist mithin nicht mehr als ein kleiner Schritt auf einem weiten Weg, der noch vor uns liegt. Situationen bzw. Umweltbedingungen lassen sich auf unterschiedliche Weise klassifizieren, und der Nutzen der Klassifikation hängt vom jeweils verfolgten Ziel ab. In unserem Fall orientiert sich die Systematik am Kriterium der Fruchtbarkeit für eine Theorie der Verhaltenskontrolle und seelischen Gesundheit.

Wenn wir im folgenden Umwelten mit Persönlichkeitseigenschaften in Beziehung setzen, ist es erforderlich zwei Arten von Umwelten zu unterscheiden:

- die "objektive" Umwelt einer Person, die aus der Sicht außenstehender Beobachter beschrieben wird *(=Außenperspektive)*; "objektiv" ist dabei im Sinne von intersubjektiv zu verstehen (auf dem Urteil einer größeren Zahl unabhängig einschätzender Personen basierend), und
- die von der Person A subjektiv wahrgenommene Umwelt (= individuelle *Innenperspektive)*. Beide Perspektiven brauchen sich nicht zu decken. So kann eine Umwelt aus der Außenperspektive als ungefährlich erscheinen, während sie von Person A als bedrohlich wahrgenommen wird. In dem Abschnitt über Verhaltenskontrolle dominiert die Außenperspektive, während im Zusammenhang mit der seelischen Gesundheit beide Perspektiven zum Tragen kommen.

2. VERHALTENSKONTROLLE UND BEVORZUGTE UMWELT

Die zwischen kontrollierten und spontanen Menschen bestehenden Unterschiede manifestieren sich unter anderem in spezifischen Bevorzugungen sowie in mehr oder weniger guten Voraussetzungen zur Bewältigung bestimmter Umwelten. Man kann es auch so formulieren: Es gibt ("objektive") Umweltbedingungen, an die sich stark bzw. wenig Verhaltenskontrollierte gut bzw. weniger gut anpassen können. Unsere diesbezügliche Hypothese lautet:

Im Vergleich zu Spontanen bevorzugen Verhaltenskontrollierte geordnete Umwelten. Wenig Verhaltenskontrollierte hingegen haben eine Vorliebe für ungeordnete Umwelten oder können damit zumindest besser umgehen als Kontrollierte (siehe Tabelle 6.1).

Tabelle 6.1: "Objektive" Umweltbedingungen, die von Personen mit starker bzw. geringer Verhaltenskontrolle bevorzugt werden.

Starke Verhaltenskontrolle	Geringe Verhaltenskontrolle
Geordnete Umwelt	*Ungeordnete Umwelt*
- normierende Umwelt	- permissive Umwelt
- stabile, vertraute Umwelt	- instabile, unvertraute Umwelt
- transparente Umwelt	- unbestimmte, mehrdeutige Umwelt

2.1 Geordnete versus ungeordnete Umwelten

Um sich in seiner Umwelt orientieren, Anforderungen bewältigen und Bedürfnisse befriedigen zu können, ist es erforderlich, daß Menschen Lebensbedingungen antreffen, die einen gewissen Grad an Ordnung aufweisen. Nur unter dieser Voraussetzung können sie aus Erfahrung lernen, künftige Situationen mit hinreichender Sicherheit vorhersagen und sich darauf einstellen. Derartige Erfahrungen werden unter anderem im "System kognitiver Strukturen" (speziell im "Umweltmodell") sowie im "System erworbener Sollwerte" repräsentiert. Es wäre allerdings falsch anzunehmen, daß Personen die Ordnung in der Umwelt quasi "entdecken" und in ihrem Umweltmodell passiv abbilden, vielmehr müssen sie selbst zu einem gewissen Grad Ordnung *aktiv* herstellen. Wegen der großen Bedeutung, die dieser Ordnung zukommt, haben wir in Tabelle 4.2 bei allen Menschen ein Bedürfnis nach Orientierung und Sicherheit postuliert. Oben dargestellte Befunde belegen, daß dieses Bedürfnis bei Kontrollierten stärker ausgeprägt ist als bei Spontanen.

Neben einem Streben nach stabilen, geordneten, Sicherheit gebenden Lebensbedingungen haben Menschen aber auch ein Explorationsbedürfnis sowie Selbstaktualisierungsbedürfnisse, darunter ein Bedürfnis nach Wachstum und Reifung, nach Veränderung äußerer und innerer Bedingungen ihrer Existenz sowie nach Freiheit. Diese insbesondere von humanistischen Psychologen hervorgehobenen Motive bilden ein Gegengewicht zu dem Bedürfnis nach Orientierung und Sicherheit und tragen dazu bei, daß Menschen nicht in festgefügten äußeren und inneren Ordnungsstrukturen erstarren (vgl. Quitmann, 1985).

Mit der Dominanz einer dieser antagonistischen Bestrebungen steht eine Vorliebe für bestimmte ("objektive") Umwelten in engem Zusammenhang. *Verhaltenskontrollierte* - so lautet unsere These - bevorzugen stärker als Spontane

- normierende,
- stabile, vertraute und
- transparente Umwelten.

Spontane zeigen hingegen eine Vorliebe für

- permissive,
- instabile, unvertraute und
- unbestimmte, mehrdeutige Umwelten.

2.1.1 Normierende versus permissive Umwelten

Es gibt Lebensbereiche und Situationen, in denen das Verhalten durch explizite oder implizite Regeln, Rollenvorschriften, Rituale und Konventionen *normiert* ist. Dies gilt unter anderem für das Verhalten in bestimmten öffentlichen Bereichen (z.B. während einer religiösen Feier, einer Trauungszeremonie, einer Beerdigung, einer Unterrichtsstunde in der Schule, einer Theateraufführung), in bestimmten Berufen (z.B. in Verwaltungsberufen bei einer Behörde), bei bestimmten Sportarten (z.B. beim Fechten) oder im innerstädtischen Straßenverkehr mit seinen Geschwindigkeitsbegrenzungen, Einbahnstraßen, Parkvorschriften und so fort. Für solche Situationen verfügen wir oftmals über Skripte, die uns als Richtschnur ("Sollwertgeber") dienen (siehe Kapitel 4).

Im Gegensatz dazu stehen *permissive Umwelten*, die dem einzelnen Spielräume für individuelles, wenig normiertes Verhalten einräumen. Beispiele wären die eigene Wohnung, tolerant und unkonventionell eingestellte Mitmenschen, bestimmte Freizeiteinrichtungen, freizügige Karnevalsveranstaltungen, private Feten oder bestimmte Räume in der freien Natur.

Erste Befunde stützen die These, daß Verhaltenskontrollierte im Vergleich zu Spontanen eher bereit und in der Lage sind, sich an normierende Umwelten anzupassen. Zum Beispiel fühlen sie sich in Berufen wohl, die entsprechende Anpassungen verlangen, wie etwa der Beruf eines Verwaltungsbeamten, eines Berufssoldaten in einer hierarchischen Institution (Militär) oder der Beruf eines Schulleiters. Es fällt Verhaltenskontrollierten auch weniger schwer, sich an Verkehrsregeln oder andere Vorschriften zu halten. Bestimmte permissive Umwelten können jedoch verunsichernd auf sie wirken. Beispiele wären etwa Selbsterfahrungsgruppen, Parties, auf denen es sehr freizügig zugeht, oder der Besuch eines Nachtlokals oder Bordells. Solche "Versuchungssituationen" lösen bei Verhaltenskontrollierten leicht Ängste, Scham- oder Schuldgefühle aus.

Spontane Menschen haben hingegen eine besondere Vorliebe für permissive Umwelten. Dazu zählen wir auch "Versuchungssituationen", in denen die Befriedigung physiologischer Bedürfnisse und daraus resultierende Vergnügungen locken, auch wenn das entsprechende Verhalten bestimmten Normen, Konventionen oder eigenen ursprünglichen Absichten widerspricht. So sind Spontane beispielsweise eher als ihr Gegentyp bereit, sich auf einen Flirt oder Seitensprung einzulassen, in einer Gruppe aus der Reihe zu tanzen, sich über Verkehrsvorschriften hinwegzusetzen oder einen über den Durst zu trinken. Sie berichten, daß es ihnen generell eher schwerfällt, einer Versuchung zu widerstehen, und daß sie in Gefahr schweben, über ihre Verhältnisse zu leben.

2.1.2 Stabile, vertraute versus instabile, unvertraute Umwelten

Im Vergleich zu Spontanen haben Verhaltenskontrollierte eine Vorliebe für stabile, vertraute, notfalls auch monotone Umwelten. Sie bevorzugen einen festen Tagesablauf; alltägliche Routinen erscheinen ihnen nicht notwendigerweise eintönig. Traditionen halten sie für bewahrenswert. Indem sie stark auf Ordnung achten (z.B. in der Wohnung oder am Arbeitsplatz), schaffen sie sich stabile, leicht überschaubare Umweltbedingungen. Da sie über große Ausdauer und Stetigkeit verfügen, fühlen sie sich Anforderungen, zu deren Bewältigung man einen langen Atem benötigt (z.B. das Schreiben eines Buches), besser gewachsen als Spontane.

Letztere hingegen können sich leichter auf instabile und unvertraute Umwelten einstellen oder suchen solche aktiv auf. Sie haben nach eigenem Bekunden eine Sehnsucht nach echten Abenteuern. Sie sind häufig auf der Suche nach Abwechslung und Aufregung. Gefährliche, aber gut bezahlte Tätigkeiten erscheinen ihnen verlockend. Neue, spannende Ideen können sie so stark fesseln, daß sie mögliche Nachteile vergessen oder in Kauf nehmen. Unter der Voraussetzung vergleichbarer intellektueller Fähigkeiten kommen sie mit Situationen, in denen ein rasches, aber notwendigerweise weniger sorgfältiges und damit risikoreicheres Verhalten erforderlich ist, besser zurecht als Verhaltenskontrollierte (vgl. auch Dörner, 1993). Es fällt ihnen leichter, von einer gerade ablaufenden, noch unabgeschlossenen Handlung in der Situation A auf eine andere Handlung in einer neuen Situation B umzuschalten.

2.1.3 Transparente versus unbestimmte, mehrdeutige Umwelten

Verhaltenskontrollierte haben - wie oben ausgeführt - ein starkes Bedürfnis nach Orientierung und Sicherheit. Daher bevorzugen sie stärker als ihr Gegentyp transparente Umwelten, die es ihnen erlauben, sich antizipatorisch auf Künftiges einzustellen. Wenn sie auf unbestimmte, mehrdeutige und widersprüchliche Umwelten stoßen - wozu wir auch entsprechende Gedankengebäude zählen - , fühlen sie sich irritiert und versuchen nach Möglichkeit, Ordnung in das verwirrende "Chaos" zu bringen. Wir rechnen mit anderen Worten damit, daß Verhaltenskontrollierte bemüht sind, durch schematisierendes, systematisierendes Denken den Ordnungsgrad ihrer Umwelt zu erhöhen. Sie stehen neuartigen Ideen eher reserviert gegenüber und sind nur zögerlich bereit, bestehende Ordnungen - sei es in der realen Welt oder in der Gedankenwelt - zu revidieren. Wir haben oben von einer Dominanz von assimilativen gegenüber akkomodativen Prozesse gesprochen.

Spontane können sich hingegen leichter auf unbestimmte und mehrdeutige Situationen einstellen, wie sie sich zum Beispiel dadurch ergeben, daß man sich neuen Ideen oder Erfahrungen öffnet, ohne diese sofort auf Verträglichkeit mit bisherigen Annahmen und Erfahrungen kritisch zu hinterfragen. Hierbei kommen ihnen folgende Eigenschaften zugute:
- Sie haben ein weniger starkes Ordnungsbedürfnis.
- Sie orientieren sich weniger an langfristigen Zielen und können sich erforderlichenfalls - unter der Voraussetzung vergleichbarer intellektueller Fähigkeiten - leichter auf neue und überraschende Situationen einstellen.
- Sie haben weniger Skrupel, wenn sie gegebenenfalls Fehler machen oder gegen bestimmte Werte, Normen und Konventionen verstoßen.

Bei Spontanen ist die Balance zwischen assimilativen und akkomodativen Prozessen stärker in Richtung einer Dominanz akkomodativer Prozesse verschoben. So entscheiden sich Spontane bei der Wahl zwischen einer organisierten und einer von ihnen frei gestalteten Reise eher für letztere; sie sind eher bereit, sich an nicht genehmigten Demonstrationen (mit unbestimmtem Ausgang) zu beteiligen; sie finden eigenwillige, ungezügelte Menschen eher sympathisch.

2.2 Exkurs: Sensation seeking

Vergleicht man obige Charakterisierung des Verhaltens und der Umweltpräferenzen von wenig Verhaltenskontrollierten mit dem bekannten, auf Zuckerman (1979, 1992) zurückgehenden Konstrukt "Sensation seeking" (in etwa zu übersetzen als: Suche nach Sinneseindrücken), so stellt man eine gewisse Ähnlichkeit fest. Aus diesem Grund ist es erforderlich, zumindest in knapper Form dieses Konstrukt vergleichend heranzuziehen (für eine Überblick siehe Amelang & Bartussek, 1990; Andresen, 1986, 1990).

Ausgehend von Untersuchungen der Reaktionen auf sensorische Deprivation entwickelte Zuckerman (1979) die Hypothese, daß Menschen sich darin unterscheiden, wie sehr es sie reizt, neue, stimulierende Situationen aufzusuchen und zu erkunden. Die entsprechende Persönlichkeitseigenschaft nannte er *"Sensation seeking"*. Zu ihrer Messung entwickelte er auf faktorenanalytischem Weg in mehreren Schritten vier Subskalen, die wie folgt benannt und beschrieben wurden (vgl. Amelang & Bartussek, 1990, S. 332):
- *Thrill and Adventure Seeking* (TAS; "Aufregung und Abenteuer Suchen"): Spannung und Abenteuer durch riskante, aufregende

Tätigkeiten - wie z.B. gefährliche Sportarten, schnelles Fahren und dergleichen - erleben wollen.

- *Experience Seeking* (ES; "Erfahrung Suchen"): Neue Erfahrungen machen wollen, was sich z.B. in einem nonkonformistischen Lebensstil ausdrückt.
- *Disinhibition* (DIS, "Enthemmung"): Sich Stimulation durch wildes Partyleben oder durch enthemmendes soziales Trinken verschaffen.
- *Boredom Susceptibility* (BS; "Anfälligkeit gegenüber Langeweile"): Abneigung gegenüber monotonen Situationen, die sich darin als Ruhelosigkeit äußert.

Diese vier Subskalen interkorrelieren mittelhoch positiv, so daß ein Gesamtpunktwert als globaler Indikator für Sensation seeking gebildet werden kann. Setzt man diese vier Skalen mit den oben von uns unterschiedenen Umwelten in Beziehung, so entdeckt man folgende Entsprechungen:

- Erfahrung Suchen (ES) und Enthemmung (DIS) äußern sich als Vorliebe für permissive bzw. als Abneigung gegen normierende Umwelten.
- Aufregung und Abenteuer Suchen (TAS) und Anfälligkeit gegenüber Langeweile (BS) lassen sich als Präferenz für instabile und unvertraute Umwelten interpretieren.

Folglich ist damit zu rechnen, daß ein relativ enger Zusammenhang zwischen (geringer) Verhaltenskontrolle und Sensation seeking bestehen sollte. Diese Hypothese konnte von Becker (1988 b) empirisch gestützt werden. In einer Faktorenanalyse luden die vier Sensation seeking-Skalen zwischen -.56 und -.64 auf einem Faktor, der als Verhaltenskontrolle interpretiert wurde. In zwei weiteren von Becker (1988 b) durchgeführten faktorenanalytischen Reanalysen lud der globale Gesamtwert für Sensation Seeking -.73 bzw. -.71 auf einem Verhaltenskontrolle-Faktor.

Man könnte die Frage aufwerfen, ob (geringe) Verhaltenskontrolle eventuell mit Sensation seeking gleichzusetzen ist, ob es sich nicht einfach um zwei verschiedene Bezeichnungen desselben Konstruktes handelt. Dies ist aus folgenden Gründen nicht der Fall:

- Wie aus Abbildung 2.6 sowie aus Becker (1988 b) hervorgeht, ist Verhaltenskontrolle ein breiteres Konstrukt, das *unter anderem* Sensation seeking umfaßt. Wenn man eine Entsprechung sucht, dann dürfte diese eher zu einem von Zuckerman, Kuhlman und Camac (1988) ermittelten Faktor (aus der dreifaktoriellen Lösung) bestehen, der als "Impulsive-Unsozialized-Sensation-Seeking" (Imp-USS) interpretiert wurde.
- Auch im Hinblick auf die zugrundeliegenden Theorien kann von einer Entsprechung keine Rede sein. Während Zuckerman eine biologische (biochemische und neurophysiologische) Grundlage des

Sensation seekings postuliert - eine zwar interessante Hypothese, die aber mit einer Reihe von Schwierigkeiten verbunden ist (vgl. Amelang & Bartussek, 1990) - , vertreten wir einen systemtheoretischen Ansatz ohne eine explizite Verknüpfung mit biochemischen oder neurophysiologischen Prozessen. Dabei betonen wir die Vorliebe bestimmter Menschen für geordnete (normierende, stabile, vertraute, transparente) bzw. ungeordnete (permissive, instabile, unvertraute, unbestimmte, mehrdeutige) Umwelten respektive eine unterschiedliche Balance zwischen assimilativen und akkomodativen Prozessen. Wir sind im übrigen mit Andresen (1986, 1990) und Wohlwill (1984) der Auffassung, daß das Sensation seeking-Konstrukt auf der phänomenologischen Ebene einer präziseren und differenzierteren Analyse bedarf. So moniert Wohlwill (1984), daß Zuckerman zwei unabhängige Aspekte, nämlich die Bevorzugung neuer und komplexer Reize einerseits und die Bevorzugung intensiver Reize andererseits, miteinander konfundiert. Ferner decken nach faktorenalytischen Befunden von Andresen (1990) die vier Sensation seeking-Skalen von Zuckerman nur einen Teilbereich der Reizsuche- und Erlebnismotive ab.

3. SEELISCHE GESUNDHEIT UND UMWELT

Wenn wir im folgenden seelische Gesundheit mit Umweltbedingungen in Beziehung setzen, so geschieht dies in einem spezifischen begrenzten Sinn. Es interessiert nicht die Frage, welche (objektiven oder subjektiv wahrgenommenen) Umweltbedingungen in der Entwicklungsgeschichte von Individuen deren seelische Gesundheit dauerhaft oder vorübergehend in positiver oder negativer Richtung beeinflussen, sondern die Frage, worin sich die Umwelten von Personen mit hoher und niedriger seelischer Gesundheit häufig unterscheiden. Die Beantwortung dieser Frage soll einerseits aus der Perspektive des außenstehenden Beobachters - in erster Linie eines klinisch erfahrenen Psychologen - erfolgen. Dabei erscheinen uns zwei Aspekte von Bedeutung:

- realistisch vs. verzerrt wahrgenommene Umwelt,
- passende vs. unpassende Umwelt.

Zum anderen interessiert die Innenperspektive des Individuums, die zwei zusätzliche Aspekte liefert:

- bereichernde vs. bedrohliche Umwelt,
- anziehende vs. abstoßende soziale Umwelt (siehe Tabelle 6.2).

Es läßt sich nicht ganz vermeiden, daß es zu gelegentlichen Überschneidungen mit den Ausführungen im vorausgehenden Kapitel ("Theorie der seelischen Gesundheit") kommt.

Tabelle 6.2: Umweltbedingungen von Personen mit hoher bzw. geringer seelischer Gesundheit. U. = Umwelt.

Hohe seelische Gesundheit	Geringe seelische Gesundheit
Außenperspektive des klinischen Experten	
realistisch "wahrgenommene" U.	verzerrt "wahrgenommene" U.
passende Umwelt	unpassende Umwelt
Innenperspektive des Individuums	
bereichernde Umwelt	bedrohliche Umwelt
anziehende soziale Umwelt	abstoßende soziale Umwelt

3.1 Realistisch vs. verzerrt wahrgenommene Umwelt

Insbesondere bei schwereren Formen psychischer Störungen fällt auch dem ungeschulten Beobachter auf, daß der betreffende Patient mehr oder weniger große Ausschnitte seiner Umwelt in verzerrter oder stark selektiver Weise wahrnimmt: der Paranoide, der sich von feindseligen Menschen umzingelt sieht, die ihm schaden wollen und im Extremfall nach seinem Leben trachten; der Phobiker, den eine von ihm selbst als irrational, jedoch unkontrollierbar erlebte Furcht daran hindert, allein ohne Begleitung die Wohnung zu verlassen und sich auf belebte Plätze, in Kaufhäuser oder Züge zu begeben; der Depressive, der, nachdem seine Frau sich von ihm hat scheiden lassen, noch Jahre später davon überzeugt ist, daß keine andere Frau ihn jemals attraktiv finden wird; die zu Projektionen neigende alleinstehende Patientin, die unerschütterlich an der Vorstellung festhält, ein von ihr verehrter Mann sei in sie verliebt, auch wenn es keinerlei objektive Hinweise für diese Zuneigung gibt und der Mann sich neutral oder distanziert verhält. Unter dem Begriff der "Wahrnehmungsverzerrung" wollen wir auch eine stark selektive Form der Wahrnehmung subsumieren, bei der zwar die beachteten Aspekte realistisch gesehen, jedoch andere dazu gehörende Aspekte systematisch ausgeblendet (geleugnet, verdrängt etc.) werden. Wie wir oben näher ausgeführt haben, betrifft die verzerrte Wahrnehmung einerseits jenen Teil des "Systems kognitiver Strukturen", den wir als Umweltmodell bezeichnet haben, und andererseits das "System erworbener Sollwerte", in dem die durch Sozialisation erworbenen Werte repräsentiert sind. Daraus wird deutlich, daß wir den Begriff der "Wahrnehmung" im vorliegenden Zusammenhang in einer sehr breiten Bedeutung verwenden. Er bezieht sich nicht nur auf die aktuelle Reizaufnahme und -verarbeitung, sondern umfaßt auch gespeichertes Wissen, Überzeugungen und Annahmen, die die Umwelt betreffen.

Seelisch Gesunde sind hingegen zu einer weitgehend realistischen Wahrnehmung ihrer Umwelt in der Lage: sehen Gefahren dort, wo sie tatsächlich vorhanden sind, schätzen die Einstellungen und Gefühle ihrer Mitmenschen im allgemeinen richtig ein, sehen mehrere Seiten einer Person bzw. Sache, ohne Unliebsames auszublenden, vertreten rationale Überzeugungen (sensu Ellis) und schaffen damit die Voraussetzungen dafür, sich mit ihrer Umwelt erfolgreich auseinanderzusetzen und die eigenen Bedürfnisse zu befriedigen.

3.2 Passende vs. unpassende Umwelt

Dank ihrer Fähigkeit zur realistischen Wahrnehmung der Umwelt sowie der eigenen Person streben seelisch Gesunde danach, Umweltbedingungen aufzusuchen bzw. herbeizuführen, die zu ihnen passen. Damit ist eine doppelte Passung gemeint: (1) zwischen eigenen Kompetenzen und Umweltanforderungen sowie (2) zwischen eigenen Bedürfnissen und Angeboten bzw. Ressourcen in der Umwelt. So wird ein seelisch gesunder Mensch - vielleicht erst nach anfänglichen, jedoch rechtzeitig erkannten Irrtümern und Umwegen - eine Ausbildung wählen, die mit den eigenen Fähigkeiten im Einklang steht, während psychisch Gestörte nicht selten Entscheidungen für Umwelten treffen, die eher von Wünschen oder Befürchtungen als von einer nüchternen Bestandsaufnahme geleitet sind. Beispiele liefern Personen, die einen Beruf ausüben, in dem sie dauerhaft über- oder unterfordert sind.

Betrifft die ungenügende Passung die eigenen Bedürfnisse, so findet man unter Patienten mit psychischen Störungen gehäuft Personen, die aus einer Fehleinschätzung der eigenen "wahren" Bedürfnisse oder der Angebote und Ressourcen in der Umwelt unter ihren Umweltbedingungen leiden. Ein Beispiel liefert eine Frau, die ihre "Selbstverwirklichung" ausschließlich auf beruflichem Gebiet anstrebt, den größten Teil ihrer Zeit in einer von Konkurrenz- und Karrieredenken geprägten Umwelt verbringt und von einem diffusen Gefühl der Umzufriedenheit gequält wird, das sich gelegentlich bis zu Depressionen steigert. Möglicherweise hat diese Frau sich bisher nicht angemessen mit ihrem Kinderwunsch auseinandergesetzt und aus diesem Grund keine Umwelt ausgewählt, die ihr die Realisierung dieses bisher verdrängten Wunsches ermöglicht.

3.3 Bereichernde vs. bedrohliche Umwelt

Seelisch gesunde Menschen bringen - gemäß unserer Definition der seelischen Gesundheit als Fähigkeit zur Bewältigung externer und interner Anforderungen - gute Voraussetzungen zur Befriedigung ihrer angeborenen Bedürfnisse (siehe Tabelle 4.2) mit. Dazu zählen unter anderem das Explorationsbedürfnis und die Selbstaktualisierungsbedürfnisse. Seelisch Gesunde erleben ihre Umwelt als herausfordernd und bereichernd. Sie sind aufgeschlossen für neues Verhalten (*"Flexibilität"*) und sehen in Veränderungen ihrer Umwelt eher Chancen für eigenes Wachstum als Bedrohungen der eigenen Identität. Aufgrund einer vertrauensvoll-optimistischen Grundhaltung und des Glaubens an die eigenen Bewältigungskompetenzen (bzw. an die eigene Selbstwirksamkeit) erscheint ihnen die Umwelt - auch wenn sie sich verändert - prinzipiell vertrauenswürdig, Geborgenheit und Sicherheit bietend und - falls erforderlich - durch eigene Aktivitäten kontrollierbar.

Personen mit geringer seelischer Gesundheit hingegen erleben ihre aktuelle Umwelt - insbesondere unvorhergesehene oder ungeplante Veränderungen derselben - häufig als Angst auslösende Bedrohungen. Es mangelt ihnen an Vertrauen und Optimismus bzw. an dem Glauben an die eigenen Bewältigungskompetenzen. Aus diesem Grund klammern sie sich ängstlich und *rigide* an ihre aktuellen sozialen und materiellen Lebensbedingungen und schränken den Aktionsradius ihrer Aktivitäten ein mit dem primären Ziel, sich vor Veränderungen ihrer Umwelt und erforderlichen Neuanpassungen zu schützen. Beispiele liefern eine Frau, die lieber an einer unglücklichen Ehe mit einem frustrierenden, nicht zu ihr passenden Ehemann festhält, als sich auf das Wagnis einzulassen, die Ehe aufzugeben und einen neuen Lebensweg einzuschlagen; oder ein Mann, der lieber die ungerechtfertigten Angriffe seines Vorgesetzten über sich ergehen läßt und seine Demütigung im Alkohol ertränkt, als dem Vorgesetzten die Stirn zu bieten und notfalls eine Entlassung zu riskieren.

3.4 Anziehende vs. abstoßende soziale Umwelt

Alfred Adler kommt das Verdienst zu, Verhaltenszüge bei neurotischen Patienten entdeckt zu haben, in denen sie sich von seelisch Gesunden unterscheiden. Sie betreffen das *Interesse an der sozialen Umwelt* bzw. den Mitmenschen, für das Adler den Begriff des "Gemeinschaftsgefühls" prägte (vgl. Becker, 1993 c). Es war ihm aufgefallen, daß viele seiner Patienten ein gestörtes Verhältnis zu ihren Mitmenschen hatten und vor den drei großen Aufgaben des Lebens: Arbeit, Liebe und Gemeinschaft versagten, weil sie sich selbstzentriert verhielten, statt sich mit Interesse, Zuneigung und Tatkraft ihrer sozialen Umwelt zuzuwenden. Ihre Gedanken und Befürchtungen kreisen um die eigene Person: den vermeintlichen Wert in den Augen der anderen, die eigene Macht oder Ohnmacht, die eigene Kompetenz oder Inkompetenz. Mitmenschen - als wichtigster Teil der Umwelt - werden als Bedrohung erlebt und folglich entweder gemieden, bekämpft oder entwertet.

Seelisch Gesunde haben demgegenüber ein ausgeprägtes Gemeinschaftsgefühl, nehmen interessiert Anteil am Leben der ihnen Nahestehenden, bewegen sich auf der "sozial nützlichen Seite" des Lebens. In Übereinstimmung mit dieser Adlerschen These stehen Befunde, die wir mit dem Trierer Persönlichkeitsfragebogen (TPF) sowie in faktorenanalytischen Studien gewonnen haben (vgl. Abbildung 2.6). Der TPF enthält eine Skala "Liebesfähigkeit", die in der TPF-Eichstichprobe mit der seelischen Gesundheitsskala bei 436 Männern .41 und bei 525 Frauen .47 korreliert (vgl. Becker, 1989, sowie die Tabellen 2.8 und 2.9 sowie Abbildung 2.6). Liebesfähigkeit umfaßt eine Reihe von Eigenschaften (z.B. Interesse an den Mitmenschen, Empathie, Fähigkeit, anderen Liebe zu geben), die weitgehend dem Adlerschen Konzept des Gemeinschaftsgefühls entsprechen. Auch Teile des in Abbildung 2.6 wiedergegebenen Circumplexmodells der Persönlichkeit stehen mit den Adlerschen Annahmen im Einklang. In Abhängigkeit vom Grad ihrer Verhaltenskontrolle neigen seelisch Gesunde entweder zur sozialen Anpassung oder Selbstaktualisierung. Soziale Anpassung ist eine spezielle Variante einer Ausrichtung auf die soziale Gemeinschaft, nämlich im Sinne der Anpassung an die Werte und Normen der Gesellschaft. Selbstaktualisierung umfaßt unter anderem Geselligkeit und Expansivität, zwei weitere Varianten einer Orientierung auf die soziale Umwelt.

Nach Abbildung 2.6 neigen Personen mit geringer seelischer Gesundheit - in Abhängigkeit vom Grad ihrer Verhaltenskontrolle - zur Gehemmtheit oder Zügellosigkeit. Gehemmte verhalten sich unter anderem ungesellig, zurückhaltend, unterwürfig und selbstunsicher. Zügellose neigen zu Aggressionen, Untersozialisiertheit, geringer Empathie und geringer Anstrengungsbereitschaft. Beides sind Varianten einer *Selbstzentrierung* bzw. eines schwachen Gemeinschaftsgefühls, die zugleich etwas über die Wahrnehmung der sozialen Umwelt und die Einstellungen einer Person gegenüber ihrer sozialen Umwelt aussagen: Mitmenschen erscheinen nicht verläßlich, gleichgültig oder bedrohlich, worauf mit Rückzug, Unterwerfung, Gleichgültigkeit, Mißtrauen, offener oder versteckter Ablehnung und Feindseligkeit reagiert wird. Letztlich fehlt das genuine Interesse an der sozialen Gemeinschaft, und es dominiert die aus Enttäuschung oder wahrgenommener Bedrohung erwachsene Selbstzentrierung.

4. ZUSAMMENFASSUNG

Das Kapitel behandelt zwei Fragen: (1) Welches sind die ("objektiven") Umweltbedingungen, die von stark bzw. wenig Verhaltenskontrollierten bevorzugt werden? (2) Worin unterscheiden sich die ("objektiven" bzw. subjektiv wahrgenommenen) Umwelten von Personen mit hoher und niedriger seelischer Gesundheit?

Die Generalhypothese zur ersten Fragestellung lautet: Im Vergleich zu Spontanen bevorzugen Verhaltenskontrollierte geordnete Umwelten. Wenig Verhaltenskontrollierte haben hingegen eine Vorliebe für ungeordnete Umwelten oder können damit zumindest besser umgehen als Kontrollierte. Erklärt wird dieser Unterschied mit dem ausgeprägten Bedürfnis nach Orientierung und Sicherheit der Kontrollierten und den dominanten Explorations- und Selbstaktualisierungsbedürfnissen der Spontanen. Die Generalhypothese wird dahingehend differenziert, daß Verhaltenskontrollierte stärker als Spontane (1) normierende, (2) stabile, vertraute und (3) transparente Umwelten bevorzugen. In einem Exkurs wird das Konstrukt "sensation seeking" mit seinen vier Komponenten "Aufregung und Abenteuer Suchen", "Erfahrungen Suchen", "Enthemmung" und "Anfälligkeit gegenüber Langeweile" dem Konstrukt der Verhaltenskontrolle gegenübergestellt. Zwar besteht eine inhaltliche Verwandtschaft, die sich auch in der Höhe der Interkorrelationen niederschlägt, doch darf keine Gleichsetzung erfolgen, da Verhaltenskontrolle ein breiteres Konstrukt ist als "sensation seeking".

Die zweite Frage nach Unterschieden in den Umwelten von Personen mit hoher und niedriger seelischer Gesundheit wird einerseits aus der Perspektive des (klinisch erfahrenen) Außenstehenden beantwortet. Seelisch Gesunde nehmen ihre Umwelten weitgehend realistisch wahr und erleben sie als zu ihnen passend, während Patienten mit psychischen Störungen in verzerrt bzw. selektiv wahrgenommenen und unpassenden Umwelten leben. Aus der Binnenperspektive erscheint seelisch Gesunden ihre Umwelt bereichernd, während geringe seelische Gesundheit häufig mit dem subjektiven Eindruck einer bedrohlichen Umwelt einhergeht. In Anlehnung an Alfred Adlers Theorie wird ferner ausgeführt, daß seelisch Gesunde aufgrund ihres "Gemeinschaftsgefühls" ihre soziale Umwelt als anziehend erleben, während sie psychisch Gestörten eher abstoßend erscheint, so daß sie darauf - unter anderem in Abhängigkeit vom Grad ihrer Verhaltenskontrolle - mit Rückzug, Unterwerfung, Gleichgültigkeit, Mißtrauen, offener oder versteckter Ablehnung und Feindseligkeit reagieren.

Kapitel 7

ERZIEHUNG, SOZIALE UMWELT UND PERSÖNLICHKEIT

> "Wir sehen gelebte humane Haltungen und eine konstruktive Persönlichkeitsentwicklung von Lehrern und Erziehern ... gleichsam als *die* Vorbedingungen für konstruktive Änderungen einer Gesellschaft an."
> Tausch und Tausch (1979, S. 382)

1. EINLEITUNG

"Seit eh und je werden Kinder wohl mehr oder weniger streng von ihren Eltern nach den Normen der Kultur, in der sie leben, erzogen. Doch ungeachtet der spezifischen Erziehungsziele, die Eltern verfolgen, geraten Kinder nicht immer so, wie wir sie gerne möchten: Sie verhalten sich zum Beispiel aggressiv oder unselbständig. In einzelnen Fällen muß man von richtiggehenden Verhaltensstörungen sprechen. Wenn man sich nach den Gründen für die ´Mißerfolge´ fragt, ist man allzuleicht geneigt, sie bei der Vererbung oder der Boshaftigkeit des Kindes zu suchen. Es ist sehr schwer, sich einzugestehen, daß solche Verhaltensweisen durch die eigene Erziehung bedingt sein könnten." (Perrez, Minsel & Wimmer, 1985, S. 8). Fragen nach dem Einfluß des Menschen auf den Menschen sind nicht nur für Eltern und Erzieher, sondern auch für klinische Psychologen von grundlegender Bedeutung. Indem wir diese Fragen aufgreifen, schlagen wir ein neues Kapitel auf, zu dem auch die Persönlichkeitspsychologie einen Beitrag leisten kann.

Standen in den vorangehenden Kapiteln Fragen der Beschreibung der Persönlichkeit sowie ein Struktur- und Funktionsmodell der Persönlichkeit im Mittelpunkt, so wenden wir uns im folgenden der *Erklärung* interindividueller Unterschiede zu. Neben Umwelteinflüssen sind dabei genetische Faktoren sowie Wechselwirkungen und Kovarianzen zwischen Anlage- und Umweltfaktoren grundsätzlich zu berücksichtigen. Aus diesem komplexen Bedingungsgefüge greifen wir im vorliegenden Kapitel einen Ausschnitt heraus, der sich mit dem Einfluß der sozialen Umwelt, und zwar primär der *Erziehung*, auf die Persönlichkeit befaßt.

Bemerkenswert erscheint, daß Amelang und Bartussek (1990) in ihrem umfangreichen Einführungstext "Differentielle Psychologie und Persönlichkeitspsychologie" dem Thema "Erziehungsverhalten der Eltern und Persönlichkeit" ganze zwei Seiten widmen, genetischen Faktoren hingegen einen um ein Vielfaches größeren Platz einräumen. Zum Teil mag diese Gewichtung den unbefriedigenden Erkenntnisstand der Erziehungsstilforschung widerspiegeln, den Schneewind (1975 b, S. 17) vor Jahren in einem Überblicksartikel wie folgt charakterisierte: "In einem Aufsatz zur Rezeption der empirischen Sozialforschung aus dem angloamerikanischen Sprachraum beklagt Bargel (1973) den ´Mangel an Empirie in der Bundesrepublik´. Wenngleich sich in letzter Zeit ein Anwachsen empirischer Forschungsbefunde zur Erziehungsstilforschung auch im deutschsprachigen Raum abzeichnet, kann - von Ausnahmen abgesehen - mit gleicher Berechtigung ein Mangel an Theorie konstatiert werden." Ein ähnlich düsteres Bild zeichneten wenige Jahre zuvor Seitz, Wehner und Henke (1970 b, S. 165): "Obwohl elterliches Erziehungsverhalten zu den folgenreichsten Einflüssen auf die Persönlichkeitsentwicklung der Kinder zu zählen ist, gibt es noch kaum empirisch hinreichend gesicherte Ergebnisse darüber, welche bestimmten erzieherischen Verhaltensweisen bei Kindern bestimmten Alters und Geschlechts zur Prägung welcher Persönlichkeitseigenarten führen."

So wichtig und berechtigt eine Diskussion über genetische Faktoren ist (Plomin, DeFries & McClearn, 1990; sowie unten), so wenig Orientierung bietet sie Eltern und Erziehern bei ihren Bemühungen um die Verwirklichung von Erziehungsbedingungen, die sich auf die Persönlichkeitsentwicklung von Kindern und Jugendlichen günstig auswirken. Mithin verdient das letztgenannte Thema verstärkte wissenschaftliche Beachtung.

Beim Versuch, Zusammenhänge zwischen Erziehungsverhalten und Persönlichkeit aufzudecken und zu interpretieren, stößt man auf wenigstens vier Fragenkomplexe, die nicht leicht zu beantworten sind:

(1) Wie läßt sich erzieherisches Verhalten strukturieren und systematisieren? Welches sind die wichtigsten Dimensionen oder Typen erzieherischen Verhaltens?

(2) Welches sind die wichtigsten Strukturen und Dimensionen der Persönlichkeit?

(3) Welche Zusammenhänge zwischen Erziehungsverhalten und Persönlichkeit lassen sich empirisch absichern?

(4) Wie sind diese Zusammenhänge zu erklären? Welche Theorien eignen sich als Interpretationsbasis? Welches sind die grundlegenden Mechanismen?

Im vorliegenden Kapitel suchen wir nach Antworten auf diese vier Fragen. Aus der umfangreichen Literatur greifen wir einige Ansätze heraus, denen wir entweder in historischer, theoretischer oder methodischer Hinsicht eine besondere Bedeutung beimessen. Weitgehend atheoretisch konzipierte Arbeiten, in denen beliebig herausgegriffenes Erziehungsverhalten mit beliebig ausgewählten Persönlichkeitseigenschaften - womöglich bei altersmäßig sehr heterogen zusammengesetzten Stichproben - in Beziehung gesetzt wird, klammern wir hingegen aus (z.B. Stangl, 1987). Die Darstellung beginnt mit zwei im deutschsprachigen Raum sehr einflußreichen Ansätzen: dem auf Carl Rogers zurückgehenden Konzept von Tausch und Mitarbeitern sowie dem lerntheoretisch fundierten Zweikomponenten-Konzept der elterlichen Bekräftigung von Stapf, Herrmann, Stapf und Stäcker (1972). Ausführliche Berücksichtigung finden sodann dimensionale und Circumplexmodelle des elterlichen Verhaltens, die häufig als Basis für zusammenfassende Literaturüberblicke dienten. Es folgen zwei vom Verfasser vorgeschlagene Circumplexmodelle: Das erste beschreibt die Struktur des Sozialverhaltens von Eltern, Erziehern und sonstigen wichtigen Bezugspersonen, das zweite umfaßt Hypothesen zu den kurzfristigen Effekten dieses Sozialverhaltens auf Interaktionspartner. Beide Modelle werden mit dem Circumplexmodell der (langfristigen) Persönlichkeitseffekte verknüpft.

Das Kapitel schließt mit Hinweisen auf Begrenzungen der vorgestellten Modelle und mit einem Ausblick auf künftige Forschungsaufgaben.

2. ERZIEHUNG UND PERSÖNLICHKEIT

Unabhängig von der Frage, wie groß der durch Vererbung direkt und indirekt erklärbare Anteil der Varianz in Persönlichkeitseigenschaften zu veranschlagen ist (vgl. Plomin et al., 1990), besteht Übereinstimmung darüber, daß sich Persönlichkeitseigenschaften - und dies gilt besonders für sozial relevante Eigenschaften - aus der Interaktion eines heranwachsenden Individuums mit seiner sozialen Umwelt entwickeln. Mithin kommt der Art der sozialen Umwelt in jedem Fall eine große Bedeutung zu. Menschen sind primär soziale Wesen, und Eltern und Erzieher sehen eine ihrer wichtigsten Aufgaben darin, Sozialisationsprozesse in erwünschte

Bahnen zu lenken bzw. förderliche Prozesse zu unterstützen. Grusec und Lytton (1988, S. 162) fassen die *Aufgaben und Ziele der Sozialisation* wie folgt zusammen: "Bereitstellung von Unterstützung und Schutz; Hinführung zu den Werten und Forderungen der Gesellschaft, einschließlich der Verinnerlichung moralischer Normen; Erwerb eines Selbstkonzeptes durch sich vergrößernde soziale Erfahrungen; wachsende Autonomie." (Übers. d. Verf.). Bei allen Auffassungsunterschieden hinsichtlich der geeigneten Methoden zur Erreichung dieser Ziele dürfte über diese Ziele als solche unter den meisten Eltern und Erziehern Konsens bestehen. Nicht zuletzt von der Psychologie und der Pädagogik erhofft man sich Antworten auf die Fragen, ob und auf welchem Weg sich bestimmte Sozialisationsziele erreichen lassen bzw. welche Zusammenhänge zwischen Erziehungsbedingungen einerseits und Verhalten und Persönlichkeit der Erzogenen andererseits bestehen.

Aus dem Gesamtfeld erzieherisch relevanter Bedingungen greifen wir im folgenden den Bereich der *Erziehungsstile* heraus, da hierzu eine Fülle von Theorien und empirischen Befunden vorliegt. Lukesch (1981, S. 113) definiert Erziehungsstil wie folgt: "Unter Erziehungsstil soll der strukturierte Komplex aller Verhaltens- und Erlebnisweisen eines Erziehers verstanden werden, der, gerichtet oder ungerichtet, in bewußt intendierter Weise oder unreflektiert, mittelbar oder unmittelbar auf Kinder und Jugendliche (Edukanden) bezogen ist." Durch den Begriff des Erziehungs*stils* soll mithin zum Ausdruck gebracht werden, daß sich im Erziehungsverhalten mehr oder weniger konsistente und stabile Eigenarten beobachten lassen, die es ermöglichen, zusammenfassend und abstrahierend entweder von bestimmten *Typen* des Erziehungsverhaltens (z.B. autoritäre, demokratische oder Laissez-faire-Erziehung) oder von *Dimensionen* des Erziehungsverhaltens (z.B. restriktive vs. permissive Erziehung) zu sprechen. Wir berichten im folgenden über theoretisch fundierte Versuche, Zusammenhänge zwischen Erziehungsstilen und Persönlichkeitseigenschaften herzustellen.

2.1 Der Ansatz von Tausch und Tausch (1979)

Die von Tausch und Tausch (1979, S. 9) aufgeworfene Hauptfrage lautet: "Wie können Lehrer, Erzieher und Eltern in der alltäglichen Begegnung von Person zu Person bedeutungsvolle seelische Vorgänge und die konstruktive Persönlichkeitsentwicklung von Kindern und Jugendlichen fördern?" Bei der Beantwortung dieser Frage stützen sich die Autoren auf humanistische Ansätze (insbesondere Carl Rogers), auf Erkenntnisse der Lernpsychologie (ins-

besondere die Bedeutung des "Wahrnehmungslernens", ein Terminus, der sich mit dem vertrauteren Begriff des "Lernens am Modell" deckt) und auf Ergebnisse der Erziehungsstilforschung. Wir beschränken uns im folgenden auf die von Tausch und Tausch für bedeutsam erachteten Erziehungsstile. Dabei werden vier Dimensionen unterschieden:
(1) Achtung-Wärme-Rücksichtnahme,
(2) einfühlendes, nicht-wertendes Verstehen,
(3) Echtheit und
(4) geringe vs. starke Dirigierung-Lenkung.
Die ersten drei Dimensionen entsprechen den von Rogers (1957) für notwendig und hinreichend erachteten therapeutischen Basisvariablen, während die vierte Dimension von Tausch und Tausch ergänzt und weiterentwickelt wurde. Jede der vier Dimensionen wird durch Skalen verankert und präzisiert. Beispielhaft ist in Tabelle 7.1 die Verankerung der Dimension "Achtung-Wärme-Rücksichtnahme vs. Mißachtung-Kälte-Härte" wiedergegeben.

Die von Tausch und Tausch mit diesen vier Dimensionen in Beziehung gebrachten Verhaltensweisen bzw. Eigenschaften der Edukanden beschreibt Tabelle 7.2. Man erkennt, daß den vier Dimensionen ähnliche, teilweise sogar identische Auswirkungen zugesprochen werden. Dies überrascht nicht, betonen Tausch und Tausch doch an mehreren Stellen ihres Buches, daß die vier Dimensionen in positiver und offenbar enger Weise miteinander verknüpft sind. Dies bestätigen empirische Studien von Höder, Joost und Klyne (1975) sowie Tausch, Köhler, Bommert und Schulz v. Thun (1972). Man kann die diskriminante Validität der vier Dimensionen und ihrer Operationalisierungen bzw. - weniger technisch ausgedrückt - die hinreichende Abgrenzbarkeit der vier Dimensionen, insbesondere der ersten drei, bezweifeln; zumindest sind sie eng verwandt und häufig in ähnlichem Ausprägungsgrad bei einer Person vorhanden. Folgerichtig plädieren Tausch und Tausch (1979) sowie von ihnen beeinflußte Autoren (z.B. Perrez, Minsel & Wimmer, 1985) für einen Erziehungsstil, der eine Kombination aus Achtung-Wärme-Rücksichtnahme, einfühlendem nichtwertendem Verstehen, Echtheit und geringer Lenkung beinhaltet.
Bemerkenswert an den in Tabelle 7.2 mitgeteilten Zusammenhängen erscheint uns unter anderem die *Symmetrie* einiger Bedingungen und Auswirkungen: Achtung-Wärme-Rücksichtnahme des Erziehers fördern Achtung-Wärme-Rücksichtnahme des Edukanden, Vertrauen weckt Vertrauen, Echtheit begünstigt Echtheit, geringes Dirigieren-Lenken führt zu einer entsprechenden Haltung des Edukanden usw.. Dieses Ergebnis steht mit der oben erwähnten Grund-

Tabelle 7.1: Charakterisierung der beiden Pole der Dimension "Achtung-Wärme-Rücksichtnahme vs. Mißachtung-Kälte-Härte" nach Tausch und Tausch (1979).

Achtung-Wärme-Rücksichtnahme	*Mißachtung-Kälte-Härte*
• den anderen wertschätzen, an ihm anteilnehmen	- den anderen geringachten, ihn teilnahmslos behandeln
• ihm Geltung schenken, ihn anerkennen, ihn willkommen heißen, ihm zugeneigt sein	- ihn abwerten, ihn abweisen, ihn ablehnen, ihn mißbrauchen
• mit ihm freundlich, herzlich umgehen, mit ihm nachsichtig sein	- mit ihm unfreundlich, herzlos umgehen, mit ihm unnachsichtig sein, ihn demütigen
• ihn rücksichtsvoll, zärtlich, liebevoll behandeln	- ihn grob, verächtlich, lieblos behandeln
• ihn ermutigen, ihn wohlwollend behandeln	- ihn entmutigen, ihn mißgünstig behandeln
• ihm vertrauen	- ihm mißtrauen
• zu ihm halten, ihm beistehen, ihn beschützen, ihn umsorgen, ihm helfen, ihn trösten	- ihn fallenlassen, ihn kalt-, stellen, ihm Angst einjagen, ihm drohen, ihn strafen, ihn verletzen
• sich ihm gegenüber öffnen, ihm nahe sein	- ihm gegenüber distanziert, verschlossen bleiben

annahme von der Bedeutung des "Wahrnehmungslernens" im Einklang.

Wenngleich wir nicht verkennen, daß Tausch und Tausch (1979) einen wertvollen Beitrag zu einer wissenschaftlichen Fundierung einer Erziehung auf der Basis der humanistischen Psychologie geleistet haben, sehen wir folgende Begrenzungen des Ansatzes:

(1) Statt von vier Dimensionen des Erziehungsstils sollte eher von *einer* breiten Dimension gesprochen werden, die die vier von Tausch und Tausch herangezogenen engeren Dimensionen umfaßt. Zumindest sind die ersten drei Dimensionen so eng miteinander verknüpft, daß man sie unter *einem* Oberbegriff (z.B. "Wertschätzung") subsumieren sollte. Dann verblieben bestenfalls *zwei* positiv korrelierende Dimensionen, deren Effekte kaum voneinander getrennt werden können, da Tausch und Tausch sie eng

Tabelle 7.2: Auswirkungen von vier Dimensionen des Erziehungsverhaltens auf das Verhalten und die Eigenschaften von Edukanden (nach Tausch & Tausch, 1979).

Achtung-Wärme-Rücksichtnahme
- seelische Gesundheit
- Selbstachtung, Selbstwertgefühl, Selbstvertrauen, positive Selbstkommunikation
- seelisch-körperliches Wohlbefinden
- positive Einstellung zu anderen
- Vertrauen
- Sensibilität und Bereitschaft zur Kooperation mit anderen
- wenig Trotz, Opposition, Delinquenz
- kognitive Leistungsfähigkeit, Kreativität
- selbständiges Denken und Urteilen
Einfühlendes, nicht-wertendes Verstehen
- seelische Gesundheit
- sich verstanden fühlen
- Selbstöffnung, Echtheit, Mitteilung von Wünschen und Gefühlen
- besserer Zugang zu eigenen Gefühlen
- Selbstauseinandersetzung, Selbstexploration
- bessere Selbsterkenntnis
- teilweise Umstrukturierung von Selbst- und Umweltmodell
- Entlastung, Entspannung
Echtheit
- seelische Gesundheit
- Echtheit, Ehrlichkeit zu sich selbst und zu anderen
- bessere Selbsterkenntnis
- Selbstöffnung
- Verminderung von Defensivität
- Verminderung von Konformismus
- Vertiefung der Beziehung
Geringes Dirigieren-Lenken
(in Verbindung mit obigen drei Bedingungen)
- Selbständigkeit, Selbstverantwortlichkeit
- Spontaneität
- Kreativität
- Selbstdiszipliniertheit
- geringe Spannungen
- geringes Dirigieren-Lenken

miteinander verknüpfen. Exemplarisch möge das folgende Zitat als Beleg dienen: "Ob sich die günstigen Auswirkungen von geringer oder fehlender Dirigierung-Lenkung verwirklichen, hängt in der Erziehung entscheidend davon ab, ob Erwachsene für Kinder-

Jugendliche hinreichend förderliche und hilfreiche Bedingungen schaffen. Ob sie also in hohem Maße achtungsvoll-warm, verstehend, echt und selbstgeöffnet sowie nicht-dirigierend fördernd tätig sind. Bei nur geringem Ausmaß in diesen förderlichen Dimensionen werden viele der obengenannten Möglichkeiten nicht Wirklichkeit werden." (Tausch & Tausch, 1979, S. 336).

(2) Infolge ihrer oben beschriebenen Ausgangsfragestellung begrenzen die beiden Autoren die Diskussion über Zusammenhänge von Erziehungsstilen und Persönlichkeitseigenschaften weitgehend auf die Effekte *einer* breiten Dimension. Auf diesem Weg lassen sich weder das gesamte Spektrum möglicher Erziehungsstile noch das Spektrum der damit im Zusammenhang stehenden Persönlichkeitseigenschaften hinreichend abdecken.

(3) Tausch und Tausch (1979) favorisieren einen möglichst geringen Grad von Lenkung in der Erziehung. Wie weiter unten dargestellte empirische Befunde belegen, kann jedoch auch bei stärkerer Lenkung (fordernder Kontrolle, angemessenen Reife- und Leistungsforderungen) in Verbindung mit durchschnittlicher oder hoher Wertschätzung ein Verhaltens- bzw. Eigenschaftsmuster gefördert werden, das vielen Eltern und Erziehern erstrebenswert erscheint. Möglicherweise bringt man weniger permissiv orientierte Eltern und Erzieher sogar in Konflikte, wenn man sie auf das von Tausch und Tausch propagierte Erziehungsideal geringer Lenkung verpflichtet.

(4) Die beiden Autoren problematisieren nicht hinreichend die ungeklärten Ursache-Wirkungs-Relationen. Sie stützen sich im wesentlichen auf Beobachtungsdaten und korrelative Befunde aus Querschnittstudien, die keine definitive Beantwortung der Frage zulassen, inwieweit Zusammenhänge zwischen Verhaltensweisen von Erziehern und Verhaltensweisen von Erzogenen auf den Einfluß der Erzieher und/oder der Erzogenen zurückgehen. Einerseits erscheint die Annahme plausibel, daß ein Erzieher auf einen Schüler, der Wertschätzung und Echtheit zeigt, anders reagiert als auf einen Schüler, der sich aggressiv und aufsässig verhält. Andererseits besteht kein Zweifel daran, daß sich Eltern und Erzieher erheblich voneinander in ihrem Erziehungsverhalten unterscheiden, *weitgehend* unabhängig davon, mit welchen Edukanden sie es zu tun haben. Dies gilt beispielsweise für den Grad der von ihnen realisierten Wertschätzung oder den Grad der Lenkung.

2.2 Der Ansatz von Stapf, Herrmann, Stapf und Stäcker (1972)

Stapf et al. (1972) sind sich dessen bewußt, wie aussichtslos der Versuch ist, zum gegenwärtigen Zeitpunkt eine einzige umfassende Theorie des elterlichen Erziehungsstils und seiner Auswirkungen entwickeln zu wollen. Statt dessen beschränken sie sich bewußt auf ein Apriori-Modell mit begrenzter Aussagekraft, das jedoch den Vorteil besitzt, theoretisch verankert und empirisch überprüfbar (und somit prinzipiell widerlegbar) zu sein. Sie nennen ihren Ansatz *"Zweikomponenten-Konzept der elterlichen Bekräftigung"* und kennzeichnen ihn wie folgt (Stapf et al., S. 32): "1. Er enthält Aussagen über die 'Dimensionalität' der Erziehung *und* über *Erziehungswirkungen.* 2. Er betrifft (ausschließlich) die Bekräftigungswirkung der Erziehung bzw. das *Bekräftigungslernen* des Erzogenen. 3. Er macht vor allem Aussagen über den beim *Kind* erhobenen Erziehungsstil. 4. Er thematisiert in erster Linie *Erziehungspraktiken* und nicht so sehr Erziehungshaltungen (Vorstellungen, Normen)."

Ausgehend von der Lerntheorie unterscheiden die Autoren zwei Arten der Bekräftigung: positive Bekräftigung (von den Autoren mit Belohnung gleichgesetzt) und negative Bekräftigung (von den Autoren mit Bestrafung gleichgesetzt). Letztere führt zur Veränderung der Auftretenswahrscheinlichkeit des bestraften Verhaltens und zur Meidung der Bestrafungsquelle, während positive Bekräftigung die Auftretenswahrscheinlichkeit des belohnten Verhaltens vergrößert und das Aufsuchen der Belohnungsquelle begünstigt. Ein Erziehungsstil, der durch häufige und intensive Anwendung von Strenge, Strafe, Tadel und Druck gekennzeichnet ist, wird von den Autoren als *"elterliche Strenge"* bezeichnet; die intensive Erziehung mittels Unterstützung, Lob, Lohn, Hilfe und Förderung nennen sie *"elterliche Unterstützung"*. Die zentrale Hypothese von Stapf et al. (1972, S. 34) lautet: "Elterliche Strenge führt in der Regel beim Erzogenen zur Verbotsorientierung, d.h. zu der Neigung, Reaktionen, die nach den Normen der Bezugsgruppe bzw. -person unerwünscht (verboten) sind, zu unterlassen. Elterliche Unterstützung führt in der Regel beim Erzogenen zur Gebotsorientierung, d.h. zur Neigung, Reaktionen, die nach den Normen der Bezugsgruppe bzw. -person erwünscht (geboten) sind, aufzuführen. Verbotsorientierung bedeutet u.a. den Verzicht auf die Übertretung von Verboten aller Art, Verzicht auf 'soziales Risiko' und die Vermeidung von Außenseitertum (= "Bravheitssyndrom"). Gebotsorientierung bedeutet u.a. die Beherrschung und Manifestation sozialer Spielregeln und Rituale, 'gutes Benehmen', 'Gewandtheit' und 'soziale Intelligenz' (= "Cleverness-Syndrom")." Dieser postulierte Zusammenhang ist in Abbildung 7.1 wiedergegeben.

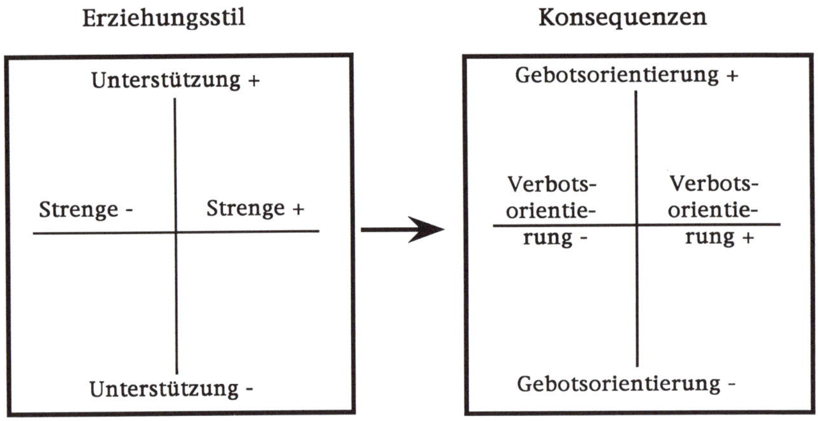

Abbildung 7.1: Schematische Darstellung der Erziehungswirkung nach Stapf et al. (1972)

Elterliche Strenge und elterliche Unterstützung werden als zwei unabhängige Dimensionen des Erziehungsstils aufgefaßt. Kombiniert man hohe und niedrige Ausprägungen in diesen Dimensionen miteinander, so resultieren zwei weitere Dimensionen, die als "Kontrolle vs. Liberalität" und "Zuwendung vs. Zurückweisung" interpretiert werden (siehe Abbildung 7.2).

Das Hauptinteresse der Autoren richtet sich jedoch eindeutig auf die empirische Überprüfung der Auswirkungen von elterlicher Strenge und elterlicher Unterstützung. Zu diesem Zweck entwickelten sie einen Fragebogen zur getrennten Erfassung der vom Kind wahrgenommenen väterlichen (bzw. mütterlichen) Strenge und Unterstützung, mit dessen Hilfe einige hypothesenkonforme Ergebnisse erzielt werden konnten. So neigen streng Erzogene zur *Verbotsorientierung* (u.a. hohe Ängstlichkeit, geringe Toleranz gegenüber Mitmenschen, Konformität mit Lebensweisheiten/Maximen), aber auch delinquente Jugendliche berichten über große väterliche Strenge. Bei hoher Unterstützung (bzw. *Gebotsorientierung*) ergeben sich Zusammenhänge zu einer positiven Bewertung vieler Personen, Objekte und Situationen, guten intellektuellen und Schulleistungen, Bejahung sozialer Spielregeln und Normen und einem positiven Selbstbild.

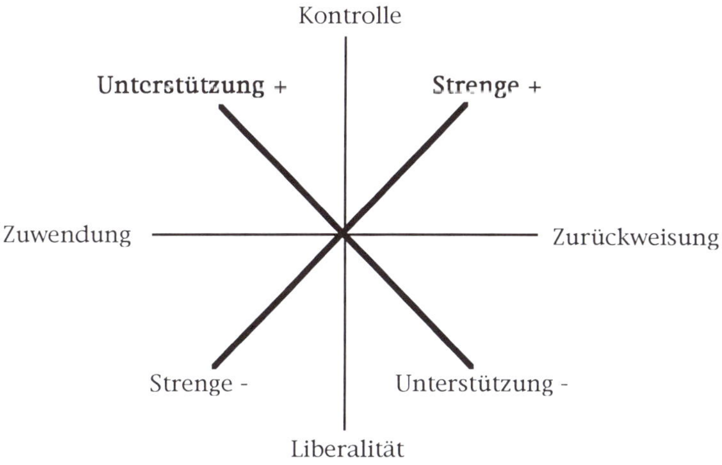

Abbildung 7.2: Hypothetische Zusammenhänge zwischen den Komponenten Unterstützung und Strenge sowie den Dimensionen Kontrolle vs. Liberalität und Zuwendung vs. Zurückweisung nach Stapf et al. (1972).

Die Vorteile des von Stapf et al. (1972) vertretenen Ansatzes liegen in seiner lerntheoretischen Verankerung, präzisen Zusammenhangshypothesen und guten Überprüfbarkeit aufgrund der Operationalisierung in einem Fragebogensystem. Schwächen, auf die die Autoren zum größten Teil selbst hinweisen, bestehen in folgender Hinsicht:

- Der inhaltliche Aussagengehalt ist eng begrenzt; dies gilt sowohl für die Beschränkung auf zwei elterliche Bekräftigungsweisen als auch auf zwei Aspekte der Normorientierung (Gebots- und Verbotsorientierung). Es kann bezweifelt werden, daß sich die Vielfalt elterlicher Erziehungsweisen und Erziehungsstile auf die beiden lerntheoretischen Konzepte positive und negative Bekräftigung und deren Kombination zurückführen läßt (siehe unten).
- Es fehlt eine differenzierte Theorie über die wichtigsten Dimensionen der "kindlichen" Persönlichkeit.
- In der vorliegenden Operationalisierung sind die perzipierte Strenge und Unterstützung lediglich bei Kindern, die das *aktuelle* elterliche Verhalten beschreiben, weitgehend unabhängig, während sich bei zahlreichen Stichproben von Jugendlichen und Studierenden, die retrospektive Urteile abgeben, zum Teil hohe negative Korrelationen (Größenordnung von -.50 bis -.70) zwischen perzipierter Strenge und Unterstützung ergeben. Aus diesem Grund sehen sich Stapf et al. (1972, S. 152) zu folgender Aussage genötigt: "Die von uns vermutete *Geltungsbereichseinschränkung* unseres zweidimensionalen Konzepts auf (erlebte) *aktuelle Erziehungsinteraktionen*, in deren Perzeption weder der zeitliche Abstand noch

die kognitive Schematisierung modifizierend eingehen, bestätigt sich weitgehend durch die Befunde bei unseren Erwachsenen-Stichproben, bei denen sich erlebte (erinnerte) Strenge und Unterstützung zumeist als zwei Pole einer einzigen Erlebnisdimension interpretieren ließen."

- Die Auswirkungen von großer bzw. geringer elterlicher Strenge (bzw. Unterstützung) hängen auch vom Ausprägungsgrad der jeweils anderen Erziehungsstildimension ab. Hierzu fehlen differenzierte theoretische Vorhersagen und empirische Befunde.

2.3 Faktorielle und Circumplexmodelle

Die im folgenden besprochenen Modelle stimmen darin überein, daß sie die Faktorenanalyse als geeignete Methode betrachten, um die Vielfalt erzieherischen Verhaltens zu strukturieren. Sie sind primär deskriptiver Natur und basieren nicht auf ausgearbeiteten Theorien im strengen Sinn, sondern sind auf die Aufdeckung empirischer Beziehungen zwischen verschiedenen erzieherischen Verhaltensweisen bzw. - im zweiten Schritt - der Beziehungen zwischen Erziehungsstilen und Eigenschaften der Erzogenen ausgerichtet.

2.3.1 Das Modell von Schaefer

In einer Serie von Untersuchungen und Publikationen Ende der 50er bis Mitte der 60er Jahre setzte Schaefer sich das Ziel, ein konzeptuelles Modell des mütterlichen (Erziehungs-)Verhaltens zu entwickeln. Er stützte sich auf eine Analyse bisher diskutierter Konzepte, die in einem von ihm entwickelten Fragebogen zur Erfassung von Einstellungen zur Kindererziehung berücksichtigt wurden. Aus faktorenanalytischen Studien zum Erziehungsverhalten ging schließlich das in Abbildung 7.3 wiedergegebene *hypothetische* Circumplexmodell des mütterlichen Verhaltens hervor (Schaefer, 1959, 1961). Aus Gründen einer besseren Vergleichbarkeit mit Abbildung 7.2 sowie weiter unten verwendeten Abbildungen haben wir die beiden Achsen "Liebe vs. Feindseligkeit" und "Kontrolle vs. Autonomie" jeweils umgepolt bzw. gespiegelt.

Für das Verständnis des Modells ist es wichtig, sich folgende Aspekte vor Augen zu führen:

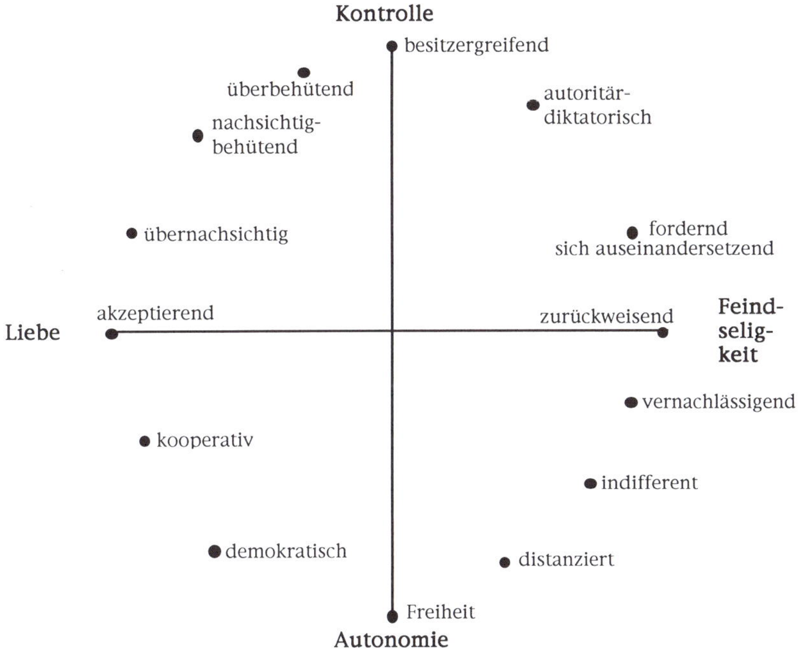

Abbildung 7.3: Hypothetisches Circumplexmodell des mütterlichen Verhaltens nach Schaefer (1959) in modifizierter Form (Achsenspiegelung).

(1) Es basiert auf Auskünften von Müttern über ihre erzieherischen Einstellungen und Verhaltensweisen. (2) Es ist insoweit *hypothetischer* Natur, als es nicht auf einer bestimmten Studie basiert, sondern die Ergebnisse verschiedener empirischer Untersuchungen zu integrieren versucht. (3) Es hat eine *Circumplexstruktur*, die gegenüber einer beliebigen zweifaktoriellen Lösung den Vorteil aufweist, daß nicht nur zwei Faktoren "Kontrolle vs. Autonomie" und "Liebe vs. Feindseligkeit", sondern auch Kombinationen aus beiden definiert und zueinander in Beziehung gesetzt werden. So läßt sich beispielsweise ein autoritär-diktatorischer mütterlicher Erziehungsstil als Kombination von hoher Kontrolle und hoher Feindseligkeit und ein indifferenter Erziehungsstil als Kombination von Autonomie und Feindseligkeit interpretieren. Schaefer (1961) gibt in seinem Artikel einen Überblick über die von anderen Autoren vorgeschlagenen Modelle und findet dabei einen relativ hohen Grad an Übereinstimmung, wenn auch die Faktorenachsen zum Teil etwas anders benannt werden.

In einem zweiten Schritt überprüft Schaefer (1961) die Ergebnisse zur *Struktur der Persönlichkeit*, wobei er sich auf zweifaktorielle Circumplexmodelle beschränkt. Auch in diesem Bereich glaubt er, eine relativ hohe Übereinstimmung feststellen zu können. Damit sieht er günstige Voraussetzungen für einen Versuch, Beziehungen zwischen einem Modell des mütterlichen Verhaltens und einem Modell des sozialen und emotionalen Verhaltens ihres Kindes herzustellen. Er formuliert Hypothesen zum Verhalten von Jungen: "Ein informeller Literaturüberblick legt nahe, daß die Liebe-Feindseligkeits-Dimension des mütterlichen Verhaltens mit der Liebe-Feindseligkeits-Dimension des Verhaltens eines Jungen zusammenhängt, d.h. ein Junge, der feindselig behandelt wurde, tendiert dazu, ein fehlangepaßtes Kind zu werden, das sich entweder feindselig zurückzieht oder andere feindselig angreift. Joseph Bobbitts spekulative These eines 'Gesetzes der Bewahrung von Feindseligkeit' würde mit dieser Generalisierung übereinstimmen." (Schaefer, 1961, S. 144; Übers.d.Verf.). Hinsichtlich der zweiten Erziehungsstildimension "Kontrolle vs. Autonomie" vermutet Schaefer einen Zusammenhang zur Extraversions-Introversions-Dimension, wobei er sich nicht auf eine bestimmte Richtung des Zusammenhangs festlegen möchte, da seines Erachtens die Effekte vom Alter des Kindes abhängen.

Welche Bedeutung kommt dem oben dargestellten Modell aus heutiger Sicht zu? Zu den *Stärken* des Modells rechnen wir:

- Die Verwendung einer Circumplexstruktur bietet gegenüber einer Beschränkung auf zwei Faktoren eine Reihe von Vorteilen (siehe oben).
- Die beiden Dimensionen "Liebe vs. Feindseligkeit" und "Kontrolle vs. Autonomie" wurden in ähnlicher Form von vielen Autoren als varianzstärkste Faktoren ermittelt und können mithin als Bezugssystem und Ausgangspunkt für zusammenfassende Literaturanalysen dienen.
- Das Schaefer-Modell wird bis in die Gegenwart hinein oft zitiert (z.B. von Becker, 1964). Benjamin (1974), die ein einflußreiches Modell zur Strukturanalyse des Sozialverhaltens entwickelt hat, bezieht sich explizit auf das Schaefer-Modell, dem sie nach eigenen Aussagen entscheidende Anregungen verdanke.

Neben diesen Pluspunkten sind folgende *Schwächen* des Modells nicht zu übersehen:

- Es fehlt eine theoretische Verankerung.
- Die Zusammenhänge zwischen Erziehungsstilen und Persönlichkeitseigenschaften bleiben vage und undifferenziert. Insbesondere werden keine vermittelnden Mechanismen aufgezeigt.
- Die Circumplexpositionen und Benennungen einiger Eigenschaften erscheinen fragwürdig. Ist "übernachsichtig" eine Kombination aus Liebe und hoher oder geringer Kontrolle? Passen die beiden Begriffe "nachsichtig-behütend" zusammen? Ist "behütend"

nicht eher mit erhöhter und "nachsichtig" mit verringerter Kontrolle verbunden? Ist es Ausdruck von Feindseligkeit, wenn Eltern sich fordernd verhalten bzw. sich mit ihren Kindern auseinandersetzen? Sollten alle Formen einer Kombination von Liebe und Kontrolle eher negativ charakterisiert werden (überbehütend, übernachsichtig, nachsichtig-behütend); gibt es keine derartigen Kombinationen, die einen positiven Charakter haben?

- Man kann über die Benennung der Achse "Liebe vs. Feindseligkeit" diskutieren. Ist es sinnvoll, den negativen Pol als "Feindseligkeit" zu bezeichnen, oder erscheint ein weniger wertender Begriff, wie z.B. Geringschätzung, nicht treffender?
- In einer späteren Arbeit hat Schaefer (1965) sein zweidimensionales Modell um eine dritte Dimension erweitert und dabei folgende Faktoreninterpretationen gewählt: "Akzeptanz vs. Zurückweisung", "psychologische Autonomie vs. psychologische Kontrolle" und "feste Kontrolle vs. lasche Kontrolle". Dadurch erhält das Modell im Prinzip eine sphärische (Kugel-) Struktur, die jedoch im einzelnen nicht ausgearbeitet ist. Außerdem ergeben sich rückwirkend Unklarheiten bezüglich des Geltungsbereichs des ursprünglichen zweidimensionalen Circumplexmodells.

2.3.2 Das Modell von Becker (1964)

Becker (1964) verfolgte ein ähnliches Ziel wie Schaefer (1959). Er studierte die von anderen Autoren durchgeführten Faktorenanalysen des elterlichen Erziehungsverhaltens und ergänzte sie um eigene Studien. In einer Zusammenschau dieser Befunde gelangte er zu einem dreidimensionalen *hypothetischen* Modell, dessen Faktoren wie folgt benannt wurden: "Wärme vs. Feindseligkeit", "Restriktivität vs. Permissivität" und "ängstliche, emotionale Involviertheit vs. ruhige Distanziertheit (calm detachment)". Es unterscheidet sich von Schaefers Modell durch die Aufteilung der Kontrolle-Autonomie-Dimension in zwei Komponenten. Da zu der Dimension "ängstliche, emotionale Involviertheit vs. ruhige Distanziertheit" bisher kaum empirische Befunde vorliegen, verzichtet Becker bei seinem gründlichen Überblick über den Forschungsstand auf die Berücksichtigung dieser dritten Dimension. Beim Versuch einer Interpretation vorliegender Ergebnisse hat er mit den Schwierigkeiten zu kämpfen, daß eine mangelnde Übereinstimmung in der Terminologie besteht und die Effekte einer bestimmten Erziehungsstildimension durch den Ausprägungsgrad in einer zweiten Dimension moderiert werden. Aus diesem Grund entschließt sich Becker zu der in Abbildung 7.4 wiedergegebenen zusammenfassenden Darstellung, die bei der Beschreibung der Effekte auf

Eigenschaften der Erzogenen explizit die Wechselwirkungen zwischen den grundlegenden beiden Dimensionen berücksichtigt.

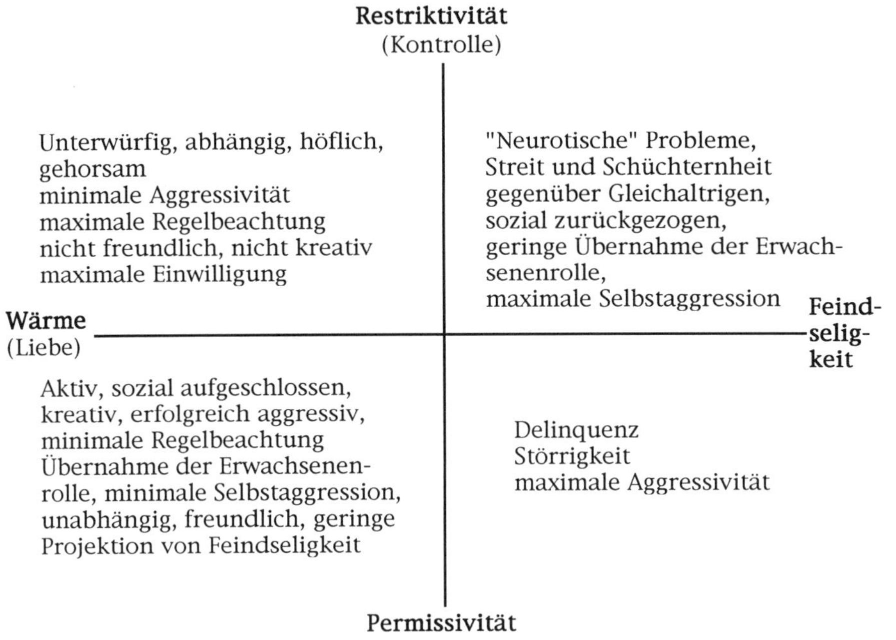

Abbildung 7.4: Zusammenhänge zwischen den Erziehungsstilen "Restriktivität vs. Permissivität" und "Wärme vs. Feindseligkeit" und Eigenschaften der Erzogenen (nach Becker, 1964).

Die Dimension *Restriktivität vs. Permissivität* bezieht sich auf das Ausmaß an Forderungen und Restriktionen in einem breiten Bereich von Aufgaben (z.B. Tischmanieren, Sauberkeit, Ordnungsliebe, Gehorsam, Aggressionen) und auf das Ausmaß, in dem Eltern darauf bestehen, daß Kinder sich diesen Forderungen und Restriktionen beugen. Zweifellos kommt Becker (1964) das Verdienst zu, daß er sich um begriffliche Klärungen bemüht, die Befunde differenziert erörtert und zusammenfaßt und vor allem den Wechselwirkungen große Beachtung schenkt, wodurch sich manche früheren Ungereimtheiten überwinden lassen. So verweist er unter anderem darauf, daß nach der empirischen Befundlage sowohl eine hohe Restriktivität als auch eine hohe Permissivität Risiken in sich bergen. Dennoch kann man gegenüber dem in Abbildung 7.4 wiedergegebenen Modell folgende Einwände vorbringen:

- Es beschränkt sich auf die Darstellung der Auswirkungen von vier Kombinationen aus Wärme vs. Feindseligkeit und Restriktivität vs. Permissivität. Es fehlen Aussagen über die Effekte an den vier

Polen der beiden grundlegenden Dimensionen. Damit werden von acht Oktanten lediglich vier berücksichtigt.

- In inhaltlicher Hinsicht kann man die Berechtigung einiger Hypothesen anzweifeln. Warum verhalten sich Personen, die mit einer Kombination von Wärme und Restriktivität erzogen wurden, "unterwürfig" und "nicht freundlich"? Warum soll sich aus der Kombination von Wärme und Permissivität eine minimale Regelbeachtung ergeben? Ist dies nicht eher bei maximaler Permissivität oder bei einer Kombination von Permissivität und Feindseligkeit zu erwarten?
- Unter Bezugnahme auf Befunde von Bronfenbrenner (1961) verweist Becker (1964) selbst auf ein weiteres Problem: Es erscheint fraglich, ob die globalen Aussagen über die Effekte des elterlichen Erziehungsverhaltens gleichermaßen für Söhne und Töchter gelten. Sehr wahrscheinlich wird man in künftigen komplexeren Modellen der Geschlechtsvariable sowohl auf seiten der Eltern als auch auf seiten der Kinder verstärkte Beachtung schenken müssen.

2.3.3 Das Modell von Maccoby & Martin (1983)

Knapp zwanzig Jahre nach Becker (1964) stellten sich Maccoby und Martin (1983) der Aufgabe, in einem Übersichtsartikel für das bekannte von Mussen herausgegebene Handbuch der Kinderpsychologie den Stand der Erziehungsstilforschung zu dokumentieren. Sie berichten von Fortschritten in methodischer und inhaltlicher Hinsicht, insbesondere bezüglich der zentralen Erziehungsstildimensionen, und verweisen unter anderem auf das von Ainsworth, Bell und Stayton (1974) vertretene Konzept der *Responsivität.* Dabei handelt es sich um eine Dimension, die mit der Wärme vs. Feindseligkeitsdimension verwandt, aber nicht identisch ist. Vom Standpunkt der Lerntheorie betrachtet, bedeutet Responsivität die Kontingenz elterlicher Reaktionen auf vorangehendes Kindverhalten. Eltern verhalten sich dann responsiv, wenn sie auf erwünschtes oder unerwünschtes Kindverhalten unterschiedlich reagieren, um auf diesem Weg das Kind zu beeinflussen. Responsivität beinhaltet darüber hinaus die Sensitivität der Eltern für die Bedürfnisse und den aktuellen Zustand ihres Kindes. Aber auch die Kontrolle vs. Autonomiedimension erfuhr nicht zuletzt durch die Arbeiten von Baumrind (1967, 1971, 1975) eine Differenzierung. Baumrind unterschied unter anderem zwischen einem autoritären, einem autoritativen und einem permissiven Erziehungsstil (zur Erläuterung siehe auch Grusec & Lytton, 1988; Lamb, Ketterlinus & Fracasso, 1992).

1) hierarchische Eltern-Kind-Beziehung, destruktive Kritik, Tadel (Kind hat zu gehorchen)
2) maßgebend
3) Toleranz

Der *autoritäre* Erziehungsstil ist gekennzeichnet durch:
- Versuche, das Verhalten und die Einstellungen von Kindern durch starke Kontrolle in Übereinstimmung mit absoluten Standards zu bringen.
- Betonung von Gehorsam, Respekt vor Autorität, Tradition und Bewahrung der Ordnung.
- Unterbinden von verbalen Argumenten zwischen Kind und Eltern.
- Geringe Ermutigung zur kindlichen Unabhängigkeit und Individualität.

Ein *autoritativer* Erziehungsstil umfaßt hingegen folgende Elemente:
- Erwartung, daß das Kind sich reif verhält, und klares Setzen von Standards.
- Durchsetzung von Regeln und Standards, wobei nötigenfalls Befehle und Sanktionen verwendet werden.
- Ermutigung der kindlichen Unabhängigkeit und Individualität.
- Offene Kommunikation zwischen Eltern und Kind, wobei die Eltern sowohl ihren eigenen Standpunkt vorbringen als auch dem des Kindes Aufmerksamkeit schenken.
- Anerkennung der Rechte von Eltern und Kind.

Einen *permissiven* Erziehungsstil charakterisiert Baumrind wie folgt:
- Tolerante, akzeptierende Haltung gegenüber den kindlichen (aggressiven, sexuellen und sonstigen) Impulsen.
- Weitgehender Verzicht auf Bestrafung, das Zeigen von Autorität oder das Auferlegen von Kontrolle und Restriktionen.
- Geringe Reifeanforderungen.
- Dem Kind großen Freiraum bei seinen Entscheidungen über Zubettgehzeiten, Essenszeiten, Fernsehkonsum usw. zubilligen.

Unter Berücksichtigung dieser neueren Entwicklungen schlagen Maccoby und Martin (1983) das folgende erweiterte zweidimensionale Klassifikationssystem elterlichen Verhaltens vor (siehe Abbildung 7.5).

Zwar lassen sich nicht alle empirischen Studien und Konzepte zwanglos in dieses Schema einordnen, doch zeichnet sich ein deutliches Bild der Zusammenhänge mit kindlichem Verhalten und kindlichen Eigenschaften ab, das sich in einigen Aspekten von den Befunden Beckers (1964) unterscheidet.

	Akzeptierend responsiv kindzentriert	*Ablehnend nichtresponsiv elternzentriert*
Fordernd kontrollierend	Autoritativ-reziprok, häufige bidirektionale Kommunikation	Autoritär machtausübend
Wenig fordernd wenig kontrol-lierend	Nachgiebig	Vernachlässigend ignorierend gleichgültig nichtinvolviert

Abbildung 7.5: Zweidimensionale Klassifikation des elterlichen Verhaltens nach Maccoby und Martin (1983)

Wir haben die wichtigsten Ergebnisse in Abbildung 7.6 zusammengestellt, so daß sich eine Vergleichsmöglichkeit mit Abbildung 7.4 ergibt. Studiert man Abbildung 7.6 im Detail und vergleicht die Befunde mit den von Becker (1964) mitgeteilten, so entsteht folgender Eindruck:

(1) Die Aussagen bezüglich der beiden rechten Quadranten stimmen relativ gut überein. Es treten keine Widersprüche auf, und insgesamt gesehen tragen die Ergebnisse zur wechselseitigen Bereicherung der Befundlage bei.

(2) Hinsichtlich der beiden linken Quadranten ist der Grad an Übereinstimmung wesentlich geringer. Im linken oberen Quadranten zeigen sich Widersprüche bezüglich der Abhängigkeit, Unterwürfigkeit und mangelnden Kreativität. Während Becker (1964) diese Eigenschaften auflistet und damit ein vergleichsweise negatives Bild zeichnet, heben Maccoby und Martin sowie Baumrind (1967, 1971) die *positiven* Auswirkungen einer Kombination von Kontrolle mit Akzeptanz, Responsivität und Kindzentrierung hervor. Deutlich fallen auch die Abweichungen in den linken unteren Quadranten aus. Sie sind unseres Erachtens zu einem wesentlichen Teil darauf zurückzuführen, daß sich Maccoby und Martin auf Untersuchungen (z.B. Baumrind, 1967) stützen, in denen bei der Auswahl der untersuchten Eltern wenig auf Homogenität bezüglich der Kombination von geringer Kontrolle mit hoher Akzeptierung, Responsivität und Kindzentrierung geachtet wurde. Die von Maccoby und Martin (1983) dem linken unteren Quadranten zugeordneten Eigenschaften können unseres Erachtens angezweifelt werden.

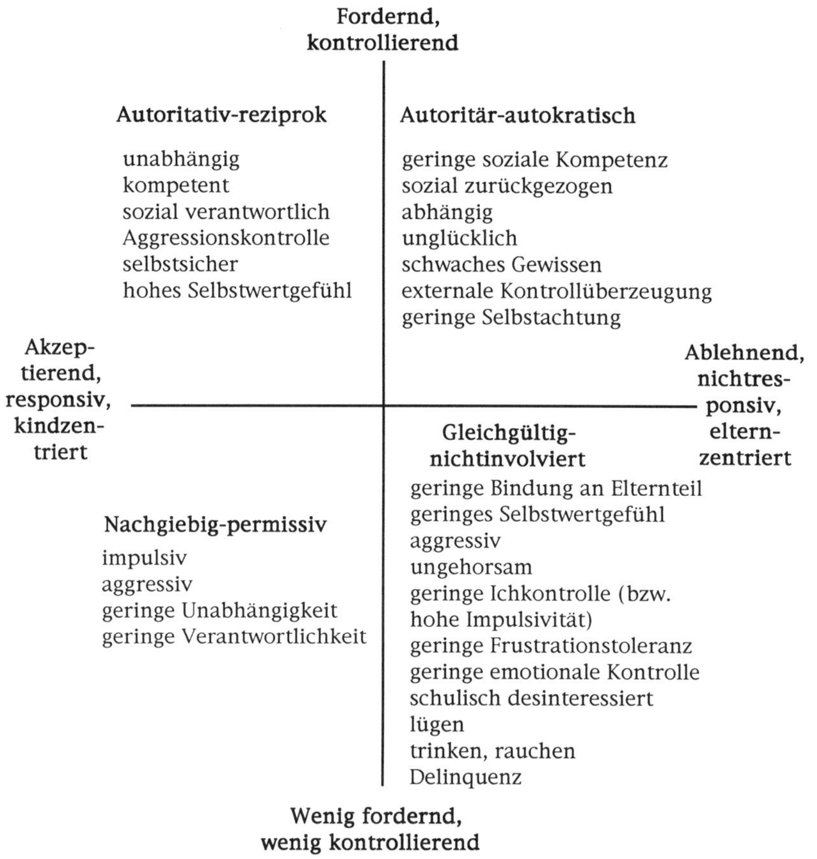

Abbildung 7.6: Zusammenhänge zwischen Erziehungsstilen und Eigenschaften der Erzogenen nach Maccoby und Martin (1983).

Es ist schwer einzusehen, wieso die Kombination von Akzeptanz, Responsivität und Kindzentrierung mit geringer Kontrolle und geringen Forderungen - sieht man von Extremfällen ab - ein derart negatives Muster kindlichen Verhaltens begünstigen soll. Eine solche Annahme widerspricht sowohl den von Becker (1964) als auch von Tausch und Tausch (1979) ermittelten Ergebnissen (siehe oben).

(3) Aber auch *innerhalb* der vier Quadranten der Abbildung 7.6 treten Unstimmigkeiten auf, die von Maccoby und Martin - vielleicht weil sie auf eine solche zusammenfassende Darstellung verzichten - nicht beachtet oder kommentiert werden. Die in den beiden unteren Quadranten aufgeführten Konsequenzen ähneln sich so stark, daß man sich fragt, worin die Unterschiede in den Aus-

wirkungen eines nachgiebig-permissiven und eines gleichgültig-nichtinvolvierten Erziehungsstils bestehen. Sowohl im linken unteren (nachgiebig-permissiven) als auch im rechten oberen (autoritär-autokratischen) Quadranten wird Abhängigkeit (bzw. geringe Unabhängigkeit) als Konsequenz aufgelistet.

Zusammenfassend stellt das von Maccoby und Martin (1983) berichtete Zusammenhangsmuster aufgrund konzeptueller Differenzierungen und der Berücksichtigung neuerer empirischer Studien einen Fortschritt gegenüber früheren Modellen dar. Im Detail sind jedoch Unstimmigkeiten zu verzeichnen, die beseitigt werden sollten.

3. EIN MODELL ZUM SOZIALEN EINFLUSS VON PERSONEN AUF DAS VERHALTEN UND ERLEBEN VON INTERAKTIONSPARTNERN

Das im folgenden beschriebene Modell entstand aus unserem Bemühen, Bedingungen in der sozialen Umwelt aufzudecken, die einen Beitrag zur Erklärung interindividueller Differenzen in den Persönlichkeitseigenschaften "seelische Gesundheit" und "Verhaltenskontrolle" sowie damit zusammenhängenden weiteren Eigenschaften leisten (vgl. das Circumplexmodell in Abbildung 2.6). Zunächst wird ein analoges Circumplexmodell der *Bedingungen* entwickelt, das sich an Ergebnissen der Erziehungsstilforschung orientiert und differenzierte Hypothesen darüber umfaßt, welche wiederholt auftretenden sozialen Verhaltensweisen *persönlich bedeutsamer* Bezugspersonen welche Persönlichkeitseigenschaften von Interaktionspartnern fördern. Es schließt sich die Frage an, über welche vermittelnden Prozesse - genauer: über welche mittelfristig zu erwartenden Verhaltenstendenzen - die postulierten Effekte auf die Persönlichkeitseigenschaften zustande kommen. Zur Beantwortung dieser Frage wird ein Circumplexmodell mittelfristiger *Folgen* entworfen. Anregung erhielten wir dabei von Benjamin (1974, 1987 a), die ein System zur *Strukturanalyse des Sozialverhaltens* (SASB) entwickelte, das zu teilweise ähnlichen Zwecken konzipiert wurde wie unser eigenes Modell.

Das SASB-Modell umfaßt eine Reihe von Wenn-dann-Vorhersagen bezüglich sozialer Interaktionen und ihrer Auswirkungen auf das Selbstkonzept. Diese werden in Gestalt von drei Circumplex- oder Diamantmodellen abgebildet: Ein Circumplex bezieht sich auf *transitive* Aktionen, die sich auf eine andere Person richten (z.B.

"den anderen beschützen und unterstützen"). Dieser erste Circumplex wurde ursprünglich auch als "Eltern-Modell" apostrophiert. Der zweite hat einen *intransitiven* Fokus auf das Selbst bzw. die eigene Person (z.B. "jemandem vertrauen, auf ihn zählen") und wurde auch als "Kind-Modell" bezeichnet. Durch die Betrachtung *komplementärer* Positionen auf dem zweiten Circumplex lassen sich Vorhersagen über wahrscheinliche Reaktionen einer Person B (z.B. eines Kindes) auf Aktionen einer Person A (z.B. eines Elternteils) ableiten (z.B.: wenn Person A sich gegenüber Person B beschützend und unterstützend verhält, wird Person B Person A vertrauen.) Ferner wird von Benjamin ein dritter Circumplex mit einem *transitiven Fokus auf das eigene Selbst* (Auswirkungen der Aktionen anderer auf das eigene Selbst, vermittelt durch Introjektionen) eingeführt (z.B. "das Selbst beschützen").

3.1. Das Circumplexmodell der Bedingungen

3.1.1 Darstellung des Modells

Während Benjamin (1974) sich primär auf das oben beschriebene Erziehungsstilmodell von Schaefer sowie auf Leary (1957) stützt und keinen expliziten Bezug zu einem Strukturmodell der Persönlichkeit anstrebt, diente uns das in Abbildung 7.7 wiedergegebene Circumplexmodell der Persönlichkeit als Ausgangspunkt und Bezugssystem.

Wir fragten uns, welcher Komplex von Bedingungen (sich wiederholende soziale Verhaltensweisen) mit jeweils einem der acht Oktanten der Persönlichkeit (z.B. starke Verhaltenskontrolle) in Verbindung zu bringen ist. Anders ausgedrückt: Welche sozialen Verhaltensweisen persönlich bedeutsamer Bezugspersonen - sofern sie wiederholt auftreten und man sich ihnen nicht entziehen kann - begünstigen die Ausbildung einer starken Verhaltenskontrolle (oder einer Gehemmtheit, einer sozialen Anpassung usw.)? Unsere diesbezüglichen Hypothesen sind in Abbildung 7.8 wiedergegeben.

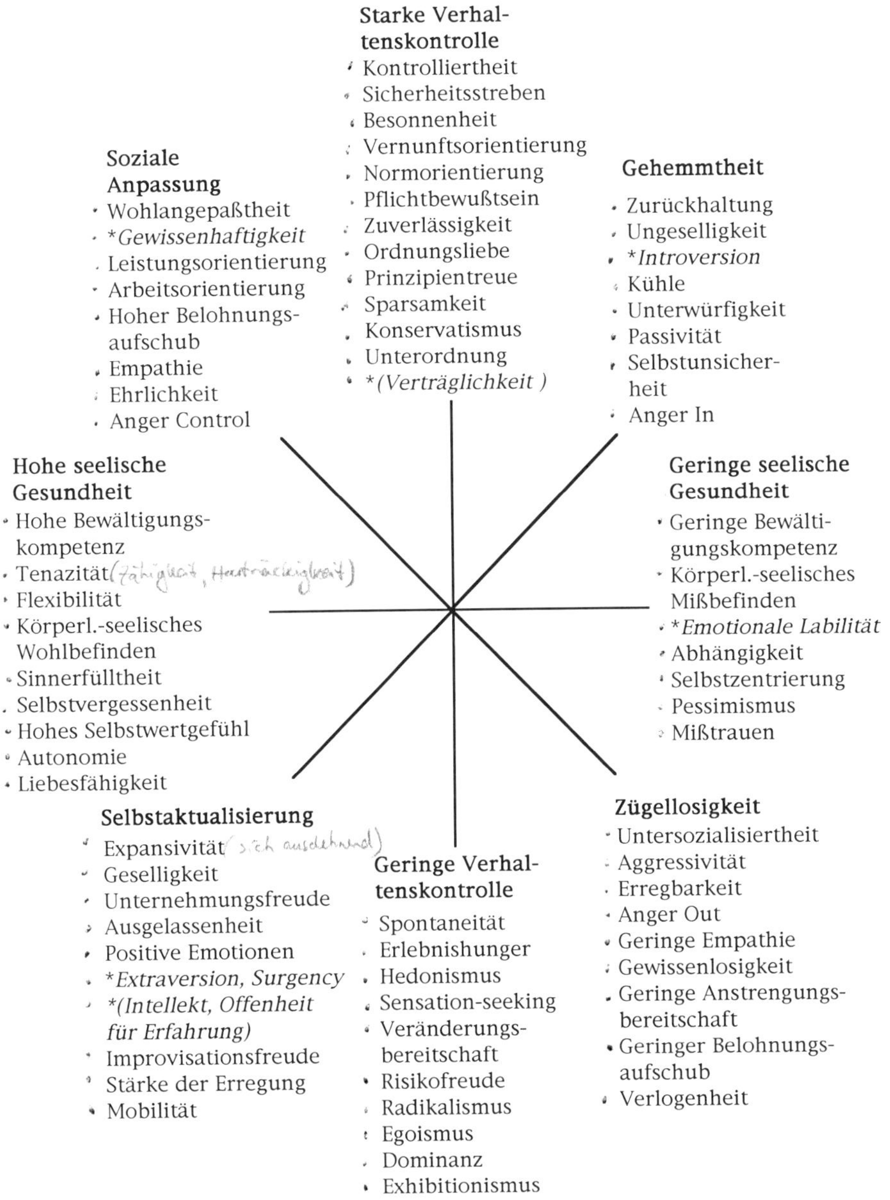

Abbildung 7.7: Circumplexmodell der Persönlichkeit (identisch mit Abbildung 2.6).

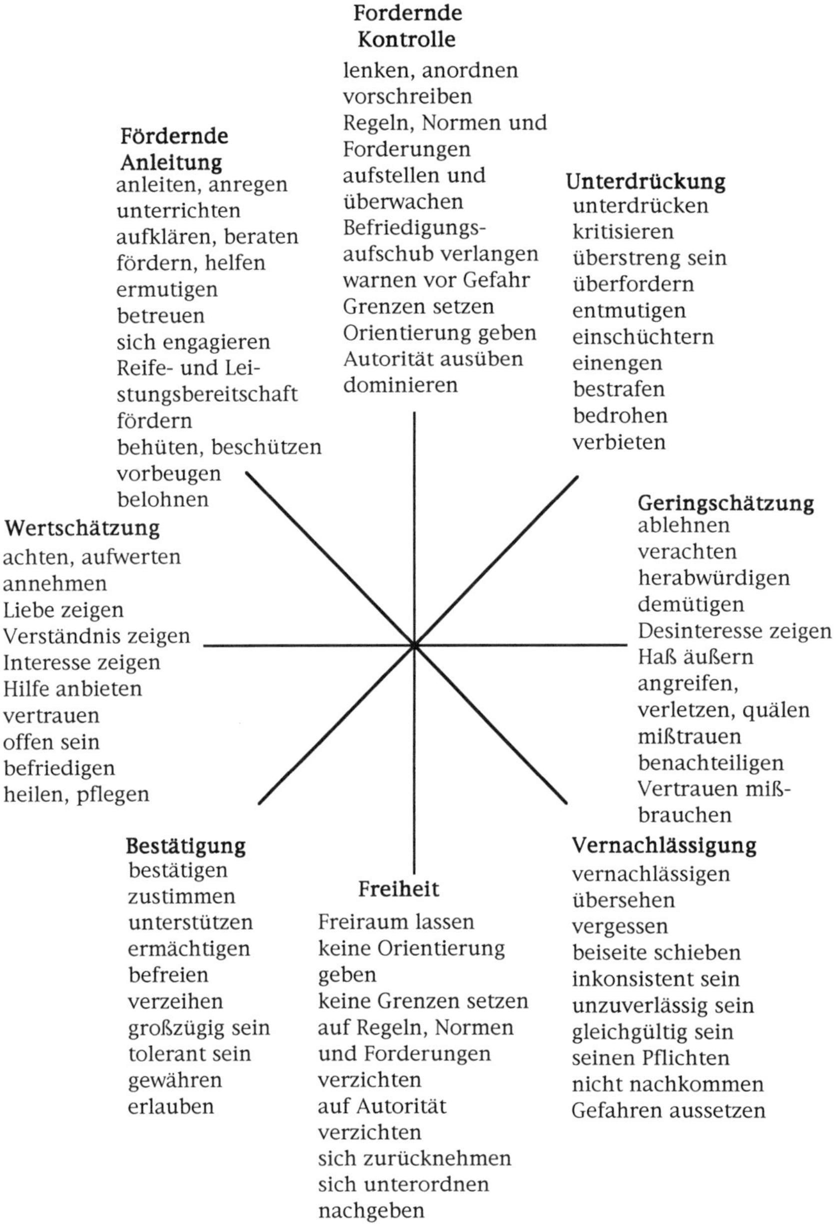

Abbildung 7.8: Circumplexmodell der Bedingungen

Sich einordnen
sich kontrolliert und unterlegen fühlen
folgen, gehorchen
Regeln, Normen und Forderungen beachten
sich einordnen
nachgeben
sich orientieren
vorausschauen
vorsichtig sein

Annehmen
sich beachtet fühlen
lernen
Kompetenzen erwerben
Hilfe suchen und annehmen
Kritik annehmen
imitieren
sich identifizieren
Regeln, Normen und Forderungen verinnerlichen
bei Normüberschreitung sich schuldig fühlen

Sich unterwerfen
sich bedroht und unterdrückt fühlen
sich ängstigen
sich schwach fühlen
sich körperlich unwohl fühlen
sich überfordert fühlen
sich abhängig fühlen
sich anschuldigen
Kontakt reduzieren
sich verschließen
verheimlichen
Gefühle unterdrücken
passiv sein

Wertschätzen
sich geliebt fühlen
sich wohlfühlen
sich sicher fühlen
stolz sein
sich achten
sich lieben
andere lieben
Interesse zeigen
Verständnis zeigen
vertrauen
befriedigen

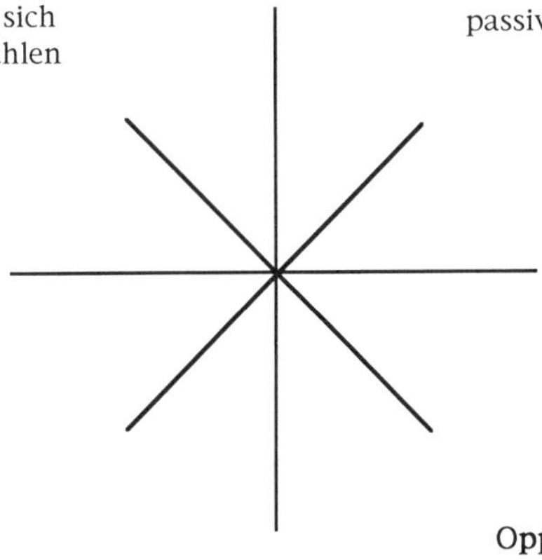

Geringschätzen
sich ungeliebt fühlen
sich wertlos fühlen
sich ablehnen
sich schämen
sich schlecht fühlen
sich unsicher fühlen
Haß empfinden
verachten, ablehnen
mißtrauen
sich abkehren
sich rächen, angreifen

Opponieren
sich vernachlässigt fühlen
Wut verspüren
Beachtung suchen
sich stolz geben
protestieren, rebellieren
anklagen und anschuldigen
Regeln, Normen und Forderungen ablehnen
seinen Pflichten nicht nachkommen
wenig Kompetenzen erwerben
vernachlässigen
verwahrlosen, aussteigen
lügen, ausagieren
rücksichtslos sein
keine Schuldgefühle haben

Sich entfalten
sich bestätigt fühlen
sich stark und voller Energie fühlen
sich zutrauen
Neues erproben
erfinderisch sein
sich öffnen
Gefühle zeigen
ausgelassen sein
sich behaupten
Kontakt suchen
Fehler eingestehen

Sich frei bewegen
sich frei fühlen
eigene Wege gehen
spontan sein
erkunden
aus der Reihe tanzen
Regeln, Normen und Forderungen übergehen
leichtsinnig sein
nach dem Lustprinzip leben
egoistisch sein
Ansprüche stellen
seinen Willen durchsetzen

Abbildung 7.9: Circumplexmodell der Folgen

Diese Abbildung ist wie folgt zu lesen: Die acht fettgedruckten Überschriften über den Oktanten fassen in komprimierter und vereinfachter Form den Inhalt der darunter subsumierten (sozialen) Aktivitäten zusammen. So steht der Bedingungskomplex "fordernde Kontrolle" für Aktivitäten wie: lenken, anordnen, vorschreiben, Forderungen aufstellen usw.. Da einander entsprechende Oktanten in den Abbildungen 7.7 und 7.8 (d.h. sogenannte *komplementäre Circumplexpositionen*) miteinander in Beziehung stehen, bedeutet dies zum Beispiel, daß der Bedingungskomplex "fordernde Kontrolle" eine starke Verhaltenskontrolle, der Bedingungskomplex "Unterdrückung" eine starke Gehemmtheit begünstigt. Es handelt sich dabei um *Hypothesen*, die einer genaueren empirischen Überprüfung bedürfen.

Zur Bildung dieser Hypothesen kam es auf folgendem Weg: Gestützt auf Ergebnisse der Erziehungsstilforschung (siehe oben) wurden zunächst die beiden horizontalen bzw. vertikalen Achsen der Abbildung 7.8 "Wertschätzung vs. Geringschätzung" und "fordernde Kontrolle vs. Freiheit" den Achsen "hohe vs. geringe seelische Gesundheit" und "starke vs. geringe Verhaltenskontrolle" zugeordnet. Danach wurden die beiden diagonalen Achsen der Abbildung 7.8 "fördernde Anleitung vs. Vernachlässigung" und "Bestätigung vs. Unterdrückung" konzipiert und den entsprechenden Diagonalen der Abbildung 7.7 "soziale Anpassung vs. Zügellosigkeit" und "Selbstaktualisierung vs. Gehemmtheit" zugeordnet. Auch hierbei waren uns Ergebnisse der Erziehungsstilforschung eine wertvolle Orientierungshilfe.

Eine wichtige Aufgabe sahen wir in der Operationalisierung der acht fettgedruckten Oberbegriffe zur Kennzeichnung der Oktanten. Dabei waren folgende Gesichtspunkte zu beachten:

- Einander gegenüberliegende Oktanten wurden als entgegengesetzte Pole jeweils einer *Dimension* (z.B. "fordernde Kontrolle vs. Freiheit") aufgefaßt, so daß auch die zur Operationalisierung herangezogenen sozialen Verhaltensweisen sinnvolle Gegensätze bilden sollten (z.B. "Vorschreiben vs. Freiraum lassen" oder "Regeln, Normen und Forderungen aufstellen und überwachen vs. auf Regeln, Normen und Forderungen verzichten").
- Die Bezeichnung und die Operationalisierung eines Oktanten (z.B. "fördernde Anleitung") sollte als Kombination der beiden angrenzenden Oktanten ("fordernde Kontrolle" und "Wertschätzung") zu interpretieren sein. In unserem Beispiel sollten alle unter "fördernder Anleitung" subsumierten Verhaltensweisen (wie z.B. fördern, helfen oder betreuen) Kombinationen von Kontrolle und Wertschätzung beinhalten.

• Eine weitere Forderung betrifft die Verknüpfung von Bedingungen mit wahrscheinlichen Verhaltenskonsequenzen, sofern es zu wiederholten sozialen Interaktionen zwischen Personen in asymmetrischen Beziehungen kommt (siehe Abbildung 7.9 sowie unten). Selbstverständlich kann es sich dabei nur um *Wahrscheinlichkeitsaussagen* handeln, da eine Reihe von Randbedingungen zu beachten ist (siehe unten).

Wir geben im folgenden weitere Erläuterungen zu den Oktanten der in Abbildung 7.8 enthaltenen Bedingungen und ihren hypothetischen Zusammenhängen mit den Persönlichkeitseigenschaften in Abbildung 7.7. Die Dimension *"Wertschätzung vs. Geringschätzung"* entspricht weitgehend der Dimension "Achtung-Wärme-Rücksichtnahme vs. Mißachtung-Kälte-Härte" von Tausch und Tausch (1979) (vgl. Tabelle 7.1). Wir bringen diese Dimension mit dem Grad der *seelischen Gesundheit* einer Person in Verbindung. Auch darin stimmen wir mit Tausch und Tausch überein (vgl. Tabelle 7.2), wobei wir seelische Gesundheit als breiten Oberbegriff verwenden; Tausch und Tausch hingegen verzichten auf eine solche hierarchische Strukturierung.

Während die soeben aufgestellte Zusammenhangshypothese empirisch gut abgesichert ist, läßt sich dies bezüglich der zweiten Zusammenhangshypothese zur Verhaltenskontrolle nicht in gleichem Ausmaß behaupten. Letztere Hypothese bedarf vielmehr gezielter empirischer Überprüfungen (siehe unten). Wir gehen davon aus, daß die Dimension "*fordernde Kontrolle vs. Freiheit*" sich auf folgende Aspekte bezieht:

(1) Sie spiegelt Unterschiede in der aus der Sozialpsychologie bekannten Dimension des sozialen Status bzw. der Dominanzrelation wider (Brown, 1965). Wer *fordernde Kontrolle* über einen anderen ausübt, besitzt entweder einen höheren Status oder strebt direkt oder indirekt einen solchen Status an. Der Fordernde und Kontrollierende ist oft zugleich der Dominierende; er übt Autorität aus.

(2) "Fordernde Kontrolle ausüben vs. Freiheit lassen" ist eine von "Wertschätzung vs. Geringschätzung" unabhängige Dimension; die Ausübung von Kontrolle kann mit hoher Wertschätzung (als anleitende Unterstützung), mit hoher Geringschätzung (als Unterdrückung) und auch mit einem mittleren Grad von Wertschätzung verbunden sein (vgl. Abbildung 7.8). Letzterer Fall ist besonders aufschlußreich, da er den Kern dieser Dimension zu präzisieren erlaubt. Eine solche Form der Kontrolle (in Verbindung mit einem mittleren Grad von Wertschätzung) zielt darauf ab, eine Person zur Beachtung der Regeln, Normen und Forderungen der sozialen Umwelt (Gesellschaft, Familie, Institution, Betrieb usw.) und der Regeln, Normen und Gesetzmäßigkeiten der nichtsozialen Umwelt

(physikalische, biologische Regeln usw.) anzuhalten. Diese fordernde Kontrollfunktion läßt sich damit begründen, daß die Funktionstüchtigkeit sozialer Systeme aufrechterhalten und Menschen vor Gefahren in ihrer Umwelt geschützt werden sollen. Wer in seinem Leben - vor allem in frühen Entwicklungsphasen - derartigen Forderungen und Kontrollen über längere Zeit ausgesetzt war, wird eine starke Verhaltenskontrolle ausbilden (zumindest wird eine entsprechende Verhaltenstendenz begünstigt). Der Betreffende wird unter anderem eine starke Normorientierung zeigen, Ordnungen und Prinzipien schätzen, vorausschauen, auf Sicherheit bedacht sein und vorsichtig handeln.

Es erscheint der Hinweis notwendig, daß wir uns im Hinblick auf die postulierten Auswirkungen von fordernder Kontrolle von den Auffassungen einiger anderer Autoren unterscheiden. So formulieren Perrez, Minsel und Wimmer (1974, S. 57) in ihrer stark durch Rogers bzw. Tausch beeinflußten Position folgende Hypothesen zu den Effekten einer starken Lenkung-Dirigierung von Eltern und Erziehern auf Kinder und Jugendliche: " Ein hohes Ausmaß von Lenkung-Dirigierung hat häufig ungünstige Auswirkungen auf Kinder und Jugendliche: Ängstlichkeit, Unsicherheit, Streitsüchtigkeit, ein geringes Ausmaß an Schulreife, soziale Unangepaßtheit, schlechte Schulleistungen, geringer Einfallsreichtum und verschiedene schwere Verhaltensstörungen können Folgen sein. Besonders ungünstige Auswirkungen, wie z.B. Delinquenz, können sich ergeben, wenn starke Lenkung-Dirigierung zusammen mit einer gefühlsmäßig negativen Einstellung zum Kind auftritt."

Der Gegenpol von "Kontrolle ausüben", nämlich "Freiheit einräumen", kann ebenfalls sowohl mit Wertschätzung (als Bestätigung) oder Geringschätzung (als Vernachlässigung) kombiniert, als auch in einer davon unabhängigen Weise realisiert werden (vgl. Abbildung 7.8). In ihrem Kern zielt *Freiheit* auf die Entfaltung der Persönlichkeit eines Individuums, auf die Befriedigung seiner angeborenen Bedürfnisse und die uneingeschränkte Nutzung seiner Fähigkeiten ab. Zum Beispiel wird ein Erzieher, der sich dem Ideal der Freiheit verpflichtet fühlt, einem Edukanden größtmögliche Freiräume lassen, d.h. er wird sich selbst zurücknehmen, auf Autorität verzichten, eventuell sich unterordnen und gegebenenfalls den Edukanden unterfordern, indem er darauf verzichtet, ihn mit Regeln, Normen und Erwartungen der sozialen Gemeinschaft zu konfrontieren. Dieses Beispiel verdeutlicht, daß Eltern und Erzieher, aber auch andere statushöhere Personen (z.B. Vorgesetzte) in ihrem sozialen Interaktionsverhalten eine mehr oder weniger gelungene Balance zwischen fordernder Kontrolle und Freiheit zu realisieren versuchen, wobei im Extremfall das Pendel sehr weit in eine der beiden

Richtungen ausschlagen kann. Bei starker Betonung der Freiheit rechnen wir als Konsequenz mit geringer Verhaltenskontrolle. Die betreffende Person wird sich unter anderem spontan, hedonistisch, risikofreudig, egoistisch und dominant verhalten.

Wie Abbildung 7.8 zu entnehmen ist, gehen wir davon aus, daß sich aus der Kombination von Wertschätzung und fordernder Kontrolle ein Bedingungsmuster ergibt, das wir "fördernde Anleitung" nennen und dessen Gegenpol als "Vernachlässigung" interpretiert wird. Diese beiden Pole entsprechen weitgehend den beiden Quadranten "autoritativ-reziprok" und "gleichgültig-nichtinvolviert" bei Maccoby und Martin (1983) (siehe Abbildungen 7.5 und 7.6). Auch auf der Ebene der postulierten Zusammenhänge zu Persönlichkeitseigenschaften ergibt sich eine recht gute Übereinstimmung.

Wir besprechen zunächst den Pol der *fördernden Anleitung*. Hierunter fallen folgende Verhaltensweisen, die vor allem von Eltern und Erziehern, die Wertschätzung mit fordernder Kontrolle verbinden, realisiert werden: anleiten, anregen, unterrichten, aufklären, beraten, fördern, helfen, betreuen, sich engagieren, Reife- und Leistungsbereitschaft fördern, behüten, beschützen, vorbeugen und belohnen. Wir gehen davon aus, daß ein solches Bedingungsmuster langfristig auf der Ebene der Persönlichkeitseigenschaften eine soziale Anpassung, d.h. Wohlangepaßtheit, Leistungsorientierung, Gewissenhaftigkeit, Empathie, Ehrlichkeit usw. begünstigt.

Vernachlässigung, eine Kombination aus Geringschätzung und Freiheit, äußert sich unter anderem als Übersehen, Beiseiteschieben, Inkonsistenz, Unzuverlässigkeit, Gleichgültigkeit und Vernachlässigung von Pflichten. Ein solches Bedingungsmuster sollte zur Zügellosigkeit (Untersozialisiertheit, Aggressivität, geringen Anstrengungsbereitschaft usw.) beitragen.

Aus der Kombination von Wertschätzung und Freiheit resultiert ein Bedingungsmuster, das wir als Bestätigung und dessen Gegenpol wir als Unterdrückung bezeichnet haben. *Bestätigung* läßt sich durch Verhaltensweisen wie zustimmen, unterstützen, ermächtigen, befreien, verzeihen, großzügig sein, tolerant sein, gewähren und erlauben charakterisieren. Es entspricht teilweise dem Konzept "nachgiebig-permissiv" bei Maccoby und Martin (1983) (siehe Abbildung 7.6), und der Gegenpol "Unterdrückung" korrespondiert gut mit "autoritär-autokratisch". Einige Unterschiede zu Maccoby und Martin zeigen sich hingegen auf der Ebene der postulierten Zusammenhänge zu Persönlichkeitseigenschaften. An diesen Stellen stimmen unsere Hypothesen weitgehend mit den von Becker (1964) berichteten Zusammenhängen überein (vgl. Abbildung 7.4). So sollte Bestätigung die Selbstaktualisierung und *Unterdrückung* die Gehemmtheit fördern (vgl. zu letzterer Hypothese auch Schultz-

Hencke, 1982). Gehemmtheit äußert sich unter anderem als Unterwürfigkeit, Passivität, "Introversion" und nach innen gerichteter Ärger (Anger In).

Abschließend möchten wir noch auf folgende beiden Annahmen hinweisen:

(1) Wir gehen nicht davon aus, daß Eltern, Erzieher oder andere Personen im Regelfall sich einem der acht Bedingungsoktanten in Abbildung 7.8 eindeutig und ausschließlich zuordnen lassen. Eltern berichten, daß ihr Erziehungsverhalten in unterschiedlichen Kontexten durchaus variiert. Kein Elternteil oder Lehrer verhält sich beispielsweise ausschließlich nach dem Muster der Wertschätzung oder der Unterdrückung. Man wird also lediglich von einem Vorherrschen bestimmter Konstellationen gegenüber anderen Konstellationen sprechen können: Zum Beispiel neigt eine bestimmte Person zu fordernder Kontrolle und räumt nur selten Freiheiten ein, wobei sie in der Regel einen mittleren Grad der Wertschätzung realisiert. Eine solche Person wird voraussichtlich auch relativ häufig die links und rechts in dem Circumplexmodell danebenliegenden Bedingungen "fördernde Anleitung" und "Unterdrückung" verwirklichen, während "Bestätigung" und "Vernachlässigung" für diese Person eher atypisch sind. Eine wichtige Forschungsaufgabe sehen wir darin, diagnostische Instrumente zu entwickeln, mit deren Hilfe das jeweilige *Bedingungsprofil* einer Person oder Institution erfaßt werden kann.

(2) Welche der in Abbildung 7.8 aufgeführten acht Bedingungskonstellationen in einer bestimmten sozialen Situation prinzipiell realisiert werden können, hängt von der Art der sozialen Beziehungen und speziell den *Statusrelationen* ab. Besteht ein Statusgefälle bzw. eine *asymmetrische* Beziehung, kann der Statushöhere zwischen allen Oktanten und deren Kombinationen frei wählen. In Beziehungen Statusgleicher gefährden hingegen die oberen drei Oktanten (fordernde Kontrolle, fördernde Anleitung, Unterdrückung) das bestehende Statusgleichgewicht, denn sie implizieren Statusunterschiede, insbesondere dann, wenn eine Person häufig zur fordernden Kontrolle neigt. Sofern statusgleiche Personen (z.B. Ehepartner, Freunde, Kollegen, Unbekannte) ihre Statusbalance aufrechterhalten wollen, können sie sich höchstens mit Wertschätzung, Geringschätzung, Bestätigung, Freiheit oder Vernachlässigung begegnen, wobei die besten Chancen für eine stabile (und wechselseitig befriedigende) Beziehung unter den Voraussetzungen der Wertschätzung und Bestätigung bestehen dürften. Dies sind im übrigen von Tausch und Tausch (1979) für besonders förderlich gehaltene Bedingungen. Bei grenzenloser Freiheit, starker Vernachlässigung oder Geringschätzung sinkt die wechselseitige

Attraktivität, oder es ergeben sich Koordinationsschwierigkeiten, die zentrifugale Kräfte innerhalb einer Beziehung freisetzen.

3.1.2 Empirische Überprüfung des Modells

Ausgehend von einem ursprünglichen Circumplexmodell der Bedingungen, das bis auf zwei kleinere Abweichungen dem in Abbildung 7.8 wiedergegebenen Modell entsprach, unternahm Mingers (1995) den Versuch, den Erziehungsstil von Müttern mit Hilfe der Dimensionen "Wertschätzung vs. Geringschätzung", "fordernde Kontrolle vs. Freiheit", "Bestätigung vs. Unterdrückung" und "fördernde Anleitung vs. Vernachlässigung" zu erfassen. Es sollten eine Fragebogenversion aus der Sicht des Kindes sowie eine äquivalente Version aus der Sicht der Mütter entwickelt werden. Nach Zusammenstellung eines Pools von 185 Items wurden in mehreren Schritten unter Verwendung von Expertenratings und Hauptkomponentenanalysen auf Itemebene vier bipolare Fragebogenskalen mit befriedigenden internen Konsistenzen (um .70) konstruiert. Bei 230 Schülerinnen und Schülern verschiedener Schultypen im Alter von 11 bis 15 Jahren wurden Daten zum Erziehungsstil der Mütter aus der Sicht ihrer Kinder erhoben. Die Scores in den vier Erziehungsstilskalen wurden interkorreliert und mittels einer Hauptkomponentenanalyse ausgewertet. Der Eigenwerteverlauf sprach eindeutig für eine zweifaktorielle Lösung, die 81% der *Gesamtvarianz* aufklärt. Abbildung 7.10 gibt die Ergebnisse wieder.

Wie man sieht, entsprechen die abgebildeten Faktorenladungen recht genau den vom Modell postulierten Circumplexpositionen.

3.2 Das Circumplexmodell der kurz- und mittelfristigen Folgen

Während wir uns im vorangehenden Unterkapitel mit dem Einfluß sozialer Umweltbedingungen auf Persönlichkeitseigenschaften befaßt haben, stehen an dieser Stelle die *kurz- und mittelfristigen Folgen* im Mittelpunkt. Mit welchen Gefühlen und Verhaltensweisen reagiert eine Person B, wenn sie einem der in Abbildung 7.8 aufgeführten Bedingungskomplexe ausgesetzt ist? Welche Reaktion zeigt sie, wenn eine Person A Wertschätzung zum Ausdruck bringt oder fordernde Kontrolle ausübt?

Bevor wir unsere diesbezüglichen Hypothesen formulieren, ist eine Vorbemerkung angebracht. Selbstverständlich läßt sich eine solche Frage nicht auf einfache Weise beantworten, denn es müssen *Randbedingungen* beachtet werden:

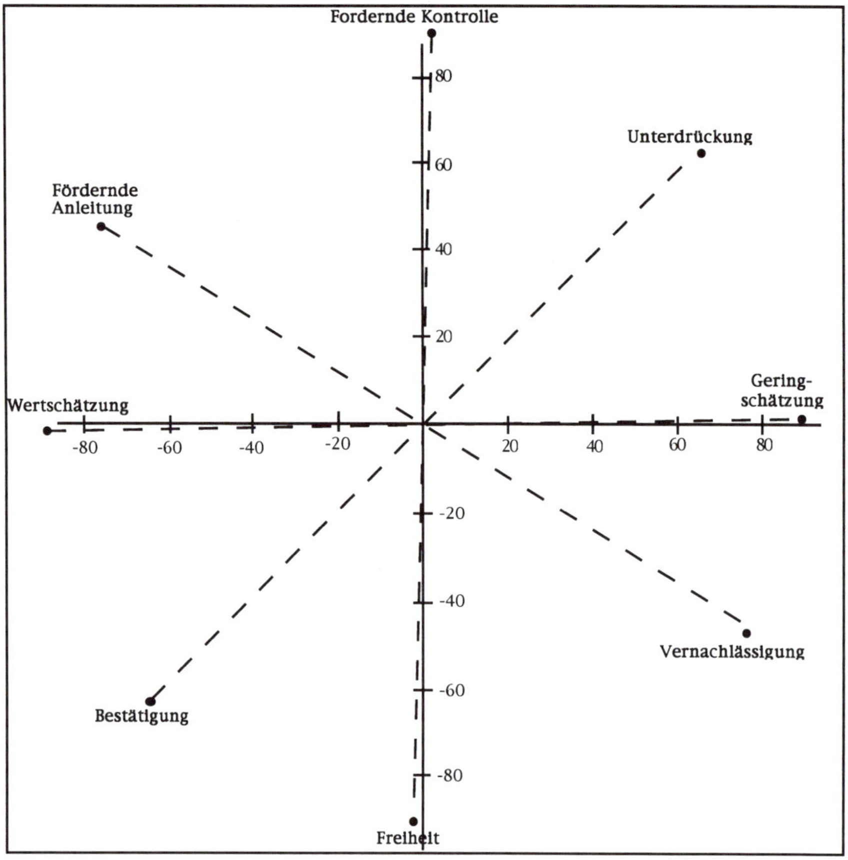

Abbildung 7.10 : Ladungen von vier bipolaren Erziehungsstilskalen auf zwei orthogonalen Hauptkomponenten.

In welcher Beziehung stehen Person A und Person B zueinander? Handelt es sich dabei um eine symmetrische oder asymmetrische Beziehung? Welche Verhaltensweisen von Person A sind dem gegenwärtigen Verhalten vorausgegangen? In welchem Zustand befindet sich Person B zur Zeit, und welche überdauernden Eigenschaften besitzt sie? Welches ist der größere situative Kontext, in dem sich die Interaktion abspielt? Welche übergeordneten Ziele verfolgen Person A und Person B? Wenn wir dennoch hypothetische Zusammenhänge postulieren, so kann es sich dabei lediglich um *Wahrscheinlichkeitsaussagen* darüber handeln, welches Bedingungsmuster welches Folgenmuster begünstigt, wobei wir die Zeitdimension einbeziehen: Die Effekte sind am ehesten dann zu erwarten, wenn es sich um Interaktionen mit persönlich bedeutsamen Personen handelt, denen man sich nicht ohne weitere entziehen kann, und wenn die Bedingungen wiederholt wirken, wenn also z.B. ein Lehrer immer wieder Wertschätzung zeigt. Unsere diesbezüglichen Folgenhypothesen sind in Abbildung 7.9 (siehe oben!) wiedergegeben.

Auch dieses Modell hat eine Circumplexstruktur aus acht Oktanten, und es ist dimensional aufgebaut, d.h. einander gegenüberliegende Oktanten bilden Gegenpole einer Dimension, z.B. der Dimension "sich einordnen vs. sich frei bewegen". Innerhalb jedes Oktanten bzw. Pols einer Dimension werden in Abbildung 7.9 zunächst die ausgelösten emotionalen Reaktionen (z.B. "sich bedroht und unterdrückt fühlen") und danach die Verhaltenstendenzen (z.B. "Kontakt reduzieren") aufgezählt. Wir besprechen im folgenden die vier Dimensionen.

Wertschätzung vs. Geringschätzung

Die Bedingungsdimension "Wertschätzung vs. Geringschätzung" beeinflußt die aktuelle Position einer Person auf der Folgendimension *"wertschätzen vs. geringschätzen"*. Wir vertreten mithin eine *Symmetriehypothese* (vgl. Becker, 1991 b; Brown, 1965; Tausch & Tausch, 1979): Wer von einer Person A Wertschätzung (bzw. Geringschätzung) erfährt, wird darauf wahrscheinlich mit Wertschätzung (bzw. Geringschätzung) antworten. Der Grad reaktiver Wertschätzung von Person B betrifft primär die Wertschätzung gegenüber Person A, tangiert jedoch auch die Wertschätzung sich selbst gegenüber. Wer Wertschätzung von seiten einer Person A erfährt, wird nicht nur Wertschätzung erwidern, sondern auch eine Steigerung der Selbstachtung und eine Bestätigung des Selbstwertes erfahren. (Dies rührt daher, daß Person B aus der Wertschätzung von Person A den Schluß zieht, jemand zu sein, der Wertschätzung verdient, also Eigenschaften besitzt, die Selbstachtung rechtfertigen.) In analoger Weise weckt Vertrauen Vertrauen, und wer bemerkt, daß sich eine Person A für ihn interessiert, wird auch eher Interesse an Person A empfinden, als wenn er auf Gleichgültigkeit gestoßen ist.

Wird jemand geringschätzig behandelt, so reagiert er seinerseits im allgemeinen mit Geringschätzung, wobei sich diese Geringschätzung entweder auf das Gegenüber, die eigene Person (das eigene Selbst) oder beide beziehen kann. In jedem Fall werden starke Emotionen ausgelöst. Die Person fühlt sich z.B. zurückgewiesen, angegriffen, gedemütigt, beschuldigt, ungeliebt, wertlos oder verunsichert. Erfährt die Person eine starke Geringschätzung (insbesondere von seiten einer wichtigen Bezugsperson), reagiert sie darauf mit heftigen, eventuell rasch wechselnden Emotionen, die sich von Angst, Selbstverachtung, Scham über Verzweiflung bis zu Wut, Haß oder Verachtung erstrecken können und wahrscheinlich von akuten körperlichen Empfindungen begleitet sind. Als typische Reaktion auf eine Demütigung wird zum Beispiel Scham empfunden. Die Verhaltenstendenzen nach dem Erleben von Geringschätzung schwanken zwischen Rückzug, Unterwerfung und Angriff. Auf Schuldvorwürfe reagiert die Person entweder mit Unterwerfung (Übernahme der Schuld bzw. Selbstanschuldigung) oder Opponieren (defensiver Schuldabwehr durch Fremdanschuldigungen und nach außen gerichteter Aggressivität). Im letzteren Fall kann es leicht zu einer Eskalation wechselseitiger Geringschätzung kommen.

Fordernde Kontrolle vs. Freiheit

Die Bedingungsdimension "fordernde Kontrolle vs. Freiheit" setzen wir mit der Folgendimension *"sich einordnen vs. sich frei bewegen"* in Beziehung. Wer einer fordernden Kontrolle durch wichtige Bezugspersonen oder Institutionen ausgesetzt wird, der er sich nicht entziehen kann, fühlt sich überwacht, reglementiert und eventuell unterlegen. Er neigt im allgemeinen zum Gehorsam und zum Nachgeben, d.h. zur Beachtung von Regeln, Normen und Forderungen, zumindest so lange die Kontrolle fortbesteht. Zu dem Muster des "sich Einordnens" gehört auch eine vorausschauende Orientierung sowie erhöhte Vorsicht angesichts von Warnungen vor Gefahren. Ein Beispiel liefern Arbeitnehmer mit geringem Dispositionsspielraum (z.B. Fließbandarbeiter), denen genau vorgeschrieben wird, welche Leistung sie auf welche Weise zu erbringen haben, und denen bei Nichtbeachtung Sanktionen drohen.

Wenn einer Person große Freiheiten eingeräumt werden, wird sie sich frei bewegen, d.h. spontan sein, eigene Wege gehen, aus der Reihe tanzen, Regeln, Normen und Forderungen allgemeiner Art eher übergehen, leichtsinnig sein, nach dem Lustprinzip leben, egoistische Ansprüche stellen und ihren Willen durchsetzen. Beispiele für derartige Bedingungskonstellationen und Folgemuster wären: (1) das ausagierende Verhalten von Schülern in einer Klasse oder in einem Schullandheim, sofern der Lehrer extreme Freiheiten läßt, (2) das Verhalten von Bürgern in einem Staat, in dem auf die Ausübung von Kontrolle (im Sinne der Abbildung 7.8) verzichtet wird, oder das Verhalten von Jugendlichen, deren Eltern Forderungen und Kontrolle jeder Art weitestgehend unterlassen.

Fördernde Anleitung vs. Vernachlässigung

Wir besprechen als nächstes die Zusammenhänge zwischen der Bedingungsdimension "fördernde Anleitung vs. Vernachlässigung" und der Folgendimension *"annehmen vs. opponieren"*. Fördernde Anleitung - so lautet unsere Hypothese - begünstigt ein Verhaltensmuster, das wir als *"annehmen"* zusammengefaßt haben. Die fördernd angeleitete und unterstützte Person B fühlt sich beachtet. Sie nimmt die angebotene Hilfe an, reagiert auf Anleitung und Unterrichtung mit der Bereitschaft, angemessene Forderungen zu erfüllen, zu lernen und sich Kompetenzen anzueignen. Bei einer Kombination von hohem Status und hoher Wertschätzung bietet Person A nach der sozialen Lerntheorie gute Voraussetzung dafür, von Person B imitiert zu werden bzw. als Identifikationsobjekt zu dienen. Während unter der Bedingung fordernder Kontrolle (siehe oben) Regeln, Normen und Forderungen zwar beachtet, nicht jedoch zwangsläufig verinnerlicht werden, neigen fördernd angeleitete Personen zur Verinnerlichung dieser Sollwerte. Demzufolge fühlen sie sich bei Normüberschreitung schuldig.

Wird eine Person der Bedingung "Vernachlässigung" ausgesetzt, so antwortet sie darauf mit *"Opponieren"*. Als einzelner Begriff trifft dieses Wort nur angenähert das gemeinte komplexe Verhaltens- und Erlebensmuster. Der Vernachlässigte fühlt sich übersehen und frustriert, verspürt unter Umständen Wut und reagiert darauf in einem ersten Schritt mit Versuchen, Aufmerksamkeit und Beachtung zu erlangen. Bei Schülern im Klassenverband kann dies z.B. durch störendes Verhalten geschehen. Dabei handelt es sich um eine Art "Protestdemonstration" mit dem Ziel, auf die Vernachlässigung direkt oder indirekt hinzuweisen und durch Provokation auf sich aufmerksam zu machen und bestimmte Personen wachzurütteln. Gegen aufkommende Schamgefühle schützt sich die Person, indem sie sich stolz *gibt,* ohne jedoch ein echtes hohes Selbstwertgefühl zu besitzen. Führen die oben genannten Strategien nicht zum Erfolg, so besteht die Gefahr der Verwahrlosung. Die Person neigt dann dazu, Regeln, Normen und Forderungen abzulehnen. Sie kommt ihren Pflichten nicht mehr nach (macht z.B. als Schüler keine Hausaufgaben), verweigert offen oder versteckt Leistungen und spielt mit dem Gedanken "auszusteigen". Als vernachlässigte Person empfindet sie wenig Empathie für andere, hat keine Schuldgefühle, neigt zur Rücksichtslosigkeit, Aggressivität und zum Ausagieren. Es besteht die Gefahr, daß sich zunehmend das Persönlichkeitsmuster der "Zügellosigkeit" herausbildet.

Bestätigung vs. Unterdrückung

Welche Zusammenhänge bestehen zwischen der Bedingungsdimension "Bestätigung vs. Unterdrückung" und der Folgendimension *"sich entfalten vs. sich unterwerfen"* ? Unsere Hypothese besagt zum einen, daß Bestätigung ein Verhaltensmuster des *"sich Entfaltens"* begünstigt. Wer Wertschätzung gekoppelt mit Freiheit erlebt, fühlt sich bestätigt, ermutigt, voller Energie und Tatendrang, traut sich etwas zu, ist motiviert, Neues zu erproben, sich zu öffnen, Gefühle und Ideen zu äußern, kreative Einfälle zu produzieren und sich zu behaupten. Die betreffende Person ist frei von Spannungen bis hin zur Ausgelassenheit, sie sucht den Kontakt zu anderen Menschen und kann es sich erlauben, auch eigene Fehler einzugestehen. Bezüglich unserer Zusammenhangshypothese zur Kreativität verweisen wir auf Tausch und Tausch (1979) sowie auf eine Längsschnittstudie von Harrington, Block und Block (1987). Diese Autoren ermittelten empirische Belege für die Annahme von Carl Rogers, daß eine erzieherische Umwelt, die Freiheit und Sicherheit des Kindes gewährleistet, die Kreativität fördert.

Umgekehrt führt Unterdrückung zum Verhaltensmuster des *"sich Unterwerfens"*. Die betreffende Person B fühlt sich bedroht und eingeengt und reagiert darauf mit Gefühlen der Angst, Schwäche oder Depression. Sie erlebt ihre Abhängigkeit, fühlt sich unter Druck gesetzt und z.B. von Leistungserwartungen überfordert. Sie steht unter Spannungen, wagt aus Angst vor "Bestrafung" jedoch nicht, ihre Gefühle offen zu zeigen, verspürt wahrscheinlich körperliche Beschwerden (z.B. Kopf- oder Magenschmerzen). Gegen aufkommende Scham- und Schuldgefühle verteidigt sie sich durch (übertriebene und unrealistische) Selbstanschuldigungen. Nach Möglichkeit versucht sie, den Kontakt mit der unterdrückenden Person A zu reduzieren oder zu beenden. Während Bestätigung intrinsisch motivierte Aktivitäten begünstigt, führt Unterdrückung eher zu Passivität.

Zum Abschluß möchten wir noch auf folgende Zusatzannahmen verweisen:

(1) In Analogie zu der Annahme, daß die in Abbildung 7.8 aufgelisteten acht Bedingungskomplexe nicht nur in Reinformat auftreten, sondern Kombinationen aus benachbarten Oktanten wahrscheinlich sind, gilt entsprechend, daß sich die acht Folgenkomplexe selten in idealtypischer Weise manifestieren. Insbesondere Verhaltens- und Erlebensweisen aus *benachbarten* Folgenoktanten besitzen eine erhöhte Auftretenswahrscheinlichkeit. So wird beispielsweise eine opponierende Person häufig auch Geringschätzung empfinden (sich wertlos fühlen oder Person A hassen) bzw. sich frei

bewegen (eigene Wege gehen, nach dem Lustprinzip leben oder egoistische Ansprüche stellen).

(2) Mit zunehmender Dauer oder Wiederholungshäufigkeit einer bestimmten Bedingung werden die in Abbildung 7.9 zusammengestellten kurz- und mittelfristigen Folgen sich verfestigen, so daß auf diesem Weg die entsprechenden Persönlichkeitseigenschaften der Abbildung 7.7 sich herausbilden. Dies gilt insbesondere für Kinder und Jugendliche, deren Persönlichkeitseigenschaften stärker formbar sind als die Erwachsener.

Um den Überblick über unsere Hypothesen zu erleichtern, haben wir in Abbildung 7.11 die Zusammenhänge von Bedingungen, Verhaltensfolgen und Persönlichkeitseigenschaften auf der Ebene der Oktantenbezeichnungen wiedergegeben.

Bevor wir Hinweise zu den Anwendungsmöglichkeiten des Modells geben, berichten wir über eine von Davitz (1969) durchgeführte Untersuchung, die unsere Hypothesen zu den in Abbildung 7.9 postulierten *emotionalen* Folgen zumindest in Teilen stützt. (Weitere empirische Belege werden im nächsten Kapitel vorgelegt.)

Davitz erforschte die "Sprache der Emotionen", indem er Versuchspersonen eine Liste von 50 Emotionsbegriffen vorgab und sie bat, sich jeweils eine Situation lebhaft vorzustellen, in der sie die betreffende Emotion gespürt hatten. Dann sollten sie die dabei erlebten Gefühle möglichst ausführlich beschreiben. Die 50 Emotionsbegriffe waren von Davitz aus einer umfangreicheren Liste von 137 Emotionsbegriffen nach subjektiven Kriterien ausgewählt worden. Mit Hilfe einer Clusteranalyse ermittelte er 12 breite Emotionscluster, die ihrerseits interkorreliert und faktorenanalysiert wurden. Wir haben in Abbildung 7.12 die von Davitz (1969, S. 121) ermittelten Ladungen auf den beiden extrahierten Hauptkomponenten wiedergegeben.

Der erste Faktor (F1) trennt positive von negativen Gefühlszuständen. Am linken Pol der Dimension sind vier positive Gefühlscluster lokalisiert: Wohlbefinden (comfort), Lebendigkeit (activation), Erhöhung (enhancement) und Hinwendung (moving toward). Dieses Emotionsmuster paßt gut zu dem Oktanten "Wertschätzen" in Abbildung 7.9.

Der zweite Faktor, den wir als "Hemmung vs. Ungehemmtheit" (bzw. Hypoaktivation vs. Hyperaktivation) interpretieren, differenziert innerhalb der negativen Gefühlszustände. Im rechten oberen Quadranten der Abbildung 7.12 befinden sich vier negative Gefühlszustände, die vor allem durch Hypoaktivation (hypoactivation), Rückzugstendenzen (moving away), körperliche Beschwerden (discomfort) und Depressivität (incompetence/dissatisfaction) ge-

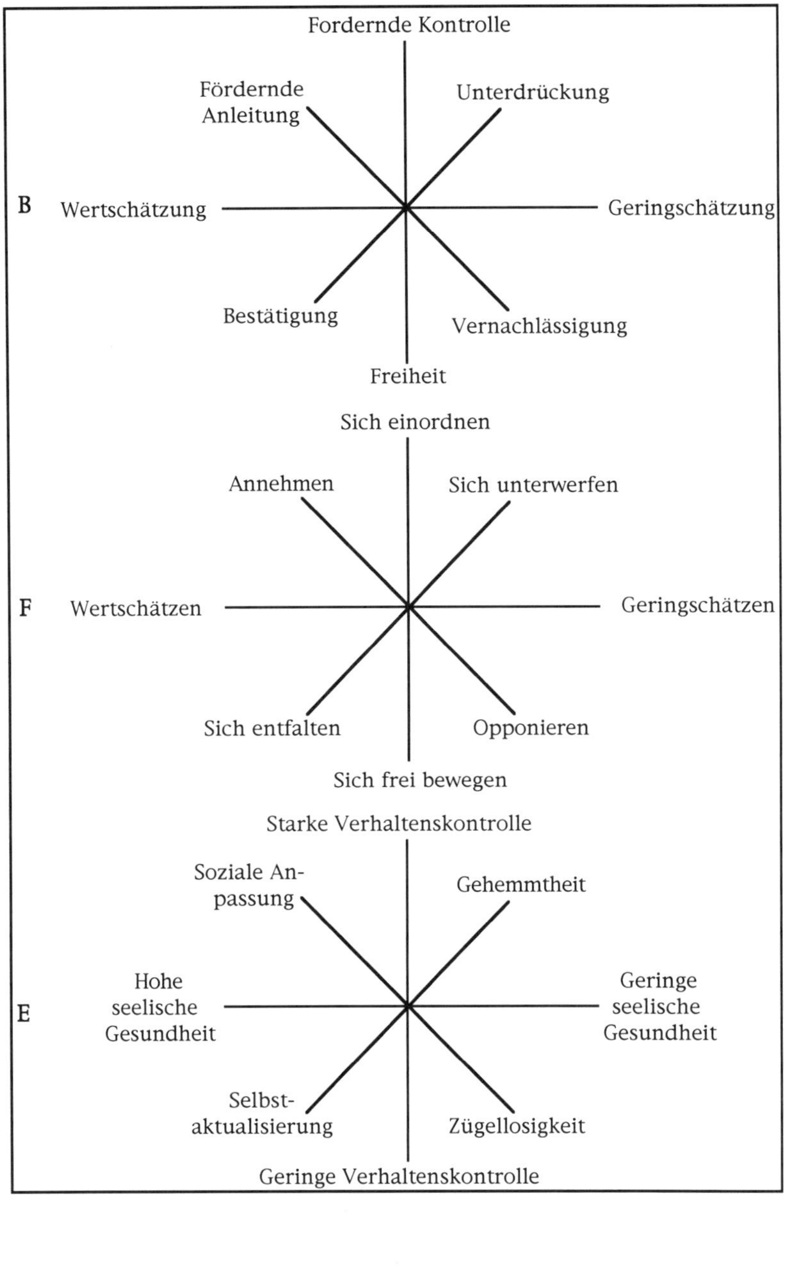

Abbildung 7.11: Zusammenhänge von Bedingungen (B), Verhaltensfolgen (F) und Eigenschaften (E).

kennzeichnet sind. Wir haben ein ähnliches Muster in Abbildung 7.9 dem Oktanten "sich unterwerfen" zugeordnet. Der rechte untere Quadrant der Abbildung 7.12 enthält vier andere negative Gefühls-

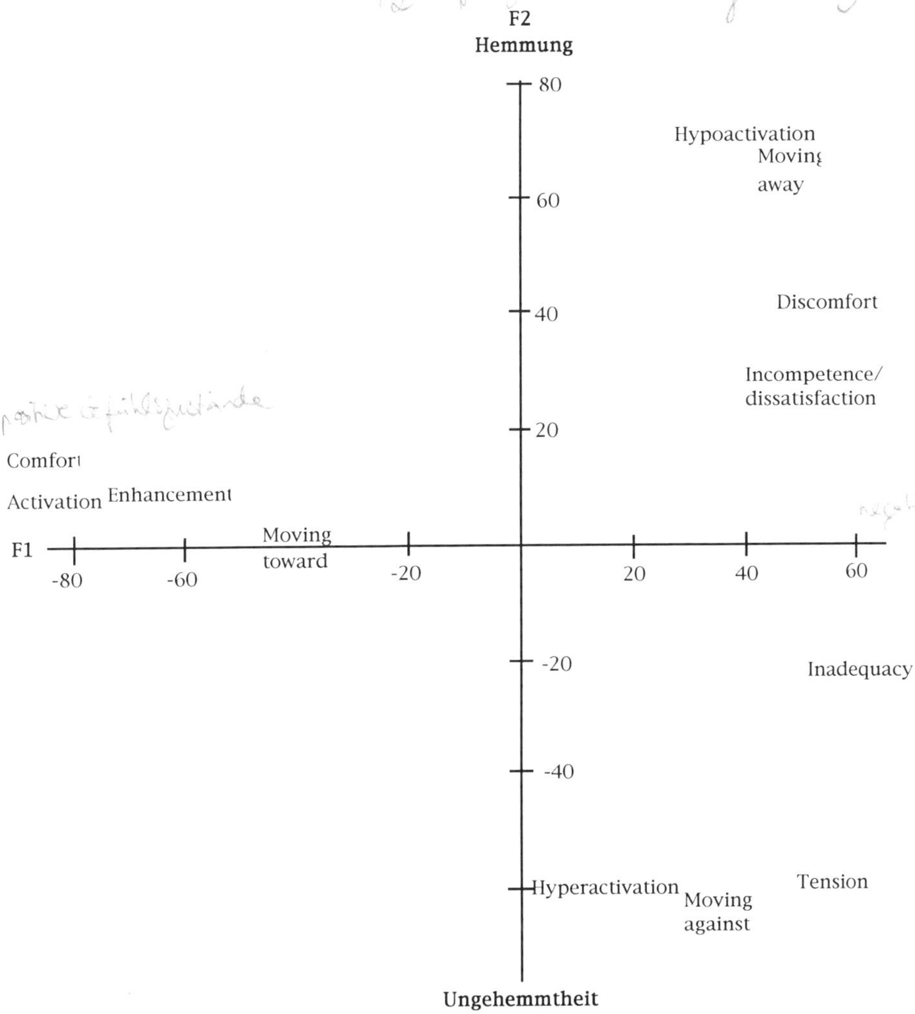

Abbildung 7.12: Ergebnisse einer Faktorenanalyse von 12 Emotionscluster (nach Davitz, 1969).

F1: Positive Gefühle vs. negative Gefühle
Activation: Aktivation (sich lebendig fühlen, innere Spannkraft, Wärme)
Comfort: sich wohlfühlen, innere Ruhe und Harmonie
Discomfort: sich körperlich unwohl fühlen, z.B. Magen- oder Kopfschmerzen
Enhancement: sich groß und stark fühlen, sich sicher fühlen
Hyperactivation: Hyperaktivation (Erregung, Herz schlägt schnell)
Hypoactivation: sich müde, schwer, lahm fühlen
Inadequacy: sich hilflos fühlen, keine Kontrolle haben
Incompetence/ dissatisfaction: mit sich und der Situation unzufrieden sein
Moving against: wütend sein, angreifen wollen
Moving away: sich allein fühlen, sich zurückziehen wollen
Moving toward: sich jemandem nah fühlen, die Nähe von jemandem suchen
Tension: sich angespannt fühlen, gereizt sein, bereit anzugreifen

zustände: Inadäquatheit bzw. Hilflosigkeit (inadequacy), Gereiztheit (tension), Angriffslust (moving against) und Hyperaktivation. Die Lokalisation dieser vier Gefühlszustände paßt gut zu unseren Hypothesen in Abbildung 7.9. So lassen sich beispielsweise die Gereiztheit und die Angriffslust dem Oktanten "opponieren" zuordnen.

Bedauerlicherweise sind in den beiden linken diagonalen Oktanten der Abbildung 7.12 keine Emotionscluster vorhanden, so daß entsprechende Hypothesen nicht überprüft werden können. Der Grund hierfür dürfte zum einen in der unvollständigen subjektiven Vorauswahl der 50 Emotionsbegriffe und zum anderen in der Bildung von insgesamt nur 12 Emotionsclustern zu suchen sein. Diese Cluster sind notwendigerweise sehr breit und heterogen zusammengesetzt. Engere Emotionscluster, wie z.B. "Euphorie", deren Lokalisation interessant gewesen wäre, sucht man vergeblich.

Zusammenfassend lassen sich die von Davitz (1969) ermittelten faktorenanalytischen Ergebnisse weitgehend mit unserem Circumplexmodell der Folgen vereinbaren, wenngleich ein umfassenderer und differenzierterer Datensatz wünschenswert wäre.

3.3 Erste Hinweise zur Anwendbarkeit des Modells

Das in den Abbildungen 7.7 bis 7.11 dargestellte Modell bietet eine Reihe interessanter Anwendungsmöglichkeiten. Wir denken unter anderem an die Analyse und Veränderung der Interaktionen zwischen Eltern und Kindern, Lehrern und Schülern, Ehe- und Lebenspartnern, Arbeitgebern und Arbeitnehmern, Vorgesetzten und Untergebenen sowie Therapeuten und Klienten. Dem therapeutischen Anwendungsbereich widmen wir ein eigenes Kapitel 10. Die folgenden Ausführungen sind allgemein gehalten, sie werden durch Beispiele aus jeweils unterschiedlichen Anwendungsfeldern erläutert.

3.3.1 Bildung von Bedingungshypothesen

gutes Beispiel

Ein erstes Anwendungsfeld sehen wir darin, daß sich bei Vorliegen eines bestimmten Verhaltens- oder Eigenschaftsmusters Hypothesen zu den damit in Beziehung stehenden Bedingungen ableiten lassen. Eine solche Möglichkeit ist unter anderem für Eltern, Erzieher, Erziehungsberater, Therapeuten oder Arbeits-, Betriebs- und Organisationspsychologen von Interesse. Fällt beispielsweise einer Lehrerin an einem Schüler auf, daß er sich in letzter Zeit störend verhält, außerdem häufig seine Hausaufgaben nicht erledigt oder sein Hausaufgabenheft vergessen hat, andere Schüler angreift und sich mit Lügen herauszureden versucht, besteht der erste diagnostische Schritt darin, dieses Verhaltensmuster einem der acht Oktanten aus dem Circumplexmodell der Folgen (Abbildung 7.9) zuzuordnen. Im vorliegenden Fall gelingt eine recht eindeutige Zuordnung zum Muster des Opponierens. (In anderen Fällen kann es sich um eine Kombination von Verhaltens- und Erlebensweisen aus zwei oder mehr Oktanten handeln, wobei sich jedoch meist ein Schwerpunktoktant isolieren läßt.) In einem zweiten Schritt würde die Lehrerin unter Rückgriff auf Abbildung 7.8 den korrespondierenden (komplementären) Bedingungsoktanten *"Vernachlässigung"* ermitteln. Damit läge eine erste plausible Verursachungshypothese vor. Dabei sind zwei Teilhypothesen in Betracht zu ziehen: Entweder fühlt sich der opponierende Schüler von seiner Lehrerin vernachlässigt, oder die Vernachlässigung hat ihre Wurzeln außerhalb der Klasse, also z.B. in der häuslichen Situation des Schülers. Im zweiten Fall würde man annehmen, daß es sich um eine Generalisierung eines Verhaltensmusters (bzw. eine "Übertragung") handelt. Das opponierende Verhalten tritt nicht nur gegenüber den Eltern, sondern auch gegenüber einer anderen Person mit elterlich-erzieherischen Qualitäten, nämlich der Lehrerin, auf.

Unser nächstes Beispiel betrifft eine eheliche Beziehung. Ein Ehemann registriert, daß seine Frau ihm gewisse Dinge verheimlicht, z.B. Geldausgaben oder Vorfälle, die die Kinder betreffen. Ferner klagt sie darüber, daß sie sich zu nichts richtig aufraffen könne und unter ständiger Spannung stehe. Auf Nachfragen nach möglichen Gründen weicht sie aus. Der Mann erfährt lediglich, daß seine Frau sich manchmal wertlos fühle. In diesem Fall ließe sich das Verhaltensmuster primär als "sich unterwerfen" charakterisieren. Nach Abbildung 7.8 wäre der in Betracht zu ziehende komplementäre Bedingungskomplex ein Muster der *"Unterdrückung"*. Möglicherweise ist die eheliche Beziehung dadurch gestört, daß der Ehemann - vielleicht ohne sich dessen bewußt zu sein - seine Ehefrau unterdrückt, d.h. zu stark kontrolliert und reglementiert und ihr gegenüber zu wenig Wertschätzung und Liebe zeigt.

Das dritte Beispiel ist aus der empirischen Persönlichkeitsforschung gegriffen. Sucht ein Persönlichkeitspsychologe Hypothesen zu Umweltbedingungen, die den Ausprägungsgrad einer bestimmten Persönlichkeitseigenschaft (z.B. hohe Empathie) begünstigen, so besteht der erste Schritt in einer Zuordnung der Eigenschaft zu einem der Oktanten in Abbildung 7.7. Im vorliegenden Fall ist die Eigenschaft Empathie bereits im Oktanten "soziale Anpassung" aufgeführt. (Sollte es sich um eine sonstige Eigenschaft handeln, die im Circumplexmodell der Abbildung 7.7 fehlt, so wäre eine Hypothese zu bilden, welchem der Oktanten sie am ehesten zuzuordnen ist.) Aus der Kenntnis des Oktanten *"soziale Anpassung"* läßt sich unter Rückgriff auf Abbildung 7.8 die Hypothese formulieren, daß Empathie durch fördernde Anleitung, d.h. eine Kombination aus Wertschätzung und fordernder Kontrolle, begünstigt wird. Eine solche Hypothese - wie auch die vorangehenden Hypothesen - bedürfen natürlich der empirischen Überprüfung.

3.3.2 Bildung von Veränderungshypothesen

Hat eine Person A (z.B. eine Lehrerin) eine Bedingungshypothese (z.B. Vernachlässigung) für ein bestimmtes Verhaltensmuster der Person B (z.B. Opponieren) gebildet, so läßt sich aus dem Circumplexmodell der Bedingungen (Abbildung 7.8) eine Hypothese darüber ableiten, welches Verhaltensmuster von Person A am ehesten geeignet erscheint, das Verhaltensmuster von B gezielt zu verändern. Unsere diesbezügliche Annahme besagt, daß die zur verantwortlichen Bedingung BED+ (Vernachlässigung) *entgegengesetzte* Bedingung BED- (fördernde Anleitung) zu realisieren ist. Es wäre im vorliegenden Beispiel zu empfehlen, daß die Lehrerin dem opponierenden Schüler mit fördernder Anleitung und Unterstützung, d.h. einer Kombination von Wertschätzung und fordernder Kontrolle, begegnet. Ungeeignet erschiene hingegen das vielleicht auf den ersten Blick einfacher umzusetzende Prinzip der Unterdrückung bzw. Bestrafung. Dabei fehlte nämlich die Komponente der Wertschätzung. Der opponierende Schüler, der bereits gegen mangelnde Wertschätzung protestiert, würde weitere Geringschätzung erfahren. Es bestünde die Gefahr, daß er seinerseits mit Geringschätzung (sich selbst und anderen gegenüber) reagierte und entweder Haß und Verachtung empfände oder sich durch Angriffe auf Schwächere rächte.

In unserem zweiten Beispiel einer gestörten ehelichen Beziehung, die mit einer Unterdrückung der Ehefrau durch ihren Ehemann in Verbindung steht, würde man aus Abbildung 7.8 ableiten können, daß die notwendige Veränderung im Verhalten des Ehemanns in Richtung größere Bestätigung verlaufen sollte. In analoger Weise lassen sich - ausgehend von bestimmten Persönlichkeitseigenschaften eines Klienten oder in der Therapie gezeigten Verhaltensweisen - Hinweise darauf gewinnen, welche therapeutischen Bedingungen primär anzustreben sind. Darauf gehen wir in Kapitel 10 genauer ein.

3.4 Erste Überprüfungen des Modells

Da der Ursprung unseres Modells in Befunden und Hypothesen der Erziehungsstilforschung zu suchen ist, richten sich die folgenden empirischen Überprüfungen in erster Linie auf diesen Bereich. Wir ziehen Daten heran, die den Zusammenhang zwischen dem Erziehungsverhalten von Eltern und der *Verhaltenskontrolle* ihrer Kinder beleuchten. Danach diskutieren wir anhand empirischer Befunde einen möglichen Einfluß des Modellverhaltens von Eltern auf die Verhaltenskontrolle ihrer Kinder. Unsere Ausführungen beschränken sich auf die Bedingungen der Verhaltenskontrolle, da kein Mangel an Befunden zur seelischen Gesundheit besteht (siehe oben sowie Tress,1986), während die Verhaltenskontrolle bisher kaum untersucht wurde.

3.4.1 Erziehungsverhalten und Verhaltenskontrolle

Wie Abbildung 7.11 zu entnehmen ist, vertreten wir folgende Hypothese: Eine starke Verhaltenskontrolle eines Edukanden ist - neben anderen Bedingungen - langfristige Folge stark kontrollierender Umweltbedingungen, wobei als kurz- und mittelfristige Folge zu erwarten ist, daß die Kontrollierten sich einordnen. Eine Erziehung, die viele Freiheiten läßt, begünstigt hingegen, daß Edukanden sich frei bewegen und langfristig eine geringe Verhaltenskontrolle entwickeln.

Zu dieser Hypothese liegen erst wenige Ergebnisse vor, da sich - wie oben gezeigt wurde - die meisten Untersucher mit anderen Erziehungsstilbedingungen befassen. Seitz, Wehner und Henke (1970 a,b) ermittelten an einer Stichprobe von 7-bis 8jährigen Jungen folgenden Zusammenhang, den sie trotz seines rein korrelativen Charakters glauben, kausal interpretieren zu können: "Interessant erscheint, daß mit dem kontrollierenden Erziehungsverhalten die kindliche Persönlichkeitseigenart der ´Beherrschung´ kovariiert, die Bereitschaft, Autoritäts-Forderungen, Erzieher-Erwartungen zu erfüllen. Da Kinder, die sich bereits den Erzieher-Erwartungen unterordnen, nicht noch besonders kontrollierend erzogen werden müssen, dürfte hier die kindliche Persönlichkeit als Reaktion auf das elterliche Erziehungsverhalten zu verstehen sein." (Seitz et al., 1970 b, S. 172). Die Untersucher heben hervor, daß dieser spezielle Zusammenhang auf zwei verschiedenen Altersstufen beobachtet wurde (siehe auch Seitz & Jankowski, 1969).

Engfer und Schneewind (1975) führten eine schriftliche Befragung an einer repräsentativen Stichprobe von 426 Müttern von Töchtern, 445 Müttern von Söhnen, 226 Vätern von Töchtern und

209 Vätern von Söhnen durch. Erfaßt wurden zehn elterliche Erziehungseinstellungen (z.B. Permissivität versus Einschränkung des kindlichen Handlungsraumes durch elterliche Vorschriften) sowie elterliche Konzepte von der kindlichen Persönlichkeit, die mit 23 bipolaren Eigenschaftsskalen erhoben wurden. Aus der Vielzahl signifikanter Ergebnisse greifen wir zwei heraus. Mütter mit einer unbekümmerten, spontanen, unreflektierten Erziehungshaltung beschreiben ihre Töchter als entscheidungsfreudig, schnell entschlossen, lebhaft, offen und unbeschwert, d.h. wenig verhaltenskontrolliert. Gleichfalls bei Mütter-Töchter-Konstellationen wurde im Einklang mit Abbildung 7.11 folgender Zusammenhang ermittelt: Mütter mit hoher Offenheit, Permissivität und geringer Manipulation (d.h. solche, die viel Freiheit lassen und bestätigen,) beschreiben ihre Töchter als gescheit, erfinderisch, offen, natürlich, umstellungsfähig und beweglich (d.h. als sich selbstaktualisierend und als wenig verhaltenskontrolliert).

Block (1971) berichtete über die Ergebnisse zweier Längsschnittstudien an kalifornischen Stichproben, die für Auswertungszwecke zusammengefaßt wurden. Vom Jugendalter bis ins Erwachsenenalter wurden zu mehreren Zeitpunkten Daten zur Persönlichkeit der Untersuchten sowie zur Persönlichkeit und dem Erziehungsverhalten ihrer Eltern erhoben. Block wählte einen typologischen Ansatz und prüfte u.a. den Zusammenhang zwischen der Art der Erziehung und deutlich erhöhten oder erniedrigten Werten in der Persönlichkeitsdimension "Ichkontrolle", die eine enge Verwandtschaft zur Verhaltenskontrolle besitzt. Personen mit durchschnittlicher Ichkontrolle wurden einerseits Überkontrollierten (vergleichbar unserem Oktanten "Gehemmtheit") und andererseits Unterkontrollierten (vergleichbar dem Oktanten "Zügellosigkeit") gegenübergestellt. Es stellte sich heraus, daß Unterkontrollierte von ihren Eltern, die als narzißtisch, egoistisch und impulsiv beschrieben wurden, vernachlässigt worden waren, während überkontrollierte Jungen eine autoritäre, einengende und freudlose Familiensituation erlebt hatten. Bei überkontrollierten Mädchen zeigte sich ein ähnliches Bild unterdrückender Erziehung.

Pulkkinen (1992) verglich in einer finnischen Längsschnittstudie zwei Gruppen von Männern im Alter von 26 Jahren, die sich entweder durch einen antisozialen Lebensstil (in etwa vergleichbar mit unserem Oktanten "Zügellosigkeit") oder einen sozial angepaßten Lebensstil (in etwa vergleichbar unserem Oktanten "soziale Angepaßtheit") auszeichneten. Beide Gruppen unterschieden sich in der Art, wie sie erzogen worden waren: Die antisozialen Männer hatten weniger Unterstützung und mütterliche fördernde Kontrolle sowie mehr Gleichgültigkeit - verbunden mit willkürlicher Unterdrückung - erfahren als die sozial Angepaßten (siehe auch Pulkkinen, 1982).

Zur Überprüfung eines erwarteten Zusammenhangs zwischen dem Erziehungsverhalten von Eltern und der Verhaltenskontrolle ihrer erwachsenen Kinder untersuchte der Verfasser 203 Frauen und Männer im Alter von 20 bis 25 Jahren, von denen 180 in vollständigen Familien mit beiden Elternteilen aufgewachsen waren. Bei 23 Personen hatten sich die Eltern vor acht Jahren oder früher scheiden lassen. Die Personen beantworteten die Version 5 des "Trierer Inventars zur Verhaltenskontrolle" (TIV) sowie einen standardisierten Zusatzfragebogen, der unter anderem Skalen zu den Erziehungszielen der Väter bzw. Mütter sowie der Qualität der emotionalen Beziehung zu Vater bzw. Mutter enthielten. Die Fragen zu den Erziehungszielen betrafen das Ausmaß, in dem der eigene Vater bzw. die eigene Mutter sich darum bemüht hatten, ihren Sohn bzw. ihre Tochter zur Kontrolliertheit (Ordnungsliebe, Selbstbeherrschung, Sparsamkeit, Religiosität und Vorsicht) zu erziehen. Alle Skalen verfügten über befriedigende interne Konsistenzen. Den Ausgangspunkt der Studie bildeten unter anderem folgende Hypothesen:

(1) Je stärker Väter und Mütter sich darum bemühen, ihre Söhne bzw. Töchter zur Kontrolliertheit zu erziehen, desto ausgeprägter ist die Kontrolliertheit ihrer Kinder.

(2) Die Enge dieses Zusammenhangs wird durch die Qualität der Beziehung zwischen Vater und Sohn bzw. Mutter und Tochter moderiert: Bei einer guten emotionalen Beziehung ist der Zusammenhang enger als bei einer schlechten Beziehung.

Die Überprüfung dieser Hypothesen erfolgte mit Hilfe multipler Regressionsanalysen mit Wechselwirkungen. Alle Hypothesen konnten empirisch gestützt werden, wobei die multiplen Korrelationen zwischen .36 und .42 lagen. Exemplarisch greifen wir die Befunde bei Vätern und ihren Kindern (Söhne und Töchter zusammengefaßt) heraus: Es besteht ein hochsignifikanter Zusammenhang zwischen der Kontrolliertheit der Kinder und der auf dieses Ziel ausgerichteten Erziehung durch ihre Väter. Nicht signifikant ist der Zusammenhang zur Qualität der Beziehung. Hochsignifikant fällt hingegen die Wechselwirkung zwischen Erziehung zur Kontrolliertheit und Beziehungsqualität aus, d.h. am engsten ist der Zusammenhang bei guter Beziehung. Kein signifikanter Zusammenhang zwischen Erziehung zur Kontrolliertheit und Kontrolliertheit besteht bei schlechter Beziehung zwischen Vätern und Kindern. Die multiple Korrelation beträgt .38 ($p < .0001$).

Diese Ergebnisse stützen die Hypothese, daß Eltern durch ihre auf Kontrolliertheit ausgerichtete Erziehung den Ausprägungsgrad der

Verhaltenskontrolle ihrer Kinder beeinflussen, wobei die Größe des Einflusses von der Qualität der Beziehung zwischen Eltern und Kind abhängt.

Indirekte Hinweise auf den von uns postulierten Zusammenhang von kontrollierenden Bedingungen in der Umwelt und einer erhöhten Verhaltenskontrolle auf seiten der dieser Kontrolle Ausgesetzten gewinnt man aus "kulturvergleichenden" Studien an Ost- und Westdeutschen. Becker, Hänsgen und Krieger (1994) untersuchten im Zeitraum von Ende 1990 bis Anfang 1991 300 ostdeutsche und 298 westdeutsche Erwachsene aus allen Bundesländern, die in einer Reihe wichtiger soziodemographischer Variablen vergleichbar waren. Zum Einsatz gelangten drei Persönlichkeitsfragebogentests (zu Einzelheiten siehe Becker et al., 1991). Ostdeutsche erhielten in mehreren Skalen zur Messung von Verhaltenskontrolle (Verhaltenskontrolle, Ordnungsstreben, Normorientierung, Zuverlässigkeit, Zukunfts- und Vernunftsorientierung, geringer Erlebnishunger) signifikant höhere Werte als Westdeutsche. Zur Erklärung dieses Befundes liegt es nahe, die stärkere Kontrolle, der Ostdeutsche in verschiedenen Lebensbereichen ausgesetzt waren, in Betracht zu ziehen (Becker et al., 1991). Legt man die von Friedrich und Brzezinski (1956; nach Brunner, 1976) herausgearbeiteten Merkmale totalitärer Systeme zugrunde, taugen sie durchaus zur Beschreibung der früheren DDR. Maaz (1990) lieferte eine viel beachtete (tiefen)psychologische Interpretation der DDR. In einer stark wertenden Sprache charakterisierte er sie als "repressives" System, an dessen kontrollierenden Herrschaftsmethoden sich nicht nur die SED, der Staatssicherheitsdienst, die Justiz und das Schulsystem, sondern auch die familiäre Erziehung beteiligt haben. Auch Israel (1990, S. 104) bedient sich einer wertenden Terminologie, bezeichnet das ehemalige ostdeutsche Erziehungssystem als repressiv und beschreibt es unter anderem wie folgt: "Ordnung, Disziplin, Sauberkeit, Gehorsam waren erklärter Gegenstand der Erziehung. Das schloß lustvolles Agieren, Kreativität, Aggressivität, Expansion aus... Minimaler Selbstbestimmungsgrad, Bevormundung, Fremdentscheidung, ´Wir regeln das für Dich´, Konfliktvermeidung bis in das Erwachsenenalter... Repressiv erzogene Menschen können sich lange Zeit sehr gut anpassen, nach innen kehren, zurücknehmen, einordnen, kontrollieren, rücksichtsvoll und fleißig sein."

Sturzbecher (1993) berichtete über Befragungen in Nordrhein-Westfalen und Sachsen-Anhalt zu den Erziehungszielen von Eltern. Die ostdeutschen Familien bewerteten unter anderen folgende Erziehungsziele signifikant höher als westdeutsche Familien: sauber sein, ordentlich sein, gehorchen, ehrgeizig sein. Demgegenüber wurden im Westen signifikant höher bewertet: selbständig sein, selbstbewußt sein, aufgeschlossen sein, kritisch sein.

Zusammenfassend belegen diese Befunde, daß die Menschen in der ehemaligen DDR im Vergleich zur Bundesrepublik einem höheren Grad an Kontrolle ausgesetzt waren. Dieser Umstand bietet eine mögliche Erklärung für ihre stärkere Verhaltenskontrolle und stützt insoweit unsere Modellannahme. Es sind jedoch weitere gezielte Studien erforderlich, um die Bedingungen der Verhaltenskontrolle genauer aufzuklären.

3.4.2 Die Bedeutung des Lernens am Modell für die Verhaltenskontrolle

Stützt man sich auf die psychoanalytische Theorie, die soziale Lerntheorie oder die Transmissionstheorie (Becker, 1984, 1991 b), so ist zu erwarten, daß unter bestimmten Voraussetzungen der gleichgeschlechtliche Elternteil Kindern als Verhaltensmodell dient, an dem sie sich orientieren, und daß sie dabei Verhaltensweisen, Einstellungen und Werte übernehmen, die sie bei diesem Elternteil beobachten. Über einen analogen Mechanismus erklärt Freud die Ausbildung eines Überichs während der ödipalen Phase, wobei er zugleich darauf hinweist, daß Normen und Werte besonders dann übernommen werden, wenn der gleichgeschlechtliche Elternteil sich dem Kind gegenüber liebevoll verhält.

Folgende Hypothesen erscheinen mithin plausibel:

(1) Wenn Väter (bzw. Mütter) stark verhaltenskontrolliert sind, werden ihre Söhne (bzw. Töchter) aufgrund des Lernens am Modell gleichfalls erhöhte Werte in Verhaltenskontrolle erzielen. Analoges gilt für geringe Verhaltenskontrolle.

(2) Dieser Effekt sollte ausgeprägter sein, wenn eine gute emotionale Beziehung zwischen Vater und Sohn bzw. Mutter und Tochter besteht.

Wir haben diese Hypothesen in der oben erwähnten Untersuchung an 203 jungen Erwachsenen überprüft, die das "Trierer Inventar zur Verhaltenskontrolle" (TIV) sowie einen Zusatzfragebogen beantworteten. Darin beschrieben sie unter anderem den Ausprägungsgrad der Verhaltenskontrolle ihres Vaters und ihrer Mutter sowie die Qualität der emotionalen Beziehungen. Die Auswertungen erfolgten getrennt für die beiden Geschlechter mit Hilfe multipler Regressionsanalyse mit Wechselwirkungen. Als Indikatoren der Verhaltenskontrolle der (erwachsenen) "Kinder" dienten die Skalen "Verhaltenskontrolle" und "Kontrolliertheit" des TIV.

Alle Hypothesen konnten empirisch gestützt werden. Die signifikanten multiplen Korrelationen lagen zwischen .47 (Väter-Söhne-

Konstellationen und Kontrolliertheitsskala) und .32 (Mütter-Töchter-Konstellationen und Verhaltenskontrolleskala). In allen Fällen ergaben sich signifikante Zusammenhänge zur Kontrolliertheit des gleichgeschlechtlichen Elternteils sowie signifikante Wechselwirkungen: Sofern zwischen Vätern und Söhnen bzw. Müttern und Töchtern gute oder durchschnittliche emotionale Beziehungen bestehen, scheinen Kinder sich am Grad der Verhaltenskontrolle ihres gleichgeschlechtlichen Elternteils zu orientieren, während bei schlechter Beziehung kein bedeutsamer Zusammenhang nachzuweisen ist.

3.5 Begrenzungen des Modells und Ausblick

Da das oben beschriebene Modell seine Entstehung im wesentlichen den Ergebnissen und Hypothesen der Erziehungsstilforschung verdankt, beschränken wir die folgende kritische Kommentierung auf die Leistungsfähigkeit des Modells zur Erklärung interindividueller Unterschiede im kindlichen Verhalten (zum Überblick siehe auch Lukesch, 1975 b).

3.5.1 Ungenügende Beachtung der Geschlechtsvariablen

Abgesehen von der Ausklammerung genetischer Faktoren, deren Wechselwirkungen und Kovarianzen mit Umweltbedingungen (siehe unten) und sonstiger Einflußfaktoren besteht eine erste Begrenzung des Modells in der ungenügenden Beachtung der Tatsache, daß ein Kind in der Regel nicht von *einer* Person, sondern von *zwei* Eltern erzogen wird. Zwar stimmen Eltern in ihren Erziehungsstilen und Wertvorstellungen überzufällig überein (vgl. Filipp & Brandtstädter, 1975; Seitz et al., 1970 a), doch bleiben hinreichend große Unterschiede im Erziehungsstil zwischen den Eltern bestehen, zu deren Effekten das Modell schweigt. Welches kindliche Verhalten wird beispielsweise durch folgende Konstellation begünstigt: starke fördernde Anleitung der Mutter und Tendenz zur Unterdrückung durch den Vater? In einer ersten vereinfachenden Annahme könnte man die Hypothese vertreten, daß sich die beiden Einzeleffekte in ihrer Wirkung überlagern, so daß als Resultante eine fordernde Kontrolle zum Tragen kommt (vgl. Abbildung 7.11). Die Vereinfachung besteht in mehrfacher Hinsicht: Zum einen bleibt das Geschlecht des jeweiligen Elternteils und zum anderen das Geschlecht des Kindes unberücksichtigt. Handelt es sich beispielsweise um einen Sohn, so dürfte es einen Unterschied machen, ob der Vater oder die Mutter zur fördernden Anleitung (bzw. Unterdrückung) neigen. Ferner verbringen in den meisten Familien die Mütter mehr Zeit mit den Kindern als die Väter, so daß ihr Einfluß höher zu veranschlagen ist (Becker, 1991 b). Auf die Notwendigkeit einer stärkeren Beachtung der Geschlechtsvariable wurde von verschiedenen Autoren hingewiesen (Becker, 1964; Becker, 1991 b; Filipp & Schneewind, 1975; Grusec & Lytton, 1988; Maccoby & Martin, 1983).

3.5.2 Ungenügende Beachtung von Inkonsistenzen des Verhaltens

Dieser Gesichtspunkt überschneidet sich teilweise mit dem vorangehenden, denn es sind verschiedene Formen von Inkonsistenzen zu unterscheiden. Eine erste Form resultiert aus den gerade beschriebenen Abweichungen im Erziehungsstil von Vater und Mutter. Im sicherlich seltenen Extremfall realisiert ein Elternteil eine hohe Ausprägung auf einem Pol einer Bedingungsdimension (z.B. fordernde Kontrolle) und der andere Elternteil eine hohe Ausprägung am Gegenpol (z.B. Freiheit). Oder der eine Elternteil begegnet dem Kind mit Geringschätzung, der andere mit Wertschätzung. Zum einen ist damit zu rechnen, daß in einem solchen Fall starke innerfamiliäre Spannungen und Konflikte resultieren, und zum anderen gibt es empirische Hinweise darauf, daß Wertschätzung eines Elternteils als Schutzfaktor die schädliche Auswirkung der Geringschätzung des anderen Elternteils zumindest teilweise kompensieren kann (Rutter, 1979, 1990; Werner, 1985; Werner & Smith, 1982).

Eine zweite Form von Inkonsistenz besteht in Variationen des mütterlichen (oder väterlichen) Erziehungsverhaltens zu verschiedenen Zeitpunkten in vergleichbaren Situationen. Wie Becker (1964) ausführt, kann dies aus einer Reihe von Gründen geschehen: zum Beispiel aufgrund variabler Launen und Befindlichkeiten; weil der andere Elternteil anwesend oder abwesend ist, oder weil unterschiedliche elterliche Verhaltensweisen vorausgegangen sind. Becker (1964) betont, daß einerseits eine absolute und rigide Konsequenz unmenschlich wäre, daß andererseits starke Inkonsistenzen ungünstige Effekte zeitigen. Dies wurde insbesondere in Studien zur kindlichen Aggressivität und Delinquenz nachgewiesen (z.B. Andry, 1960; Bandura & Walters, 1959; McCord, McCord & Zola, 1959).

Eine dritte Form von Inkonsistenz eines Elternteils besteht in einer Bereichsspezifität des Erziehungsstils. Unser Modell in der vorliegenden Form geht davon aus, daß Eltern einen bestimmten Erziehungsstil (z.B. fordernde Kontrolle) über verschiedene Situationstypen hinweg konsistent realisieren. Diese Annahme muß jedoch im Einzelfall nicht zutreffen. So kann eine Mutter beispielsweise starke Kontrolle im Bereich schulischer Leistungen ausüben (hohe Forderungen stellen, auf strikte Erledigung von Hausaufgaben achten usw.), während sie in einem anderen Bereich, z.B. hinsichtlich des sozialen Umgangs ihres Kindes, der Ordnung, die im Zimmer herrschen soll, oder der Manieren bei Tisch, viele Freiheiten einräumt. In einem solchen Fall würde man mit bereichsspezifischen Auswirkungen im Verhalten rechnen (z.B. einem starken sich Einordnen im schulischen Leistungsbereich). Dem Thema *"Bereichsspezifität des Erziehungsstils"* sollten künftige Untersuchungen gewidmet werden.

3.5.3 Ungenügende Beachtung des Lebensalters

Das Modell in seiner bisherigen Form berücksichtigt nicht hinreichend die Bedeutung des Lebensalters des Kindes. Folgende globale Annahmen erscheinen plausibel:

(1) Die Effekte des Erziehungsstils von Eltern und Erziehern auf das Verhalten und die Persönlichkeitseigenschaften eines Kindes sollten in den frühen Lebensjahren stärker ausgeprägt sein als im fortgeschritteneren Alter (z.B. bei Jugendlichen). Dies ergibt sich zum einen daraus, daß kindliche Verhaltenstendenzen und Eigenschaften sich schrittweise aus der Interaktion von Anlage- und Umweltfaktoren herausbilden und später als Einflußgrößen in die Verhaltensdetermination einfließen. So dürfte es beispielsweise schwierig sein, die Effekte elterlicher Vernachlässigung in den ersten Lebensjahren (z.B. eine Tendenz zur Verwahrlosung und Zügellosigkeit) durch spätere Formen elterlicher fördernder Anleitung völlig wettzumachen. Zum anderen sind die Möglichkeiten des Kleinkindes, sich dem elterlichen Einfluß zu widersetzen oder sich ihm zu entziehen, begrenzter als bei einem Jugendlichen (vgl. Grusec & Lytton, 1988).

(2) In Abhängigkeit vom Lebensalter des Kindes erscheint ein bestimmter Erziehungsstil unterschiedlich angemessen. So dürfte in den ersten Lebensjahren ein höherer Grad an elterlicher Kontrolle (verbunden mit Wertschätzung) angesichts der Notwendigkeit, dem Kind Wissen und Normen zu vermitteln und es vor Gefahren zu beschützen, eher angezeigt sein als bei einem Jugendlichen oder jungen Erwachsenen. Daraus ergibt sich die Notwendigkeit, bei der Entwicklung diagnostischer Instrumente zur Erfassung des Erziehungsstils für weit auseinanderliegende Altersstufen unterschiedliche Items und/oder unterschiedliche Normen zu verwenden.

3.5.4 Bidirektionale Einflüsse

Eine einseitige Betrachtung der von den Eltern auf das Kind gerichteten Einflüsse übersieht den bidirektionalen Charakter zahlreicher Eltern-Kind-Interaktionen (vgl. Bell, 1968, 1977; Grusec & Lytton, 1988). Bereits die Geburt des ersten Kindes bringt einen dramatischen Einschnitt im Leben der Eltern mit sich, und ein Neugeborenes übt eine manchmal "tyrannische" Kontrolle über seine Umwelt aus. Mütter, deren Söhne ein schwieriges Temperament in der Kindheit besitzen, lockern später ihre Kontrolle und tolerieren mehr Aggressivität - vielleicht, weil das Temperament der Jungen es ihnen schwer macht, eine strenge Kontrolle aufrechtzuerhalten (Maccoby & Martin, 1983; Olweus, 1980). Belegen diese und andere Untersuchungen, daß Kinder keinesfalls passive Empfänger elterlicher Beeinflussungsversuche sind, sondern ihrerseits das elterliche Verhalten mitbestimmen, so konnte insbesondere Patterson (1979) den Nachweis positiver Rückkoppelungsprozesse zwischen elterlichen und kindlichen Verhaltensweisen erbringen. Er beobachtete Teufelskreise der Aggressivität, die mit wechselseitiger Zwangsausübung verbunden sind und dadurch entstehen, daß bestimmte Jungen auf strafende Reaktionen ihrer Mutter mit verstärkter Aggressivität reagieren, woraufhin die Mütter sich zu stärkerer aggressiver Kontrolle herausgefordert fühlen, bis die Spirale eskalierender Aggressivität ein bedrohliches Ausmaß erreicht.

Zusammenfassend ergibt sich aus derartigen Befunden, daß ein Modell, das sich auf die Analyse des Einflusses von Eltern auf ihre Kinder beschränkt, nur einen Teil des tatsächlich ablaufenden Geschehens berücksichtigt.

3.5.5 Der Einfluß genetischer Faktoren

In unseren obigen Analysen des Zusammenhangs von elterlichem Verhalten und kindlicher Persönlichkeit wurde ein möglicher Einfluß genetischer Faktoren zunächst ausgeklammert. Die im Aufschwung befindliche Verhaltensgenetik (Plomin et al., 1990) hat jedoch überzeugende Belege dafür geliefert, daß genetischen Faktoren eine bedeutsame Rolle zukommt, und - was vielleicht noch wichtiger ist - sie ist dabei, die Mechanismen des Einflusses der Umwelt auf das Verhalten und die Interaktionen und Kovarianzen zwischen Umwelt und Persönlichkeit aufzudecken (vgl. das Konzept der "Umweltgenetik" bei Plomin & Neiderhiser, 1992).

Korrelative Beziehungen zwischen dem Erziehungsstil von Eltern und der Persönlichkeit ihrer Kinder lassen sich nicht eindeutig interpretieren. Es bedarf aufwendiger Untersuchungsdesigns, wie sie u.a. von der Verhaltensgenetik entwickelt wurden, um zwischen konkurrierenden Erklärungshypothesen zu entscheiden. Besonders aufschlußreich erweist sich der Vergleich von Adoptivkindern und leiblichen Geschwistern. Erstere haben keine gemeinsamen Gene, während leibliche Geschwister genetisch verwandt sind. Adoptiv"geschwister" besitzen trotz gemeinsamer (geteilter) Umwelteinflüsse in der Familie so gut wie keine Ähnlichkeit ihrer Persönlichkeit (die Korrelationen der Eigenschaftsausprägungen liegen bei etwa .05; vgl. Plomin et al., 1990). Plomin et al. (1990, S. 388; Übers. d. Verf.) ziehen aus der empirischen Befundlage folgenden Schluß: "Die Ergebnisse der Verhaltensgenetik implizieren, daß Umwelteinflüsse, die für die Verhaltensentwicklung von Bedeutung sind, in der Weise wirksam werden, daß sie dafür sorgen, daß die Kinder in derselben Familie sich voneinander unterscheiden. Umwelteinflüsse wirken nicht auf einer Familie-Familie-Basis, sondern auf einer Individuum-Individuum-Basis. Sie sind spezifisch für jedes Kind und nicht generell für eine ganze Familie." Der entsprechende Terminus technicus lautet: nicht-geteilte Umwelteinflüsse (nonshared environmental influence; Hetherington, Reiss & Plomin, 1994).

Dies bedeutet u.a., daß Eltern - entgegen ihren eigenen Annahmen und Beteuerungen - sich gegenüber ihren Kindern unterschiedlich verhalten. Von Bedeutung sind dabei u.a. die Geschwisterposition, das Geschlecht und der Altersabstand der Kinder. Es spricht vieles dafür, daß Eltern auf die (wahrgenommenen) Persönlichkeitseigenschaften ihrer Kinder reagieren. Wie oben ausgeführt, ist das Erziehungsgeschehen ein bidirektionaler Prozeß, bei dem Eltern und Kinder wechselseitig aufeinander einwirken. Vor dem Hintergrund dieser Überlegungen wird auch die große Verschiedenheit der Persönlichkeit von Kindern innerhalb ein und derselben Familie verständlich (Plomin & Daniels, 1987). "Die entscheidende Frage lautet: Warum sind Kinder in derselben Familie so verschieden?" (Plomin, Chipuer & Neiderhiser, 1994, p. 24; Übers. d. Verf.).

Ein weiteres wichtiges Ergebnis der Verhaltensgenetik betrifft die "Vererbung von Umweltbedingungen" (the "nature of nurture"; siehe auch Plomin & Neiderhiser, 1992). Damit ist folgendes gemeint: In mehreren Zwillingsstudien konnte gezeigt werden, daß eineiige Zwillinge im Jugendalter das Ausmaß an erfahrener elterlicher Wärme signifikant ähnlicher einschätzten als zweieiige Zwillinge. Dieses Ergebnis bedeutet entweder, daß genetische Faktoren die Art der Wahrnehmung beeinflussen oder daß die elterliche Wärme eine Reaktion auf genetisch beeinflußte Eigenschaften der Jugendlichen (z.B. ihre Soziabilität) ist. Bemerkenswerterweise gilt die "Vererbung von Umweltbedingungen" nicht für die Kontrolle-Dimension des elterlichen Erziehungsstils.

Zusammenfassend erweisen sich die bisherigen Ergebnisse der Verhaltensgenetik als außerordentlich bedeutsam. Sie verdienen verstärkte Beachtung (Plomin, 1994). Es erscheint künftig nicht mehr vertretbar, die Zusammenhänge zwischen elterlichen Verhaltensweisen (bzw. von Eltern geschaffenen Umweltbedingungen) und Persönlichkeitseigenschaften ihrer Kinder einseitig und unidirektional (im Sinne eines familiären Umwelteinflusses der Eltern auf die Kinder) zu interpretieren. Andererseits sollten diese neuen Erkenntnisse der Verhaltens- und Umweltgenetik nicht dahingehend (miß)verstanden werden, daß die (nichtgenetischen) Umweltbedingungen nur einen geringen Einfluß ausüben.

3.5.6 Kritik der Erziehungsstilforschung durch Richter (1967)

Den Kerngedanken seiner Kritik der klassischen Erziehungsstilforschung hat Richter (1967, S. 14) wie folgt formuliert: "Das Kind erfährt von seinen Eltern jedoch nicht nur eine Summe von Gewährungen, Verboten und äußeren Maßnahmen. Tiefer und nachhaltiger wird es von den affektiven Strebungen, den Ängsten und Konflikten der Eltern beeindruckt, die es gleichsam neben oder hinter den äußeren erzieherischen Praktiken mit erstaunlicher Einfühlung errät. Diese Tiefenschicht der bis ins Unbewußte hineinreichenden affektiven Einstellungen der Eltern muß mitberücksichtigt werden, wenn man ihren Effekt auf die seelische Entwicklung des Kindes überprüfen will." Dieses Zitat verdeutlicht zweierlei:

- Richter lehnt die Erziehungsstilforschung nicht grundsätzlich ab, sondern bescheinigt lediglich, daß sie die elterlichen Faktoren entweder nicht sehr differenziert beschreibt oder sie in einer simplifizierend schematischen Weise mit kindlichen Verhaltensweisen in Beziehung setzt.
- Richter interessiert sich nicht für das gesamte Spektrum erzieherischer Einflüsse, sondern speziell für die Entstehung neurotischer Störungen bei Kindern.

In tiefenpsychologischer Tradition postuliert er, daß es für das Verständnis derartiger Störungen erforderlich ist, Beeinflussungen des Kindes durch *unbewußte Rollenzuweisungen* seitens der Eltern zu berücksichtigen. "Als kindliche Rolle sei in dieser Untersuchung das strukturierte Gesamt der unbewußten elterlichen Erwartungsphantasien gemeint, insofern diese dem Kind die Erfüllung einer bestimmten Funktion zuweisen." (Richter, 1967, S. 85). Die Bestimmung der kindlichen Rolle erfolgt durch elterliche "Übertragungen" und "narzißtische Projektionen". Im einzelnen unterscheidet Richter folgende Rollen:

1. Das Kind als Substitut für einen anderen Partner
   - das Kind als Substitut für eine Elternfigur
   - das Kind als Gatten-Substitut
   - das Kind als Substitut für eine Geschwisterfigur.
2. Das Kind als Substitut für einen Aspekt des eigenen (elterlichen) Selbst
   - das Kind als Abbild schlechthin
   - das Kind als Substitut des idealen Selbst
   - das Kind als Substitut der negativen Identität ("Sündenbock").
3. Das Kind als umstrittener Bundesgenosse (bei Konflikten und Auseinandersetzungen mit dem Ehepartner).

Richter stützt sich bei der Interpretation dieser Rollen auf klinische Erfahrungen, und er beschränkt sich hinsichtlich empirischer Belege auf eine kasuistische Darstellung. Insbesondere bleibt die Frage offen, ob und in welchem Ausmaß derartige Rollenzuweisungen charakteristisch für neurotische Kinder sind bzw. wie häufig sie auch in Kontrollfamilien vorkommen. Sieht man von dieser und weiteren methodischen Schwächen ab, so ist festzustellen, daß Richters Darstellung den Blick für komplexe Prozesse in Familien schärfen kann, die bei einer Analyse mittels klassischer Erziehungsstilkonzepte (z.B. unterdrückende Erziehung) leicht übersehen werden. Es erscheint daher wünschenswert, die von Richter postulierten Phänomene genauer zu studieren und mit den Ergebnissen der Erziehungsstilforschung zu verknüpfen.

3.5.7 Schlußfolgerung

Die vorangehende Diskussion hat am Beispiel des vom Verfasser vorgeschlagenen Modells gezeigt, daß auf dem Gebiet der Erziehungsstilforschung zwar bedeutsame Fortschritte erzielt werden konnten, daß aber dennoch viele Fragen offen sind und daß der Erziehungsstil von Eltern und Erziehern nur eine Variable - neben vielen anderen - ist, die einen Beitrag zur Aufklärung interindividueller Verhaltensunterschiede leistet. Es überrascht daher nicht, daß bisher eher bescheidene Varianzanteile aufgeklärt werden konnten. Dies liegt zum einen in der Natur der Sache begründet, zum anderen sind jedoch Schwächen der Erziehungsstilforschung auf theoretischem und methodischem Gebiet dafür verantwortlich. Daß in den letzten Jahren im deutschen Sprachraum eher ein Abflauen des Interesses an dieser Thematik zu verzeichnen ist, verwundert angesichts der gesellschaftlichen Bedeutung, die ihr zukommt. Vielleicht kann das oben diskutierte Modell einen Anstoß zu einer intensiveren Forschung geben.

4. ZUSAMMENFASSUNG

Neben genetischen Faktoren kommt der sozialen Umwelt bei der Erklärung von Persönlichkeitsunterschieden große Bedeutung zu. Im Mittelpunkt des Kapitels steht die Frage, welchen Einfluß wichtige Bezugspersonen (vor allem Eltern und Erzieher) auf das Verhalten und die Persönlichkeitseigenschaften sozialer Interaktionspartner (insbesondere von Kindern und Jugendlichen) haben.

Zunächst werden Ergebnisse der Erziehungsstilforschung diskutiert. Im deutschsprachigen Raum fanden der Ansatz von Tausch und Tausch sowie das Zweikomponenten-Konzept der elterlichen Bekräftigung von Stapf et al. (1972) starke Beachtung. Nach Tausch und Tausch sind vier Dimensionen des Sozialverhaltens für die Persönlichkeitsentwicklung - speziell die seelische Gesundheit - förderlich: (1) Achtung-Wärme-Rücksichtnahme, (2) einfühlendes, nicht-wertendes Verstehen, (3) Echtheit und (4) geringe Dirigierung-Lenkung. Die vier Dimensionen sind nicht unabhängig voneinander, und ihre gleichsinnigen Effekte werden von Tausch und Tausch so eng miteinander verknüpft, daß man den Eindruck gewinnt, es handele sich bei den vier Dimensionen um Komponenten einer einzigen übergeordneten Dimension.

Das von Stapf et al. (1972) entwickelte Modell basiert auf der Lerntheorie. Die Autoren postulieren und stützen durch empirische Befunde, daß elterliche Strenge zu einer *Verbotsorientierung* und elterliche Unterstützung zu einer *Gebotsorientierung* führt. Das zweidimensionale Konzept erfaßt nur einen Ausschnitt aus dem gesamten Zusammenhangsmuster und unterliegt Geltungsbereichseinschränkungen.

Im amerikanischen Raum wurden mehrere zwei- und dreifaktorielle Modelle des Erziehungsverhaltens propagiert, darunter diejenigen von Schaefer (1959, 1961), Becker (1964) und Maccoby und Martin (1983). Schaefers hypothetisches Modell umfaßt die beiden Dimensionen "Liebe vs. Feindseligkeit" und "Kontrolle vs. Autonomie" und hat eine Circumplexstruktur. Ihm fehlt die theoretische Verankerung, und es erscheint im Detail nicht ganz stimmig.

Becker (1964) formulierte zwei- und dreidimensionale Modelle mit den Faktoren "Wärme vs. Feindseligkeit", "Restriktivität vs. Permissivität" und "ängstliche, emotionale Involviertheit vs. ruhige Distanziertheit", wobei der zuletzt genannte Faktor kaum beachtet wird. Ausgehend von Literaturanalysen werden die Effekte der Kombinationen von "Wärme vs. Feindseligkeit" und "Restriktivität vs. Permissivität" zusammenfassend dargestellt.

Etwa 20 Jahre später legten Maccoby und Martin (1983) eine vergleichbare Zwischenbilanz vor, die neuere konzeptuelle Differenzierungen des Erziehungsstils (z.B. die Unterscheidung zwischen einem autoritären und einem autoritativen Erziehungsstil) berücksichtigt. Sowohl das Modell von Becker (1964) als auch dasjenige von Maccoby und Martin (1983) sind in ihrem Aussagengehalt auf vier Quadranten beschränkt.

Den Kern des Kapitels bildet ein vom Verfasser entwickeltes Modell zum sozialen Einfluß von Personen auf das Verhalten von Interaktionspartnern. Es umfaßt ein Circumplexmodell der *Bedingungen* sowie ein Circumplexmodell der kurz- und mittelfristigen *Folgen* (auf den Ebenen der Emotionen und des Verhaltens), die beide mit dem Circumplexmodell der *Persönlichkeit* verknüpft sind. Innerhalb des Circumplexmodells der Bedingungen werden acht Oktanten bzw. vier bipolare Dimensionen definiert: Wertschätzung vs. Geringschätzung, fordernde Kontrolle vs. Freiheit, fördernde Anleitung vs. Vernachlässigung sowie Bestätigung vs. Unterdrückung. Diese Bedingungsoktanten werden mit acht Folgenoktanten bzw. vier bipolaren Folgendimensionen in Beziehung gesetzt: wertschätzen vs. geringschätzen, sich einordnen vs. sich frei bewegen, annehmen vs. opponieren sowie sich entfalten vs. sich unterwerfen. Durch die Verknüpfungen zwischen den drei Teilmodellen, die als Wahrscheinlichkeitsaussagen zu verstehen sind, resultiert ein vergleichsweise komplexes Hypothesengebäude, das vielfältige Anwendungsmöglichkeiten in der sozial- und persönlichkeitspsychologischen Grundlagenforschung sowie bei der Analyse und der Veränderung des Interaktionsverhaltens von Eltern und Kindern, Lehrern und Schülern, Ehe- und Lebenspartnern, Vorgesetzten und Untergebenen sowie Therapeuten und Klienten eröffnet. Unter anderem erlaubt das Modell die Bildung von Bedingungs- und Veränderungshypothesen.

An den Beispielen der Diagnostik des Erziehungsstils sowie der Bedingungsanalyse der Verhaltenskontrolle erfolgen empirische Überprüfungen des Modells, die zu ermutigenden Ergebnissen führen. Es werden Untersuchungen zum Zusammenhang zwischen dem Erziehungs- und Modellverhalten von Eltern und der Verhaltenskontrolle ihrer Kinder sowie "kulturvergleichende" Untersuchungen an Ost- und Westdeutschen berichtet, die die Grundannahmen stützen.

Zum Abschluß wird auf folgende Begrenzungen des Modells hingewiesen: die ungenügende Beachtung von Geschlecht und Lebensalter, von Inkonsistenzen des Verhaltens sowie von bidirektionalen und genetischen Einflüssen. Ferner wird auf die Kritik der Erziehungsstilforschung durch Richter (1967) sowie auf dessen Hypothesen eingegangen.

In einem Ausblick formuliert der Verfasser die Hoffnung, daß das vorgelegte integrative Modell zur Wiederbelebung des in den letzten Jahren abgeflauten Interesses an der behandelten Thematik beitragen möge, da dieser eine große gesellschaftliche Bedeutung zukommt.

Kapitel 8

SEELISCHE GESUNDHEIT, VERHALTENSKONTROLLE UND DER UMGANG MIT SICH SELBST

1. EINLEITUNG

Nachdem wir uns im vorangehenden Kapitel mit dem Verhalten des Menschen gegenüber anderen Menschen befaßt haben, widmen wir uns im folgenden dem Verhalten jener Person gegenüber, mit der wir unser ganzes Leben gemeinsam verbringen, nämlich dem Verhalten *uns selbst* gegenüber. Wir haben sehr unterschiedliche Möglichkeiten, mit uns umzugehen: Wir können uns richtig gut finden und uns selbst auf die Schulter klopfen oder uns hassen und verachten oder uns selbst etwas vormachen. Mit diesen Beispielen ist das Spektrum selbstbezogener Verhaltensweisen, Einstellungen und Gefühle keineswegs abgedeckt. Im vorliegenden Kapitel wollen wir uns diesem Spezialfall "sozialer" Interaktion etwas genauer zuwenden. Dabei lassen wir uns von folgenden Annahmen leiten:

- Menschen zeigen nicht nur anderen Menschen gegenüber ein bestimmtes Verhalten (z.B. Wertschätzung), sondern auch sich selbst gegenüber. Mit anderen Worten können sie sich selbst zum Objekt der eigenen Aufmerksamkeit, der emotional getönten Bewertung sowie des verdeckten oder offenen Verhaltens (z.B. Selbstkommunikation, Selbstbelohnung) machen.
- Das selbstbezogene Verhalten läßt sich mit Hilfe derselben Dimensionen (z.B. "Fordernde Kontrolle vs. Freiheit") beschreiben, die zur Charakterisierung interpersonalen Verhaltens entwickelt wurden (siehe Kapitel 7). Auch hier erweist sich eine Circumplexstruktur als ökonomisches Modell.
- Es bestehen Zusammenhänge zwischen dem Circumplexmodell selbstbezogenen Verhaltens und dem oben beschriebenen Circumplexmodell der Persönlichkeit. Einerseits hängen die Persönlichkeitseigenschaften eines Individuums auch von dessen zurückliegendem selbstbezogenen Verhalten ab, und andererseits beeinflussen die Persönlichkeitseigenschaften das selbstbezogene aktuelle Verhalten.

Wir gehen zunächst auf Arbeiten ein, denen wir wesentliche Anregungen zur Formulierung unserer Hypothesen verdanken.

Die Theorie des "symbolischen Interaktionismus" von Mead (1934) enthält Annahmen darüber, wie eine Person ein Selbstkonzept entwickelt: Aus der Art, wie sie von anderen gesehen, behandelt und bewertet wird, zieht die Person Rückschlüsse darüber, welche Eigenschaften sie besitzt. Begegnen ihr andere z.B. mit Achtung und Wertschätzung, schließt sie daraus, daß sie ein Mensch ist, der Wertschätzung verdient - also ein wertvoller Mensch, der mit sich zufrieden sein kann. Die Fähigkeit, sich in andere und in den "generalisierten Anderen" hineinzuversetzen (Fähigkeit zur Rollenübernahme), wird zur Grundlage für die Ausformung des Selbstbildes. Und in einem weiteren Schritt kann die Person sich selbst gegenüber Einstellungen und Verhaltensweisen entwickeln (z.B. eine bestimmte Form der Selbstkommunikation wählen), die denjenigen des "generalisierten Anderen" entsprechen oder zumindest davon stark beeinflußt sind (siehe unten).

Quitmann, Tausch und Tausch (1974, S. 193) kommt das Verdienst zu, folgendes Forschungsdefizit aufgedeckt zu haben: "Während sich die Erforschung von Art und Auswirkung der sprachlichen Kommunikation zwischen Partnern - so zwischen Eltern bzw. Lehrern und Jugendlichen, Psychotherapeuten und Klienten, sogenannten Vorgesetzten und Arbeitnehmern - in einem fortgeschrittenen Stadium befindet, ist die Art und Auswirkung der Kommunikation einer Person mit sich selbst weitgehend unerforscht."

Unter "Selbstkommunikation" verstehen die Autoren: "Alle Gedanken, die eine Person nicht-laut oder laut zu sich selbst äußert - denkt - zu sich spricht und die wesentlich die eigene Person betreffen oder andere Personen-Ereignisse, die zur eigenen Person in bedeutungsvoller Beziehung stehen." (Quitmann et al., 1974, S. 193). Zur Erfassung der Selbstkommunikation von Jugendlichen und ihren Eltern wurden drei Fragebogenskalen entwickelt: *"negative Selbstkommunikation"* (u.a. Selbstunterschätzung, Selbstablehnung), *"positive Selbstkommunikation"* (u.a. Selbstzufriedenheit, Selbstvertrauen) sowie *"Selbstdirigierung"* (eine Unterskala aus dem Bereich positiver Selbstkommunikation). Diese Skalen wurden sowohl bei Jugendlichen als auch ihren Eltern mit Persönlichkeitseigenschaften und Erziehungsstilvariablen in Beziehung gesetzt. Es zeigten sich u.a. signifikante positive Korrelationen zwischen Neurotizismus und "negativer Selbstkommunikation".

Quitmann et al. (1974, S. 202) ziehen folgenden Schluß aus ihren Befunden: "Mit der intrapersonellen Kommunikation, der Selbstkommunikation, wird wahrscheinlich ein grundlegender ... Erlebnisbereich von Menschen erfaßt. Er ermöglicht tiefe Einblicke in das phänomenale Erleben von Menschen, so zum Beispiel, daß sich Psychoneurotizismus oft im Erleben von Menschen in häufig selbstbestrafenden, selbsterniedrigenden und selbstentmutigenden Äußerungen - Gedanken ausprägt. Eine genauere Kenntnis dieser ... Erlebnisvorgänge ermöglicht wahrscheinlich präziseres helfendes Vorgehen in Psychotherapie, Erziehung und sonstigem zwischenmenschlichen Kontakt."

Böllner, Tausch und Tausch (1975) untersuchten die Selbstkommunikation von psychiatrischen Patienten, körperlich Erkrankten und Gesunden. Ferner interessierte sie der Zusammenhang von Selbstkommunikation und Persönlichkeitseigenschaften. Psychiatrische Patienten (Depressive, Schizophrene, Medikamenten- und Alkoholabhängige) zeigten im Vergleich zu Gesunden signifikant häufiger eine negative, pessimistische und seltener eine positive, optimistische Selbstkommunikation. Wie bei Quitmann et al. (1974) wurden enge Zusammenhänge zum Grad des Neurotizismus und verwandter Eigenschaften ermittelt.

Während Böllner et al. (1975) und Quitmann et al. (1974) sich auf ausgewählte Aspekte der Selbstkommunikation beschränken, hat Benjamin (1974, 1979, 1993 b) ein differenziertes dimensionales Modell entwickelt, das unserem eigenen Modell in vielen Aspekten (Circumplexstruktur, Benennung mehrerer Oktanten) entspricht und als Vorbild diente. Benjamin übernahm von Sullivan (1953) den Gedanken, daß wichtige Aspekte des Selbstkonzepts daraus resultieren, daß eine Person ihr Selbst so behandelt, wie sie von wichtigen Bezugspersonen behandelt wurde. Wenn ein Ehemann von seiner Frau beispielsweise freundlich behandelt wurde, wird er wahrscheinlich zu sich selbst ebenfalls eine freundliche Haltung aufbauen oder aufrechterhalten. "Die Faktoren, die darüber entscheiden, wessen Botschaften internalisiert werden, müssen erst noch bestimmt werden. Bindung ist wahrscheinlich eine derartige Variable. Falls dem so ist, dann werden die Botschaften von Eltern und Sexualpartnern verinnerlicht, weil die Bindung an diese Personen normalerweise sehr stark ist." (Benjamin, 1993 b, S. 50. Übers. d. Verf.).

Wir haben von Benjamin den Grundgedanken übernommen, daß eine Person nicht nur anderen Personen, sondern sich selbst gegenüber ein bestimmtes Verhalten an den Tag legt. Benjamin interpretiert dieses (selbstbezogene) Verhalten ausschließlich als Resultat von Introjektionen (vor allem der elterlichen Verhaltensweisen). Als empirischer Hinweis auf den postulierten Zusammenhang kann ein von Böllner et al. (1975) ermitteltes Ergebnis dienen. Bei einer heterogenen Stichprobe psychiatrischer Patienten sowie Gesunder

(N= 426) fanden diese Autoren eine signifikante, jedoch niedrige Korrelation von .26 zwischen der Erinnerung, von den Eltern gelobt worden zu sein, und einer positiven Selbstkommunikation.

Unser eigenes Modell rückt nicht den Introjektionsmechanismus in den Mittelpunkt, sondern den Gedanken, daß der Mensch aufgrund seiner Fähigkeit zur Selbstreflexion mit sich selbst in eine Beziehung tritt. Neben dem interpersonalen Verhalten liefert dieses intrapersonale bzw. selbstbezogene Verhalten wichtige Aufschlüsse über die Persönlichkeit eines Menschen. Anders ausgedrückt: Wenn man einen Einblick in die Persönlichkeit eines Menschen erhalten möchte, sind zwei Fragen von zentraler Bedeutung:

- Wie geht die betreffende Person mit anderen Menschen um?
- Wie geht die Person mit sich selbst um?

2. EIN CIRCUMPLEXMODELL DES SELBSTBEZOGENEN VERHALTENS

Ausgangspunkt unserer Überlegungen ist das faktorenanalytisch ermittelte Circumplexmodell der Persönlichkeit (siehe Abbildung 7.7). Wie im vorangehenden Kapitel ausgeführt, interessierte uns die Frage nach möglichen interpersonalen Determinanten der in diesem Modell integrierten Persönlichkeitseigenschaften. Als Antwort schlugen wir das in Abbildung 7.8 wiedergegebene Circumplexmodell der Bedingungen vor. Im vorliegenden Kapitel unternehmen wir den Versuch, dieses Bedingungsmodell auf das Verhalten einer Person sich selbst gegenüber (wir nennen es der Kürze halber "selbstbezogenes Verhalten" bzw. - synonym - "intrapersonales Verhalten") zu übertragen (siehe Abbildung 8.1).

Wie bereits erläutert wurde, gehen wir davon aus, daß eine Person A nicht nur einer Person B gegenüber, sondern auch sich selbst gegenüber beispielsweise "Wertschätzung vs. Geringschätzung" an den Tag legen kann. Der interpersonalen Dimension "Wertschätzung vs. Geringschätzung" entspricht mithin die intrapersonale Dimension "Selbstachtung vs. Selbstabwertung". Wir besprechen im folgenden der Reihe nach die vier Dimensionen selbstbezogenen Verhaltens.

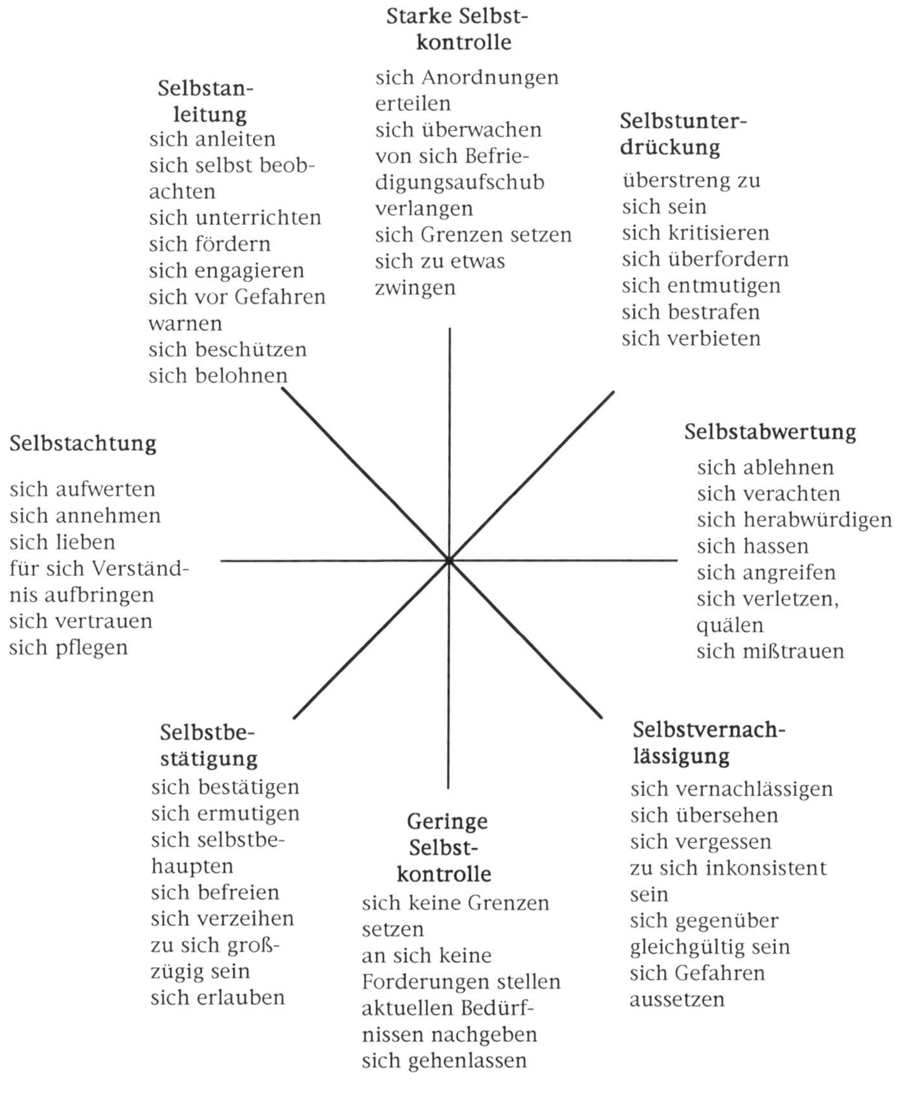

Abbildung 8.1: Circumplexmodell des selbstbezogenen Verhaltens

Selbstachtung vs. Selbstabwertung

Diese Dimension entspricht weitgehend dem in der Selbstkonzeptforschung zentralen Konstrukt des Selbstwertgefühls (Epstein, 1979, 1991; Filipp, 1979). Eine Person mit hoher Selbstachtung begegnet sich mit Wertschätzung. Sie bejaht sich mit ihren Stärken *und Schwächen*. Sie zeigt Vertrauen in sich (in die eigene Verläßlichkeit und die eigenen Fähigkeiten). In der Regel hat eine Person mit hoher Selbstachtung eine bejahende Einstellung zu verschiedenen Aspekten ihres Selbst, wobei Teilkomponenten des Selbst (z.B. eigene Fähigkeiten, der eigene Gesundheitszustand oder das eigene Aussehen) durchaus unterschiedlich positiv bewertet sein können. Sie geht mit sich wohlwollend um, d.h. zeigt Verständnis für die eigenen Bedürfnisse und Gefühle, und sie pflegt im allgemeinen eine positive Selbstkommunikation.

Demgegenüber tendieren andere Menschen zu einer mehr oder weniger globalen Selbstabwertung. Beispielsweise fühlen sie sich anderen Menschen gegenüber unterlegen und haben einen "Minderwertigkeitskomplex". Die Ablehnung bestimmter Aspekte ihrer Person kann sich bis zur Selbstverachtung oder zum Selbsthaß steigern. In pathologischen Fällen kann es zu Angriffen gegen die eigene Person (Selbstverletzungen oder Suizidversuchen) kommen. Eine andere Form der Selbstabwertung äußert sich als fehlendes Vertrauen in die eigene Person. Der Betreffende zweifelt an den eigenen Fähigkeiten oder glaubt, sich nicht darauf verlassen zu können, daß er das, was er sich vorgenommen hat, auch umsetzen bzw. zu Ende bringen wird.

Wie läßt es sich erklären, daß bestimmte Personen sich selbst achten, während andere sich abwerten? Aus dem komplexen Bedingungsgefüge greifen wir einen Aspekt heraus, dem wir im klinischen Zusammenhang eine große Bedeutung zusprechen: Eine Person A interpretiert das Verhalten einer ihr wichtigen Bezugsperson B und zieht aus ihrer Interpretation selbstwertrelevante Schlüsse. Dies sei an einem Beispiel erläutert: Eine Frau A ist seit mehreren Jahren mit einem Mann B verheiratet, der einen Großteil seiner Freizeit einem kostspieligen Hobby widmet. Aus der Tatsache, daß ihr Mann wenig mit ihr redet, ihr gegenüber sowohl mit seiner Zeit als auch seinem Geld geizt und z.B. immer seltener auf den Gedanken kommt, ihr Blumen zu schenken, schließt sie in einem ersten Schritt, daß sie ihrem Mann wenig bedeutet. Auf diesen Schluß folgt als weitere Annahme, daß sie deshalb ihrem Mann wenig bedeutet, weil sie eine Frau ist, die wenig Wertschätzung verdient (z.B. unattraktiv, langweilig oder lieblos ist). Hält sie an dieser Hypothese (internalen, stabilen und globalen Kausalattribution) fest, wird sie zunächst von Selbstzweifeln geplagt werden und mit der Zeit einen Verlust an Selbstachtung erfahren, sofern sie ihren Mann als wichtige Bezugsperson betrachtet und ihre selbstkritischen Interpretationen nicht durch positive Erfahrungen mit anderen Menschen relativiert werden.

Im vorliegenden Fall finden die in Selbstabwertung mündenden Interpretationen im egoistischen Verhalten des Ehemanns ihre Nahrung. Daneben ist jedoch der Fall in Betracht zu ziehen, daß Person A bereits ein geschwächtes Selbstwertgefühl besitzt und aus dieser Position heraus Verhaltensweisen wichtiger Bezugspersonen verzerrt interpretiert und dabei "Belege" für die Berechtigung der eigenen Selbstabwertung "findet".

Diese Betrachtungsweise der Bedingungen von Selbstabwertung bzw. Selbstachtung trägt zum Verständnis erfolgreicher Psychotherapie bei. *Wenn es einem Therapeuten gelingt, durch seine Wertschätzung einem Klienten das Gefühl zu vermitteln, daß er eine Person ist, die es "verdient", wertschätzend behandelt zu werden, wachsen die Chancen dafür, daß der Klient sich selbst mit mehr Selbstachtung begegnet (siehe Kapitel 10).*

Starke vs. geringe Selbstkontrolle

Menschen erteilen nicht nur anderen Personen, sondern auch sich selbst auf dem Wege der Selbstkommunikation Anweisungen wie zum Beispiel: "Steh endlich auf! Reiß dich zusammen! Hör auf, dich selbst zu bemitleiden!" Solche Selbstinstruktionen können für therapeutische Zwecke (etwa zur Überwindung von Impulsivität oder Aggressivität) beeinflußt werden (Camp, Blom, Hebert & Van Doorminck, 1977; Keßler, 1984 a; Meichenbaum, 1979; Meichenbaum & Cameron, 1974). Über Selbstinstruktionen kann eine Person beispielsweise von sich einen Aufschub der Bedürfnisbefriedigung verlangen: "Jetzt schreib das Kapitel noch zu Ende, und geh erst später zu Bett!". Selbstverbalisationen bilden mithin eine wichtige Form der Selbstkontrolle.

Der russische Psychologe Luria (1961) war einer der ersten, die sich mit der Bedeutung der Sprache für das Erlernen von Selbstkontrolle befaßten. Er entwickelte eine Drei-Phasen-Theorie des Erwerbs willentlicher Kontrolle über den Beginn und die Beendigung motorischen Verhaltens bei Kindern. Während der ersten Phase wird das Verhalten des Kindes weitgehend durch die Sprache der Eltern (deren Anweisungen) kontrolliert. In der zweiten Phase wird die *offene* Sprache des Kindes zu einem effektiven Regulator des Verhaltens. In der dritten Phase übernimmt die *innere* Sprache diese Regulationsfunktion (siehe auch Harter, 1983).

Ein Beispiel für extreme Selbstkontrolle liefern "Eisenmänner". So bezeichnen sich Teilnehmer am "Iron-Man" auf Hawaii, einer Triathlondisziplin, bei der hintereinander vier Kilometer geschwommen, 180 Kilometer radgefahren und 42 Kilometer gelaufen werden - dies alles unter glühender Sonne, mit der Gefahr von Hautverbrennungen zweiten Grades, selbst bei Verwendung von Sonnencreme mit dem Schutzfaktor 27 (Bericht in der "Zeit" vom 8.

Juli 1994). Teilnehmer an solchen oder noch extremeren Veranstaltungen sprechen von "Quälerei", von "riesigen Schmerzen", von "sich ständig unter Druck setzen", vom "schier unendlichen Kampf mit dem eigenen Körper und mit den Schmerzen". Befragt man "Eisenmänner" nach ihrer Motivation, rangiert der Vergleich mit Gegnern am Ende der Beurteilungsskala; nicht die Auseinandersetzung mit dem Gegner, sondern mit sich selbst, das Sich-selbst-Fordern bis an die äußersten Grenzen der eigenen Leistungsfähigkeit und des Machbaren, stehen im Vordergrund.

Personen mit geringer Selbstkontrolle zeigen ein hierzu spiegelbildliches Verhalten. Sie achten auf unmittelbare Bedürfnisbefriedigung, vermeiden es, sich Grenzen zu setzen oder an sich strenge Forderungen zu stellen. Statt sich zu quälen und zu schinden, neigen sie zu "hedonistischer Selbstverwöhnung".

Selbstanleitung vs. Selbstvernachlässigung

Selbstanleitung kann als Kombination von Selbstachtung und starker Selbstkontrolle aufgefaßt werden. Personen, die zur Selbstanleitung tendieren, sind besonders stark daran interessiert, sich persönlich weiterzuentwickeln. Dazu gehört die Bereitschaft, sich selbst zu beobachten und zu analysieren, um sich besser zu verstehen, Chancen einer Persönlichkeitsreifung zu erkennen und wahrgenommene eigene "Defizite" durch Selbstunterrichtung zu überwinden. Eine andere Form erhöhter Selbstanleitung, vermittelt über verbale Selbstinstruktion, ist das Sich-selbst-vor-Gefahren-Warnen: "Fahr langsamer, die Straßen sind glatt!" Zwei weitere Beispiele für Selbstanleitung liefern folgende Personen:

• Person A nimmt an Selbsterfahrungsgruppen teil, um aus den sozialen Interaktionen mit anderen Gruppenmitgliedern und deren Rückmeldungen ein vertieftes Verständnis der eigenen Person zu erlangen und Perspektiven für eine Weiterentwicklung der eigenen Persönlichkeit zu gewinnen.

• Ein Jugendlicher nimmt einen ihn beeindruckenden Erwachsenen zum Vorbild, an dem er sich orientiert und dessen Verhalten ihm als Sollwert dient.

Sowohl Person A als auch Person B fördern durch Selbstanleitung ihre Selbstachtung und ihre Selbstkontrolle.

Selbstvernachlässigung ist das zur Selbstanleitung spiegelbildliche Verhaltensmuster: eine Kombination aus geringer Selbstkontrolle und starker Selbstabwertung. Wer zur Selbstvernachlässigung neigt, steht sich gleichgültig gegenüber, wobei dies zu einem wesentlichen Teil die Folge von Gleichgültigkeit ist, die seitens wichtiger Bezugspersonen erfahren wurde. Weil die betreffende Person keine hohe Meinung von sich hat, sich selbst wenig analysiert und daher wenig kennt, eine geringe Selbstdisziplin besitzt, wenig in die Zukunft vorausblickt, um die längerfristigen Konsequenzen des Handelns für die eigene Person abzuschätzen, setzt sie sich leichtfertig Gefahren aus oder hält sich nicht an das, was sie sich selbst gegenüber vorgenommen hat (Inkonsistenz sich selbst gegenüber).

Als Beispiel für Selbstvernachlässigung schildern wir das Verhalten eines Jugendlichen, der eine geringe Selbstachtung besitzt und sich ohne längerfristige Perspektive einfach "treiben läßt": Mal experimentiert er mit Drogen, mal schwänzt er die Schule, wenn ihm ein Lehrer nicht paßt, mal lebt er einfach in den Tag hinein oder setzt sich leichtsinnig der Gefahr einer Aidsinfektion aus.

Selbstbestätigung vs. Selbstunterdrückung

Selbstbestätigung ist eine Kombination aus Selbstachtung und geringer Selbstkontrolle. Personen, die ein solches Verhaltensmuster zeigen, betrachten sich gleichsam mit Wohlgefallen und ermutigen sich, den eingeschlagenen Weg weiterzugehen. Da sie ein gesundes Selbstvertrauen besitzen, neigen sie anderen gegenüber zur Selbstbehauptung. Sie sind großzügig zu sich, verzeihen sich leicht, wenn sie Fehler gemacht haben.

Wer hingegen zur *Selbstunterdrückung* neigt, ist überstreng zu sich, steht sich selbstkritisch gegenüber und lehnt sich eventuell ab. Selbstunterdrückung kann sich auch als Selbstüberforderung oder als Selbstentmutigung äußern. Die Person engt sich durch Verbote selbst ein und bestraft sich dafür, wenn sie selbstgesetzte Gebote oder Verbote mißachtet.

Als Beispiele für Selbstunterdrückung führen wir dependente und selbstunsichere Persönlichkeitsstörungen an. Zu den diagnostischen Kriterien einer dependenten Persönlichkeitsstörung gehören u.a.: "jegliche Eigeninitiative oder Eigenaktivitäten sind erschwert"; "übernimmt Tätigkeiten, die für ihn unangenehm oder erniedrigend sind, um die Zuneigung anderer zu gewinnen"; "pflichtet anderen stets und auch dann bei, wenn er diese im Unrecht sieht, nur um nicht abgewiesen zu werden". Eine selbstunsichere Persönlichkeitsstörung wird u.a. wie folgt charakterisiert: "zeigt sich in Gesellschaft zurückhaltend, aus Angst, etwas Unpassendes oder Dummes zu sagen oder eine Frage nicht beantworten zu können"; "vermeidet soziale und berufliche Aktivitäten, bei denen engere zwischenmenschliche Kontakte geknüpft werden, kann z.B. eine Beförderung ablehnen, in deren Folge höhere soziale Anforderungen gestellt würden." In beiden Fällen gehören Eigenschaften wie Selbstkritik, Selbstentmutigung sowie eine Unterdrückung eigener Bedürfnisse zu den charakteristischen klinischen Merkmalen (vgl. Benjamin, 1993 b; Fiedler, 1994 b).

3. ZUSAMMENHÄNGE ZWISCHEN DEM CIRCUMPLEXMODELL DES SELBSTBEZOGENEN VERHALTENS UND DEM CIRCUMPLEXMODELL DER PERSÖNLICHKEIT

Bei der Beschreibung des Circumplexmodells des selbstbezogenen Verhaltens werden sich dem Leser zahlreiche Parallelen zu unserem Circumplexmodell der Persönlichkeit aufgedrängt haben. Derartige Zusammenhänge sind naheliegend, wenn man sich die in Abbildung 8.2 veranschaulichten Hypothesen vor Augen führt. Aus Gründen der Übersichtlichkeit haben wir die Zusammenhänge vereinfacht dargestellt.

Wir gehen davon aus, daß sich die (aktuellen) Eigenschaften einer Person A wenigstens teilweise als das Resultat des zurückliegenden Verhaltens wichtiger Bezugspersonen gegenüber Person A sowie des zurückliegenden Verhaltens der Person A sich selbst gegenüber erklären lassen. Das zurückliegende selbstbezogene Verhalten der Person A hängt auch von sonstigen Einflüssen (z.B. von sozialen Normen oder vom Verhalten von Modellen) ab. Selbstverständlich kommt sonstigen Einflüssen (vor allem genetischen Faktoren und deren Wechselwirkungen und Kovarianzen mit Umweltbedingungen) bei der Erklärung der aktuellen Persönlichkeitseigenschaften zusätzlich eine wichtige Bedeutung zu. Diese Faktoren werden im Rahmen unserer Theorie (vorläufig) ausgeklammert. Wir möchten jedoch ausdrücklich hervorheben, daß wir die Persönlichkeit eines Individuums A keineswegs ausschließlich oder primär als direktes Resultat des zurückliegenden Verhaltens wichtiger Bezugspersonen betrachten. Indem wir das zurückliegende Verhalten der Person A sich selbst gegenüber (z.B. hohe oder niedrige Ziele, die sie sich setzt,) berücksichtigen, betonen wir, daß Menschen in begrenztem Rahmen *ihre Persönlichkeit aktiv "mitgestalten"* .

Im vorangehenden Kapitel haben wir unsere Hypothesen über den Einfluß des zurückliegenden Verhaltens wichtiger Bezugspersonen auf die Persönlichkeitseigenschaften eines Menschen (seine seelische Gesundheit, Verhaltenskontrolle usw.) dargelegt und begründet.

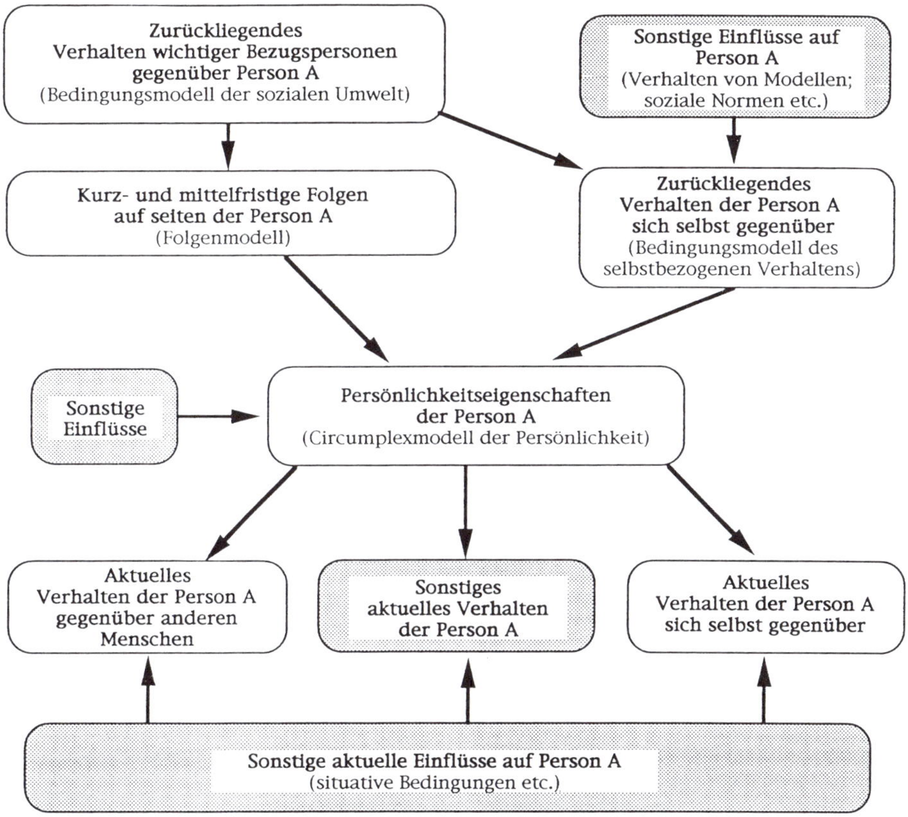

Abbildung 8.2: Vereinfachte Darstellung zurückliegender Einflußfaktoren auf die aktuellen Persönlichkeitseigenschaften sowie der Auswirkungen von Persönlichkeitseigenschaften auf drei Arten von aktuellem Verhalten. Erläuterungen im Text. Schraffierte Ovale verweisen auf sonstige Einflüsse, die nicht näher beleuchtet werden.

Analoge Zusammenhänge sind zu erwarten, wenn an Stelle des zurückliegenden Verhaltens von Bezugspersonen das zurückliegende Verhalten der Person A sich selbst gegenüber herangezogen wird. Wie Abbildung 8.3 verdeutlicht, rechnen wir unter anderem damit, daß eine Person A, die sich in der Vergangenheit mit Selbstachtung begegnete, eine hohe seelische Gesundheit besitzt, daß zurückliegende starke Selbstkontrolle eine starke Verhaltenskontrolle begünstigt und so weiter.

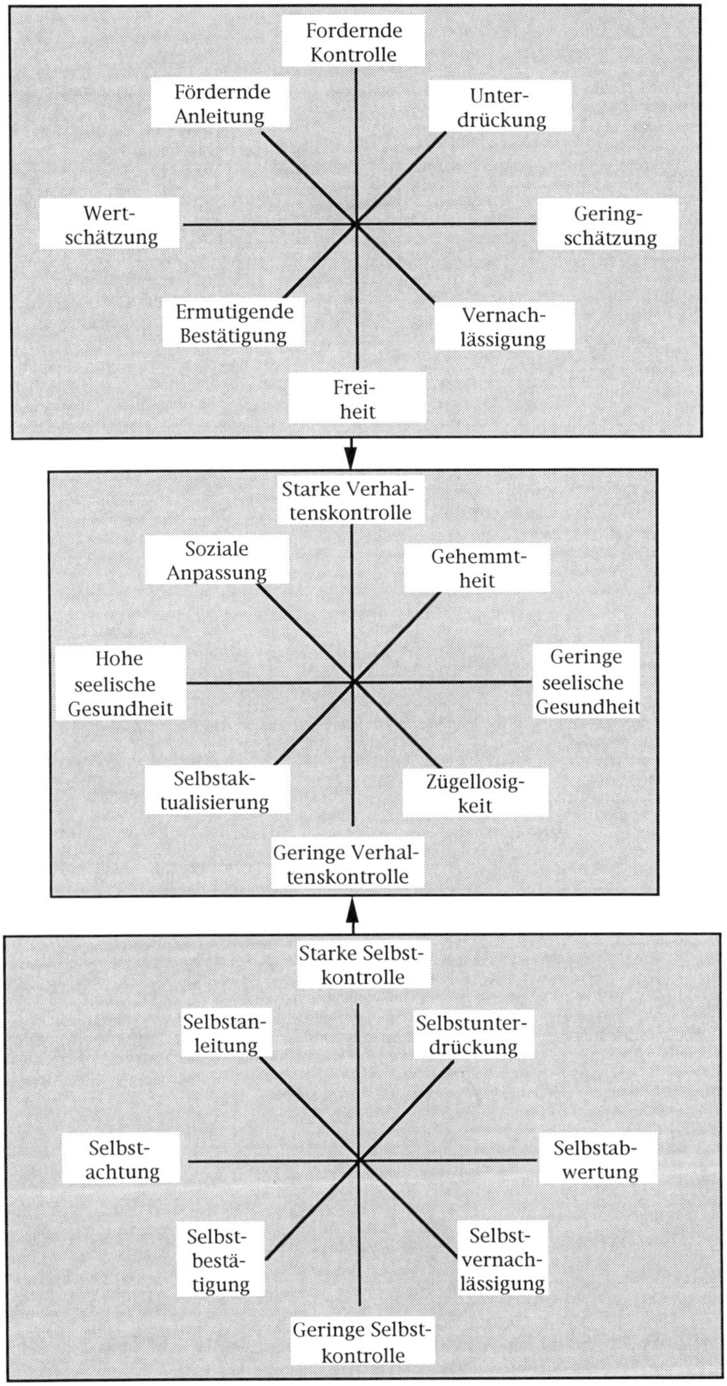

Abbildung 8.3: Persönlichkeitseigenschaften (Mitte) als Funktion von sozialen Bedingungen (oben) und selbstbezogenem Verhalten (unten).

Aus Abbildung 8.2 geht weiterhin folgendes hervor:

- Das zurückliegende Verhalten der Person A sich selbst gegenüber hängt teilweise vom zurückliegenden Verhalten wichtiger Bezugspersonen (Eltern, Großeltern, Geschwister, sonstige Verwandte, Lehrer usw.) gegenüber Person A ab. Wir stimmen mit Benjamin (1979, 1993 b) darin überein, daß der Mechanismus der *"Introjektion"* daran beteiligt sein kann. Während Benjamin ausschließlich auf diesen Mechanismus rekurriert, ziehen wir weitere Möglichkeiten in Betracht (siehe auch Kapitel 10). Zum einen muß die Person A das Verhalten wichtiger Bezugspersonen ihr gegenüber keineswegs automatisch internalisieren, (wenn z.B. zwei Elternteile sich in ihrem Verhalten sehr voneinander unterscheiden). Zum anderen wird das zurückliegende Verhalten der Person A sich selbst gegenüber auch durch sonstige Einflüsse (z.B. das Verhalten bestimmter Modelle oder durch soziale Normen) mitbestimmt.
- Die Persönlichkeit eines Menschen läßt sich aus drei Arten von Verhaltensweisen erschließen: dem Verhalten der Person A gegenüber anderen Menschen (interpersonales Verhalten), dem aktuellen Verhalten der Person A sich selbst gegenüber (intrapersonales Verhalten) sowie dem sonstigen Verhalten (z.B. dem Verhalten in Situationen einer physischen Bedrohung). Wir heben diesen Aspekt besonders hervor, da in der jüngeren fachwissenschaftlichen Literatur bei einer Reihe von Autoren eine Tendenz zu erkennen ist, Persönlichkeitseigenschaften und Persönlichkeitsstörungen auf den Aspekt des *interpersonalen* Verhaltens zu reduzieren.
- Das aktuelle Verhalten der Person A hängt selbstverständlich nicht nur von ihren Persönlichkeitseigenschaften, sondern auch von einer Reihe sonstiger aktueller Einflußfaktoren (insbesondere situativen Bedingungen sowie aktuellen Zuständen der Person A) ab.

4. ZUSAMMENHÄNGE ZWISCHEN SELBSTBEZOGENEM UND FREMDBEZOGENEM VERHALTEN

Wir haben die Hypothese formuliert, daß sich das Circumplexmodell des fremdbezogenen Verhaltens (das sogenannte "Bedingungsmodell"; vgl. Abbildung 7.8) auf das selbstbezogene Verhalten übertragen läßt, d.h. daß jeweils analoge Haupt- und Nebendimensionen (wie "Wertschätzung vs. Geringschätzung") zugrundegelegt werden können. Es stellt sich die Frage nach dem Zusammenhang von selbst- und fremdbezogenem Verhalten. Handelt es sich dabei um Eins-zu-Eins-Beziehungen, generalisiert eine Person von sich auf andere und umgekehrt, oder sind die Verhältnisse komplizierter? Verhält sich eine Person, die sich selbst mit Wertschätzung begegnet, auch anderen Personen gegenüber wertschätzend? Neigt eine Person, die sich selbst stark kontrolliert, auch zur fordernden Kontrolle anderen gegenüber und so weiter?

Im Hinblick auf die Dimension "Wertschätzung-Geringschätzung" ist mit relativ engen positiven Zusammenhängen zu rechnen. Wer Wertschätzung seitens wichtiger Bezugspersonen erfährt, reagiert nach unserer in Kapitel 7 formulierten Symmetriehypothese darauf mit Wertschätzung anderen gegenüber, erfährt die erhaltene Wertschätzung als Beleg seines eigenen Wertes und verwendet sie als Grundlage für eine hohe Selbstachtung. Man kann den positiven Zusammenhang auch noch anders interpretieren: Wer sich selbst achtet, fühlt sich im allgemeinen wohl und begegnet seinen Mitmenschen mit wohlwollender Zuwendung. Wer hingegen über ein geringes Selbstwertgefühl verfügt, neigt eher zur Fremdkritik und zur Abwertung anderer Menschen (vgl. das Prinzip des Vergleichs nach unten von Wills, 1981, sowie die von Adler und anderen Tiefenpsychologen beschriebenen "Sicherungsmechanismen"). Empirische Befunde stehen mit unserer Grundannahme im Einklang. So korrelieren in der TPF-Eichstichprobe die TPF-Skalen "Selbstwertgefühl" und "Liebesfähigkeit" .47 bei Männern und .45 bei Frauen (Becker, 1989).

Was die drei anderen Dimensionen "Fordernde Kontrolle vs. Freiheit", "Fördernde Anleitung vs. Vernachlässigung" und "Bestätigung vs. Unterdrückung" betrifft, sind unsere Kenntnisse noch sehr begrenzt und unsere Hypothesen vage. Zwar rechnen wir auch hier mit eher positiven Zusammenhängen zwischen selbst- und fremdbezogenem Verhalten, doch dürften die Korrelationen niedrig ausfallen. So kann ein Elternteil beispielsweise durchaus zur Selbstunterdrückung neigen und gleichzeitig seinem Kind mit Bestätigung begegnen, wenn er seinem Kind ein ähnliches Muster des selbstbezogenen Verhaltens ("Selbstunterdrückung") ersparen möchte. Ein Ehemann, der zur starken Selbstkontrolle neigt, kann seiner Frau dennoch viele Freiheiten einräumen. Wer sich selbst bestätigt, kann dies auf Kosten anderer (bzw. durch Unterdrückung anderer) realisieren.

Um in dieser Frage zu präziseren Erkenntnissen und Hypothesen zu gelangen, sind empirische Studien dringend erforderlich.

5. ZUSAMMENFASSUNG

Das in Kapitel 7 beschriebene Circumplexmodell der Bedingungen läßt sich auch auf das Verhalten einer Person sich selbst gegenüber (abgekürzt: das selbstbezogene Verhalten) übertragen, d.h. Personen begegnen nicht nur anderen Personen, sondern sich selbst in einer bestimmten (z.B. wertschätzenden oder geringschätzenden) Weise. Es resultiert ein hypothetisches Circumplexmodell des selbstbezogenen Verhaltens mit den beiden Hauptdimensionen "Selbstachtung vs. Selbstabwertung" und "starke vs. geringe Selbstkontrolle" sowie den beiden Nebendimensionen "Selbstanleitung vs. Selbstvernachlässigung" und "Selbstbestätigung vs. Selbstunterdrückung". Es werden Zusammenhänge zwischen dem Circumplexmodell des selbstbezogenen Verhaltens und dem Circumplexmodell der Persönlichkeit sowie Zusammenhänge zwischen selbstbezogenem und fremdbezogenem Verhalten diskutiert. Unter anderem werden folgende Thesen vertreten:

- Durch die Art des selbstbezogenen Verhaltens gestaltet eine Person in einem gewissen Rahmen ihre Persönlichkeit aktiv mit.
- Die Persönlichkeit eines Menschen läßt sich aus drei Arten von Verhaltensweisen erschließen: dem interpersonalen, dem selbstbezogenen (intrapsychischen) sowie dem sonstigen Verhalten. Eine Gleichsetzung von Persönlichkeit und interpersonalem Verhalten käme einer Verkürzung gleich.
- Die Zusammenhänge zwischen interpersonalem und selbstbezogenem Verhalten sind erst in Ansätzen bekannt; sie bedürfen weiterer Erforschung.

Kapitel 9

DER BEITRAG DER PERSÖNLICHKEITSPSYCHOLOGIE ZUR KLINISCHEN PSYCHOLOGIE

"Wenn man den verschiedenen Kritikern Glauben schenkt, ähnelt die heutige Klinische Psychologie eher einer zerklüfteten Mond- als einer harmonischen Wald- und Seenlandschaft."
Bastine (1984, S. 7)

1. EINLEITUNG

Nachdem wir in den vorangehenden Kapiteln persönlichkeitspsychologische Grundfragen am Beispiel der seelischen Gesundheit und Verhaltenskontrolle erörtert haben, rückt in den folgenden beiden Kapiteln der Beitrag der Persönlichkeitspsychologie zur klinischen Psychologie in den Mittelpunkt. Dieser Beitrag wird bis in die Gegenwart hinein kontrovers beurteilt. Es ist unser Ziel, die Leistungsfähigkeit der Persönlichkeitspsychologie für klinische Zwecke zu dokumentieren.

Betrachtet man die Entwicklung in diesem Jahrhundert, so lassen sich wenigstens vier Phasen ausmachen, in denen persönlichkeitspsychologischen Konzepten ein jeweils unterschiedliches Gewicht innerhalb der klinischen Psychologie zukam.

- Die in den ersten Jahrzehnten dominierenden tiefenpsychologischen Ansätze verknüpften Persönlichkeitstheorie, Diagnostik und Therapie zu einer relativ geschlossenen Einheit.
- Mit dem Aufkommen der faktorenanalytisch begründeten Eigenschaftspsychologie in den 50er und 60er Jahren fanden Persönlichkeitseigenschaften (z.B. Neurotizismus oder "Extraversion") sowohl im Zusammenhang mit der Deskription und Klassifikation als auch der Erklärung psychischer Störungen starke Beachtung. Vernachlässigt wurde hingegen die Frage, welche Konsequenzen für die Therapie sich aus der Kenntnis von Patienteneigenschaften ergeben.
- Es folgte eine Phase, in der die Persönlichkeitspsychologie an Boden verlor. Verantwortlich hierfür waren unter anderem die

Kritik am Traitkonzept (z.B. im Hinblick auf die geringe Konsistenz des Verhaltens in verschiedenen Situationen), der Dissens zwischen Persönlichkeitspsychologen bezüglich der fundamentalen Persönlichkeitsdimensionen sowie das Aufkommen neuer Therapierichtungen, darunter vor allem der Verhaltenstherapie und der Gesprächspsychotherapie. Beide Therapierichtungen stimmten in der Ablehnung traditioneller klinischer Klassifikationssysteme und in der Kritik einer persönlichkeitspsychologischen Diagnostik überein (Bommert, 1980; Cautela & Upper, 1976; Schulte, 1980; Schulte & Wittchen, 1988), sieht man von gewissen Inkonsistenzen - etwa bei der Therapieevaluation mittels Persönlichkeitsskalen - ab.

- Seit etwa 1980 erlebt die Persönlichkeitspsychologie innerhalb der klinischen Psychologie einen erneuten Aufschwung durch die Einführung der Achse II (Persönlichkeitsstörungen und spezifische Entwicklungsstörungen) im DSM-III-R (Wittchen, Saß, Zaudig & Koehler, 1989). Ebenso tragen Fortschritte auf dem Gebiet der differentiellen Indikationsforschung (Grawe, 1992 a,b) sowie klinisch relevante Ergebnisse der Persönlichkeitsforschung und Psychodiagnostik zu diesem Aufschwung bei (Becker, 1994 c; Costa & Widiger, 1994).

Wir diskutieren im folgenden, welchen Beitrag die Persönlichkeitspsychologie zur Lösung von fünf Grundaufgaben der klinischen Psychologie zu leisten vermag. Diese fünf Aufgaben stellen sich Therapeuten, die sich um ein wissenschaftlich fundiertes Vorgehen bemühen:

- Deskription und Klassifikation psychischer Störungen
- Erklärung psychischer Störungen
- Festlegung von Therapiezielen
- Auswahl von Therapiemethoden und Therapieprognose
- Therapieevaluation.

Unser primäres Ziel ist es, den Nachweis zu erbringen, daß klinische Psychologen von den Theorien, Methoden und Befunden der Persönlichkeitspsychologie profitieren können. Darüber hinaus verkennen wir nicht, daß bei einem regen Informationsaustausch zwischen den beiden Disziplinen der Erkenntnisgewinn auch auf seiten der Persönlichkeitspsychologie liegt.

2. DESKRIPTION UND KLASSIFIKATION PSYCHISCHER STÖRUNGEN

Die Beschreibung und Klassifikation ihrer Untersuchungsgegenstände gehört zu den elementarsten Anliegen einer jeden Wissenschaft. Da psychische Störungen den zentralen Gegenstand der klinischen Psychologie bilden, richten sich große Anstrengungen darauf, die diagnostischen Kennzeichen einer psychischen Störung möglichst genau zu beschreiben und leistungsfähige klinische Klassifikationssysteme zu entwickeln. Sie werden in relativ kurzen zeitlichen Abständen revidiert und den neuesten wissenschaftlichen Erkenntnissen oder Strömungen angepaßt.

Zur Zeit kommen dem DSM-III-R (Wittchen et al., 1989) und dem ICD-10 (Dilling, Mombour & Schmidt, 1991) die größte Bedeutung zu. Unsere Darstellung beschränkt sich auf das DSM-III-R, da hierzu besonders viele Untersuchungen vorliegen. Obwohl dieses multiaxiale Klassifikationssystem seine Vorläufer in einer Reihe von Vorzügen übertrifft, ist es dennoch umstritten; dieses Schicksal teilt es mit seinen gegenwärtigen und in näherer Zukunft zu erwartenden Konkurrenten (zum Nutzen und den Problemen klinischer Klassifikationssysteme siehe u.a. Schmidt, 1984 a; Wittchen & Schulte, 1988; Margraf & Schneider, 1994). Eine Besonderheit des DSM-III-R liegt in seinem weitgehend *atheoretischen*, deskriptiven Charakter, der es Klinikern verschiedener Schulen erleichtern soll, sich über die Diagnose eines Patienten zu verständigen. Bei seiner Entwicklung legte man großen Wert auf eine präzise Beschreibung der Störungsbilder, um die *Reliabilität* der klinischen Urteile zu verbessern. Da dies jedoch nur ein Ziel - und nicht einmal das wichtigste - eines Klassifikationssystems ist, bemängeln Kritiker die fehlende theoretische Verankerung, den ungenügenden Bezug auf ätiologische Modelle sowie den geringen Nutzen bei der therapeutischen Indikationsstellung.

Uns interessiert im folgenden der mögliche Beitrag der Persönlichkeitspsychologie zur Deskription und Klassifikation psychischer Störungen. Evident wird die Notwendigkeit der Einbeziehung der Persönlichkeitspsychologie am Beispiel der klinischen Kategorie *"Persönlichkeitsstörungen"*. Diese weit verbreitete Form psychischer Störungen (siehe Reich et al., 1989; Widiger & Rogers, 1989) hat in den letzten Jahren eine verstärkte Aufmerksamkeit gefunden (siehe Fiedler, 1994 b). So wurde beispielsweise eine neue Fachzeitschrift "Journal of Personality Disorders" gegründet, die sich ausschließlich der Erforschung dieser Störungen widmet.

Persönlichkeitsstörungen kommt als eigenständiger Kategorie, aber auch in Verbindung mit Störungen der Achse I eine große Bedeutung zu (siehe unten). Sie werden im DSM-III-R wie folgt definiert: "Persönlichkeitszüge sind überdauernde Formen der Wahrnehmung, der Beziehungsmuster und des Denkens und zwar jeweils im Hinblick auf die Umwelt und sich selbst. Sie kommen in einem breiten Spektrum von wichtigen sozialen und persönlichen Situationen und Zusammenhängen zum Ausdruck. Wir sprechen von *Persönlichkeitsstörungen* nur dann, wenn *Persönlichkeitszüge* unflexibel und wenig angepaßt sind und die Leistungsfähigkeit wesentlich beeinträchtigen oder zu subjektiven Beschwerden führen. Persönlichkeitsstörungen lassen sich meist bereits in der Adoleszenz oder früher erkennen und setzen sich während des größten Teils des Erwachsenenlebens fort, obgleich sie sich in den mittleren Jahren oder im Alter oft weniger auffällig manifestieren. ... Eine Persönlichkeitsstörung sollte nur dann diagnostiziert werden, wenn die charakteristischen Merkmale typisch für die überdauernden Verhaltensweisen der Betroffenen sind und nicht auf umschriebene Krankheitsepisoden beschränkt bleiben." (Wittchen et al., 1989, S. 405). Es werden elf Persönlichkeitsstörungen unterschieden und in drei Gruppen eingeteilt:

- Gruppe A: paranoide, schizoide, schizotypische Persönlichkeitsstörung;
- Gruppe B: histrionische, narzißtische, antisoziale und Borderline-Persönlichkeitsstörung;
- Gruppe C: selbstunsichere, dependente, zwanghafte und passivaggressive Persönlichkeitsstörung.

Ferner existiert eine Restkategorie nicht näher bezeichneter Persönlichkeitsstörungen (zum Überblick siehe Fiedler, in Druck, a). Am Beispiel der Persönlichkeitsstörungen diskutieren wir im folgenden typische Aufgaben und Probleme bei der Deskription und Klassifikation psychischer Störungen sowie den Beitrag der empirischen Persönlichkeitsforschung zur Überwindung einiger dieser Schwierigkeiten.

2.1 Deskription von Persönlichkeitsstörungen

Bei der Deskription von Persönlichkeitsstörungen stellen sich drei grundsätzliche Fragen:

- Welches sind die *Inhalte* des gestörten Verhaltens?

• *Wer* liefert die relevanten diagnostischen Informationen: die betreffende Person selbst (Selbstauskünfte) oder ein außenstehender Beobachter (Fremdauskünfte)?
• Auf welcher *Ebene* wird die Störung erfaßt: auf der Ebene elementarer Verhaltensweisen oder auf höheren (abstrakteren) Ebenen von Persönlichkeitseigenschaften?

(1) Inhalte des gestörten Verhaltens

Eine Reihe (sozialpsychologisch orientierter) Autoren vertritt den Standpunkt, es handele sich bei Persönlichkeitsstörungen in erster Linie um *Störungen des interpersonalen Verhaltens* (Brokaw & McLemore, 1991; Fiedler, in Druck a; Leary, 1957; McLemore & Benjamin, 1979; McLemore & Brokaw, 1987; Morey, 1985; Schmidt, Wagner & Kiesler, 1993). In seinem Enzyklopädiebeitrag über Persönlichkeitsstörungen zieht Fiedler (in Druck, a, S.71) folgende Schlußfolgerung: "Der Autor verbindet sein Engagement in diesem Bereich mit der Hoffnung, daß es gelingen könnte, die Personperspektivierung der Persönlichkeitsstörungen in Richtung Interaktionsperspektivierung zu verlagern. Entstehung und Aufrechterhalten der Persönlichkeitsstörungen werden stärker, als dies bei vielen anderen psychischen Störungen der Fall ist, nurmehr verständlich, wenn nach ihren Entsprechungen in den interpersonellen Erlebnissen und Erfahrungen der Betroffenen wie der Beteiligten (einschließlich des professionellen Diagnostikers) gesucht wird. ... Es spricht viel dafür, das jetzige Konzept der ´Person-Störung´ in Richtung auf eine Klassifikationsentität *´komplexe Störungen des zwischenmenschlichen Beziehungsverhaltens´* hin fortzuentwickeln. Das jedoch bedeutet in der Tat, viele festgefügte Diagnosepfade radikal zu verlassen und nach völlig neuen Wegen der Diagnostik und Beurteilung zwischenmenschlicher Beziehungskomplikationen zu suchen."

Brokaw und McLemore (1991) gehen noch einen Schritt weiter, indem sie psychische Störungen generell - und nicht nur Persönlichkeitsstörungen - als gestörtes interpersonales Verhalten betrachten (zur Empirie siehe auch Horowitz, 1979). Sie vertreten drei Thesen:
• Jemanden als gestört zu bezeichnen, heißt wahrscheinlich nichts anderes, als zu sagen, daß die Person jemand anderen gestört hat.
• Dysfunktionales (interpersonales) Verhalten wird typischerweise auf eine äußerst gekonnte Weise praktiziert. Wenn eine gestörte Person mit einer "gesünderen" Person interagiert, bestimmt erstere aufgrund ihrer größeren Verhaltensintensität und Rigidität die Art der Beziehung.

• Gestörte Personen übernehmen eine *aktive* Rolle bei der Aufrechterhaltung ihrer interpersonalen Schwierigkeiten, indem sie "Teufelskreise" in Gang setzen.

Wenngleich wir nicht verkennen, daß der Blick auf gestörtes interpersonales Verhalten sehr aufschlußreich ist und in vielen Fällen den Schlüssel zum Verständnis einer Persönlichkeitsstörung liefert, halten wir mit Crowell, Waters, Kind und Riso (1993), Schroeder, Wormworth und Livesley (1992), Trull (1992) und Wiggins und Pincus (1989) eine derartige Position doch für einseitig (siehe unten sowie nächstes Kapitel). Exemplarisch nennen wir an dieser Stelle einige diagnostische Kriterien aus dem DSM-III-R, die kaum als interpersonale Störungen interpretiert werden können: übermäßige Beschäftigung mit Details, Regeln, Listen, Ordnung, Organisation oder Plänen, so daß die Hauptsache dabei verlorengeht (diagnostisches Kriterium für eine zwanghafte Persönlichkeitsstörung); übertreibt potentielle Probleme, körperliche Gefahren und Risiken (selbstunsichere Persönlichkeitsstörung); Instabilität im affektiven Bereich; ausgeprägte und andauernde Identitätsstörung; chronisches Gefühl der Leere und Langeweile (diagnostische Kriterien einer Borderline-Persönlichkeitsstörung); kann nicht vorausschauend planen oder ist impulsiv (antisoziale Persönlichkeitsstörung).

2) Selbstauskünfte versus Fremdauskünfte

Fiedler (in Druck, a, S.4) betont, daß die den Persönlichkeitsstörungen zugeschriebenen Devianzmuster aus der Eigenperspektive selten als störend, abweichend und normverletzend erlebt werden ("Ich-Syntonie" der Persönlichkeitsstörungen): "Persönlichkeitsstörungen gehören wie andere Persönlichkeitseigenschaften zur Person dazu, weshalb zunächst *nicht* zu erwarten sein dürfte, daß ein Mensch - im Bereich des Übergangs von der sozial akzeptierten zur nicht mehr akzeptierten sozialen Abweichung - *sich selbst* die Diagnose einer "gestörten Persönlichkeit" gäbe. Dies dürfte schon deshalb nicht zu erwarten sein, weil bei Vorliegen von Persönlichkeitsstörungen eine *intendierte Devianz* selten unterstellt werden kann, vielmehr lediglich eine sozial unangemessen extremisierte Verhaltensroutine, die vom Betroffenen selbst möglicherweise gar in bester interpersoneller Absicht eingesetzt wurde und wird. *Nur die Außenperspektive* der Bezugspersonen oder eines professionellen Diagnostikers erlaubt zunächst - unter sorgfältigem Abwägen von Lebensumständen und Lebenserfahrungen - die Schlußfolgerung einer ´*gestörten Persönlichkeit*´."

Eine solche Betrachtung ist innerhalb der von Fiedler vertretenen interpersonalen Position konsequent, und manche Auffälligkeiten (wie z.B. die eigenartige Sprache bei Patienten mit einer schizotypischen Persönlichkeitsstörung oder die ungerechtfertigte Neigung, die Handlungen anderer Personen als absichtlich erniedrigend oder bedrohlich fehlzuinterpretieren, bei Patienten mit einer paranoiden Persönlichkeitsstörung) fallen dem außenstehenden Beobachter besonders leicht auf. Da es sich nach der Definition der Herausgeber des DSM-III-R (Wittchen et al., 1989) bei Persönlichkeitsstörungen aber um gestörte Formen des Wahrnehmens, der Beziehungsmuster und des Denkens, und zwar jeweils im Hinblick auf die Umwelt *und auf sich selbst,* handelt, reicht die Außenperspektive nicht aus, wenngleich ihr sicherlich eine hohe Bedeutung zukommt. Zumindest kann man bezweifeln, daß Außenstehende sich über bestimmte Aspekte von Persönlichkeitsstörungen (z.B. Identitätsstörungen; ein chronisches Gefühl der Leere; Phantasien grenzenlosen Erfolges, Macht, Glanz, Schönheit oder idealer Liebe) ein realistisches Bild machen können, es sei denn aufgrund von Selbstauskünften des Betroffenen.

Wie in der empirischen Persönlichkeitsforschung scheint auch bei Persönlichkeitsstörungen der Versuch lohnend, mit Hilfe standardisierter Testinstrumente auf der Basis von Selbstauskünften zu reliablen und validen klinischen Urteilen zu gelangen. Inzwischen liegen mehrere derartige Verfahren vor: das *Personality Diagnostic Questionnaire* (PDQ) von Hyler, Reider und Spitzer (1983), die *MMPI*-Skalen zur Messung von Persönlichkeitsstörungen nach dem DSM-III von Morey, Waugh und Blashfield (1985), das *Millon Clinical Multiaxial Inventory* MCMI-II von Millon (1987), die *Personality Adjective Check List* (PACL) von Strack (1987) sowie das *Dimensional Assessment of Personality Pathology - Basic Questionnaire* (DAPP-BQ) von Schroeder et al. (1992). Die Validität einiger dieser Verfahren wurde unter anderem von Choca, Peterson und Shanley (1986), McCann (1991) sowie Costa und McCrae (1990) überprüft. Angesichts des von Fiedler (in Druck, a) vorgebrachten Arguments der "Ich-Syntonie der Persönlichkeitsstörungen" ist allerdings besonders große Sorgfalt bei der Konstruktion solcher Verfahren erforderlich, und es kann bezweifelt werden, daß alle vorliegenden Instrumente voll überzeugen (zum Überblick siehe Reich, 1987; Trull, 1993).

So ist es beispielsweise eher unwahrscheinlich, daß alle Arten von Persönlichkeitsstörungen mit Hilfe von MMPI-Skalen valide zu diagnostizieren sind, da der MMPI-Itempool zwar sehr umfangreich ist, jedoch für andere Zwecke zusammengestellt wurde. Die 10 Standardskalen des MMPI dienen in erster Linie der Differentialdiagnostik zwischen psychischen Störungen, die sich auf das inzwischen überholte Kraepelinsche psychiatrische Klassifikationssystem beziehen. Die MCMI-Skalen der Version I interkorrelieren zum Teil so hoch, daß keine hinreichende diskriminante Validität vorzuliegen scheint (Choca et al., 1986). Das PDQ besitzt bei einigen Persönlichkeitsstörungen unakzeptabel niedrige Test-Retestreliabilitäten. Einen guten Eindruck macht hingegen das DAPP-BQ von Schroeder et al. (1992), das 18 Skalen zur Diagnostik zentraler Persönlichkeitsdimensionen bei Persönlichkeitsstörungen enthält und sehr systematisch und sorgfältig konstruiert wurde.

Zusammenfassend kann nicht davon ausgegangen werden, daß die zur Zeit im Einsatz befindlichen Fragebogenverfahren dasselbe messen, so daß die Ergebnisse empirischer Studien stark vom verwendeten Instrument abhängen (Reich et al., 1989). Als extremes Beispiel mangelnder konvergenter Validität sei die Korrelation von -.04 zwischen den Narzißmusskalen aus dem PDQ-R und dem MMPI-PD angeführt (Trull, 1993).

(3) Ebenen der Diagnostik

Eine der umstrittensten Fragen betrifft die Ebene, auf der man Persönlichkeitsstörungen beschreiben soll. Das Spektrum reicht von der untersten Ebene spezifischen Verhaltens bis zur höchsten Ebene sehr breiter und abstrakter Persönlichkeitseigenschaften bzw. Faktoren höherer Ordnung. Zur Erläuterung sei auf Tabelle 9.1 verwiesen. In dieser Tabelle wird in exemplarischer Weise die hierarchische Struktur von Konzepten zur Beschreibung von Persönlichkeitsstörungen anhand empirischer Ergebnisse verdeutlicht. Die unteren und mittleren Ebenen wurden von Livesley et al. (1989) analysiert (siehe auch Livesley, 1986). Diese Autoren wollten auf empirischem Weg überprüfen, ob sich die deskriptiven Merkmale von Persönlichkeitsstörungen tatsächlich so gruppieren, wie es im DSM-III-R behauptet wird. Sie gingen dabei sehr systematisch vor.

In einem ersten Schritt stellten sie mittels Inhaltsanalyse der klinischen Literatur die Hauptkennzeichen von Persönlichkeitsstörungen zusammen. Sodann wurden Kliniker gebeten, die prototypischsten Merkmale einer jeden Persönlichkeitsstörung einzustufen (Livesley, 1986). Aufgrund dieser Einstufungen wurden 100 präzise definierte und sich wechselseitig ausschließende Eigenschaftskategorien gebildet, eine Art Lexikon, das die zur Diagnostik von Persönlichkeitsstörungen erforderlichen Persönlichkeitsdimensionen umfaßt.

Tabelle 9.1: Ebenen der Beschreibung von Persönlichkeitsstörungen. An der Spitze der Hierarchie einige wenige sehr breite Eigenschaften, an der Basis viele enge Verhaltensweisen. PE = Persönlichkeitseigenschaft.

Anzahl der Variablen	Art der Variablen		Inhalt der Variablen und Autor(en)
1	Sehr breite PE (Faktor höherer Ord.)	1	Seelische Gesundheit
			Autor: Menninger (1968)
2	Sehr breite PE (Faktoren höherer Ordnung)	1	Seelische Gesundheit (Fähigkeit zur Bewältigung externer und interner Anforderungen)
		2	Verhaltenskontrolle
			Autor: Becker
5	Breite PE (Faktoren höherer Ordnung)	1	Neurotizismus (N)
		2	Extraversion (E)
		3	Offenheit für Erfahrung (O)
		4	Verträglichkeit (A)
		5	Gewissenhaftigkeit (C)
			Autoren: Costa und McCrae (1990)
15	Mittelbreite PE (Faktoren höherer Ordnung)	1	Affektive Labilität
		2	Identitätsprobleme
		3	Narzißmus
		4	Gehemmter Ausdruck
		5	Soziale Vermeidung
		6	Argwohn
		.	......
		15	......
			Autoren: Livesley et al. (1989)
100	Enge PE (Faktoren erster Ord.)	1	Irritierbarkeit
		2	Neid
		3	Ordentlichkeit, Ordnungsliebe
		4	Soziale Ängstlichkeit
		5	Bedürfnis nach Bewunderung
		6	Pessimismus
		.	......
		100	......
			Autoren: Livesley et al. (1989)
1600	Verhaltens-weisen	1	Spricht erst, wenn er/sie angesprochen wird
		2	Hat wenig Augenkontakt während eines Gesprächs
		3	Flirtet mit mehreren Personen des anderen Geschlechts
		4	Drückt Gefühle auf übertriebene Art aus
		5	Überreagiert auf Kritik
		6	Ist immer pünktlich
		.	......
		1600	......
			Autoren: Livesley (1986), Livesley et al. (1989)

In einem nächsten Schritt wurden 1600 spezifische Verhaltensweisen zur Messung der 100 Dimensionen formuliert und zu 100 Skalen aus jeweils 16 Verhaltensitems zusammengestellt. Eine Faktorenanalyse dieser 100 hinreichend reliablen Skalen führte schließlich zu 15 Faktoren bzw. mittelbreiten Persönlichkeitseigenschaften.

Tabelle 8.1 informiert ausschnittsweise über die Ergebnisse. Ein Beispiel für die unterste Ebene spezifischer Verhaltensweisen wäre: Die Person hat wenig Augenkontakt während eines Gesprächs. Derartige Verhaltensweisen lassen sich inhaltsanalytisch (oder mittels Faktorenanalyse) zu 100 übergeordneten, jedoch relativ engen Persönlichkeitseigenschaften (z.B. soziale Ängstlichkeit) zusammenfassen. Diese sind ihrerseits nicht völlig unabhängig voneinander, so daß 15 übergeordnete mittelbreite Persönlichkeitseigenschaften gebildet werden können (z.B. soziale Vermeidung).

Da aber auch diese 15 (oder vergleichbare) Eigenschaften nicht unabhängig sind, läßt sich der Prozeß einer Integration von Konzepten auf höheren Ebenen fortsetzen. Costa und McCrae (1990) bzw. der Verfasser ermittelten - wie in den Kapiteln 1 und 2 dieses Buches ausführlich dargestellt wurde - fünf bzw. zwei (sehr) breite übergeordnete Persönlichkeitseigenschaften, nämlich die "Big Five" respektive die beiden Konstrukte "seelische Gesundheit" und "Verhaltenskontrolle", wobei letztere als Hauptachsen eines Circumplexmodells dienen. Führt man diesen Prozeß bis zum extremen Endpunkt einer einzigen, im klinischen Bereich für zentral erachteten Persönlichkeitseigenschaft fort, so resultiert der von Menninger (1968) formulierte Ansatz (siehe auch Becker, 1982 a). Menninger vertritt einen *unitären Krankheitsbegriff.* Seines Erachtens sind alle Formen psychischer Störungen im wesentlichen qualitativ gleich und unterscheiden sich lediglich im Schweregrad. Das zugrunde liegende Kontinuum erstreckt sich von völliger seelischer Gesundheit bis zu schwersten Formen seelischer Erkrankung und zum Suizid.

Wie aus Tabelle 9.1 hervorgeht, besteht ein enger Zusammenhang zwischen der Beschreibungsebene und der Anzahl der herangezogenen Variablen: letztere verringert sich stark mit der Höhe der jeweiligen Ebene. An der Spitze der Hierarchie befinden sich wenige sehr breite und abstrakte Eigenschaften, während die Basis von sehr vielen, jedoch spezifischen Verhaltensweisen gebildet wird. Mithin liegt eine Pyramidenstruktur vor.

Es stellt sich die Frage, welche der verschiedenen Ebenen zur Beschreibung von Persönlichkeitsstörungen am geeignetsten ist. Hierauf *kann* es unseres Erachtens keine eindeutige Antwort geben; diese hängt vielmehr vom jeweiligen Zweck ab. Es besteht grundsätzlich ein aus der Diagnostik bekanntes *Bandbreiten-Fidelitäts-Dilemma* (Cronbach & Gleser, 1957; Harkness, 1992). Die unterste Ebene spezifischer Verhaltensweisen bietet den Vorteil einer präzisen Beschreibung, die wenig Interpretation verlangt. Ob jemand z.B. erst spricht, wenn er selbst angesprochen wurde, läßt sich eindeutig feststellen. Diese Ebene eignet sich hervorragend dazu, ein anschauliches Bild des Verhaltens von Personen mit einer bestimmten Persönlichkeitsstörung zu vermitteln. Wie Livesley (1986) durch Expertenbefragung herausfand, können sorgfältig ausgewählte Verhaltensweisen eine hohe *Prototypikalität* für bestimmte Persönlichkeitsstörungen besitzen (zum Beispiel ist das Verhalten "drückt Gefühle auf übertriebene Art aus" sehr prototypisch für eine histrionische Persönlichkeitsstörung). Es scheint allerdings Ausnahmen zu geben, denn nach Livesley (1986) erzielen bei der Borderline-Persönlichkeitsstörung Aussagen über charakteristische Eigenschaften höhere Prototypikalitätsratings als Verhaltensweisen.

Zur Erreichung einer hohen Beurteilerübereinstimmung bieten präzise *Verhaltensbeschreibungen* zweifellos Vorteile. So wird im DSM-III-R bei der schizotypischen Persönlichkeitsstörung folgendes diagnostische Kriterium genannt: extreme soziale Ängstlichkeit, z.B. extremes Unbehagen in sozialen Situationen, in denen der Betroffene mit ihm nicht vertrauten Personen konfrontiert wird. Dieses Beispiel verdeutlich zugleich ein Dilemma: Da eine Person in der Regel eine Vielzahl von Situationen aufsucht und dort sehr unterschiedliche Verhaltensweisen zeigen kann, stellt sich das Problem der Auswahl besonders relevanter Situationen und Verhaltensweisen. Aus diesem Grund kommt man nicht umhin, auf übergeordnete Ebenen zu rekurrieren bzw. eine Kombination von übergeordneter Ebene (soziale Ängstlichkeit) und exemplarischer Verdeutlichung auf der unteren Verhaltensebene zu wählen.

Eine ausschließliche Beschreibung auf der Ebene des Verhaltens hätte weitere grundsätzliche Nachteile:

- sie wäre sehr unökonomisch (siehe Tabelle 9.1);
- sie würde das Gedächtnis von Klinikern sehr beanspruchen bzw. aufwendige Prüfverfahren erfordern;
- sie wäre in theoretischer Hinsicht unbefriedigend.

Auf den zuletzt genannten Punkt gehen wir näher ein. Kliniker sind nicht primär an der Beschreibung von Persönlichkeitsstörungen und deren Klassifikation als Selbstzweck interessiert, sondern sie suchen ein Verständnis der Störungen und daraus abgeleitete Therapiemöglichkeiten. Aber selbst auf der Beschreibungsebene stellt sich die Frage, warum im DSM-III-R ganz bestimmte Verhaltensweisen bzw. Eigenschaften als charakteristisch für eine bestimmte Persönlichkeitsstörung herausgegriffen werden und keine anderen. Welches ist die verbindende Klammer? Wieso interkorrelieren diese diagnostischen Indikatoren und bilden ein (mehr oder weniger) kohärentes Muster? Hierbei geht es weniger um Fragen der Beurteilerübereinstimmung als vielmehr der internen Konsistenz und der Validität klinischer Beschreibungen. Hier kann die Deskription auf den höheren Ebenen der in Abbildung 9.1 wiedergegebenen Hierarchie geboten sein, sofern mit dieser Beschreibung auf der Ebene (hypothetischer) *Konstrukte* ein Zuwachs an Bedeutung ("surplus meaning") verbunden ist.

Wenn man beispielsweise aus empirischen Studien oder aufgrund einer Theorie weiß, daß Personen mit einer dependenten Persönlichkeitsstörung sich durch eine Kombination von erhöhter Verhaltenskontrolle und geringer seelischer Gesundheit (d.h. durch erhöhte Gehemmtheit) auszeichnen *und* zugleich Wissen über die Entstehungsbedingungen und die Therapie von Gehemmtheit vorliegt ("surplus meaning"), kann man nicht nur das Muster der diagnostischen Kriterien einer dependenten Persönlichkeitsstörung nachvollziehen, sondern erhält nützliche Hinweise für die Bildung von Hypothesen zur Entstehung und Behandlung der Störung. Weiterhin bietet der Bezug auf höhere Persönlichkeitsdimensionen den Vorteil, daß man sich einen Gesamtüberblick über die Ähnlichkeiten und Unterschiede von Persönlichkeitsstörungen verschaffen kann.

2.2 Klassifikation von Persönlichkeitsstörungen

Die bisherige Klassifikation von Persönlichkeitsstörungen kann nicht befriedigen, hierüber besteht Konsens unter klinischen Anwendern (Maser, Kaelber & Weise, 1991) wie Forschern (Widiger, 1993 a). Wir wollen uns im folgenden mit den wichtigsten Kritikpunkten befassen und danach Verbesserungsvorschläge und Alternativen diskutieren.

2.2.1 Kritik der DSM-III-R-Klassifikation von Persönlichkeitsstörungen

Kritik an der Auswahl der diagnostischen Kriterien

Im DSM-III-R werden elf Persönlichkeitsstörungen unterschieden und in drei Gruppen eingeteilt:

- Gruppe A: paranoide, schizoide, schizotypische Persönlichkeitsstörung;

- Gruppe B: histrionische, narzißtische, antisoziale und Borderline-Persönlichkeitsstörung;
- Gruppe C: selbstunsichere, dependente, zwanghafte und passiv-aggressive Persönlichkeitsstörung.

Jede der elf Persönlichkeitsstörungen wird durch Haupt- und Nebenmerkmale sowie eine Liste von sieben bis neun diagnostischen Kriterien (Ausnahme: antisoziale Persönlichkeitsstörung) beschrieben. Die Auswahl und Beschreibung dieser Störungen basiert weder auf klassischen Persönlichkeitstheorien noch auf bekannten Strukturmodellen der Persönlichkeit. Ferner war die Entscheidung über die Aufnahme bestimmter diagnostischer Kriterien weniger das Resultat systematischer empirischer Forschung als vielmehr der Bemühung um Konsens unter klinischen Experten. Zwar wurden die ursprünglichen Kriterien beim Wechsel vom DSM-III zum DSM-III-R verbessert, doch kann bezweifelt werden, daß die jetzige Lösung hinreichende Voraussetzungen für eine reliable und valide Klassifikation schafft (Bronisch, 1994). Wir wollen ein zentrales Problem am Beispiel der zwanghaften Persönlichkeitsstörung erläutern (siehe Tabelle 9.2).

In Tabelle 9.2 sind in der linken Spalte die neun diagnostischen Kriterien einer *zwanghaften Persönlichkeitsstörung* aus dem DSM-III-R aufgeführt. In drei weiteren Spalten haben wir daneben die Ergebnisse empirischer Studien zusammengestellt, über die Morey (1988), Livesley (1986) und Becker (1992 b) berichten. Morey (1988) stellte Listen von 166 diagnostischen Kriterien zusammen, die im DSM-III und DSM-III-R zur Charakterisierung von Persönlichkeitsstörungen enthalten sind. Sie wurden in zufälliger Reihenfolge angeordnet und Klinikern vorgelegt, die 291 Patienten mit Persönlichkeitsstörungen hinsichtlich dieser Kriterien beschreiben sollten. Die Daten wurden clusteranalytisch ausgewertet (siehe unten). Das empirisch ermittelte Cluster "zwanghafte Persönlichkeitsstörung" umfaßt sechs der neun diagnostischen Kriterien; die restlichen drei Kriterien wurden anderen Clustern zugeordnet.

Livesley (1986) stellte durch Inhaltsanalysen der klinischen Literatur umfangreiche Listen diagnostischer Kriterien (Eigenschaften und Verhaltensweisen) zusammen und bat 938 Psychiater, die Prototypikalität dieser Eigenschaften und Verhaltensweisen für jeweils eine ausgewählte Persönlichkeitsstörung einzustufen. Die prototypischen Merkmale einer zwanghaften Persönlichkeitsstörung sind in der dritten Spalte enthalten.

Tabelle 9.2: Gegenüberstellung diagnostischer Kriterien einer zwanghaften Persönlichkeitsstörung

	DSM-III-R	*Morey (1988)*	*Livesley (1986)*	*Becker (1992)*
1	Nichterfüllung von Aufgaben durch Streben nach Perfektion	1 siehe DSM-III-R	perfektionistisch; Angst, Fehler zu machen	
2	Übermäßige Beschäftigung mit Details, Regeln, Listen, Ordnung, Organisation	2 siehe DSM-III-R	systematisch, methodisch; beschäftigt sich mit kleinsten Details	Ordnungsstreben
3	Beharren darauf, daß eigene Vorgehensweisen übernommen werden	(psychopathische Persönlichkeitsstörung)	Bedürfnis, Personen und Situationen zu kontrollieren; stur, hartnäckig	
4	Arbeit und Produktivität werden über Vergnügungen und Beziehungen gestellt	4 siehe DSM-III-R		
5	Unentschlossenheit; Aufträge werden nicht rechtzeitig erledigt	(dependente Persönlichkeitsstörung)	rationalisiert, speziell wegen eigener Unentschlossenheit	
6	Übermäßige Gewissenhaftigkeit, Besorgtheit, Starrheit bzgl. Moral, Ethik, Wertvorstellung	6 siehe DSM-III-R		Strenges Überich
7	Eingeschränkter Gefühlsausdruck	7 siehe DSM-III-R	eingeschränkte Fähigkeit, warme, zärtliche Gefühle auszudrücken	Emotionskontrolle
8	Mangelnde Großzügigkeit bzgl. Zeit, Geld oder Geschenken	(psychopathische Persönlichk. stör.)		Sparsamkeit
9	Unfähigkeit, sich von verschlissenen, wertlosen Dingen zu trennen	9 siehe DSM-III-R		Sparsamkeit
			hat starre Alltagsroutinen, wird durch Abweichungen beunruhigt	Rigidität
			überreagiert auf Kritik; erledigt einen Auftrag sorgfältig durch doppelte Kontrolle; ist immer pünktlich	
			bearbeitet eine Aufgabe wieder und wieder, bis perfektes Ergebnis	Ausdauer
			kontrolliert wiederholt die Zeit	

Becker (1992 b) wertete faktorenanalytische Studien von Lazare, Klerman und Armor (1966, 1970), Paykel und Prusoff (1973) sowie Torgersen (1980) zur Überprüfung der oralen, zwanghaften und hysterischen Persönlichkeitsstrukturen aus. Die übereinstimmend ermittelten Konstrukte zur Beschreibung einer zwanghaften Persönlichkeitsstruktur sind in Spalte 4 der Tabelle 9.2 enthalten.

Vergleicht man die vier Spalten in Tabelle 9.2, entdeckt man neben Übereinstimmendem eine Vielzahl von Abweichungen. Völliger oder weitgehender Konsens besteht bezüglich folgender DSM-III-R-Kriterien:

- (2) Übermäßige Beschäftigung mit Details, Regeln, Listen, Ordnung, Organisation (bzw. Ordnungsstreben)
- (6) Übermäßige Gewissenhaftigkeit, Besorgtheit, Starrheit bezüglich Moral, Ethik, Wertvorstellungen (bzw. strenges Überich)
- (7) Eingeschränkter Gefühlsausdruck (bzw. Emotionskontrolle)
- (9) Unfähigkeit, sich von verschlissenen, wertlosen Dingen zu trennen (bzw. Sparsamkeit).

Dieses Muster entspricht relativ gut dem einer starken Verhaltenskontrolle (siehe oben). Andere Indikatoren, die nach Livesley (1986) und Becker (1992 b) charakteristisch für zwanghafte Persönlichkeitsstörungen sind (vor allem Rigidität und Ausdauer), fehlen unter den DSM-III-R-Kriterien. Bedenklich erscheinen die *Widersprüche* zwischen den DSM-III-R-Kriterien (1) und (5) einerseits und den Befunden von Livesley (1986) und Becker (1992 b) andererseits. Während das DSM-III-R die *Nichterfüllung* von Aufgaben hervorhebt, werden in den empirischen Arbeiten die sorgfältige, perfekte Erledigung bzw. die ausdauernde Beschäftigung mit Aufgaben betont. Solange derartige Widersprüche zwischen Empirie und klinischer Erfahrung einerseits und DSM-III-R-Kriterien andererseits bestehen, kann nicht mit hohen Beurteilerübereinstimmungen bei diagnostischen Urteilen gerechnet werden (siehe auch Soldz et al., 1993). Hier ist eine Korrektur der DSM-III-R-Kriterien erforderlich.

Kritik an der kategorialen Klassifikation

Im DSM-III-R erfolgt eine *kategoriale* Diagnostik von Persönlichkeitsstörungen. Anhand vorgegebener Kriterienlisten hat der Diagnostiker zu entscheiden, ob bei einer Person eine Persönlichkeitsstörung vorliegt oder nicht, wobei auch der Fall zugelassen wird, daß gleichzeitig mehrere Persönlichkeitsstörungen vorhanden sind. Die Klassifikation erfolgt nach dem *Prototypen*-Modell, d.h. nach dem Grad der Ähnlichkeit zu einem Idealtypus. Zur Erläuterung mag ein analoges Beispiel aus dem Straßenverkehr dienen. Dort unterscheidet man beispielsweise idealtypisch zwischen Fahrrädern, Motorrädern, Personenkraftwagen und Lastkraftwagen, und es bereitet keine Schwierigkeiten, beispielweise ein Fahrrad prototypisch zu charakterisieren. Die meisten Fahrzeuge lassen sich relativ eindeutig einem dieser Typen zuordnen, jedoch gibt es auch Ausnahmen: Manche Fahrräder haben zum Beispiel nur ein Rad; es gibt Übergangsformen zwischen Fahrrad und Motorrad, Motorrad und Pkw, Motorrad und Kleintransporter sowie zwischen Pkw und Lkw.

Trotz dieses Problems der Grenz- und Übergangsfälle erfüllt die prototypische Charakterisierung in den meisten Fällen ihren Zweck. Sie erlaubt unter anderem eine rasche Verständigung, und sie besitzt einen beachtlichen Zuwachs an Bedeutung ("surplus meaning"). Analog gibt es Personen, die dem Idealtyp einer bestimmten Persönlichkeitsstörung (z.B. einer histrionischen Persönlichkeitsstörung) sehr nahekommen ("Lehrbuchfälle"), während andere Personen nur eine begrenzte Ähnlichkeit zum Idealtyp aufweisen. Um die entsprechende Persönlichkeitsstörung zu diagnostizieren, genügt es bereits, wenn eine bestimmte Mindestanzahl von Kriterien erfüllt ist. Eine solche Klassifikation ist *polythetischer* Natur.

Die kategoriale Klassifikation von Persönlichkeitsstörungen ist wiederholt - insbesondere von psychologischer Seite - kritisiert worden (z.B. von Carson, 1993; Eysenck, Wakefield & Friedman, 1983; Livesley et al., 1989; Widiger, 1993 a,b). Ihre Gegner bringen unter anderem folgende Argumente vor:

- Es lassen sich keine klaren Grenzen zwischen dem Vorliegen oder Nichtvorliegen einer Persönlichkeitsstörung ziehen.
- Die Festlegung einer bestimmten Mindestanzahl von Kriterien, die erfüllt sein müssen, um eine bestimmte Persönlichkeitsstörung zu diagnostizieren, ist willkürlich.
- Da eine große Anzahl *unterschiedlicher* Kombinationen von Kriterien zur Diagnose einer bestimmten Persönlichkeitsstörung legitimiert, werden unter einer Persönlichkeitsstörung heterogene Persönlichkeitsmuster subsumiert (siehe unten).
- Zwischen benachbarten (ähnlichen) Persönlichkeitsstörungen gibt es fließende Übergänge.
- Die kategoriale Klassifikation vergröbert, indem sie Informationen verschenkt.
- Sie ist dem Denken in organmedizinischen Krankheitseinheiten verhaftet.
- Der Wert der kategorialen Klassifikation ist zu bezweifeln, wenn bei einer Vielzahl von Patienten gleichzeitig mehrere Persönlichkeitsstörungen vorliegen dürfen und auch tatsächlich diagnostiziert werden.
- Es besteht die Gefahr der Reifikation der im Klassifikationssystem verwendeten Klassen, wobei übersehen wird, daß es sich dabei um Konstrukte handelt.

Widiger (1993 a,b) schlägt als Alternative eine *dimensionale* Beschreibung von Persönlichkeitsstörungen vor (siehe unten). Auf der anderen Seite ist nicht zu verkennen, daß eine kategoriale Klassifikation auch eine Reihe von *Vorteilen* besitzt:

- Sie ist Klinikern vertraut.
- Sie erleichtert die Konzeptualisierung von und die Kommunikation über Persönlichkeitsstörungen. Zum Beispiel erlaubt sie eine rasche und für viele Zwecke ausreichende Verständigung über einen bestimmten Patienten.
- Klinisches bzw. epidemiologisches Wissen über die Verbreitung, Entstehung und Behandlung von Persönlichkeitsstörungen ist an eine kategoriale Klassifikation geknüpft.
- Entscheidungen über die Aufnahme einer Behandlung und deren Art (z.B. ambulante versus stationäre; medikamentöse versus psychotherapeutische Behandlung) erfolgen häufig auf der Basis kategorialer Urteile.
- Bei einer (mehr)dimensionalen Beschreibung von Persönlichkeitsstörungen würden Kliniker dazu neigen, diese durch eine kategoriale Klassifikation zu ersetzen oder zu ergänzen, um die oben genannten Vorteile nicht aufs Spiel zu setzen.

Aus den genannten Gründen plädiert eine Reihe von Autoren für eine Kombination aus kategorialer und dimensionaler Klassifikation (Becker, 1994 c; Blashfield, 1993; Kiesler, 1986; Widiger, 1993 b).

Fehlende Kriteriengewichtung und theoretische Einbindung

Im DSM-III-R werden - mit Ausnahme der antisozialen Persönlichkeitsstörung - zwischen sieben und neun diagnostische Kriterien einer Persönlichkeitssstörung genannt, von denen mindestens vier oder fünf erfüllt sein müssen, um die Diagnose einer Persönlichkeitsstörung stellen zu können. Dabei spielt es keine Rolle, um welche Kriterien es sich handelt, sie stehen gleichberechtigt ohne jede Gewichtung nebeneinander. Keines ist obligatorisch. Daraus entstehen erhebliche Mehrdeutigkeiten bzw. Heterogenitäten innerhalb einer Persönlichkeitsstörung. Wir wollen dies am Beispiel einer *paranoiden* Persönlichkeitsstörung erläutern. Tabelle 9.3 gibt die entsprechenden diagnostischen Kriterien wieder.

Tabelle 9.3: Diagnostische Kriterien der paranoiden Persönlichkeitsstörung nach DSM-III-R.

A) Eine in den verschiedensten Situationen auftretende, durchgängige und ungerechtfertigte Neigung, die Handlungen anderer Menschen als absichtlich erniedrigend oder bedrohlich zu interpretieren. Der Beginn liegt im frühen Erwachsenenalter. Mindestens vier der folgenden Kriterien müssen erfüllt sein:

Der Betroffene
(1) fühlt sich - ohne ausreichenden Grund - von anderen ausgenutzt oder benachteiligt;
(2) stellt die Loyalität oder Glaubwürdigkeit von Freunden oder Mitarbeitern grundlos in Zweifel;
(3) mißt harmlosen Bemerkungen oder Vorkommnissen eine versteckte, für ihn abwertende oder bedrohliche Bedeutung zu, glaubt beispielsweise, daß der Nachbar seinen Müll am frühen Morgen herausstellt, nur um ihn zu ärgern;
(4) hegt lange einen Groll gegen andere oder vergibt Mißachtung, Beleidigungen oder verletzende Äußerungen nicht;
(5) vertraut sich nur zögernd anderen Menschen an, aus ungerechtfertigter Angst, die Informationen könnten gegen ihn verwandt werden;
(6) fühlt sich leicht mißachtet und reagiert schnell zornig oder startet einen Gegenangriff;
(7) bezweifelt ohne jeden Grund die Treue des Ehe- oder Sexualpartners.

B) Tritt nicht ausschließlich im Verlauf einer Schizophrenie oder einer wahnhaften Störung auf.

Zwei zulässige Kriterienkombinationen sind zum Beispiel: (1), (2), (3), (5) und (2), (4), (6), (7). Im ersten Fall handelt es sich um eine mißtrauische Person, die sich bedroht fühlt und Angst erlebt, jedoch frei von Feindseligkeit und Aggressionen ist. Im zweiten Fall fehlen die Bedrohungs- und Angstkomponenten, und das Mißtrauen ist mit einer ausgeprägten und unberechtigten Feindseligkeit und Aggressivität verbunden. Beide Persönlichkeitsstrukturen unterscheiden sich erheblich in ihrem Profil und möglicherweise auch bezüglich der Ätiologie sowie der Art der optimalen Therapie. Ist eine derartige Heterogenität von den Autoren des DSM-III-R beabsichtigt, oder wird sie mangels Alternativen billigend in Kauf genommen? Unseres Erachtens macht sich an dieser Stelle nachteilig bemerkbar, daß es keine Gewichtung der Kriterien und damit auch keine *notwendigen* Kriterien gibt, die in jedem Fall erfüllt sein müssen. Außerdem vermißt man das *Fehlen einer theoretischen Verankerung* der DSM-III-R-Klassifikation. Gäbe es eine derartige Verknüpfung, könnte man die Heterogenität reduzieren und hätte einen "roten Faden", der die Verbindungen zwischen den diagnostischen Kriterien herzustellen erlaubte.

2.2.2 Verbesserungsvorschläge und Alternativen

Angesichts der gerechtfertigten Kritik an der Klassifikation von Persönlichkeitsstörungen im DSM-III-R wurde eine Reihe von Verbesserungsvorschlägen unterbreitet. Wir greifen drei Anregungen auf: (1) Verbesserungen im Rahmen einer kategorialen Klassifikation, (2) dimensionale Beschreibungen von Persönlichkeitsstörungen und (3) hybride kategorial-dimensionale Beschreibungen.

Verbesserungen der kategorialen Klassifikation

Morey (1988) nahm die relativ niedrige diagnostische Reliabilität (interne Konsistenz und Beurteilerübereinstimmung), die erheblichen Überschneidungen zwischen den Persönlichkeitsstörungen und deren umstrittene Dreiteilung zum Anlaß, auf empirischem Weg einen Beitrag zur Verbesserung der kategorialen Klassifikation zu leisten. Er stellte Listen von 166 diagnostischen Kriterien zusammen, die im DSM-III und DSM-III-R zur Beschreibung von Persönlichkeitsstörungen Verwendung finden, und bat 170 Psychiater und klinische Psychologen, 291 Patienten mit allen Arten von Persönlichkeitsstörungen anhand dieser Kriterien zu beschreiben. Die erhobenen Daten wurden mittels hierarchischer Clusteranalyse (Average-linkage-Algorithmus; siehe Oldenbürger, 1983; Steinhausen & Langer, 1977) ausgewertet. Die resultierende hierarchische 11 Cluster-Struktur ist als Dendrogramm in Abbildung 9.1 wiedergegeben.

In einem Dendrogramm erfolgt eine Gruppierung von Variablen auf unterschiedlichen Distanz- bzw. Unähnlichkeitsebenen. So besteht beispielsweise zwischen einer histrionischen und einer Borderline-Persönlichkeitsstörung eine geringe Distanz (geringe Unähnlichkeit); beide Störungen werden zu einer Zweiergruppe zusammengefaßt, die auf einer höheren (Distanz-)Ebene zusammen mit einer paranoiden Störung eine Dreiergruppe bildet usw..

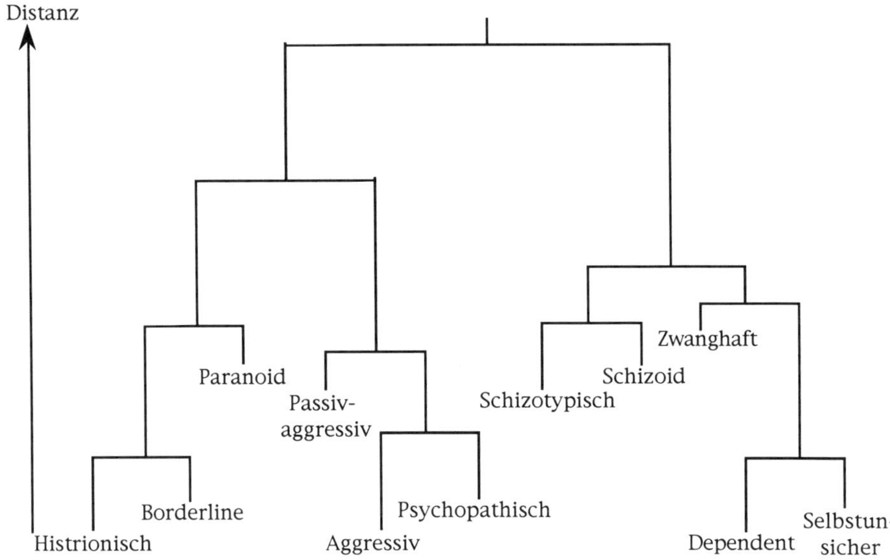

Abbildung 9.1: Hierarchische Struktur von Persönlichkeitsstörungen nach einer Clusteranalyse von Morey (1988). Dendrogramm.

Bis auf die narzißtische und antisoziale Persönlichkeitsstörung, die in der Clusteranalyse nicht repliziert werden konnten und durch die Cluster "aggressiv" und "psychopathisch" ersetzt wurden, entsprechen die elf Cluster relativ gut der DSM-III-R-Struktur. Allerdings ergibt sich im Detail die Notwendigkeit von Umgruppierungen diagnostischer Kriterien von einer Persönlichkeitsstörung zu einer anderen (siehe z.B. die Veränderungen bei der zwanghaften Persönlichkeitsstörung in Tabelle 9.2). Vergleichende Überprüfungen der internen Konsistenzen und der Überschneidungen (Redundanzen) der diagnostischen Kriterien nach dem DSM-III-R und nach der Clusteranalyse belegen, daß die neue, empirisch gewonnene Klassifikation überlegen ist.

Bemerkenswert an Abbildung 9.1 erscheint das Ergebnis, daß die elf Persönlichkeitsstörungen entgegen der Erwartung nicht drei, sondern nur zwei übergeordnete Klassen bilden. Zusammenfassend zeigt diese Studie, daß die Klassifikation der Persönlichkeitsstörungen im DSM-III-R durchaus verbessert werden kann, wobei Morey die Frage offenläßt, ob eine rein empirische Klassifikation - ohne Bezug auf eine Theorie - wünschenswert ist und zu validen Ergebnissen führt.

Dimensionale Beschreibung

Wie oben bereits angedeutet wurde, kritisiert eine größere Anzahl von Klinikern - darunter vor allem Psychologen - eine ausschließlich kategoriale Klassifikation von Persönlichkeitsstörungen. Da es sich bei diesen Störungen nach dem DSM-III-R um Muster von Persönlichkeitseigenschaften handelt, " ... die unflexibel und wenig angepaßt sind und die Leistungsfähigkeit wesentlich beeinträchtigen oder zu subjektiven Beschwerden führen" (Wittchen et al., 1989, S. 405), liegt es für Persönlichkeitspsychologen nahe, die zur Charakterisierung dieser Störungen relevantesten Persönlichkeitseigenschaften zu bestimmen und den Ausprägungsgrad dieser Eigenschaften bei Patienten zu ermitteln. Das Ergebnis einer solchen "Vermessung" der Persönlichkeit auf Eigenschaftsdimensionen wäre ein individuelles *Persönlichkeitsprofil.* Es lieferte mit Sicherheit eine präzisere und differenziertere Beschreibung eines Patienten als eine kategoriale Klassifikation.

Ein Problem bei diesem Ansatz besteht darin, daß nach Auffassung vieler Kliniker bisher umstritten ist, welche Persönlichkeitsdimensionen sich für diesen Zweck am besten eignen. So hält beispielsweise Frances (1993) die Zeit noch nicht reif für eine endgültige Festlegung. Innerhalb der DSM-IV-Arbeitsgruppe zur Formulierung der diagnostischen Kriterien von Persönlichkeitsstörungen wurden verschiedene Vorschläge geprüft, darunter eine Sieben-Faktoren-Lösung: Neurotizismus, Extraversion, Constraint, Verträglichkeit, Offenheit für Erfahrung, Belohnungsabhängigkeit und kognitive Desorganisation.

Widiger (1993 a,b) plädiert für die "Big Five". Bisher stieß jedoch keiner der Vorschläge auf größere Zustimmung. Widiger (1993 a, S. 87, Übers. d. Verf.) verkennt nicht, daß auch die von ihm favorisierte "Big Five"-Lösung Nachteile hat: "Die vielleicht einzige substantielle Begrenzung einer Fünf-Faktoren-Alternative zu den DSM-III-R Persönlichkeitsstörungen ist das Fehlen vertrauter klinischer und Therapieimplikationen für die verschiedenen Dimensionen und ihre Facetten. Es gibt viele Kapitel, Bücher und Artikel über die Behandlung zwanghafter, histrionischer, antisozialer, schizoider und Borderline- Persönlichkeitsstörungen, aber sehr wenige über die Behandlung exzessiver Gewissenhaftigkeit, Extraversion, Feindseligkeit, Introversion oder Neurotizismus." Costa und McCrae (1990), die das wohl bekannteste Verfahren zur Messung der "Big Five" (das NEO-PI-R) entwickelten, geben zu bedenken, daß wahrscheinlich eine sechste Dimension "gestörte Kognitionen" ergänzt werden müßte. Andresen (1994) plädiert für die zusätzliche Berücksichtigung der Dimension *"Risikobereitschaft".* Jedenfalls besteht bis in die jüngste Gegenwart hinein Skepsis gegenüber dem

"Big Five"-Ansatz in seiner jetzigen Form (Ben-Porath & Waller, 1992; Carson, 1993; Clark, 1993; Davis & Millon, 1993; Eysenck, 1992, 1994; Schacht, 1993; Schmidt et al., 1993; Schroeder et al., 1992; Tellegen, 1993; Waller & Ben-Porath, 1987; Waller & Zavala, 1993).

Hybride kategorial-dimensionale Beschreibung

Benjamin (1993 a), Blashfield (1993) und Skinner (1981) kritisieren die vereinfachende Gegenüberstellung von kategorialer und dimensionaler Klassifikation und plädieren statt dessen für hybride Modelle, d.h. Kombinationen von kategorialer und dimensionaler Diagnostik. Wir stellen im folgenden drei hybride Ansätze vor.

Widiger (1993 b) stimmt mit anderen Autoren (z.B. Frances, 1993) darin überein, daß Revisionen des DSM-III-R behutsam und nicht radikal erfolgen sollten. Sein Vorschläg läuft unter anderem darauf hinaus, die bisherigen elf Kategorien von Persönlichkeitsstörungen beizubehalten, sie jedoch in ein *dimensionales Format* zu bringen, indem bei jeder Kategorie (z.B. paranoide Persönlichkeitsstörung) der Grad angegeben wird, in dem diese Störung bei der betreffenden Person vorliegt. Dabei könnten zum Beispiel sechs Stufen unterschieden werden: von völligem Fehlen diagnostischer Kriterien (0) bis zu prototypischer Ausprägung (6) (siehe Widiger, 1993 a). Für diesen Vorschlag spricht, daß er mehr und präzisere Informationen beinhaltet als eine ausschließlich kategoriale Diagnostik, jedoch besitzt er auch Nachteile (siehe oben). Unseres Erachtens wäre es - sofern man sich Widigers Anregung anschließen möchte - wichtig, einen Schwellenwert anzugeben, oberhalb dessen das Vorliegen einer Persönlichkeitsstörung diagnostiziert wird. Solche Informationen sind z.B. aus organisatorischen Gründen oder im Rahmen epidemiologischer Studien, in denen die Prävalenz- und Inzidenzraten psychischer Störungen bestimmt werden, unverzichtbar (Schepank, 1987).

Die Beschreibung von Persönlichkeitsstörungen mit Hilfe der elf Dimensionen, die auf den DSM-III-R-Kriterien basiert, hat den Nachteil, daß diese Dimensionen nicht unabhängig voneinander sind, sondern in beträchtlichem Maße redundante Informationen enthalten (Trull, 1993). Ferner entsprechen sie nicht den aus der Persönlichkeitspsychologie bekannten Konstrukten. Von daher überrascht es nicht, daß insbesondere Persönlichkeitspsychologen für eine Beschreibung von Persönlichkeitsstörungen mit Hilfe "etablierter" Persönlichkeitsdimensionen eintreten. Wir diskutieren zwei derartige Ansätze.

Widiger (1993 a), der langfristig für einen Verzicht auf eine kategoriale Klassifikation und für eine rein dimensionale klinische Beschreibung plädiert, sowie eine Reihe weiterer Autoren (z.B. Costa & McCrae, 1990) favorisieren eine Beschreibung von Persönlichkeitsstörungen mit den "Big Five" bzw. dem NEO-PI (Costa & McCrae, 1985, 1989). Tabelle 9.4 enthält Zusammenhänge zwischen Persönlichkeitsstörungen und den *"Big Five"*, wie sie von Widiger (1993 a) als Hypothesen formuliert und von Costa und McCrae (1990) sowie Soldz et al. (1993) mit dem MCMI-II (siehe oben) sowie von Trull (1992) mit klinischen Ratings empirisch ermittelt wurden.

Tabelle 9.4: Zusammenhänge zwischen Persönlichkeitsstörungen und den "Big Five". (1) Hypothesen (H) über erhöhte (+, ++) oder erniedrigte (-, --) Werte in den "Big Five" in Anlehnung an Widiger (1993 a, p.83). Ein + bzw. - bedeutet: zwei oder drei Facetten des "Big Five"-Faktors sind erhöht bzw. erniedrigt. Ein ++ bzw. -- bedeutet: vier oder mehr Facetten sind erhöht bzw. erniedrigt. (2) Empirische Befunde aus Costa und McCrae (1990) (E1), gewonnen mit dem MCMI-II, aus Trull (1992) (E2) gewonnen über klinische Ratings sowie aus Soldz et al. (1993) gewonnen mit dem MCMI-II. Bei den drei empirischen Studien bedeutet + (++) bzw. - (--) einen signifikanten korrelativen Zusammenhang auf dem 5%- bzw. 1%-Niveau.

NEO-PI		Paranoid	Schizoid	Schizoty	Antisoz.	Borderl	Histr.	Narzißt.	Selbstunsich	Dependent	Zwanghaft	Pass. aggr.
Neurotizismus	H	+	-	++	+	++	+	+	++	++	+	
	E1			++		++			++			++
	E2	++		++		++	++	++	++	++	++	++
	E3	++	--	++	+	++			++			++
Extraversion	H	-	--	-		+	++		-		-	
	E1		--	--			++	++	--			
	E2		-				++		--			
	E3		--	--	++		++	++	--	-	--	
Offenheit für Erfahrung	H	-		+			+				-	
	E1									-		
	E2		--			+						
	E3			--			++	++	--	-		
Verträglichkeit	H	--			--	-		--		++	-	-
	E1				--			-		++		
	E2	-	-	-	--	--		--			-	-
	E3			--		--	+		-			--
Gewis.-haftigkeit	H				-		-	+			+	-
	E1				--		--				++	
	E2				--			-		-		--
	E3				-	--	-				++	-

Die Tabelle ist wie folgt zu lesen: Die Zeilen beziehen sich auf die "Big Five", wobei wir uns auf die Ebene der übergeordneten Faktoren (nicht der Facetten) beschränken, um eine bessere Vergleichbarkeit zu erreichen. Zu jeder "Big Five"-Dimension sind vier mit H, E1, E2 und E3 gekennzeichnete Zeilen vorhanden. H bezieht sich auf die von Widiger (1993 a) formulierten Hypothesen, die wir vereinfacht wiedergeben. In den Zeilen E1, E2 und E3 sind die Ergebnisse der Untersuchungen von Costa und McCrae (1990), Trull (1992) und Soldz et al. (1993) enthalten, soweit sie ein bestimmtes Signifikanzniveau erreichen. Die Spalten der Tabelle betreffen die elf "Persönlichkeitsstörungen", genauer: die Informationen darüber, wie ausgeprägt die entsprechenden klinischen Merkmale bei den untersuchten Personen sind.

Wir beschränken uns auf die wichtigsten Ergebnisse. Von Ausnahmen abgesehen (vor allem bei passiv-aggressiven und narzißtischen Störungen) lassen sich die Hypothesen in etwa bestätigen, insbesondere dann, wenn entweder sehr enge oder keine Zusammenhänge prognostiziert werden. Besonders deutlich zeichnen sich bei den "Persönlichkeitsstörungen" *erhöhte Neurotizismuswerte* (Ausnahmen: schizoide und antisoziale "Persönlichkeitsstörungen") sowie *erniedrigte Werte in Verträglichkeit* (Ausnahmen: histrionische und dependente "Persönlichkeitsstörungen") ab. Die Bedeutung der Dimension "Offenheit für Erfahrung" ist gering zu veranschlagen.

Besonders stark zur Differenzierung zwischen jeweils einer "Persönlichkeitsstörung" und den anderen "Störungen" tragen folgende Dimensionen bei:

- *Extraversion* (erhöhte Werte bei histrionischen und narzißtischen "Persönlichkeitsstörungen", sonst erniedrigte oder durchschnittliche Werte),
- *Verträglichkeit* (erhöhte Werte bei dependenten "Persönlichkeitsstörungen", sonst erniedrigte oder durchschnittliche Werte) und
- *Gewissenhaftigkeit* (erhöhte Werte bei zwanghaften "Persönlichkeitsstörungen", sonst erniedrigte oder durchschnittliche Werte).

Kritisch ist zu Tabelle 9.4 anzumerken, daß es sich bisher entweder um reine Hypothesen oder um Zusammenhänge auf der Ebene bestimmter diagnostischer Meßverfahren handelt. Anstatt *Gruppen von Patienten* mit bestimmten Persönlichkeitsstörungen mit Verfahren zur Messung der "Big Five" (z.B. dem NEO-PI-R) zu untersuchen, wurden lediglich an heterogenen Stichproben Korrelationen zwischen *Skalen* zur Messung des Ausprägungsgrades von Persönlichkeitsstörungen und "Big Five"-Indikatoren berechnet. Dieses Vorgehen ist zwar leicht zu realisieren, jedoch kein Ersatz für noch ausstehende Studien an klinischen Gruppen mit einheitlicher, auf unabhängigem Weg ermittelter Diagnose (z.B. Borderline-Störungen).

Aus einer Reihe von Gründen ist damit zu rechnen, daß sich Persönlichkeitsstörungen auch mit Hilfe der beiden Konstrukte *seelische Gesundheit* und *Verhaltenskontrolle* beschreiben lassen sollten. Nach den Ausführungen des vorangehenden Abschnitts tragen nur vier der "Big Five" (Ausnahme: Offenheit für Erfahrungen) in nennenswertem Umfang zur Varianzaufklärung in Persönlichkeitsstörungen bei. In Kapitel 2 konnten wir zeigen, daß sich die Varianz in Indikatoren dieser vier "Big Five"-Faktoren zu 50.5% mit Hilfe der beiden Faktoren seelische Gesundheit und Verhaltenskontrolle aufklären läßt (siehe Tabellen 2.7 bis 2.9). Berücksichtigt man die Meßfehler der Indikatoren, und geht man von einer durchschnittlichen Reliabilität von .75 aus, so erhöht sich der Anteil der aufgeklärten (reliablen) Varianz auf etwa 67% oder zwei Drittel. Bereits aus diesen formalen Gründen sollten Zusammenhänge zwischen der seelischen Gesundheit und der Verhaltenskontrolle einerseits sowie den verschiedenen Persönlichkeitsstörungen andererseits bestehen.

Aber auch eine von Becker (1971) durchgeführte Untersuchung deutet in diese Richtung. Mit einer Batterie von 20 MMPI-Skalen sowie vier Zusatzskalen wurden bei 243 Bundeswehrrekruten Daten erhoben und hierarchische Faktorenanalysen gerechnet, die auf der Ebene der Faktoren dritter Ordnung zu den beiden Konstrukten "emotionale Stabilität, Ichstärke" (bzw. seelische Gesundheit) und "Verhaltenskontrolle" führten. Ausgehend von der Interkorrelationsmatrix der 24 Ausgangsvariablen haben wir die Daten mit einer Hauptkomponentenanalyse und einer sich anschließenden Rotation reanalysiert. Die beiden extrahierten Hauptkomponenten klären 50.3% der Gesamtvarianz, d.h. etwa zwei Drittel der reliablen Varianz, auf. Die Ladungen der 24 Variablen auf den beiden Faktoren sind in Abbildung 9.2 wiedergegeben.

Die beiden Hauptvarianzquellen (Faktoren) in dem Pool klinisch relevanter Variablen können als seelische Gesundheit und Verhaltenskontrolle interpretiert werden. Dies belegen unter anderem von uns berechnete Faktorkongruenzkoeffizienten (Pawlik, 1968) zur Bestimmung der Ähnlichkeit zu den von Becker (1988 b) ermittelten gleichnamigen Faktoren, die als Bezugssystem dienen. Sie betragen .98 für seelische Gesundheit und .84 für Verhaltenskontrolle.

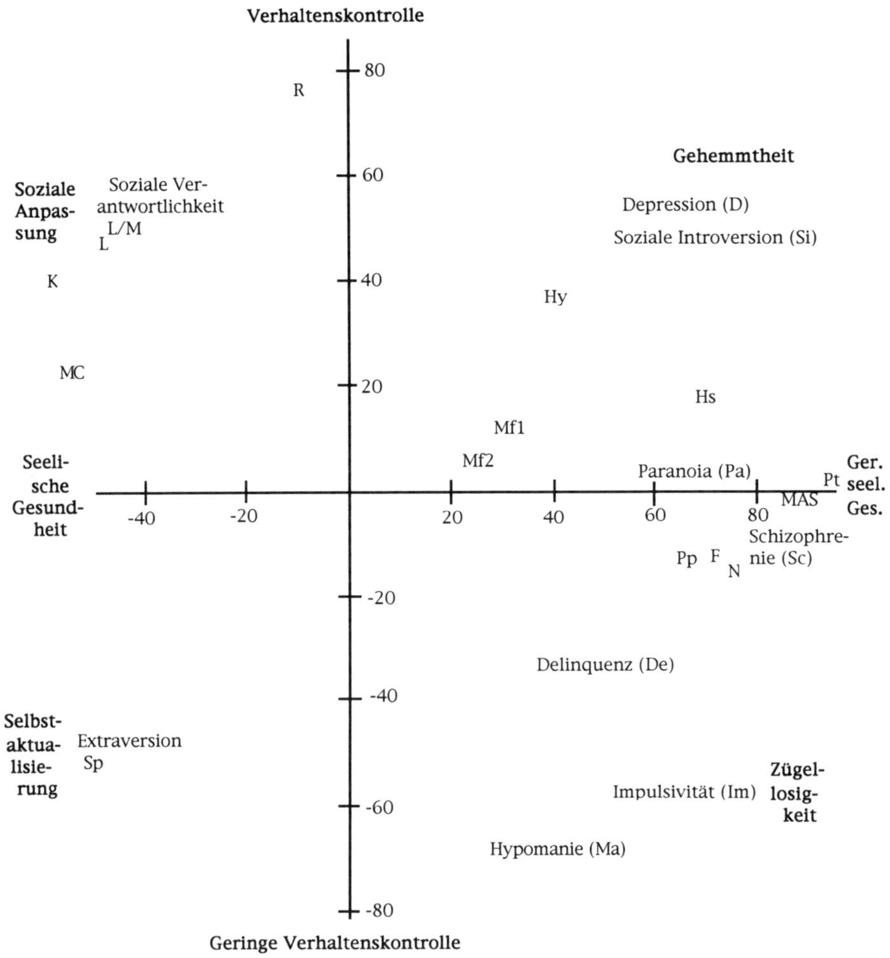

Abbbildung 9.2 : Ergebnisse einer Faktorenanalyse von 24 Variablen.

F	= *Kontrollskala*	*MC*	= *Marlowe & Crowne-Skala*
Hy	= *Hysterie*	*Mf*	= *Maskulinität/Femininität*
Hs	= *Hypochondrie*	*N*	= *Neurotizismus*
K	= *Kontrolle*	*Pp*	= *Psychopathie*
L	= *Lügen*	*Pt*	= *Psychasthenie*
L/M	= *Lügen*	*R*	= *"Repression"*
MAS	= *Manifeste Angst*	*Sp*	= *Social participation*

Zwar ist die Übereinstimmung bezüglich Verhaltenskontrolle nicht perfekt, doch liegt sie in einer noch akzeptablen Größenordnung, wenn man berücksichtigt, daß die in dieser Studie beste Markiervariable für Verhaltenskontrolle, nämlich die R-Skala (Welsh, 1956; Becker, 1971), in der Untersuchung von Becker (1988

b) fehlte. Die R-Skala wurde zur Messung des in Faktorenanalysen von MMPI-Skalen wiederholt replizierten zweitstärksten und von allgemeiner Fehlanpassung unabhängigen Faktors entwickelt. Dieser Faktor erhielt unterschiedliche Interpretationen, darunter solche, die eine Verwandtschaft zur Verhaltenskontrolle und zur Introversion erkennen lassen. Die Iteminhalte der recht heterogenen Skalen beziehen sich bei Personen mit *niedrigen* R-Scores unter anderem auf folgende Themen: Ausagieren, Erlebnishunger, Impulsivität, Geselligkeit, Launenhaftigkeit.

Unter Einbeziehung der Nebenachsen "soziale Anpassung vs. Zügellosigkeit" und "Selbstaktualisierung vs. Gehemmtheit" kann die Circumplexstruktur der Abbildung 2.6 alles in allem befriedigend repliziert werden. Damit lassen sich aus Abbildung 9.2 *Hypothesen* darüber ableiten, wo in dem Circumplex bestimmte Persönlichkeitsstörungen lokalisiert sein sollten.

Ausgehend von der sozialen Introversionsskala (Si) und der Depressionsskala (D) sollten sich die schizoiden, dependenten und selbstunsicheren Persönlichkeitsstörungen im Bereich des Oktanten "Gehemmtheit" befinden. Orientiert man sich an der Paranoiaskala (Pa), der Schizophrenieskala (Sc), der Psychasthenieskala (Pt) und der manifesten Angstskala (MAS), sollten sich die paranoide, die schizotypische und die Borderline-Persönlichkeitsstörung im Bereich des Oktanten "geringe seelische Gesundheit" lokalisieren lassen. Und ausgehend von der Delinquenzskala (De), der Impulsivitätsskala (Im) sowie der Hypomanieskala (Ma) sollten die antisoziale und die narzißtische Persönlichkeitsstörung im Bereich des Oktanten "Zügellosigkeit" zu finden sein. Dabei handelt es sich wohlgemerkt um Hypothesen, da bisher keine Untersuchungen an klinischen Gruppen durchgeführt wurden.

Eine weitere Möglichkeit zur hypothetischen Lokalisation der Persönlichkeitsstörungen in unserem Circumplexmodell ergibt sich auf folgendem Weg: Man vergleicht die Beschreibungen der Persönlichkeitsstörungen mit den Charakterisierungen der Oktanten durch Listen von Persönlichkeitseigenschaften (siehe Abbildungen 2.6 bzw. 9.3). Dies sei an einigen Beispielen erläutert:

- Im Abschnitt 2.2.1 bzw. in Tabelle 9.2 konnten wir zeigen, daß sich das klinische Bild einer *zwanghaften* Persönlichkeitsstörung beträchtlich mit der Charakterisierung einer stark verhaltenskontrollierten Person überschneidet, ohne jedoch damit identisch zu sein. Nach Tabelle 9.4 ist eine zwanghafte Persönlichkeitsstörung durch erhöhte Gewissenhaftigkeit, eine mit Verhaltenskontrolle hoch korrelierende Eigenschaft, sowie durch leicht erhöhten Neurotizismus gekennzeichnet. Daraus ergibt sich die von uns gewählte Circumplexposition.

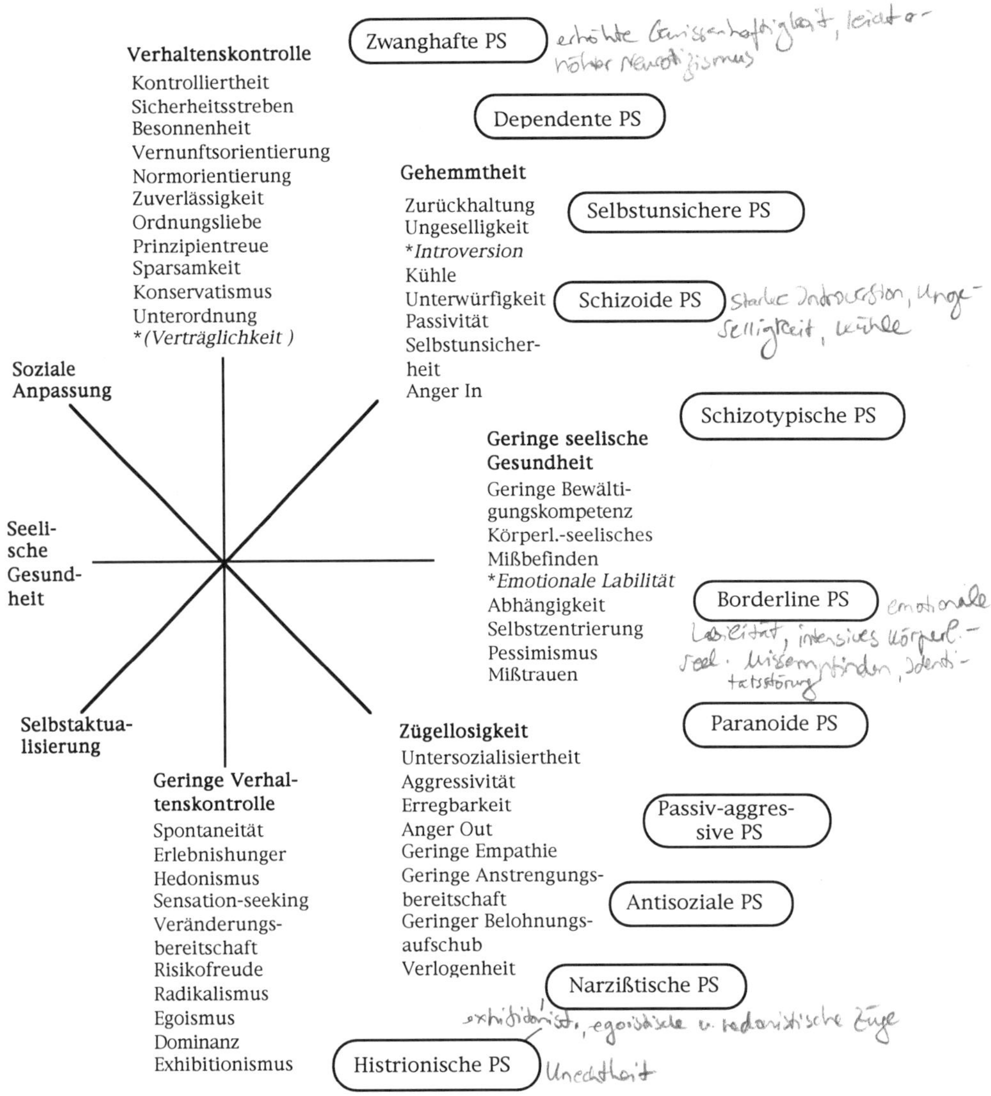

Abbildung 9.3: Hypothetische Lokalisation von Persönlichkeitsstörungen in der rechten Hälfte des Circumplexmodells der Persönlichkeit.

• Zu den diagnostischen Kriterien einer *schizoiden* Persönlichkeitsstörung gehören eine starke Introversion, Ungeselligkeit und Kühle. Diese Eigenschaften sind Elemente des Oktanten "Gehemmtheit". Mithin sollten schizoide Persönlichkeitsstörungen diesem Oktanten zugeordnet sein. Da der Beeinträchtigungsgrad der seelischen Gesundheit bei schizoiden Störungen im allgemeinen geringer ist als bei den schizotypischen-, Borderline- und paranoiden Persönlich-

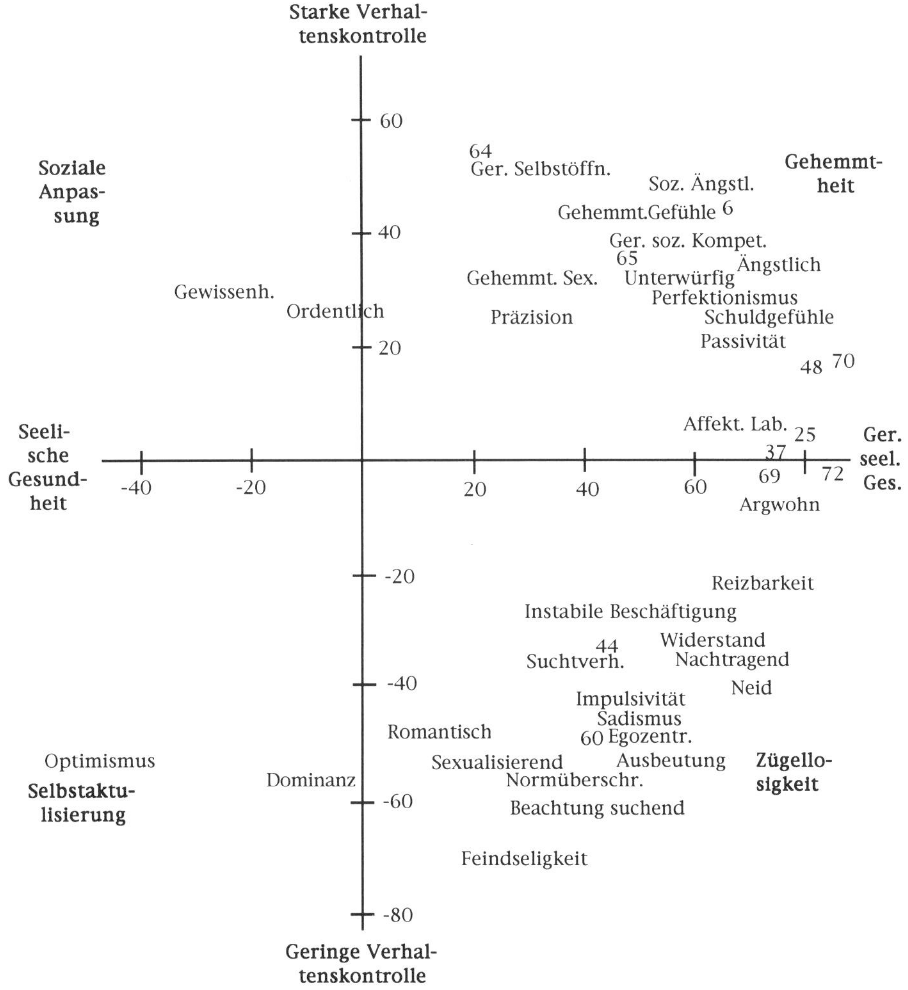

Abbildung 9.4: Ausschnitt aus einer Faktorenanalyse mit Daten von Livesley et al. (1992).

6:	*Geringe Affiliation*	*64:*	*Gehemmter Ausdruck von Ärger*
25:	*Existentielle Unzufriedenheit*	*65:*	*Gehemmter Ausdruck positiver Gefühle*
37:	*Impressionistischer kognitiver Stil*	*69:*	*Schizotypische Kognitionen*
44:	*Interpersonale Gewalt*	*70:*	*Selbstzentrierung*
48:	*Labiles Selbstkonzept*	*72:*	*Selbstschädigend*
60:	*Rücksichtslosigkeit*		

keitsstörungen, haben wir die Lokalisation der schizoiden Störung bezüglich der seelischen Gesundheitsachse etwas nach links (in Richtung höhere seelische Gesundheit) verschoben.

• Eine *Borderline-Persönlichkeitsstörung* ist unter anderem durch eine starke emotionale Labilität, intensives körperlich-seelisches Mißbefinden und eine Identitätsstörung gekennzeichnet. Diese Merkmale sprechen für eine Lokalisation im Oktanten "geringe seelische Gesundheit".

• Hauptmerkmale einer *passiv-aggressiven* Persönlichkeitsstörung sind ein durchgängiges Muster passiven Widerstands gegenüber Forderungen nach angemessenen Leistungen sowie Erregbarkeit und Aggressivität. Daher erscheint eine Zuordnung zum Oktanten "Zügellosigkeit" naheliegend.

• Zu den gemeinsamen Merkmalen *histrionischer* und *narzißtischer* Persönlichkeitsstörungen gehören exhibitionistische, egoistische und hedonistische Züge sowie eine geringe Fähigkeit zum Belohnungsaufschub. Für die histrionische Persönlichkeitsstörung ist ferner Unechtheit charakteristisch. Wir haben aus diesen Gründen beide Persönlichkeitsstörungen im Überschneidungsbereich der Oktanten "geringe Verhaltenskontrolle" und "Zügellosigkeit" lokalisiert. Diese Beispiele mögen zur Erläuterung unserer Hypothesenbildung ausreichen.

Nachdem (!) wir die vorangehenden Hypothesen (und den entsprechenden Text) formuliert und die Abbildung 9.3 hergestellt hatten, ergab sich eine Möglichkeit zu deren empirischer Überprüfung, mit der wir nicht rechnen konnten. Auf Anfrage an Prof. Dr. Livesley von der University of British Columbia in Vancouver erhielt der Verfasser die Ergebnisse zweifaktorieller Hauptkomponentenanalysen zweier von Livesley et al. (1989, 1992) erhobener Datensätze (siehe oben). Der erste, von uns im folgenden herangezogene Datensatz basiert auf den Selbstbeschreibungen von 158 männlichen und weiblichen Patienten mit der primären Diagnose einer Persönlichkeitsstörung (zu Einzelheiten siehe Livesley et al., 1992). Der zweite Datensatz wurde bei 274 Personen aus der allgemeinen Bevölkerung gewonnen. Da die zu berichtenden faktorenanalytischen Ergebnisse bei beiden Stichproben weitgehend identisch sind, beschränkt sich unsere Darstellung auf die klinische Stichprobe. Berechnet wurden die Scores in 100 Skalen zur Messung von Dimensionen, die zur Charakterisierung der Verhaltensweisen und Eigenschaften von Patienten mit Persönlichkeitsstörungen verwendet werden. Da es Livesley et al. (1989, 1992) um eine möglichst differenzierte Erfassung von Persönlichkeitsstörungen ging, extrahierten sie 15 Faktoren, die 74.4% der Gesamtvarianz aufklären.

Unser Ziel war hingegen die Überprüfung des Circumplexmodells der Persönlichkeit und seiner Fruchtbarkeit im klinischen Kontext. Aus diesem Grund beschränkten wir uns auf die ersten beiden

Hauptkomponenten, die immerhin 41% der Gesamtvarianz aufklären (bei der zweiten Stichprobe 44.1%). Dies entspricht 55.1% (bzw. 59.3%) der Varianz, die mit 15 Faktoren zu extrahieren ist. Es handelt sich mithin um sehr *breite Faktoren*. Wir haben in Abbildung 9.4 die Ladungen der meisten Variablen auf den ersten beiden unrotierten Faktoren wiedergegeben, soweit dies darstellungstechnisch möglich war (d.h. ohne, daß es zu Überschneidungen der Schrift kommt) und soweit die Ergebnisse im Zusammenhang mit unseren Hypothesen aufschlußreich erscheinen (siehe oben).

Der erste, varianzstärkste Faktor läßt sich eindeutig als (geringe) seelische Gesundheit, der zweite (weniger sicher) als Verhaltenskontrolle interpretieren. Die Interpretation des zweiten Faktors wird dadurch erschwert, daß keine guten Markiervariablen (Variablen mit hohen positiven oder negativen Ladungen auf diesem Faktor und annähernden Nulladungen auf dem Faktor seelische Gesundheit) vorhanden sind. Deren Fehlen erklärt sich aus dem von Livesley et al. (1989, 1992) verfolgten Ziel, ausschließlich Dimensionen *gestörten* Verhaltens zusammenzustellen, die für die Beschreibung und das Verständnis von Persönlichkeitsstörungen von Bedeutung sind. Beachtet man jedoch auch die Variablen in den beiden Diagonalen der Abbildung 9.4, bestätigt sich insgesamt die in Abbildung 2.6 (sowie in Abbildung 9.2) wiedergegebene Struktur, so daß die Interpretation des zweiten Faktors als Verhaltenskontrolle eine deutliche Stützung erfährt.

Abbildung 9.4 erweist sich als Fundgrube für interessante Zusammenhänge zwischen Persönlichkeitseigenschaften aus dem normalpsychologischen und klinischen Bereich. Wir beschränken uns an dieser Stelle auf die Überprüfung der hypothetischen Lokalisationen von Persönlichkeitsstörungen in unserem Circumplexmodell (vgl. Abbildung 9.3). Die Ergebnisse der Überprüfung seien an einigen Beispielen erläutert:

- *Histrionische* Persönlichkeitsstörungen wurden von uns im Übergangsbereich zwischen den Oktanten "geringe Verhaltenskontrolle" und "Zügellosigkeit" lokalisiert. Dort befinden sich nach Abbildung 9.4 unter anderem folgende Eigenschaften: "romantisch", "sexualisierend" ("sexualization of relationships"), "Beachtung suchend", "Egozentrismus" und "Dominanz". Dabei handelt es sich nach dem DSM-III-R um diagnostische Kriterien einer histrionischen Persönlichkeitsstörung , wobei dies für "Dominanz" mit Einschränkungen (im Sinne des Manipulierens von Personen, insbesondere des anderen Geschlechts, sowie des Aufmerksamkeit-Beanspruchens) gilt.
- *Passiv-aggressive* Persönlichkeitsstörungen wurden dem Oktanten "Zügellosigkeit" zugeordnet. Dort befinden sich nach Abbildung 9.4 unter anderem folgende Eigenschaften: "Widerstand" ("resents

authority figures"), "nachtragend", "Reizbarkeit", "Neid", sowie "Verachtung" (nicht abgebildet aus Überschneidungsgründen!).

- *Borderline*-Persönlichkeitstörungen wurden dem Oktanten "geringe seelische Gesundheit" zugeordnet. Dort befinden sich nach Abbildung 9.4 unter anderem folgende Eigenschaften: "affektive Labilität", "labiles Selbstkonzept", "selbstschädigend" und "existentielle Unzufriedenheit".
- *Selbstunsichere* Persönlichkeitsstörungen wurden im Zentrum des Oktanten "Gehemmtheit" lokalisiert. Dort befinden sich nach Abbildung 9.4 unter anderem folgende Eigenschaften: "soziale Ängstlichkeit", "Ängstlichkeit", "geringe soziale Kompetenz" und "unterwürfig". Die Eigenschaft "unterwüfig" paßt am besten zur dependenten Persönlichkeitsstörung, sie läßt sich jedoch mit Einschränkungen auch auf die selbstunsichere Persönlichkeitsstörung anwenden.
- *Zwanghafte* Persönlichkeitsstörungen wurden dem Übergangsbereich zwischen den Oktanten "starke Verhaltenskontrolle" und "Gehemmtheit" zugeordnet. Dort befinden sich nach Abbildung 9.4 unter anderem folgende Eigenschaften: "ordentlich", "Präzision", "Perfektionismus", "gehemmte Gefühle", "gehemmter Ausdruck von Ärger" und "gehemmter Ausdruck positiver Gefühle".

Zusammenfassend stützen die von Livesley et al. (1989, 1992) berechneten Ergebnisse erstaunlich gut die vermutete Lokalisation von Persönlichkeitsstörungen innerhalb des Circumplexmodells.

Worin liegt der Wert einer solchen Zuordnung? Zum einen wird deutlich, daß die elf Persönlichkeitsstörungen die gesamte rechte Hälfte des Circumplexmodells abdecken. Sollten unsere Hypothesen sich in empirischen Untersuchungen persönlichkeitsgestörter Patienten bestätigen lassen, so wäre damit gezeigt, daß größere Varianzanteile in den elf Persönlichkeitsstörungen mit Hilfe der beiden Faktoren seelische Gesundheit und Verhaltenskontrolle bzw. der fünf Oktanten im rechten Teil des Circumplexmodells aufgeklärt werden können, wobei den beiden Faktoren bei jeder Persönlichkeitsstörung ein jeweils unterschiedliches Gewicht zukommt. Schizotypische, Borderline- und paranoide Persönlichkeitsstörungen zeichnen sich durch eine besonders geringe seelische Gesundheit aus, während zwanghafte und histrionische Persönlichkeitsstörungen primär durch eine starke bzw. geringe Verhaltenskontrolle gekennzeichnet sind.

Aus Abbildung 9.3 können ferner die "Verwandtschaftsverhältnisse" zwischen Persönlichkeitsstörungen und damit zusammenhängende Abgrenzungsprobleme abgelesen werden. Zwanghafte und histrionische Störungen sollten zum Beispiel weitgehend konträre Eigenschaftsmuster besitzen, eine in der klinischen Literatur häufig formulierte Aussage (z.B. Bräutigam, 1969; Caine & Hope, 1967; Foulds, Caine, Adams & Owen, 1965; Riemann, 1985). Im übrigen lassen sich die Gruppierungen der Persönlichkeitsstörungen relativ gut mit den clusteranalytischen Befunden von Morey (1988) in Einklang bringen (siehe Abbildung 9.1).

Den vielleicht größten Nutzen dieser Art der Darstellung sehen wir darin, die Abbildung 9.3 mit unserer Systemtheorie der Persönlichkeit (siehe nächstes Kapitel) sowie mit den Abbildungen 7.8, 7.9 und 7.10 zu verknüpfen. In den zuletzt genannten Abbildungen sind die Hypothesen zu den Bedingungen (respektive den Folgen) der in unserem Circumplexmodell (Abbildung 7.7) enthaltenen Oktanten aufgeführt. Daraus lassen sich Hypothesen zu den psychosozialen Entstehungsbedingungen und zu den Behandlungsmöglichkeiten von Persönlichkeitsstörungen ableiten. Wieder beschränken wir uns an dieser Stelle auf exemplarische Hinweise:

- Bei dependenten, selbstunsicheren und schizoiden Persönlichkeitsstörungen wäre die Hypothese zu überprüfen, ob sie aus sozialen Erfahrungen resultieren, die durch Unterdrückung gekennzeichnet sind. Sollte dies zutreffen, wäre eine Therapie, die starke Elemente der "Bestätigung" enthielte, zu empfehlen.
- Bei schizotypischen, Borderline und paranoiden Persönlichkeitsstörungen sind als psychosoziale Bedingungen Erfahrungen besonderer Geringschätzung in Betracht zu ziehen. In der Therapie sollte folglich in besonders hohem Maße Wertschätzung realisiert werden.
- Bei passiv-aggressiven, antisozialen und narzißtischen Persönlichkeitsstörungen wäre zu prüfen, ob sie auf Vernachlässigung zurückzuführen sind. Gibt es dafür Hinweise, sollte in der Therapie vor allem eine anleitende Unterstützung erfolgen.

3. ERKLÄRUNG PSYCHISCHER STÖRUNGEN

Angefangen von der Psychoanalyse bis zu modernen kognitiven Ansätzen findet man in fast allen Psychotherapierichtungen Annahmen darüber, daß bestimmte Persönlichkeitseigenschaften als prädisponierende Merkmale bei der Erklärung psychischer Störungen Beachtung verdienen (zum Überblick Bastine, 1992 a; Becker, 1992 b; Huber, 1992; Huf, 1992; Lohmann, 1980; Seidenstücker, 1984). Wir beschränken uns auf knappe exemplarische Hinweise und stellen im nächsten Kapitel ein eigenes ätiologisches Schema dar.

Nach Freud verursachen frühkindliche Fehlentwicklungen sogenannte Fixierungen (z.B. eine orale Fixierung), die mit der Ausprägung typischer Charakterstrukturen (z.B. einem oralen Charakter) verbunden sind. Die Charakterstrukturen ihrerseits fungieren - vermittelt über bestimmte Abwehrmechanismen - als Prädispositionen für entsprechende psychische Störungen.

Adler zufolge entwickeln Menschen mit einem tief verwurzelten Minderwertigkeitsgefühl ein überkompensatorisches Streben nach Macht und Überlegenheit, das ihrem "Gemeinschaftsgefühl" zuwiderläuft und sie oft in neurotische Sackgassen führt.

Rogers und Maslow sehen die Gefahr, daß selbstentfremdete bzw. in ihrer Selbstaktualisierung blockierte Personen psychische Störungen herausbilden.

Eysenck zufolge wirken ein erhöhter Neurotizismus oder Psychotizismus - eventuell in Verbindung mit erhöhter Introversion oder Extraversion - als prädisponierende Bedingungen für unterschiedliche psychische Störungen.

Ellis hält irrationale Überzeugungen für neurotisierend. Nach Beck (1983) sind Personen mit erhöhter "Soziotropie" (Dependenz; Wunsch nach Nähe sowie Bewunderung) oder erhöhter "Autonomie" besonders depressionsgefährdet (zu näheren Einzelheiten und zur empirischen Überprüfung siehe Becker, 1992 b). Seligman (1991) betrachtet eine habituell pessimistische Ursachenerklärung als Risikofaktor für psychische und psychosomatische Erkrankungen.

Bereits diese kleine und unvollständige Auswahl von Theoretikern belegt, daß ein Denken in persönlichkeitspsychologischen Kategorien unter klinisch-psychotherapeutisch orientierten Autoren unterschiedlicher Provenienz weit verbreitet ist. Auf der anderen Seite kann von einem generellen Konsens in dieser Frage nicht die Rede sein. Insbesondere bei Verhaltenstherapeuten und biologisch-orientierten Klinikern stößt man häufig auf Vorbehalte gegenüber Persönlichkeitseigenschaften, wenn es um die Erklärung und Prognose psychischer Störungen sowie um Fragen der Therapieplanung geht. Zu diesem Eindruck gelangten auch Beck et al. (1993, S. 277): "... Dies ist in erster Linie darauf zurückzuführen, daß psychische Störungen nach Ansicht der Verhaltenstherapeuten spezifische erlernte fehlangepaßte Verhaltensmuster enthalten und sie die Existenz allgemeiner, feststehender Persönlichkeitstypen oder Traits generell in Frage stellen."

Eine derartige Blickverengung wird unter anderem in dem von Reinecker (1994 a) herausgegebenen "Lehrbuch der Klinischen Psychologie" in mehreren Beiträgen sichtbar. Reinecker (1994 b) zählt in einem Kapitel über Forschungsprobleme in der klinischen Psychologie folgende drei Forschungsstrategien auf, deren Ergebnisse zur Formulierung ätiologischer Theorien beigetragen haben:

- experimentelle und quasi-experimentelle Ansätze,

- epidemiologische Forschung, und
- Life-Event-Forschung.

Persönlichkeitspsychologische Ansätze oder Forschungen über die Komorbidität von Persönlichkeitsstörungen und anderen psychischen Störungen bleiben unberücksichtigt.

Reinecker (1994 c, S. 96) verwendet in seinem Beitrag über soziale und spezifische Phobien unter der Überschrift "Erklärungsansätze" nur wenige Zeilen auf die Besprechung von Persönlichkeitsmerkmalen: "Spezifische Phobiker werden manchmal mit den Begriffen ´abhängige Persönlichkeiten´ bezeichnet, was weder für die Ätiologie, noch für den Verlauf besonders ergiebig ist. Für soziale Phobiker fand Shafar (1976) in 80% der Fälle Persönlichkeitsmerkmale, die das soziale und partnerschaftliche Zusammenleben beeinträchtigen; nosologisch interessanter sind die Daten von Marks (1969), wonach rund die Hälfte aller am Maudsley Hospital behandelten Phobiker vorher eine depressive Episode aufwiesen; 18% der Behandelten waren Alkoholiker oder drogenabhängig (Marks, 1969)." Die Berücksichtigung von Persönlichkeitsmerkmalen wird als unergiebig bzw. nosologisch uninteressant abgetan (vgl. hingegen Fiedler, 1994 a). Bemerkenswerterweise findet man an anderer Stelle in dem Beitrag von Reinecker (1994 c, S. 105) bei der Besprechung wirksamer Behandlungsmethoden folgende Passage: "Zur Bewältigung von *sozialen* Phobien besteht die Exposition in einer Konfrontation mit sozialen Situationen, in denen der Klient angst-antagonistische Verhaltensweisen realisieren sollte. Das Vorgehen wird zumeist als Assertiveness-Training (AT) oder Selbstsicherheits-Training bezeichnet (vgl. ...) und hat sich wegen des Übungscharakters konkreter sozialer Fertigkeiten und der Vermittlung entsprechender Problemlösefertigkeiten (bedeutsam für die Flexibilität des Verhaltensrepertoires!) zur Behandlung sozialer Ängste als ausgesprochen zielführend erwiesen." Versteht man unter einer Persönlichkeitseigenschaft eine *Disposition* zu einem Muster funktional äquivalenter Verhaltens- und Erlebensweisen, das sich unter bestimmten situativen Bedingungen mit erhöhter Wahrscheinlichkeit manifestiert, handelt es sich bei mangelnder Selbstsicherheit und geringen sozialen Fertigkeiten um Persönlichkeitseigenschaften, ein Verständnis, das offenbar von Reinecker nicht geteilt wird. Die Vermutung liegt nahe, daß statt dessen Persönlichkeitseigenschaften ausschließlich mit Temperamentseigenschaften (z.B. Neurotizismus und Extraversion) gleichgesetzt werden.

Bei der Besprechung von Agoraphobien und Panikanfällen legen Ehlers und Margraf (1994, S. 129) Persönlichkeitsmerkmale mit einem Satz und einem Literaturverweis zur Seite: "Klinische Eindrücke über disponierende Persönlichkeitsmerkmale für Agoraphobie (z.B. Passivität, Schüchternheit, Abhängigkeit) ließen sich empirisch nicht bestätigen (Marks, 1987)." In dem als Beleg herangezogenen Buch von Marks (1987, S. 349) findet man jedoch folgende Aussage: "Verglichen mit Kontrollpersonen sind Agoraphobikerinnen neurotisch und Gefahrenaufspürer ("sensitizers") (Arrindell & Emmelkamp, 1985; Turner et al., 1984), was auf Agoraphobiker mehr zutrifft als auf die meisten anderen Phobiker .... Die Agoraphobikerinnen waren auch ´defensiv´ in Skalen zur Erfassung des Abstreitens negativer Eigenschaften und allgemeiner Erwünschtheit. Da bei den Patientinnen nicht zwischen morbiden und prämorbiden Zuständen unterschieden wurde, *könnten* diese Ergebnisse durchaus deren Störungen und nicht deren prämorbide Persönlichkeit widerspiegeln." (Übers. und Hervorhebung d. Verf.).

An anderer Stelle in ihrem Beitrag nehmen Ehlers und Margraf (1994, S. 131) auf Goldstein und Chambless (1978) Bezug: "Prädisponierend für komplexe Agoraphobien seien Selbstunsicherheit, allgemeine Ängstlichkeit, Abhängigkeit und die Unfähigkeit, unangenehme Emotionen mit auslösenden Ereignissen akkurat in Beziehung zu setzen. ... Der Ansatz von Goldstein und Chambless (1978) ist von heuristischem Wert, da er eine auf viele Fälle zutreffende Beschreibung liefert. ... Darüber hinaus fehlen weitgehend empirische Belege für die angenommene abhängige und selbstunsichere prämorbide Persönlichkeit (Marks, 1987)." Solche von Ehlers und Margraf vermißten empirischen Belege wurden von Pfohl et al. (1991) sowie Reich, Noyes und Troughton (1987) geliefert. Pfohl und Mitarbeiter diagnostizierten bei 38% der von ihnen untersuchten Patienten mit Panikstörung eine dependente oder selbstunsichere Persönlichkeitsstörung (vgl. Fiedler, 1994 a, S. 238; siehe auch Ullrich & Ullrich de Muynck, 1978, 1980). In einer Reihe weiterer Studien konnte gezeigt werden, daß bei Panikstörungen und/oder Agoraphobien in 27% bis 58% der Fälle Persönlichkeitsstörungen vorliegen, die den Therapieerfolg entscheidend (negativ) beeinflussen (Friedman, Shear & Frances, 1987; Green & Curtis, 1988; Koenigsberg, Kaplan, Gilmore & Cooper, 1985; Mavissakalian & Hamann, 1986; Reich, Noyes & Troughton, 1987; Roy-Byrne, Ashleigh & Carr, 1988). Dieses Ergebnis wurde von Noyes et al. (1990) bestätigt. In einer Längsschnittstudie ermittelten diese Autoren beim Vergleich mit einer normalen Kontrollgruppe folgenden Befund: "Wie erwähnt, beobachteten wir bei Personen mit Panikstörungen häufiger abnorme Persönlichkeitszüge als bei Kontrollpersonen. Die Scores in beinahe allen PDQ-Maßen zur Erfassung von Persönlichkeitsstörungen waren signifikant höher bei den Personen mit Panikstörungen." (Noyes et al., 1990. S. 817. Übers. d. Verf.).

Entgegen dem von Ehlers und Margraf vermittelten Eindruck besteht unseres Erachtens kein Zweifel an der Bedeutung von Persönlichkeitseigenschaften im Zusammenhang mit der Entstehung, dem Schweregrad und der Prognose von Agoraphobien und Panikstörungen. So erwies sich beispielsweise in der Studie von Favavelli und Albanesi (1987) ein erhöhter Neurotizismus-Score als Prädiktor einer ungünstigen Entwicklung nach Behandlungsabschluß.

Leplow und Ferstl (1994, S. 489) äußern sich wie folgt über Zusammenhänge von Persönlichkeitsfaktoren und psychophysiologischen Störungen: "Persönlichkeitsfaktoren, ´störungsspezifische Einstellungen´ (Graham, 1972) oder ´spezifische Konfliktsituationen´ (Alexander, 1977) lassen sich nicht bestimmten Störungen zuordnen (Weiner, 1977). Alle Versuche, krankheitstypische Wesenszüge zu objektivieren, sind bis jetzt gescheitert." Mit keinem Wort gehen die Autoren auf Untersuchungen ein, in denen Personen mit psychophysiologischen Störungen oder körperlichen Beschwerden hinsichtlich ihrer Persönlichkeit mit nicht gestörten Personen verglichen wurden und in denen aufschlußreiche signifikante Unterschiede ermittelt werden konnten (z.B. Becker, 1992 b). Leplow und Ferstl erwecken damit den Eindruck, es lohne sich in keiner Weise, bei der Erklärung oder der Therapie dieser Störungen die Persönlichkeit des Patienten einzubeziehen.

Zusammenfassend wird deutlich, daß zur Zeit kein Konsens darüber besteht, ob Persönlichkeitseigenschaften bei der Erklärung psychischer Störungen Berücksichtigung finden sollten (zum Überblick Becker, 1992 b; Costa & Widiger, 1994; Reinecker, 1994 a). Wie kann man in dieser Frage zu einer Klärung gelangen? Aufschlußreich erscheinen uns die Ergebnisse unter anderem folgender Forschungsstrategien:

- Untersuchungen von Persönlichkeitseigenschaften bzw. Verhaltensweisen und Kognitionen (Überzeugungen, Kausalattributionen, kognitiven Schemata etc.) von Patienten mit psychischen Störungen (ausgenommen Persönlichkeitsstörungen) zum Zeitpunkt ihrer Behandlung lassen keine eindeutigen kausalen Schlüsse zu. Sie können bestenfalls Hypothesen liefern, die auf anderem Weg abzuklären sind. Unter diesem Manko leiden beispielsweise kognitive Theorien psychischer Störungen (etwa die Theorien von Beck oder von Ellis), die bisher auf Erkenntnissen aus klinischen Beobachtungen und *Querschnittstudien* basieren.

- Die häufig geforderten *prospektiven Studien* wurden wegen des enormen Untersuchungsaufwandes in der Vergangenheit selten realisiert. Wie Becker (1984) zeigte, machen es die niedrigen Basisraten psychischer Störungen erforderlich, große Stichproben zu untersuchen und über einen längeren Zeitraum zu verfolgen. Außerdem genügt es nicht, nur *eine* Persönlichkeitseigenschaft zu erfassen, da oft erst bei Kombination mehrerer Eigenschaften die Auftretenswahrscheinlichkeit einer psychischen Störung wächst (z.B. bei der Kombination: geringe Fähigkeit zur Bewältigung externer und interner Anforderungen und starke Verhaltenskontrolle). Erfreulicherweise liegen aus jüngerer Zeit die Ergebnisse prospektiver Studien vor, die in überzeugender Weise belegen, daß bestimmte Persönlichkeitsfaktoren das Risiko psychischer Störungen erhöhen (siehe den ausgezeichneten Überblick von Connolly, 1991, sowie Becker, 1992 b). Zu nennen sind insbesondere erhöhte Werte in Neurotizismusmaßen (bzw. Indikatoren geringer seelischer Gesundheit), Introversion sowie geringer Impulskontrolle (bzw. geringer Verhaltenskontrolle). Connolly (1991, S. 42; Übers. d. Verf.) beschließt seinen Überblicksartikel mit folgender Aussage: "Längsschnittstudien der Persönlichkeit haben eine Menge Fortschritte gemacht, und dies wird deutlich, wenn man die Untersuchungen in ihrer Gesamtheit betrachtet. Die Behauptungen sowohl der Stabilität der wichtigsten Persönlichkeitseigenschaften als auch ihrer prädiktiven Zusammenhänge mit psychischen Störungen und sozialem Verhalten ruhen jetzt auf recht stabilen empirischen Fundamenten."

• Untersuchungen an *Ex-Patienten in der Remissionsphase* stellen eine weitere Möglichkeit dar, die unter anderem von Steinmeyer (1988) beim Vergleich remittierter Depressiver mit Kontrollpersonen realisiert wurde. Allerdings kann die postmorbide Persönlichkeit sowohl von der prämorbiden als auch der morbiden Persönlichkeit abweichen (Hirschfeld, Klerman, Lavori, Keller, Griffith & Coryell, 1989; Roy, 1991), wobei dies auf verschiedene Eigenschaften in unterschiedlichem Ausmaß zutrifft (Tyrer, Strauss & Cicchetti, 1983). Miller (1991) berichtet, daß er nie einen Patienten gesehen habe, der zu Beginn der Behandlung einen hohen Neurotizismuswert besaß und die Therapie mit einem durchschnittlichen oder geringen Neurotizismuswert beendete. Becker (1989, S. 80) untersuchte 24 neurotische Patienten zu Beginn und nach Abschluß ihrer Therapie. Es handelte sich um Männer und Frauen mit den Diagnosen Angstneurose und depressive Neurose, die in verschiedenen Therapieeinrichtungen entweder rein psychologisch oder unterstützt durch Psychopharmaka behandelt worden waren. Wie Abbildung 9.5 zeigt, verbesserten sich die TPF-Skalenwerte in Indikatoren der seelischen Gesundheit (signifikant mit Ausnahme der Liebesfähigkeits (LF-) Skala), ohne jedoch - im Mittel - Durchschnittswerte zu erreichen. Die Profilform blieb im wesentlichen erhalten. Sollte dieses Ergebnis verallgemeinerbar sein, so spräche es dafür, daß durch Therapie positive Veränderungen in Persönlichkeitseigenschaften zu erzielen sind, ohne daß sich individuelle Profilmerkmale völlig verlieren.

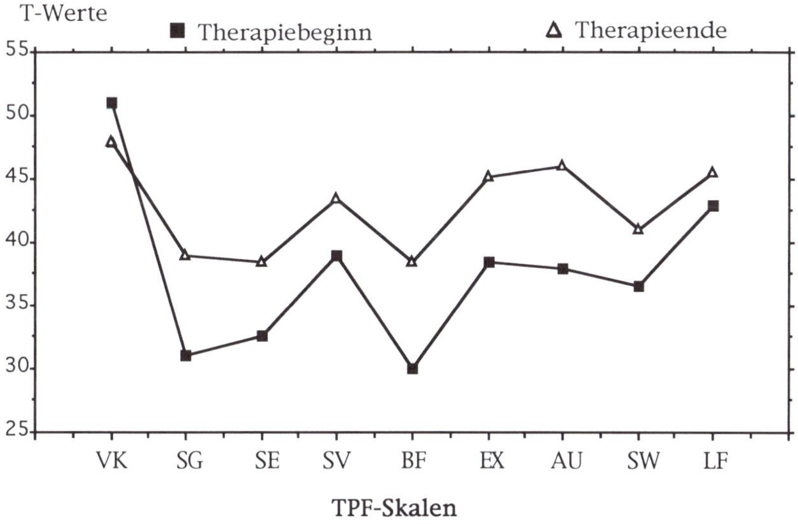

Abbildung 9.5: TPF-Mittelwertsprofile von 24 neurotischen Patienten zu Beginn und nach Abschluß der Behandlung.

• Da es sich bei Persönlichkeitsstörungen nach klinischer Erfahrung und per definitionem um stabile Personmerkmale (extreme Persönlichkeitseigenschaften bzw. gestörte Formen zwischenmenschlichen Verhaltens) handelt, die sich nicht ohne weiteres bei Auftreten einer psychischen Störung auf der Achse I des DSM-III-R oder zu Beginn einer Therapie verändern (Hurt et al., 1990; Trull, 1993), liefern *Studien zur differentiellen Komorbidität* von Persönlichkeitsstörungen und sonstigen psychischen Störungen wichtige Hinweise auf die Bedeutung von Persönlichkeitseigenschaften für die Entstehung psychischer Störungen. Entsprechende differentielle Zusammenhänge wurden von Pfohl et al. (1991) ermittelt (siehe Ecker, 1993; Fiedler, 1994 a).

Betrachtet man die Ergebnisse, die mit Hilfe der drei zuletzt genannten Forschungsstrategien gewonnen wurden, in ihrer Gesamtheit, so liefern sie Argumente dafür, im Bedingungsgefüge psychischer Störungen prädisponierenden Persönlichkeitseigenschaften Beachtung zu schenken. Dabei ist nicht davon auszugehen, daß Eins-zu-Eins-Relationen zwischen Persönlichkeitseigenschaften und spezifischen Störungen bestehen. Plausibler erscheint die Annahme, daß eine bestimmte Persönlichkeitsstruktur oder Persönlichkeitsstörung nicht zu einer spezifischen psychischen Störung disponiert, sondern das Auftreten einiger Arten von Störungen begünstigt und anderer Störungen unwahrscheinlich macht (*Inzidenzmuster-Hypothese*).

4. FESTLEGUNG VON THERAPIEZIELEN

Bastine (1992 b) unterscheidet zwischen generellen Zielsetzungen jeder Psychotherapieform und speziellen Behandlungszielen. Erstere umfassen einerseits den Abbau der psychischen Störungen, Behinderungen und Probleme, andererseits die Förderung des subjektiven Wohlbefindens. Sofern bei einem Psychotherapiepatienten vor Beginn der Behandlung das psychische Wohlbefinden habituell (d.h. über längere Zeiträume aggregiert) beeinträchtigt war, beinhaltet die Förderung des *habituellen* subjektiven Wohlbefindens eine Veränderung einer Persönlichkeitseigenschaft (vgl. Becker, 1991 a). Zu den von Bastine (1992 b) aufgelisteten speziellen Behandlungszielen gehören unter anderem die Förderung persönlicher Fähigkeiten, Fertigkeiten und Kompetenzen, die Überwindung intrapsychischer Konflikte und pathologischer Verarbeitungsprozesse und die Förderung psychischen Wachstums (Selbstverwirklichung, Sinnfindung usw.); alle diese Ziele lassen sich als Beeinflussungen von *Persönlichkeitseigenschaften* betrachten.

Therapieziele können auf unterschiedlichen Abstraktionsebenen und im Hinblick auf kurzfristige, mittelfristige und langfristige Erreichbarkeit formuliert werden. So charakterisiert Lohmann (1980) in seinem Überblick über die Ziele verschiedener Therapieschulen die Verhaltenstherapie exemplarisch wie folgt:

- *kurzfristige* Ziele: unangepaßtes Verhalten abbauen; alternatives Verhalten erproben; ökologische Veränderungen; Übergang von Fremd- zu Selbstverstärkung;
- *mittelfristige* Ziele: Umstrukturierung des Verhaltensrepertoires: Entwicklung von Bewältigungsfertigkeiten anstelle symptomatischen Verhaltens; Selbstkontrolle; Stabilisierung der neu erworbenen Verhaltensmuster;
- *langfristige* Ziele bzw. Konzepte seelischer Gesundheit: Einsicht in die Bedingungen der eigenen Probleme; Kompetenzentwicklung; veränderte Wahrnehmung der eigenen Person.

Insbesondere bei den abstrakten (globalen) und den langfristigen Zielen werden von vielen Therapeuten und Patienten Veränderungen in Persönlichkeitseigenschaften (z.B. eine Verringerung der Angstneigung, der Aggressivität, der sozialen Gehemmtheit, eine Erhöhung des Selbstwertgefühls, der Liebesfähigkeit oder der Selbstbehauptung) angestrebt (Orlinsky & Howard, 1986; Perrez, 1990). Welche Therapieziele ausgewählt werden, hängt neben den Wünschen des Klienten, seiner Bezugspersonen und allgemeinen Kontextbedingungen auch von den Werten und der Schulenzugehörigkeit des Therapeuten ab (Becker, 1982 a, 1985 a; Huf, 1992; Lohmann, 1980; Perrez, 1990; Revenstorf, 1992; Seidenstücker, 1984). Und auch die von Klient oder Therapeut ins Auge gefaßte Therapiedauer entscheidet mit darüber, welche Therapieziele erreichbar erscheinen. So wird beispielsweise im Rahmen einer analytischen Kurz- oder Fokaltherapie, die sich auf einen Zeitraum von wenigen Monaten erstreckt, ein begrenzterer Behandlungsfokus bestimmt als in einer klassischen Psychoanalyse (Garfield, 1989).

Tabelle 9.5 gibt einen vereinfachenden Überblick über die im Rahmen von vier Psychotherapieansätzen aus der Sicht ihrer Proponenten verfolgten Therapieziele sowie die Ätiologiekonzepte, Zeitperspektiven und psychologischen Mittel.

5. AUSWAHL VON THERAPIEMETHODEN UND THERAPIEPROGNOSE

Zum Thema "Bedeutung von Persönlichkeitsmerkmalen des *Therapeuten* respektive des *Klienten* für die Therapieprognose" stößt man auf unterschiedliche Aussagen. Stellvertretend seien zwei Zitate von Bastine (1992 b) einander gegenübergestellt: "In einer größeren Zahl von Studien wurden Persönlichkeitsmerkmale von Klienten, erfaßt durch Testverfahren wie MMPI, TAT, Rorschach-Test, Locus-of-control-Skalen, Tests zur Erfassung der Ich-Stärke usw., als Prädiktoren des Behandlungserfolges untersucht. Diese Bemühungen sind insgesamt fehlgeschlagen (Lambert, 1979).

Auch die deutschen Untersuchungen zur klienten-zentrierten Psychotherapie kamen zu keinem anderen Ergebnis (vgl. Sander, 1973, 1975; Biermann-Ratjen et al., 1979). Diese Ergebnisse lassen die Schlußfolgerung zu, daß die in diesen Tests erfaßten Merkmale offensichtlich keinen prognostischen Wert für den Ausgang von Psychotherapie haben." (Bastine, 1992 b, S. 256). "Positive Zusammenhänge mit dem Behandlungsergebnis werden häufig für die *psychische Gesundheit* oder das *Wohlbefinden* von Psychotherapeuten berichtet: psychisch gesündere Therapeuten sind bessere Therapeuten (Luborsky et al., 1988; Parloff et al., 1978). Meistens

Tabelle 9.5: Vier Therapierichtungen und ihre Therapieziele (in Anlehnung an Perrez, 1990).

Ansatz	*Tiefenpsychologischer Ansatz (z.B. Freud, Winnicott)*	*(Kognitiv-)verhaltenstherapeutischer Ansatz (z.B. Beck, Meichenbaum)*	*Existentiell-humanistischer Ansatz (z.B. Rogers)*	*Kommunikationsorientierter Ansatz (z.B. Watzlawick, Minuchin)*
Ätiologiekonzept	Frühkindliche Triebkonflikte; Verdrängungsprozesse; Fixierung	Dysfunktionale Lerngeschichte; Person-Umwelt-Interaktion	Inkongruenz von Erfahrung und Selbstkonzept	Störungen als Ausdruck/Folge dysfunktionaler Kommunikationsstrukturen
Therapieziele	Aufarbeitung von intrapsychischen Konflikten; Erkennen unbewußter Motive; Ichstärke	Wiederherstellung von Kompetenzen; Veränderung der Selbstsicht, Selbstkontrolle	Förderung der Selbstaktualisierung; vollfunktionierende Person; Autonomie	Herstellen konstruktiver Kommunikationsstrukturen; verbesserte Kommunikationsfähigkeit
Therapeutische Zeitperspektive	Gegenwart aus Vergangenheit verstehen	Gegenwartsorientiert	Gegenwartsorientiert	Gegenwartsorientiert
Psychologische Mittel	Deuten von freien Assoziationen, von Übertragung, Fehlleistungen, Träumen usw.; Widerstandsanalyse	Übung, Verstärkungslernen; Modelllernen, kognitive Umstrukturierung; psychophysiologische Methoden	Zeigen von Empathie und Akzeptierung; Dialog, Encounter (teilweise Körpererfahrung)	Instruktion/Deuten; Kommunikations- und Konfliktlösetraining

sind auch diejenigen Psychotherapeuten erfolgreicher, die sich durch allgemeine *interpersonelle Kompetenzen* wie Geschicklichkeit, Glaubwürdigkeit, Vertrauenswürdigkeit und Engagement für die Behandlung auszeichnen (vgl. Beutler et al., 1986; Orlinsky & Howard, 1986)." (Bastine, 1992 b, S. 273). Nach Perrez (1990) konnte in zahlreichen Untersuchungen ein Zusammenhang zwischen der Fähigkeit, zum Patienten eine warme, wertschätzende und angstfreie Beziehung aufzubauen - eine Fähigkeit, die Beckers (1989) Konzept der "Liebesfähigkeit" nahesteht -, und der Förderung des Selbstwertgefühls des Patienten nachgewiesen werden.

Huber (1992, S. 193) zieht folgenden Schluß aus der einschlägigen Literatur: "Unter denjenigen Therapeutenmerkmalen, deren Zusammenhang mit dem Therapieerfolg am besten belegt ist, müssen vor allem drei Merkmale erwähnt werden: das *Fehlen von Problemen*, die die therapeutische Arbeit behindern (oder umgekehrt: die psychische Gesundheit), die *therapeutische Geschicklichkeit und Kompetenz* sowie das *Interesse*, dem Patienten zu helfen." Schenkt man den Urteilen von Psychotherapiepatienten Glauben, so schätzen Patienten häufig die *Persönlichkeit des Therapeuten* als wichtigste Voraussetzung für den Therapieerfolg ein (Bastine, 1992 b; Lazarus, 1971; Sloane, Staples, Cristol, Yorkston & Whipple, 1981).

Nach Perrez (1990) bringt der Therapeut sich als *Modell* angemessener menschlicher Beziehungen und angemessener Auseinandersetzung mit sich selbst ins Spiel und erleichtert es auf dem Wege dem Patienten, erwünschte Verhaltensweisen und Eigenschaften zu imitieren. Dies betrifft beispielsweise Therapeutenmerkmale wie persönliche Sicherheit, Selbstakzeptierung, Angstfreiheit oder Frustrationstoleranz sowie Werthaltungen und allgemeine Einstellungen. So überrascht es nicht, wenn Henry, Schacht und Strupp (1990) fanden, daß bei Therapeuten mit einem negativen Selbstkonzept ein eher unbefriedigendes Therapieergebnis zu erwarten ist.

Aber auch die *Persönlichkeit des Klienten* ist eine nicht zu vernachlässigende Variable im Netz prognostisch relevanter Bedingungen. "In der Tat weisen zahlreiche empirische Ergebnisse darauf hin, daß kontaktfähige, aufnahmebereite, motivierte und wenig defensiv eingestellte Klienten leichter und besser psychotherapeutisch zu behandeln sind (vgl. Orlinsky & Howard, 1986; Luborsky et al., 1988)." (Bastine, 1992 b, S. 212). Seidenstücker (1984) spricht von der hinlänglich bekannten Beziehung zwischen seelischer Gesundheit des Klienten und therapeutischer Ansprechbarkeit. In seinem differenzierten Überblick zur Indikation in der Psychotherapie findet man eine Fülle empirischer Befunde und Stellungnahmen zu dieser Thematik. Von Ecker (1993) sowie von verschiedenen Autoren in dem von Reinecker (1994 a) herausgegebenen Lehrbuch der Klinischen Psychologie wird darauf verwiesen, daß bei Patienten, bei denen eine Komorbidität einer spezifischen psychischen Störung und einer oder mehreren Persönlichkeitsstörungen vorliegt, mit einer längeren Therapiedauer bzw. einer ungünstigeren Prognose zu rechnen ist (siehe ausführlicher Fiedler, 1994 a; Reich & Green, 1991; Schmitz, Fydrich, Dietrich et al., 1994). Dehmlow und Zielke (1994) konnten bei stationären Patienten einer psychosomatischen Fachklinik nachweisen, daß bei Vorliegen von Persönlichkeitsstörungen die Verweildauer um durchschnittlich fast acht Tage gegenüber Patienten ohne Persönlichkeitsstörungen anstieg.

Sollten Persönlichkeitsmerkmale des Klienten bei der Auswahl der Therapiemethoden Berücksichtigung finden? Auf diese Frage läßt sich zur Zeit keine konsensfähige Anwort finden. Daß es sich lohnen dürfte, ihr weitere Aufmerksamkeit zu widmen, sei durch zwei Argumente belegt:

- Caine, Wijeshinghe und Winter (1981) konnten differentielle Effekte bei zwei Patiententypen nachweisen: Introvertierte Patienten mit hoher verbaler Intelligenz, Erfahrungsoffenheit und weiteren Eigenschaften sprachen besser auf nicht-direktive Gruppentherapie, Extravertierte mit hoher praktischer, jedoch geringer verbaler Intelligenz, konservativer Einstellung und weiteren Eigenschaften besser auf Verhaltenstherapie an (vgl. auch Huber, 1992; Seidenstücker, 1984).
- Nach Kanfer und Schefft (1988) sollten Klienten unter anderem dabei unterstützt werden, Problemsituationen und Schwierigkeiten zu antizipieren und sich rechtzeitig darauf einzustellen (vgl. Bastine, 1992 b, S. 253). Ausgehend von unserer Theorie der Verhaltenskontrolle ist zu bezweifeln, daß diese Empfehlung sich generalisieren läßt; da stark Verhaltenskontrollierte bereits in hohem Maße dazu neigen, Probleme zu antizipieren, sollte diese Tendenz in der Therapie nicht noch verstärkt werden, sondern im Gegenteil: man sollte ihr entgegenwirken.

Zusammenfassend gibt es gute Argumente dafür, bei der Indikationsfrage und Therapieprognose Persönlichkeitseigenschaften (des Klienten und des Therapeuten) künftig einen höheren Stellenwert einzuräumen (siehe hierzu den Teil über "Differentielle Psychotherapie" im Kapitel 10 sowie MacKenzie, 1994; Sanderson & Clarkin, 1994, Tscheulin, 1992).

6. THERAPIEEVALUATION

Wie Wittmann und Matt (1986) am Beispiel deutschsprachiger Arbeiten zur Effektivität von Psychotherapie feststellten, gehören Persönlichkeitsfragebögen zu den beliebtesten Verfahren zur Therapieevaluation. Die Entscheidung für die Verwendung dieser Verfahren spiegelt die Überzeugung wider, daß sich eine erfolgreiche Therapie auch auf der Ebene von Persönlichkeitsveränderungen manifestieren sollte (siehe auch Perrez, 1990). Wittmann und Matt

(1986) konnten andererseits in Meta-Analysen nachweisen, daß die mittels Traitinventaren gemessenenen Effektstärken relativ gering ausfielen und den Veränderungen in Befindlichkeitsskalen und Verhaltensbeobachtungen unterlegen waren. Aus persönlichkeitspsychologischer Sicht überrascht dieses Ergebnis nicht. Da es sich bei Persönlichkeitseigenschaften um *relativ* stabile Merkmale handelt, sollten sie auch durch Psychotherapie nicht ohne weiteres und auf schnellem Weg wesentlich zu beeinflussen sein. Hierin unterscheiden sie sich von der emotionalen Befindlichkeit, die stärkeren Fluktuationen unterworfen ist. Man wird also in der Regel eine längere Therapiedauer und ein längeres katamnestisches Intervall voraussetzen müssen, um deutliche Effekte in Persönlichkeitseigenschaften zu erzielen.

Darüber hinaus sind weitere Differenzierungen zu beachten. Die durch Psychotherapie anzustrebenden Veränderungen gehen nicht bei allen Patienten in dieselbe Richtung. Bei manchen Patienten wird man eine Zunahme von Selbstbehauptung oder ein offeneres Zeigen eigener Gefühle als Therapieerfolg werten, während bei anderen Patienten gegenteilige Veränderungen wünschenswert erscheinen. Für einen überstark Verhaltenskontrollierten mag mehr Spontaneität als Fortschritt zu werten sein, während ein extrem spontaner Mensch wahrscheinlich von etwas stärkerer Verhaltenskontrolle profitieren würde. In den meisten Therapieevaluationsstudien wird jedoch über Gruppen gemittelt, so daß sich Effekte gegenseitig abschwächen oder aufheben.

Ferner erscheint die Hypothese plausibel, daß sich durch Psychotherapie eher Veränderungen in engen als in weiten Persönlichkeitseigenschaften erzielen lassen. Dies gilt beispielsweise für eine bereichsspezifische Angstneigung (z.B. Angst vor "Auftritten") im Gegensatz zur globalen Angstneigung (Becker, 1982 b, 1992 e). Im übrigen sollte man bei der Therapieevaluation in erster Linie solche Persönlichkeitskonstrukte (und psychodiagnostischen Verfahren) heranziehen, in denen man unter Berücksichtigung der Klientel, der verwendeten Therapieform und der Therapiedauer aufgrund *theoretischer* Argumente mit Effekten rechnen kann.

7. ZUSAMMENFASSUNG

Der Beitrag der Persönlichkeitspsychologie zur klinischen Psychologie wurde zu verschiedenen Zeiten und von diversen Therapieschulen unterschiedlich eingeschätzt. Im vorliegenden Kapitel wird anhand von fünf klassischen Aufgaben eines an wissenschaftlichen

Standards orientierten Therapeuten nachgewiesen, daß die klinische Psychologie von den Theorien, Methoden und Befunden der Persönlichkeitspsychologie profitieren kann, wie auch umgekehrt die Persönlichkeitspsychologie wichtige Anregungen von der klinischen Psychologie erhält.

Deskription und Klassifikation psychischer Störungen

Persönlichkeitsstörungen, die in den letzten Jahren verstärkte Aufmerksamkeit fanden, eignen sich gut dafür, Probleme aufzuzeigen, die sich bei der Deskription und Klassifikation psychischer Störungen ergeben, und Verbesserungsvorschläge aus der Sicht der Persönlichkeitspsychologie zu unterbreiten. Der Beitrag der Persönlichkeitspsychologie besteht in einer Klärung der Inhalte des gestörten Verhaltens sowie der Vor- und Nachteile unterschiedlicher Informationsquellen (Selbstauskünfte vs. Fremdauskünfte) und unterschiedlicher Analyseebenen (von spezifischen Verhaltensweisen zu abstrakten Persönlichkeitseigenschaften höherer Ordnung). Angesichts eines Bandbreiten-Fidelitäts-Dilemmas wird ein Vorgehen empfohlen, das die Beschreibung auf unteren Ebenen der Verhaltenshierarchie mit solchen auf höherer Ebene kombiniert. Eine Deskription mit Hilfe von Persönlichkeits*konstrukten* hat den Vorteil, daß ein klinisch relevanter Bedeutungsüberschuß (hinsichtlich möglicher Entstehungsbedingungen und therapeutischer Konsequenzen) eingebracht wird.

Es besteht Übereinstimmung darüber, daß die DSM-III-R-Klassifikation von Persönlichkeitsstörungen Mängel aufweist. Dies läßt sich am Beispiel der zwanghaften Persönlichkeitsstörung zeigen, deren diagnostische Kriterien nur begrenzt mit dem Expertenwissen und clusteranalytischen Ergebnissen im Einklang stehen. Die Klassifikation von Persönlichkeitsstörungen erfolgt nach dem Prototypen-Modell, ist also kategorialer Natur. Es werden die Stärken und Schwächen einer kategorialen und dimensionalen Beschreibung diskutiert, und es wird für eine hybride kategorial-dimensionale Beschreibung plädiert. Diese wird am Beispiel der Zusammenhänge zwischen Persönlichkeitsstörungen und den "Big Five" sowie den beiden Konstrukten seelische Gesundheit und Verhaltenskontrolle erläutert. Es besteht die begründete Erwartung, daß sich Persönlichkeitsstörungen im Circumplexmodell dieser beiden zuletzt genannten Konstrukte abbilden lassen, woraus in Verbindung mit den Circumplexmodellen der Bedingungen und der Folgen Hypothesen zu den psychosozialen Entstehungsbedingungen und der Therapie unterschiedlicher Persönlichkeitsstörungen abzuleiten sind.

Erklärung psychischer Störungen

Angefangen bei Freud bis in die Gegenwart hinein werden Persönlichkeitseigenschaften in die Erklärung psychischer Störungen einbezogen. Eine Ausnahme bilden einige Verhaltenstherapeuten sowie biologisch-orientierte Theoretiker, die die klinische Relevanz von Persönlichkeitseigenschaften bezweifeln. Anhand neuerer empirischer Befunde wird gezeigt, daß derartige Einwände unberechtigt sind. Persönlichkeitseigenschaften und Persönlichkeitsstörungen stehen im Zusammenhang mit Störungen der Achse I und beeinflussen unter anderem die Therapiedauer und den Therapieerfolg. Dabei ist nicht von Eins-zu-Eins-Relationen zwischen Persönlichkeit und Art der psychischen Störungen auszugehen, vielmehr scheint eine Inzidenzmuster-Hypothese zuzutreffen.

Festlegung von Therapiezielen

Neben der Symptomreduktion gehören nach Auffassung vieler Therapeuten und Patienten auch Veränderungen in Persönlichkeitseigenschaften (z.B. ein Abbau von Ängstlichkeit oder eine Förderung der Liebesfähigkeit oder der Selbstverwirklichung) zu den anstrebenswerten Zielen einer Psychotherapie. Es wird ein knapper Überblick über die im Rahmen von vier Psychotherapieansätzen verfolgten Therapieziele, Ätiologiekonzepte, Zeitperspektiven und eingesetzten psychologischen Mittel gegeben.

Therapiemethoden, -prognose und -evaluation

Literaturanalysen ebenso wie klinische Erfahrungen belegen, daß der Therapieerfolg in komplexer Weise von den Persönlichkeitseigenschaften von Patienten und Therapeuten mitbestimmt wird. Eine große Bedeutung kommt dabei der seelischen Gesundheit sowie interpersonellen Kompetenzen zu. Empirische Befunde und theoretische Argumente sprechen dafür, daß Klienten mit unterschiedlichen Persönlichkeitseigenschaften (z.B. unterschiedlichen Ausprägungsgraden der "Extraversion" oder der Verhaltenskontrolle) unterschiedlich auf bestimmte Therapieformen ansprechen; unser diesbezügliches Wissen ist jedoch noch sehr begrenzt. Für Zwecke der Therapieevaluation werden häufig Persönlichkeitseigenschaften bzw. Persönlichkeitstests herangezogen. Dabei ist zu bedenken, daß sich Traits im allgemeinen weniger leicht verändern lassen als emotionale Befindlichkeiten oder spezifische Verhaltensweisen.

Kapitel 10

ANWENDUNG DER STRUKTUR- UND SYSTEM-THEORIE DER PERSÖNLICHKEIT AUF DIE PSYCHOTHERAPIE: PRINZIPIEN EINER ALLGEMEINEN UND DIFFERENTIELLEN PSYCHOTHERAPIE

"Die von der empirisch orientierten Psychotherapieforschung erarbeiteten Fakten lassen sich nicht in das Prokrustesbett der Therapieschulen einpferchen. Sie brauchen einen weiteren Erklärungsrahmen."
Grawe, Donati und Bernauer (1994, S. 774)

1. EINLEITUNG

Viele Indizien - das Themenspektrum psychologischer Kongresse, die wachsende Zahl von Fachzeitschriften, die Sachgebietsklassifikationen und Titelangebote der Fachverlage - sprechen dafür, daß sich innerhalb der Psychologie als Wissenschaft die Tendenz zur Binnendifferenzierung in immer engere Spezialgebiete ungebrochen fortsetzt. Diese Entwicklung ist einerseits notwendig und zu begrüßen, spiegelt sie doch den rasanten Erkenntnisfortschritt wider, sie birgt andererseits auch Gefahren in sich. Die Hauptgefahr sehen wir darin, daß der eigentliche Gegenstand psychologischer Forschung: der Mensch in seiner Ganzheit - aus dem Blick gerät und statt dessen unter je spezifischer, eingeengter Perspektive seziert und parzelliert wird.

So werden beispielsweise in der allgemeinen Psychologie hochspezialisierte Theorien über das Denken, die Wahrnehmung oder das Gedächtnis des Menschen formuliert, oder die differentielle Psychologie "entdeckt" immer neue Persönlichkeitseigenschaften, mit deren Hilfe Personen voneinander unterschieden werden können. Magnusson (1990, S. 193-194; Übers. d. Verf.) sieht in dieser *Fragmentierung* eine Gefahr für den wissenschaftlichen Fortschritt: "Viele, die sich dafür interessiert haben, was den Fortschritt in der

Psychologie als Wissenschaft behindert und was ihn fördert, stimmen darin überein, daß ein Haupthindernis die Fragmentierung des Gebietes ist. ... Es fehlt uns eine gemeinsame Sprache für die Interpretation empirischer Befunde und für den Austausch von Ideen. Als Ergebnis dreht sich ein Großteil des psychologischen Theoretisierens im Kreis statt voranzuschreiten."

Diese zentrifugalen Kräfte rufen Gegenkräfte auf den Plan, die auf Integration abzielen. So ist auf dem Gebiet der Psychotherapie in den letzten Jahren eine Tendenz zur Überwindung des Schulendenkens, zur *Entwicklung integrativer Therapieformen* und zur Aufdeckung allgemeiner psychotherapeutischer Wirkfaktoren zu konstatieren, eine Entwicklung, auf deren Notwendigkeit bereits Boesch (1964) hinwies (z.B. Andrews, 1991; Bastine, 1990, 1992 a; Frankel, 1984; Goldfried, 1982; Grawe et al., 1994; Huber, 1992; Huf, 1992; Kruse, 1986; Revenstorf, 1992; Safran & Segal, 1990; Seidenstücker, 1984). Wie Revenstorf (1992) anmerkt, bedarf ein integrativer Eklektizismus der theoretischen Begründung und einer möglichst einheitlichen Theoriesprache. Nach Auffassung vieler Psychotherapeuten könnte eine *integrative Persönlichkeitstheorie* - in Verbindung mit einer Störungstheorie (unter besonderer Berücksichtigung interpersonaler Prozesse) und einer Veränderungstheorie - einen Beitrag zur Erreichung dieses Ziels leisten.

Dafür gibt es zwei Gründe: Zum einen greifen viele Begründer von Therapieschulen explizit auf persönlichkeitspsychologische Konstrukte zurück. Zum anderen betrachtet es gerade die Persönlichkeitspsychologie als eine ihrer vorrangigen Aufgaben, integrative Modelle über psychische Strukturen und Funktionen des Menschen zu entwerfen (Buss & Cantor, 1989; Caprara & Van Heck, 1992; Little, Lecci & Watkinson, 1992; Pervin, 1990).

Das von uns formulierte Struktur- und Systemmodell der Persönlichkeit beinhaltet einen solchen Versuch. Es liegt nahe, die Anwendbarkeit und Fruchtbarkeit des Modells für die Psychotherapie auszuleuchten. Vorrangig diesem Zweck dient das vorliegende Kapitel. Es befaßt sich zunächst mit dem primären Gegenstand von Psychotherapie: Menschen, die unter sogenannten psychischen Störungen leiden. Was ist mit diesem Begriff gemeint, und wie läßt er sich von verwandten Begriffen abgrenzen? Sodann erläutern wir unsere störungstheoretischen Grundannahmen. Es folgt eine Erörterung der Ziele von Psychotherapie, wie sie sich im Rahmen unseres Ansatzes darstellen.

Im Mittelpunkt des Kapitels steht das therapeutische Vorgehen. In einem ersten Schritt diskutieren wir Prinzipien einer allgemeinen Psychotherapie, d.h. wir suchen nach Grundsätzen, die weitgehend für alle Klienten gelten (z.B. Fragen des diagnostischen

Vorgehens, der Entscheidung über das geeignete therapeutische Setting usw.). Die größte Aufmerksamkeit widmen wir einer *differentiellen Psychotherapie.* Dabei geht es vorrangig um die Indikationsfrage: Inwieweit hängt das optimale therapeutische Vorgehen vom jeweiligen Klienten (seiner Persönlichkeit bzw. einer eventuell vorliegenden Persönlichkeitsstörung) ab? Obwohl uns bewußt ist, daß unsere diesbezüglichen Annahmen noch recht spekulativ sind, glauben wir, daß es erforderlich ist, zunächst Hypothesen zu formulieren, die danach einer empirischen Überprüfung unterzogen werden können.

2. PSYCHISCHE STÖRUNGEN

Im Diagnostischen und Statistischen Manual Psychischer Störungen DSM-III-R (Wittchen et al., 1989, S. XIX) findet man folgende Ausführungen zum Begriff der psychischen Störungen: "Der Begriff ´Psychische Störung´, der an die Stelle der ´Psychiatrischen Erkrankung´ tritt, ist für viele Kollegen fremdartig und offensichtlich häufig sogar ein Ärgernis. ... Der Begriff ´Psychische Störung´ ist zwar ebenfalls unzulänglich definiert, aber durchaus neutraler und unbelasteter als der der ´Krankheit´ ... Wie Kendall betont, wird es jedoch eine bedeutsame Zukunftsaufgabe neuerer Klassifikationssysteme sein müssen, sowohl für den Begriff ´Störung´ als auch für den der ´Krankheit´ genauere und befriedigendere Definitionen zu suchen, als sich beispielsweise in der DSM-III-R-Einleitung finden."

In der Einleitung zur Internationalen Klassifikation psychischer Störungen ICD-10 (Dilling et al., 1991, S. 19) heißt es: " Der Begriff ´Störung´ (disorder) wird in der gesamten Klassifikation verwendet, um den problematischen Gebrauch von Ausdrücken wie ´Krankheit´ oder ´Erkrankung´ weitgehend zu vermeiden. ´Störung´ ist kein exakter Begriff; seine Verwendung in dieser Klassifikation soll einen klinisch erkennbaren Komplex von Symptomen und Verhaltensauffälligkeiten anzeigen, der immer auf der individuellen und oft auch auf der Gruppen- oder sozialen Ebene mit Belastung und mit Beeinträchtigung von Funktionen verbunden ist, sich aber nicht auf der sozialen Ebene allein darstellt."

Es erscheint bemerkenswert, daß in den beiden zur Zeit einflußreichsten klinischen Klassifikationssystemen keine befriedigenden Definitionen von psychischen Störungen gegeben werden können. Keupp (1982), der sich gründlich mit der Klärung der Begriffe "Normalität", "Krankheit" und "psychische Störung" befaßt hat (vgl. Keupp, 1979 a), betont vor allem folgende Elemente einer umfassenden Perspektive psychischer Störungen: a) psychisches Leiden und b) (Un)angemessenheit der Lebensbewältigung einer Person, beurteilt aus den Möglichkeiten und normativen Vorgaben ihrer spezifischen Lebenswelt.

Wir erläutern im folgenden, in welchem Sinn wir in diesem Kapitel von psychischen Störungen sprechen. Es handelt sich um einen unscharfen Begriff, der sich aufgrund von Überschneidungen nur unvollkommmen von den Begriffen "Normalität" und "körperlicher Krankheit" abgrenzen läßt (vgl. Abbildung 10.1)

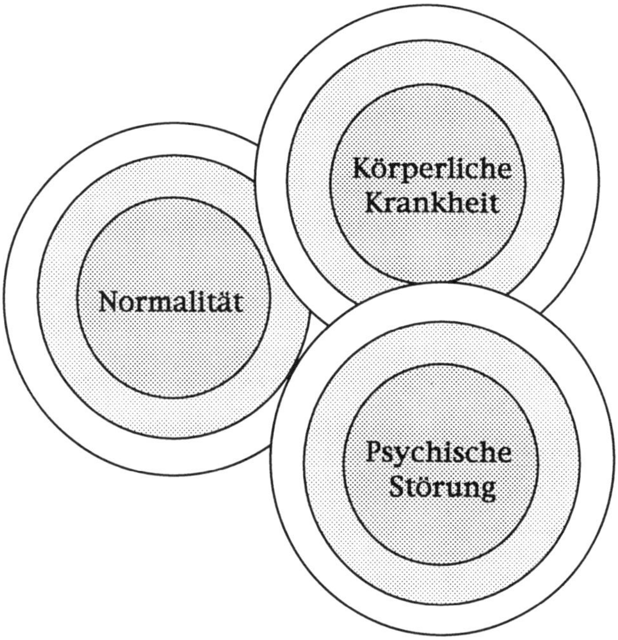

Abbildung 10.1: Schematische Darstellung von Überschneidungen zwischen den drei unscharfen Begriffen "psychische Störung", "körperliche Krankheit" und "Normalität."

Es gibt mit anderen Worten fließende Übergänge zwischen: a) Normalität und psychischer Störung, b) Normalität und körperlicher Krankheit und c) psychischer Störung und körperlicher Krankheit. (Zur näheren Erläuterung der Begriffe "Normalität" und "Krankheit" siehe Becker, 1982 a, 1992 f; Becker & Minsel, 1986; Keupp, 1979 a).

Von einer psychischen Störung einer Person sprechen wir dann, wenn die Person erhebliche Schwierigkeiten im Umgang mit anderen, mit sich selbst sowie dem Leben generell hat. In der Regel leiden die Person und/oder ihre Umwelt unter der Störung, wobei die Schwierigkeiten nicht ausschließlich oder primär auf die allgemeinen (politischen, wirtschaftlichen oder sonstigen) Lebensbedingungen in der Gesellschaft zurückzuführen sind.

Alle drei Aspekte sind wichtig. Psychische Störungen ausschließlich als Störungen des interpersonalen Verhaltens, als intrapersonale Störungen oder als gestörte Interaktionen mit der nicht-sozialen Umwelt zu interpretieren, würde zu kurz greifen. Eine Unschärfe ist mit dem Begriff "erhebliche Schwierigkeiten" verbunden. In der Praxis basiert das entsprechende Urteil entweder auf der Einschätzung der betreffenden Person selbst oder auf der Interpretation der sozialen Umwelt (vor allem klinische "Experten" oder Angehörige).

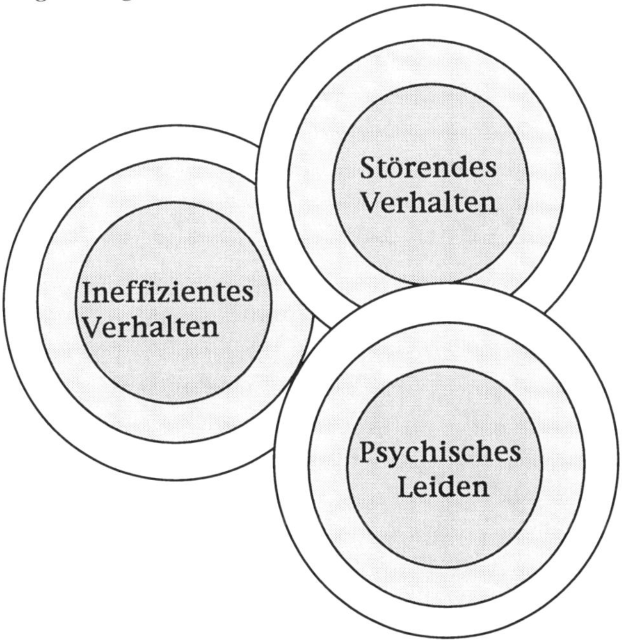

Abbildung 10.2: Schematische Darstellung von Überschneidungen zwischen den drei unscharfen Begriffen "psychisches Leiden", "störendes Verhalten" und "ineffizientes Verhalten".

Eine Person mit einer psychischen Störung ist mithin *prototypisch* wie folgt zu charakterisieren:

- sie leidet unter ihren Schwierigkeiten (erlebt z.B. häufig dysphorische Verstimmungen; hat das Gefühl, in einer Sackgasse zu stecken; versteht sich selbst nicht mehr; hat Angst davor, "verrückt" zu werden, etc.),
- sie hat Schwierigkeiten, mit dem Leben zurechtzukommen (sie zeigt z.B. ein ineffizientes Sozialverhalten, fühlt sich beruflich oder

durch familiäre Anforderungen überfordert oder hat das Gefühl, ihr Leben sei sinnlos),

• sie zeigt ein Verhalten, das Außenstehenden störend, unverständlich oder gegen Normen verstoßend erscheint (z.B. ein zu submissives, zu aggressives oder zu mißtrauisches Verhalten).

Wohlgemerkt handelt es sich dabei um eine prototypische Charakterisierung. In der Realität werden nicht alle Personen, die sich in Psychotherapie befinden und bei denen eine psychische Störung diagnostiziert wird, alle drei Kriterien gleichermaßen gut erfüllen. Es kann zum Beispiel bei einer ich-syntonen Persönlichkeitsstörung das psychische Leiden (weitgehend) fehlen.

Zentrale Bestandteile des Begriffs der "psychischen Störung" sind mithin die nur unscharf voneinander abgrenzbaren Begriffe "psychisches Leiden", "ineffizientes Verhalten" und "störendes Verhalten" (störend von außen betrachtet). Dies wird in Abbildung 10.2 veranschaulicht (siehe oben).

3. STÖRUNGSTHEORETISCHE GRUNDANNAHMEN

Die folgenden Ausführungen beanspruchen nicht, umfassend und differenziert in die Ätiologie psychischer Störungen einzuführen (siehe dazu beispielsweise Bastine, 1984; Millon, 1969; Pongratz, 1977; Reinecker, 1994 a). Sie beschränken sich vielmehr auf die Skizzierung einiger störungstheoretischer Grundannahmen und auf exemplarische Verdeutlichungen.

Steht ein Kliniker vor der Aufgabe, das Auftreten oder Fortbestehen einer psychischen Störung bei einem Klienten zu erklären, so kann er prinzipiell eine diachronische, eine synchronische oder eine kombiniert diachronisch-synchronische Betrachtungsweise wählen. Im ersten Fall wird die Störung *vor dem Hintergrund der Lebensgeschichte* des Patienten analysiert und als Resultat einer mehr oder weniger langen Kette von störungsbegünstigenden und störungserschwerenden Bedingungen aufgefaßt. Wie Johnson (1985, S. 256, Übers. d. Verf.) ausführt, kann es in Therapien hilfreich sein, eine diachronische Perspektive einzubeziehen: "Für Klienten ist es oftmals wichtig zu erkennen, daß ihre Lebensprobleme - welcher Art sie auch sein mögen - eine natürliche und zu erwartende Folge ihrer Geschichte und ihrer genetischen Ausstattung sind. Es ist mit anderen Worten wichtig, daß Klienten zu dem Urteil gelangen, daß sie keine schlechten oder üblen Menschen sind, sondern Personen, die unter den natürlichen Folgen einer frühen Verletzung leiden."

Im zweiten Fall richtet der Kliniker das Augenmerk auf die bereits ausgebildete psychische Störung und versucht, jene aktuellen Bedingungen zu identifizieren, die dafür verantwortlich sind, daß die Störung trotz ihres in der Regel aversiven bzw. ich-dystonen Charakters aufrechterhalten bleibt und sich gegebenenfalls sogar verschlimmert. Im Mittelpunkt der Analyse stehen dabei Struktur- und Funktionsmerkmale des Klienten und seiner Umwelt und die zwischen Klient und Umwelt ablaufenden Prozesse. Selbstverständlich lassen sich diese beiden sich wechselseitig ergänzenden Betrachtungsweisen miteinander kombinieren, und in vielen Fällen wird ein Kliniker sich für die kombinierte Vorgehensweise entscheiden.

3.1 Diachronische Betrachtungsweise

Wir erläutern zunächst die diachronische Betrachtungsweise und stützen uns dabei auf Abbildung 10.3, die zur Veranschaulichung dient. Die schematische Darstellung ist mit Absicht sehr allgemein gehalten. Sie läßt sich leicht auf physische Störungen übertragen. In vereinfachter Form werden Bedingungen und Prozesse, die an der Entstehung und eventuellen Verfestigung einer psychischen Störung beteiligt sein können, zueinander in Beziehung gesetzt. Ob sich eine Störung manifestiert, hängt von dem Zusammenwirken von Risiko- und Schutzfaktoren auf seiten der Person und ihrer Umwelt ab.

Risikofaktoren (bzw. pathogene Faktoren) können als prädisponierende, auslösende und aufrechterhaltende bzw. rückfallbegünstigende Bedingungen beteiligt sein. Diesen stehen *Schutzfaktoren* (bzw. salutogene Faktoren) gegenüber, die in immunisierende- , Puffer- und kurative Faktoren unterteilt werden können. Ähnliche Modelle wurden von Becker (1987) am Beispiel depressiver Störungen und von Becker (1994 a) am Beispiel körperlicher Beschwerden formuliert und in Teilen empirisch überprüft. So konnte Becker (1994 a) zwei Hypothesen empirisch stützen:

- Der körperliche Gesundheitszustand einer Person hängt von Risiko- und Schutzfaktoren auf seiten der Persönlichkeit (z.B. Neurotizismus und seelische Gesundheit als Eigenschaft) sowie der (perzipierten) Umwelt (Stressoren und soziale Unterstützung) ab.
- Zur Vorhersage der habituellen körperlichen Gesundheit eignen sich vor allem habituelle Bedingungen, zur Vorhersage der aktuellen körperlichen Gesundheit vor allem aktuelle Bedingungen.

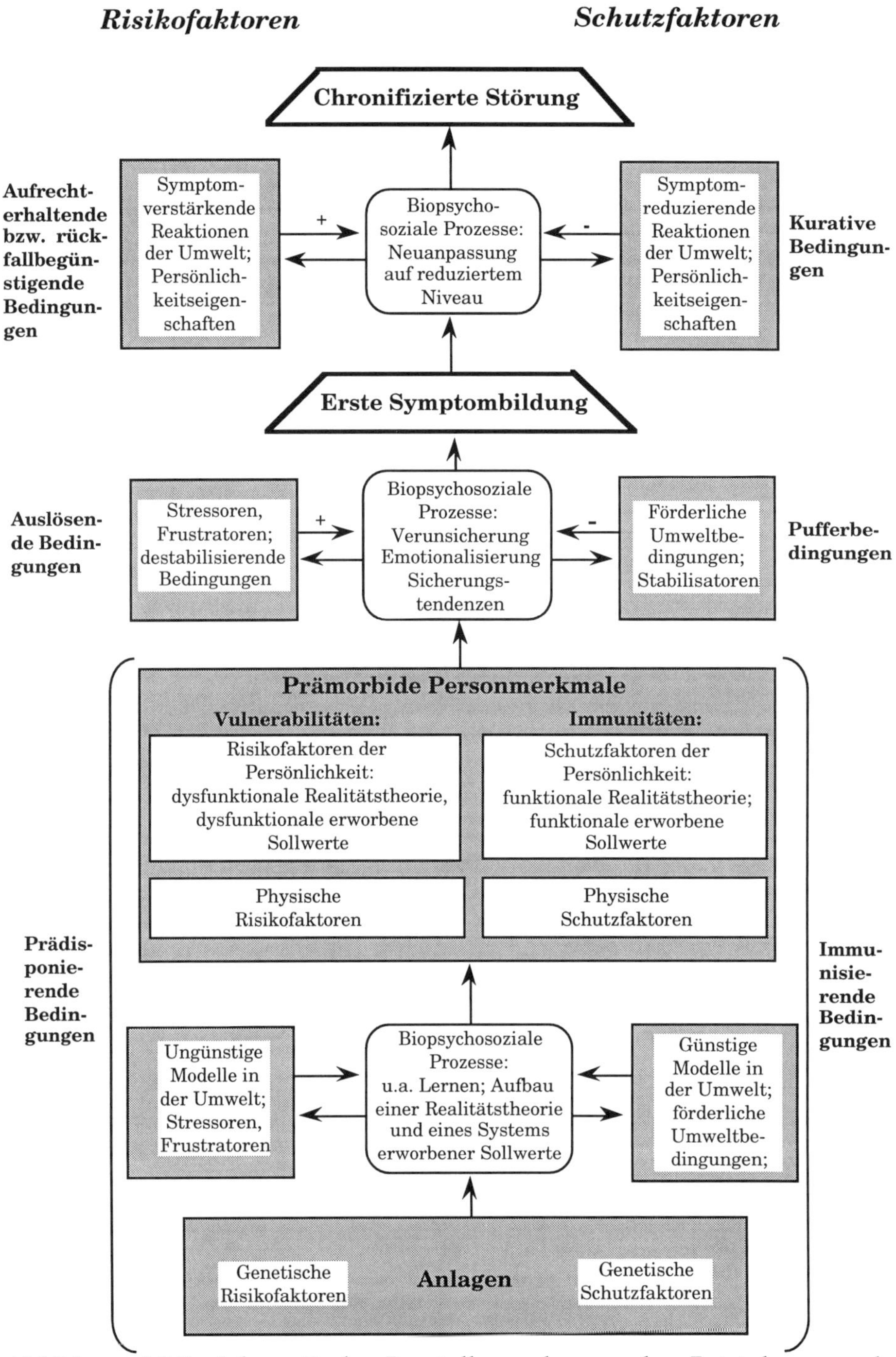

Abbildung 10.3: Schematische Darstellung der an der Entstehung und Chronifizierung einer psychischen Störung beteiligten Bedingungen und Prozesse

Prädisponierende und immunisierende Bedingungen

Auf seiten der *prädisponierenden Bedingungen* unterscheiden wir zwischen genetischen Risikofaktoren, ungünstigen Bedingungen in frühen Lebensphasen (z.B. psychische Stressoren und Frustratoren sowie vor allem ungünstige Modelle in der Umwelt; zum Überblick siehe Becker, 1984; Böttcher, 1968; Ernst & von Luckner, 1985) sowie Vulnerabilitäten (Risikofaktoren der Persönlichkeit, z.B. Persönlichkeitsstörungen, und physische Risikofaktoren). Unter *Vulnerabilitäten* verstehen wir:

- Risikofaktoren der Persönlichkeit (z.B. bestimmte von Tiefenpsychologen beschriebene "Charakterstrukturen" sowie vor allem eine dysfunktionale Realitätstheorie und dysfunktionale erworbene Sollwerte) und
- physische Risikofaktoren (z.B. eine Labilität des autonomen Nervensystems oder eine Hypersekretion von Magensäure, die das Risiko eines Magengeschwürs erhöht).

Risikofaktoren der Persönlichkeit resultieren aus dem Zusammenwirken der im unteren Teil der Abbildung 10.3 aufgeführten Bedingungen, vermittelt über biopsychosoziale Prozesse. Als klassische Beispiele für prämorbide Personmerkmale, die als Risikofaktoren für psychische Störungen gelten, seien die in Tabelle 10.1 zusammengestellten, von Tiefenpsychologen beschriebenen Charakterstrukturen angeführt. (Zu deren empirischer Überprüfung und Absicherung siehe Becker, 1992 b).

Tabelle 10.1: Drei klinisch relevante Charakterstrukturen

Oraler Charakter	*Zwangscharakter*	*Hysterischer Charakter*
Abhängigkeit	Ordnungsstreben	Emotionalität
Pessimismus	Strenges Überich	Exhibitionismus
Selbstzweifel	Rigidität	Aggressivität
Suggestibilität	Sparsamkeit	Orale Aggressivität
Passivität	Ausdauer	Hartnäckigkeit
Furcht vor Sexualität	Emotionskontrolle	Selbstbezogenheit
		Provozierende Sexualität

Wie aus Abbildung 10.3 hervorgeht, stehen den prädisponierenden Bedingungen *immunisierende Bedingungen* gegenüber: genetische Schutzfaktoren, förderliche Umweltbedingungen (vor allem günstige Modelle in der Umwelt; speziell auf seiten der Eltern) und Immunitäten. Unter *Immunitäten* verstehen wir:

• Schutzfaktoren der Persönlichkeit (z.B. eine hohe seelische Gesundheit als Eigenschaft, eine funktionale Realitätstheorie sowie funktionale erworbene Sollwerte) und
• physische Schutzfaktoren (z.B. eine hohe Stabilität des autonomen Nervensystems).

Jene immunisierenden Bedingungen, die einer Person einen gewissen Grad von Invulnerabilität verleihen, wurden unter anderem von Anthony (1987), Antonovsky (1987), Lösel, Kolip und Bender (1992), Rutter (1985) und Werner und Smith (1982) untersucht (siehe auch Becker, 1992 a; Becker & Minsel, 1982).

Als zwei bedeutsame Persönlichkeitseigenschaften, von deren Ausprägungsgrad die Wahrscheinlichkeit des Auftretens einer psychischen Störung bzw. die Art der Störung abhängt, betrachten wir die seelische Gesundheit (Fähigkeit zur Bewältigung externer und interner Anforderungen) sowie die Verhaltenskontrolle. Darauf gehen wir im Abschnitt "Synchronische Betrachtungsweise" genauer ein.

Auslösende und Pufferbedingungen

Bei einer Vielzahl psychischer Störungen kommt es erst dann zu Symptombildungen, wenn *auslösende Bedingungen* auftreten. Als Kategorien werden in Abbildung 10.3 belastende Bedingungen in der Umwelt, die als psychische oder physische Stressoren oder Frustratoren wirken, aufgezählt. Dabei kann es sich entweder um kritische Lebensereignisse (z.B. eine Scheidung), um chronische Belastungen (z.B. sich zuspitzende Eheprobleme oder berufliche Belastungen) oder um Häufungen kleinerer alltäglicher Belastungen ("daily hassles") handeln (vgl. Filipp, 1981; Goldberger & Breznitz, 1982; Lazarus & Folkman, 1984). Die betreffende Person oder das Person-Umwelt-System werden durch rasch eintretende Veränderungen oder kumulierende Belastungen überfordert und destabilisiert. Die Person fühlt sich verunsichert, reagiert mit starken Emotionen und greift auf Sicherungstendenzen (z.B. Vermeidungsverhalten) bzw. Abwehrmechanismen (z.B. Leugnung oder Verdrängung) zurück. Die entsprechenden biopsychosozialen Prozesse führen zu Symptombildungen (z.B. zu Angstsymptomen, affektiven Störungen oder "psychosomatischen Beschwerden").

Jenen auslösenden Bedingungen können *Pufferbedingungen* gegenüberstehen. Darunter fallen förderliche Umweltbedingungen, wie zum Beispiel die leichte Verfügbarkeit zwischenmenschlicher oder materieller Ressourcen, die eine kompensierende oder stabilisierende Funktion haben und der Symptombildung entgegenwirken.

Aufrechterhaltende und kurative Bedingungen

Sind erste Symptome aufgetreten, so hängen der weitere Verlauf und eine eventuelle Chronifizierung der Störung vom Verhältnis aufrechterhaltender und kurativer Bedingungen ab. Als *aufrechterhaltende Bedingungen* ziehen wir (länger andauernde) Stressoren und Frustratoren, Persönlichkeitseigenschaften (z.B. soziale Rückzugstendenzen) sowie insbesondere symptomverstärkende Reaktionen der Umwelt in Betracht. Als Beispiele für letztere Bedingungen nennen wir das komplementäre Verhalten von Angehörigen (z.B. das Überbehüten einer Phobikerin durch ihren Ehemann) oder das In-Aussicht-Stellen eines hohen sekundären Krankheitsgewinns (z.B. einer vorzeitigen Berentung bei einer "hysterischen Rentenneurose").

Mit einem Abklingen der Symptome ist hingegen zu rechnen, wenn wirksame *kurative Faktoren* ins Spiel kommen, sei es in Gestalt professioneller therapeutischer oder nichtprofessioneller Hilfe oder in Gestalt von Umweltveränderungen, die eine Neuanpassung der betreffenden Person erleichtern.

Legt man das in Abbildung 10.3. wiedergegebene ätiologische Schema oder ein vergleichbares Modell zugrunde, so lassen sich die im DSM-III-R aufgelisteten psychischen Störungen in mehrere Klassen einteilen, wobei sich aus dieser Art der Klassifikation Hinweise auf die Art der Therapie und die Prognose ableiten lassen. Uns erscheint folgende idealtypische Einteilung naheliegend:

- Organisch bedingte psychische Störungen,
- Persönlichkeitsstörungen, bei denen es sich um eher chronische und schwere Störungen handelt, die sich bereits in der Adoleszenz oder früher manifestieren und die - wie u.a. Dehmlow und Zielke (1994) nachweisen - nur mit großem therapeutischen Aufwand und über einen längeren Zeitraum zu beeinflussen sind (der Schweregrad dieser Störungen zeigt sich unter anderem in dem stark von der Norm abweichenden Mittelwertsprofil im TPF; Becker, 1989; siehe auch Beck et al., 1993; Fiedler, 1994 a),
- Anpassungsstörungen, bei denen das reaktive Element bzw. belastende auslösende Faktoren im Vordergrund stehen, sowie
- die große Gruppe der sonstigen psychischen Störungen, bei denen in der Regel eine komplexe, multifaktorielle Ätiologie vorliegt.

3.2 Synchronische Betrachtungsweise

Unter einem synchronischen Blickwinkel wird eine psychische Störung betrachtet, wenn die Aufmerksamkeit auf die Bedingungen und Prozesse gerichtet ist, die dazu beitragen, daß die Störung - aus welchen Gründen auch immer sie entstanden sein mag - fortbesteht und sich möglicherweise sogar verschlimmert. Bevor wir die entsprechenden Ansätze genauer erörtern, stellen wir einige allgemeine Aussagen zur Natur psychischer Störungen voran.

Psychische Störungen sind Ausdruck einer *Fehlanpassung zwischen Individuum und Umwelt.* Es gelingt dem Individuum nicht in hinreichendem Maße, externe und interne Anforderungen zu bewältigen. Je nach Art und Schwere der Störung erstreckt sich die Fehlanpassung auf mehr oder weniger breite Bereiche von Anforderungen. Die Wurzeln der Fehlanpassung liegen in unterschiedlicher Gewichtung auf seiten des Individuums und seiner Umwelt bzw. in den Interaktionen zwischen Individuum und Umwelt. In erster Annäherung vertreten wir diesbezüglich ein *Diathese-Streß-Modell*, das allerdings um Schutzfaktoren erweitert wird.

Auf seiten des Individuums kommt der seelischen Gesundheit als Eigenschaft (SGE) - verstanden als Fähigkeit zur Bewältigung externer und interner Anforderungen - eine zentrale Bedeutung zu. Je geringer diese Fähigkeit ausgeprägt ist, desto wahrscheinlicher treten psychische Störungen auf, wenn die Person mit für sie belastenden Bedingungen konfrontiert wird. Bei einer Person mit geringer SGE genügen bereits schwache Belastungen, um sie aus dem Gleichgewicht zu bringen. Psychische Störungen können dabei als Versuche einer Bewältigung externer und interner Anforderungen auf einem für die Person suboptimalen Niveau betrachtet werden (vgl. Menninger, 1968). Ein Beispiel wäre die "Bewältigung" von Ängsten in bestimmten Situationen durch die Entwicklung einer phobischen Störung. Zwar gelingt es der Person auf diesem Weg, das Auftreten starker Ängste zu vermeiden, jedoch um den Preis einer fortschreitenden Einengung ihres Bewegungsradius. Als zweites Beispiel verweisen wir auf einen von Bartling, Echelmeyer, Engberding und Krause (1980, S. 140 f.) beschriebenen Fall einer Zwangsneurose (Wasch- und Putzzwang einer Ehefrau), bei dem eine Gefährdung der ehelichen Beziehung und Auseinandersetzungen über die Lebensgestaltung um den Preis der mit der Zwangsneurose verbundenen Einschränkungen vermieden wurden.

Psychische Störungen beinhalten in den meisten Fällen sowohl *Störungen in der Interaktion mit anderen Menschen* (Brokaw & McLemore, 1991; Ecker, 1993; Fiedler, 1994 a; Horowitz, 1979) - als auch *Störungen im Umgang mit sich selbst* (intrapsychische Störungen; Störungen innerhalb des "psychischen Apparates", um Freuds Terminologie zu verwenden). Die Störungen im Umgang mit anderen zeigen sich in der Interaktion mit dem Therapeuten oder mit anderen Patienten, falls es sich um Gruppentherapie handelt (Caspar & Grawe, 1982; Trower et al., 1978).

3.2.1 Drei grundsätzliche Perspektiven

Aus dem Gesagten ergeben sich drei grundsätzliche Perspektiven zu psychischen Störungen:

- Man kann psychische Störungen primär *individuumzentriert* beschreiben und behandeln, wie es beispielweise im Rahmen der Psychoanalyse, der Gesprächspsychotherapie nach Rogers (1973), der kognitiven Therapie nach Beck (1979), der rational-emotiven Therapie nach Ellis (1973), der kognitiven Verhaltensmodifikation nach Meichenbaum (1979) oder der systematischen Desensibilisierung nach Wolpe (1972) geschieht. In den Kapiteln 4 und vor allem 5 des vorliegenden Bandes haben wir unsere diesbezügliche eigene Sicht erläutert, indem wir auf das Systemmodell der Persönlichkeit sowie das Circumplexmodell mit den beiden Hauptdimensionen "seelische Gesundheit" und "Verhaltenskontrolle" zurückgriffen. Diese Ausführungen - ergänzt um die Kapitel 7, 8 und 9 - bilden einen wesentlichen Teil des theoretischen Hintergrundes des unten beschriebenen therapeutischen Vorgehens.
- Man kann psychische Störungen auch primär als *interpersonale Störungen*, d.h. als Störungen in der Interaktion zwischen Individuum und Umwelt beschreiben und behandeln. Diese Betrachtungsweise ist für die verschiedenen interpersonalen Therapien charakteristisch, z.B. die Familientherapie und die Paartherapie (zum Überblick: Reiter, 1984; Revenstorf, 1992), die interpersonale Depressionstherapie nach Klerman, Weissman und Rounsaville (1984) oder die interpersonale Therapie von Persönlichkeitsstörungen nach Benjamin (1993 b) (zum Überblick und zur Evaluation siehe Grawe et al., 1994). Wir werden weiter unten auf diese interpersonale Perspektive genauer eingehen.
- Selbstverständlich lassen sich die individuumzentrierte (intrapersonale) und die interpersonale Betrachtungsweise sowohl auf der theoretischen Ebene als auch im praktischen therapeutischen Vorgehen miteinander verknüpfen. Eine solche Verknüpfung wird vor allem von Autoren gewählt, die eine Integration verschiedener Therapieformen anstreben. Exemplarisch verweisen wir auf Andrews (1991), Beck et al. (1993) sowie Safran und Segal (1990). Nach unserer eigenen Auffassung, die wir unten näher erläutern, erweist sich dieser dritte integrative Weg als vielversprechend. Bevor wir darauf zu sprechen kommen, stellen wir einige Ausführungen zu psychischen Störungen als interpersonale Störungen voran.

3.2.2 Psychische Störungen als interpersonale Störungen

In jüngerer Zeit ist es in der klinischen Psychologie modern geworden, psychische Störungen als interpersonale Störungen zu interpretieren. Fast könnte man den Eindruck gewinnen, es handele sich um eine wichtige Neuentdeckung, die die bisherige individuumzentrierte Perspektive bereichere oder gar ablöse. In Wirklichkeit ist dieser Ansatz keineswegs neu, so daß man eher von einer Renaissance der sozialpsychologischen oder systemischen Sichtweise sprechen sollte. Ohne Anspruch auf Vollständigkeit gehen wir im folgenden auf einige (klinische) Psychologen und Psychiater ein, die als Pioniere dieser Richtung gelten können (zum Überblick siehe auch Fiedler, 1994 b).

In der englischsprachigen Literatur beruft man sich meist auf Sullivan (1953), dem die geistige Vaterschaft zugesprochen wird. Uns erscheint es jedoch angemessen, dieses Verdienst Alfred Adler zukommen zu lassen, der bereits 1912 entsprechende Gedanken formulierte.

Adler

Während Freud eine intrapsychische Betrachtung psychischer Störungen wählte, richtete Adler (1912, 1933, 1966) sein Hauptaugenmerk auf die Schwierigkeiten, die ein neurotischer Mensch bei der Bewältigung der drei "großen Aufgaben des Lebens" hat: Gemeinschaft, Arbeit und Liebe. In seinen frühen Schriften erklärte Adler (1912) das dem Menschen eigene *Minderwertigkeitsgefühl* und das zu seiner Überwindung (Kompensation) eingesetzte Streben nach Macht und Überlegenheit (Geltungsstreben) zur wichtigsten Triebfeder des menschlichen Handelns. Damit werden eindeutig die zwischenmenschlichen Beziehungen in den Mittelpunkt gerückt. Später betonte er das bei Neurotikern *unterentwickelte Gemeinschaftsgefühl* (Ichbezogenheit, mangelndes Interesse an den Mitmenschen, mangelnde Kooperation, Geltungsstreben). Demgemäß sah Adler ein wichtiges Ziel der Psychotherapie darin, einen Menschen u.a. durch Lebensstiländerung, Zieländerung und Ermutigung von seiner Ichhaftigkeit zur Gemeinschaft zu führen (zum Überblick und zur Stellungnahme zu Adlers Theorie siehe auch Becker, 1993 c; Pongratz, 1983).

Sullivan

Wie bereits erwähnt, gilt Sullivan (1953) als Vater einer interpersonalen Psychiatrie, dem viele bekannte Kliniker, darunter

Alexander, Horney, Fromm und Leary wichtige Anregungen verdanken (Mullahy, 1975). Sullivans Hauptinteresse galt dem Verständnis und der Behandlung neurotischer und vor allem schizophrener Patienten. Ähnlich wie Erikson formulierte er eine Entwicklungstheorie der Persönlichkeit, die über die von Freud unterschiedenen frühen Phasen hinausgeht und auch das Jugend- und Erwachsenenalter einbezieht.

Zu den wichtigsten Annahmen Sullivans über die Persönlichkeitsentwicklung gehört die Hypothese einer *Personifizierung eines eigenen Selbst.* Darunter versteht er die Ausbildung eines Selbstsystems aufgrund subjektiv verarbeiteter interpersonaler Situationen. Das Selbst entsteht nicht - wie von Freud angenommen - durch Introjektionen, sondern als subjektive *Konstruktion,* in die Annahmen über die eigene Person, externe Objekte und die Beziehungen zwischen eigener Person und jenen Objekten einfließen. An der Herausbildung und Weiterentwicklung eines Selbstsystems ist der Betreffende mithin *aktiv* beteiligt. Innerhalb des Selbst unterscheidet Sullivan drei Personifizierungen:

- Das *gute Ich.* Es umfaßt Aspekte des Selbst, die mit Erfahrungen der Bedürfnisbefriedigung (vor allem Erfahrungen mit einer zärtlichen Mutter) verbunden sind. Diese Anteile sind bewußt und werden vom Individuum bejaht.
- Das *schlechte Ich.* Darunter fallen Aspekte des Selbst, die mit Erfahrungen von Spannungen und Angst (insbesondere mit Ablehnung durch die Mutter) verknüpft sind.
- Das *Nicht-Ich.* Hierunter faßt Sullivan dissoziierte Anteile des Selbst, die mit Erfahrungen intensiver Angst verbunden sind und der Person als nicht annehmbar erscheinen. Sie entsprechen vermutlich dem, was Jung (1971) als Anteile des "persönlichen Unbewußten" bezeichnet hat, die zum "Schatten" gehören (vgl. Becker, 1993 c; Pongratz, 1983).

Nach Sullivan besteht die Aufgabe eines Psychotherapeuten darin, die aus negativen zwischenmenschlichen Erfahrungen resultierenden Verzerrungen im Selbstsystem und in der Sicht anderer Menschen erkennen und überwinden zu helfen.

Horney

Noch eindeutiger als Alfred Adler betrachtete Karen Horney (1951, 1991) neurotische Störungen als Beziehungsstörungen des Menschen zu seinen Mitmenschen. Zur Überwindung einer aus ungünstigen Erfahrungen in der frühen Kindheit resultierenden Grundangst entwickeln viele Neurotiker eine von drei auf Sicherheit, nicht auf Befriedigung ausgerichteten rigiden Grundstrategien des Umgangs mit anderen:

- *Hinwendung zu* den Menschen, verbunden mit der Tendenz, sich vermeintlich stärkeren Personen unterzuordnen, um auf diesem Weg Sicherheit und Zuwendung zu erlangen. Diese dependente Strategie läuft auf eine Art von "Selbstauslöschung" hinaus.
- *Feindselige Einstellung gegenüber* den Mitmenschen, verbunden mit einem Streben nach Macht und Überlegenheit.
- *Abkehr von* den Menschen, verbunden mit einer Zuschauerhaltung, einer starken Kontrolle von Gefühlen, Angst vor Nähe und vor dem Verlust von Unabhängigkeit sowie einem Ausweichen vor Zusammenarbeit und Konkurrenz mit anderen.

Leary

Wie Sullivan gehört Leary zu den einflußreichsten Verfechtern einer interpersonalen Betrachtung psychischer Störungen. "Interpersonales Verhalten ist derjenige Aspekt der Persönlichkeit, der für den Kliniker funktional am relevantesten ist." (Leary, 1957, S. 12. Übers. d. Verf.). Leary (1957, S. 15) geht noch einen Schritt weiter und formuliert folgendes primäre Arbeitsprinzip: "Persönlichkeit ist das mehrere Ebenen umfassende Muster interpersonalen Verhaltens (offen, bewußt oder privat), das ein Individuum zum Ausdruck bringt. Interpersonales Verhalten dient der Angstreduktion. Alle sozialen, emotionalen, interpersonalen Aktivitäten eines Individuums lassen sich als Versuche begreifen, Angst zu vermeiden oder Selbstachtung zu gewinnen und zu erhalten." (Übers. d. Verf.)

Folgerichtig entwickelte Leary ein Circumplexmodell der Persönlichkeit bzw. des interpersonalen Verhaltens, mit dessen Hilfe er acht verschiedene Persönlichkeitstypen (auf vier Dimensionen des interpersonalen Verhaltens) charakterisiert. Er interpretiert sie als spezifische Anpassungstypen (siehe Abbildung 10.4). Diese Abbildung gibt in komprimierter Form wesentliche Annahmen von Leary (1957) sowie Leary und Coffey (1955) wieder (siehe auch McLemore & Benjamin, 1979). Auf dem äußeren Ring sind Kurzbezeichnungen der Persönlichkeitsoktanten aufgeführt. Man erkennt, daß Leary zwei orthogonale Hauptdimensionen "freundlich vs. feindselig" sowie "dominant vs. submissiv" sowie vier Kombinationen (z.B. freundlich-dominant) verwendet. Mit Hilfe der beiden inneren beschrifteten Ringe stellen Leary und Coffey (1955) hypothetische Beziehungen zu fehlangepaßtem interpersonalen Verhalten (z.B. passiv, submissiv, masochistisch; siehe mittlerer Ring) bzw. zu psychiatrischen Diagnosekategorien aus den 50er Jahren (z.B. schizoide Persönlichkeit; siehe innerer Ring) her.

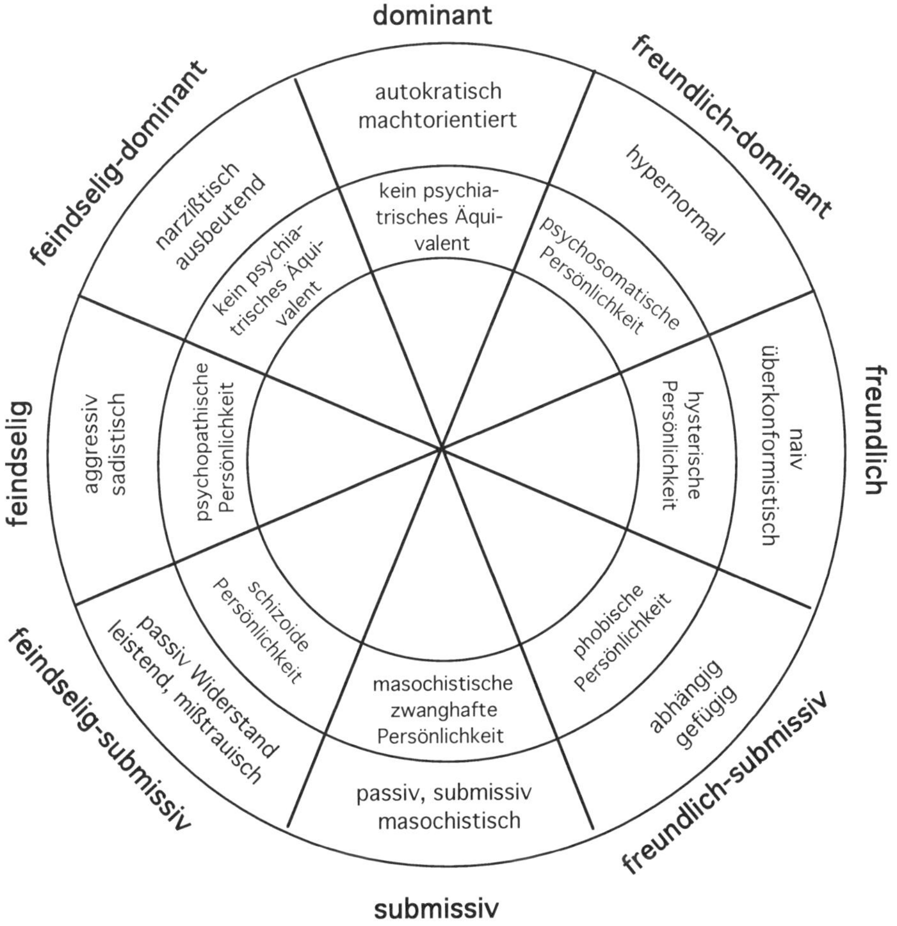

Abbildung 10.4: Circumplexmodell der Persönlichkeit (äußerer Ring), des interpersonalen Verhaltens (mittlerer Ring) und psychischer Störungen (innerer Ring) nach Leary (1957) und Leary und Coffey (1955).

Learys Circumplexmodell diente anderen Autoren, die es an einigen Stellen abwandelten, als Vorbild (z.B. Carson, 1969; Kiesler, 1982, 1983, 1986; Wiggins, 1982; Wiggins, Trapnell & Phillips, 1988). Auch Andrews (1991) nimmt in seinem integrativen Therapieansatz explizit auf dieses Modell Bezug.

Aus unserer Sicht bieten Circumplexmodelle eine Reihe von Vorteilen. Dennoch erscheint uns das Leary-Modell im Detail korrekturbedürftig. Insbesondere die Verbindungen zu klinischen Störungsbildern sind spekulativ und aufgrund neuerer Entwicklungen überholt. Zur Kritik und zu Verbesserungsvorschlägen siehe Benjamin (1993 a), McLemore und Brokaw (1987), McLemore und Benjamin (1979) sowie Orford (1986).

Leary erwarb sich nicht nur wegen des von ihm entwickelten Circumplexmodells Verdienste, sondern er formulierte ein für das Verständnis und die Therapie psychischer Störungen wichtiges *Prinzip reziproker interpersonaler Beziehungen* (z.B. Unterdrücker - Unterwürfiger): "Interpersonale Reflexe haben mit überzufälliger Wahrscheinlichkeit die Tendenz, beim Interaktionspartner reziproke interpersonale Reaktionen auszulösen, die zu einer Wiederholung des ursprünglichen Reflexes führen." (Leary, 1957, S. 123. Übers. d. Verf.) Leary stützt sich bei der Formulierung dieses Prinzips auf alltägliche Ereignissequenzen zwischen Ehepartnern, Eltern und Kindern oder Personen, die sich zum ersten Mal begegnen, sowie vor allem auf Beobachtungen in Gruppentherapien. Zwei Beispiele mögen zur Erläuterung dienen:

- In der ersten Sitzung einer Gruppentherapie sind alle Teilnehmer verunsichert. Es herrscht angespanntes Schweigen, bis Person A - ein Patient mit psychosomatischen Beschwerden - das Schweigen durchbricht und zehn Minuten lang von seinen Symptomen und seiner Lebenssituation erzählt. Sobald er geendet hat, breitet sich wieder das allgemeine Schweigen aus, woraufhin Person A sich genötigt fühlt, weitere fünf Minuten lang von sich zu reden. Leary interpretiert eine derartige Sequenz als ein Beispiel dafür, daß ein ursprüngliches Verhalten von Person A (Erzählen) durch die Reaktionen einer Person oder mehrerer Personen (schweigende Zuhörer) verstärkt wird und umgekehrt. Person A "erzieht" andere zu Zuhörern, die anderen "erziehen" Person A zu einem dominanten Erzähler.
- Ein mißtrauischer Mensch ist davon überzeugt, daß andere sich ihm gegenüber unsympathisch und unfair verhalten werden. Mit dieser Erwartungshaltung begegnet er ihnen auf unfreundliche Weise und provoziert damit ihre tatsächliche Ablehnung, die ihrerseits sein Mißtrauen verstärkt.

Leary betont, daß es sich bei dem Prinzip reziproker interpersonaler Beziehungen nicht um eine eherne Gesetzmäßigkeit, sondern um *Wahrscheinlichkeitsaussagen* handelt, und er nennt verschiedene Randbedingungen, die zu beachten sind (z.B. der Kontext der Interaktion, die Persönlichkeit des anderen, die momentane Stimmung, vorausgehende Ereignisse etc.). So kann eine Sequenz nach dem Muster: abhängige Frau fördert die Dominanz ihres Mannes; Dominanz des Mannes fördert die Abhängigkeit der Frau - auch abrupt zusammenbrechen, wenn beispielsweise der

Mann sich ab einem bestimmten Zeitpunkt überfordert und ausgenutzt fühlt und nicht mehr "mitspielt".

Leary zufolge verfügen psychisch Gestörte oftmals nur über ein sehr eingeschränktes und rigides interpersonales Verhaltensmuster, mit dessen Hilfe sie jedoch Macht über die Ausgestaltung von Beziehungen erlangen. So schafft es beispielsweise ein Mensch mit einer paranoiden Persönlichkeitsstörung, nach einiger Zeit auch das gutmütigste Gegenüber derart vor den Kopf zu stoßen, daß es aggressiv zurückschlägt.

Darley und Fazio

Das zuletzt genannte reziproke interpersonale Geschehen wird häufig mit dem auf Merton (1948) zurückgehenden Begriff der *"Sich-selbst-erfüllenden Prophezeiung"* belegt. Da dieses Phänomen im klinischen und pädagogischen Feld von großer Bedeutung ist und zahlreiche Untersuchungen anregte, haben ihm Darley und Fazio (1980) eine aufschlußreiche Analyse gewidmet. Ausgangspunkt ihrer Überlegungen ist die Annahme, daß soziale Interaktionen durch die wechselseitigen Wahrnehmungen der beteiligten Personen gesteuert werden, wobei diese Wahrnehmungen als aktive *Konstruktionen* bzw. Interpretationen aufzufassen sind. Eine Interaktionssequenz zwischen einem *Akteur* (z.B. einem Lehrer) und einer *Zielperson* (z.B. einem Schüler mit der "provozierenden" Frisur eines Subkulturmitglieds) könnte wie folgt beschrieben werden (siehe Abbildung 10.5):

(1) Sei es aufgrund vergangener Beobachtungen des Verhaltens der Zielperson oder aufgrund ihrer Kategorisierung durch den Akteur entwickelt letzterer bestimmte Erwartungen bezüglich der Zielperson. (Der Lehrer hält den Schüler für "ausgeflippt" und schulisch desinteressiert.)

(2) Der Akteur handelt gegenüber der Zielperson in einer Weise, die mit seinen Antizipationen bezüglich der Zielperson im Einklang steht. (Der Lehrer übersieht den Schüler, wenn er sich im Unterricht meldet, um eine Frage zu beantworten.)

(3) Die Zielperson interpretiert die Bedeutung des Verhaltens des Akteurs. (Der Schüler glaubt, daß der Lehrer ihn ablehnt und für unfähig hält.)

(4) Gestützt auf diese Interpretation reagiert die Zielperson auf die Handlung des Akteurs. (Der Schüler meldet sich immer seltener im Unterricht.)

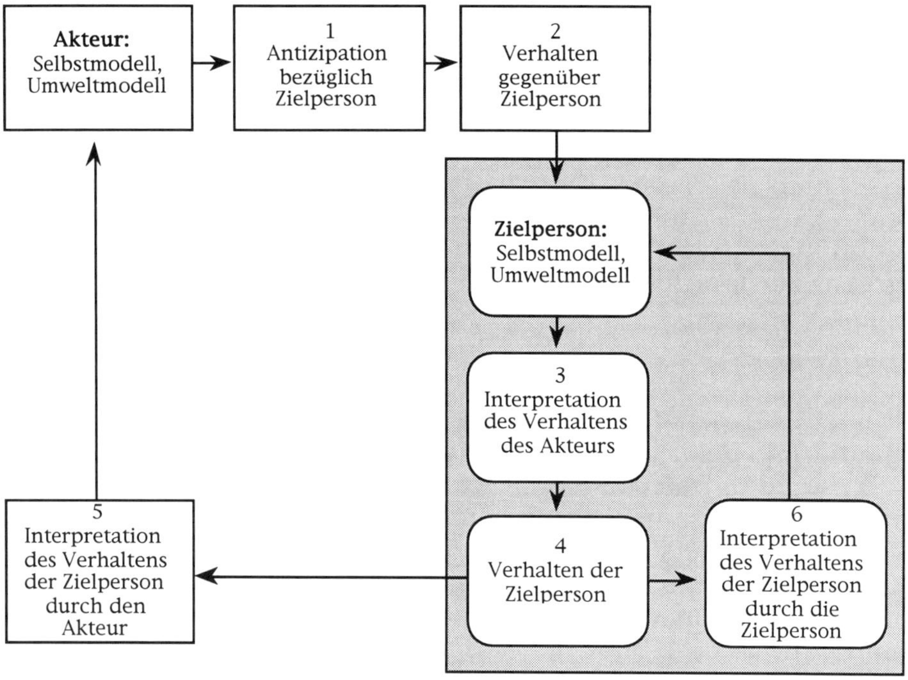

Abbildung 10.5: Erwartungsbestätigungsprozesse. In Anlehnung an Darley und Fazio (1980).

(5) Der Akteur interpretiert seinerseits das Verhalten der Zielperson. (Der Lehrer fühlt sich in seinem Urteil bestätigt, daß der Schüler kein Interesse am Unterricht hat.)
(6) Auch die Zielperson interpretiert ihr eigenes Verhalten gegenüber dem Akteur. (Der Schüler schließt aus der Tatsache, daß er sich am Unterricht dieses Lehrers kaum aktiv beteiligt, daß er schulisch desinteressiert ist.)
Mit Bezug auf diese sechs Schritte betrifft eine "sich selbsterfüllende Prophezeiung" folgenden Prozeß: *Die Antizipationen des Akteurs bezüglich der Zielperson verändern das Verhalten der Zielperson in einer Weise, die von Außenstehenden als Bestätigung der Antizipationen des Akteurs gedeutet würden.* Es werden also Verbindungen zwischen den Schritten (1), (4) und (5) hergestellt. Der Schritt (5) beinhaltet den (verzerrten) "Beweis", daß der Akteur im Hinblick auf die Zielperson mit seinen Antizipationen recht hatte. Darley und Fazio (1980) analysieren alle sechs Schritte und gelangen dabei zu Einsichten über Verzerrungen im Bereich der sozialen Wahrnehmung.
(1) *Der Akteur bildet eine Antizipation.* Aus attributionstheoretischer Sicht (Heider, 1958; Jones & Nisbett, 1971; Kelley, 1967)

bildet der Akteur Erwartungen über das Verhalten der Zielperson, indem er auf deren Eigenschaften attribuiert. Dabei läuft er Gefahr, der sogenannten *Akteur-Beobachter-Verzerrung* bzw. dem fundamentalen Attributionsfehler zu unterliegen. Damit ist gemeint, daß der Akteur (in der Rolle des Beobachters) vorschnell *Eigenschaften* der Zielperson zur Erklärung oder Vorhersage eines Verhaltens heranzieht und die das Handeln der Zielperson begrenzenden situativen Rahmenbedingungen unterschätzt. Die Zielperson hingegen erklärt ihr Verhalten nicht aus ihren Eigenschaften, sondern aus dem Handlungs*kontext*. Außerdem kann es aufgrund impliziter Persönlichkeitstheorien des Akteurs oder eines Denkens in Stereotypen zu falschen Antizipationen kommen.
(2) *Der Akteur handelt.* Er läßt sich von seinen Antizipationen leiten und trifft unter Umständen falsche Entscheidungen (etwa den Kontakt abzubrechen), weil er z.B. unter Zeitdruck und mit wenig Informationen ausgestattet handeln muß oder aufgrund selektiver Vorinformationen die Zielperson unrealistisch einschätzt.
(3) *Die Zielperson interpretiert die Handlung des Akteurs.* Die entsprechenden Attributionsprozesse verlaufen häufig automatisch und unbewußt. Sie können sich auf den Akteur (und dessen vermeintliche Eigenschaften), auf die Situation, auf die Zielperson selbst oder auf komplexe Wechselwirkungen dieser drei potentiellen Bedingungen beziehen. Wie empirische Studien zeigen, neigen Zielpersonen dazu, ihren eigenen Anteil am Verhalten des Akteurs zu unterschätzen.
(4) *Die Zielperson reagiert.* In Abhängigkeit von ihren vorangehenden Interpretationen wählt die Zielperson ihr Verhalten. Wenn sie situative Faktoren oder die Eigenschaften des Akteurs als Erklärungen heranzieht, wird sie wahrscheinlich ein koordiniertes reziprokes Verhalten zeigen (z.B. auf Annäherungsverhalten mit eigenem Annäherungsverhalten anworten). Dabei kann es in Abhängigkeit von den Motiven der Zielperson entweder zu kategorial ähnlichen Reaktionen kommen (z.B. Lächeln mit Lächeln erwidern), oder die Reaktionen erfolgen in koordinierter, jedoch kategorial unähnlicher Form (z.B. wird auf ein Angriffsverhalten mit Flucht geantwortet). Zu beachten sind dabei: (1) die Wichtigkeit des Akteurs für die Zielperson und (2) die Überzeugung der Zielperson darüber, ob der Akteur anderen Personen gegenüber im allgemeinen zu validen Urteilen neigt. So wird z.B. ein Schüler an seiner Begabung zu zweifeln beginnen, wenn er wiederholt von einem Lehrer, den er als erfahren einschätzt, als "dumm" beurteilt wurde.
(5) *Der Akteur interpretiert die Reaktion der Zielperson.* Dabei kommt es häufig zu dem oben erwähnten fundamentalen Attributionsfehler: Der Akteur unterschätzt seinen Einfluß auf das

Verhalten der Zielperson und attribuiert statt dessen auf deren Eigenschaften. Selbst für den Fall, daß die Zielperson ein Verhalten wählt, das - von außen betrachtet - den Antizipationen des Akteurs zuwiderläuft, besteht eine erhöhte Wahrscheinlichkeit dafür, daß der Akteur an seinem ursprünglichen Bild der Zielperson festhält, indem er deren Verhalten auf situative (also externe, variable) Bedingungen zurückführt.

(6) *Die Zielperson interpretiert ihr eigenes Verhalten.* Aufgrund ihres eigenen Verhaltens erfährt die Zielperson - je nach Art ihrer Interpretation - etwas über sich selbst. Dabei kann sie sich jene Eigenschaften zuschreiben, die ihr im ersten Schritt vom Akteur (ausgesprochen oder unausgesprochen) zugewiesen wurden. Im Endergebnis kommt es zu einer Veränderung im Selbstsystem der Zielperson, die den ursprünglichen Annahmen des Akteurs entspricht.

Die Ausführungen von Darley und Fazio (1980), die wir nur ausschnitthaft wiedergegeben und in Abbildung 10.5 unter Verwendung eigener Begriffe (Selbstmodell, Umweltmodell) veranschaulicht haben, lassen erkennen, in welch hohem Maße soziale Interaktionen die Selbst- und Umweltmodelle von Personen beeinflussen können, wobei es häufig zu "sich selbst-erfüllenden Prophezeiungen" kommt. Zweifellos sind diese Erkenntnisse für das Verständnis und die Therapie psychischer Störungen von großer Bedeutung. Wir verweisen in diesem Zusammenhang auf die Labeling-Perspektive psychischer Störungen (vgl. Keupp, 1979 b) sowie auf kommunikations- und familiendynamische Ansätze (z.B. Watzlawick, 1983; Watzlawick, Beavin & Jackson, 1974).

Ergänzende eigene Betrachtungsweise

In Kapitel 7 haben wir ein Modell zum sozialen Einfluß von Personen auf das Verhalten und Erleben von Interaktionspartnern formuliert. Das Modell ist allgemein gehalten, es läßt sich mithin auch auf klinische Fragestellungen übertragen. Seinen Vorteil sehen wir darin, daß eine Reihe differenzierter Hypothesen über kurz- und mittelfristige sowie längerfristige Auswirkungen des Verhaltens einer Person A auf eine Person B (jeweils beschrieben mit Hilfe von Circumplexmodellen der Bedingungen, der Folgen sowie der Persönlichkeit) gebildet werden können. Verbindet man diese Ausführungen mit jenen des Kapitels 9 (Beitrag der Persönlichkeitspsychologie zur klinischen Psychologie), ergeben sich unmittelbare Möglichkeiten einer Erklärung psychischer Störungen, insbesondere von Persönlichkeitsstörungen.

Um Überschneidungen oder Wiederholungen zu vermeiden, verweisen wir auf die entsprechenden Kapitel.

3.3 Verknüpfung von intrapersonaler (individuumzentrierter) und interpersonaler Perspektive

Wie oben angedeutet, halten wir es für die Erklärung und Therapie psychischer Störungen für besonders fruchtbar, die intrapersonale (individuumzentrierte) Perspektive mit der interpersonalen zu verknüpfen. Dabei stellt sich das Problem, einen theoretischen Rahmen zu finden, der eine solche Integration erlaubt. Dies kann in unterschiedlicher Form geschehen, wie neuere Ansätze von Andrews (1991), Beck et al. (1993) und Safran und Segal (1990) belegen.

Wir skizzieren im folgenden einen eigenen Versuch, der auf dem in Abbildung 4.7 wiedergegebenen Systemmodell der Persönlichkeit basiert. In diesem Modell erfolgt eine Interaktion von Individuum und Umwelt über eine entsprechende "Schnittstelle", das "sensumotorische System". Damit ist rein formal die Voraussetzung dafür gegeben, zwei oder mehr Individuen miteinander in Kontakt treten zu lassen, wie es in Abbildung 10.6 für den dyadischen Fall dargestellt ist. Wir beschränken unseren Ansatz vorläufig auf dyadische Interaktionen, da sich bereits auf dieser Ebene wichtige Anwendungsmöglichkeiten ergeben. An dieser Stelle geht es uns um den Wert des Modells für das Verständnis psychischer Störungen, sofern man eine synchronische Betrachtungsweise wählt.

Abbildung 10.6 verdeutlich, daß sich die Prozesse, die zur Verfestigung oder Verschlimmerung einer psychischen Störung beitragen, sowohl als intrapersonales als auch interpersonales Geschehen (zwischen zwei Personen) analysieren lassen. Im ersten Fall bieten sich Erklärungen an, die sich mit den strukturellen und funktionalen Eigenschaften intrapsychischer Systeme bzw. mit den zwischen diesen intrapsychischen Systemen ablaufenden Prozessen befassen (siehe oben). Im zweiten Fall eröffnen sich Möglichkeiten, die wechselseitigen Beeinflussungen zweier Personen zu erfassen. So läßt sich prinzipiell abbilden, welche Auswirkungen ein bestimmtes Verhalten von Person A, realisiert über deren "effektorisches System", auf die Systeme der Person B (z.B. das "System angeborener Emotionen" oder das "System kognitiver Strukturen") hat.

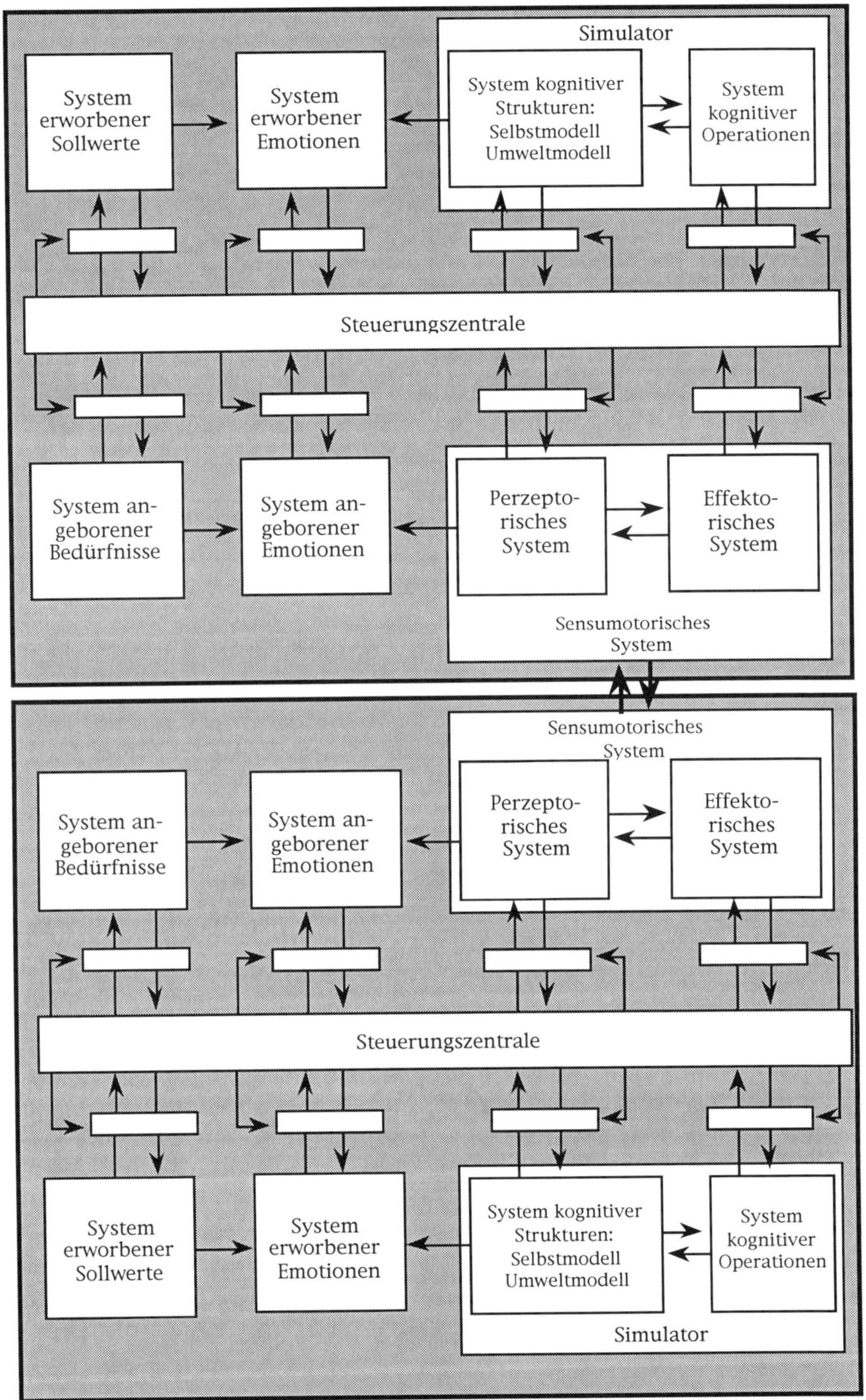

Abbildung 10.6: Interaktion zwischen zwei "Systemen"

Diese Art der Darstellung besitzt Vor- und Nachteile. Der größte Vorteil besteht in der breiten Anwendbarkeit und hohen Flexibilität des Modells bzw. in seinem umfassenden Charakter. Daraus folgt zugleich der größte Nachteil: die mangelnde Präzision der Aussagen. Das Modell läßt viele Möglichkeiten zu, und es bedarf zusätzlicher einschränkender Bedingungen, um echte Erklärungs- oder Prognosekraft zu erlangen. Das in Abbildung 10.6 wiedergegebene Modell hat primär eine heuristische Funktion. Es wird mit Leben erfüllt und wirft interessante Fragen auf, sobald man die allgemeinen Aussagen (z.B. über die Selbstmodelle interagierender Personen A und B) mit konkreten Inhalten füllt. Exemplarisch verweisen wir auf obige Ausführungen von Darley und Fazio (1980) zu "sich selbst-erfüllenden Prophezeiungen". Das in Abbildung 10.5 wiedergegebene Geschehen läßt sich problemlos als Spezialfall der Abbildung 10.6 interpretieren.

4. ALLGEMEINE PSYCHOTHERAPIE

4.1 Definitionen und Ziele von Psychotherapie

Definitionen

Bastine (1992 b, S. 180) definiert Psychotherapie wie folgt: "Psychotherapie stellt eine spezifische Art einer interpersonellen Beziehung dar, in der Klienten oder Patienten eine professionelle psychologische Hilfe bei der Bewältigung ihrer psychischen Störungen oder psychischen Aspekte körperlicher Erkrankungen erhalten. Die erwünschten Veränderungen im Erleben, Verhalten und in den Beziehungen zu ihrer (sozialen) Umwelt sollen durch ein zielgerichtetes und wissenschaftlich begründetes Vorgehen herbeigeführt werden." In ihrer Allgemeinheit und in der Betonung des zielgerichteten Einsatzes psychologischer Mittel auf wissenschaftlich begründeter Basis dürfte diese Definition auf breiten Konsens stoßen (vgl. z.B. eine ähnliche Definition von Lohmann, 1980).

Eine nach Huber (1992) besonders angemessene Definition von Psychotherapie stammt von Strotzka (1975, S.4): "Psychotherapie ist ein bewußter und geplanter interaktioneller Prozeß zur Beeinflussung von Verhaltensstörungen und Leidenszuständen, die in einem Konsensus (möglichst zwischen Patient, Therapeut und Bezugsgruppe) für behandlungsbedürftig gehalten werden, mit psychologischen Mitteln (durch Kommunikation) meist verbal aber auch averbal, in Richtung auf ein definiertes, nach Möglichkeit gemeinsam erarbeitetes Ziel (Symptomminimalisierung und/oder Strukturveränderung der Persönlichkeit) mittels lehrbarer Techniken auf der Basis einer Theorie des normalen und pathologischen Verhaltens. In der Regel ist dazu eine tragfähige emotionale Bindung notwendig." Im Zusammenhang mit unserem Thema hat diese Definition den Vorteil, daß sie direkt und indirekt auf die Persönlichkeitspsychologie Bezug nimmt: direkt, indem Strukturveränderungen der Persönlichkeit als potentielles Therapieziel genannt werden (siehe auch Meltzoff & Kornreich, 1970), indirekt, indem auf die Notwendigkeit einer Theorie des normalen und pathologischen Verhaltens hingewiesen wird; in solchen Theorien räumen die meisten Autoren der (prämorbiden) Persönlichkeit des Klienten einen Stellenwert ein. Nach Seidenstücker (1984, S. 461) muß jedes psychotherapeutische Verfahren, das diesen Anspruch zu Recht erhebt, neben anderen Voraussetzungen an erster Stelle das Kriterium erfüllen, daß es auf wissenschaftlichen Theorien zum normalen und gestörten Verhalten basiert, also eine Persönlichkeitstheorie und eine Störungstheorie enthält.

Grawe et al. (1994, S. 744), die sich die Formulierung einer *"allgemeinen Psychotherapie"* zum Ziel gesetzt haben, betonen die Notwendigkeit, sie auf einem schulenübergreifenden theoretischen Fundament zu errichten: "Die empirisch orientierte Psychologie ist theoretisch-konzeptuell längst genügend weit fortgeschritten, um einer nicht schulorientierten Allgemeinen Psychotherapie ein solides theoretisches Fundament zu liefern." Nach Auffassung dieser Autorengruppe sollte eine allgemeine Psychotherapie drei Perspektiven integrieren:

- die Problembewältigungs-,
- die Klärungs- und
- die Beziehungsperspektive.

Grawe (1994) leitet aus der psychotherapeutischen Wirkungs- und Prozeßforschung vier allgemeine psychotherapeutische Wirkfaktoren ab:

(1) aktive Hilfe (des Therapeuten) zur Problembewältigung,
(2) motivationale Klärung (Klärung von bewußten oder unbewußten Zielen, Werten und Bedürfnissen des Klienten),
(3) Aktualisierung der relevanten Problemstrukturen (durch Förderung realer Erfahrungen des Klienten in relevanten Settings) und

(4) Ressourcen-Aktivierung (Nutzung der internen und externen Ressourcen des Klienten).

Wir stimmen Grawe et al. (1994) zu, halten es - aus der Sicht der differentiellen Psychologie - jedoch für zweckmäßig, den Begriff einer "allgemeinen Psychotherapie" um den einer "differentiellen Psychotherapie" zu ergänzen (siehe auch Bastine, 1992 b). Eine solche *differentielle Psychotherapie* versucht explizit, den unterschiedlichen Persönlichkeitseigenschaften sowohl der Klienten als auch der Psychotherapeuten sowie der Art der psychischen Störungen des Klienten Rechnung zu tragen und Erkenntnisse darüber zu gewinnen, inwieweit das optimale therapeutische Vorgehen dadurch beeinflußt wird (siehe unten).

In jüngster Zeit erscheint die Leitidee einer differentiellen Psychotherapie einer Reihe von Autoren sehr attraktiv (u.a. Bastine, 1990, 1992 b; MacKenzie, 1994; Miller, 1991; Revenstorf, 1992; Sanderson & Clarkin, 1994; Sachse, 1992; Seidenstücker, 1984; Tscheulin, 1983, 1992). Exemplarisch sei Bastine (1990, S. 215-216) zitiert: "Unter diesen Gesichtspunkten lassen sich Behandlungsmethoden miteinander kombinieren, die ursprünglich aus verschiedenen theoretischen Zusammenhängen stammen. Die Kombination erfolgt dabei unter der Zielidee, die für eine bestimmte Klientel geeigneten und bewährten therapeutischen Maßnahmen konzentriert einzusetzen und damit die Behandlung den Erfordernissen der spezifischen Klientel anzupassen. Im Kern laufen diese Ansätze auf eine *differentielle Psychotherapie* hinaus, in der optimale Behandlungsprogramme für psychisch in bestimmter Weise beeinträchtigte Personen bereitgestellt werden. Eine Hauptschwierigkeit dieses Forschungskonzepts liegt gegenwärtig darin, die geeigneten Merkmale zur Definition der Klienten/Patientengruppen zu finden - offenbar sind die nosologischen Kategorien dazu nur begrenzt tauglich."

Ziele

Nach Bastine (1992 b) werden in jeder Psychotherapieform zwei generelle Zielsetzungen verfolgt - einerseits der Abbau der psychischen Störungen, Behinderungen und Probleme, andererseits die Förderung des subjektiven Wohlbefindens. Als speziellere Behandlungsziele nennt Bastine (1992 b, S. 195):
" - die *Förderung persönlicher Fähigkeiten, Fertigkeiten und Kompetenzen*, beispielsweise durch Wissensvermittlung, Übung und Training;

- die *Förderung von Funktionsfähigkeit und Einsicht*, z.B. durch Bearbeiten von Blockaden, Hemmungen oder Fixierungen auf Grund von intrapsychischen Konflikten oder pathologischen Verarbeitungsprozessen;
- die *Förderung psychischen Wachstums und leib-seelischer Integration* durch Selbstverwirklichung, Sinnfindung und die Verarbeitung körperlicher Befindlichkeiten;
- die *Förderung interpersoneller Beziehungen* durch die Entwicklung ungestörter und wechselseitig befriedigender Beziehungen."

Vergleicht man die von Bastine formulierten generellen und speziellen Therapieziele mit den im Trierer Persönlichkeitsfragebogen (TPF) von Becker (1989) enthaltenen Skalen zur Messung der seelischen Gesundheit und ihrer Komponenten (siehe Kapitel 2 sowie unten), so erkennt man zahlreiche Entsprechungen. *Mithin scheint der TPF geeignet, vor Beginn einer Therapie nützliche Ausgangsinformationen über den Klienten zu gewinnen und nach Beendigung der Therapie den Erfolg der Maßnahmen zu evaluieren.*

Man kann die Therapieziele unter einem zweiten Gesichtspunkt systematisieren, indem man auf die von Psychotherapeuten vertretenen ätiologischen Grundannahmen Bezug nimmt. Je nach Gewichtung von Person- und Umweltmerkmalen und deren Passung ergeben sich unterschiedliche Auffassungen über die primär anzustrebenden Therapieziele übergeordneter Art. Unseres Erachtens lassen sich drei Grundpositionen unterscheiden:

• Betonung von Persönlichkeits*dispositionen*. Stellvertretend sei McCrae (1994, S. 307; Übers. d. Verf.) zitiert, dessen Position uns in einigen Aspekten problematisch erscheint: "Persönlichkeitseigenschaften sind überdauernde Dispositionen, die sich unter normalen Erfahrungen Veränderungen widersetzen, so daß es unwahrscheinlich ist, daß psychotherapeutische Interventionen dramatische Veränderungen in grundlegenden Dispositionen bewirken (Costa & McCrae, 1986). Gewöhnlich sind Menschen jedoch in der Lage, sich an ihre eigene Persönlichkeit anzupassen, d.h. solche Wege zu finden, um ihr Leben und ihre Beziehungen zu meistern, die mit ihren eigenen Eigenschaften im Einklang stehen. Erst wenn äußerer Druck oder bestimmte Umstände die Anpassungsfähigkeit des Individuums überwältigen, wird Hilfe gesucht. In diesen Fällen könnte Psychotherapie das begrenztere und realistischere Ziel einer Befreiung von Symptomen umfassen." Zwar wird man McCrae zustimmen, wenn er *"dramatische"* Veränderungen in grundlegenden Dispositionen durch Psychotherapie ausschließt, doch überbetont er, wie unten zu zeigen sein wird, die Stabilität von Persönlichkeitseigenschaften. McCrae geht offenbar davon aus, daß es sich bei allen Persönlichkeitseigenschaften um weitgehend vererbte und/oder biologisch verankerte Dispositionen mit Verhaltensmanifestationen handelt, die als solche kaum beeinflußt werden können. Psychische Störungen sind dann entweder in stabilen Persönlichkeitseigenschaften (wie z.B. einem erhöhten Neurotizismus, einer starken Introversion oder geringen Verträglichkeit) verankert und (weitgehend) resistent gegenüber psychotherapeutischer Einflußnahme, oder sie resultieren aus *vorübergehenden* äußeren Belastungen. Lediglich in letzterem Fall kann Psychotherapie den Prozeß der Überwindung von Symptomen unterstützen und beschleunigen.

Costa und McCrae (1986, S. 417-421; Übers. d. Verf.) glauben, aus von ihnen interpretierten Längsschnittstudien wichtige Schlüsse bezüglich der zu erwartenden Effekte von Psychotherapie ziehen zu können: "Leider zeigt die Erfahrung mit Rückfällen und Rehospitalisierung, daß es schwer ist, therapeutische Erfolge aufrechtzuerhalten. Die Mechanismen, die Persönlichkeitseigenschaften determinieren, sind tiefer verwurzelt; daher kehren Individuen bei passender Gelegenheit zu ihrem ´natürlichen´ Selbst zurück. ... Die Stabilität des genetischen Materials dürfte wohl der Mechanismus hinter der Stabilität der Erwachsenenpersönlichkeit sein. Falls dem so ist, dann dürften neuropsychologische und biochemische Ansätze in der Psychotherapie die beste Hoffnung dafür liefern, effektive Behandlungsformen zu entdecken. ... Die Stabilität der normalen Persönlichkeit spricht dafür, daß eine radikale Veränderung von Erwartungen angemessen ist; und obwohl es zunächst schmerzhaft sein mag, wird eine solche Veränderung auf Dauer für Patienten und Therapeuten von Vorteil sein."

Wir haben diese Passagen ausführlich zitiert, weil sie uns überzogen und von der Empirie nicht hinreichend abgedeckt erscheinen. So stützen Costa und McCrae (1986) ihre Argumentation primär auf eine Tabelle mit Stabilitätskoeffizienten der Persönlichkeit aus jüngeren Längsschnittstudien, die sich zwischen .03 und .87 bewegen. Die Mediane aus den einzelnen Studien liegen für Retestintervalle zwischen 2 und 30 Jahren (meist etwa 10 Jahre) zwischen .40 und .75, wobei die von Costa et al. (1980) beigetragenen Werte auf kleinen Stichproben basieren und die anderer Autoren übertreffen. Unter Berücksichtigung weiterer Studien und Literaturüberblicke wird man davon ausgehen können, daß sich über einen Zeitraum von 10 bis 20 Jahren Stabilitätskoeffizienten in einer Größenordnung von etwa .60 bis .50 ergeben.

Diese Werte schließen keinesfalls aus, daß bei bestimmten Personen nennenswerte Veränderungen in Persönlichkeitseigenschaften auftreten. (siehe Abbildung 10.7)

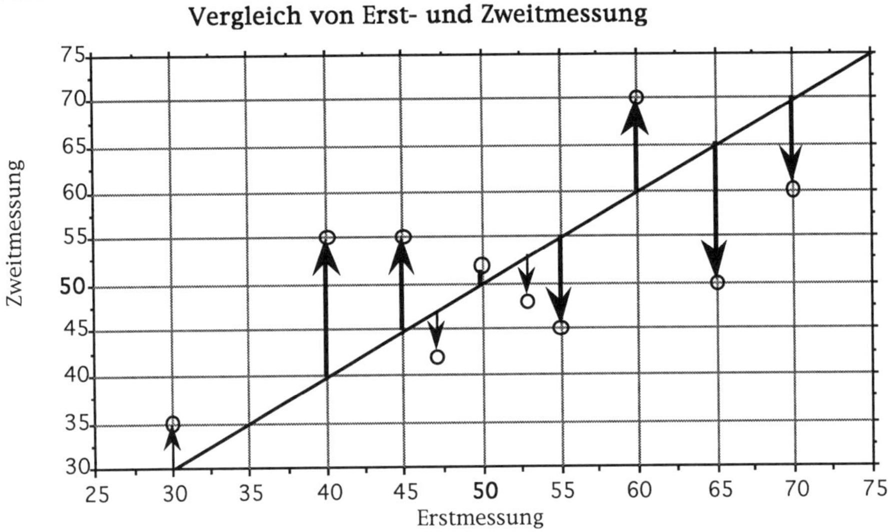

Abbildung 10.7: Vergleich von Erst- und Zweimessung bei 10 hypothetischen Personen.

Dort sind die *hypothetischen* Werte von 10 Personen abgetragen, deren Ausprägungen in einer Persönlichkeitseigenschaft im Abstand von beispielsweise 15 Jahren zweimal gemessen wurden. Der Stabilitätskoeffizient (Korrelation) beträgt .575, liegt also in der typischen Größenordnung. Die Standardabweichungen der Werte betragen zu beiden Zeitpunkten etwa 10 Punkte. Wie man sieht, haben sich bei einigen Personen deutliche Verschiebungen in den gemessenen Werten bzw. den Rangplätzen ergeben. Sie betragen bei den Personen 1 und 2 etwa eineinhalb Standardabweichungen. Person 1 lag zum ersten Zeitpunkt etwa eine Standardabweichung unterhalb des Mittelwertes, während sie zum zweiten Meßzeitpunkt einen oberhalb des Mittelwertes gelegenen Score erzielt.

Bei der Beurteilung der von Costa und McCrae (1986) vorgetragenen Position ist ferner zu bedenken, daß diese Autoren - wie sie selbst betonen - über Erfahrungen mit "normalen" Personen, nicht jedoch über klinische Erfahrungen im engeren Sinn verfügen. Zur Effizienz von Psychotherapie siehe eingehender Grawe et al. (1994).

- Betonung von *Umwelt- und Lebensbedingungen.* Das Problem eines Klienten wird primär in seinen Umwelt- und Lebensbedingungen gesehen. Die Psychotherapie verhilft dem Individuum dazu, seine Umwelt so zu verändern, daß sie besser zu ihm und seinen Eigenschaften paßt.

• Betonung der *Individuum-Umwelt-Passung*. Wie unter Punkt (2) wird das Problem in einer ungenügenden Passung gesehen. Jedoch werden dafür drei Möglichkeiten in Betracht gezogen: (a) das Individuum muß sich verändern, (b) die Umwelt muß sich verändern (dies entspricht dem Fall 2), (c) sowohl die Person als auch die Umwelt (bzw. die Person-Umwelt-Interaktionen) müssen sich verändern. Diese Betrachtungsweise entspricht unserer eigenen Position, wobei wir die Voraussetzungen eines Individuums zur Bewältigung externer und interner Anforderungen betonen.

Wie in Abbildung 10.3 veranschaulicht, gehen wir davon aus, daß eine Person als Resultat des Zusammenwirkens von Anlagefaktoren und zurückliegenden Umweltbedingungen bestimmte Personmerkmale (Persönlichkeitseigenschaften bzw. Charakteristika ihrer psychischen Systeme) erworben hat und - ausgestattet mit diesen Merkmalen - in einer bestimmten Weise mit ihrer Umwelt sowie sich selbst umgeht. Dabei steht sie vor der Aufgabe einer Bewältigung externer und interner Anforderungen (siehe Kapitel 5). Bei einem Klienten mit psychischen Störungen sind diese Umgangsweisen verbesserungsfähig. Das Ziel der Psychotherapie sehen wir in einer Hilfe zur Verbesserung der Voraussetzung für eine Bewältigung dieser externen und internen Anforderungen. Dabei richtet sich die Hilfe primär auf das Individuum, sie wird jedoch auch die Umwelt (z.B. die Familie oder Bedingungen am Arbeitsplatz) prinzipiell einbeziehen.

4.2 Ausgangssituation des Klienten

Menschen begeben sich aus sehr unterschiedlichen Gründen in eine Psychotherapie; sie haben unterschiedliche Motivationen und Zielvorstellungen sowie unterschiedliche Einstellungen und Erwartungen. Manche Klienten sind von Angehörigen, ihrem Arbeitgeber, Gerichten oder anderen Institutionen zur Therapie gedrängt worden, andere begeben sich zum ersten oder wiederholten Mal aus eigenem Antrieb in Behandlung. Manche haben klare Vorstellungen darüber, was sie in einer Psychotherapie (bzw. einer bestimmten therapeutischen Richtung) erwartet, andere sind sich unsicher oder haben unrealistische Erwartungen. Für den Therapeuten ist es wichtig, frühzeitig entsprechende Informationen einzuholen, um die Ausgangssituation des Klienten richtig einzuschätzen (siehe unten).

In vielen Fällen wird man davon ausgehen können, daß der Klient aus einer Reihe von Gründen einer Therapie mit *ambivalenten Gefühlen* entgegensieht (vgl. Huber, 1992):

- Er ist sich nicht sicher, was ihn in der Therapie erwartet, und ob er den richtigen Therapeuten, dem er vertrauen kann und der ihm helfen wird, gefunden hat.
- Er ist sich nicht sicher, ob seine Probleme so gravierender Natur sind, daß eine Therapie überhaupt erforderlich ist. Möglicherweise denkt er, daß er seine Probleme selbst in den Griff bekommen sollte.
- Er ist sich nicht sicher, ob seine Beschwerden rein körperlichen Ursprungs sind und eine medikamentöse oder sonstige somatische Form der Behandlung die bessere Lösung wäre.
- Im Sinne einer Kosten-Nutzen-Analyse kommen Zweifel auf, ob der zu erwartende Nutzen den Aufwand an Zeit und Geld rechtfertigt.
- Er hat unter Umständen eine Reihe von *Befürchtungen:*

- daß die Therapie mehr schadet als nützt, da Probleme eventuell nur aufgedeckt, jedoch nicht wirklich gelöst werden können, oder die "Lösung" (z.B. eine Trennung vom Ehepartner) einen zu hohen Preis fordert; oder es wird die Gefahr gesehen, durch eine "aufdeckende" Therapie erst recht "verrückt" zu werden;
- daß eigene "Schwächen", "Fehler" oder "Schuld" (d.h. "charakterliche Mängel") vom Therapeuten aufgedeckt und durchschaut werden könnten, und er sich als Beschuldigter auf der Anklagebank wiederfinden könnte;
- daß der Psychotherapeut zu stark in den "Intimitätsbereich" eindringt und Schamgefühle hervorruft; ("in der Psychotherapie ist das Schamgefühl eine wichtige Quelle des Widerstandes"; Kruse, 1986, S. 461);
- daß der Therapeut ihn unsympathisch finden könnte oder nur eine professionelle Rolle spielt, ohne sich wirklich für ihn zu interessieren;
- daß er von der Hilfe des Therapeuten dauerhaft abhängig werden könnte, oder
- daß es ihm schaden könnte, wenn andere von seiner Psychotherapie erfahren.

Zusammenfassend ist es für den Therapeuten von großer Bedeutung, im "therapeutischen Alltag" immer wieder innezuhalten und bei der Kontaktaufnahme mit einem neuen Klienten dessen Ausgangssituation zu reflektieren und durch eine entsprechende Diagnostik sorgfältig abzuklären. Zur Messung der Psychotherapiemotivation und des Krankheitskonzepts vor Beginn einer

Behandlung kann ein von Nübling, Schmidt, Wittmann und Lamprecht (1994) entwickelter Fragebogen (PMK) eingesetzt werden. Er umfaßt sieben Skalen zur Psychotherapiemotivation (z.B. "Psychischer Leidensdruck und Selbstreflexionswunsch", "Stigmatisierungsängste") sowie fünf Skalen zum Krankheitskonzept (z.B. "Psychische Ursachen" oder "Kindheit als Ursache"). Mit Hilfe dieser Skalen konnte die individuelle Inanspruchnahme psychotherapeutischer Leistungen in einer psychosomatischen Klinik vorhergesagt werden. Eine erhöhte Inanspruchnahme korrelierte positiv mit "psychischem Leidensdruck", "Hoffung", "Dringlichkeit des Behandlungsbedürfnisses" und "kindheitsspezifischen Ursachen" sowie negativ mit "Verleugnung psychischer Hilfsbedürftigkeit", "somatischen Behandlungserwartungen" und "symptombezogener Zuwendung durch andere".

4.3 Psychodiagnostik

Psychodiagnostik ist ein unverzichtbarer Bestandteil des psychotherapeutischen Prozesses. Sieht man von der Klärung der Fragestellung ab, werden Art, Umfang, Inhalt und Stellenwert der Psychodiagnostik stark von der theoretischen Ausrichtung des Klinikers bestimmt. Grundsätzlich können alle in Abbildung 10.3 aufgeführten Bedingungen zur Gegenstand der Diagnostik werden. In Abbildung 10.8 haben wir die wichtigsten diagnostischen Zielvariablen in einer anderen vereinfachenden Darstellung zusammengestellt.

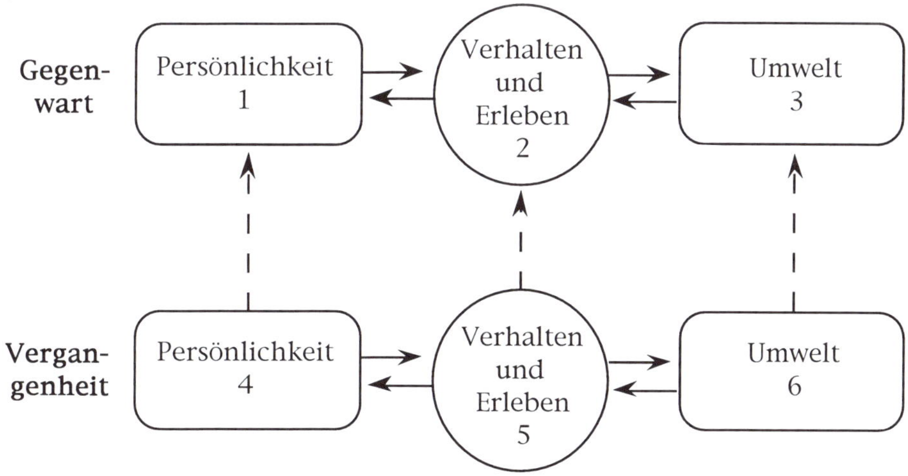

Abbildung 10.8: Diagnostische Zielvariablen in der Gegenwart und in der Vergangenheit eines Individuums.

Es wird zwischen Bedingungen in der Gegenwart und in der Vergangenheit sowie zwischen der Persönlichkeit, dem Verhalten und Erleben sowie der (vor allem sozialen) Umwelt unterschieden. Aus einer Reihe von Gründen (siehe unten) werden von den verschiedenen Therapierichtungen jeweils bestimmte Variablen bevorzugt oder ausschließlich beachtet. Dies sei an einigen Beispielen prototypisch erläutert.

Die *klassische* Verhaltenstherapie beschränkt sich fast ausschließlich auf die Bedingungen 2 (aktuelles Verhalten und Erleben) und 3 (aktuelle Umwelt) und ergänzt sie eventuell um die Bedingungen 5 (vergangenes Verhalten und Erleben) und 6 (zurückliegende Umwelt) (vgl. Schulte, 1980, der auch moderne Erweiterungen diskutiert). Analoges gilt für die interpersonale Therapie der Depression nach Klerman et al. (1984).

Die klassische Psychoanalyse berücksichtigt die Variablen 1 (aktuelle Persönlichkeit), 2 (aktuelles Verhalten und Erleben), 5 (vergangenes Verhalten und Erleben) und 6 (zurückliegende Umwelt).

Die kognitive Therapie (z.B. nach Beck oder nach Ellis) rückt die Variablen 1 (aktuelle Persönlichkeit) und 2 (aktuelles Verhalten und Erleben) in den Mittelpunkt.

Für dieses mehr oder weniger selektive Vorgehen gibt es gute Gründe. Zum einen gilt für die Therapie im allgemeinen und für die zugehörige Psychodiagnostik im speziellen, daß in der Praxis ein *ökonomisches Vorgehen* verlangt wird (vgl. Beutler & Clarkin, 1990; Clarkin & Hull, 1991), denn es besteht ein Konflikt zwischen dem Wunsch des Klinikers nach möglichst umfassender Kenntnis des Klienten (seiner Beschwerden, seiner Persönlichkeit, seiner Lebenssituation, seiner Biografie usw.) und der Notwendigkeit, ökonomisch (auch im Interesse des Klienten) Hilfestellung zu leisten. Tack (1976, S. 104), der für eine entscheidungsorientierte Diagnostik (siehe unten) plädiert, äußert sich hierzu wie folgt: "Das möglichst vollständige und breite *´Persönlichkeitsbild´* vergangener Zeiten, das lediglich eine intellektuelle Neugier der Psychologen - und eventuell auch des jeweils Betroffenen - befriedigt, wird fragwürdig, wenn man bedenkt, daß auch ein harmlos erscheinender Test negative Konsequenzen für den Betroffenen haben kann." Aus diesen und weiteren Gründen begrüßen es viele Therapeuten, wenn im Rahmen einer bestimmten Therapieform ihre Aufmerksamkeit auf eine überschaubare Teilmenge von Variablen gelenkt wird (z.B. auf die Kognitionen des Klienten, auf irrationale Überzeugungen, auf Emotionen oder auf das aktuelle interpersonale Verhalten).

Auch besteht in der Diagnostik ein *Breitband-Fidelitäts-Dilemma*: In vorgegebener Zeit kann sich der Diagnostiker entweder einen breiten, aber relativ groben Überblick verschaffen oder einen engen Ausschnitt präzise analysieren. Für eine der beiden Möglichkeiten muß er sich entscheiden, oder er kann einen Kompromiß anstreben, indem er nach einem ersten groben Überblick bestimmte Teilbereiche genauer studiert. Ausgehend von einem hierarchischen Strukturmodell handlungstheoretisch verankerter Persönlichkeitseigenschaften hat Krampen (1994) Prinzipien der Variablenselektion vorgeschlagen, die Kliniker bei ihren diagnostischen Entscheidungen als Orientierung dienen können. Nicht zuletzt vereinfacht sich die diagnostische und therapeutische Aufgabe, wenn nur ganz bestimmte Variablen zu beachten sind.

Natürlich hat ein selektives Vorgehen auch gravierende Nachteile. Wir beschränken uns auf den vielleicht wichtigsten Nachteil: Die Blickverengung birgt die Gefahr in sich, daß der Kliniker wichtige Aspekte übersieht und bereits aus diesem Grund nur suboptimal oder gar nicht helfen kann. Boesch (1964, S. 930) hat das Dilemma des Forschers und Klinikers wie folgt charakterisiert: "Wesentliche Voraussetzung fruchtbaren Forschens ist somit die Erkenntnis unseres grundsätzlichen Dilemmas, daß klar definierte Bezugssysteme die Erkenntnis der Wirklichkeit gleichzeitig verbessern und einengen. Die Forderung zu Klarheit und Präzision muß immer begleitet werden von der Erkenntnis, daß viele schöpferische Gedanken und Einsichten dabei in Gefahr stehen, verloren zu gehen, daß manche echte Erkenntnis der wissenschaftlichen Systematik geopfert wird."

Das diagnostische Geschehen gleicht insoweit einer Gratwanderung, bei der es aus unserer Sicht wünschenswert ist, wenn ein Kliniker in der Lage ist, alle sechs Bedingungskomplexe *prinzipiell* im Auge zu behalten und in Abhängigkeit vom jeweiligen Fall *flexibel* den geeigneten diagnostischen und therapeutischen Schwerpunkt zu setzen. Dazu ist neben einer breiten und qualifizierten Ausbildung ein hohes Maß an praktischer Erfahrung von Vorteil.

Wir können uns an dieser Stelle nur mit ausgewählten Aspekten dieses komplexen Themas befassen (zum Überblick siehe Bastine, 1992 c; Pawlik, 1976; Schmidt, 1984 b; Zielke, 1982). Dabei interessieren vor allem die Ziele der Psychodiagnostik sowie das methodische Vorgehen, soweit es auf unsere theoretischen Annahmen (siehe vorangehende Kapitel) Bezug nimmt. Wir sehen unsere Aufgabe darin, Anregungen für ein theoriegeleitetes diagnostisches (und therapeutisches) Vorgehen zu geben, wobei im Einzelfall vom Kliniker zu entscheiden ist, welchen Aspekten er wieviel Aufmerksamkeit widmet. Dabei werden die Akzentsetzungen des Klienten (worauf legt er besonderen Wert?; was erscheint ihm wichtig?) dem Kliniker eine wertvolle Hilfe sein.

Auf Fragen und Probleme, die sich im Zusammenhang mit der nosologischen Diagnostik ergeben, sind wir bereits in Kapitel 9 eingegangen, auf das wir an dieser Stelle verweisen (siehe auch Schulte & Wittchen, 1988).

4.3.1 Klärung der Fragestellung

Eine erste Aufgabe des Klinikers besteht darin, die Fragestellung in groben Zügen vorzuklären. Dabei ist zu prüfen, ob sie in den eigenen Zuständigkeitsbereich oder den einer anderen Berufsgruppe fällt, ob man voraussichtlich die Kompetenz zur Bearbeitung der Problemstellung besitzt und ob man das geeignete Setting zur Verfügung stellen kann (ob man z.B. die Möglichkeit zu einer ambulanten oder stationären Behandlung, einer Einzel-, Gruppen- oder Familientherapie hat, usw.). In einer Vielzahl von Fällen wird zu erfragen sein, ob eventuelle körperliche (Teil-)Ursachen von Beschwerden ärztlich bereits abgeklärt wurden oder noch abzuklären sind.

4.3.2 Statusdiagnostik

Hält sich ein Therapeut für zuständig und voraussichtlich qualifiziert, so wird er sich zunächst einen genaueren Überblick über die Probleme des Klienten, seine Persönlichkeit, sein interpersonales Verhalten sowie seine Lebenssituation und Biografie verschaffen. Dabei können erste *Hypothesen* bezüglich der Einordnung der Störungen in ein klinisches Klassifikationssystem sowie zur Entstehung der Störungen gebildet werden (siehe unten).

Vertiefende Orientierung über die Problematik: Problemanalyse, Problemdifferenzierung, Zielanalyse

Die bei der ersten Groborientierung über die Fragestellung und Zuständigkeit aufgeworfenen Fragen bedürfen der vertiefenden Bearbeitung im Sinne der Problemanalyse bzw. Problemdifferenzierung. "Unter einer *Problemanalyse* versteht man die Beschreibung und Erklärung eines oder mehrerer Probleme einer Person oder Gruppe von Personen mit dem Ziel, der Bewältigung dieses Problems näherzukommen. ... Psychische Probleme zeichnen sich im Gegensatz zu vielen anderen Aufgabenstellungen dadurch aus, daß sie häufig diffus, wenig klar umschrieben und konfliktbeladen sind,

- Faktoren, die eine Problemanalyse besonders schwierig gestalten." (Bartling & Fiegenbaum, 1982, S. 275 und 279).

Bei der Problemanalyse ist es in den meisten Fällen empfehlenswert, zunächst der Darstellungsweise des Klienten zu folgen, also nicht zu stark lenkend und strukturierend einzugreifen, um erste Hinweise auf die Persönlichkeit des Klienten (z.B. sein Selbst- und Umweltmodell), seine Störungstheorie oder seine Vorstellungen über Psychotherapie zu gewinnen. So wäre es beispielsweise ein Fehler, bei einem Patienten mit psychosomatischen Beschwerden dessen anfängliche auf das rein Körperliche bezogenen Schilderungen vorschnell zu beenden und in eine "psychologische Richtung" zu lenken. In diesem Fall würde der Therapeut die bisherige Sichtweise des Klienten (dessen "Realitätstheorie" bzw. dessen Selbst- und Krankheitsschemata) nicht genügend ernstnehmen und Zweifel des Klienten an seiner therapeutischen Kompetenz sowie eine Beziehungsstörung riskieren.

"Eine explizite Erarbeitung von Zielen mit Bewußtmachung der dahinter liegenden Normen ist ein wesentlicher Teil des Problemlösungsprozesses und kann in manchen Fällen auch zum alleinigen Gegenstand der Therapie werden." (Bartling & Fiegenbaum, 1982, S. 279). Wichtig erscheint es, die therapiebezogenen Ziele des Klienten zu erfragen und sich dabei nicht mit einer ausschließlich negativen Zielformulierung zufrieden zu geben, sondern "positive Ziele" herauszuarbeiten (Huber, 1992). Negative Ziele beschränken sich auf Aussagen über das, was *nicht* sein soll, zum Beispiel: "Ich möchte nicht mehr so niedergeschlagen sein." Beispiele für positive Ziele wären: "Ich möchte mehr Freude im Beruf haben." "Ich möchte mehr Selbstvertrauen gewinnen." "Ich möchte ein erfülltes Leben führen."

Schulte und Wittchen (1988) betrachten die *Problemdifferenzierung* als ersten von vier diagnostischen und therapeutischen Ansatzpunkten im Einzelfall (siehe unten). Darunter verstehen sie die Abgrenzung unterschiedlicher "Schwierigkeitsbereiche" (zu lösender Probleme) anhand der vorliegenden Beschwerden und Auffälligkeiten und deren bisherigem Verlauf. Die unterschiedenen Schwierigkeitsbereiche sollten relativ eigenständige Aufgaben für den Therapeuten darstellen. Ihre Abgrenzung wird durch Rückgriff auf Störungswissen (Nosologie psychischer Störungen) erleichtert.

Bartling und Fiegenbaum (1982) verweisen darauf, daß die Beschreibung und Erklärung der Probleme einer Person sowohl von der spezifischen fachgebundenen Theorie als auch vom Alltagsverständnis des Klinikers bestimmt werden. In ihrem eigenen Ansatz einer Problemanalyse im therapeutischen Prozeß (vgl. Bartling et al., 1980) orientieren sich die Autoren primär an Theorien des

Problemlöseprozesses sowie an Handlungs- und Lerntheorien. Sie schlagen eine Problemanalyse auf drei hierarchisch geordneten Ebenen vor:

- Auf der *Ebene des Verhaltens in Situationen* soll das Problem in ausgewählten, eng umschriebenen Verhaltensausschnitten betrachtet werden.
- Auf der *Ebene von Regeln und Plänen* soll das Problem in einem größeren Planungs- und Handlungszusammenhang gesehen werden.
- Auf der *Ebene von Systemregeln* wird das soziale System bzw. werden die verschiedenen Systeme, denen ein Klient zugehört, in bezug auf seine bzw. ihre Normen und Rollenvorschriften analysiert.

Unser eigener Ansatz (siehe unten) ist mit dieser Betrachtungsweise weitgehend kompatibel. Auch wir betrachten das Verhalten in Situationen (z.B. das interpersonale Verhalten) sowie die Ebenen von Regeln und Plänen (vgl. das "System erworbener Sollwerte" sowie den "Simulator"). Jedoch berücksichtigen wir nicht die Ebene von Systemregeln und lenken statt dessen die Aufmerksamkeit des Klinikers auf weitere Teilsysteme des von uns entworfenen Systemmodells der Persönlichkeit, wie z.B. das "System angeborener Bedürfnisse" oder das "System erworbener Emotionen". Auf diese Weise werden die motivationalen und emotionalen Grundlagen des Handelns systematisch einbezogen.

4.3.3 Verknüpfung von Diagnostik und Therapie

Zur Verknüpfung von Diagnostik (speziell der klassifikatorischen Diagnostik) und Therapie haben Schulte und Wittchen (1988) Überlegungen angestellt, auf die wir im folgenden Bezug nehmen. Als Ausgangspunkt dient die Erkenntnis, daß die nosologische Diagnostik keine hinreichende Basis für die Therapieplanung liefert, so daß sie durch weitere diagnostische Schritte ergänzt werden muß (siehe Abbildung 10.9).

Schulte und Wittchen beschreiben vier diagnostische Schritte:

- *Problemdifferenzierung.* Darauf sind wir bereits eingegangen. Zu diagnostizieren sind die Beschwerden und Auffälligkeiten des Klienten. Sie werden vom Therapeuten unter Rückgriff auf Störungswissen in das zu lösende Problem transformiert.
- *Bedingungsanalyse.* Sie umfaßt die Suche nach aufrechterhaltenden Bedingungen für den unerwünschten Ausgangszustand des Klienten (siehe Abbildung 10.3). Soweit möglich sollten diese dysfunktionalen Bedingungen (z.B. ein symptomaufrechterhaltendes komplementäres Interaktionsverhalten eines Lebenspartners) verändert werden.

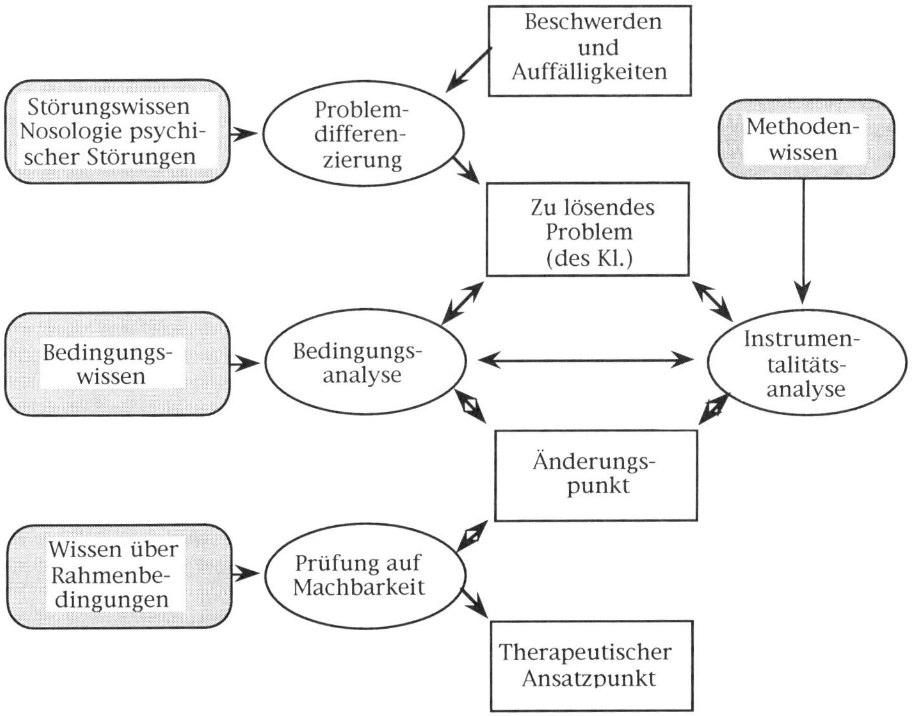

Abbildung 10.9: Diagnostisch-therapeutisches Vorgehen des Klinikers (in Anlehnung an Schulte und Wittchen; leicht modifiziert).

• *Instrumentalitätsanalyse.* Sie beinhaltet die Suche nach Zwischenzielen, deren Herstellung für das Erreichen der Therapieziele förderlich wäre (z.B. eine Kommunikationsverbesserung).
• *Prüfung auf Machbarkeit.* Wurde ein potentieller Änderungspunkt gefunden, so kann er zum tatsächlichen therapeutischen Ansatzpunkt werden, falls die Machbarkeitsprüfung (Herbeiführung unter den gegebenen Rahmenbedingungen) positiv ausfällt.

"Der Entscheidungsprozeß im Einzelfall ist als wiederholtes Durchlaufen dieser Teilprozesse zur gegenseitigen Kontrolle und Optimierung zu verstehen, wobei nicht immer allen Teilprozessen gleiches Gewicht zukommt." (Schulte & Wittchen, 1988, S. 95; siehe auch Schulte, 1986).

Während Schulte und Wittchen (1988) eine relativ klare Trennung zwischen einer diagnostischen Phase, die der Suche nach dem therapeutischen Ansatzpunkt dient, und einer therapeutischen Phase vornehmen, besteht nach Auffassung anderer Autoren eine engere Verzahnung von Diagnostik und Therapie. "Die Eingangsindikation legt den groben Handlungsrahmen fest. Der Einfluß dieses diagnostischen Prozesses auf die Wahl des therapeutischen Verfahrens darf indes nicht überschätzt werden (vgl. Blaser, 1985), da Therapeuten auf Grund ihrer Ausbildung nur ein beschränktes Repertoire an therapeutischen Techniken beherrschen, fundierte Indikationsaussagen nur beschränkt vorliegen und der therapeutische Prozeß als dynamisches Geschehen die Problemlage über die Zeit verändert (vgl. Grawe, 1981). Dies macht eine kontinuierliche Adaptation der therapeutischen Einflußnahme erforderlich, weshalb in diesem Zusammenhang von einer *adaptiven Indikation* gesprochen wird. Die adaptive Indikation definiert den exakteren Handlungsablauf. In diesem Sinne spielt die Diagnostik in allen Phasen der Therapie eine Rolle." (Perrez, 1990, S. 100).

Man kann sogar noch einen Schritt weitergehen und die Trennung von Diagnostik und Therapie in vielen Bereichen als eine künstliche entlarven. Dies gilt beispielsweise für ein therapeutisches Vorgehen nach den Prinzipien der klientenzentrierten Gesprächspsychotherapie, für die Anwendung einer systematischen Desensibilisierung, einer In-Vivo-Exposition bei phobischen Störungen, für das Aufdecken und Bekämpfen irrationaler Überzeugungen oder für eine Therapie nach dem Modell der gemeinsamen Problemlösung durch den Therapeuten und Klienten (Bartling & Fiegenbaum, 1982; Bartling et al., 1980). Die Künstlichkeit der Trennung von Diagnostik und Therapie klingt auch bei Bastine (1992 b, S. 206) an: "Die gesamte Sequenz der Exploration der kognitiven, emotionalen und interpersonellen Aspekte der Problematik und ihrer definitorischen Eingrenzung kann offensichtlich für Klienten eine erste *therapeutische Wirkung* haben, d.h. bereits selbst schon zu Veränderungen führen."

Die von uns vorgeschlagene diagnostisch-therapeutische Strategie der progressiven Hypothesenabklärung erläutern wir weiter unten.

4.4 Richtungen der Psychotherapie

Im Verlaufe dieses Jahrhunderts wurde eine solche Vielzahl von Psychotherapieformen und psychotherapeutischen Methoden entwickelt, daß es erforderlich erscheint, sie zu ordnen und zu systematisieren. Dies kann nach einer Reihe inhaltlicher und formaler Gesichtspunkte geschehen (Perrez, 1990). Eine häufig vorgenommene Klassifikation von Therapierichtungen erfolgt anhand ähnlicher theoretischer Konzepte, Therapieziele oder zugrun-

deliegender Menschenbilder (Plog, 1982; Seidenstücker, 1984). Perrez (1990) unterscheidet vier Psychotherapie-Ansätze:
(1) tiefenpsychologische,
(2) verhaltenstherapeutische,
(3) existentiell-humanistische und
(4) kommunikationsorientierte Ansätze (siehe auch Tabelle 9.5).

Bastine (1982) und Seidenstücker (1984) wählen eine Einteilung in fünf Klassen:
(1) psychodynamische,
(2) humanistische,
(3) verhaltenstherapeutische,
(4) kognitive und
(5) systemtheoretische Ansätze.

Bei ihrer Überprüfung der Wirksamkeit und Wirkungsweise von Therapieformen unterscheiden Grawe et al. (1994) zwischen:
(1) psychodynamischen,
(2) humanistischen,
(3) kognitiv-behavioralen und
(4) interpersonalen Therapien sowie
(5) Entspannungsverfahren und
(6) eklektischen und richtungsübergreifenden Therapien.

Derartige Aufzählungen erfüllen eine orientierende Funktion, sie haben jedoch den Nachteil, daß die einzelnen Klassen weitgehend unverbunden nebeneinander stehen und die gesamte Klassifikation nicht auf einer einheitlichen *übergeordneten* Theorie basiert. Aus diesem Grund erfährt man nichts über den Verwandtschaftsgrad der Klassen. Um hier Fortschritte zu erzielen, schlagen wir eine Einteilung bekannter Therapieformen vor, indem wir zum einen auf das Circumplexmodell der (interpersonalen) Bedingungen (Abbildung 7.8) rekurrieren und zum anderen folgende Charakterisierungen zugrundelegen: (1) die therapeutische Leitidee (ausgedrückt in jeweils *einem* zentralen Begriff), (2) die Rolle des Therapeuten sowie (3) die (komplementäre) Rolle des Klienten.

Durch die Bezugnahme auf das Circumplexmodell der (interpersonalen) Bedingungen versuchen wir, einer Anregung von Bastine (1992 b, S. 211) zu folgen: "Eigentlich wäre es naheliegend, psychotherapeutische Beziehungen unter Zuhilfenahme sozialpsychologischer Konzepte zwischenmenschlicher Beziehungen klarer zu strukturieren." Ausgangspunkt unserer Überlegungen war der Versuch, nach einer Art von *"therapeutischer Leitidee"* sowie der damit verbundenen Rollen von Therapeut und Klient zu suchen. Diese Rollenverteilung definiert zu einem gewissen Grad die Art der therapeutischen Beziehung.

Dies sei am Beispiel der therapeutischen Leitidee des "Lernens" verdeutlicht. Uns war aufgefallen, daß in verschiedenen Übersichten zur Psychotherapie als *gemeinsames* Charakteristikum das *Lernen* genannt wird. Perrez (1990, S. 103) spricht von der Inszenierung des therapeutischen Lernens: "Erfolgreiche Behandlung und Therapie ist in jedem Fall dadurch charakterisierbar, daß beim Patienten irgendeine Form des Lernens stattgefunden hat." "Psychotherapeutische Methoden wie auch die Methoden zur Behandlung von Funktionsstörungen lassen sich methodenübergreifend nach den *Lernmechanismen und -mitteln* beschreiben und untersuchen, die je nach Methode einzeln oder kombiniert Anwendung finden - ungeachtet der von den Schulen selbst vorgebrachten Kausalattributionen." (Perrez, 1990, S. 109).

Auch Bastine (1992 b, S. 199) betont das therapeutische Lernen: "Psychotherapeutische Methoden sind psychologische Mittel, durch die therapeutisches Lernen initiiert wird." ... "Therapeutische Veränderungen sind generell - nicht nur im Bereich der Verhaltenstherapie - am besten als ein Lernprozeß des Klienten zu verstehen." (Bastine, 1992 b, S. 230).

Die Betonung des Lernens im Zusammenhang mit (erfolgreicher) Psychotherapie ist einerseits berechtigt, wenn man von folgender Definition von Lernen ausgeht: "Wir können *Lernen* als einen Prozeß definieren, der zu relativ stabilen Veränderungen im Verhalten oder im Verhaltenspotential führt und auf Erfahrung aufbaut." (Zimbardo, 1992, S. 227). Andererseits ist die Aussage wenig erhellend, es sei denn man bezieht sich auf die in der Psychologie als klassisch zu bezeichnenden Lerntheorien bzw. Lernprinzipien (vor allem klassische Konditionierung, instrumentelle Konditionierung, Lernen am Modell, Lernen von Regeln). Dann allerdings setzt man Psychotherapie - gewollt oder ungewollt - weitgehend mit Verhaltenstherapie bzw. kognitiver Verhaltenstherapie gleich, denn diese Richtung(en) beziehen sich am explizitesten und systematischsten auf die lerntheoretischen Grundlagen. (Andere Therapierichtungen, auf die wir unten eingehen, stützen sich auf andere Leitideen).

Mit der therapeutischen Leitidee des "Lernens" sind unseres Erachtens in prototpypischer Weise die Therapeutenrolle des "Lehrmeisters" und die komplementäre Klientenrolle des "Schülers" verbunden. "Insgesamt ist der Verhaltenstherapeut eher ein Verhaltenslehrer, der dem Patienten auch durch Lob und Vorbild einerseits, durch Mißbilligung und Tadel andererseits, mitteilt, was er von ihm haben möchte. Er liefert dem Patienten außerdem auch noch Begriffe und Vorstellungen darüber, wie denn Verhalten entsteht und Verhaltensmodifikation möglich ist." (Toman, 1978, S. 1844). Wenngleich uns diese Stellungnahme extrem und im Hinblick auf Mißbilligung und Tadel eher irreführend erscheint, da moderne Verhaltenstherapeuten im allgemeinen nicht mit diesen Mitteln arbeiten, weist sie doch in die richtige Richtung.

Sehr deutlich wird das Lehrmeister-Schüler-Verhältnis bei der rational-emotiven Therapie (RET) von Ellis (1962, 1973). So charakterisieren Keßler und Pfaff (1984, S. 579) die RET wie folgt: "Je nach Bedarf wird der Klient informiert, über Zusammenhänge des Denkens und Fühlens aufgeklärt, werden Prämissen verdeutlicht, irrationale Gedanken attackiert, emotive Übungen und Rollenspiele initiiert sowie Verhaltensanleitungen gegeben."

Der besondere Gedanke unserer Klassifikation von Psychotherapierichtungen besteht darin, die therapeutische Leitidee und die Therapeut-Klient-Rollenbeziehung mit unserem Circumplexmodell der Bedingungen zu verknüpfen, da es sich bei therapeutischen Einflußnahmen um Formen des Sozialverhaltens handelt, die - wie andere Formen interpersonalen Verhaltens auch - mit Hilfe des allgemeinen Circumplexmodells zu beschreiben sein sollten. In diesem Modell deckt sich die um die Leitidee des Lernens zentrierte Form der Psychotherapie am besten mit dem Oktanten *"fördernde Anleitung"*.

Aus analogem Grund haben wir die Psychoanalyse und die kognitive Psychotherapie diesem Oktanten zugeordnet und damit in die Nähe der Verhaltenstherapie und der RET gerückt. Ellis entwickelte seine RET im übrigen ausgehend von seiner psychoanalytischen Therapieausbildung, mit der er jedoch unzufrieden war.

Die Leitidee der *Psychoanalyse* ist das *"Aufdecken"* bzw. das *"Deuten"*. "Als via regia zu einer solchen Heilung wird die ´Aufdeckung´ - durch Deutungen von seiten des Therapeuten und Einsicht auf seiten des Patienten - und das vollständige Durcharbeiten der unbewußten Konflikte des Patienten in der Übertragungsbeziehung zum Therapeuten gesehen." (Grawe et al., 1994, S. 171). Diese Therapeut-Klient-Rollenbeziehung läßt sich in der klassischen Psychoanalyse mit den Begriffen "Aufklärer" oder "Deuter" für den Therapeuten und "Erkennender" oder "Einsicht Gewinnender" für den Klienten charakterisieren. Zwar wird man mit dieser Charakterisierung der Psychoanalyse nicht umfassend gerecht, doch erfaßt man etwas sehr Zentrales.

Die *Gesprächspsychotherapie* basiert primär auf der Leitidee der *"Begegnung"*. Sie wird von uns dem Oktanten *"Wertschätzung"* im Circumplexmodell der Bedingungen zugeordnet. Im Gegensatz zu den vorher besprochenen Therapieformen mit einer Oben-Unten-Relation von Therapeut und Klient wird in der Gesprächspsychotherapie eine partnerschaftlich-freundschaftliche Beziehung angestrebt, die auf seiten des Therapeuten u.a. durch die drei "Rogers-Variablen" Wertschätzung (Wärme), Empathie und Echtheit (Kongruenz) gekennzeichnet ist. "Der Therapeut muß aufhören, genaue Prognosen stellen zu wollen, und der Versuchung widerstehen, das Individuum insgeheim zu lenken; er darf sich nur auf ein Ziel konzentrieren: Zu tiefem Verstehen und zur Akzeptierung der Einstellungen zu gelangen, die der Klient in dem Augenblick bewußt einnimmt, in dem er Schritt für Schritt in das gefährliche Gebiet eindringt, das er bislang seinem Bewußtsein gegenüber geleugnet hat." (Rogers, 1973, S. 43).

Unsere Interpretation, daß sich die Leitidee der "Begegnung" zur Charakterisierung der Gesprächspsychotherapie eignet, deckt sich mit der Sichtweise von Quitmann (1985, S. 135; Hervorhebung d. Verf.): "In der dritten Phase der Entwicklung der Gesprächstherapie (1957 bis heute) legt Rogers das Hauptaugenmerk auf die Situation, auf die Atmosphäre, auf die *Begegnung* von Person zu Person. Das Verständnis davon, was hilfreiche Gespräche sind, entwickelt sich fortan immer mehr weg von dem eher technischen Aspekt der Verbalisierung von Gefühlen hin zu einer zwischenmenschlichen *Begegnung*, in der der Therapeut eine Beziehung zu seinem Gegenüber aufnimmt und auch eigene Gefühle zeigt."

Die Gesprächspsychotherapie nach Rogers läßt sich jedoch nicht ausschließlich auf die Leitidee der Begegnung reduzieren, sondern umfaßt eine zweite Leitidee des *"Wachsens"* (bzw. der Selbstaktualisierung). "Die tragende Idee des Menschenbildes bei Rogers ... ist die Selbst-Aktualisierung. Selbst-Aktualisierung ist ein Prozeß der Differenzierung, ein Prozeß der Umgestaltung und Neugestaltung von Erfahrungsweisen." (Plog, 1982, S. 238; zum Begriff der Selbstaktualisierung siehe ausführlicher Paulus, 1994). "Wir sprechen von der Tendenz des Organismus, sich in Richtung auf Reife ... zu bewegen. ... Er bewegt sich in Richtung auf begrenzte Ausdehnung durch Wachsen." (Rogers, 1973, S. 422). In dieser Hinsicht übernimmt der Therapeut die Rolle des *Befreiers* oder *Ermöglichers,* während der Klient sich in der Rolle des Zu-Befreienden, Blockierten oder "Unterdrückten" befindet. Das entsprechende wachstumsfördernde therapeutische Verhalten ordnen wir in unserem Circumplexmodell dem Oktanten *"Bestätigung"* zu.

Als weitere Therapieform mit ähnlicher Leitidee führen wir die *Gestalttherapie* an (Perls, 1980; Perls, Hefferline & Goodman, 1951). Perls gründete die von ihm entwickelte Behandlungsmethode auf sein Vertrauen in die Wachstumskräfte des Organismus. "Im Gegensatz zu den meisten anderen psychotherapeutischen Schulen ist die Gestaltherapie - in Freuds Sprechweise - vorwiegend Es-affirmativ. Den natürlichen selbstregulatorischen Prozessen soll im Laufe des therapeutischen Prozesses wieder das ihnen zukommende Gewicht innerhalb der psychoorganismischen Totalität eingeräumt werden. ... Trotzdem wird Gestaltherapie von ihrem grundsätzlichen Verständnis her ´not a therapy of adjustment, but a therapy of self-actualization´ sein." (Süss & Martin, 1978, S. 2741-2742). Nach Auffassung dieser Autoren ist die Gestalttherapie am effektivsten bei übersozialisierten, eingeengten Individuen, deren Funktionen begrenzt und widersprüchlich sind.

Mit Absicht haben wir die Paar- und Familientherapien nicht in diese Systematik aufgenommen, da es sich dabei um Ansätze handelt, die sich an unterschiedliche Theorien anlehnen, unterschiedliche Ziele verfolgen und mit unterschiedlichen Methoden arbeiten (Reiter, 1984; Revenstorf, 1992). So differenziert Probst (1982) zwischen:

- einer *strukturellen* Richtung, die sich an die Verhaltenstherapie und Kommunikationstheorie anlehnt und ein stark lenkendes Vorgehen des Therapeuten vorsieht (z.B. Minuchin, 1977), (diese Richtung würden wir z.B. dem Oktanten "fördernde Anleitung" zuordnen),
- einem *psychodynamischen* Ansatz mit deutlichen Bezügen zur Tiefenpsychologie (Stierlin, 1982) und Methoden, die u.a. das Aufdecken unbewußter Rollenerwartungen und -zuschreibungen umfassen, sowie
- einem *humanistischen* Ansatz (z.B. Satir, 1977), bei dem der Begriff des Wachstums im Vordergrund steht, der Therapeut die Rolle eines Katalysators spielt und eine deutliche Verwandtschaft zur Theorie von Rogers zu erkennen ist.

Aus dem knappen Überblick über ausgewählte Therapierichtungen, die jedoch das Spektrum der wichtigsten Therapieformen abdecken, ziehen wir folgende Schlüsse:

- Durch die Einführung therapeutischer Leitideen und damit verbundener Therapeut-Klient-Rollenbeziehungen ergibt sich ein deutlicheres Bild der Unterschiede zwischen den Therapieformen, als wenn man auf das einheitliche Konzept des "therapeutischen Lernens" rekurriert.

• Die Bezugnahme auf das Circumplexmodell der (interpersonalen) Bedingungen erlaubt die Dreier-Gruppierung von Therapierichtungen nach ähnlichen Mustern des therapeutischen Sozialverhaltens.

• Die drei Klassen von Therapierichtungen unterscheiden sich im Ausmaß der für erforderlich gehaltenen *Kontrolle* und *Wertschätzung* des Therapeuten. So gilt für die erste Gruppe, die wir dem Oktanten "fördernde Anleitung" zugeordnet haben, daß der Therapeut in hohem Maße lenkend und kontrollierend eingreift. Bei der Verhaltenstherapie, der RET sowie den Entspannungsverfahren ist dies unmittelbar evident. Aber auch bei der klassischen Psychoanalyse greift der Therapeut u.a. durch Deutungen und Widerstandsanalyse auf subtile, jedoch wirkungsvolle Weise kontrollierend und steuernd ein (nicht jedoch in dem Sinne, daß der Therapeut dem Klienten bestimmte Ziele vorgibt oder Entscheidungen abnimmt).

Zwar versuchen Therapeuten, die sich der ersten Gruppe von Therapierichtungen verpflichtet fühlen, ihren Klienten mit Wertschätzung zu begegnen, jedoch wird dieser Aspekt für weniger bedeutungsvoll gehalten als bei der Gesprächspsychotherapie. So äußert sich beispielsweise Keßler (1984 b, S. 516) wie folgt zur Verhaltenstherapie: "Die Verhaltenstherapie schätzt die Bedeutung der Therapeut-Klient-Beziehung infolge der eher technologischen Ausrichtung der behavioralen Konzepte und insbesondere aufgrund der experimentellen Basis gering ein."

Die Gesprächspsychotherapie strebt ein möglichst geringes Ausmaß an therapeutischer *Kontrolle* an. In dieser Hinsicht besteht ein deutlicher Gegensatz zwischen der Verhaltenstherapie und der Gesprächspsychotherapie. Daß es sinnvoll ist, Psychotherapieformen nach dem Grad der ausgeübten Kontrolle zu unterscheiden, deckt sich im übrigen mit der Auffassung vieler Kliniker (z.B. Fiedler, 1994 b; MacKenzie, 1994).

• Es wird deutlich, daß sich die verschiedenen Therapierichtungen weniger gegenseitig ausschließen als vielmehr ergänzen. So mag es für bestimmte Klienten besonders günstig sein, eine Therapieform zu wählen, die auf "fördernder Anleitung" basiert, während für andere Klienten jene Therapeuten am hilfreichsten sind, die entweder "Wertschätzung" oder "Bestätigung" realisieren.

• Man kann den vorangehenden Punkt auch wie folgt formulieren: Die Festlegung eines Therapeuten auf nur *eine* Psychotherapie*richtung* (z.B. Psychoanalyse oder Verhaltenstherapie oder Gesprächspsychotherapie) - unabhängig davon, mit welchem Klienten er es zu tun hat - bzw. die weitgehende Beschränkung auf nur einen Oktanten aus dem Circumplexmodell der (interpersonalen) Bedingungen führt, wenn man über eine größere Anzahl von Klienten aggregiert, zu suboptimalen therapeutischen Ergebnissen. So bestehen beispielsweise für Verhaltenstherapeuten, wenn sie sich grundsätzlich auf eine Therapeut-Klient-Rollenbeziehung nach dem Muster "Lehrmeister-Schüler" festlegen, die Gefahren, die Kompetenzen und Stärken des Klienten zu übersehen und zu wenig im Rahmen der Therapie zu nutzen (vgl. Bastine, 1992 b; Ricks, 1974), vermeidbare Widerstände zu provozieren sowie sich allein für den therapeutischen Erfolg verantwortlich zu fühlen und sich damit selbst zu überfordern und "auszubrennen" (vgl. Strupp & Binder, 1984).

Eine umfassende Psychotherapie, wie sie z.B. Grawe et al. (1994) oder Revenstorf (1992) vorschwebt, sollte diese verschiedenen Möglichkeiten grundsätzlich einbeziehen und in diesem Sinn schulenübergreifend und *differentiell* sein. Eine solche Konzeption wird u.a. auch von Bastine (1992 b), Sachse (1992) und Tscheulin (1983, 1992) angestrebt. Wir skizzieren im folgenden einige Grundzüge eines solchen Therapieansatzes.

5. DIFFERENTIELLE PSYCHOTHERAPIE

In Tabelle 10.2 haben wir verschiedene Therapierichtungen nach einem einheitlichen Schema vergleichend gegenübergestellt. Ordnet man den von uns vertretenen Ansatz einer *differentiellen Psychotherapie* in dieses Schema ein, so läßt er sich wie folgt charakterisieren: Therapeutische Leitidee ist die *"Flexibilität"*. Damit ist gemeint, daß der Therapeut sich idealerweise flexibel auf den jeweiligen Klienten einstellt und zwar in einem *schulenübergreifenden* Sinn. Dies betrifft seine Rolle gegenüber dem Klienten sowie die Realisierung unterschiedlicher interpersonaler Verhaltensweisen, die im Circumplexmodell der Bedingungen (vgl. Abbildung 7.8) in acht Oktanten eingeteilt wurden (siehe in diesem Zusammenhang auch das Konzept der "funktionalen Flexibilität" von Paulhus & Martin, 1988). Der Therapeut ist mit anderen Worten so gut ausgebildet und so flexibel, daß er bei Bedarf in die Rollen des Lehrmeisters, des Aufklärers, des Freundes oder des Befreiers/Ermöglichers schlüpfen kann (siehe Tabelle 10.2).

Als wegbereitend für eine differentielle Auffassung von Psychotherapie gilt nach Bastine (1992 b) das sogenannte Gitter-Modell von Kiesler (1977). Kiesler kritisiert den Mythos, Psychotherapie sei ein einheitlicher, in sich homogener Prozeß. Statt dessen postuliert er ein Forschungsprogramm, das den Einfluß von Merkmalen des

Tabelle 10.2: Überblick über verschiedene Therapierichtungen.

Therapeutische Leitidee	*Rolle des Therapeuten*	*Rolle des Klienten*	*Bezug zum Circumplexmodell*	*Therapierichtung*
Lernen	Lehrmeister	Schüler	**Fördernde Anleitung**	Verhaltenstherapie; Rational-emotive Therapie Entspannungsverfahren
Aufdecken	Aufklärer/ Deuter	Erkennender	**Fördernde Anleitung**	Psychoanalyse; Kognitive Therapie
Begegnen	Freund	Partner	**Wertschätzung**	Gesprächspsychotherapie
Wachsen	Befreier/ Ermöglicher	Zu Befreiender, Blockierter, Unterdrückter	**Bestätigung**	Gesprächspsychotherapie Gestalttherapie

Klienten (Persönlichkeitseigenschaften, Art der psychischen Störungen usw.), Merkmalen des Therapeuten und der Therapie sowie des zeitlichen Ablaufs auf die Ergebnisse der Behandlung systematisch überprüft. "Die *Differentielle Psychotherapie* geht also von Unterschieden einerseits (a) *zwischen Klienten*, andererseits (b) *zwischen verschiedenen Behandlungsverfahren* aus. Darüber hinaus ist für die psychologische Intervention der Verlauf einer Störung sowie der Zeitpunkt wichtig, zu dem eine Behandlung aufgenommen wird: frühzeitige Behandlungen sind meistens prognostisch günstiger als später begonnene. Somit ist als dritte Dimension (c) die *Zeit* zu berücksichtigen." (Bastine, 1992 b, S. 258). Der Gesichtspunkt der Zeit spielt auch insoweit eine wichtige Rolle, als in Praxiseinrichtungen häufig eine Entscheidung zu treffen ist, ob ein Patient eher einer Kurzzeittherapie oder einer längerfristig angelegten Therapie zugewiesen werden soll (unabhängig von der jeweiligen Therapierichtung) (vgl. z.B. MacKenzie, 1994).

Bevor wir uns mit der Frage, unter welchen Umständen welches therapeutische Verhalten indiziert ist, näher beschäftigen, gehen wir auf die allgemeine diagnostisch-therapeutische Strategie ein.

5.1 Allgemeine diagnostisch-therapeutische Strategie

Wir hatten oben unterschiedliche Auffassungen über die Beziehung von Psychodiagnostik und Psychotherapie diskutiert. Unsere eigene Auffassung einer *engen Verzahnung* von Diagnostik und Therapie läßt sich anhand der folgenden Abbildung 10.10 erläutern.

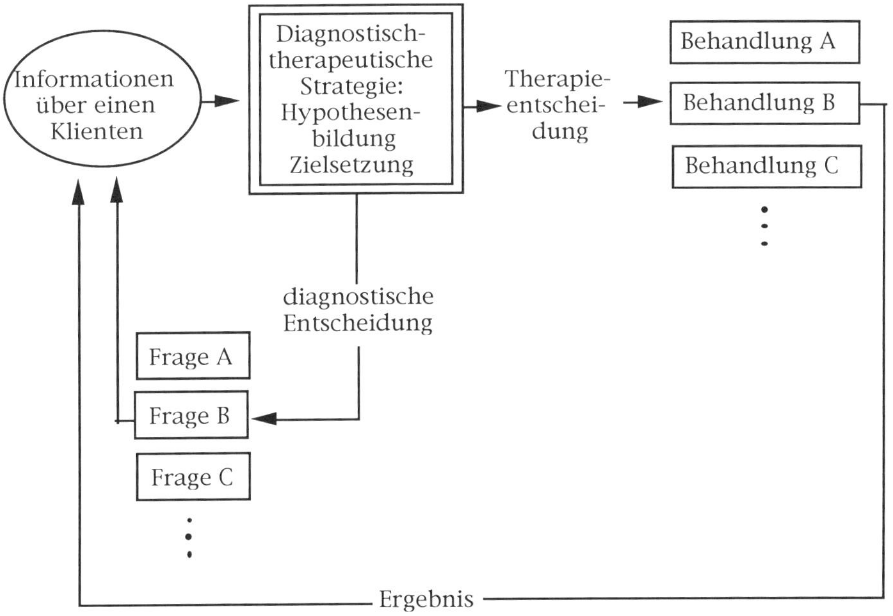

Abbildung 10.10: Diagnostisch-therapeutische Strategie in Anlehnung an Tack (1976) (leicht modifiziert).

Diese Abbildung lehnt sich an eine von Tack (1976) verwendete Darstellung an, die ihrerseits auf den entscheidungstheoretischen diagnostischen Ansatz von Cronbach und Gleser (1957) zurückgeht (siehe ähnliche Vorstellungen bei Boesch, 1964, und Schmidt, 1984 b). Aufgrund von Informationen über einen Klienten entwickelt der Kliniker eine *diagnostisch-therapeutische Strategie*, die folgende Schritte umfaßt:

- *Hypothesenbildung* (z.B. die diagnostische Hypothese: der Klient hat eine paranoide Persönlichkeitsstörung),
- *Zielsetzung* (z.B. das Ziel einer Überprüfung, ob eine paranoide Persönlichkeitsstörung vorliegt) sowie
- *Hypothesenabklärung* (z.B. Wahl eines klinischen Interviews oder eines Fragebogentests zur Überprüfung der Hypothese, daß eine paranoide Persönlichkeitsstörung vorliegt).

Der Begriff der "Zielsetzung" wird dabei in einem breiten Sinn verwendet. Nach dem Einholen von Informationen über den Klienten (während verschiedener Phasen des diagnostisch-therapeutischen Prozesses) bildet der Kliniker jeweils Hypothesen (z.B. zur Problemstellung, zur Art der Störung, zu deren Ätiologie, zur Eignung eines bestimmten therapeutischen Vorgehens) und formuliert darauf aufbauend Ziele für sein weiteres Vorgehen (sei es im Sinne des Sammelns weiterer diagnostischer Informationen oder der Durchführung therapeutischer Maßnahmen).

In der ersten Phase der Kontaktaufnahme formuliert der Therapeut aufgrund von Informationen des Klienten Hypothesen zur *Problemstellung,* um deren Abklärung er bemüht ist (z.B. bildet er die Hypothese, daß es sich um einen Klienten handelt, der wegen wiederholter zwischenmenschlicher Enttäuschungen und Frustrationen aus eigenem Antrieb eine Form der Einzeltherapie sucht). Die Hypothesenabklärung wird im Regelfall die Zielsetzung umfassen, weitere diagnostische Informationen einzuholen. Dieser Prozeß wird in Abbildung 10.10 als diagnostische Entscheidung bezeichnet, weil der Kliniker hypothesengeleitet bestimmte diagnostische *"Fragen"* auswählt. Gemeint sind damit alle Maßnahmen, die der Diagnostiker ergreift, um weitere Informationen über den Klienten zu erhalten. Sie umfassen vor allem Verhaltensbeobachtungen (z.B. daß der Klient Blickkontakt vermeidet oder eine verkrampfte Körperhaltung hat) und Interviewfragen (z.B. zum Anlaß der Konsultation oder zur Art der Beschwerden), aber auch eventuell psychologische Testverfahren oder sonstige problemangemessene Methoden. Unter Rückgriff auf psychologisches Wissen (wissenschaftliche Theorien, empirische Befunde, "naive" Alltagstheorien) nutzt der Kliniker die gewonnenen Informationen zur *(progressiven) Hypothesenabklärung* (siehe Boesch, 1964), bis die Problemstellung hinreichend abgeklärt ist.

Zugleich hat der Kliniker begonnen, erste Hypothesen im Sinne der *Problemanalyse* oder *Problemdifferenzierung* zu bilden (z.B. die Hypothesen, (1) daß der Klient durch sein übertrieben mißtrauisches und latent oder offen feindseliges Verhalten seine Ehefrau, seinen Arbeitgeber und seine Arbeitskollegen vor den Kopf stößt, und (2), daß die paranoiden Züge des Klienten mit einer gestörten Beziehung zu seinem Vater zusammenhängen, wobei der genauere Charakter der Beziehung noch zu klären ist). Dies führt zu der Zielsetzung, weitere Informationen einzuholen, d.h. diagnostische Entscheidungen zu treffen, die eine Abklärung dieser Hypothesen erlauben. Parallel dazu formuliert der Kliniker vielleicht erste Hypothesen zu einer geeigneten Behandlungsstrategie und einem Behandlungsformat.

Rückt dieser Aspekt stärker in den Vordergrund, verfolgt der Kliniker das neue Ziel, Hypothesen zur *problemangemessenen Therapie* aufzustellen (z.B. bildet er die Hypothesen, daß bei diesem Klienten eine Klärung von Teilbereichen seiner Realitätstheorie und der Aufbau einer vertrauensvollen Beziehung wichtig sind und daß dafür ein kognitiv-interpersonaler Ansatz - Behandlung B in der Abbildung 10.10 - geeignet ist). Das neue Ziel des Therapeuten besteht dann in der Realisierung der Therapieentscheidung für die Behandlung B.

Der Begriff der *"Behandlung"* wird dabei sehr breit und allgemein verwendet. Er umfaßt alle Arten von Maßnahmen, von denen sich der Therapeut - in begründeter Weise - einen therapeutischen Effekt verspricht. Solche "Behandlungen" können u.a. die Herstellung einer bestimmten Therapeut-Klient-Beziehungsqualität (z.B. Wertschätzung), die Selbstöffnung des Therapeuten, den Einsatz einer spezifischen Technik (z.B. Rollenspiel) oder ein gesamtes therapeutisches Programmpaket (z.B. Expositionstherapie, Autogenes Training) umfassen (siehe unten). Sanderson und Clarkin (1994) unterscheiden vier Arten von anfänglichen Makroentscheidungen bezüglich des therapeutischen Vorgehens:

- *Behandlungssetting* (z.B. ambulant vs. stationär),
- *Behandlungsformat* (z.B. Einzel-, Gruppen- oder Familientherapie),
- *Behandlungsstrategie* (z.B. psychodynamisch, kognitiv, verhaltenstherapeutisch) und
- *Behandlungsdauer* (z.B. Kurzzeit- oder Langzeittherapie).

Während der Durchführung der Behandlung B erhält der Kliniker zusätzliche Informationen über den Klienten, die zur Abklärung der Hypothese verwendet werden, daß der Klient - in unserem Beispiel - von einer Gesprächstherapie profitieren sollte. Zur Überprüfung einer derartigen Hypothese wird im Rahmen verschiedener Therapierichtungen eine sogenannte (kurze) *Probebehandlung* vorgeschlagen. "Im Anschluß an die vorbereitenden Maßnahmen der Rolleninduktion ist mit Hilfe einer Probebehandlung zu prüfen, inwieweit der Patient die situativen und methodischen Anforderungen des jeweiligen Behandlungsverfahrens tatsächlich erfüllt. Probebehandlungen eignen sich vor allem für Therapiemethoden, die die verbale Interaktion zwischen Therapeut und Patient in den Vordergrund stellen; für komplexe handlungsorientierte Methoden der Verhaltenstherapie dürften sie schwieriger zu verwirklichen sein." (Seidenstücker, 1984, S. 457). Empirische Untersuchungen zur Gesprächspsychotherapie zeigen zum Beispiel, daß sich das spätere Behandlungsergebnis bereits aus den therapeutischen Erfahrungen des Klienten während der ersten Sitzungen prognostizieren läßt (Bastine, 1992 b).

Bestätigt sich die vom Therapeuten formulierte Hypothese, wird das bisherige therapeutische Vorgehen fortgesetzt. Entsprechen die Ergebnisse nicht den Erwartungen, bildet der Kliniker Hypothesen darüber, warum es zu Diskrepanzen gekommen ist, und versucht im Anschluß daran, diese Hypothesen abzuklären. Dies kann durch das Treffen weiterer diagnostischer Entscheidungen oder weiterer Therapieentscheidungen erfolgen (vgl. Vogel & Schulte, 1991).

Nach Abschluß der gesamten Therapie bildet der Kliniker die Hypothese, daß die Therapieziele kurz- und langfristig in einem gewissen Umfang erreicht wurden. Daraus resultiert das Ziel, durch geeignete diagnostische Entscheidungen (Therapieevaluation) diese Hypothese zu überprüfen.

Das vorgeschlagene diagnostisch-therapeutische Vorgehen zeichnet sich durch seine *Flexibilität* aus. Es gestattet zum einen ein regelgesteuertes klinisches Arbeiten (Strategie im engen Sinn), sofern die wissenschaftlichen Voraussetzungen vorliegen, dem Kliniker bekannt sind und von ihm umgesetzt werden können (z.B. eine Entscheidung für eine In-Vivo-Exposition bei phobischen Störungen, sofern bestimmte Voraussetzungen erfüllt sind). Zum anderen läßt es sich auch dann anwenden, wenn der Fundus an gesichertem Wissen gering ist oder besondere Rahmenbedingungen (auf seiten des Klienten, seiner Umwelt, auf seiten des Therapeuten oder der Behandlungsinstitution) vorliegen. So mag z.B. für einen Patienten mit einem organischen Herzleiden eine in der Regel verwendete In-Vivo-Konfrontationstherapie kontraindiziert sein, oder ein Therapeut verfügt über zu wenig Erfahrung in Methoden der Hypnotherapie.

Jüngst haben Vogel und Schulte (1991) den Prozeß therapeutischer Entscheidungen einer differenzierten theoretischen Analyse unterzogen. Sie setzen sich unter anderem mit der Flexibilität des Therapeuten auseinander, indem sie zwischen Formen des angemessenen und unangemessenen Absichts- bzw. Zielwechsels während der Therapie unterscheiden: "Solche Veränderungen der Absichten und damit des therapeutischen Vorgehens aufgrund neuer Informationen oder wechselnder Lagen sind potentiell positiv, vorausgesetzt die neuen Informationen sind valide. Doch ein zu flexibles Reagieren auf Veränderungen kann die Realisierung eines übergreifenden (Therapie-)Plans gefährden und zu einem vorwiegend situationsbestimmten Reagieren führen." (Vogel & Schulte, 1991, S. 169). Die beiden Autoren leiten aus ihren Überlegungen zwei Regeln für die therapeutische Praxis ab:

- Erhebe im Verlauf der Therapie nur solche Informationen, die für Deine Entscheidungen relevant sind!
- Wechsle erst dann eine therapeutische Strategie, wenn Du wirklich eine bessere hast!

Auf einen Punkt möchten wir noch eingehen, den MacKenzie (1994) aus der Sicht der klinischen Praxis für wesentlich erachtet. MacKenzie berichtet über positive Erfahrungen mit folgendem Vorgehen: Vor dem Beginn der eigentlichen Psychotherapie erfolgt in etwa zwei Sitzungen eine umfangreiche Eingangsdiagnostik, auf die der Klient vorbereitet wird und die neben dem Erstinterview u.a. die standardisierte Erhebung von Informationen zur Symptomatik, dem interpersonalen Verhalten und der Persönlichkeit (einschließlich eventueller Persönlichkeitsstörungen) mit Hilfe erprobter Instrumente umfaßt. Die Fragebogenverfahren werden außerhalb der Sitzungen vom Klienten beantwortet. Der Kliniker bespricht die Ergebnisse mit dem Klienten, wobei er klarstellt, daß es sich um "die Worte des Klienten" handelt, die lediglich in veränderter Form rückgemeldet werden. "Die Rückmeldung ist offenbar ein wirksamer Mechanismus, um rasch eine therapeutische Allianz zwischen Patient und Therapeut herzustellen. Bis zu einem gewissen Grad wird dadurch das im klinischen Kontext unvermeidliche Ungleichgewicht der Macht verringert." (MacKenzie, 1994, S. 244; Übers. d. Verf.). Der diagnostische Aufwand zahlt sich nicht nur in dieser Hinsicht aus, er liefert dem Kliniker zugleich wichtige Orientierungen bezüglich des therapeutischen Vorgehens und möglicherweise zu erwartender Schwierigkeiten. Der Kliniker ist beispielweise "vorgewarnt", daß bei einem Klienten mit geringer "Gewissenhaftigkeit" die Gefahr besteht, die Therapie vorzeitig abzubrechen oder eine schlechte "Compliance" zu zeigen.

Welche spezifischen diagnostisch-therapeutischen Konsequenzen ergeben sich aus unserer eigenen Theorie? Wie aus den vorangehenden Kapiteln hervorgeht, legen wir besonderen Wert auf die Diagnostik der Persönlichkeit sowie des interpersonalen Verhaltens. Persönlichkeitsdiagnostik, die auf unsere Theorie Bezug nimmt, umfaßt dabei zwei sich ergänzende und miteinander in Beziehung stehende Aspekte:

- Beschreibung der Persönlichkeit mit Hilfe der beiden übergeordneten Persönlichkeitsdimensionen seelische Gesundheit und Verhaltenskontrolle und ihrer Teilkomponenten, mit der Möglichkeit einer Einordnung des Klienten in das Circumplexmodell der Persönlichkeit (vgl. Abbildung 2.6). Dieser diagnostische Schritt dient vor allem dazu, einen Einblick in die Persönlichkeitsstruktur (Stärken und Defizite) des Klienten zu gewinnen, erste Hypothesen zu der Frage zu bilden, ob bei dem Klienten stark von der Norm abweichende Persönlichkeitseigenschaften (z.B. im Sinne der Gehemmtheit oder einer sehr geringen seelischen Gesundheit) vorliegen. In Verbindung mit weiteren Verfahren - z.B. dem "Strukturierten Klinischen Interview für DSM-III-R Achse II" von Wittchen, Schramm, Zaudig und Unland (1993) - lassen sich Hinweise auf das Vorliegen von Persönlichkeitsstörungen gewinnen. Im letzteren Fall bleibt zu klären, ob dies die einzigen bzw. primären Störungen sind, oder ob sie als komorbide sekundäre Störungen zu betrachten sind (vgl. eingehender Fiedler, 1994 b). In jedem Fall verdienen Persönlichkeitsstörungen die besondere Aufmerksamkeit des Klinikers. Wie unten gezeigt wird, läßt sich aus der Einordnung des Klienten in das Circumplexmodell der Persönlichkeit eine Reihe wichtiger Hypothesen ableiten.

- Beschreibung der Persönlichkeit mit Hilfe des Systemmodells der Persönlichkeit (vgl. Abbildung 4.7). Während die Einordnung in das *Circumplexmodell* der Persönlichkeit eine Globalorientierung über den Klienten liefert, erlaubt der Rückgriff auf das *Systemmodell* der Persönlichkeit eine differenzierte Struktur- und Funktionsanalyse.

Wir beginnen mit dem Circumplexmodell der Persönlichkeit, aus dem sich u.a. Hypothesen über das intrapersonale und interpersonale Verhalten des Klienten ableiten lassen.

5.2 Diagnostisch-therapeutisches Vorgehen unter Bezugnahme auf das Circumplexmodell der Persönlichkeit

5.2.1 Schwerpunkt: diagnostisches Vorgehen

Zur Einordnung der Persönlichkeit eines Klienten in das Circumplexmodell der Persönlichkeit können neben Verhaltensbeobachtungen und Informationen aus der Exploration vor allem standardisierte Testverfahren herangezogen werden. Speziell für diesen Zweck wurden der TPF (Becker, 1989) sowie das TIV (Becker, 1990, sowie Becker, in Vorbereitung) entwickelt, die eine Beschreibung der Persönlichkeit mit Hilfe der beiden übergeordneten Persönlichkeitsdimensionen seelische Gesundheit (SG) und Verhaltenskontrolle (VK) *und ihrer Teilkomponenten* gestatten.

In Abbildung 10.11 veranschaulichen wir eine einfache (und etwas vergröbernde) Methode zur Einordnung einer Person in das Circumplexmodell der Persönlichkeit, ausgehend von den T-transformierten SG- und VK-Scores dieser Person (bei einer T-Transformation verwendet man den Mittelwert 50 und eine Standardabweichung von 10).

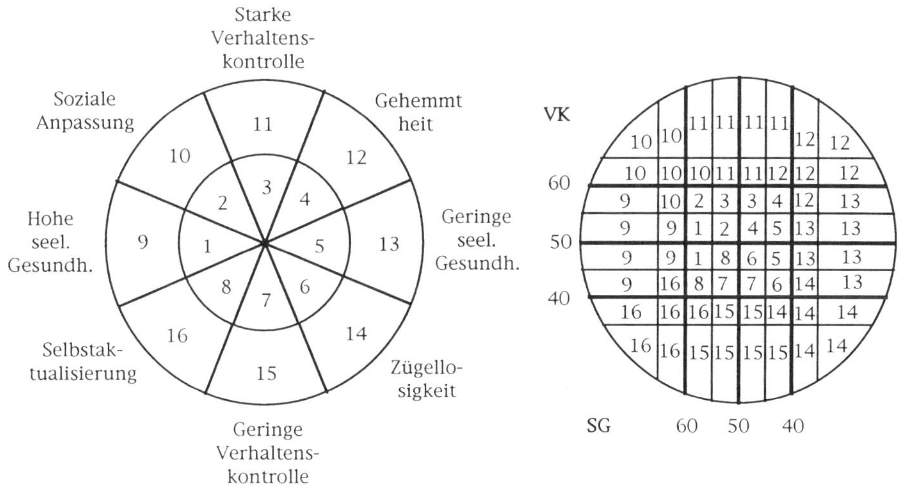

a) b)

c)

SG-Skala	VK-Skala <=34	35-39	40-44	45-49	50-54	55-59	60-64	>=65
<=34	14	14	13	13	13	13	12	12
35-39	14	14	14	13	13	12	12	12
40-44	15	14	6	5	5	4	12	11
45-49	15	15	7	6	4	3	11	11
50-54	15	15	7	8	2	3	11	11
55-59	15	16	8	1	1	2	10	11
60-64	16	16	16	9	9	10	10	10
>=65	16	16	9	9	9	9	10	10

Abbildung 10.11: Tabelle und Abbildungen zur Einordnung einer Person in das Circumplexmodell der Persönlichkeit, ausgehend von den T-Werten in der SG-Skala und der VK-Skala. Erläuterung im Text.

Teil a der Abbildung enthält die Einteilung des Circumplexes in 2x8 = 16 *Segmente,* die mit den Zahlen von 1 (leicht erhöhte seelische Gesundheit; abgekürzt mit kleinen Buchstaben sg+ ; kleine Buchstaben stehen für leichte Erhöhung bzw. Erniedrigung von Werten, ein Plus- bzw. Minuszeichen steht bei seelischer Gesundheit und Verhaltenskontrolle für eine Erhöhung bzw. Erniedrigung) bis 16 (deutlich erhöhte Selbstaktualisierung; abgekürzt mit großen Buchstaben SA) gekennzeichnet sind.

Teil c der Abbildung erläutert die Regeln der Zuordnungen der Kombinationen aus SG- und VK-Scores zu den 16 Segmenten. Diese Regeln sind in Teil b der Abbildung nochmals in Kreisform dargestellt, so daß sich ein besserer Vergleich zum Teil a der Abbildung ergibt. Nach diesen Vorschriften fällt eine Person erst dann in eines der acht äußeren Segmente 9 bis 16 (mit großen Buchstaben abgekürzt), wenn mindestens einer ihrer beiden T-transformierten Scores außerhalb des mittleren Bereichs von 41 bis 59 liegt, d.h. mindestens eine Standardabweichung vom Mittelwert entfernt ist.

In Tabelle 10.3 erläutern wir das Vorgehen am Beispiel von 20 (unausgelesenen) ambulanten und stationären "neurotischen" Patienten, denen nach der ICD-9-Klassifikation die in der Tabelle mitgeteilten Diagnosen zugewiesen wurden. Die Darstellung sei am Beispiel der Person 01 verdeutlicht. Diese Person erhielt die Diagnose "Zwangsneurose". Ihre T-transformierten TPF-Skalenscores sind in den entsprechenden neun Spalten wiedergegeben. Ausgehend von den SG- und VK-Scores fällt diese Person nach Teil c der Abbildung 10.11 in das Segment 13, das mit SG- (deutlich verringerte seelische Gesundheit; daher das Minuszeichen) abgekürzt wird. Tabelle 10.3 ist zu entnehmen, daß die 20 neurotischen Patienten in insgesamt sieben der 16 Segmente fallen, wobei die Segmente 13 (SG-; deutlich verringerte seelische Gesundheit) und 12 (GEH; deutlich erhöhte Gehemmtheit) am häufigsten vorkommen.

Im folgenden gehen wir am Beispiel des Klienten 05 auf die klinische Bedeutung dieser Segmentzuordnung und danach auf das TPF-Skalenprofil ein. Klient 05 erhielt die Diagnose "Zwangsneurose". Er fällt in das Segment 12 (GEH). Daraus lassen sich *vier Arten von Hypothesen* ableiten:

- Hypothesen zu einem *Muster von Persönlichkeitseigenschaften*, das bei gehemmten Personen mit erhöhter Wahrscheinlichkeit anzutreffen ist (siehe hierzu das Circumplexmodell der Persönlichkeit; Abbildungen 2.6 oder 7.7). Dieses Muster ist gekennzeichnet durch: Zurückhaltung, Ungeselligkeit, Introversion, Kühle, Unterwürfigkeit, Passivität, Selbstunsicherheit und Anger In.
- Hypothesen zu möglichen *interpersonalen Bedingungen* (siehe hierzu die Abbildung 7.8 sowie 7.10). Das entsprechende Bedingungsmuster der "Unterdrückung" umfaßt folgende Verhaltensweisen wichtiger Bezugspersonen: unterdrücken, kritisieren, überstreng sein, überfordern, entmutigen, einschüchtern, einengen,

Tabelle 10.3: TPF-Skalenscores (T-transformiert) von 20 Neurotikern sowie Einordnung in die 16 Segmente (Seg) des Circumplexmodells der Persönlichkeit (siehe Abbildung 10.11).

TPF-Skalen:

VK = Verhaltenskontrolle
SG = seelische Gesundheit
SE = Sinnerfülltheit
SV = Selbstvergessenheit
BF = Beschwerdefreiheit
EX = Expansivität
AU = Autonomie
SW = Selbstwertgefühl
LF = Liebesfähigkeit

Segmente:

SG- = deutlich verringerte SG
GEH = deutlich erhöhte Gehemmth.
ZÜG = deutlich erhöhte Zügellosigk.
san = leicht erhöhte soziale Anpassung
sg + = leicht erhöhte SG;
geh = leicht erhöhte Gehemmth.
VK+ = deutlich erhöhte VK

Diagnosen: Zwang = Zwangsneurose Hypo = hypchondrische Neurose

Nr.	*Diagnose*	*Seg-Nr.*	*Seg*	*VK*	*SG*	*SE*	*SV*	*BF*	*EX*	*AU*	*SW*	*LF*
01	Zwang	13	SG-	56	27	21	33	43	40	23	33	55
02	Zwang	1	sg+	46	59	64	55	63	54	44	53	41
03	Zwang	13	SG-	57	27	38	50	21	42	58	35	41
04	Zwang	13	SG-	53	36	36	37	29	42	46	35	48
05	Zwang	12	GEH	60	21	30	23	33	40	2	35	46
06	Zwang	4	geh	56	41	48	56	58	45	54	41	51
07	Zwang	13	SG-	49	30	48	55	39	33	51	39	41
08	Angst	14	ZÜG	39	24	28	43	45	38	37	35	31
09	Angst	13	SG-	55	10	12	32	23	21	41	24	34
10	Angst	12	GEH	56	37	31	43	30	37	41	52	55
11	Angst	11	VK+	65	46	43	59	25	44	43	35	51
12	Angst	13	SG-	57	31	52	48	46	36	52	31	50
13	Phob	12	GEH	67	20	24	33	30	30	27	31	59
14	Hypo	2	san	59	56	58	54	51	45	54	58	53
15	Hypo	12	GEH	66	17	30	32	15	31	53	28	39
16	Depr	12	GEH	64	11	28	43	30	16	31	17	21
17	Depr	13	SG-	45	21	14	40	45	36	32	26	31
18	Depr	12	GEH	61	36	33	40	35	43	70	44	43
19	Depr	13	SG-	56	29	21	27	18	54	46	28	42
20	Hyst	4	geh	54	45	43	46	56	44	49	54	4

bestrafen, bedrohen und verbieten. Die Aufmerksamkeit des Klinikers wird mithin in diese Richtung gelenkt, wobei es sich wohlgemerkt um *Hypothesen* handelt, die auf anderem Weg zu überprüfen und gegebenenfalls zu revidieren sind.

- Hypothesen zu einer spezifischen Art des *selbstbezogenen Verhaltens* bzw. der *Selbstkommunikation* (vgl. Abbildung 8.1). Das entsprechende Muster der Selbstunterdrückung ist gekennzeichnet durch: überstreng zu sich sein, sich kritisieren, sich überfordern, sich entmutigen, sich bestrafen und sich etwas verbieten.
- Hypothesen zur Richtung des *therapeutischen Vorgehens,* soweit es auf die Persönlichkeit des Klienten Bezug nimmt (daneben sollten in jedem Fall auch symptomspezifische therapeutische Strategien in Betracht gezogen werden; siehe z.B. Reinecker, 1994 d). Nach den Ausführungen des Kapitels 7 sind dabei die zu den hypothetischen Bedingungen ("Unterdrückung") entgegengesetzten Bedingungen der "Bestätigung" anzustreben (siehe Abbildung 7.8). Diese umfassen folgende Verhaltensweisen des Therapeuten: bestätigen, ermutigen, zustimmen, unterstützen, ermächtigen, befreien, verzeihen, großzügig sein, tolerant sein, gewähren und erlauben. Mit Blick auf das selbstbezogene Verhalten des Klienten wäre bei ihm nach derselben Logik das zur Selbstunterdrückung entgegengesetzte Muster der Selbstbestätigung zu fördern: sich bestätigen, sich ermutigen, sich selbstbehaupten, sich befreien, sich verzeihen, zu sich großzügig sein und sich selbst mehr erlauben.

Die bisherigen Hypothesen stützten sich ausschließlich auf die Einordnung des Klienten 05 in eines der 16 Segmente. Zusätzlich stehen jedoch die Scores in den anderen TPF-Skalen zur Verfügung (siehe Tabelle 10.3). Das Skalenprofil ist in Abbildung 10.12 wiedergegeben.

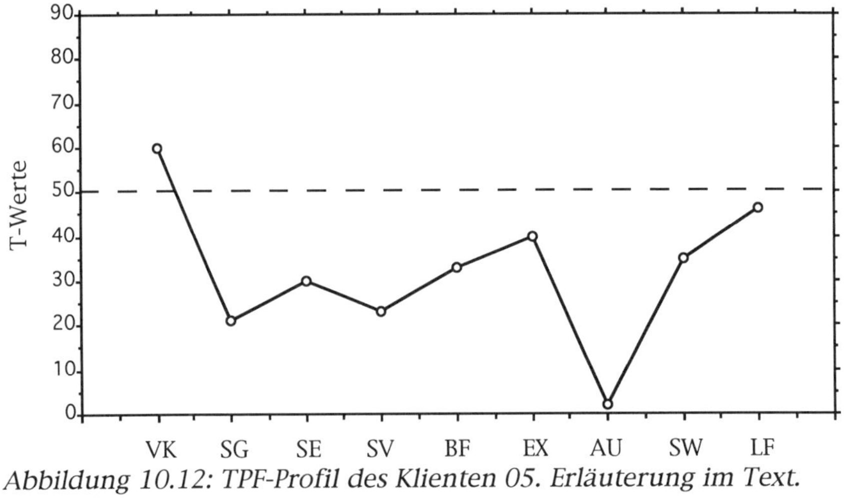

Abbildung 10.12: TPF-Profil des Klienten 05. Erläuterung im Text.

Man erkennt, daß alle Indikatoren - mit Ausnahme der Liebesfähigkeit - im deutlich unterdurchschnittlichen Bereich (T <= 40) liegen. Die Person schreibt sich eine sehr geringe Fähigkeit zur Bewältigung externer und interner Anforderungen (SG-Skala) zu. Ihr Leben erscheint ihr wenig sinnerfüllt, und sie neigt zu depressiven Verstimmungen (SE-Skala). Sie beschäftigt sich viel mit sich selbst, grübelt viel (SV-Skala). Sie hat ausgeprägte nervöse Beschwerden (BF-Skala). Ihre Expansivität ist unterdurchschnittlich (EX-Skala). Sehr auffällig ist der extrem niedrige Wert in der Autonomie-Skala. Dieser Befund lenkt zweifellos die Aufmerksamkeit des Klinikers auf diesen Bereich, der bereits aufgrund der Hypothesen aus der Zugehörigkeit zum Segment 12 (deutlich erhöhte Gehemmtheit) relevant erschien (siehe oben). Die Person hat nur ein geringes Selbstwertgefühl (SW-Skala). Lediglich ihre Liebesfähigkeit bewegt sich im durchschnittlichen Bereich (LF-Skala).

Wir haben an einem Beispiel das von uns vorgeschlagene Vorgehen erläutert. Um interessierten Lesern einen Einblick in TPF-Ergebnisse, wie sie für Neurotiker typisch sind, zu geben, enthält Tabelle 10.3 die Testergebnisse von 19 weiteren Klienten. Aus Platzgründen können wir auf deren Interpretation nicht eingehen. Das Selbststudium der Tabelle kann jedoch empfohlen werden. Unter anderem erkennt man bei den meisten Klienten in einzelnen Indikatoren der seelischen Gesundheit durchschnittliche oder überdurchschnittliche Scores. Derartige (und sonstige) "Stärken" des Klienten kann und sollte sich der Therapeut zunutze machen (vgl. das therapeutische Prinzip der "Ressourcen-Aktivierung" von Grawe, 1994).

Abschließend möchten wir noch auf folgenden Punkt hinweisen: Wenn wir eine Abschätzung der individuellen Ausprägungsgrade der seelischen Gesundheit und der Verhaltenskontrolle mit Hilfe der beiden Fragebogentests TPF und TIV vorschlagen, so unterstellen wir nicht, daß die Testergebnisse in jedem Fall valide sind. Vielmehr ist - wie bei anderen Verfahren auch - mit *"falschen Positiven"* und *"falschen Negativen"* zu rechnen. Bei Klienten können z.B. durchaus T-Werte von 50 oder darüber in der SG-Skala des TPF vorkommen. Dies dürfte zwar selten der Fall sein, doch läßt sich daraus nicht in jedem Fall der Schluß ziehen, die Person besitze eine normale oder überdurchschnittliche seelische Gesundheit. Plausibel erscheint auch folgende Hypothese: Der Betreffende hat ein relativ positives Selbstkonzept, und es fällt ihm schwer, sich mit eigenen psychischen Problemen offen und realistisch auseinanderzusetzen. Zum Beispiel sieht er die Ursachen seiner Schwierigkeiten in der (sozialen) Umwelt, oder er hat eine Störungstheorie, die den Einfluß genetischer und körperlicher Faktoren betont. In einem solchen Fall liefert der Test dennoch wertvolle Informationen, denn der Therapeut ist "vorgewarnt" bzw. darauf vorbereitet, daß bestimmte Formen des psychotherapeutischen Vorgehens beim Klienten auf zumindest anfänglichen Widerstand stoßen dürften. Dieses Wissen ist für den Kliniker von Nutzen, denn er kann sich rechtzeitig auf den Klienten einstellen.

5.2.2 Schwerpunkt: therapeutisches Vorgehen

5.2.2.1 Allgemeine Gesichtspunkte zum therapeutischen Vorgehen

Gemäß unserer therapeutischen Leitidee der Flexibilität ist es unmöglich, generelle Richtlinien für eine differentielle Psychotherapie festzulegen - dies wäre ein Widerspruch in sich. Aus diesem Grund beschränken wir uns auf orientierende Hinweise.

Gute Therapeut-Klient-Beziehung

Nach übereinstimmenden Ergebnissen der Therapieforschung und nach unserer oben formulierten Theorie der seelischen Gesundheit sollte ein Therapeut von Anfang an großen Wert auf den Aufbau einer *guten Beziehung* zum Klienten legen. "Die Güte der psychotherapeutischen Beziehung wird heute als entscheidender Faktor für eine erfolgreiche Behandlung angesehen." (Bastine, 1992 b, S. 208). Nach unserem Circumplexmodell der (interpersonalen) Bedingungen ist die zentrale Variable das Ausmaß an *Wertschätzung* des Therapeuten gegenüber dem Klienten (siehe hierzu Kapitel 7 sowie Rogers, 1973; Sachse, 1992; Tausch & Tausch, 1990). Erst bei Vorliegen einer tragfähigen Therapeut-Klient-Beziehung sind die Voraussetzungen dafür gegeben, daß der Klient Vertrauen faßt, auch problematische Themen anschneidet, auf Deutungen oder Konfrontationen des Therapeuten eingeht, ohne sich grundsätzlich abgelehnt oder verletzt zu fühlen, und bereit ist, sich auf angstbesetzte Übungen (z.B. eine In-Vivo-Konfrontation mit einer phobischen Angstquelle oder ein Selbstbehauptungstraining) einzulassen.

Johnson (1985, S. 248; Übers. d. Verf.) ergänzt und präzisiert den Aspekt der Wertschätzung durch das Prinzip der *"Förderung der Autonomie"* des Klienten: "Die auf Zusammenarbeit angelegte Erwachsenen-Erwachsenen-Beziehung ist vom Standpunkt der Förderung der Ichstärke aus die vielleicht wichtigste Komponente dieser Art von Behandlung. Dies ist so, weil die ´Bewahrung der

Autonomie´ die Leitschnur des Therapeuten sein sollte. Mithin kann alles, was die autonomen Ichfunktionen des Klienten schützt oder stärkt, ceteris paribus, bedenkenlos eingesetzt werden. Alles, was hingegen die Autonomie untergräbt oder den Klienten infantilisiert, ist zu unterlassen."

Grad der Komplementarität

Für den Aufbau einer guten Beziehung empfiehlt es sich, wenn der Therapeut den Klienten dort "abholt", wo er sich befindet. Dies beinhaltet: (a) ein empathisches Eingehen auf die "Realitätstheorie" des Klienten und (b) das anfängliche Einnehmen eines *komplementären interpersonalen Verhaltens* (Ausnahme siehe unten). Letzteres setzt voraus, daß der Therapeut bereits Hypothesen über das vom Klienten bevorzugte interpersonale Muster gebildet hat (siehe Kapitel 7 sowie Andrews, 1991; Benjamin, 1993 b; Safran & Segal, 1990). Er wird z.B. gegenüber einem dependenten Klienten *zunächst* eine leicht "dominante", vom Klienten gewünschte und ihm Sicherheit gegebende Haltung einnehmen, die dann in einem fortgeschrittenen Stadium durch ein antikomplementäres oder akomplementäres Verhalten abgelöst wird (vgl. das Konzept der *"optimalen Komplementarität"* von Andrews, 1991). Ein *antikomplementäres* Verhalten des Therapeuten (z.B. ein "submissives" Verhalten gegenüber einem dependenten Klienten) führt zu einer Falsifikation von Erwartungen des Klienten und regt ihn zu einem neuen (aktiveren, dominanteren) Verhalten an. Wenn ein solches Verhalten den Klienten zunächst ängstigen und überfordern sollte, kann der Therapeut ein "neutraleres" *akomplementäres* Verhalten (z.B. freundliches Interesse) zeigen.

Für den Fall, daß der Klient zu Beginn der Therapie ein wenig wertschätzendes (z.B. mißtrauisches, zynisches, provozierendes, offen oder latent feindseliges oder vorwurfsvolles) Verhalten gegenüber dem Therapeuten an den Tag legt, versteht es sich, daß der Therapeut *nicht* mit einem komplementären, z.B. feindseligen Verhalten darauf antworten sollte. Statt dessen würden sich beispielsweise eine Metakommunikation (Kommunikation über die Kommunikation bzw. über die Art der Beziehung) oder ein Verhalten empfehlen, das auf die zugrundeliegenden Emotionen des Klienten abzielt (siehe unten).

Optimale Struktur

Neben einer "optimalen Komplementarität" propagiert Andrews (1991) das therapeutische Prinzip einer *"optimalen Struktur"*. Damit meint er den Grad an Kontrolle bzw. Direktivität, den der Kliniker über das therapeutische Geschehen ausübt. Bei zu viel Struktur besteht die Gefahr, daß der Klient die Verantwortung für Veränderungen ganz auf den Therapeuten verlagert, während bei zu wenig Struktur unter Umständen der Fortschritt behindert wird. Die optimale Struktur hängt sicherlich von der Persönlichkeit des Klienten, der Art der psychischen Störung, vorhandenen oder nicht vorhandenen störungsspezifischen Behandlungspaketen sowie von der Therapiephase ab.

In der Anfangsphase der Therapie wird der Kliniker in der Regel weniger stark strukturierend eingreifen als in fortgeschritteneren Phasen, es sei denn der Klient ist extrem sprunghaft in seinen Schilderungen, oder es muß aus Zeitgründen ein sehr straffes, auf bestimmte Aspekte begrenztes Vorgehen gewählt werden. "In der *Anfangsphase* liegt die Aufgabe für den Psychotherapeuten darin, den Klienten ´abzuholen´: sich auf ihn einzustellen, sich über ihn und seine Probleme zu informieren, die Rahmenbedingungen der therapeutischen Interaktion zu schaffen, sich über die Behandlungsziele zu verständigen und die Beziehung zu ihm aufzubauen. Auf diese Weise erhält der Klient die Sicherheit und das Vertrauen, die notwendig sind, um sich auf den Änderungsprozeß einlassen zu können und sich selbst zu öffnen. Auf der inhaltlichen Ebene steuert der Klient das Geschehen, jedoch werden die formalen Aspekte der psychotherapeutischen Situation - die Rollenverteilung, die Fokussierung auf den Klienten, die Erarbeitung der Behandlungsziele - durch den Behandelnden in die Interaktion eingeführt. In der *mittleren Phase* steht die systematische Veränderung der spezifischen Problematik des Klienten im Vordergrund. Therapeuten führen hier durch ihr methodisches Handeln schrittweise Veränderungen ein, die die Klienten zu neuen Verhaltensweisen herausfordern." (Bastine, 1992 b, S. 251-253).

Verstehen und Verändern

Als weitere für die Therapie nützliche Zielperspektive führt Andrews (1991) die Unterscheidung zwischen *Verstehen* und *Verändern* ein (vgl. ähnliche Unterscheidungen bei Grawe et al., 1994, und Sachse, 1992). Therapeuten können Maßnahmen ("Behandlungen") danach auswählen, daß sie die Einsicht und das Verstehen des Klienten fördern. Hierfür eignen sich z.B. Metakommunikationen, Deutungen, "Konfrontationen" oder andere Methoden einer Lenkung der Aufmerksamkeit des Klienten auf bisher ausgeblendete Aspekte des Selbst oder der Umwelt (vgl. Aufgabe der "Steuerungszentrale" in unserem Systemmodell der Persönlichkeit). Sachse (1992, S. 407) spricht von der "Förderung des Explizierungsprozesses": "Die Ergebnisse zeigen auch, daß die Bearbeitungsangebote dann besonders konstruktiv wirken, d.h. gut vom Klienten umgesetzt werden können, wenn der Therapeut sich auf den Kern der unmittelbar vorhergehenden Klienten-Aussage bezieht. Die Umsetzbarkeit ist fast genauso gut bei Bezug auf eine Standardaussage und deutlich schlechter bei Rekursion, d.h. wenn der Therapeut sich auf eine schon länger zurückliegende Klienten-Aussage bezieht. Dies steht in Einklang mit der Theorie des Explizierungsprozesses: Setzt die Therapeuten-Aussage an *den* Inhalten an, die im Fokus der Aufmerksamkeit des Klienten stehen, dann kann der Klient die Anforderungen relativ leicht umsetzen. Für die therapeutische Praxis bedeutet das, daß es wohl in der Regel günstig ist, die Intervention am gerade vom Klienten Gesagten und, wenn möglich, am fokal Gemeinten festzumachen."

Sachse, der sich eine wissenschaftliche Fundierung und Weiterentwicklung der Gesprächspsychotherapie zum Ziel gesetzt hat, betont, daß empathisches Verstehen und empathisches Sprechen für eine optimale Förderung des Klienten nicht ausreichen: es sind auch *konstruktive* Bearbeitungsangebote erforderlich. Wie diese aussehen sollten, richtet sich nach den unterschiedlichen Eingangsvoraussetzungen der Klienten. Manche Klienten (z.B. solche mit psychosomatischen Störungen) nehmen vertiefende Bearbeitungsangebote weniger häufig an als Klienten mit günstigeren Voraussetzungen; sie sind durch hoch anspruchsvolle Inhaltsbezüge des Therapeuten schnell überfordert (vgl. ähnliche Erfahrungen von Tscheulin, 1983, 1992; siehe unten).

Gewachsene Einsicht und Verstehen des Klienten ebnen den Weg für therapeutische Maßnahmen, die auf Verhaltens*änderungen* abzielen. Hierzu zählen unter anderem Rollenspiele, konkrete Verhaltensübungen, Ermutigungen zum Experimentieren mit neuem Verhalten (z.B. im Sinne der "fixed role therapy" von Kelly), antikomplementäres Verhalten des Therapeuten usw.. Verstehen und Verändern fördern sich im allgemeinen gegenseitig. "Daher ist es produktiver, sowohl auf Einsicht als auch auf Veränderung abzielende Interventionen flexibel, in Abhängigkeit von den situativen Anforderungen, anzuregen, als den eigenen therapeutischen Stil durch den einen oder den anderen Pol dieser Dichotomie zu definieren." (Andrews, 1991, S. 55; Übers. d. Verf.).

5.2.2.2 Differentielles Vorgehen, ausgehend vom Circumplexmodell der Persönlichkeit

Die folgenden Ausführungen beziehen sich auf Klienten, die nicht nur eine kurzfristige Hilfe zur Bewältigung aktueller Schwierigkeiten, sondern eine Förderung bestimmter Eigenschaften wünschen, sowie auf Klienten, deren Probleme nach Auffassung des Therapeuten mit bestimmten Persönlichkeitseigenschaften verknüpft sind.

Nachdem wir oben beschrieben haben, wie die Einordnung eines Klienten in einen der acht Oktanten des Circumplexmodells der Persönlichkeit erfolgt, geben wir im folgenden Hinweise zum differentiellen diagnostisch-therapeutischen Vorgehen in Abhängigkeit vom jeweiligen Persönlichkeitstypus. Dabei beschränken wir uns auf fünf der acht Typen, nämlich auf Personen mit jeweils deutlich erhöhten Werten in Richtung:
(1) Verhaltenskontrolle (VK-Plus-Typ),
(2) Gehemmtheit (GH-Typ),
(3) geringer seelischer Gesundheit (SG-Minus-Typ),
(4) Zügellosigkeit (ZÜ-Typ) und
(5) geringer Verhaltenskontrolle (VK-Minus-Typ).
Diese fünf Typen werden deshalb ausgewählt, weil sie bei Klienten am häufigsten anzutreffen sind.

Wir bevorzugen dabei folgende Darstellung: Jeder Typ wird nach einem einheitlichen Schema beschrieben. Die klinisch relevanten Merkmale werden unter Bezugnahme auf die Systeme unseres Systemmodells der Persönlichkeit in den Tabellen 10.4 bis 10.8 aufgelistet. Unter dem *"System kognitiver Strukturen"* berücksichtigen wir das Selbstmodell, das Umweltmodell sowie die vom Klienten wahrgenommenen Hauptbedrohungen. Das *"System kognitiver Operationen"* charakterisieren wir durch die vom Klienten bevorzugten interpersonalen, intrapersonalen und sonstigen Strategien. Das *"System erworbener Sollwerte"* umfaßt vor allem die Ziele sowie die Werte und Normen des Klienten. Ferner wird auf die individuellen Besonderheiten des *"Systems angeborener Bedürfnisse"*, der *"Systeme angeborener und erworbener Emotionen"* sowie der *"Steuerungszentrale"* eingegangen.

Es handelt sich bei den klinisch relevanten Merkmalen um Hypothesen im Sinne von Wahrscheinlichkeitsaussagen, die nicht in jedem Einzelfall bzw. in allen Einzelheiten zutreffen. Sie stützen sich auf Aussagen aus vorangehenden Kapiteln sowie auf Annahmen des Verfassers aufgrund empirischer Befunde, einschlägiger Literatur sowie klinischer Erfahrung. Neben den entsprechenden Einträgen in den Tabellen sind die jeweiligen *Psychotherapieziele* aufgelistet, die der Therapeut aus den klinischen Merkmalen ableiten kann und

Tabelle 10.4: Relevante Merkmale und Therapieziele beim VK-Plus-Typ

System	***Merkmale***	***Therapieziele***
System kognitiver Strukturen		
Selbstmodell	• Geordnetes, starres Selbstmodell; diszipliniert, pflichtbewußt, verläßlich, vernünftig, vorausschauend, besonnen	• Lockerung des starren Selbstmodells
Umweltmodell	• Geordnetes, starres Umweltmodell; Vorliebe für Ordnungen, Regeln, stabile Umwelten, klare Oben-unten-Relationen	• Lockerung des starren Umweltmodells
Hauptbedrohungen	• Verlust von Ordnung; Chaos; Anarchie; Veränderungen; überraschende Anforderungen; Verlust der Selbstkontrolle; Spontaneität	• Abbau der Angst vor dem Verlust der Selbstkontrolle und vor Veränderungen; Förderung der Risikobereitschaft
System kognitiver Operationen		
Interpersonale Strategien	Autoritäre Strategie; einengendes, kontrollierendes Verhalten; förmliches, steifes Verhalten	Förderung permissiven, großzügigen Verhaltens; Abschwächung förmlichen, steifen Verhaltens
Intrapersonale Strategien	Starke Selbstkontrolle; Hang zum "Zwanghaften"	Verringerung der starken Selbstkontrolle; Förderung von Spontaneität
Sonstige Strategien	Vorausschauen; planen; Tendenz zum "Bewahren" bzw. zur Stabilität; Dominanz assimilativer Prozesse; Hang zur Routine; Tendenz zur Absicherung	Förderung von Spontaneität; Abschwächung von Routinen; Förderung der Risikobereitschaft und Eigenständigkeit
System erworbener Sollwerte	• Verfolgen von Fernzielen	• Verfolgen von Nahzielen im Hier-und-Jetzt; Förderung von Ausgelassenheit
	• Starke Beachtung sozialer Normen (Gebote, Verbote); konservative Werte; Arbeitsorientierung	• Förderung einer autonomen Moral bzw. eines "humanistischen" Gewissens
System angeborener Bedürfnisse	• Starkes Bedürfnis nach Orientierung und Sicherheit; starkes Bedürfnis nach Achtung; Verdrängung oder Aufschub von Bedürfnissen	• Förderung der spontanen Befriedigung physiologischer Bedürfnisse und des Bedürfnisses nach Selbstaktualisierung
Emotionssysteme	• Tendenz zur Gefühlskontrolle; Ängste bei Veränderungen	• Förderung des Gefühlsausdrucks; Abbau von Angst vor Veränderung
Steuerungszentrale	• Starke Zukunfts- und Vernunftsorientierung; häufige "Innenorientierung"; seltener Zielwechsel	• Förderung der Fähigkeit zum Zielwechsel sowie einer stärkeren "Außenorientierung"

die - sofern der Klient dem zustimmt - angestrebt werden sollten. Auf die *psychotherapeutischen Methoden* zur Erreichung dieser Ziele gehen wir unter dem Gliederungspunkt "Diagnostisch-therapeutisches Vorgehen unter Bezugnahme auf das Systemmodell der Persönlichkeit" weiter unten ein.

Die Beschreibung der vorrangigen Therapieziele für die fünf Typen wird hier auf Kernpunkte beschränkt, um die Überschneidungen mit den Tabellen möglichst gering zu halten. Der Leser sei also primär auf diese Tabellen verwiesen, die den Vorteil der besseren Überschaubarkeit und Vergleichbarkeit besitzen.

Vorausgeschickt sei noch folgende Anmerkung: Da es sich bei den hier berücksichtigten Merkmalen um Persönlichkeitseigenschaften, d.h. relativ stabile und oftmals über Jahre praktizierte Verhaltens-, Erlebens- und Sichtweisen handelt, wäre es weder sinnvoll noch in der Regel erreichbar, diese Eigenschaften durch Psychotherapie *grundlegend* verändern zu wollen. Viele dieser Verhaltens-, Erlebens- und Sichtweisen dienen der Anpassung des Individuums an seine Umwelt vor dem Hintergrund einer spezifischen Konstellation von Anlagefaktoren und zurückliegenden Umwelterfahrungen. Oftmals werden diese Merkmale als ich-synton erlebt, und sie können sich unter spezifischen Bedingungen als adaptiv erweisen (vgl. Fiedler, 1994 b). Wenn also Therapieziele genannt werden, so sind sie als Hinweise auf die *Richtung* von Veränderungen zu verstehen. Diese Veränderungen werden stets mehr oder weniger begrenzt sein (MacKenzie, 1994; Miller, 1991). Dennoch können sie auf Dauer zu einer flexibleren Anpassung, einem höheren Wohlbefinden oder einer höheren Lebensqualität beitragen.

Starke Verhaltenskontrolle (VK-Plus-Typ)

Dieser Typ (siehe Tabelle 10.4), der sich weitgehend mit der von Riemann (1985) beschriebenen "zwanghaften Persönlichkeit" überschneidet, zeichnet sich vor allem durch seine starren Strukturen, die starke Selbst- und Fremdkontrolle, das Festhalten an stabilen Ordnungen und die Angst vor Veränderung aus. Dadurch kommt es zu einer Rigidität des Verhaltens, einem Hang zum Zwanghaften (siehe die Beschreibung des "zwanghaften Charakters" in Tabelle 10.1) und einer Einengung von Verhaltens-, Erlebens- und Sichtweisen.

Nach unseren in den Abbildungen 7.8 bis 7.10 wiedergegebenen Hypothesen wird dieses Verhaltensmuster durch interpersonale Erfahrungen in wichtigen Entwicklungsphasen begünstigt, die durch hohe "fordernde Kontrolle" gekennzeichnet sind. Eine solche Kontrolle ist zugleich mit starker Beachtung und häufigen reglementierenden Eingriffen verbunden, so daß bei den Betreffenden der Wunsch nach innerer Freiheit und Unabhängigkeit zumindest unbewußt stark ausgeprägt ist. Daraus können sich spezifische "Übertragungen" und Therapiewiderstände (im Sinne der Auflehnung gegen erneute Kontrollversuche durch wichtige Bezugspersonen) ergeben.

Demgemäß sind (1) die Förderung von mehr Spontaneität, Eigenständigkeit und innerer Freiheit sowie (2) die Reduktion der Angst vor Veränderung und vor dem Verlust der Selbst- und Fremdkontrolle wichtige Therapieziele. Damit im Zusammenhang steht (3) eine Abschwächung der einseitigen Orientierung auf die Zukunft (Fernziele) zugunsten einer Stärkung der Fähigkeit, Ziele im Hier-und-Jetzt anzustreben, günstige Gelegenheiten zur Bedürfnisbefriedigung zu ergreifen und mehr Gefühle zuzulassen.

Starke Gehemmtheit (GH-Typ)

Klienten vom GH-Typ (siehe Tabelle 10.5) haben ein negatives Selbstkonzept (halten sich z.B. für schwach, unselbständig oder ängstlich) und sehen sich mit einer bedrohlichen, unterdrückenden Umwelt konfrontiert. Sie schützen sich vor den wahrgenommenen Gefahren durch rigide Strategien (z.B. sozialen Rückzug, Unterwerfung unter "stärkere" Menschen, Ausweichen vor Risiken) und neigen zu einem selbstanklagenden und selbstabwertenden Attributionsstil. Besonders charakteristisch für diese Klienten ist die Hemmung von Bedürfnissen und der Äußerung bestimmter Gefühle (z.B. die Unterdrückung von Ärger oder die Wendung des Ärgers gegen die eigene Person).

Das Verhaltensmuster wird - so unsere Hypothese - durch Erfahrungen der "Unterdrückung" in wichtigen Lebensphasen begünstigt. In der Psychotherapie dieser Klienten kommt mithin dem komplementären Verhalten des Klinikers im Sinne der *"Bestätigung"* große Bedeutung zu (siehe Abbildung 7.8). Zu den wichtigsten Therapiezielen gehören: (1) die Förderung von Selbstbehauptung, Autonomie, Aktivität und Sozialkontakten, (2) die Korrektur irrationaler Überzeugungen (sensu Ellis), (3) die Verringerung von Angst-, Scham- und Schuldgefühlen, (4) die Förderung spontaner Gefühlsäußerungen sowie (5) Hilfestellungen bei der Suche nach neuen Sinninhalten.

Um Therapiewiderstände zu vermeiden, sollte der Kliniker alles unterlassen, was vom Klienten als "Unterdrückung" erlebt werden könnte, und er sollte damit rechnen, daß die Wahrnehmungs-

Tabelle 10.5: Relevante Merkmale und Therapieziele beim GH-Typ

System	***Merkmale***	***Therapieziele***
System kognitiver Strukturen		
Selbstmodell	Negatives Selbstkonzept (schwach, ängstlich, selbstunsicher usw.); Geringschätzung eigener Fähigkeiten	Förderung von Selbstvertrauen bzw. Selbstwirksamkeitsüberzeugungen
Umweltmodell	Bedrohliche, unterdrückende Umwelt	Revision des Umweltmodells; Bestätigung
Hauptbedrohungen	Unterdrückung durch andere (Kritik, Überforderung, Entmutigung usw.)	Abbau der Angst vor Unterdrückung durch Bestätigung
System kognitiver Operationen		
Interpersonale Strategien	Sich unterwerfen; Kontakt reduzieren; sich verschließen; sich anlehnen; Hilfe suchen; passiv sein	Förderung von Selbstbehauptung, Autonomie, Aktivität und Sozialkontakten
Intrapersonale Strategien	Selbstunterdrückung	Förderung der Selbstbestätigung
Sonstige Strategien	Rigides Verhalten (vor allem Ausweichen, Vermeiden); ungünstiger Attributionsstil (selbstanklagend)	Förderung von Flexibilität; Veränderung des Attributionsstils
System erworbener Sollwerte	• Dominanz von Vermeidungszielen • Irrationale Überzeugungen	• Förderung von Annäherungszielen • Korrektur irrationaler Überzeugungen
System angeborener Bedürfnisse	• Starkes Bedürfnis nach Orientierung und Sicherheit; starkes, jedoch unbefriedigtes Bedürfnis nach Bindung; Hemmung von Bedürfnissen (vor allem nach Exploration und Selbstaktualisierung)	• Klärung von Bedürfnissen; Suche nach Möglichkeiten der Bedürfnisbefriedigung; Förderung der Selbstaktualisierung; Finden neuer Sinninhalte
Emotionssysteme	• Hemmung bestimmter Gefühlsäußerungen (vor allem Ärger); Scham- und Schuldgefühle	• Förderung bestimmter Gefühlsäußerungen (z.B. Ärger); Verringerung von Angst-, Scham- und Schuldgefühlen
Steuerungszentrale	• Starke "Innenorientierung"	• Förderung einer stärkeren "Außenorientierung"

Tabelle 10.6: Relevante Merkmale und Therapieziele beim SG-Minus-Typ

System	***Merkmale***	***Therapieziele***
System kognitiver Strukturen		
Selbstmodell	Verzerrt bzw. inkongruent mit Erfahrung; sehr negatives oder instabiles Selbstkonzept	Korrektur und Festigung des Selbstmodells
Umweltmodell	In Teilen verzerrt; unberechenbare, ablehnende Umwelt	Korrektur des verzerrten Umweltmodells
Hauptbedrohungen	Geringschätzung durch andere; Instabilität und Unberechenbarkeit der Umwelt	Empathie
System kognitiver Operationen		
Interpersonale Strategien	Geringe soziale Kompetenzen; geringe Liebesfähigkeit; Geringschätzung anderer; Mißtrauen; geringe Expansivität	Förderung der sozialen Kompetenz, Liebesfähigkeit, Expansivität, Bereitschaft zu vergeben
Intrapersonale Strategien	Selbstabwertung	Förderung der Selbstachtung; Stärkung des Selbstwertgefühls
Sonstige Strategien	Extreme Abwehrmechanismen; kognitive Fehler; geringe Tenazität oder Flexibilität	Förderung von Tenazität, Flexibilität, rationalem Denken, Problemlösefähigkeit
System erworbener Sollwerte	• Dominanz von Vermeidungszielen; eventuelles Fehlen sinnstiftender Ziele; Diskrepanz Ichideal-Selbstbild • Instabile Werte; irrationale Überzeugungen	• Klärung von Zielen; Aufbau von Annäherungszielen; Abbau von Vermeidungszielen • Klärung von Werten; Förderung rationaler Überzeugungen
System angeborener Bedürfnisse	• Ineffiziente Formen der Bedürfnisbefriedigung; oft unbefriedigte Bedürfnisse	• Klärung von Bedürfnissen; Suche nach besseren Möglichkeiten der Bedürfnisbefriedigung
Emotionssysteme	• Häufige und intensive negative Emotionen (Angst, Ärger, Haß, Neid, Scham, Schuldgefühle, Ressentiments usw.)	• Verringerung negativer Emotionen (Angst, Ärger, Haß, Scham, Schuldgefühlen, Ressentiments usw.)
Steuerungszentrale	• Abkehr der Aufmerksamkeit von Aversivem; Leugnung; Verdrängung; Dissoziation	• Ermutigung zum Fokussieren der Aufmerksamkeit auf Aversives

schwelle des Klienten für "Unterdrückungen" sehr niedrig ist, so daß es zu entsprechenden "Übertragungen" während der Therapie kommen kann. Nach unserer Theorie sollte beispielsweise ein anfängliches Vorgehen im Sinne der (nichtlenkenden) Gesprächspsychotherapie - eventuell ergänzt um andere Methoden - gut geeignet sein (siehe unten).

Geringe seelische Gesundheit (SG-Minus-Typ)

Klienten dieses Typs (siehe Tabelle 10.7) besitzen eine nur geringe Fähigkeit zur Bewältigung externer und interner Anforderungen. Im Vergleich zum GH-Typ haben sie ein noch negativeres und häufig sehr instabiles Selbstkonzept mit ausgeprägter Tendenz zur Selbstabwertung, und sie erleben - begünstigt durch entsprechende Erfahrungen in wichtigen Entwicklungsphasen - die Umwelt als ablehnend, unberechenbar und bedrohlich. Ihr interpersonales Verhalten ist häufig durch geringe soziale Kompetenzen (z.B. im Hinblick auf Liebesfähigkeit, Selbstbehauptung oder Empathie) gekennzeichnet. Angesichts von Schwierigkeiten bei der Zielerreichung fehlt ihnen die erforderliche Tenazität und/oder Flexibilität. Nicht selten greifen sie auf extreme Abwehrmechanismen (wie Leugnung, Wunschdenken, paranoide Projektion) zurück, um sich vor intensiven negativen Emotionen zu schützen oder wenigstens eine teilweise Bedürfnisbefriedigung zu erzielen.

Bei Patienten vom SG-Minus-Typ ist es nach unserer Auffassung besonders wichtig, die Ausrichtung der Psychotherapie nicht auf die Störungen der Achse I zu beschränken, sondern nach Möglichkeit Aspekte der Persönlichkeit einzubeziehen. Stabile Veränderungen sind in der Regel nur in einem längeren Therapieprozeß zu erreichen. Dabei kommt es darauf an, eine hohe und beständige *Wertschätzung*, Echtheit, Empathie, Zieltransparenz, Widerspruchsermöglichung und Verbindlichkeit zu realisieren (vgl. Fiedler, 1994 b).

Die wichtigsten Therapieziele können sein: (1) Korrektur und Festigung des Selbstkonzeptes sowie Stärkung des Selbstwertgefühls, (2) Förderung der sozialen Kompetenz, (3) Klärung von Zielen, Werten und Bedürfnissen, (4) Suche nach geeigneteren Formen der Bedürfnisbefriedigung sowie (5) Verringerung negativer Emotionen (Angst, Ärger, Haß, Scham, Schuldgefühle, Ressentiments).

Angesichts der geringen seelischen Gesundheit dieser Klienten muß der Therapeut damit rechnen, daß der Behandlungsaufwand groß sein wird und daß es zu starken "Übertragungen" (z.B. paranoiden Projektionen auf den Therapeuten) verbunden mit heftigen Gefühlsäußerungen der Klienten kommen kann. Außerdem sollten

Tabelle 10.7: Relevante Merkmale und Therapieziele beim ZÜ-Typ

System	***Merkmale***	***Therapieziele***
System kognitiver Strukturen		
Selbstmodell	Unabhängig; stark; kritisch gegenüber Autoritäten; empfindlich gegenüber Kontrolle; überlegen	Akzeptanz eigener "Schwächen"; Bereitschaft zur Selbstkritik
Umweltmodell	Welt ist "schlecht"; andere sind nicht verläßlich, schwach oder unterlegen	Förderung eines positiveren Umweltmodells
Hauptbedrohungen	Vernachlässigung; übersehen werden; in Position der Unterlegenheit geraten; sich anpassen müssen	Förderung der Bereitschaft zur Anpassung; Abbau von Mißtrauen
System kognitiver Operationen		
Interpersonale Strategien	Kritisch gegenüber Autoritäten; einschüchtern; sich seinen Teil holen; aggressiv sein; lügen; Projektionen	Förderung von Empathie, Verläßlichkeit und Ehrlichkeit; Abbau von Aggressionen und Projektionen
Intrapersonale Strategien	Selbstvernachlässigung	Förderung von Selbstanleitung und Selbstkontrolle
Sonstige Strategien	Impulsives, unbeherrschtes Handeln bzw. Reagieren	Förderung von Selbstkontrolle und Arbeitsorientierung
System erworbener Sollwerte	• Wenige Fernziele; Verfolgen von Gegenwartszielen; egoistische, hedonistische Ziele • Negieren allgemeiner Normen und Werte; sich seine eigenen Gesetze geben	• Förderung einer stärkeren Orientierung an Fernzielen • Förderung der Akzeptanz allgemeiner Normen und Werte sowie einer Leistungsorientierung
System angeborener Bedürfnisse	• Starkes, unbefriedigtes Bedürfnis nach Achtung; starkes Explorationsbedürfnis; geringes Bedürfnis nach Orientierung und Sicherheit; geringer Bedürfnisaufschub	• Suche nach geeigneten Formen der Befriedigung des Bedürfnisses nach Achtung; Förderung des Bedürfnisses nach Bindung und des Befriedigungsaufschubs
Emotionssysteme	• Häufige negative Emotionen (vor allem Ärger, Wut, Haß, Neid, Ressentiment)	• Abbau von Ärger, Wut, Haß, Neid, Ressentiments; Förderung von Vergebung
Steuerungszentrale	• Starke Gegenwarts- und "Außenorientierung"	• Förderung der "Innenorientierung" und der Zukunftsorientierung

die Erwartungen des Therapeuten an die Effekte der Therapie nicht zu hoch geschraubt sein, um negative "Gegenübertragungen" zu vermeiden.

Zügellosigkeit (ZÜ-Typ)

Klienten dieses Typs (siehe Tabelle 10.7) - so lautet unsere Hypothese - litten in wichtigen Phasen ihrer Entwicklung unter Vernachlässigung (vgl. Abbildung 7.8). Infolgedessen erleben sie Situationen, in denen sie übersehen werden oder sich in einer Position der Unterlegenheit befinden (jeweils aus der Sicht des Klienten betrachtet), als äußerst bedrohlich. Um sich vor dem Gefühl der Unterlegenheit und Bedeutungslosigkeit zu schützen, entwickeln sie Gegenstrategien (z.B. andere angreifen, einschüchtern oder unterdrücken) sowie ein relativ positives, jedoch nicht sehr gefestigtes Selbstkonzept mit Zügen von Arroganz, Überlegenheit, Unabhängigkeit, Stärke und einer kritischen Einstellung gegenüber Autoritäten. Da sie wenig anleitende Unterstützung und Konsistenz der Erziehung erfuhren, verlief ihre Sozialisation nicht in normalen Bahnen. Sie neigen dazu, sich über allgemeine Normen und Werte hinwegzusetzen und sich ihre eigenen Gesetze zu geben oder die einer devianten Subkultur zu übernehmen. Oft handeln sie impulsiv und unbeherrscht und können dabei sich und andere Personen schädigen. Sie haben ein eher geringes Bedürfnis nach Orientierung und Sicherheit und statt dessen ein starkes Explorationsbedürfnis sowie ein starkes, jedoch meist unbefriedigtes Bedürfnis nach Achtung.

Nach unserer Theorie sollte die Psychotherapie bei diesem Kliententypus in Richtung *"fördernde Anleitung"* verlaufen, d.h. eine Kombination von Wertschätzung und fordernder Kontrolle umfassen (siehe auch Sanderson & Clarkin, 1994). Dabei ergibt sich allerdings die Schwierigkeit, daß die entsprechenden Klienten häufig eine geringe Therapiemotivation besitzen, wenn sie Therapeuten als Autoritätspersonen oder Repräsentanten der bestehenden Ordnung wahrnehmen, die sie lediglich beherrschen, manipulieren und in eine Position der Schwäche und Unterlegenheit drängen wollen (vgl. Miller, 1991). Auf diese "Übertragungen" bzw. Widerstandsäußerungen sollte der Therapeut vorbereitet sein und ihnen mit geeigneten Schritten begegnen. Dazu gehören das Prinzip der Widerspruchsermöglichung (Fiedler, 1994 b), die gemeinsame Suche von Therapeut und Klient nach angemesseneren Formen der Bedürfnisbefriedigung und des Umgangs mit Emotionen sowie die

Wahl eines der Therapiephase bzw. Situation entsprechenden Grades an Kontrolle.

Weitere wichtige Therapieziele können sein: (1) die Förderung von Selbstanleitung und Selbstkontrolle (vgl. Abbildung 8.1), (2) eine Korrektur der einseitigen, negativen Sicht der Umwelt, (3) der Abbau von Ärger, Wut, Haß, Neid und Ressentiments und die Förderung der Fähigkeit, vergeben zu können, ohne dies als Zeichen der Schwäche zu betrachten, sowie (4) die Förderung einer stärkeren Orientierung an Fernzielen.

Geringe Verhaltenskontrolle (VK-Minus-Typ)

Der VK-Minus-Typ (siehe Tabelle 10.8) ist der Gegentyp zum VK-Plus-Typ. Seine Konturen ähneln der von Riemann (1985) beschriebenen "hysterischen Persönlichkeit" sowie dem in Tabelle 10.1 aufgeführten "hysterischen Charakter". Hingegen ist die Übereinstimmung mit der "histrionischen Persönlichkeitsstörung" geringer. Klienten des VK-Minus-Typs haben wenig geordnete, ungefestigte Selbst- und Umweltmodelle. Riemann (1985) spricht vom Leben in einer "Gummiwelt". Die Klienten haben Angst vor allem Starren und Beständigen. Bei ihnen dominieren akkomodative Strategien, d.h. sie sind in hohem Maße aufgeschlossen für neue Erfahrungen und daraus resultierende *Veränderungen* ihrer Sicht von sich selbst, der Umwelt sowie ihrer Einstellungen und Werte. So kann es leicht geschehen, daß eigene Aussagen, Meinungen oder Zusagen von gestern am folgenden Tag keine Gültigkeit mehr besitzen. Der VK-Minus-Typ ist mit anderen Worten wenig zuverlässig und berechenbar und oftmals nicht ganz aufrichtig.

Aufgrund ihrer starken *"Außenorientierung"* besteht bei den Betreffenden die Gefahr, daß sie auf der Suche nach immer neuen Eindrücken sich selbst "verlieren". Während sich stark Verhaltenskontrollierte durch eine Zukunfts- und Vernunftsorientierung auszeichnen, lebt der VK-Minus-Typ primär im Hier-und-Jetzt und gibt sich oftmals unkontrolliert heftigen Gefühlsregungen hin, die auf Außenstehende unecht und theatralisch wirken können. Er tut dies nicht zuletzt deshalb in dieser übersteigerten Form, weil er sichergehen möchte, Aufmerksamkeit zu erzielen. Neigen stark Verhaltenskontrollierte zur Zögerlichkeit, Rigidität und Überangepaßtheit, so sind für ihren Gegenpart Spontaneität, Impulsivität, rasche Zielwechsel und eine geringe Beachtung von Normen, Konventionen und Pflichten charakteristisch. Weiterhin kann es leicht passieren, daß Klienten von VK-Minus-Typ ihre Wunschwelt mit der Realität vermischen.

Tabelle 10.7: Relevante Merkmale und Therapieziele beim ZÜ-Typ

System	***Merkmale***	***Therapieziele***
System kognitiver Strukturen		
Selbstmodell	Unabhängig; stark; kritisch gegenüber Autoritäten; empfindlich gegenüber Kontrolle; überlegen	Akzeptanz eigener "Schwächen"; Bereitschaft zur Selbstkritik
Umweltmodell	Welt ist "schlecht"; andere sind nicht verläßlich, schwach oder unterlegen	Förderung eines positiveren Umweltmodells
Hauptbedrohungen	Vernachlässigung; übersehen werden; in Position der Unterlegenheit geraten; sich anpassen müssen	Förderung der Bereitschaft zur Anpassung; Abbau von Mißtrauen
System kognitiver Operationen		
Interpersonale Strategien	Kritisch gegenüber Autoritäten; einschüchtern; sich seinen Teil holen; aggressiv sein; lügen; Projektionen	Förderung von Empathie, Verläßlichkeit und Ehrlichkeit; Abbau von Aggressionen und Projektionen
Intrapersonale Strategien	Selbstvernachlässigung	Förderung von Selbstanleitung und Selbstkontrolle
Sonstige Strategien	Impulsives, unbeherrschtes Handeln bzw. Reagieren	Förderung von Selbstkontrolle und Arbeitsorientierung
System erworbener Sollwerte	• Wenige Fernziele; Verfolgen von Gegenwartszielen; eogistische, hedonistische Ziele • Negieren allgemeiner Normen und Werte; sich seine eigenen Gesetze geben	• Förderung einer stärkeren Orientierung an Fernzielen • Förderung der Akzeptanz allgemeiner Normen und Werte sowie einer Leistungsorientierung
System angeborener Bedürfnisse	• Starkes, unbefriedigtes Bedürfnis nach Achtung; starkes Explorationsbedürfnis; geringes Bedürfnis nach Orientierung und Sicherheit; geringer Bedürfnisaufschub	• Suche nach geeigneten Formen der Befriedigung des Bedürfnisses nach Achtung; Förderung des Bedürfnisses nach Bindung und des Befriedigungsaufschubs
Emotionssysteme	• Häufige negative Emotionen (vor allem Ärger, Wut, Haß, Neid, Ressentiment)	• Abbau von Ärger, Wut, Haß, Neid, Ressentiments; Förderung von Vergebung
Steuerungszentrale	• Starke Gegenwarts- und "Außenorientierung"	• Förderung der "Innenorientierung" und der Zukunftsorientierung

Nach unserer in den Abbildungen 7.8 bis 7.10 wiedergegebenen Theorie resultiert dieses Verhaltensmuster unter anderem aus interpersonalen Erfahrungen in wichtigen Entwicklungsphasen, die durch widersprüchliche oder fehlende Orientierungen und Grenzziehungen gekennzeichnet sind. Klienten dieses Typs wurden in hohem Maße "Freiheiten" eingeräumt, die aber oftmals als mangelnde Kontrolle und Anleitung erlebt wurden und mit Elementen der Vernachlässigung verbunden waren. Aus diesem Grund entwickeln sie später den starken Wunsch, sich an anderen zu orientieren, sowie ein übersteigertes Bedürfnis nach Beachtung und Zuwendung, das exhibitionistische Züge haben kann.

Demgemäß sollten in die Therapie Elemente einer *"fordernden Kontrolle"* sowie "fördernde Anleitung" - verbunden mit einem anfänglich besonders hohen Maß an therapeutischer Aufmerksamkeit und Zuwendung - einfließen. Wie Fiedler (1994 b) am Beispiel der histrionischen Persönlichkeitsstörung ausführt, entspricht diese Sichtweise psychoanalytischen Hypothesen, wonach die Therapie bei diesem Patiententyp durch stützend-psychoedukative und konfrontative Elemente angereichert werden sollte. Ein eher nicht-direktives, reflektierendes Vorgehen dürfte hingegen weniger angemessen sein, da es dem (oftmals unbewußten) Bedürfnis des Klienten nach Orientierung zu wenig entgegenkommt (siehe unten).

Hauptziele der Therapie sind: (1) die Förderung von Selbstkontrolle und der Fähigkeit zum Befriedigungsaufschub, (2) die Klärung, Ordnung und Stabilisierung von Selbst- und Umweltmodellen, (3) die Schärfung des Realitätssinns, (4) die Förderung des vorausschauenden Handelns, längerfristigen Planens und des Ansteuerns von Fernzielen, (5) die Förderung der Einsicht in die Notwendigkeit und die Vorteile von Ordnungen, Regeln und Konventionen sowie deren Beachtung und (6) die Förderung von Aufrichtigkeit sich selbst und anderen gegenüber.

Faßt man diese Therapieziele zusammen, so ähneln sie dem von Kirschenbaum (1987) formulierten Konzept der *"zwanghaften Selbstregulation"*. Unter "Selbstregulation" versteht er Prozesse, mit deren Hilfe Personen ihr zielorientiertes Verhalten bei relativer Abwesenheit unmittelbarer externer Beschränkungen steuern. Beispiele für Störungen der Selbstregulation sind: Schwierigkeiten, sein Gewicht zu halten oder zu reduzieren, sich das Rauchen abzugewöhnen oder sein Studien- und Arbeitsverhalten zu verbessern.

Kirschenbaum analysierte die Literatur zu derartigen Störungen, um aus einem Verständnis fehlerhafter Selbstregulation wirksame Therapiemethoden ableiten zu können. Er ermittelte eine Reihe von Bedingungen für Störungen der Selbstregulation, wie z.B. depressionserzeugende Gedanken, Schwierigkeiten bei der Bewältigung emotionaler Belastungen, sozialer Druck, problematische (selektive) Aufmerksamkeit sowie vor allem *ungenügende Selbstbeobachtung* des kritischen Zielverhaltens ("self-monitoring").

Gestützt auf Untersuchungsergebnisse und eigene Erfahrungen schlägt Kirschenbaum (1987, S. 98, Übers. d. Verf.) vor, daß Therapeuten ihre Klienten mit Störungen der Selbstregulation zu einer "zwanghaften Selbstregulation" anleiten sollten: "Viele Klienten würden wahrscheinlich davon profitieren, zu lernen, ihr Zielverhalten kontinuierlich, systematisch und gelassen zu beobachten, ohne daß depressionserzeugende Kognitionen und ein problematischer Aufmerksamkeitsfokus sie davon ablenken. Dies könnte durch Anstrengungen noch gesteigert werden, die darauf hinauslaufen, die Bewältigungsfähigkeiten zu verbessern; diese umfassen Schritte zur Vermeidung oder andernfalls Überwindung anfänglicher Rückfälle, starker Emotionen und sozialen und physiologischen Drucks." Kirschenbaum verwendet mit Absicht die Bezeichnung "zwanghafte" Selbstregulation, obwohl sie klinisch vorbelastet ist, da seines Erachtens - und nach empirischen Studien - zwanghafte Verhaltenweisen weit verbreitet und in vielen Kontexten adaptiv sind (Pollak, 1979; Rachman & de Silva, 1978). Im Gegensatz zu unerwünschten pathologischen Symptomen einer Zwangsneurose (z.B. sich aufdrängende, angstauslösende Zwangsgedanken) fördern "zwanghafte" Verhaltenszüge (im Sinne einer erhöhten Verhaltenskontrolle) unter bestimmten Voraussetzungen (z.B. im Sport oder bei schwer erreichbaren Ausdauerzielen) das Leistungsniveau.

Stützende Befunde von Tscheulin (1983, 1992)

Tscheulin (1983), der sich für ein differentielles Vorgehen in der Gesprächspsychotherapie ausspricht, hält aufgrund informeller Therapieerfahrungen sowie einer empirischen Studie die Unterscheidung von zwei Typen von Klienten für erforderlich:

- handlungsbezogene und
- selbstreflexive Klienten.

"Stark *handlungsbezogene* Klienten sind solche hilfesuchenden Personen, die in großen Zeitintervallen im Zustand subjektiver Selbstaufmerksamkeit sind. Stark handlungsbezogene Klienten sind spontan wenig zu Selbstreflexion fähig. Sie gehen häufig ganz in Handlung auf. Sie sind häufig ganz handelndes Subjekt. In diesem Zustand können sie ´nicht die Aufmerksamkeit auf sich als ein Objekt in der Welt lenken´ und sie stehen deshalb stark in der Gefahr, Fehler zu machen, weil sie nicht zwischen erstrebtem und realisiertem Verhalten unterscheiden können. Mögliche Diskrepanzen zwischen gewünschtem und realem Verhalten werden nicht wahrgenommen. Als Therapeut sehe ich mich vor die schwierige Aufgabe gestellt, einem hilfesuchenden Menschen zu helfen, der nicht über sein Leiden sprechen, sondern es nur leben kann. ´Ich weiß nicht, weshalb ich hier bin!´ - ´Ich weiß nicht, ich tue doch alles, und es geht doch alles schief!´ Das sind typische Worte solcher Klienten.

Stark *selbstreflexive* Klienten sind dagegen solche hilfesuchenden Personen, die häufig in den Zustand objektiven Selbstgewahrseins geraten. Und sie werden gerade dadurch ´auf Diskrepanzen aufmerksam, die sonst im Zustand des subjektiven Selbstgewahrseins unbemerkt bleiben´. In der Folge davon sind diese Klienten ängstlich, voller negativer Affekte und geringer Selbstachtung. Spontanes Handeln ist bei ihnen selten. Allerdings erleben sie deutlich ihre Leiden, sie stehen unter sogenanntem ´Leidensdruck´, und dies erleichtert den therapeutischen Prozeß." (Tscheulin, 1983, S. 55).

Das therapeutische Verhalten sollte sich bei diesen beiden Kliententypen wie folgt unterscheiden, um erfolgreich zu sein: "Differentielle Gesprächspsychotherapie heißt am Beispiel der Selbstaufmerksamkeit oder des Selbstgewahrseins: Handlungsbezogene Klienten gewinnen mehr bei einem Therapeuten, der sie konstruktiv zu konfrontieren vermag, der z.B. in der Lage ist, seine Sicht- und Erlebnisweise dem Klienten zur Verfügung zu stellen. Selbstreflexive Klienten gewinnen eher bei einem Therapeuten, der nicht konfrontativ vorgeht, der gerade in der Lage ist, seine eigene Sicht- und Erlebnisweise wegzulassen. Ich meine, beide Ergebnisse sind in folgender These über eine zentrale Gesetzmäßigkeit von Psychotherapie zusammenzufassen: *Damit in der Psychotherapie eine konstruktive Persönlichkeitsveränderung stattfinden kann, bedarf es eines reziprok-komplementären Beziehungsverhältnisses zur Kontaktperson.*" (Tscheulin, 1983, S. 62).

Die durch eine empirische Studie gestützte These von Tscheulin läßt sich mit unserem oben ausgeführten Modell in Einklang bringen (siehe Kapitel 7 und Kapitel 8), wenn man folgende Annahmen macht:

- Selbstreflexive Klienten mit ihrer ausgeprägten "Innenorientierung" lassen sich primär dem Oktanten "Gehemmtheit" in Abbildung 7.7 (bzw. dem GH-Typ) und dem selbstbezogenen Verhaltensmuster der "Selbstunterdrückung" (siehe Abbildung 8.1) sowie eventuell dem VK-Plus-Typ zuordnen. Für sie ist ein komplementäres therapeutisches Verhalten vom Typ der "Bestätigung" bzw. eventuell des "Freiheit-Gewährens" zu empfehlen.

• Handlungsbezogene Klienten lassen sich primär dem Oktanten "Zügellosigkeit" in Abbildung 7.7 (bzw. dem ZÜ-Typ) (vgl. u.a. ihre erhöhte Extraversion und erhöhten Psychopathie-Scores im MMPI) und dem selbstbezogenen Verhaltensmuster der "Selbstvernachlässigung" (siehe Abbildung 8.1) sowie eventuell dem VK-Minus-Typ zuordnen. Für sie ist ein komplementäres therapeutisches Verhalten vom Typ der "fördernden Anleitung" sowie eventuell der "fordernden Kontrolle" zu empfehlen. Diese Empfehlung deckt sich auch mit den therapeutischen Erfahrungen von Sanderson und Clarkin (1994).

Wir sehen in den von Tscheulin (1983, 1992) berichteten Ergebnissen und deren Interpretation eine wichtige Stütze unseres theoretischen Modells.

5.3 Diagnostisch-therapeutisches Vorgehen unter Bezugnahme auf das Systemmodell der Persönlichkeit

Betrachtet man, wie von uns in den Kapiteln 3 bis 5 vorgeschlagen, den Menschen als ein komplexes System, so ist es für einen Therapeuten aufschlußreich, einen Einblick in die spezifischen Charakteristika der verschiedenen Subsysteme eines Klienten zu gewinnen. Jedes der neun Subsysteme (vgl. Abbildung 4.7) ist an der Realisierung von Verhalten beteiligt, und jedes verdient prinzipiell die Beachtung des Therapeuten.

5.3.1 "System kognitiver Strukturen": Selbstmodell und Umweltmodell

Da wir - wie in Abbildung 4.9 erläutert - die *Realitätstheorie* eines Menschen als übergeordneten Sollwert seines Handelns betrachten, liefert sie einen der besten Schlüssel zum Verständnis eines Menschen. In dieser Hinsicht stimmen wir weitgehend mit Andrews (1991) überein, der sich allerdings auf das Selbstmodell beschränkt, also dem Umweltmodell wenig Aufmerksamkeit schenkt. Wir hatten oben ausgeführt, daß Menschen ein starkes Bedürfnis nach Orientierung und Sicherheit besitzen und aus diesem Grund dazu neigen, ihre Realitätstheorie zu stabilisieren und zu verteidigen (siehe Abbildung 10.5), selbst wenn sie - von außen betrachtet - in Teilaspekten dysfunktional ist.

Selbstmodell

Andrews (1991) versucht möglichst früh während der Therapie, das *"Identitätsthema"* eines Klienten zu erfassen. Darunter versteht er eine übergeordnete Orientierung oder eine Metapher, die dem Leben einer Person Richtung und Ziel geben. Dieser Begriff erinnert an Adlers Konzept des "Lebensstils" oder an Frankls Konzept des "Lebenssinns". Als Beispiel für ein solches "Identitätsthema" beschreibt Andrews einen seiner Fälle namens Mel. Mel fällt es schwer, Freundschaften zu schließen, und er bekommt häufig Kritik zu hören, weil er seine Sätze angeblich nicht zu Ende bringt. Nach Andrews hat Mel etwa folgendes Identitätsthema: *Er möchte um keinen Preis für oberflächlich und unintelligent gehalten werden.* Aus diesem Grund bemüht er sich um komplexe Satzkonstruktionen, mit denen er zugleich die Geduld und das Interesse seines Gegenübers testet.

Gelingt es einem Therapeuten, ein derartiges Identitätsthema (oder mehrere derartige Themen) herauszufinden, so lassen sich viele zunächst unverbunden nebeneinander stehende Verhaltensweisen stimmig einordnen. Unter anderem folgende Fragen können Aufschluß über das *Selbstmodell* eines Klienten liefern:

- Welche Aspekte des Selbst befinden sich an der Spitze der Selbstkonzepthierarchie? An welchen Aspekten möchte der Klient unbedingt festhalten? Welche Revisionen würden ihn besonders stark in Frage stellen?
- Wie realistisch sieht sich der Klient? Inwieweit entspricht sein Selbstkonzept der Art, wie er von anderen (z.B. vom Therapeuten) wahrgenommen wird?
- Wie negativ oder positiv ist das Selbst gefärbt?
- Welche Eigenschaften oder Verhaltensweisen des Klienten liegen "im Schatten", d.h. können nicht als Teil des Selbst akzeptiert und integriert werden (vgl. das Konzept des Nicht-Ich bei Sullivan)?
- Berichtet der Klient von einer Art Gespaltenheit des Selbst (vgl. Andrews, 1991; Greenberg, 1979)?

Im folgenden beschreiben wir in exemplarischer Form therapeutische Maßnahmen, die auf diese Fragen zugeschnitten sind und auf eine verbesserte *Einsicht* in das Selbst und auf *Veränderungen* des Selbst abzielen. Nicht wenige Psychotherapeuten halten eine Verbesserung der Selbstachtung für einen der grundlegenden Prozesse einer erfolgreichen Behandlung (Epstein, 1987).

- Wichtige Maßnahmen gehen auf die von Rogers begründete Gesprächspsychotherapie zurück, in deren Mittelpunkt das Selbst steht. Durch die Realisierung der drei Basisvariablen "Wertschätzung", "Empathie" und "Echtheit" schafft der Therapeut günstige Voraussetzungen für eine vertiefte Selbstexploration und Selbsterkenntnis sowie eine verbesserte Selbstachtung (Selbstakzeptanz) des Klienten. "Unter bestimmten Bedingungen, zu denen in erster Linie ein völliges Fehlen jedweder Bedrohung für die Selbst-Struktur gehört, können Erfahrungen, die nicht mit ihr übereinstimmen, wahrgenommen und überprüft und die Struktur des Selbst revidiert werden, um derartige Erfahrungen zu assimilieren und einzuschließen." (Rogers, 1973, S. 445).

Andrews (1991) wirft die für eine differentielle Psychotherapie zentrale Frage auf, ob die drei "Rogers-Variablen" unter allen Umständen und bei allen Klienten gleichermaßen geeignet sind. Er zweifelt dies mit folgender Begründung an: Von bestimmten Klienten (z.B. feindselig-dominanten Klienten oder solchen mit einem "gespaltenen Selbst") kann dieses Verhaltensmuster des Therapeuten als bedrohlich oder einengend erlebt werden, da es ein ähnliches Muster des Klienten (Wertschätzung, Empathie und Echtheit gegenüber dem Therapeuten) begünstigt und damit als subtile Form der Nichtakzeptierung von Wut und Selbstbehauptung wahrgenommen wird. Außerdem kann es dem um Echtheit bemühten Therapeuten schwerfallen, gegenüber einem feindseligen oder zynischen Klienten Wertschätzung und Wärme zu empfinden. Unter diesen Umständen kann es günstiger sein, eine neutrale Haltung (jedoch keine ablehnende oder verurteilende Haltung!) einzunehmen und z.B. metazukommunizieren oder die zugrundeliegenden Bedürfnisse, Emotionen oder frustrierenden Erlebnisse des Klienten zur Sprache zu bringen. Sanderson und Clarkin (1994) vertreten die Hypothese, daß zuviel Wertschätzung und Wärme stark introvertierten Klienten bedrohlich erscheinen kann, da sie dieses interpersonale Verhalten als zu große Nähe und als "Aufdringlichkeit" (mit der Gefahr der Vereinnahmung) erleben.

• Für Klienten, die unter einem "gespaltenenen Selbst" leiden, wird von verschiedenen Therapeuten die gestalttherapeutische Technik der *"Zwei-Stühle"* empfohlen (Andrews, 1991; Bastine, 1992 b; Greenberg, 1979; Greenberg & Webster, 1982; Perls, 1980). Häufig erleben Klienten einen Konflikt zwischen "zwei Seelen in ihrer Brust"; die eine plädiert z.B. für eine Trennung vom Ehepartner, die andere argumentiert dagegen; oder ein Teil des Selbst kämpft für ein äußerst kontrolliertes, diszipliniertes Verhalten, ein anderer Teil für ein spielerisches "Die-Zeit-Vertun". Die "Zwei-Stühle-Technik" besteht darin, daß beide Anteile des Selbst zunächst *getrennt* (auf unterschiedlichen Stühlen) ihre Sache vertreten und ein Kontakt zwischen ihnen hergestellt wird. Der Therapeut ermutigt dazu, für die verschiedenen Aspekte des Konfliktes die Verantwortung zu übernehmen und die Aufmerksamkeit auf die unterschiedlichen Aspekte der Erfahrung zu richten. Nach einer Intensivierung der emotionalen Reaktionen und einem Ausdrücken des Konfliktes durch Handeln kommt es schließlich zu einer Annäherung und "Aussöhnung" der beiden Selbstanteile (bzw. zur Überwindung eines dichotomen Denkens) und damit zu einer Integration des Selbst.

• Eine Reihe von Klienten leidet unter dem, was Bandura (1977 a) eine geringe *"Selbstwirksamkeitsüberzeugung"* genannt hat. Damit ist gemeint, daß die Betreffenden an ihrer Fähigkeit zweifeln, eine bestimmte Situation erfolgreich zu meistern bzw. bestimmte angestrebte Effekte zu erzielen. Wenn es sich um eine stark generalisierte Tendenz handelt, kann man auch von einem *geringen Selbstvertrauen* des Klienten sprechen. Nach Bandura resultieren Selbstwirksamkeitsüberzeugungen u.a. aus eigenen früheren Bewältigungserfahrungen, stellvertretender Erfahrung (z.B. nach Beobachtungen anderer Personen), suggestiven Beeinflussungen durch andere sowie aus entsprechenden Kausalattributionen eigener emotionaler Erregung. Insbesondere im Rahmen der sozialen Lerntheorie und kognitiven Verhaltenstherapie sowie von problemlösetheoretisch und handlungstheoretisch orientierten Klinikern wurden Methoden zur Überwindung geringer Selbstwirksamkeitsüberzeugungen entwickelt (Bandura, Adams, Hardy & Howells, 1980; Bartling et al., 1980; D´Zurilla & Goldfried, 1971; Kämmerer, 1983; Meichenbaum, 1979; Meichenbaum & Cameron, 1974; Semmer & Pfäfflin, 1978). Diese Methoden umfassen u.a. die Beeinflussung negativer (selbstabwertender) Selbstkommunikationen des Klienten, Lernen am Modell und das Training allgemeiner Problemlösefähigkeiten oder spezifischer Handlungskompetenzen, wie z.B. der Fähigkeit zur Selbstbehauptung. In diesem Zusammenhang ist auch auf soziale Kompetenztrainings zu verweisen (z.B. Ullrich & Ullrich de Muynck, 1978, 1980). "Der Aufbau von Erwartungen, *selbst etwas zu bewirken,* steigert die Wahrscheinlichkeit für Verhalten, das etwas bewirkt. Durch das Setzen erreichbarer Ziele, durch das Entwickeln realistischer Strategien zu ihrer Erreichung und durch die realistische Auswertung der Rückmeldung erwerben Menschen das Gefühl, ihr Schicksal zu meistern (Bandura, Adams, Hardy & Howells, 1980)" (Zimbardo, 1992, S. 554).

• Von Kelly (1955), dem Begründer einer "Psychologie der persönlichen Konstrukte", wurde die *"Therapie der fixierten Rolle"* (fixed role therapy) konzipiert. Sie kann dazu genutzt werden, ein fixiertes, scheinbar unumstößlich richtiges Selbstbild in Frage zu stellen und mit einem neuen Selbst zu experimentieren (siehe Hjelle & Ziegler, 1976; Laux & Weber, 1993; Liebhart, 1978). Im Kern wird der Klient bei dieser Methode dazu ermutigt und angeleitet, sich selbst - zunächst in spielerischer Form - anders zu "konstruieren", als er es bisher gewohnt war (nämlich stärker im Einklang damit, wie er gerne sein möchte). Die Therapie beginnt damit, daß der Klient eine kurze Skizze seines Charakters anfertigt, die Aufschluß über sein Selbstbild liefert. Nach gründlicher Analyse der Selbstbeschreibung entwirft der Klient in Abstimmung mit dem Therapeuten für sich eine neue Rolle (einen "Rollensketch") und handelt, denkt und fühlt dann probeweise für einige Wochen so, als ob er die konstruierte Person tatsächlich wäre. Die dabei gewonnenen Erfahrungen werden mit dem Therapeuten gemeinsam ausgewertet, sie können den Anlaß für eine partielle Revision des Selbstbildes (und des damit verbundenen Verhaltens und Erlebens) bieten.

Unlängst haben Laux und Weber (1993) der Selbstdarstellung von Personen im Zusammenhang mit der Bewältigung von Emotionen eine auch für die klinische Psychologie und die Persönlichkeitspsychologie anregende Monographie gewidmet. In ihrem Mittelpunkt stehen Fragen der strategischen Selbstdarstellung sowie der Fähigkeit zur Selbstdarstellung (self-monitoring bzw. Selbstüberwachung; Snyder, 1987). "Eine zentrale Grundaussage von Selbstdarstellungstheorien betrifft das ´self-defining feedback´ : Die Adressaten reagieren auf die Selbstbilder, die der Darsteller vermittelt, was bei ihm wiederum momentane oder andauernde Veränderungen dieser Selbstbilder bewirken könnte. Formal gesehen handelt es sich dabei um ein Beispiel für eine transaktionale oder dynamisch-interaktive Persönlichkeitsauffassung: Es wird eine wechselseitige Beeinflussung von Selbstdarsteller und externem Adressaten konstatiert. ... Eigenschaften können als *chronifizierte Transaktionsprozesse* begriffen werden." (Laux & Weber, 1993, S. 144).

Zu den klinisch bedeutsamen Strategien der Selbstdarstellung gehören die Selbstbehinderung und die Selbstextension. *Selbstbehinderung* läßt sich als "Kunstgriff" verstehen, mit dem eine Person zentrale Aspekte ihres Selbst (z.B. ihre Kompetenz- und Intelligenzeinschätzungen) zu schützen versucht, indem sie anderen gegenüber eine vergleichsweise geringe "Behinderung" (z.B. Angst) eingesteht und damit von zentraleren Schwächen (z.B. mangelnder Kompetenz) abzulenken versucht. Bei der *Selbstextension* handelt es sich um die entgegengesetzte Strategie, bei der z.B. eine sozial ängstliche Person nach außen hin den Eindruck von Kompetenz und Selbstsicherheit zu vermitteln trachtet.

Die genannten Konzepte erweitern das theoretische Verständnis klinisch relevanter Phänomene (z.B. von Strategien der Ärger- oder Angstbewältigung) und bieten neue therapeutische Ansatzpunkte (z.B. "self-modeling"; siehe Laux & Weber, 1993).

• Von Paar- und Familientherapeuten wird auf das Phänomen einer mangelnden Abgrenzung einer Person A von dem Partner oder anderen Familienmitgliedern hingewiesen. Person A ist in bestimmten (z.B. symbiotischen oder feindseligen) *Verstrickungen* gefangen. Aus diesem Grund hat sie Schwierigkeiten, ihr eigenes Selbst zu entdecken und weiterzuentwickeln. Zur Überwindung dieser Schwierigkeiten wurden spezifische Methoden (wie z.B. Streitverschreibungen, Exposition gegenseitiger Aggression, Ablösungsrituale bzgl. der Primärfamilie oder Trennungs-Phantasie) vorgeschlagen (Revenstorf, 1992).

Umweltmodell

Neben dem Selbstmodell ist das Umweltmodell eines Menschen ein konstituierendes Element seiner "Realitätstheorie" (siehe Kapitel 5). Mit Epstein (1979, 1987, 1991) kann man von einer hierarchischen Struktur des Umweltmodells ausgehen. Die an der Spitze dieser Hierarchie befindlichen Annahmen oder Schemata sind besonders veränderungsresistent. Für den Kliniker ist es wichtig, sie zu kennen und auf ihre Realitätsnähe bzw. Funktionalität zu überprüfen.

Große Bedeutung kommt sicherlich dem Bild zu, das der Klient über seine Mitmenschen (speziell über wichtige Bezugspersonen der Gegenwart und aus der individuellen Vergangenheit) entwickelt hat. Zu diesen wichtigen Bezugspersonen gehört im allgemeinen auch der Therapeut. Wie von tiefenpsychologischer Seite betont, ist mit *"Übertragungen"* auf den Therapeuten zu rechnen (siehe Beckmann, 1978). Damit ist gemeint, daß der Klient unbewußt Einstellungen, Gefühle und Verhaltensweisen auf den Therapeuten überträgt, die er früher gegenüber wichtigen Bezugspersonen (z.B. Eltern oder Geschwistern) zeigte (und eventuell noch immer zeigt). Psychoanalytiker sprechen sogar von einer "Übertragungsneurose", und sie gehen davon aus, daß die Bearbeitung dieser Neurose entscheidend zum Therapieerfolg beiträgt (Greenson, 1975; Krause, 1982; Wolpert, 1980). In jedem Fall ist es für einen Therapeuten wichtig, sich Gedanken darüber zu machen, wie er vom Klienten wahrgenommen (bzw. "konstruiert") wird, und dabei zu Tage tretende Verzerrungen - sofern sie gravierender Natur sind - zum Gegenstand der Therapie zu machen (Little, 1981).

Möglicherweise hat der Klient sogar ein stark verallgemeinertes und einseitiges Bild von seinen Mitmenschen gewonnen, das ihm als Leitschnur dient, ohne daß er sich dessen bewußt ist. So halten manche Klienten andere Personen grundsätzlich für nicht vertrauenswürdig, überlegen oder bedrohlich. Solche Fremdbilder sind eng mit dem eigenen Selbstbild verknüpft: Wer sich für minderwertig und unterlegen hält, tendiert dazu, anderen Überlegenheit zuzuschreiben. Wer sich in narzißtischer Weise selbst überschätzt, betrachtet andere Menschen als unbedeutend und "gewöhnlich".

5.3.2 Systeme angeborener und erworbener Emotionen

Unter Klinikern unterschiedlicher theoretischer Ausrichtung besteht weitgehende Übereinstimmung darüber, daß Emotionen im Zusammenhang mit der Entstehung und der Behandlung psychischer Störungen eine eminente Bedeutung zukommt. (Dies gilt auch - oder gerade - für kognitive Ansatze.) Umstritten sind hingegen die theoretische Erklärung und die Funktionen von Emotionen, die Methoden zur Beeinflussung von Emotionen sowie die Frage, ob bzw. unter welchen Umständen es wünschenswert ist, Emotionen zu kontrollieren oder sie zu verstärken. "Demzufolge ist es der Literatur über Psychotherapie nicht gelungen, eine integrative, umfassende Perspektive über Emotionen zu entwickeln, die in der Lage ist, das gesamte Spektrum emotionaler Phänomene, die für die Therapie relevant sind, zu erhellen." (Greenberg & Safran, 1989, S. 19; Übers. d. Verf.; siehe auch Kruse, 1986). Greenberg und Safran (1987, 1989) begründen diese Aussage durch eine Gegenüberstellung der Auffassungen, die im Rahmen der Psychoanalyse, der Verhaltenstherapie, der kognitiven Verhaltenstherapie, der Gesprächspsychotherapie und der Gestalttherapie entwickelt wurden (siehe Originalarbeiten).

Um diesen Mangel zu überwinden, legen Greenberg und Safran (1987, 1989) eine Theorie emotionaler Prozesse vor, die mit unseren im Kapitel 4 formulierten Annahmen kompatibel ist, so daß wir uns ihrer Argumentation zunächst anschließen. (Allerdings fehlt bei Greenberg und Safran eine systemtheoretische Einbindung.)

Emotionen haben im allgemeinen eine adaptive Funktion. Sie sind eher *Verbündete* in einem (therapeutischen) Veränderungsprozeß als negative oder unerwünschte Merkmale des Klienten, die es möglichst schnell zu löschen gilt. Emotionsorientierte Interventionen fallen in mehrere Klassen und umfassen verschiedene Verfahren zur Erreichung unterschiedlicher Ziele. Die Autoren vertreten fünf diesbezügliche Thesen:

• *Bewußtmachen von Emotionen.* Es ist ein wohlbekanntes therapeutisches Prinzip, die Aufmerksamkeit des Klienten auf emotionsgeladene Themen zu richten, die bisher zu wenig von ihm beachtet wurden ("mit seinen Gefühlen in Kontakt kommen"). Als Begründung für derartige Maßnahmen wird darauf verwiesen, daß Emotionen eine *Signalfunktion* (vgl. auch Freuds Signaltheorie der Angst) haben: Sie stehen (um unsere Terminologie zu verwenden) mit wichtigen angeborenen Bedürfnissen und erworbenen Sollwerten in Verbindung. "Organismen, die ihre eigene affektive Rückmeldung ignorieren, sind schlecht dazu in der Lage, sich adaptiv zu verhalten. ... Ohne das Eingeständnis von Emotionen und Wünschen fühlen sich Menschen leer, verwirrt und oft fragmentiert, und es fehlt ihnen der Impetus, ... der zum Handeln motiviert." (Greenberg & Safran, 1989, S. 24; Übers. d. Verf.)

Bewußtmachen von Emotionen kann bei verschiedenen Klienten Unterschiedliches bedeuten:

- sich eingestehen, daß man in diesem Augenblick nicht nur rational reagiert, sondern Gefühle spürt,
- sich eingestehen, daß man von *starken* Gefühlen aufgewühlt ist,
- der *Art* des Gefühls nachspüren (ob es sich z.B. um Ärger, Neid oder Eifersucht handelt). Nicht selten erlebt ein Klient zunächst nur ein diffuses Gefühl des Unbehagens, über dessen genaueren Charakter er sich nicht im klaren ist, oder er täuscht sich anfänglich über den Charakter des zugrundeliegenden Gefühls (vgl. Montada, 1989).

Das angemessene therapeutische Vorgehen zielt primär auf die Veränderung der Aufmerksamkeit des Klienten ab. Der Therapeut fragt zum Beispiel: "Was fühlen Sie in diesem Augenblick?". Er achtet u.a. auf den nonverbalen Ausdruck des Klienten, um diese Beobachtung dem Klienten rückzumelden und damit den Anstoß für eine Fokussierung von Emotionen zu geben.

• *Hervorrufen von Emotionen.* Hier geht es um die Intensivierung von Emotionen durch expressive Methoden, z.B. die Verwendung von Fantasie, Malen, Musik und anderen nonverbalen Verfahren, aber auch von verbalen Mitteln, wie z.B. die Wiederholung und Übertreibung bestimmter Schlüsselaussagen des Klienten. So kann Ärger in der Therapie geweckt werden, um Selbstbehauptung zu fördern.

• *Emotionales Restrukturieren.* Die Therapiesituation wird als Übungsfeld verwendet mit dem Ziel, kognitiv-affektiv-behaviorale Schemata zu aktivieren, um sie danach zu verändern. Dies kann u.a.

durch Fokussieren ("Focusing"; Gendlin, 1981), Fantasietätigkeit oder "Zwei-Stühle-Übungen" angeregt werden. Wichtig ist dabei, daß der Therapeut den Klienten dazu bringt, bestimmte Intentionen auszusprechen, die aus dem Erkennen seiner Bedürfnisse resultieren. Es kann sich eine Phase anschließen, in der der Realitätsgehalt des Wahrgenommenen bzw. Intendierten thematisiert wird.

Mit Blick auf unsere Theorie bedeutet diese These, daß sich aus Emotionen Rückschlüsse auf Istwert-Sollwert-Diskrepanzen ziehen lassen und zwar bezüglich: (a) des "Systems angeborener Bedürfnisse" und des "perzeptorischen Systems" sowie (b) des "Systems erworbener Sollwerte" und des "Systems kognitiver Strukturen".

• *Ansprechen zustandsabhängiger Kernüberzeugungen.* Das Wecken von Emotionen erleichtert das Bewußtmachen wichtiger, vorher unzugänglicher Überzeugungen, die anschließend überprüft und gegebenenfalls revidiert werden können. Dazu ist es erforderlich, die Person in jenen emotionalen Zustand zu versetzen, der mit den Kernüberzeugungen verknüpft ist.

• *Verändern dysfunktionaler Emotionen.* Zwar sind Emotionen in der Regel adaptiv, doch gibt es Ausnahmen. Dazu gehören z.B. Ängste vor harmlosen Reizen (z.B. eine Spinnenphobie) oder das Auftreten von Ärger als Reaktion auf erfahrene Zuneigung. In solchen Fällen können beispielsweise eine In-Vivo-Exposition, ein kognitives Umstrukturieren oder das Üben neuen Verhaltens praktiziert werden.

Generell plädieren Greenberg und Safran (1989) für einen differentiellen Umgang mit Emotionen, sowohl was ihre Diagnostik als auch ihre Therapie betrifft. Um Unklarheiten und Kontroversen über die Rolle der Emotionen im Rahmen der Therapie zu vermeiden, unterscheiden sie *vier Arten von Emotionen:*

• *Primäre Emotionen* sind "authentische" Gefühle im Sinne von adaptiven Reaktionen auf spezifische Situationen (siehe auch Bottenberg, 1991; Hart, Binder & Corriere, 1983). Ärger, Traurigkeit und Furcht sind drei primäre Emotionen, die von Therapeuten oft gefördert werden, um adaptives Handeln zu erleichtern. Zu Beginn der Therapie erleben Klienten diese Emotionen häufig nicht mit voller Bewußtheit; sie werden abgewehrt und eventuell durch sekundäre Emotionen überlagert. Ein Beispiel dafür wäre eine Person, die sich ihrer Tränen schämt und sie aus diesem Grund unterdrückt.

• *Sekundäre Emotionen* treten als abwehrende Reaktionen auf primäre Emotionen oder Kognitionen auf: Eine Person weint zum

Beispiel, wenn sie in Wirklichkeit frustriert oder verärgert ist; oder jemand drückt Ärger aus, wenn er sich ängstlich fühlt. Derartige Emotionen sind erlernte dysfunktionale Reaktionen. Oftmals klagen Klienten über diese "lästigen Gefühle", von denen sie sich befreien möchten. Da sekundäre Emotionen den Therapieprozeß erschweren, versuchen viele kognitive und Verhaltenstherapeuten, sie zu beseitigen oder zu umgehen. Sekundäre Emotionen so zu behandeln wie primäre, d.h. den Klienten "in Kontakt mit diesen Gefühlen zu bringen" und bei der Betrachtung (und eventuellen Intensivierung) dieser Emotionen stehenzubleiben, wäre ein therapeutischer Kunstfehler, da die dahinter verborgenen primären Gefühle übersehen würden.

Die Unterscheidung zwischen primären und sekundären Emotionen ist wichtig; sie zu treffen, setzt therapeutische Erfahrung voraus. Nach Greenberg und Safran (1987) lassen sich sekundäre Emotionen manchmal anhand ihres vorübergehenden Charakters identifizieren; durch eine Abkehr der Aufmerksamkeit können Klienten und Therapeuten sekundäre Emotionen unter Umständen abschwächen oder beseitigen. Dies gilt allerdings nicht generell, und häufig bieten "lästige Gefühle" gerade den Anlaß zur Therapie. "Sobald sie als sekundäre ´lästige Gefühle´ erkannt wurden, hilft der Therapeut dem Klienten dabei, nach den zugrundeliegenden kognitiv-affektiven Strukturen zu suchen - den damit verknüpften Überzeugungen und negativen Sichtweisen, die diese Gefühle hervorrufen. ´Lästige Gefühle´ sind reaktive Emotionen, die offenbar immer eine negative Selbstbewertung umfassen. Sie können entweder eine Reaktion auf eine inakzeptable primäre Emotion - wie Ärger oder Verletzlichkeit - darstellen, oder eine Reaktion auf eine negative Bewertung des Selbst oder einfach auf die Art, wie man ist, das heißt z.B. bei einer Aufgabe versagt zu haben oder vergeblich versucht zu haben, die Liebe von jemandem zu gewinnen." (Greenberg & Safran, 1987, S. 178; Übers. d. Verf.)

- *Instrumentelle Emotionen* sind gelernte emotionale Verhaltensmuster, die dazu verwendet werden, andere zu beeinflussen (z.B. Weinen, um Zuwendung zu erhalten; wütendes Losbrüllen, um jemanden einzuschüchtern und gefügig zu machen). In der Therapie sollten sie konfrontiert oder interpretiert werden, um ihren Nutzen in Frage zu stellen oder ihre Bedeutung aufzudecken. Der Klient sollte die Chance erhalten, sie durch andere, weniger problematische interpersonale Verhaltensweisen zu ersetzen.
- *Fehlangepaßte (dysfunktionale) Emotionen* haben wir oben bereits angesprochen. Oftmals sind sie das Resultat ungünstiger Lernbedingungen und können durch neue Lernerfahrungen, wie sie vor

allem von seiten der Verhaltenstherapie vermittelt werden, überwunden und durch angemessene Emotionen ersetzt werden.

Kontrolle und Modifikation von Gefühlen

Während Greenberg und Safran (1987) sowie die Mehrzahl der Therapeuten das Bewußtmachen, Hervorrufen und eventuelle Intensivieren von Emotionen bei vielen Klienten für wichtige Behandlungsziele halten, thematisiert Montada (1989) in einem primär pädagogischen, jedoch auch klinisch orientierten Beitrag die *Kontrolle* von Gefühlen. Montada bekennt sich zu einer kognitionspsychologischen Betrachtungsweise von Emotionen, und er vertritt einige Thesen, die er selbst als provokativ übergeneralisiert bezeichnet. Eine dieser Thesen besagt: "Wir entscheiden uns für unsere Gefühle." (Montada, 1989, S. 296). Sie ist als teilweise Gegenposition zu der "Widerfahrnisthese" konzipiert. Nach Montada sind Menschen ihren Gefühlen nicht ausgeliefert, vielmehr können sie durch die Art ihrer Kognitionen (z.B. ihrer Interpretationen einer Situation oder der Ursachen ihrer Gefühle) Einfluß auf ihre Gefühle erlangen. Exemplarisch sei auf Attributionsvoreingenommenheiten verwiesen: "Nun treffen wir gerade bei Gefühlssubjekten auf eine ausgeprägte Voreingenommenheit, die eigenen Gefühle auf Anlässe zurückzuführen und als Widerfahrnisse zu interpretieren. Wäre es nicht in vielen Fällen wünschenwert, das Gefühlssubjekt in eine Beobachterposition zu bringen, aus der heraus die ´eigenen Beiträge´ zu den gefühlsrelevanten Kognitionen aufgeklärt werden können? Wenn dies als regelmäßiger Bestandteil einer Gefühlsbildung vermittelt würde, sollte es bei Gelegenheit heftiger Gefühle leichter sein, diese Perspektive einzunehmen und entsprechende Beratungsvorschläge nicht als Zeichen der Verständnislosigkeit zurückzuweisen." (Montada, 1989, S. 306).

Als psychotherapeutische Konsequenz regt Montada (1989, S. 307) an, Klienten zu einem weniger assertorischen und stärker hypothetischen Vertreten ihrer Sichtweisen anzuleiten: "Praktisch würde dieses Ziel erreichbar sein durch Schaffung eines Repertoires alternativer Hypothesen und die Bekräftigung der Regel, wenigstens eine Alternative ernsthaft zu erwägen. In jeder Ehetherapie sollte für jede ärgerauslösende Äußerung des Partners wenigstens eine Alternative zur spontanen Interpretation gefordert werden. Kompetente Gefühlsmoderatoren zeichnen sich durch Einfallsreichtum an Alternativhypothesen aus."

An anderer Stelle formuliert Montada (1989, S. 307-308) seine Kritik an der Widerfahrnisthese und seine Gegenthese von der Kontrollierbarkeit der Gefühle: "Wenn wir uns aber bewußt machen, wie häufig wir ein Gefühl durch Wiederholung geeigneter Kognitionen und Interpretationen alimentieren, dann wird deutlich, daß wir in vielen Fällen für unseren Ärger, unsere Ängste ebenso verantwortlich sind wie für die Gefühlsverdrängungen, die uns auch nicht passieren, sondern um die wir uns häufig mit einiger Anstrengung bemühen müssen." Es ist Montada bewußt, daß seine These Kritik hervorrufen wird, und deren Zielrichtung deutet er selbst an. Aus unserer Sicht weist der anregende und differenzierte Beitrag, auf den hier nur verkürzt eingegangen werden kann, zwei Beschränkungen auf:

- Montada geht nur am Rande auf die Funktion von Emotionen ein. Er beschränkt sich weitgehend auf den Hinweis, daß Gefühle die Selbsterkenntnis vertiefen können. Ob damit die Funktion von Gefühlen hinreichend erfaßt ist, kann bezweifelt werden.
- Montada hat primär das Ziel der *Kontrolle* von Gefühlen vor Augen. Aus der Sicht einer differentiellen Psychotherapie besteht bei zahlreichen Klienten - insbesondere jenen vom Gehemmtheitstyp - das Problem jedoch nicht in einer ungenügenden Kontrolle ihrer Gefühle - die "Kunst" der Gefühlskontrolle beherrschen sie nur allzu gut - , vielmehr kommt es darauf an, sie zu größerer Authentizität ihrer Gefühle und zu mehr Spontaneität zu ermutigen.

Schuld- und Schamgefühle

In Kapitel 4 sind wir bereits knapp auf Schuld- und Schamgefühle eingegangen. An dieser Stelle greifen wir das Thema wegen seiner klinischen Relevanz erneut auf. In der einschlägigen Literatur findet man zahlreiche Stellungnahmen, die besagen, daß diese Thematik bisher von seiten der Wissenschaft zu wenig bearbeitet wurde (Häfner, 1959; Hole, 1989; Hultberg, 1988; Izard, 1991; Lewis, 1971; Stein, 1978; Wurmser, 1988, 1993 a,b). Aus diesem Grund ist unser Wissen sehr begrenzt, und die folgenden - teilweise spekulativen - Ausführungen beanspruchen nicht, die vielen offenen Fragen zu klären. Wir sind jedoch der Meinung, daß Schuld- und Schamgefühle bei der Erklärung und Behandlung psychischer Störungen unbedingt beachtet werden sollten, und aus diesem Grund versuchen wir, wenigstens einige Orientierungshinweise zu geben.

Schuld- und Schamgefühle sind verwandte Emotionen, die in bestimmten Stituationen gleichzeitig auftreten können (z.B. wenn man sich einer Tat schuldig fühlt und sich zugleich deswegen vor anderen schämt). Ihre Abgrenzung fällt Laien und "Experten" schwer, und häufig wird auf eine Differenzierung ganz verzichtet; andererseits gibt es Situationen, in denen man sich schämt, ohne sich schuldig zu fühlen (z.B. wenn einem etwas mißlungen ist und man von anderen ausgelacht wird). Schuldgefühle (wegen des Überschreitens einer verinnerlichten Norm) werden hingegen meist auch von Schamgefühlen (Selbstabwertung) begleitet.

Wir befassen uns im folgenden zunächst mit Schuld-, danach mit Schamgefühlen und werfen drei Fragen auf: (1) Wann tritt die entsprechende Emotion auf? (2) Welcher Zusammenhang besteht zu psychischen Störungen? (3) Welche therapeutischen Konsequenzen ergeben sich aus diesen Zusammenhängen?

(1) Schuldgefühle

In Kapitel 4 haben wir Schuldgefühle mit Istwert-Sollwert-Diskrepanzen in Verbindung gebracht. Bei den Sollwerten handelt es sich um erworbene, *verinnerlichte* soziale Werte, Normen, Regeln und Vorschriften, die nochmals in Gebote und Verbote unterteilt werden können (vgl. Tabellen 4.3 sowie 4.5). Beispiele wären moralische Tabus (z.B. Inzesttabu) oder moralische Gebote (z.B. Treue gegenüber dem Lebenspartner). Hat eine Person gegen derartige Normen verstoßen (Istwert) und fühlt sie sich für den Verstoß verantwortlich, besteht eine Istwert-Sollwert-Diskrepanz, die die erworbene Emotion "Schuldgefühl" auslöst. Entscheidend ist dabei die *Selbstzuschreibung* von Schuld (Selbstanklage); diese muß von einer Fremdzuschreibung unterschieden werden. Aus der Kombination von Selbst- und Fremdzuschreibung ergeben sich die in Tabelle 10.9 aufgelisteten sechs Fälle.

Die einfachsten Fälle liegen vor, wenn Fremd- und Selbstzuschreibungen übereinstimmen und wenn die Nichtzuschreibung von Schuld berechtigt ist. Im ersten Fall des *normalen Schuldgefühls* decken sich die Selbst- und Fremdzuschreibungen von Schuld. Die Person bekennt sich zu ihrer Schuld, leidet darunter und hat den Wunsch einerseits nach *Vergebung* und andererseits nach *Wiedergutmachung* bzw. Sühne (Boll, 1994).

Wird einer Person - aus ihrer Sicht - zu Unrecht eine Schuld zugesprochen *(ungerechtfertigte Fremdanklage)*, so reagiert sie darauf im allgemeinen mit Empörung und Aggressionen gegen den Ankläger. Es kann aber auch der Fall vorliegen, daß eine Person zu Recht angeklagt wird, selbst jedoch jede Schuld von sich weist - sei es aus taktischen Erwägungen (etwa vor Gericht), aus fehlendem Schuldbewußtsein, da die entsprechenden Normen nicht verinnerlicht wurden, aber auch aus *pathologischer Schuldabwehr* (Abwehrmechanismus der Leugnung). Mit letzterem Verhalten ist zum Beispiel zu rechnen, wenn eine Person bereits aus anderen Gründen unter starken Schuldgefühlen leidet und sich vor weiteren Schuldgefühlen zu schützen versucht.

Tabelle 10.9: Übersicht über verschiedene Formen von Schuldgefühlen.

Fremdzuschreibung von Schuld (Fremdanklage)	*Selbstzuschreibung von Schuld (Selbstanklage)*		
	ja	nein	
		berechtigt	unberechtigt (Abwehr)
ja	**normales Schuldgefühl** - Selbstanklage - Fremdanklage - keine Aggressionen gegen andere (Wunsch nach Vergebung und Wiedergutmachung)	**ungerechtfertigte Fremdanklage** - keine Selbstanklage - Fremdanklage - Aggressionen gegen andere (Empörung)	**pathologische Schuldabwehr** - keine Selbstanklage - Fremdanklage - Aggressionen gegen andere (Leugnung)
nein	**pathologisches Schuldgefühl** - Selbstanklage - keine Fremdanklage - keine (offenen) Aggressionen gegen andere (pathologischer Wunsch nach Selbstbestrafung; Depression; Zwangsneurose)	**keine Schuldgefühle**	**pathologische Schuldabwehr** - keine Selbstanklage - keine Fremdanklage - keine (offenen) Aggressionen gegen andere (Täuschung; unbewußte Schuldgefühle; Kranksein; Paranoia)

Wie Tabelle 10.9 zu entnehmen ist, kann eine pathologische Schuldabwehr auch bei fehlender Fremdanklage auftreten. Es handelt sich dann um Fremd- und Selbsttäuschungen in Verbindung mit *unbewußten Schuldgefühlen*. Die Person wehrt eine tatsächliche Schuld vor sich und vor anderen ab. Da andere die Schuld nicht kennen, werden sie getäuscht; es liegt aber zugleich eine Form des Selbstbetrugs vor, da sich die Person der Schuld nicht stellt. Mit diesem Fall hat sich Freud genauer befaßt. In seinem Beitrag über "Das Ich und das Es" berichtet er (1972, S. 254) über folgende therapeutische Beobachtung: "Weit befremdender ist aber eine andere Erfahrung. Wir lernen in unseren Analysen, daß es Personen gibt, bei denen die Selbstkritik und das Gewissen, also überaus hochgewertete seelische Leistungen, unbewußt sind und als unbewußt die wichtigsten Wirkungen äußern; das Unbewußtbleiben des Widerstandes in der Analyse ist also keineswegs die einzige Situation dieser Art. Die neue Erfahrung aber, die uns nötigt, trotz unserer besseren kritischen Einsicht, von einem *unbewußten Schuldgefühl* zu reden, verwirrt uns weit mehr und gibt uns neue Rätsel auf, besonders wenn wir allmählich erraten, daß ein solches unbewußtes Schuldgefühl bei einer großen Anzahl von Neurosen eine ökonomisch entscheidende Rolle spielt und der Heilung die stärksten Hindernisse in den Weg legt."

Freud interpretiert diesen Widerstand gegen eine Heilung als Ausdruck eines unbewußten Strafbedürfnis des Über-Ichs. "Man kommt endlich zur Einsicht, daß es sich um einen sozusagen ´moralischen Faktor´ handelt, um ein Schuldgefühl, welches im Kranksein seine Befriedigung findet und auf die Strafe des Leidens nicht verzichten will. ... Aber dies Schuldgefühl ist für den Kranken stumm, es sagt ihm nicht, daß er schuldig ist, er fühlt sich nicht schuldig, sondern krank." (Freud, 1972, S. 279). Diesen Fall bringt Freud (1972, S. 281) mit hysterischen Symptomen in Verbindung: "Dies ist doch wesentlich bei Hysterie und Zuständen vom hysterischen Typus zu finden. Der Mechanismus des Unbewußtbleibens ist hier leicht zu erraten. Das hysterische Ich erwehrt sich der peinlichen Wahrnehmung, die ihm von Seiten der Kritik seines Über-Ichs droht, in derselben Weise, wie es sich sonst einer unerträglichen Objektbesetzung zu erwehren pflegt, durch einen Akt der Verdrängung. Es liegt also am Ich, wenn das Schuldgefühl unbewußt bleibt. Wir wissen, daß sonst das Ich die Verdrängungen im Dienst und Auftrag seines Über-Ichs vornimmt; hier ist aber ein Fall, wo es sich derselben Waffe gegen seinen gestrengen Herrn bedient."

Nach Freud stehen Schuldgefühle mit zwei weiteren neurotischen Störungen in Beziehung: Depressionen (Melancholie) und Zwangsneurosen. Dabei handelt es sich um den in Tabelle 10.9 unter der Überschrift "pathologisches Schuldgefühl" eingeordneten Fall. "In zwei uns wohlvertrauten Affektionen ist das Schuldgefühl überstark bewußt; das Ichideal zeigt dann eine besondere Strenge und wütet gegen das Ich oft in grausamer Weise. Neben dieser Übereinstimmung ergeben sich bei den beiden Zuständen, Zwangsneurose und Melancholie, Verschiedenheiten im Verhalten des Ichideals, die nicht minder bedeutungsvoll sind. Bei der Zwangsneurose (gewissen Formen derselben) ist das Schuldgefühl überlaut, kann sich aber vor dem Ich nicht rechtfertigen. Das Ich des Kranken sträubt sich daher gegen die Zumutung, schuldig zu sein, und verlangt vom Arzt, in seiner Ablehnung dieser Schuldgefühle bestärkt zu werden. Es wäre töricht, ihm nachzugeben, denn es bliebe erfolglos. Die Analyse zeigt dann, daß das Über-Ich durch Vorgänge beeinflußt wird, welche dem Ich unbekannt geblieben sind. Es lassen sich wirklich die verdrängten Impulse auffinden, welche das Schuldgefühl begründen. Das Über-Ich hat hier mehr vom unbewußten Es gewußt als das Ich." (Freud, 1972, S. 280).

Zur Psychodynamik der "Melancholie" (Depression) äußert sich Freud (1972, S. 283) wie folgt: "Wenden wir uns zunächst zur Melancholie, so finden wir, daß das überstarke Über-Ich, welches das Bewußtsein an sich gerissen hat, gegen das Ich mit schonungsloser Heftigkeit wütet, als ob es sich des ganzen im Individuum verfügbaren Sadismus bemächtigt hätte. Nach unserer Auffassung des Sadismus würden wir sagen, die destruktive Komponente habe sich im Über-Ich abgelagert und gegen das Ich gewendet. Was nun im Über-Ich herrscht, ist wie eine Reinkultur des Todestriebes, und wirklich gelingt es diesem oft genug, das Ich in den Tod zu treiben, wenn das Ich sich nicht vorher durch den Umschlag in Manie seines Tyrannen erwehrt."

Zusammenfassend interpretiert Freud sowohl die Zwangsneurose als auch die Melancholie als Folge eines überstrengen Über-Ichs, gegen das sich das Ich nur ungenügend zur Wehr setzen kann. Diese Deutung kritisiert Mowrer (1965, 1972). Er charakterisiert die Position Freuds sowie seine eigene Gegenposition mit Hilfe folgender Abbildung 10.13.

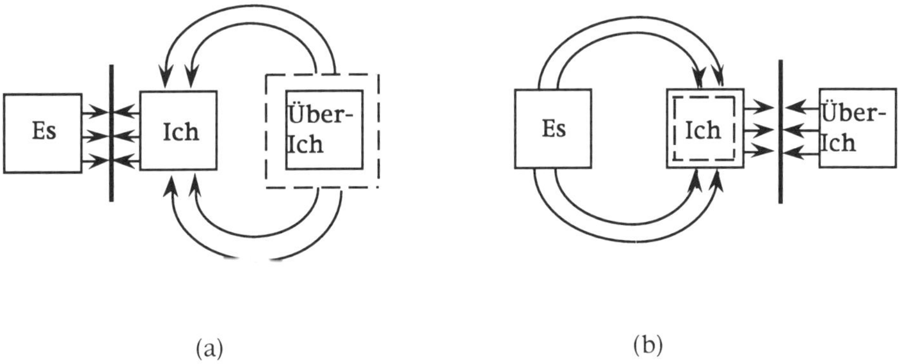

Abbildung 10.13: Gegenüberstellung der Freudschen Position (a) und der Mowrerschen Position (b) zu neurotischen intrapsychischen Prozessen (nach Mowrer).

Teil a entspricht der Freudschen These. Das "hypertrophe" Über-Ich bemächtigt sich des Ichs und sorgt dafür, daß das Ich gegenüber den Triebimpulsen aus dem Es einen "eisernen Vorhang" errichtet. Das Wesen der Neurose besteht dann - so Mowrers Interpretation von Freud - in der unbewußten Gefahr, daß die Kräfte des Es den Schutzwall durchbrechen und das Ich überwältigen.

Tabelle b gibt die Mowrersche Position wieder. Hier wird das Ich vom Es überwältigt, während ein normales Über-Ich ("Stimme des Gewissens") durch Abwehrmechanismen daran gehindert wird, seinen Einfluß geltend zu machen. Mowrer begründet seine Gegenposition wie folgt: Wenn Neurotiker ein ungewöhnlich strenges Über-Ich hätten, sollten sie außergewöhnlich gut sozial integriert sein. Tatsächlich ist jedoch - so Mowrer - eher das Gegenteil der Fall, d.h. sie sind zurückgezogen und sozial entfremdet. Dieses Phänomen glaubt Mowrer, problemlos mit Hilfe der in Abbildung 10.13 wiedergegebenen Hypothese erklären zu können. Der Neurotiker zieht sich zurück, weil er den Kontakt zu seinem Gewissen - dem Sprachrohr der sozialen Gemeinschaft - unterbrochen bzw. erschwert hat. Als therapeutische Konsequenz ergibt sich dann nicht etwa die Notwendigkeit, ein überstrenges Über-Ich zu schwächen, sondern das Ich dazu zu bewegen, daß es seinen Widerstand gegen das Über-Ich aufgibt.

Gefragt, ob es nicht sein könnte, daß beide Theorien - die Freudsche und die Mowrersche - zutreffen könnten (jeweils für andere Arten von Neurosen), legt Mowrer sich nicht fest. Er spricht von einer starken und schwachen Version seiner Theorie, hat jedoch offensichtlich eine Vorliebe für die starke Theorie, die diese Unterscheidung nicht trifft, d.h. alle "Neurosen" nach einem einheitlichen ätiologischen und therapeutischen Muster betrachtet. Nach Mowrer sollte eine Therapie von Neurotikern die soziale *Verantwortlichkeit* und (moralische) *Integrität* dieser Menschen stärken. Neurotiker sollten primär damit aufhören, gegen ihre eigenen verinnerlichten Normen zu verstoßen und diese Verstöße vor anderen zu verheimlichen.

Wie soll man zu der Freud-Mowrerschen Kontroverse Stellung beziehen? Unseres Erachtens vertritt Freud eindeutig die differenziertere Position. Der von Mowrer betrachtete Fall entspricht dabei dem rechten unteren Feld ("pathologische Schuldabwehr") der Tabelle 10.9, den Freud - wie oben dargestellt - durchaus berücksichtigt. Freud grenzt davon jedoch Fälle eines "pathologischen Schuldgefühls" ab (siehe linkes unteres Feld in Tabelle 10.9). Mowrer begeht unseres Erachtens den Fehler, zu stark zu verallgemeinern. Die von ihm vorgeschlagene Neurosenätiologie und daraus abgeleitete Psychotherapie läßt sich durchaus bei bestimmten Klienten erfolgreich anwenden, es wäre jedoch ein Kunstfehler, wollte man diesen Ansatz auf alle Neurosen verallgemeinern (zur empirischen Überprüfung siehe u.a. Swensen, 1972, a,b).

Wir gehen im folgenden kurz auf die *Psychotherapie von Schuldgefühlen* ein. Aus obigen Ausführungen geht hervor, daß man zwischen zu wenig Schuldgefühlen (pathologische Schuldabwehr) und zu viel Schuldgefühlen differenzieren muß (Bron, 1990). Bei pathologischer Schuldabwehr lassen sich unseres Erachtens der von Mowrer (1972) propagierte Ansatz der "Integritätstherapie" (siehe auch Häfner, 1959; Hole, 1989), psychoanalytische Methoden (z.B. freies Assoziieren, Trauminterpretationen, Übertragungs- und Widerstandsanalyse) sowie Gesprächspsychotherapie anwenden. Das Annehmen eigener Schuld und die angemessene zukunftsorientierte Auseinandersetzung damit können einen wichtigen Anstoß zur persönlichen Reifung liefern (Häfner, 1959; Hole, 1989; Mowrer, 1972; Neraal & Breuer, 1989; Stein, 1978).

Ein wesentlich anderes Vorgehen ist bei pathologischen Schuldgefühlen (z.B. bei bestimmten Depressionen oder Zwangsneurosen) indiziert. Dort wird es stärker darauf ankommen, Kausalattributionsmuster zu verändern, das offene Äußern von Wut, Ärger und Selbstbehauptung zu fördern sowie vor allem die Erfahrung zu vermitteln, daß man trotz eigenen schuldhaften Versagens "angenommen" wird und *Vergebung* erhalten kann.

Tausch (1992) kommt das Verdienst zu, sich als einer der ersten in der psychologischen Fachliteratur mit dem Thema des "Vergebens" befaßt zu haben. Durch Befragungen konnte er seine Erfahrungen untermauern, daß es vielen Menschen schwerfällt, anderen und sich selbst wegen begangener oder unterlassener Taten zu vergeben. Die Bereitschaft zum Vergeben ist bei jenen Personen größer, denen von wichtigen Bezugspersonen (z.B. den Eltern) häufiger vergeben wurde und die am eigenen Leib die positiven Auswirkungen des Verzeihens erfahren hatten. Nach Tausch (1992, S. 82) ist das Sich-selbst-Vergeben in hohem Maße "psychotherapeutisch": "Ist die Person, die wir schädigten oder verletzten, gestorben, dann ist das Sich-selbst-Vergeben oft die einzig entscheidende Möglichkeit, die uns bleibt." Tausch berichtet über erste positive Erfahrungen mit einer vom ihm vorgeschlagenen Methode zur Förderung des Vergebens. Es handelt sich um ein Vorgehen, das Aufklärung über die Bedeutung des Vergebens mit einer gelenkten Rückbesinnung auf die verletzende Situation im Zustand tiefer Entspannung verbindet und auch den Erfahrungsaustausch in der Gruppe vorsieht.

Eine weitere Möglichkeit zur Reduktion von Schuldgefühlen, die sich aus der normalpsychologischen Analyse dieser Emotion ergibt (vgl. Boll, 1994), ist die Diskussion über und die eventuelle Realisierung von Maßnahmen der Wiedergutmachung bzw. Sühne.

(2) Schamgefühle

In Übereinstimmung mit unserer in Kapitel 4 vorgestellten Systemtheorie des Menschen betrachten wir Schamgefühle ebenso wie Schuldgefühle als Ergebnis einer Istwert-Sollwert-Diskrepanz. Bei den Sollwerten handelt es sich in diesem Fall um auf die eigene

Person oder auf andere Personen bezogene Ziele, Wünsche oder Projekte (vgl. Tabelle 4.3), wobei dem *Ichideal* eine besondere Bedeutung zukommt. Eine Person möchte von den ihr bedeutsamen Bezugspersonen (darunter von sich selbst) in einer bestimmten Weise gesehen und (positiv) bewertet werden (vgl. das angeborene Bedürfnis des Menschen nach Achtung). Weichen die Istwerte, d.h. die fremden oder eigenen Selbstbewertungen, davon in negativer Weise ab, erlebt die Person Schamgefühle. Bei den relevanten Merkmalen handelt es sich im weitesten Sinne um einen fremd- oder selbstzugeschriebenen *Makel* (eine negative psychische, physische oder soziale Eigenschaft, wie z.B. ein physischer Defekt, die "falsche" Hautfarbe, eine Ungeschicklichkeit, ein Verstoß gegen die guten Sitten oder ein moralisches Versagen). Insbesondere, wenn wichtige Bezugspersonen mit Kritik, Überheblichkeit oder Auslachen eine Person *abwerten* und sich damit einen überlegenen Status zuschreiben, reagiert die Person mit Scham (oft kombiniert mit Wut auf den Kritiker), sofern sie sich diesem abwertenden Urteil unterwirft.

Tabelle 10.10: Übersicht über verschiedene Formen von Schamgefühlen.

Fremdzuschreibung eines Makels (Fremdabwertung)	*Selbstzuschreibung eines Makels (Selbstabwertung))*		
	ja	nein	
		berechtigt	unberechtigt (Abwehr)
ja	**normale Scham** - Selbstabwertung - Fremdabwertung - mittlere Wut auf andere	**ungerechtfertigte Fremdabwertung** - keine Selbstabwertung - Fremdabwertung - starke Wut auf andere (Ressentiment)	**pathologische Schamabwehr** - keine Selbstabwertung - Fremdabwertung - mittlere Wut auf andere (Leugnung)
nein	**pathologische Scham** - Selbstabwertung - keine Fremdabwertung - keine Wut auf andere (Gehemmtheit, Minderwertigkeitsgefühle; Depression; sozialer Rückzug)	**keine Schamgefühle**	**pathologische Schamabwehr** - keine Selbstabwertung - keine Fremdabwertung - mittlere Wut auf andere (Täuschung; Verheimlichung; sozialer Rückzug; projektive Abwertung anderer)

Analog zu Tabelle 10.9 haben wir in Tabelle 10.10 sechs Kombinationen aus Fremdabwertungen und Selbstabwertungen unterschieden. Von *normaler Scham* sprechen wir, wenn Selbst- und Fremdzuschreibungen eines "Makels" übereinstimmen. Ein Beispiel hierfür läge vor, wenn ein älteres Kind, das eingenäßt hat, von seinen Eltern kritisiert und "beschämt" wird und sich das Einnässen als Makel selbst zuschreibt. Wir vermuten, daß in einem solchen Fall neben intensiven Schamgefühlen (man möchte vor Scham im Boden versinken) auch Wutgefühle gegenüber den kritisierenden Personen erlebt werden (Tangney et al., 1992; Wurmser, 1988).

Wird einer Person zu Unrecht ein Makel zugeschrieben, so reagiert sie auf diese *ungerechtfertigte Fremdabwertung* in der Regel mit starker Wut und Abwertung des anderen und bildet ein Ressentiment aus. Entweder wehrt sie sich sofort gegen diese Art der Behandlung, oder sie sinnt auf spätere Rache.

Es kann aber auch zu zwei Formen der *pathologischen Schamabwehr* kommen, einmal in Verbindung mit und einmal ohne Fremdabwertung. Im ersten Fall leugnet die Person den "Makel", z.B. streitet sie ab, einen Fehler begangen zu haben oder eine bestimmte negativ bewertete Eigenschaft zu besitzen. Im zweiten Fall müßte sich eine Person bei entsprechender realistischer ("ehrlicher") Betrachtung eigentlich einen bestimmten "Makel" zuschreiben, jedoch versucht sie, diesen vor anderen und vor sich zu verheimlichen. Dies kann z.B. in Gestalt eines sozialen Rückzugs, des Aufsetzens einer "Maske" oder als projektive Fremdabwertung geschehen, indem die Person nach einem "Sündenbock" Ausschau hält und diesen angreift (vgl. Nolting, 1978; Wills, 1981). Der wichtigste Grund für eine pathologische Schamabwehr dürfte in einem bereits stark *geschwächten Selbstwertgefühl* zu suchen sein, so daß die Person sich mit allen Mitteln gegen eine weitere Selbstabwertung zur Wehr setzt. Die von ihr dabei eingesetzten Mittel - vor allem unfaire Anschuldigungen oder Angriffe gegen andere Personen - können den Anlaß zu weiteren Scham- und eventuellen Schuldgefühlen bieten, so daß ein "Teufelskreis" in Gang gesetzt wird.

Von *pathologischen Schamgefühlen* sprechen wir dann, wenn eine Person sich selbst in starkem Maße abwertet, ohne daß es zu einer vergleichbaren Fremdzuschreibung kommt. Der Betreffende leidet in diesem Fall unter starken Minderwertigkeitsgefühlen und neigt mit erhöhter Wahrscheinlichkeit zu sozialen Rückzugs- oder Depressionssymptomen oder ist stark gehemmt. Auf einen psychopathologischen Zusammenhang von Scham und Depression haben u.a. Izard (1991) und Lewis (1971; 1992) hingewiesen, während Salloch-Vogel und Vogel (1986) die Bedeutung von Schamgefühlen bei Drogen- und Alkoholabhängigkeit und Lewis (1992) die Beziehungen zum Narzißmus sowie zu multiplen Persönlichkeiten beleuchten.

Was die *Psychotherapie* von Schamproblemen (pathologische Schamabwehr und pathologische Scham) betrifft, so liegt hierzu nur wenig Literatur vor, da das Thema bisher stark vernachlässigt wurde (Wurmser, 1993 b). Nach unserer Theorie bieten sich im wesentlichen drei therapeutische Ansatzpunkte an:

- Zum einen können *überhöhte Sollwerte* für häufige Istwert-Sollwert-Diskrepanzen sorgen. Wenn eine Person z.B. an sich perfektionistische Ansprüche (im Hinblick auf Aussehen, Intelligenz, Beliebtheit, sexuelle Attraktivität usw.) stellt, ist vorprogrammiert, daß sie pathologische Schamgefühle erlebt. Auf diesen Aspekt hebt Ellis mit seiner rational-emotiven Therapie (RET) ab. Er schlägt u.a. schamreduzierende Übungen sowie Disputationen selbstabwertender Kognitionen vor (Keßler & Hoellen, 1982).
- Hat eine Person ein nur *geringes Selbstwertgefühl*, so bieten sich alle Methoden an, die zu dessen Stärkung beitragen (siehe oben). Von größter Bedeutung sind dabei die Wertschätzung des Therapeuten sowie das Vermitteln von Erfolgserlebnissen.
- Eine Reduktion der für Schamgefühle verantwortlichen Istwert-Sollwert-Diskrepanzen kann auch auf dem Wege des "Bekennens" (Eingestehen der eigenen Verfehlung) erfolgen (Lewis, 1992). Als Personen, denen man etwas bekennt, kommen in erster Linie Priester (vergleiche die Funktion der Beichte), Psychotherapeuten, statushohe Personen sowie der Mensch in Frage, vor dem man sich schämt. So kann sich beispielweise eine Ehefrau von quälenden Scham- und Schuldgefühlen wegen eines Seitensprungs befreien, indem sie den Vorfall ihrem Ehemann "beichtet".

Exkurs: Ressentiment

Wie in Kapitel 4 ausgeführt wurde, handelt es sich bei dem Ressentiment um eine Emotion, der bisher sehr wenig Aufmerksamkeit gewidment wurde. Menschen mit starken Ressentiments sind von dem Gefühl der Ungerechtigkeit erfüllt. Sie haben die Überzeugung, daß ihnen Unrecht widerfahren ist, und sie empfinden darüber Verbitterung und Rachegefühle, die sich bis zum Haß steigern können.

Ressentiments als Folge schmerzlicher Erfahrungen wurden in empirischen Studien nachgewiesen. Martin und Elmer (1992) fanden bei 19 Personen im Alter von 25 bis 36 Jahren, die als kleine Kinder schwer körperlich mißhandelt worden waren, zwar wenige offene Aggressionen, jedoch starke Ressentiments und ausgeprägtes Mißtrauen. Beer und Beer (1992) konnten bei Schülern der 5. bis

12. Klasse, deren Eltern sich hatten scheiden lassen, signifikant mehr Ressentiments und offene Aggressionen nachweisen als bei Kontrollkindern ohne geschiedene Eltern.

Es erscheint plausibel, wenngleich es bisher kaum empirisch überprüft wurde, daß Personen mit starken (unverarbeiteten) Ressentiments zu psychischen und physischen Beschwerden neigen (Tausch, 1992; Wurmser, 1988). So ermittelten Svebak, Ursin, Endresen et al. (1991) bei Frauen mit Schmerzen im Nacken-Schulter-Rückenbereich erhöhte Ressentiments, die mit belasteten zwischenmenschlichen Beziehungen im Zusammenhang standen. Tausch (1987, S. 118) berichtete über Erfahrungen in Gruppen: "Ich habe immer wieder in Gruppengesprächen erlebt, daß Menschen Jahre, ja ihr Leben lang nicht verzeihen können. Sie selbst tragen schwer an den seelischen Wunden, die ihnen ihrem Erleben nach durch andere zugefügt worden sind. Diese Wunden heilen nicht, weil der Haß immer wieder in ihnen aufflammt."

Es fällt Menschen also schwer, erlittenes Unrecht zu vergeben; viele benötigen therapeutische Hilfe, um sich zum Verzeihen durchzuringen. Nach Benson (1992) und Tausch (1992) wird dieser Prozeß unter folgenden Voraussetzungen erleichtert: Die Person

- erfährt ein Klima bedingungsloser Wertschätzung,
- ist bemüht, sich in die Lage und den Standpunkt des anderen hineinzuversetzen,
- ist bereit, sich mit sich selbst kritisch auseinanderzusetzen, und
- gewinnt die Einsicht in die Nachteile aufrechterhaltener oder neuer Schuldzuweisungen.

Johnson (1985, S. 298; Übers. d. Verf.) schreibt dem Thema des "Vergeben-Könnens" für die Psychotherapie eine derart große Bedeutung zu, daß er seine Monographie mit folgenden Sätzen beendet: "Wenn die gehaßten und verlassenen Kinder dieser Welt bereit dazu sind, das Leiden zu beenden - auf daß es ihnen besser geht, anstatt sich zu rächen -, dann liegt eine Verwandlung im Bereich des Möglichen. Wenn man vergeben kann, daß man zurückgewiesen und verlassen wurde, und wenn man dieses Vergeben wirklich fühlt und danach handelt, kann man eine Verwandlung durchmachen, und dies ist ein Wunder. Solche großen und kleinen Wunder geschehen in der Psychotherapie. Das ist der Grund dafür, daß wir sie praktizieren."

5.3.3 "System angeborener Bedürfnisse" und "System erworbener Sollwerte"

Im vorangehenden Abschnitt wurde im Zusammenhang mit Emotionen bereits auf die Bedeutung des "Systems angeborener Bedürfnisse" und des "Systems erworbener Sollwerte" hingewiesen. Diese beiden Systeme werden hier gemeinsam betrachtet, da sie entscheidend an der Motivation des Handelns beteiligt sind und die *Klärung* sowie die eventuelle *Veränderung* der individuellen Motivation häufige Therapieziele darstellen. Sachse (1992) spricht in diesem Kontext von einer "explizierenden Therapie", und Grawe et al. (1994, S. 752) verwenden die Bezeichung *"Klärungsperspektive"* der Psychotherapie: "Es geht um die Frage nach dem Warum oder Wozu, um motivationale Klärung, nicht um die Frage von Können oder Nicht-Können, wie unter der Problembewältigungsperspektive. Der Patient erarbeitet sich größere Klarheit darüber, nach welchen Gesichtspunkten er seine Bedeutungen konstruiert, auch welche Bedeutungen er aus welchen Gründen ausklammert, nicht wahrhaben will. Es geht darum, daß er sich über sich selbst klarer wird, sich besser verstehen lernt, um sich besser annehmen und/oder sich bewußt anders verhalten zu können als bisher."

Zweifellos handelt es sich bei der Klärung der motivationalen Grundlagen des Verhaltens und Erlebens eines Klienten um ein zentrales Anliegen vieler Therapierichtungen, darunter der Psychoanalyse, der Gesprächspsychotherapie, der Gestalttherapie, Adlers Individualpsychologie, Jungs analytischer Therapie, der Logotherapie sowie der rational-emotiven Therapie.

Was die allgemeinen psychologischen Ausführungen zum "System angeborener Bedürfnisse" und dem "System erworbener Sollwerte" betrifft, verweisen wir auf Kapitel 4. Die Bedeutung der beiden Systeme im Zusammenhang mit den Persönlichkeitskonstrukten "seelische Gesundheit" und "Verhaltenskontrolle" haben wir in Kapitel 5 beleuchtet. Wir können uns an dieser Stelle auf knappe Anmerkungen beschränken.

"System angeborener Bedürfnisse"

In Tabelle 4.2 haben wir folgende angeborenen Bedürfnisse des Menschen aufgelistet: physiologische Bedürfnisse, Explorationsbedürfnis, Selbstaktualisierungsbedürfnisse, Bedürfnis nach Orientierung und Sicherheit sowie die beiden (sozialen) Bedürfnisse nach Bindung sowie nach Achtung. Im Gegensatz zu Maslow haben wir darüber hinaus bei den Bedürfnissen zwischen einem Fokus auf die Umwelt und einem Fokus auf das Selbst unterschieden.

Im Rahmen der Psychotherapie kann der Klärung der Stärke dieser individuellen Bedürfnisse aus folgendem Grund eine große Bedeutung zukommen: Es ist keineswegs davon auszugehen, daß sich Menschen bewußte Rechenschaft über ihre Bedürfnisse ablegen. Dies ist auch so lange nicht erforderlich, wie die Betreffenden dazu in der Lage sind, externe und interne Anforderungen zu bewältigen. Leiden sie hingegen unter psychischen Symptomen - liegt also ein psychisches Problem, z.B. ein scheinbar unlösbarer Konflikt, vor - wird die Problemlösung erleichtert, wenn der Betreffende versucht, sich über seine "wahren Bedürfnisse" Klarheit zu verschaffen (vgl. Sachse, 1992). Zu den zu bearbeitenden Fragen gehören etwa folgende:

- Wie ist die Bedürfnishierarchie des Klienten aufgebaut? Welches sind seine zur Zeit dominierenden Bedürfnisse?
- Wie gut gelingt es dem Klienten, seine angeborenen Bedürfnisse zu befriedigen?
- Neigt der Klient dazu, bestimmte Bedürfnisse zu verdrängen oder ihre tatsächliche Bedeutsamkeit für sein Handeln falsch einzuschätzen?
- Welches sind die vom Klienten bevorzugt verwendeten Strategien der Bedürfnisbefriedigung? Wie hängen sie mit seinem Selbstmodell zusammen?

Auf weitere klinisch relevante Fragen gehen wir weiter unten bei der Besprechung des "Systems erworbener Sollwerte" ein, denn beide Systeme stehen - wie oben ausgeführt wurde - in enger funktionaler Beziehung.

Zur Klärung individueller Motivstrukturen wurde von den verschiedenen Therapierichtungen eine Reihe klassischer Methoden entwickelt. Psychoanalytiker stützen sich primär auf das "freie Assoziieren", die Deutung von Traummaterial, die Analyse der "Psychopathologie des Alltagslebens" (Versprecher, Vergessen, Verlegen usw.) sowie die Bearbeitung von "Übertragungen". Die Trauminterpretation hat auch in Jungs analytischer Therapie sowie in der Gestalttherapie einen festen Platz (Revenstorf, 1992). Als aufschlußreich kann sich die von Individualtherapeuten gern gestellte Frage erweisen: "Was würden Sie tun, wenn Sie Ihre Symptome *nicht* hätten?"

Auch Gesprächspsychotherapeuten widmen der Klärungsperspektive große Aufmerksamkeit (siehe unten). Dies hat unlängst Sachse (1992) herausgearbeitet, der den *"Explizierungsprozeß"* in der Gesprächspsychotherapie für zentral erachtet und ihn differenziert unter Bezugnahme auf allgemeinpsychologische Theorien und Erkenntnisse analysiert. Sachse zieht u.a. folgende Schlußfolgerungen:

- Die Förderung des Explizierungsprozesses durch Bearbeitungsangebote des Therapeuten gelingt dann, wenn der Therapeut seine Aussagen (korrekt) auf das vom Klienten Gemeinte bezieht.
- In der Regel ist es günstig, die Intervention am gerade vom Klienten Gesagten und, wenn möglich, am fokal Gemeinten fest-

zumachen. Manchmal kann es allerdings auch notwendig sein, auf früher Gesagtes zurückzugreifen.

- Empathisches Verstehen und empathisches Sprechen reichen für eine optimale Förderung des Klienten nicht aus: Konstruktive Bearbeitungsangebote sind nötig.
- Explizierungsprozesse fallen vielen Klienten schwer. Aus diesem Grund muß der Therapeut den Prozeß mit Geduld unterstützen, ohne den Klienten zu überfordern. Dies gilt insbesondere für Klienten mit geringer Klärungsmotivation oder ungünstigen Klärungsvoraussetzungen (z.B. bei bestimmten Psychosomatikern).

"System erworbener Sollwerte"

In Kapitel 4 (Tabelle 4.3) haben wir im "System erworbener Sollwerte" zwischen (a) Zielen, Wünschen, Projekten und dem Ichideal und (b) sozialen Werten, Normen, Regeln und Vorschriften unterschieden. Zusätzlich wurde zwischen einer Annäherungs- und einer Vermeidungsperspektive differenziert. Aus der Kombination dieser beiden Einteilungskriterien resultierten vier Arten erworbener Sollwerte: Annäherungsziele, Vermeidungsziele, Gebote und Verbote.

Da das Verhalten und Erleben von Klienten in hohem Maße von ihren erworbenen Sollwerten bestimmt ist, kann deren Kenntnis das Verständnis des Therapeuten für den Klienten entscheidend vertiefen. Exemplarisch seien einige Fragen formuliert, um deren Klärung sich der Therapeut bemühen sollte:

- Wie stark weicht das Ichideal eines Klienten von seinem Selbstmodell (Realselbst) ab? Wie unzufrieden ist der Klient mit sich bzw. bestimmten Aspekten seiner Persönlichkeit? Wie sehr neigt er dazu, sich durch ein unrealistisches oder überhöhtes Ichideal zu überfordern und sich abzuwerten? (Vergleiche unsere obigen Ausführungen zum Selbstmodell!)
- Wie ist die Zielhierarchie des Klienten aufgebaut? Welche übergeordneten Ziele dominieren die Hierarchie?
- Wie weit in die Zukunft reichen die Ziele des Klienten? Wie stark orientiert er sich an Fern- oder Nahzielen? Sieht der Klient überhaupt noch eine Zukunftsperspektive?
- Erscheint es dem Klienten attraktiv, Fernziele anzustreben und für deren Erreichung zu kämpfen, oder läßt er sich von der Hoffnung auf günstige Gelegenheiten im Hier-und-Jetzt leiten?
- Wie klar und wie bewußt sind die Ziele formuliert? Hat der Klient sie bisher explizit überprüft?
- Wie realistisch sind die Zielsetzungen?

- Verfolgt der Klient sog. *"Identitätsziele"* (sensu Gollwitzer, 1987)? Versucht er also, durch die Erreichung bestimmter Ziele (z.B. hoher beruflicher Ziele, hoher moralischer Ansprüche usw.) seine Identität zu definieren? (Dabei handelt es sich um eine degenerierte Handlungsabsicht, da es kein wirklich klar definiertes Ziel gibt, das erreicht werden kann.)
- Verfügt der Klient über die zur Zielerreichung erforderlichen Kompetenzen und über ausgearbeitete Pläne?
- Welche diesbezüglichen (externalen oder internalen) Kontrollüberzeugungen hat der Klient?
- Bestehen konflikthafte Widersprüche zwischen verschiedenen Zielsetzungen?
- Welche Hauptprojekte verfolgt der Klient? Wie erfolgreich ist er dabei?
- Dominieren bei dem Klienten Vermeidungsziele, d.h. wird er in erster Linie durch das Vermeiden potentieller Gefahrenquellen bzw. das Beachten von Verboten motiviert?
- Befindet sich der Klient in einer akuten Sinnkrise, die als Verlust des Glaubens an anstrebenswerte und/oder für ihn erreichbare Lebensziele interpretiert werden kann?
- Wie rational sind die Gebote und Verbote, an denen sich der Klient orientiert?
- In welchem Ausmaß befolgt der Klient die von ihm verinnerlichten Sollwerte, bzw. wie sehr verstößt er dagegen und entwickelt deshalb Scham- oder Schuldgefühle?

Im folgenden greifen wir einige Therapieziele und ausgewählte Therapiemethoden heraus, die sich auf das "System erworbener Sollwerte" beziehen:

- Allgemein gesprochen kann es sich als sinnvoll erweisen, bei einem Klienten das Gleichgewicht zwischen dem Verfolgen eigener Ziele und dem Beachten von Geboten und Verboten zu verbessern. So besteht bei stark Verhaltenskontrollierten oder Gehemmten die Gefahr, daß sie sich zu stark an Geboten und Verboten orientieren und dabei ihre eigenen Ziele, Wünsche, Projekte und Ideale vernachlässigen. Für diese Personengruppe erschiene es wünschenswert, ihre Selbstaktualisierung zu fördern, wobei sich nach unserem Circumplexmodell der Bedingungen eine "Bestätigung" als günstig herausstellen dürfte. Bei sehr spontanen bzw. zügellosen Klienten sollte hingegen eher durch "fördernde Anleitung" eine Veränderung *in Richtung* soziale Anpassung bzw. stärkere Verhaltenskontrolle angestrebt werden.
- In Kapitel 5 haben wir gezeigt, daß sich seelisch Gesunde durch eine Balance zwischen hartnäckiger Zielverfolgung (Tenazität) und

flexibler Zielanpassung (Flexibilität) auszeichnen. Diese Erkenntnis läßt sich wie folgt therapeutisch nutzen: Neigt ein Klient einseitig zu hartnäckiger Zielverfolgung - selbst dann, wenn keine realistischen Chancen einer Zielerreichung bestehen, - so erscheint es sinnvoll, dieses Muster bewußt zu machen, seine Hintergründe aufzuklären und den Klienten zu einem flexibleren Vorgehen zu ermutigen. Das Analoge gilt für den umgekehrten Fall einer zu hohen "Flexibilität" im Sinne des zu raschen Resignierens angesichts von Schwierigkeiten bei der Zielverfolgung. Als therapeutische Methoden sind u.a. Veränderungen ungünstiger Kausalattributionen für Erfolge und Mißerfolge, das Setzen realistischer, überschaubarer Zwischenziele sowie eine Förderung von Selbstvertrauen bzw. Selbstwirksamkeitsüberzeugungen in Betracht zu ziehen.

• Erkennt der Therapeut, daß ein Klient stärker unter dem Einfluß von Vermeidungs- als von Annäherungszielen steht, sollte dieser Umstand zunächst bewußt gemacht und dann hinterfragt werden. Ferner könnten folgende Therapieschritte angemessen sein:

- Besinnung des Klienten auf eigene Annäherungsziele, die "in Vergessenheit geraten sind". So hat sich eine Frau beispielsweise zunehmend auf das Vermeidungsziel konzentriert, ihre Ehe nicht zu gefährden, und dabei immer mehr darauf verzichtet, ihre Selbstaktualisierungsbedürfnisse ernstzunehmen bzw. persönliche Entwicklungsziele zu verfolgen.
- Abbau von Ängsten, die dem Anstreben von Annäherungszielen im Weg stehen.
- Stärkung von Selbstvertrauen bzw. Selbstwirksamkeitsüberzeugungen.

• Befindet sich ein Klient in einer existentiellen Krise verbunden mit Gefühlen der Sinnlosigkeit und "existentiellen Leere", kann ein *logotherapeutisches* Vorgehen in Betracht gezogen werden (vgl. Frankl, 1973, 1975; Lukas, 1990; Heft 1 der Zeitschrift "Logotherapie und Existenzanalyse", 1992). Zu den klassischen logotherapeutischen Methoden gehören die *paradoxe Intention*, die vor allem bei Angst- und Zwangssymptomen eingesetzt wird, die *Dereflexion*, deren Anwendungsgebiete die sexuellen Störungen, psychosomatischen Erkrankungen und Schlafstörungen sind, sowie die *Einstellungsmodulation*, die u.a. bei "noogenen Neurosen" und existentiellen Krisen zum Einsatz gelangt. Frankl spricht im Zusammenhang mit neurotischen Sinnproblemen von der Notwendigkeit einer "Restaurierung der gesunden und natürlichen Wertehierarchie des Menschen". Wie Grawe et al. (1994, S. 735) anmerken, fehlt allerdings bisher ein stichhaltiger Wirksamkeitsnachweis der Logotherapie, da es versäumt wurde, methodisch überzeugende Therapieevaluationen durchzuführen.

• Wir haben oben bereits wiederholt auf die rational-emotive Therapie (RET) von Ellis (1962, 1973) verwiesen. Ihr kommt im Zusammenhang mit dem "System erworbener Sollwerte" Bedeutung zu. Ellis führt zahlreiche neurotische Störungen auf "irrationale Überzeugungen" bzw. extreme Leistungs- und Aufgabenorientierungen und einen Hang zum Perfektionismus zurück. "Hierzu hat Ellis vielfach Listen irrationaler Ansichten erstellt ..., die sich zu drei selbstauferlegten ´Geboten´ ... reduzieren lassen. In diesen zeigt sich das Bedürfnis nach überragender Kompetenz, der Wunsch nach einer besonders fairen und freundlichen Behandlung durch andere Personen und die Einstellung, daß einem die Umwelt das Erreichen der eigenen Ziele leicht machen müsse." (Keßler & Pfaff, 1984, S. 578). Zur Überwindung "irrationaler Überzeugungen" stellt die RET ein breites Spektrum an Behandlungsmöglichkeiten bereit, die in Einzel- oder Gruppentherapie Anwendung finden. Dazu gehören die Aufklärung des Klienten über Zusammenhänge von Denken und Fühlen, das Verdeutlichen problematischer Prämissen, das Attackieren irrationaler Gedanken sowie emotive Übungen, Rollenspiele und Verhaltensanleitungen (siehe eingehender Keßler & Hoellen, 1982; Keßler & Pfaff, 1984).

5.3.4 "System kognitiver Operationen"

In den Kapiteln 4 und 5 sind wir auf die Bedeutung des "Systems kognitiver Operationen" für das Verhalten und Erleben sowie speziell für die seelische Gesundheit und die Verhaltenskontrolle von Menschen eingegangen. Dort wurde dargelegt, daß dem "System kognitiver Operationen" die Kontrollfunktion (Auswahl von Maßnahmen) und die Aktionsfunktion (Durchführung von Maßnahmen) im kognitiven Bereich zukommt. Dies kann durch verschiedene Formen des Zugriffs auf die Inhalte des "Systems kognitiver Strukturen" geschehen: durch Erinnern, Vorausschauen, Planen, Entscheiden, Problemlösen oder Urteilen.

Es erscheint evident, dem "System kognitiver Operationen" im Zusammenhang mit psychischen Störungen und deren Behandlung einen hohen Stellenwert zuzuschreiben. Dies entspricht einer klinischen Tradition, die im 19. Jahrhundert ihren Höhepunkt erreichte, als man psychische Störungen grundsätzlich als "Geistesstörungen" auffaßte. Diese Bezeichnung wurde wegen einseitiger und falscher ätiologischer und therapeutischer Konnotationen zu Recht als obsolet fallengelassen. Diese Kritik widerspricht jedoch nicht der gerade in den letzten Jahrzehnten erstarkten kognitiven

Perspektive in der klinischen Psychologie, die auch in unserer Systemtheorie der Persönlichkeit Berücksichtigung findet.

Wir geben im folgenden Hinweise auf Methoden der *kognitiven Verhaltenstherapie*, die auf Bewußtmachung und vor allem Veränderung kognitiver Operationen abzielen. Danach deuten wir an, welche ergänzenden Gesichtspunkte sich aus unserer Theorie ergeben.

Orientiert man sich an der von Grawe et al. (1994, S. 751) vorgenommenen Dreiteilung therapeutischer Perspektiven, so geht es im folgenden primär um die *"Problembewältigungsperspektive":* "Wir meinen, daß jeder Psychotherapeut die Problem- und Lebenssituation, in der sich sein Patient befindet, in jedem Fall auch unter der Problembewältigungsperspektive betrachten und ausdrücklich prüfen sollte, ob und wie er dem Patienten bei der Bewältigung bestimmter Schwierigkeiten helfen könnte und sollte. Dies bedeutet, daß er das Erleben und Verhalten des Patienten in seiner Lebenssituation und in der Therapiesituation immer auch unter dem Gesichtspunkt des Könnens und Nicht-Könnens betrachten sollte. Wann immer ein Therapeut seinem Patienten aktiv bei der Bewältigung einer wichtigen Schwierigkeit helfen kann, sollte er dies tun, wenn nicht ganz bestimmte Gründe dagegen sprechen, denn erfolgreiche Problembewältigungen sind die besten Bausteine für einen guten Therapieerfolg." Hilfen zur Problembewältigung setzen häufig - aber nicht immer - an den kognitiven Operationen des Klienten (z.B. seinem Problemlöseverhalten oder seiner Interpretation von Situationen unter Rückgriff auf sein Selbst- und Umweltmodell) an.

Revenstorf ordnet die entsprechenden therapeutischen Ansätze unter den Leitbegriffen "Argumentation und Instruktion" ein. Nach unserer in Tabelle 10.2 vorgenommenen Dreiteilung von Therapierichtungen handelt es sich um solche Ansätze, die sich unter Bezugnahme auf das Circumplexmodell der Bedingungen dem Prinzip der "fördernden Anleitung" zuordnen lassen. Therapeutische Leitideen sind dabei das "Aufdecken" (z.B. "irrationalen Denkens") sowie das "Lernen" (z.B. eines effizienten Problemlöseverhaltens).

Wie Beck und Clark (1988), Keßler (1984 a), Meichenbaum (1979) und Revenstorf (1992) anmerken, handelt es sich bei der kognitiven Psychotherapie um eine Richtung, die zwar die Bedeutung kognitiver Prozesse hervorhebt, ansonsten aber von einer einheitlichen theoretischen Konzeption weit entfernt ist. Dies wird deutlich, wenn man beispielsweise die Ansätze von Beck (1979), Beck, Freeman et al. (1993), D´Zurilla und Goldfried (1971), Homme (1965), Kanfer (1979), Lazarus (1971) und Meichenbaum (1979) gegenüberstellt. Anstatt diese Literatur erneut zusammenzufassen, verweisen wir auf gute Überblicke von Bastine (1984), Keßler (1984 a) und Revenstorf (1992) und beschränken uns aus folgenden Gründen auf den Ansatz von Beck und Mitarbeitern:

- "Nach der gegenwärtigen empirischen Ergebnislage muß die kognitive Therapie nach Beck als eine sehr potente Therapie zur Behandlung depressiver Patienten bezeichnet werden, deren Wirksamkeit von keiner anderen Therapieform übertroffen wird." (Grawe et al., 1994, S. 465).
- Von Beck wurde ein theoretisches Modell entworfen, das sich auch auf andere neurotische Störungen, z.B. Angststörungen, übertragen läßt (Beck & Clark, 1988; siehe auch Becker, 1981).
- Beck, Freeman et al. (1993) haben den Ansatz auch für die Therapie von Persönlichkeitsstörungen fruchtbar gemacht.

Die Grundzüge der kognitiven Emotions- und Neurosentheorie von Beck (1979) lassen sich in dem Schema der Abbildung 10.14 wiedergeben.

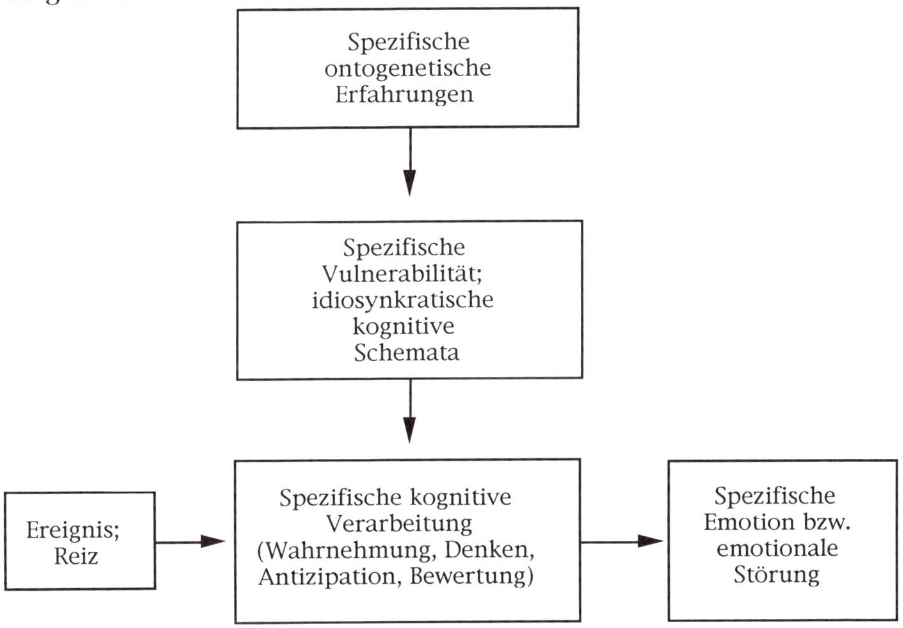

Abbildung 10.14: Schematische Darstellung von Grundannahmen Becks zur Entstehung emotionaler Störungen.

Zum Verständnis einer spezifischen psychischen Störung tragen vor allem die idiosynkratischen kognitiven Verarbeitungsprozesse (Wahrnehmen, Denken, Antizipieren, Bewerten) eines Klienten bei. Sie sind für das Auftreten spezifischer Emotionen bzw. emotionaler Störungen (z.B. Depressionen oder Angstzustände) verantwortlich. So drängen sich beispielsweise Angstneurotikern - meist in Gestalt "automatischer Gedanken" - Vorstellungen auf, die um das Thema "Gefahr für die persönliche Domäne" kreisen. Mit *"persönlicher Domäne"* sind Aspekte des Selbst sowie der Umwelt gemeint, die für den Betreffenden eine hohe Valenz besitzen. Die idiosynkratischen Verarbeitungsprozesse aufgrund dysfunktionaler kognitiver Schemata spiegeln individuumspezifische Vulnerabilitäten wider, die ihrerseits - so Becks Hypothese - von ungünstigen Erfahrungen während bestimmter Entwicklungsphasen herrühren. Beck (1979, S. 44-45) hat u.a. sechs Arten "kognitiver Fehler" beschrieben, die zu einer pathogenen Informationsverarbeitung von Depressiven führen (siehe Tabelle 10.11).

Nach Beck und Clark (1988) sind die dysfunktionalen Schemata in übergeordneten "kognitiven Strukturen" verankert, und sie bewirken bestimmte "kognitive Produkte", worunter die Autoren die Selbstverbalisationen bzw. den "inneren Dialog" von Klienten verstehen. Klienten mit Angst- oder Depressionsstörungen unterscheiden sich nach Beck und Clark (1988) in charakteristischer Weise in ihren kognitiven Strukturen, kognitiven Prozessen und kognitiven Produkten. Dies sei am Beispiel von Depressionen erläutert:

- Die *"kognitive Struktur"* umfaßt eine negative Einstellung zum Selbst, zur Umwelt und zur Zukunft sowie einen Verlust für die "persönliche Domäne".
- Zu den *"kognitiven Prozessen"* gehört u.a. die bevorzugte Verarbeitung von Informationen mit negativem Bezug zum eigenen Selbst und das selektive Ausblenden positiver Informationen.
- Die *"kognitiven Produkte"* umfassen Gedanken, die um Verluste und Mißerfolge kreisen, sowie automatische negative Selbstkommunikationen.

Unseres Erachtens bleiben die Aussagen von Beck und Clark (1988) sowie die Abgrenzungen zwischen kognitiven Strukturen, kognitiven Prozessen und kognitiven Produkten stellenweise unklar. Dies gilt in ähnlicher Weise für die theoretischen Ausführungen von Beck, Freeman et al. (1993), die zwar eine Weiterentwicklung früherer Annahmen erkennen lassen, jedoch noch immer unter einer geringen Systematik leiden. Dort findet man eine lockere Anlehnung an eine systemtheoretische Betrachtung der Persönlichkeit. "Die Persönlichkeit kann man sich als eine relativ stabile Struktur aus Systemen und Modi vorstellen. Systeme ineinandergreifender Strukturen (Schemata) sind für den Ablauf verantwortlich, der von der Wahrnehmung eines Reizes bis zum Ende einer Verhaltensreaktion reicht. Die Integration von Umweltreizen und das Zustandekommen einer adaptiven Reaktion hängt von diesen ineinandergreifenden Systemen spezialisierter Strukturen ab. Eigenständige, jedoch miteinander in Beziehung stehende Systeme sind an Erinnerungen, Kognitionen, Affekten, Motivationen, Aktionen und Kontrolle beteiligt. Die grundlegenden Verarbeitungseinheiten, die Schemata, sind gemäß ihrer Funktionen (und auch ihres Inhalts) geordnet.

Tabelle 10.11: Kognitive Fehler nach Beck.

1. *Willkürliche Schlußfolgerungen* (ein Reaktionsmuster) liegen dann vor, wenn bestimmte Schlüsse gezogen werden, obwohl es keine Beweise gibt, die diese Schlüsse rechtfertigen, bzw. obwohl Beweise gegen die Folgerungen sprechen.
2. *Selektive Verallgemeinerung* (ein reizbezogenes Muster) besteht in der Konzentration auf ein aus dem Zusammenhang gerissenes Detail, wobei bedeutsamere Situationsmerkmale ignoriert werden und die ganze Erfahrung auf der Basis dieses Fragments in ein Konzept gebracht wird.
3. *Übergeneralisation* (ein Reaktionsmuster) bezeichnet ein Verarbeitungsmuster, bei dem eine allgemeine Regel oder Schlußfolgerung auf der Basis einer oder mehrerer isoliert betrachteter Vorfälle entsteht und das Konzept unterschiedslos auf ähnliche oder unähnliche Situationen angewendet wird.
4. *Maximierung bzw. Minimierung* (ein Reaktionsmuster) zeigen sich in Fehlern, bei denen die Bedeutung oder Größe eines Ereignisses so ungenau eingeschätzt werden, daß eine Verzerrung entsteht.
5. *Personalisierung* (ein Reaktionsmuster) bezeichnet die Neigung des Patienten, äußere Ereignisse auf sich zu beziehen, auch wenn es keine Grundlage dafür gibt, einen solchen Zusammenhang herzustellen.
6. *Verabsolutiertes, dichotomes Denken* (ein Reaktionsmuster) zeigt sich in der Neigung, alle Erfahrungen in eine von zwei sich gegenseitig ausschließenden Kategorien einzuordnen; z.B. makellos oder mangelhaft, sauber oder schmutzig, heilig oder sündhaft. Wenn er sich selbst beschreibt, wählt der Patient extrem negative Klassifizierungen.

Verschiedene Arten von Schemata haben verschiedene Funktionen. Zum Beispiel befassen sich kognitive Schemata mit Abstraktion, Interpretation und Erinnerung, affektive Schemata mit Gefühlsentwicklung, motivationale Schemata mit Wünschen, instrumentelle Schemata mit Handlungen und Kontrollschemata mit der Selbstüberwachung und dem Verhindern bzw. Steuern von Handlungen.

Einige Subsysteme, die aus kognitiven Schemata bestehen, befassen sich mit der Selbstbewertung, andere wiederum mit der Bewertung anderer Menschen. Weitere Subsysteme sollen Erinnerungen speichern, entweder episodisch oder semantisch, und den Zugang zu ihnen ermöglichen. Wiederum andere Subsysteme dienen der Vorbereitung zukünftiger Situationen und schaffen die Basis für Erwartungen, Prognosen und langfristige Zukunftsplanungen." (Beck, Freeman et al., 1993, S. 28). Man kann diesem Zitat entnehmen, daß die Autoren eine Vielzahl von Systemen und Subsystemen und verschiedene Arten von "Schemata" postulieren, darunter ein "internes Kontrollsystem", dessen Aufgabe darin besteht, Impulse zu regulieren, zu modifizieren oder zu unterdrücken. Das Zusammenspiel der verschiedenen Systeme bzw. den Prozeß, der von der Wahrnehmung zum Verhalten führt, beschreiben Beck, Freeman et al. (1993, S. 29) wie folgt: "Zu den Basiskomponenten der Persönlichkeitsstruktur gehören aufeinanderfolgende verschiedenartige Schemata, die nach dem Fließband-Prinzip funktionieren. Der Einfachheit halber sollte man sich die Funktionsweise der Strukturen als logisch lineare Progression vorstellen. Bei Wahrnehmung eines Gefahrenreizes zum Beispiel wird das dazugehörige ´Gefahrenschema´ aktiviert. Dieses beginnt wiederum mit der Informationsverarbeitung. Daraufhin werden die Affekt-, Motivations-, Aktions- und Kontrollschemata aktiviert. Die Person stuft die Situation als gefährlich ein (kognitives Schema), bekommt Angst (affektives Schema), möchte davonlaufen (motivationales Schema) und wird zum Davonlaufen mobilisiert (Aktionsschema oder instrumentelles Schema). Falls die Person der Meinung ist, es habe keinen Sinn davonzulaufen, kann sie diesen Impuls unterdrücken (Kontrollschema)."

Zusammenfassend entdecken wir eine Reihe von Gemeinsamkeiten zwischen den von Beck und Mitarbeitern vertretenen Auffassungen sowie unserer eigenen Theorie. Wir bemängeln an dem Beckschen theoretischen Ansatz jedoch seine konzeptuellen Unklarheiten, mangelnde Systematik und unbefriedigende Verknüpfung mit grundwissenschaftlichen (vor allem allgemeinpsychologischen, persönlichkeitspsychologischen und systemtheoretischen) Modellen und Befunden. Positiv hervorzuheben sind hingegen die wertvollen klinischen Beobachtungen, die Beschreibung "kognitiver Fehler" von Depressiven und Klienten mit anderen psychischen Störungen sowie nicht zuletzt die oftmals erfolgreichen Behandlungen auf kognitiver Basis.

Die Therapie nach Beck (1979) zielt schwerpunktmäßig auf die dysfunktionalen verbalen und bildhaften Kognitionen von Klienten und deren zugrundeliegende Annahmen. Zu Beginn der Behandlung informiert der Therapeut über das Rationale seines Vorgehens. Sodann lenkt er die Aufmerksamkeit des Klienten auf dessen problematische Kognitionen, die oftmals automatisch, in einem Telegrammstil und weitgehend unbewußt ablaufen. Diese Kognitionen werden im Hinblick auf ihre Logik, ihren empirischen Gehalt und ihre pragmatischen Konsequenzen gemeinsam mit dem Klienten analysiert. Die dabei gewonnenen Einsichten führen zu neuen funktionaleren Einstellungen, Bewertungen und Verhaltensweisen, die in exemplarisch ausgewählten Problembereichen erprobt und gefestigt werden.

Oben wurde ausgeführt, daß wir therapeutische Ansätze, die sich auf das "System kognitiver Operationen" beziehen lassen, der Problembewältigungsperspektive nach Grawe et al. (1994) zuordnen. Damit wird auf die Kompetenzen bzw. Kompetenzdefizite von Klienten abgehoben, denn kognitive Operationen stehen im Dienste der Problemlösung. Anstatt auf Therapieansätze, die sich an der Leitidee der Problemlösung orientieren (z.B. D´Zurilla & Goldfried, 1971; Platt, Spivack & Swift, 1975; Kanfer, Reinecker & Schmelzer, 1991; Shure & Spivack, 1982), näher einzugehen, beschränken wir uns im folgenden auf einen Aspekt, zu dem wir, ausgehend von unserer Theorie, einen eigenen Beitrag leisten können - dem *interpersonalen Verhalten*. Diesem Gesichtspunkt kommt u.a. bei der Behandlung von Klienten mit Persönlichkeitsstörungen Bedeutung zu.

In Kapitel 5 haben wir am Beispiel der Liebesfähigkeit und der Expansivität den Zusammenhang von seelischer Gesundheit und interpersonalem Verhalten hervorgehoben. Es zeigte sich, daß seelisch Gesunde im allgemeinen sowohl über eine größere Liebesfähigkeit als auch Expansivität verfügen als Personen mit geringer seelischer Gesundheit. In Kapitel 7 haben wir das interpersonale Verhalten umfassend und systematisch betrachtet und dabei u.a. ein *Circumplexmodell der Bedingungen* (vgl. Abbildung 7.8) entworfen. Es umfaßt acht Oktanten, die vier Dimensionen zuzuordnen sind: Wertschätzung vs. Geringschätzung, fordernde Kontrolle vs. Freiheit, fördernde Anleitung vs. Vernachlässigung und Bestätigung vs. Unterdrückung. In Abbildung 7.9 wurde ein *Circumplexmodell der Folgen* postuliert, das die wahrscheinlichen Reaktionen auf ein mit Hilfe des Circumplexmodells der Bedingungen erfaßtes Verhalten beschreibt. Die acht Oktanten lassen sich vier Dimensionen zuordnen: wertschätzen vs. geringschätzen, sich einordnen vs. sich frei bewegen, annehmen vs. opponieren und sich entfalten vs. sich unterwerfen. Beide Modelle zusammen erlauben eine differenzierte Erfassung und Systematisierung interpersonalen (aktiven und reaktiven) Verhaltens und - soweit es sich um habituelle Muster handelt - *interpersonaler Strategien*. Jene Verhaltensmuster erwähnen wir im Zusammenhang mit dem "System kognitiver Operationen", weil sie auf kognitiven Prozessen basieren.

In Übereinstimmung mit interpersonal orientierten Therapeuten (z.B. Andrews, 1991; Beck, Freeman et al., 1993; Benjamin, 1993 b; Klerman et al., 1984; Safran & Segal, 1990) halten wir es für zweckmäßig, das interpersonale Verhalten von Klienten sorgfältig zu beobachten und gegebenenfalls dem Klienten bewußt zu machen sowie mit seinem Einverständnis in Richtung größere Flexibilität und Situationsangemessenheit zu verändern. Beachtung verdienen dabei auch Strategien der Selbstdarstellung (siehe oben; Laux und Weber, 1993).

5.3.5 "Steuerungszentrale"

Auf die "Steuerungszentrale" kommen wir mit Absicht als letztes zu sprechen, denn wir räumen ihr einen besonders hohen Stellenwert für die Verhaltenssteuerung und damit auch für die Erklärung und Therapie psychischer Störungen ein. Wie in Kapitel 4 ausgeführt wurde, ist die Koordination der verschiedenen Subsysteme bzw. die Steuerung der Kommunikation zwischen den Systemen eine wesentliche Aufgabe der "Zentrale". Die "Steuerungszentrale" erfüllt sie primär durch Aufmerksamkeitslenkung, indem sie (1) den Einfluß einzelner Subsysteme mit Hilfe der Informationsregler verstärkt ("Aktivierung") oder abschwächt ("Inhibition") und (2) innerhalb eines Subsystems einen eher fokussierten oder ganzheitlichen Verarbeitungsmodus begünstigt (vgl. Kapitel 4 sowie Kuhl, 1983 b,c). Wir beschränken uns im folgenden auf die Bedeutung der *Aufmerksamkeitssteuerung* für die Psychotherapie.

Der Grundgedanke, daß psychische Störungen etwas mit einer selektiven "Informationsverarbeitung" (um diesen zur Zeit modernen Begriff zu verwenden) zu tun haben, ist nicht neu. Man findet ihn in unterschiedlichen Varianten in tiefenpsychologischen, humanistischen und kognitiven Therapierichtungen. So lassen sich beispielsweise die von Freud beschriebenen Abwehrmechanismen (z.B. Leugnung oder Verdrängung) als Formen einer selektiven Informationsverarbeitung interpretieren. Informationsauswahl (auch in

Gestalt von Abwehrmechanismen) ist unvermeidlich und durchaus mit seelischer Gesundheit vereinbar (Vaillant, 1980). Sie kann sich als hilfreich erweisen, indem z.B. negative Emotionen, die mit problemlösendem Verhalten interferieren würden, vermieden werden.

Andererseits liegen die Gefahren exzessiver Informationsselektion auf der Hand. Die Person entwirft ein verzerrtes Bild der eigenen Person sowie der Umwelt, wird z.B. eigene Bedürfnisse oder Gefühle entstellt wahrnehmen, die Reaktionen anderer Menschen mißverstehen oder Handlungen ausführen, die ihr fremd und der eigenen Kontrolle entzogen erscheinen.

Diese klinisch relevanten Phänomene interpretieren wir als Folge bestimmter Aufmerksamkeitsstrategien der "Zentrale". Dabei handelt es sich in der Regel nicht um bewußt eingesetzte Maßnahmen, sondern um automatisch und unbewußt ablaufende Prozesse. Bei einer Vielzahl von Klienten wird eine wichtige Aufgabe des Therapeuten darin bestehen, defizitäre Aufmerksamkeitsprozesse zu identifizieren und zu beeinflussen. Wir unterscheiden zwei Typen gestörter Aufmerksamkeit:

- rigide *Fixierung* der Aufmerksamkeit und
- *selektive Unaufmerksamkeit.*

Fixierung der Aufmerksamkeit

Die Aufmerksamkeit verengt sich auf einen bestimmten persönlich bedeutsamen Erfahrungsaspekt, z.B. auf einen zurückliegenden Verlust oder eine wahrgenommene künftige Gefahr. Das Denken kreist um dieses Thema mit bedeutsamen emotionalen Konsequenzen (z.B. Depression oder Angst), motivationalen Konsequenzen (z.B. Lähmung von Aktivitäten), kognitiven Konsequenzen (z.B. Beeinträchtigung von Wahrnehmung, Denken und Problemlösen) sowie aktionalen Konsequenzen (z.B. Störungen in sensumotorischen Abläufen) (Beck, 1976, 1979; Kuhl, 1987). In solchen Fällen besteht eine wichtige therapeutische Aufgabe in der Hilfe zur Überwindung der Aufmerksamkeitsfixierung, so daß eine Person beispielsweise aus einer *Lageorientierung* zurück zu einer *Handlungsorientierung* findet. Bei schweren existentiellen Krisen kann dieser Prozeß längere Zeit beanspruchen.

Selbstverständlich wird sich die therapeutische Hilfe nicht ausschließlich auf der "kognitiven" Ebene abspielen, sondern auch die motivationalen und emotionalen Ebenen einbeziehen (siehe unten).

Selektive Unaufmerksamkeit

Auf den zweiten Fall gestörter Aufmerksamkeit gehen wir etwas ausführlicher ein. Hier liegt das Problem nicht in einer rigiden Fokussierung der Aufmerksamkeit, sondern in einem Ausblenden prinzipiell verfügbarer Erfahrungsquellen. Neben Tiefenpsychologen haben vor allem Autoren, die der Gesprächspsychotherapie nahestehen, diesem Thema Beachtung geschenkt.

Gendlin (1978, 1981, 1984) vertritt die Auffassung, daß erfolgreiche Psychotherapie durch den Prozeß des *"Fokussierens"* ("focusing") zustandekommt. Zu Beginn der Therapie klagen viele Klienten darüber, daß sie sich gefühlsmäßig verwirrt fühlen oder daß sie etwas diffus erleben, ohne es verbalisieren zu können. Gendlin nennt diesen Zustand *"gefühlten Sinn"* ("felt sense"). Er unterscheidet sich von normalen Gefühlen dadurch, daß er unklarer und weniger intensiv ist. Das Ziel der Therapie besteht nach Gendlin (1984, S. 77, Übers. d. Verf.) in einer Klärung der zugrundeliegenden authentischen Gefühle: "Personen verändern sich durch Gefühle, die sie bisher nicht bewußt erlebt und ausgedrückt haben." Der therapeutische Prozeß des Fokussierens umfaßt u.a. folgende Schritte (Gendlin, 1984; Greenberg, Safran & Rice, 1989):

- Die Aufmerksamkeit wird auf den "gefühlten Sinn" gerichtet. Dies geschieht im Zustand mittlerer Entspannung durch eine Fokussierung auf Empfindungen, die aus der Mitte des Körpers stammen. Der Klient wartet zunächst ab, läßt das Erleben sich entfalten, ohne daß er darüber nachdenkt oder es beschreibt.
- Erst in einem zweiten Schritt wird der Versuch unternommen, das Erfahrene in Worte oder Bilder zu kleiden - ein suchendes Herantasten.
- Es wird überprüft, ob die Worte oder Symbole das Gefühlte präzise treffen.
- Eine bedeutsame Veränderung (z.B. ein Nachlassen körperlicher Spannung) tritt ein, sobald das Gefühlte richtig erkannt und symbolisiert wurde.
- Durch einen oder mehrere derartige Prozesse werden neue Bedeutungen geschaffen bzw. Schemata (z.B. Selbstschemata) verändert.

Diesen für die Gesprächspsychotherapie zentralen Klärungsprozeß, in dem Klienten ihre internalen Problemdeterminanten *explizieren,* hat Sachse (1992) detailliert analysiert. Sachse läßt sich von folgenden Grundideen leiten:

- Die persönlichen Probleme von Klienten sind nicht nur durch externe, sondern auch durch internale Faktoren (Motive, Ziele, Werte, Erwartungen, Emotionen usw.) determiniert.

- Diese internalen Determinanten sind dem Klienten zum Teil unklar und unverständlich.
- Dadurch bleibt seine Problemdefinition unvollständig oder falsch, und das Problem wird konserviert.
- Durch Explizierung sollen eine umfassendere, valide Problemdefinition bzw. eine Umstrukturierung des Problems erreicht und eine neue Lösung gefunden werden.
- Die Explizierung ist ein schwieriger Prozeß.

Wir stimmen mit der Grundposition von Sachse überein, insbesondere was die Bedeutung der selektiven (Un)aufmerksamkeit des Klienten betrifft. Wir betrachten es als wichtige Aufgabe des Therapeuten, die Aufmerksamkeitssteuerung des Klienten im Hinblick auf die verschiedenen Subsysteme der Persönlichkeit sorgfältig zu beobachten und sich u.a. folgende Fragen zu stellen (wir beschränken uns auf wenige Beispiele und verweisen auf vorangehende Abschnitte in diesem Kapitel):

- Ausgehend von den Systemen angeborener und erworbener Emotionen:

- Beachtet der Klient in ausreichendem Maße seine emotionalen Prozesse?
- Ist er in der Lage, seine (wahren) Gefühle zu identifizieren und gegebenenfalls zu benennen?
- Versucht er, bestimmte primäre Gefühle zu leugnen oder durch sekundäre Gefühle zu ersetzen?

- Ausgehend vom "System angeborener Bedürfnisse":

- Richtet der Klient - meist geleitet von emotionalen Prozessen - seine Aufmerksamkeit auf seine "wahren Bedürfnisse"?
- Kennt er seine Bedürfnisse, oder macht er sich diesbezüglich etwas vor?

- Ausgehend vom "System erworbener Sollwerte":

- Ist der Klient sich der Tatsache bewußt, daß er ganz bestimmte Sollwerte verinnerlicht hat?
- Beachtet er seine verinnerlichten Werte, Ziele, sozialen Normen und sein Ichideal in hinreichendem Maße?

- Ausgehend vom "System kognitiver Strukturen":

- Wie realistisch ist das Selbstmodell des Klienten?
- Vermeidet er es, seine Aufmerksamkeit auf bestimmte Aspekte des Selbst zu richten, die folglich "im Schatten liegen"?

• Ausgehend vom "perzeptorischen System" sowie dem "System kognitiver Operationen":
- Beachtet der Klient selektiv bestimmte Aspekte seiner (sozialen) Umwelt und blendet andere Aspekte aus? Registriert er z.B. einseitig alle Signale, die als Mißbilligung seiner Person durch andere interpretiert werden können, und übersieht er systematisch alle Anzeichen von Wertschätzung?
- Berücksichtigt der Klient selektiv alle Argumente und Beobachtungsdaten, die *für* eine von ihm vertretene Hypothese sprechen, und negiert er alles, was *dagegen* spricht?

Um Mißverständnissen vorzubeugen, möchten wir abschließend auf folgende Punkte hinweisen:
• Eine "optimale" Aufmerksamkeitssteuerung ist für die "Zentrale" eine schwierige Aufgabe, einer Gratwanderung vergleichbar: Nachteile können sich sowohl aus einer zu starken Lenkung der Aufmerksamkeit auf einzelne Subsysteme bzw. Aspekte des Erlebens ergeben (vergleiche z.B. Frankls Hypothese von den Gefahren einer zu großen Selbstzentrierung) als auch aus einer zu großen selektiven Unaufmerksamkeit. Das Optimum hängt im übrigen von den jeweiligen Rahmenbedingungen ab, so daß eine flexible Aufmerksamkeitssteuerung von Vorteil ist.
• Entsprechend unserer Grundthese von der Notwendigkeit einer "differentiellen Psychotherapie" wird das Therapieziel im Einzelfall darin bestehen, die Aufmerksamkeitssteuerung entweder stärker in die eine oder in die andere der beiden Richtungen zu beeinflussen.
• Erfolgreiche Psychotherapie kann sich in der Regel nicht auf eine Analyse und Beeinflussung kognitiver Prozesse beschränken, sondern wird den Bedürfnissen und Emotionen des Klienten größte Beachtung schenken (siehe oben). In diesem Sinn ist Psychotherapie keinesfalls primär eine "rationale" Angelegenheit, sondern sie wendet sich an die gesamte Persönlichkeit des Klienten. Erst wenn es dem Therapeuten gelingt, eine Atmosphäre der Wertschätzung und des optimistischen Vertrauens zu schaffen, sind grundlegende Voraussetzungen dafür geschaffen, daß sich konstruktive Prozesse im Klienten entfalten (vgl. Becker, 1994 c).

6. ZUSAMMENFASSUNG

In den letzten Jahren sind auf dem Gebiet der Psychotherapie Bemühungen zur Überwindung des Schulendenkens, zur Entwicklung integrativer Therapieformen und zur Aufdeckung allgemeiner psychotherapeutischer Wirkfaktoren in Gang gekommen. Sollen diese Bestrebungen zum Erfolg führen, wird ein integratives Modell benötigt, das sich als theoretischer Rahmen eignet. Im vorliegenden Kapitel bieten wir die von uns entwickelte Struktur- und Systemtheorie der Persönlichkeit als ein solches Modell an und wenden es auf die Psychotherapie an. Das Ziel des Kapitels ist die Formulierung von Prinzipien einer allgemeinen und differentiellen Psychotherapie.

Zunächst wird der Begriff der psychischen Störung erörtert. Seine konstituierenden Bestandteile sind die nur unscharf voneinander abgrenzbaren Begriffe "psychisches Leiden", "ineffizientes Verhalten" und "störendes Verhalten". Steht ein Kliniker vor der Aufgabe, das Auftreten oder Fortbestehen einer psychischen Störung zu erklären, so kann er prinzipiell eine diachronische, eine synchronische oder eine kombiniert diachronisch-synchronische Betrachtungsweise wählen.

Für die Erklärung und Therapie psychischer Störungen halten wir es für fruchtbar, die intrapersonale (individuumzentrierte) Betrachtungsweise mit der interpersonalen zu verknüpfen. Das Ziel der Psychotherapie sehen wir in einer Hilfe zur Verbesserung der Voraussetzung für eine Bewältigung externer und interner Anforderungen. Das therapeutische Angebot richtet sich primär an das ratsuchende Individuum, es wird jedoch dessen Umwelt bei Bedarf einbeziehen.

Das Kapitel über Konzepte und Methoden einer allgemeinen Psychotherapie beginnt mit Fragen der Definition und der Ziele von Psychotherapie sowie mit der Ausgangssituation des Klienten vor Beginn einer Behandlung. Danach werden das psychodiagnostische Vorgehen und seine Verknüpfung mit therapeutischen Interventionen beleuchtet.

Eine vergleichende Gegenüberstellung bekannter Therapieformen erfolgt unter Bezugnahme auf das Circumplexmodell interpersonaler Bedingungen. Berücksichtigt werden die jeweilige therapeutische Leitidee, die Rolle des Therapeuten sowie die komplementäre Rolle des Klienten. Dabei ergibt sich ein deutlicheres Bild der Gemeinsamkeiten und Unterschiede zwischen den Therapieformen als unter Bezugnahme auf das einheitliche Konzept des "therapeutischen Lernens". Die drei resultierenden Klassen von Therapierichtungen unterscheiden sich u.a. im Ausmaß der für erforderlich gehaltenen Kontrolle und Wertschätzung des Therapeuten.

Es wird deutlich, daß sich Psychotherapierichtungen weniger gegenseitig ausschließen als vielmehr ergänzen. Die Festlegung eines Therapeuten auf nur eine Richtung bzw. die weitgehende Beschränkung auf nur einen Oktanten aus dem Circumplexmodell der (interpersonalen) Bedingungen führt zu suboptimalen Ergebnissen. Aus diesem Grund wird für eine differentielle Psychotherapie plädiert. Deren Leitidee ist die *"Flexibilität"* des Therapeuten, der *schulenübergreifend* arbeitet.

Das entsprechende diagnostisch-therapeutische Vorgehen lehnt sich an den entscheidungstheoretischen Ansatz von Cronbach und Gleser an. Aufgrund von Informationen über einen Klienten entwickelt der Kliniker eine diagnostisch-therapeutische Strategie, die jeweils Schritte der Hypothesenbildung, der Zielsetzung sowie der Hypothesenabklärung umfaßt. Das flexible Vorgehen gestattet ein regelgesteuertes klinisches Arbeiten, sofern die Voraussetzungen dafür gegeben sind. Es läßt sich jedoch auch dann anwenden, wenn der Fundus an gesichertem Wissen gering ist oder besondere Rahmenbedingungen vorliegen.

Wir legen großen Wert auf die Diagnostik der Persönlichkeit sowie des interpersonalen Verhaltens. Persönlichkeitsdiagnostik, die auf unsere Theorie Bezug nimmt, umfaßt zwei sich ergänzende und miteinander in Beziehung stehende Aspekte:

- Beschreibung der Persönlichkeit mit Hilfe der beiden übergeordneten Persönlichkeitsdimensionen seelische Gesundheit und Verhaltenskontrolle und ihrer Teilkomponenten, mit der Möglichkeit einer Einordnung des Klienten in das Circumplexmodell der Persönlichkeit, (2) Beschreibung der Persönlichkeit mit Hilfe des Systemmodells der Persönlichkeit. Während die Einordnung in das Circumplexmodell eine Globalorientierung über den Klienten liefert, erlaubt der Rückgriff auf das Systemmodell eine differenzierte Struktur- und Funktionsanalyse, die den kognitiven, motivationalen, emotionalen und aktionalen Prozessen Rechnung trägt.

Aus der Einordnung des Klienten in einen der acht Oktanten des Circumplexmodells der Persönlichkeit ergeben sich Hinweise zum differentiellen diagnostisch-therapeutischen Vorgehen in Abhängigkeit vom jeweiligen Persönlichkeitstypus. Es werden fünf häufig anzutreffende Typen von Klienten beschrieben, nämlich Personen mit jeweils deutlich erhöhten Werten in Richtung:

- Verhaltenskontrolle (VK-Plus-Typ),
- Gehemmtheit (GH-Typ),
- geringe seelische Gesundheit (SG-Minus-Typ),
- Zügellosigkeit (ZÜ-Typ) und
- geringe Verhaltenskontrolle (VK-Minus-Typ).

Diese Kliententypen erfordern ein zumindest in Teilaspekten unterschiedliches therapeutisches Vorgehen.

Betrachtet man den Menschen als komplexes System, so ist es für einen Therapeuten aufschlußreich, einen Einblick in die spezifischen

Charakteristika der verschiedenen Subsysteme eines Klienten zu gewinnen. Jedes der neun Subsysteme ist an der Realisierung von Verhalten beteiligt, und jedes verdient prinzipiell die Beachtung des Therapeuten. Da wir die Realitätstheorie einer Person als übergeordneten Sollwert ihres Handelns betrachten, liefert sie einen der besten Schlüssel zum Verständnis des Klienten.

Neben dem Selbstmodell ist das Umweltmodell ein konstituierendes Element der "Realitätstheorie" eines Menschen. Mit Epstein kann man von einer hierarchischen Struktur des Umweltmodells ausgehen. Die an der Spitze der Hierarchie befindlichen Annahmen oder Schemata sind besonders veränderungsresistent. Für den Kliniker ist es wichtig, sie zu kennen und auf ihre Realitätsnähe bzw. Funktionalität zu überprüfen.

Unter Anhängern verschiedener Therapierichtungen besteht weitgehende Übereinstimmung darüber, daß Emotionen im Zusammenhang mit der Entstehung, Aufrechterhaltung und Behandlung psychischer Störungen eine eminente Bedeutung zukommt. Sie haben - auch wenn es zunächst paradox erscheint - im allgemeinen eine adaptive Funktion und sind eher Verbündete in einem (therapeutischen) Veränderungsprozeß als negative Merkmale des Klienten, die es möglichst schnell abzuschwächen gilt. Emotionsorientierte Interventionen fallen in mehrere Klassen und umfassen Verfahren zur Erreichung unterschiedlicher Ziele:

- Bewußtmachen von Emotionen,
- Hervorrufen von Emotionen,
- emotionales Restrukturieren,
- Ansprechen zustandsabhängiger Kernüberzeugungen und
- Verändern dysfunktionaler Emotionen.

In einem Exkurs wird ausführlicher auf die klinische Relevanz und Therapie von Schuld- und Schamgefühlen sowie von Ressentiments eingegangen - Emotionen, denen in der wissenschaftlichen Literatur bisher zu wenig Beachtung geschenkt wurde.

Den Abschluß des Kapitels über das diagnostisch-therapeutische Vorgehen unter Bezugnahme auf das Systemmodell der Persönlichkeit bilden Ausführungen zu dem "System angeborener Bedürfnisse", dem "System erworbener Sollwerte", dem "System kognitiver Operationen" sowie der "Steuerungszentrale". Zu den Aufgaben des Therapeuten gehört es, die Klärung der Motivation des Verhaltens und Erlebens des Klienten zu fördern und gegebenenfalls effizientere Formen der Bedürfnisbefriedigung bzw. Zielerreichung anzuregen.

Häufig wird der Therapeut der Art der Problembewältigung des Klienten (bzw. der "Bewältigungsperspektive") besondere Beachtung schenken. Hier haben sich vor allem Methoden der (kognitiven)

Verhaltenstherapie als wirksam erwiesen. Der Ansatz von Beck wird eingehender behandelt und in einigen Punkten einer kritischen Analyse unterzogen. Gleichrangige Bedeutung wie der Bewältigungsperspektive kommt in vielen Fällen der "Klärungsperspektive" zu. Die entsprechenden therapeutischen Konsequenzen werden unter Bezugnahme auf die "Steuerungszentrale" und deren wichtige Aufgabe der Aufmerksamkeitssteuerung dargestellt.

Literaturverzeichnis

Abele, A. (1991). Auswirkungen von Wohlbefinden oder: Kann gute Laune schaden? In A. Abele & P. Becker (Hrsg.), *Wohlbefinden. Theorie-Empirie-Diagnostik* (S. 297-325). Weinheim: Juventa.

Abele, A. & Becker, P. (Hrsg.) (1991). *Wohlbefinden. Theorie - Empirie - Diagnostik*. Weinheim: Juventa.

Adler, A. (1912). *Über den nervösen Charakter; Grundzüge einer vergleichenden Individualpsychologie und Psychotherapie*. Wiesbaden: Bergmann.

Adler, A. (1933). *Der Sinn des Lebens*. Wien, Leipzig: Passer.

Adler, A. (1966). *Menschenkenntnis*. Frankfurt: Fischer.

Aebli, H. (1980). *Denken: Das Ordnen des Tuns*. Band I: *Kognitive Aspekte der Handlungstheorie*. Stuttgart: Klett-Cotta.

Aebli, H. (1981). *Denken: Das Ordnen des Tuns*. Band II: *Denkprozesse*. Stuttgart: Klett-Cotta.

Ainsworth, M.D.S., Bell, S.M. & Stayton, D.J. (1974). Infant mother attachment and social development: "Socialization" as a product of reciprocal responsiveness to signals. In M.P.M. Richards (Ed.), *The integration of a child into a social world* (pp. 91-135). Cambridge: Cambridge University Press.

Alexander, F. (1977). *Psychosomatische Medizin*. Berlin: de Gruyter.

Allport, G.W. & Odbert, H.S. (1936). Trait-names: A psycho-logical study. *Psychological Monographs, 47*, No. 211.

Amelang, M. & Bartussek, D. (1990). *Differentielle Psychologie und Persönlichkeitsforschung* (3. Aufl.). Stuttgart: Kohlhammer.

Anderson, J.R. (1988). *Kognitive Psychologie: Eine Einführung*. Heidelberg: Verlag Spektrum der Wissenschaft.

Andresen, B. (1986). Reizsuche - und Erlebnismotive I: Eine psychometrische Reanalyse der SSS V Zuckermans im Kontext der MISAP-Entwicklung. *Zeitschrift für Differentielle und Diagnostische Psychologie, 7*, 177-203.

Andresen, B. (1990). Reizsuche - und Erlebnismotive II: Sekundärfaktoranalysen. Invarianzprüfung und Ableitung eines MISAP-Strukturmodells. *Zeitschrift für Differentielle und Diagnostische Psychologie, 11*, 65-92.

Andresen, B. (1994). *"Big five plus one": Entwicklung eines sechsdimensionalen Persönlichkeitsmodells*. (Referat auf dem 39. Kongreß der Deutschen Gesellschaft für Psychologie in Hamburg).

Andrews, J.D.W. (1991). *The active self in psychotherapy. An integration of therapeutic styles*. Boston: Allyn and Bacon.

Andry, R.G. (1960). *Delinquency and parental pathology*. London: Methuen.

Anthony, E.J. (1987). Children at high risk for psychosis growing up successfully. In E.J. Anthony & B.J. Cohler (Eds.), *The invulnerable child* (pp. 145-184). New York: Guilford Press.

Antonovsky, A. (1979). *Health, stress, and coping*. San Francisco: Jossey-Bass.

Antonovsky, A. (1987). *Unraveling the mystery of health: How people manage stress and stay well*. San Francisco: Jossey-Bass.

Aram, J. & Piraino, T.G. (1978). The hierarchy of needs theory: An evaluation in Chile. *Interamerican Journal of Psychology, 12*, 179-188.

Aronfreed, J. (1968). *Conduct and conscience: The socialisation of internal controls over behavior*. New York: Academic Press.

Arrindell, W.A. & Emmelkamp, P.M.G. (1985). A test of the repression hypothesis in agoraphobics. *Psychological Medicine, 15*, 125-129.

Asendorpf, J.B. (1993). Münchhausenes Zopf oder eine Bottom-up Strategie für die Differentielle Psychologie. In L. Montada (Hrsg.), *Bericht über den 38. Kongreß der Deutschen Gesellschaft für Psychologie in Trier 1992.* Band 2 (484-492). Göttingen: Hogrefe.

Bandura, A. (1977 a). Self-efficacy: Toward a unifying theory of behavior change. *Psychological Review, 84,* 191-215.

Bandura, A. (1977 b). *Social learning theory.* Englewood Cliffs, N.J.: Prentice Hall.

Bandura, A. (1978). The self system in reciprocal determinism. *American Psychologist, 33,* 344-358.

Bandura, A. (1991 a). Social cognitive theory of moral thought and action. In W.M. Kurtines & J.L. Gerwitz (Eds.), *Handbook of moral behavior and development.* Vol. 1 (pp. 45-103). Hillsdale, N.J.: Erlbaum.

Bandura, A. (1991 b). Self-regulation of motivation through anticipatory and self-reactive mechanisms. In R.A. Dienstbier (Ed.), *Perspectives on motivation* (pp. 69-164). Lincoln, N.E.: University of Nebraska Press.

Bandura, A., Adams, N.E., Hardy, A.B. & Howells, G.N. (1980). Tests of the generality of the self-efficacy theory. *Cognitive Therapy and Research, 4,* 39-66.

Bandura, A. & Walters, R.H. (1959). *Adolescent aggression.* New York: Ronald Press.

Bargel, T. (1973). Probleme der Rezeption empirischer Sozialisationsforschung. In H. Walter (Hrsg.), *Sozialisationsforschung.* Band I (S. 119-138). Stuttgart-Bad Cannstatt: Problemata.

Bartling, G., Echelmeyer, L., Engberding, M. & Krause, R. (1980). *Problemanalyse im therapeutischen Prozeß.* Stuttgart: Kohlhammer.

Bartling, G. & Fiegenbaum, W. (1982). Problemanalyse. In R. Bastine, P.A. Fiedler, K. Grawe, S. Schmidtchen & G. Sommer (Hrsg.), *Grundbegriffe der Psychotherapie* (S. 275-279). Weinheim: edition psychologie.

Bartussek, D. (1991). *Sechzig Jahre faktorenanalytische Persönlichkeitsforschung: Ein Überblick über die vier Gesamtsysteme der Persönlichkeit.* Trierer Psychologische Berichte, Bd. 18, Heft 5. Universität Trier. Fachbereich I - Psychologie.

Bastine, R. (1982). Psychotherapie. In R. Bastine, P.A. Fiedler, K. Grawe, S. Schmidtchen & G. Sommer (Hrsg.), *Grundbegriffe der Psychotherapie* (S. 311-317). Weinheim: edition psychologie.

Bastine, R. (1984). *Klinische Psychologie.* Band 1. *Grundlagen und Aufgaben Klinischer Psychologie. Definition, Klassifikation und Entstehung psychischer Störungen.* Stuttgart: Kohlhammer.

Bastine, R. (1990). Die Überwindung psychotherapeutischen Schulendenkens - Hindernisse und Hoffnungen. In H. Lang (Hrsg.), *Wirkfaktoren der Psychotherapie* (S. 209-218). Heidelberg: Springer.

Bastine, R. (Hrsg.) (1992 a). *Klinische Psychologie.* Band 2. *Klinische Psychodiagnostik, Prävention, Gesundheitspsychologie, Psychotherapie, Psychosoziale Intervention.* Stuttgart: Kohlhammer.

Bastine, R. (1992 b). Psychotherapie. In R. Bastine (Hrsg.), *Klinische Psychologie.* Band 2 (S. 179-301). Stuttgart: Kohlhammer.

Bastine, R. (1992 c). Klinische Psychodiagnostik. In R. Bastine (Hrsg.), *Klinische Psychologie.* Band 2 (S. 1-55). Stuttgart: Kohlhammer.

Battmann, W. (1984). Regulation und Fehlregulation im Verhalten. IX: Belastung und Entlastung durch Planung. *Psychologische Beiträge, 26,* 673-691.

Baumrind, D. (1967). Child care practices anteceding three patterns of preschool behavior. *Genetic Psychology Monographs, 75,* 43-88.

Baumrind, D. (1971). Current patterns of parental authority. *Developmental Psychology Monographs, 4,* 1-103.

Baumrind, D. (1975). *Early socialization and the discipline controversy.* Morristown, N.J.: General Learning Press.
Beck, A.T. (1976). *Cognitive therapy and the emotional disorders.* New York: International Universities Press.
Beck, A.T. (1979). *Wahrnehmung der Wirklichkeit und Neurose.* München: Pfeiffer.
Beck, A.T. (1983). Cognitive therapy of depression: New perspectives. In P.J. Clayton & J.E. Barrett (Eds.), *Treatment of depression: Old controversies and new approaches* (pp. 265-290). New York: Raven Press.
Beck, A.T. & Clark, D.A. (1988). Anxiety and depression: An information processing perspective. *Anxiety Research, 1,* 23-36.
Beck, A.T., Freeman, A. et al. (1993). *Kognitive Therapie der Persönlichkeitsstörungen.* Weinheim: Beltz. Psychologie Verlags Union.
Beck, A.T., Rush, A.J., Shaw, B.F. & Emery, G. (1986). *Kognitive Therapie der Depression* (2. Aufl.). München: Urban & Schwarzenberg.
Becker, P. (1971). *Die Faktorenanalyse von MMPI-Skalen als Methode der "klinischen Persönlichkeitsforschung". Faktorenanalytisch begründete Hypothesen zur Beschreibung und Erklärung von Verhaltensstörungen.* Unveröffentlichte Inaugural-Dissertation. Saarbrücken: Universität des Saarlandes. Philosophische Fakultät.
Becker, P. (1980). *Studien zur Psychologie der Angst. Ein interaktionistischer Ansatz zur Messung und Erklärung normaler und pathologischer Angst.* Weinheim: Beltz.
Becker, P. (1981). Neuere psychologische Ätiologietheorien der Depression und Angst. In W.-R. Minsel & R. Scheller (Hrsg.), *Brennpunkte der Klinischen Psychologie.* Band II. *Prävention* (S. 25-62). München: Kösel.
Becker, P. (1982 a). *Psychologie der seelischen Gesundheit.* Band 1. *Theorien, Modelle, Diagnostik.* Göttingen: Hogrefe.
Becker, P. (1982 b). *Interaktions-Angst-Fragebogen (IAF).* Testmappe (Manual, Testheft, Auswertungsblatt). Weinheim: Beltz.
Becker, P. (1984). Zur Ätiologie neurotischer depressiver Fehlhaltungen. In H.-J. Haase (Hrsg.), *Der depressive Mensch* (S. 51-64). Erlangen: Perimed.
Becker, P. (1984). Differentialätiologie. In L.R. Schmidt (Hrsg.), *Lehrbuch der Klinischen Psychologie* (S. 100-127). Stuttgart: Enke.
Becker, P. (1985 a). Sinnfindung als zentrale Komponente seelischer Gesundheit. In A. Längle (Hrsg.), *Wege zum Sinn. Logotherapie als Orientierungshilfe* (S. 186-207). München: Piper.
Becker, P. (1985 b). Bewältigungsverhalten und seelische Gesundheit. *Zeitschrift für Klinische Psychologie, 14,* 169-184.
Becker, P. (1986 a). Theoretischer Rahmen. In P. Becker & B. Minsel, *Psychologie der seelischen Gesundheit.* Band 2. *Persönlichkeitspsychologische Grundlagen, Bedingungsanalysen und Förderungsmöglichkeiten* (S. 1-90). Göttingen: Hogrefe.
Becker, P. (1986 b). Erste Überprüfungen der Theorie der seelischen Gesundheit. In P. Becker & B. Minsel, *Psychologie der seelischen Gesundheit.* Band 2. *Persönlichkeitspsychologische Grundlagen, Bedingungsanalysen und Förderungsmöglichkeiten* (S. 91-183). Göttingen: Hogrefe.
Becker, P. (1986 c). Geschlecht und seelische Gesundheit. In P. Becker & B. Minsel, *Psychologie der seelischen Gesundheit.* Band 2. *Persönlichkeitspsychologische Grundlagen, Bedingungsanalysen und Förderungsmöglichkeiten* (S. 120-183). Göttingen: Hogrefe.
Becker, P. (1986 d). Arbeit und seelische Gesundheit. In P. Becker & B. Minsel, *Psychologie der seelischen Gesundheit.* Band 2. *Persönlichkeitspsychologische Grundlagen, Bedingungsanalysen und Förderungsmöglichkeiten* (S. 184-285). Göttingen: Hogrefe.

Becker, P. (1987). Psychologie der Depression. *Saarländisches Ärzteblatt, 40,* 506-511.
Becker, P. (1988 a). Ein Strukturmodell der emotionalen Befindlichkeit. *Psychologische Beiträge, 30,* 514-536.
Becker, P. (1988 b). Seelische Gesundheit und Verhaltenskontrolle: zwei replizierbare, varianzstarke Persönlichkeitsfaktoren. *Zeitschrift für Differentielle und Diagnostische Psychologie, 9,* 13-28.
Becker, P. (1989). *Der Trierer Persönlichkeitsfragebogen TPF.* Handanweisung. Göttingen: Hogrefe.
Becker, P. (1990). *Das Trierer Inventar zur Verhaltenskontrolle (TIV). Vorform eines Testmanuals.* Trierer Psychologische Berichte. Band 17, Heft 5. Universität Trier. Fachbereich I - Psychologie.
Becker, P. (1991 a). Theoretische Grundlagen. In A. Abele & P. Becker (Hrsg.), *Wohlbefinden. Theorie - Empirie - Diagnostik* (S. 13-49). Weinheim: Juventa.
Becker, P. (1991 b). Intrafamiliäre Ähnlichkeiten in Indikatoren der seelischen Gesundheit. *Zeitschrift für Klinische Psychologie, 20,* 177-188.
Becker, P. (1992 a). Seelische Gesundheit als protektive Persönlichkeitseigenschaft. *Zeitschrift für Klinische Psychologie, 21,* 64-75.
Becker, P. (1992 b). *Persönlichkeit und psychische Störungen.* Trierer Psychologische Berichte. Band 19, Heft 5. Universität Trier. Fachbereich I - Psychologie.
Becker, P. (1992 c). Ostdeutsche und Westdeutsche auf dem Prüfstand psychologischer Tests. *Aus Politik und Zeitgeschichte (Beilage zur Wochenzeitung Das Parlament), B 24/92,* S. 27-36.
Becker, P. (1992 d). Diagnostik und Bedingungsanalyse des Gesundheitsverhaltens. In H. Schröder & K. Reschke (Hrsg.), *Psychosoziale Prävention und Gesundheitsförderung* (S. 105-124). Regensburg: Roderer.
Becker, P. (1992 e). Angsttests. In R. Battegay, J. Glatzel, W. Pöldinger & U. Rauchfleisch (Hrsg.), *Handwörterbuch der Psychiatrie* (S. 40-42). Stuttgart: Enke.
Becker, P. (1992 f). Die Bedeutung integrativer Modelle von Gesundheit und Krankheit für die Prävention und Gesundheitsförderung. In P. Paulus (Hrsg.), *Prävention und Gesundheitsförderung. Perspektiven für die psychosoziale Praxis* (S. 91-107). Köln: GwG-Verlag.
Becker, P. (1993 b). Persönlichkeitsstrukturen von Ost- und Westdeutschen: ihre Bedeutung im Zusammenhang mit Fremdenfeindlichkeit. In Friedrich-Ebert-Stiftung (Hrsg.), *Fremdenfeindlichkeit und Gewalt. Ursachen und Handlungsperspektiven* (S. 35-56). Bonn: Forschungsinstitut der Friedrich-Ebert-Stiftung. Godesberger Allee 149, Bonn 2.
Becker, P. (1993 c). *Freud, Adler und Jung: ihre persönlichkeitspsychologischen Grundannahmen und deren empirische Überprüfung.* Trierer Psychologische Berichte. Band 20, Heft 3. Universität Trier. Fachbereich I - Psychologie.
Becker, P. (1994 a). *Persönlichkeit und perzipierte Umwelt als Risiko- bzw. Schutzfaktoren für die habituelle und aktuelle körperliche Gesundheit?* Trierer Psychologische Berichte. Band 21, Heft 1. Universität Trier. Fachbereich I - Psychologie.
Becker, P. (1994 b). Die Bedeutung von Vertrauen für die seelische und körperliche Gesundheit. *Logotherapie & Existenzanalyse* (*Sonderheft*), 52-64.
Becker, P. (1994 c). *Was leistet das Fünf-Faktoren-Modell der Persönlichkeit für die Klinische Psychologie?* (Referat auf dem 39. Kongreß der Deutschen Gesellschaft für Psychologie in Hamburg).
Becker, P. (in Vorbereitung). *Das Trierer Inventar zur Verhaltenskontrolle. Testmanual.* Trier: Universität. Fachbereich I - Psychologie.

Becker, P., Bös, K. & Woll, A. (1994). Ein Anforderungs-Ressourcen-Modell der körperlichen Gesundheit: Pfadanalytische Überprüfung mit latenten Variablen. *Zeitschrift für Gesundheitspsychologie, 2,* 25-48.

Becker, P., Hänsgen, K.-D. & Krieger, W. (1994). Persönlichkeitsvergleich von Ost- und Westdeutschen in Indikatoren der seelischen Gesundheit und der Verhaltenskontrolle. *Report Psychologie, 19,* 28-41.

Becker, P., Hänsgen, K.-D. & Lindinger, E. (1991). *Ostdeutsche und Westdeutsche im Spiegel dreier Fragebogentests.* Trierer Psychologische Berichte. Band 18, Heft 3. Universität Trier. Fachbereich I - Psychologie.

Becker, P., Krieger, W., Kamm, U. & Schoerer, S. (1989). *Alltagskorrelate und -verläufe der emotionalen Befindlichkeit: Literaturüberblick sowie zeitreihenanalytische Studie an fünf Paaren über 100 Zeitpunkte.* Trierer Psychologische Berichte. Band 16, Heft 3. Universität Trier. Fachbereich I - Psychologie.

Becker, P. & Minsel, B. (1982). Primäre Prävention schizophrener, neurotischer und psychosomatischer Störungen. In J. Brandtstädter & A. von Eye (Hrsg.), *Psychologische Prävention* (S. 119-154). Bern: Huber.

Becker, P. & Minsel, B. (1986). Geschlechtsdifferenzen in seelischer Gesundheit: Fakten, Hintergründe, Konsequenzen. In A. Schorr (Hrsg.), *Bericht über den 13. Kongreß für Angewandte Psychologie.* Band II (S. 49-52). Bonn: Deutscher Psychologen Verlag.

Becker, P. & Weißer, S. (1988). *Religiosität, Wertvorstellungen und seelische Gesundheit: Eine Untersuchung männlicher und weiblicher katholischer Gymnasiasten der Oberstufe.* Trierer Psychologische Berichte. Band 15, Heft 6. Universität Trier. Fachbereich I - Psychologie.

Becker, W.C. (1964). Consequences of different kinds of parental discipline. In M.L. Hoffman & L.W. Hoffman (Eds.), *Review of child development research.* Vol. 1 (pp. 169-208). New York: Russell Sage Foundation.

Beckmann, D. (1978). Übertragungsforschung. In L.J. Pongratz (Hrsg.), *Klinische Psychologie.* 2. Halbband (S. 1242-1256). (= Handbuch der Psychologie in 12 Bänden. 8. Band. 2. Halbband). Göttingen: Hogrefe.

Beckmann, D. & Richter, H.E. (1975). *Gießen-Test (GT). Ein Test für Individual- und Gruppendiagnostik.* Handbuch. Bern: Huber.

Beer, J. & Beer, J. (1992). Aggression of youth as related to parental divorce and eye color. *Perceptual and Motor Skills, 75,* 1066.

Bell, R.Q. (1968). A reinterpretation of the direction of effects in studies of socialization. *Psychological Review, 75,* 81-85.

Bell, R.Q. (1977). Socialization findings re-examined. In R.Q. Bell & R.V. Harper (Eds.), *Child effects on adults* (pp. 53-84). Hillsdale, N.J.: Erlbaum.

Belle, D. (1982). The stress of caring: Women as providers of social support. In L. Goldberger & S. Breznitz (Eds.), *Handbook of stress. Theoretical and clinical aspects* (pp. 496-505). New York: Free Press.

Benjamin, L.S. (1974). Structural analysis of social behavior. *Psychological Review, 81,* 392-425.

Benjamin, L.S. (1979). Structural analysis of differentiation failure. *Psychiatry, 42,* 1-23.

Benjamin, L.S. (1987 a). Use of the SASB dimensional model to develop treatment plans for personality disorders. I: Narcissism. *Journal of Personality Disorders, 1,* 43-70.

Benjamin, L.S. (1987 b). An interpersonal approach. *Journal of Personality Disorders, 1,* 334-339.

Benjamin, L.S. (1993 a). Dimensional, categorical, or hybrid analysis of personality: A response to Widiger's proposal. *Psychological Inquiry, 4,* 91-95.

Benjamin, L.S. (1993 b). *Interpersonal diagnosis and treatment of DSM personality disorders.* New York: Guilford Press.

Ben-Porath, Y.S. & Waller, N.G. (1992). Five big issues in clinical personality assessment: A rejoinder to Costa and McCrae. Special Section: Assessing personality characteristics in clinical settings. *Psychological Assessment, 4,* 23-25.

Bertalanffy, L., von (1940). Der Organismus als physikalisches System betrachtet. *Die Naturwissenschaften, 28,* 521-531.

Bertalanffy, L., von (1968). *General systems theory.* New York: Georg Braziller.

Bertalanffy, L. von (1975). *Perspectives on general systems theory.* New York: Georg Braziller.

Beutler, L.E. & Clarkin, J.F. (1990). *Systematic treatment selection: Toward targeted therapeutic interventions.* New York: Brunner/Mazel.

Beutler, L.E., Crago, M. & Arrizmendi, T.G. (1986). Research on therapist variables in psychotherapy. In S.L. Garfield & A.E. Bergin (Eds.), *Handbook of psychotherapy and behavior change* (pp. 257-310). New York: Wiley.

Biermann-Ratjen, E., Eckert, J. & Schwartz, H.J. (1979). *Gesprächspsychotherapie: Verändern durch Verstehen.* Stuttgart: Kohlhammer.

Birbaumer, N. (1983). Psychologische Ansätze. In H.A. Euler & H. Mandl (Hrsg.), *Emotionspsychologie. Ein Handbuch in Schlüsselbegriffen* (S. 45-52). München: Urban & Schwarzenberg.

Bischof-Köhler, D. (1985). Zur Psychogenese menschlicher Motivation. In L. Eckensberger & E. D. Lantermann (Hrsg.), *Emotion und Reflexivität* (S. 3-47). München: Urban & Schwarzenberg.

Blaser, A. (1985). Diagnose und Indikation in der Psychotherapie. *Zeitschrift für Klinische Psychologie, Psychopathologie und Psychotherapie, 4,* 294-304.

Blashfield, R.K. (1993). Variants of categorial and dimensional models. *Psychological Inquiry, 4,* 95-98.

Block, J. (1971). *Lives through time.* Berkeley, Calif.: Bancrofts Books.

Block, J.H. & Block, J. (1980). The role of ego-control and ego-resiliency in the organization of behavior. In W.A. Collins (Ed.), *Minnesota Symposium on Child Psychology* (Vol. 13) (pp. 39-101). Hillsdale, N.J.: Erlbaum.

Böllner, G., Tausch, A.-M. & Tausch, R. (1975). Selbstkommunikation von psychiatrischen Patienten, körperlich Erkrankten und gesunden Personen, Zusammenhang mit Persönlichkeitsmerkmalen. *Zeitschrift für Klinische Psychologie, 4,* 101-111.

Boesch, E.E. (1964). Die diagnostische Systematisierung. In R. Heiss (Hrsg.), *Psychologische Diagnostik* (Handbuch der Psychologie in 12 Bänden. Band 6) (S. 930-959). Göttingen: Hogrefe.

Boesch, E.E. (1975). *Zwischen Angst und Triumph. Über das Ich und seine Bestätigung.* Bern: Huber.

Boesch, E.E. (1976). *Psychopathologie des Alltags. Zur Ökopsychologie des Handelns und seiner Störungen.* Bern: Huber.

Böttcher, H.R. (1968). *Rückblick auf die Eltern. Eine neurosenpsychologische Untersuchung.* Berlin: VEB Deutscher Verlag der Wissenschaften.

Boll, T. (1994). *Bewältigung von Schuldgefühlen durch Sühne.* (Referat auf dem 39. Kongreß der Deutschen Gesellschaft für Psychologie in Hamburg).

Bommert, H. (1980). Therapieorientierte Diagnostik in der Gesprächspsychotherapie. In W. Schulz & M. Hautzinger (Hrsg.), *Klinische Psychologie und Psychotherapie.* Band 2: *Indikation, Diagnostik, Psychotherapieforschung* (Kongreßbericht Berlin 1980) (S. 177-185). Tübingen: DGVT & GwG.

Bond, L.A. & Rosen, J.C. (Eds.) (1980). *Competence and coping during adulthood.* Hanover, New Hampshire and London: University Press of New England.

Borgatta, E.F. (1964). The structure of personality characteristics. *Behavioral Science, 9*, 8-17.

Borkenau, P. (1988). The multiple classification of acts and the Big Five factors. *Journal of Research in Personality, 22*, 337-352.

Borkenau, P. & Ostendorf, F. (1991). Ein Fragebogen zur Erfassung fünf robuster Persönlichkeitsfaktoren. *Diagnostica, 37*, 29-41.

Borkenau, P. & Ostendorf, F. (1993). *NEO-Fünf-Faktoren Inventar (NEO-FFI) nach Costa und McCrae*. Handanweisung. Göttingen: Hogrefe.

Bottenberg, E.H. (1991). Neuer Umgang mit Gefühlen. Ein anthropologisch-integrativer Ansatz der Psychologie: Originäres Gefühl, Affektozept, Meta-Emotion und Authentizierung der Gefühle. *Integrative Therapie, 4*, 393-420.

Bower, G.H. (1981). Mood and memory. *American Psychologist, 36*, 129-148.

Bowlby, J. (1969). *Attachment and loss*. Vol. 1: *Attachment*. New York: Basic Books.

Brandtstädter, J. (1982 a). Methodologische Grundfragen psychologischer Prävention. In J. Brandtstädter & A. von Eye (Hrsg.), *Psychologische Prävention. Grundlagen, Programme, Methoden* (S. 37-79). Bern: Huber.

Brandtstädter, J. (1982 b). Prävention von Lern- und Entwicklungsproblemen im schulischen Bereich. In J. Brandtstädter & A. von Eye (Hrsg.), *Psychologische Prävention. Grundlagen, Programme, Methoden* (S. 275-302). Bern: Huber.

Brandtstädter, J. (1983). Emotion und Handlung: Konzeptuelle und funktionelle Beziehungen. In L. Eckensberger & E.D. Lantermann (Hrsg.), *Emotion und Reflexivität* (S. 252-264). Göttingen: Hogrefe.

Brandtstädter, J. (1993). Entwicklung im mittleren und höheren Erwachsenenalter: Adaptive und protektive Prozesse. In: L. Montada (Hrsg.), *Bericht über den 38. Kongreß der Deutschen Gesellschaft für Psychologie in Trier 1992*. Band 2 (S. 847-849). Göttingen: Hogrefe.

Brandtstädter, J. & Greve, W. (1992). Das Selbst im Alter: adaptive und protektive Mechanismen. *Zeitschrift für Entwicklungspsychologie und Pädagogische Psychologie, 24*, 269-297.

Brandtstädter, J. & Renner, G. (1990). Tenacious goal pursuit and flexible adjustment: Explication and age-related analysis of assimilative and accomodative strategies of coping. *Psychology and Aging, 5*, 58-67.

Brandtstädter, J. & Renner, G. (1992). Coping with discrepancies between aspirations and achievements in adult development: A dual-process model. In L. Montada, S.-H. Filipp & M.R. Lerner (Eds.), *Life crises and experiences of loss in adulthood* (pp. 301-319). Hillsdale, N.J.: Erlbaum.

Bräutigam, W. (1969). *Reaktionen, Neurosen, Psychopathien. Ein Grundriß der kleinen Psychiatrie*. Stuttgart: Thieme.

Brenner, M.H. (1979). *Wirtschaftskrisen, Arbeitslosigkeit und psychische Erkrankungen*. München: Urban & Schwarzenberg.

Brokaw, D.W. & McLemore, C.W. (1991). Interpersonal models of personality and psychopathology. In D.G. Gilbert & J.J. Connolly (Eds.), *Personality, social skills, and psychopathology* (pp. 49-83). London: Plenum Press.

Bron, B. (1990). Zur Psychopathologie des Schulderlebens in der Gegenwart. *Medizin-Mensch-Gesellschaft, 15*, 50-57.

Bronfenbrenner, U. (1961). Some familial antecedents of responsibility and leadership in adolescents. In L. Petrullo & B.M. Bass (Eds.), *Leadership and interpersonal behavior* (pp. 239-271). New York: Holt.

Bronisch, T. (1994). *Probleme der Diagnostik von Persönlichkeitsstörungen aus wissenschaftlicher Sicht* (Referat auf dem 39. Kongreß der Deutschen Gesellschaft für Psychologie in Hamburg).

Brown, R. (1965). *Social psychology*. New York: Free Press.

Brüderl, L. (Hrsg.) (1988). *Theorien und Methoden der Bewältigungsforschung.* Weinheim: Juventa.
Brunner, G. (1976). Abkehr vom Totalitarismus? Wandlungen im Herrschaftssystem osteuropäischer Staaten. In M. Funke (Hrsg.), *Totalitarismus. Ein Studienreader zur Herrschaftsanalyse moderner Diktaturen* (S. 129-146). Düsseldorf: Droste.
Buck, R. (1983). Emotional development and emotional education. In R. Plutchik & H. Kellerman (Eds.), *Emotion. Theory, research, and experience.* Vol. 2. *Emotions in early development* (pp. 259-292). New York: Academic Press.
Burt, C. (1948). The factorial study of temperamental traits. *British Journal of Psychology. Statistical Section, 1,* 178-203.
Buss, D.M. & Cantor, N. (1989). Introduction. In D.M. Buss & N. Cantor (Eds.), *Personality psychology: Recent trends and emerging directions* (pp. 1-12). New York: Springer.
Buss, D.M. & Craik, K.H. (1983). The act frequency approach to personality. *Psychological Review, 90,* 105-126.
Buss, A.H. & Plomin, R. (1975). *A temperament theory of personality development.* New York: Wiley.
Büssing, A. (1987). Arbeitsplatzunsicherheit - eine vernachlässigte Perspektive der psychologischen Arbeitslosigkeitsforschung. In M. Amelang (Hrsg.), *Bericht über den 35. Kongreß der Deutschen Gesellschaft für Psychologie in Heidelberg 1986.* Band 2 (S. 609-629). Göttingen: Hogrefe.
Caine, T.M. & Hope, K. (1967). *Manual of the Hysteroid-Obsessoid Questionnaire (HOQ).* London: University of London Press.
Caine, T.M., Wijeshinghe, O.B.A. & Winter, D.A. (1981). *Personal styles in neurosis.* London: Routledge & Kegan Paul.
Camp, B.W., Blom, G., Hebert, F. & Van Doorninck, W. (1977). "Think aloud": A program for developing self-control in young aggressive boys. *Journal of Abnormal Child Psychology, 5,* 157-169.
Cannon, W.B. (1939). *The wisdom of the body.* New York: Norton.
Caplan, R.D., Cobb, S., French, J.R.P.Jr., van Harrison, R. & Pinneau, S.R.Jr. (1982). *Arbeit und Gesundheit. Streß und seine Auswirkungen bei verschiedenen Berufen.* Bern: Huber.
Caprara, G.-V. & van Heck, G.L. (1992). Personality psychology. Some epistemological assertions and historical considerations. In G.-V. Caprara & G.L. van Heck, *Modern personality psychology* (pp. 3-26). New York: Harvester Wheatsheaf.
Carson, R.C. (1969). *Interaction concepts of personality.* Chicago: Aldine.
Carson, R.C. (1993). Can the Big Five help salvage the DSM? *Psychological Inquiry, 4,* 98-100.
Cartwright, D. & Peckar, H. (1993). Purposefulness: A fourth superfactor? *Personality and Individual Differences, 14,* 547-555.
Carver, C.S. (1979). A cybernetic model of self-attention processes. *Journal of Personality and Social Psychology, 37,* 1251-1281.
Carver, C.S. & Scheier, M.F. (1981). *Attention and self-regulation: A control theory approach to human behavior.* New York: Springer.
Carver, C.S. & Scheier, M.F. (1982). Control theory: A useful conceptual framework for personality, social, clinical, and health psychology. *Psychological Bulletin, 92,* 111-135.
Carver, C.S. & Scheier, M.F. (1988). *Perspectives on personality.* Boston: Allyn and Bacon.
Caspar, F.M. & Grawe, K. (1982). Vertikale Verhaltensanalyse (VVA): Analyse des Interaktionsverhaltens als Grundlage für die Problemdefinition und Therapieplanung. In H. Bommert & F. Petermann (Hrsg.), *Diagnostik und*

Praxiskontrolle in der Klinischen Psychologie (S. 25-29). München: Steinbauer & Rau.

Cattell, R.B. (1943). The description of personality: Basic traits resolved into clusters. *Journal of Abnormal and Social Psychology, 38*, 476-506.

Cattell, R.B. (1978). *Die empirische Erforschung der Persönlichkeit*. Weinheim: Beltz.

Cattell, R.B. (1979). *Personality and learning theory*. Vol. 1: *The structure of personality in its environment*. New York: Springer.

Cautela, J.R. & Upper, D. (1976). The Behavioral Inventory Battery: The use of self-report measures in behavioral analysis and therapy. In M. Hersen & A.S. Bellack (Eds.), *Behavioral Assessment : A practical handbook* (pp. 77-109). Oxford: Pergamon Press.

Choca, J.P., Peterson, C.A. & Shanley, L.A. (1986). Factor analysis of the Millon Clinical Multiaxial Inventory. *Journal of Consulting and Clinical Psychology, 54*, 253-255.

Clark, L.A. (1993). Personality disorder diagnosis: Limitations of the five-factor model. *Psychological Inquiry, 4*, 100-104.

Conger, J.J. (1977). *Adolescence and youth: Psychological development*. New York: Harper & Row.

Conley, J.J. (1985). Longitudinal stability of personality traits: A multitrait-multimethod-multioccasion analysis. *Journal of Personality and Social Psychology, 49*, 1266-1282.

Connolly, J.J. (1991). Longitudinal studies of personality, psychopathology, and social behavior. In D.G. Gilbert & J.J. Connolly (Eds.), *Personality, social skills, and psychopathology* (pp. 19-47). London: Sage.

Costa, P.T.Jr. & McCrae, R.R. (1985). *The NEO Personality Inventory. Manual Form S and Form R*. Odessa, Florida: Psychological Assessment Resources.

Costa, P.T.Jr. & McCrae, R.R. (1986). Personality stability and its implications for clinical psychology. *Clinical Psychology Review, 6*, 407-423.

Costa, P.T.Jr. & McCrae, R.R. (1989). *The NEO-PI/NEO-FFI manual supplement*. Odessa, Florida: Psychological Assessment Resources.

Costa, P.T.Jr. & McCrae, R.R. (1990). Personality disorders and the five-factor model of personality. *Journal of Personality Disorders, 4*, 362-371.

Costa, P.T.Jr., McCrae, R.R. & Arenberg, D. (1980). Enduring dispositions in adult males. *Journal of Personality and Social Psychology, 38*, 793-800.

Costa, P.T.Jr., McCrae, R.R. & Dye, D.A. (1991). Facet scales for agreeableness and conscientiousness: A revision of the NEO personality inventory. *Personality and Individual Differences, 12*, 887-898.

Costa, P.T.Jr. & Widiger, T.A. (Eds.) (1994). *Personality disorders and the five-factor model of personality*. Hyattsville: American Psychological Association.

Cranach, M. v., Kalbermatten, U., Indermühle, K. & Gugler, B. (1980). *Zielgerichtetes Handeln*. Bern: Huber.

Cranach, M. v. & Ochsenbein, G. (1984). *"Selbstüberwachungssysteme" und ihre Funktion in der menschlichen Informationsverarbeitung*. (Forschungsberichte aus dem Psychologischen Institut der Universität Bern. 1984-2). Bern: Universität. Psychologisches Institut.

Cronbach, L.J. (1957). The two disciples of scientific psychology. *American Psychologist, 12*, 671-684.

Cronbach, L.J. & Gleser, G.C. (1957). *Psychological tests and personnel decisions*. Urbana: University of Illinois Press.

Crowell, J.A., Waters, E., Kring, A. & Riso, L.P. (1993). The psychosocial etiologies of personality disorders: What is the answer like? *Journal of Personality Disorders, Supplement*, 118-128.

Darley, J.M. & Fazio, R.H. (1980). Expectancy confirmation processes arising in the social interaction sequence. *American Psychologist, 35*, 867-881.

Daum, I. & Schugens, M.M. (1986). The Strelau Temperament Inventory (STI): Preliminary results in a West German sample. *Personality and Individual Differences, 7,* 509-517.
Davis, R.D. & Millon, T. (1993). The five-factor model for personality disorders: Apt or misguided? *Psychologigal Inquiry, 4,* 104-109.
Davitz, J.R. (1969). *The language of emotion.* New York: Academic Press.
Deary, I.J. & Matthews, G. (1993). Personality traits are alive and well. *The Psychologist, 6,* 299-311.
Dehmlow, A. & Zielke, M. (1994). Einflußfaktoren auf die Verweildauer. In Fachausschuß Psychosomatik (Hrsg.), Basisdokumentation Psychosomatik (S. 43-47). *Verhaltensmedizin heute,* Heft 2.
Dilling, H., Mombour, W. & Schmidt, M.H. (Hrsg.) (1991). *Internationale Klassifikation psychischer Störungen.* ICD-10 Kapitel V (F). Klinisch-diagnostische Leitlinien. Bern: Huber.
Dörner, D. (1993 a). Jenseits des Kognitivismus. In L. Montada (Hrsg.), *Bericht über den 38. Kongreß der Deutschen Gesellschaft für Psychologie in Trier 1992.* Band 2 (S. 501-515). Göttingen: Hogrefe.
Dörner, D. (1993 b). Wissen, Emotionen und Handlungsregulation oder - Die Vernunft der Gefühle. *Zeitschrift für Psychologie, 201,* 167-202.
Dörner, D. Reither, F. & Stäudel, T. (1983). Emotion und problemlösendes Denken. In. H. Mandl & G.L. Huber (Hrsg.), *Emotion und Kognition* (S. 61-84). München: Urban & Schwarzenberg.
Dörner, D., Schaub, H., Stäudel, T. & Strohschneider, S. (1988). Ein System zur Handlungsregulation oder - Die Interaktion von Emotion, Kognition und Motivation. *Sprache & Kognition, 7,* 217-232.
Dörner, D. & Stäudel, T. (1990). Emotion und Kognition. In K.R. Scherer (Hrsg.), *Psychologie der Emotion.* (= Enzyklopädie der Psychologie. Themenbereich C. Serie IV. Band 3) (S. 293-344). Göttingen: Hogrefe.
Dooley, D. & Catalano, R. (1980). Economic change as a cause of behavioral disorder. *Psychological Bulletin, 87,* 450-468.
Drinkmann, A. (1986). *Private und öffentliche Self-Consciousness: Eine Zwischenbilanz ihrer empirischen Bewährung.* (Bericht aus dem Psychologischen Institut der Universität Heidelberg. Diskussionspapier Nr. 50). Heidelberg: Universität. Psychologisches Institut.
Duffy, E. (1962). *Activation and behavior.* New York: Wiley.
Duval, S. & Wicklund, R.A. (1972). *A theory of objective self-awareness.* New York: Academic Press.
D'Zurilla, T.J. & Goldfried, M.R. (1971). Problem solving and behavior modification. *Journal of Abnormal Psychology, 78,* 107-126.
Easterbrook, J.A. (1959). The effect of emotion on cue utilization and the organization of behavior. *Psychological Review, 66,* 183-201.
Ecker, W. (1993). Persönlichkeitsstörungen. In M. Linden & M. Hautzinger (Hrsg.), *Verhaltenstherapie* (S. 383-388). Berlin: Springer.
Eggert, D. (1974). *Eysenck-Persönlichkeits-Inventar.* Göttingen: Hogrefe.
Ehlers, A. & Margraf, J. (1994). Agoraphobien und Panikanfälle. In H. Reinecker (Hrsg.), *Lehrbuch der Klinischen Psychologie. Modelle psychischer Störungen* (S. 117-156). Göttingen: Hogrefe.
Ekman, P. & Friesen, W.V. (1975). *Unmasking the face.* Englewood Cliffs, N.J.: Prentice-Hall.
Ellis, A. (1962). *Reason and emotion in psychotherapy.* New York: Lyle Stuart.
Ellis, A. (1973). *Humanistic psychotherapy: The rational-emotive approach.* New York: Julian.
Emmons, R.A. (1986). Personal strivings: An approach to personality and subjective well-being. *Journal of Personality and Social Psychology, 51,* 1058-1068.

Emmons, R.A. & King, L.A. (1988). Conflict among personal strivings: immediate and long-term implications for psychological and physical well-being. *Journal of Personality and Social Psychology, 54*, 1040-1048.

Engelkamp, J. (1983). Sprache und Emotion. In H.A. Euler & H. Mandl (Hrsg.), *Emotionspsychologie. Ein Handbuch in Schlüsselbegriffen* (S. 262-267). München: Urban & Schwarzenberg.

Engfer, A. & Schneewind, K.A. (1975). Elterliches Erziehungsverhalten und kindliche Persönlichkeit. Eine Untersuchung zum Zusammenhang zwischen Erziehungseinstellungen von Eltern und ihrem Bild von der kindlichen Persönlichkeit. In H. Lukesch (Hrsg.), *Auswirkungen elterlicher Erziehungsstile* (S. 72-95). Göttingen: Hogrefe.

Epstein, S. (1979). Entwurf einer Integrativen Persönlichkeitstheorie. In S.-H. Filipp (Hrsg.), *Selbstkonzept-Forschung. Probleme, Befunde, Perspektiven* (S. 15-45). Stuttgart: Klett-Cotta.

Epstein, S. (1987). Implications of cognitive self-theory for psychopathology and psychotherapy. In N. Cheshire & H. Thomas (Eds.), *Self, symptoms and psychotherapy* (pp. 43-58). New York: Wiley.

Epstein, S. (1991). Cognitive-experiential self theory: Implications for developmental psychology. In M.R. Gunnar & L.A. Sroufe (Eds.), *Self processes and development. The Minnesota Symposia on Child Psychology.* Vol. 23 (pp. 79-123). Hillsdale, N.J.: Erlbaum.

Eriksen, C.W. & Pierce, J. (1968). Defense mechanisms. In E.F. Borgatta & W.W. Lambert (Eds.), *Handbook of personality theory and research* (pp. 1007-1040). Chicago: Rand McNally.

Erikson, E.H. (1965). *Kindheit und Gesellschaft.* Stuttgart: Klett.

Erikson, E.H. (1966). *Identität und Lebenszyklus.* Frankfurt: Suhrkamp.

Ernst, C. & von Luckner, N. (1985). *Stellt die Frühkindheit die Weichen? Eine Kritik an der Lehre von der schicksalshaften Bedeutung erster Erlebnisse.* Stuttgart: Enke.

Euler, H.A. & Mandl, H. (Hrsg.) (1983). *Emotionspsychologie. Ein Handbuch in Schlüsselbegriffen.* München: Urban & Schwarzenberg.

Ewert, O. (1983). Ergebnisse und Probleme der Emotionsforschung. In H. Thomae (Hrsg.), *Theorien und Formen der Motivation.* (= Enzyklopädie der Psychologie. Serie IV. Band 1) (S. 397-452). Göttingen: Hogrefe.

Eysenck, H.J. (1991). Dimensions of personality: 16,5 or 3? - Criteria for a taxonomic paradigm. *Personality and Individual Differences, 12*, 773-790.

Eysenck, H.J. (1992). Four ways five factors are not basic. *Personality and Individual Differences, 13*, 667-673.

Eysenck, H.J. (1994). *The importance of theory in a science of personality* (Referat auf dem 39. Kongreß der Deutschen Gesellschaft für Psychologie in Hamburg).

Eysenck, H.J. & Eysenck, M.W. (1985). *Personality and individual differences: A natural science approach.* New York: Plenum.

Eysenck, H.J., Wakefield, J.A. & Friedman, A.F. (1983). Diagnosis and clinical assessment: The DSM-III. *Annual Review of Psychology, 34*, 167-193.

Eysenck, S.B.G. & Eysenck, H.J. (1963). On the dual nature of extraversion. *British Journal of Social and Clinical Psychology, 2*, 46-55.

Fahrenberg, J., Hampel, R. & Selg, H. (1978). *Das Freiburger Persönlichkeitsinventar (FPI).* Handanweisung. Göttingen: Hogrefe.

Favavelli, C. & Albanesi, G. (1987). Agoraphobia with panic attacks: One-year prospective follow-up. *Comprehensive Psychiatry, 28*, 481-487.

Fenigstein, A., Scheier, M.F. & Buss, A.H. (1975). Public and private self-consciousness: Assessment and theory. *Journal of Consulting and Clinical Psychology, 43*, 522-527.

Festinger, L. (1957). *A theory of cognitive dissonance.* Evanstone: Row, Peterson.

Fiedler, P. (1994 a). Persönlichkeitsstörungen. In H. Reinecker (Hrsg.), *Lehrbuch der Klinischen Psychologie. Modelle psychischer Störungen* (S. 219-266). Göttingen: Hogrefe.

Fiedler, P. (1994 b) *Persönlichkeitsstörungen.* Weinheim: Psychologie Verlags Union.

Fiedler, P. (in Druck a). Persönlichkeitsstörungen. In K. Hahlweg & A. Ehlers (Hrsg.), *Enzyklopädie der Psychologie. Klinische Psychologie.* Band 2. *Psychische Störungen und ihre Behandlung.* Göttingen: Hogrefe.

Fiedler, P. (in Druck b). Persönlichkeitsstörungen: Schlüssel zum Verständnis psychotherapeutischer Krisen. In M. Zielke & N. Mark (Hrsg.), *Handbuch der stationären Verhaltenstherapie.* Berlin: Springer.

Filipp, S.-H. (1981 a). Selbstkonzept. In H. Schiefele & A. Krapp (Hrsg.), *Handlexikon zur Pädagogischen Psychologie* (S. 331-336). München: Ehrenwirth.

Filipp, S.-H. (1981 b). *Kritische Lebensereignisse.* München: Urban & Schwarzenberg.

Filipp, S.-H. & Brandtstädter, J. (1975). Beziehungen zwischen Konzepten von Eltern über ihre Kinder, Selbstkonzepten der Kinder und elterlichen Erziehungspraktiken. *Zeitschrift für Entwicklungspsychologie und Pädagogische Psychologie, 7,* 38-52.

Filipp, S.-H. & Freudenberg, E. (1989). *Fragebogen zur Erfassung dispositionaler Selbstaufmerksamkeit (SAM).* Handanweisung. Göttingen: Hogrefe.

Filipp, U.-D. & Schneewind, K. (1975). Elterliche Erziehungsziele aus der Sichtweise von Eltern und Kindern. Zusammenhänge zwischen selbst- und fremdperzipierten elterlichen Erziehungszielen. In H. Lukesch (Hrsg.), *Auswirkungen elterlicher Erziehungsstile* (S. 96-110). Göttingen: Hogrefe.

Fischer, M. (1994). Umwelt und Wohlbefinden. In A. Abele & P. Becker (Hrsg.), *Wohlbefinden. Theorie - Empirie - Diagnostik* (S. 245-266). Weinheim: Juventa.

Fiske, D.W. (1949). Consistency of the factorial structures of personality ratings from different sources. *Journal of Abnormal and Social Psychology, 44,* 329-344.

Foa, U.G., Converse, J.Jr., Törnblom, K.Y. & Foa, E.B. (Eds.) (1993). *Resource theory. Explorations and applications.* New York: Academic Press.

Ford, D.H. (1987). *Humans as self-constructing living systems: A developmental perspective on personality and behavior.* Hillsdale, N.J.: Erlbaum.

Ford, D.H. & Ford, M.E. (1987 a). Humans as self-constructing living systems: An overview. In M.E. Ford & D.H. Ford (Eds.), *Humans as self-constructing living systems* (pp. 1-46). Hillsdale, N.J.: Erlbaum.

Ford, M.E. & Ford, D.H. (Eds.) (1987 b). *Humans as self-constructing living systems.* Hillsdale, N.J.: Erlbaum.

Ford, M.E. & Nichols, C.W. (1987). A taxonomy of human goals and some possible applications. In M.E. Ford & D.H. Ford (Eds.), *Humans as self-constructing living systems. Putting the framework to work* (pp. 283-311). Hillsdale, N.J.: Erlbaum.

Foulds, G.A., Caine, T.M., Adams, A. & Owen, A. (1965). *Personality and personal illness.* London: Tavistock.

Frances, A. (1993). Dimensional diagnosis of personality - Not whether, but when and which. *Psychological Inquiry, 4,* 110-111.

Francis, L.J. (1993). The dual nature of the Eysenckian neuroticism scales: A question of sex differences. *Personality and Individual Differences, 15,* 43-59.

Frankel, A. (1984). *Four therapies integrated: A behavioral analysis of gestalt, TA, and ego psychology.* Englewood Cliffs, N.J.: Prentice-Hall.

Frankl, V.E. (1973). *Der Mensch auf der Suche nach Sinn. Zur Rehumanisierung der Psychotherapie.* Freiburg: Herder.
Frankl, V.E. (1975). *Theorie und Therapie der Neurosen. Einführung in die Logotherapie und Existenzanalyse.* München: Reinhardt.
French, J.R.P.Jr., Rodgers, W. & Cobb, S. (1974). Adjustment as person-environment fit. In G.V. Coelho, D.A. Hamburg & J.E. Adams (Eds.), *Coping and adaptation* (pp. 316-333). New York: Basic Books.
Frese, M. (1989). Theoretical models of control and health. In S.L. Sauter, J.J. Hurrel & C.L. Cooper (Eds.), *Job control and worker health* (pp. 108-128). New York: Wiley.
Freud, S. (1972[7]) *Das Ich und das Es. Gesammelte Werke.* Band XIII. Frankfurt: Fischer.
Friedman, C.J., Shear, M.K. & Frances, A. (1987). DSM-III personality disorders in panic patients. *Journal of Personality Disorders, 1,* 132-135.
Frijda, N.H. (1987). Emotion, cognitive structure, and action tendency. *Cognition and Emotion, 1,* 115-143.
Frijda, N.H. (1988). The laws of emotion. *American Psychologist, 43,* 349-358.
Frijda, N.H., Kuipers, P. & ter Schure, E. (1989). Relations among emotion, appraisal, and emotional action readiness. *Journal of Personality and Social Psychology, 57,* 212-228.
Fromm, E. (1945). *Die Furcht vor der Freiheit.* Zürich: Steinberg.
Fromm, E. (1954). *Psychoanalyse und Ethik.* Konstanz: Diana.
Fromm, E. (1960). *Der moderne Mensch und seine Zukunft.* Frankfurt: Europäische Verlagsanstalt.
Fromm, E. (1980). *Gesamtausgabe.* Band II. *Analytische Charaktertheorie.* Stuttgart: Deutsche Verlags-Anstalt.
Gadenne, V. & Oswald, M. (1993). Die Tatsache des Bewußtseins als Herausforderung für die kognitive Psychologie. In L. Montada (Hrsg.), *Bericht über den 38. Kongreß der Deutschen Gesellschaft für Psychologie in Trier 1992.* Band 2 (S. 532-540). Göttingen: Hogrefe.
Garfield, S.L. (1989). *The practice of brief psychotherapy.* New York: Pergamon Press.
Gasiet, S. (1981). *Menschliche Bedürfnisse. Eine theoretische Synthese.* Frankfurt: Campus.
Gendlin, E.T. (1978). Eine Theorie der Persönlichkeitsveränderung. In H. Bommert & H.-D. Dahlhoff (Hrsg.), *Das Selbsterleben (Experiencing) in der Psychotherapie* (S. 1-62). München: Urban & Schwarzenberg.
Gendlin, E.T. (1981). *Focusing.* Salzburg: Otto Müller.
Gendlin, E.T. (1984). The client's client: The edge of awareness. In R.F. Levant & J.M. Shlien (Eds.), *Client-centered therapy and the person-centered approach: New directions in theory, research, and practice* (pp. 76-107).
Gilligan, J. (1976). Beyond morality: Psychoanalytic reflections on shame, guilt, and love. In T. Lickona (Ed.), *Moral development and behavior* (pp. 144-158). New York: Holt, Rinehart & Winston.
Goldberg, L.R. (1990). An alternative "Description of personality": The Big Five factor structure. *Journal of Personality and Social Psychology, 59,* 1216-1229.
Goldberg, L.R. (1992). The development of markers of the Big-Five factor structure. *Psychological Assessment, 4,* 26-42.
Goldberger, L. & Breznitz, S. (Eds.) (1982). *Handbook of stress. Theoretical and clinical aspects.* New York: Free Press.
Goldfried, M.R. (Ed.) (1982). *Converging themes in psychotherapy.* New York: Springer.

Goldfried, M.R. & Sobocinski, D. (1975). Effect of irrational beliefs on emotional arousal. *Journal of Consulting & Clinical Psychology, 43*, 504-510.

Goldstein, A.J. & Chambless, D.L. (1978). A reanalysis of agoraphobia. *Behavior Therapy, 9*, 47-59.

Gollwitzer, P.M. (1987). Suchen, Finden und Festigen der eigenen Identität: Unstillbare Zielintentionen Rubikon. In H. Heckhausen, P.M. Gollwitzer & F.E. Weinert (Hrsg.), *Jenseits des Rubikon: Der Wille in den Humanwissenschaften* (S. 176-189). Berlin: Springer.

Graham, D.T. (1972). Psychosomatic medicine. In N.S. Greenfield & R.A. Sternbach (Eds.), *Handbook of psychophysiology* (pp. 839-924). New York: Holt, Rinehart & Winston.

Graumann, C.F. & Willig, R. (1983). Wert, Wertung, Werthaltung. In H. Thomae (Hrsg.), *Theorien und Formen der Motivation. Enzyklopädie der Psychologie.* Themenbereich C, Serie IV, Band 1 (S. 312-396). Göttingen: Hogrefe.

Grawe, K. (1981). Überlegungen zu möglichen Strategien der Indikationsforschung. In U. Baumann (Hrsg.), *Indikation zur Psychotherapie* (S. 221-236). München: Urban & Schwarzenberg.

Grawe, K. (1992 a). Psychotherapieforschung zu Beginn der neunziger Jahre. *Psychologische Rundschau, 43*, 132-162.

Grawe, K. (1992 b). Konfrontation, Abwehr und Verständigung: Notwendige Schritte im Erkenntnisprozeß der Psychotherapieforschung. *Psychologische Rundschau, 43*, 174-178.

Grawe, K. (1994). Grundriß einer allgemeinen Psychotherapie. In K. Pawlik (Hrsg.), *39. Kongreß der Deutschen Gesellschaft für Psychologie.* Abstracts. Band I (A-K) (S. 214-215). Hamburg: Psychologisches Institut I der Universität Hamburg.

Grawe, K, Donati, R. & Bernauer, F. (1994). *Psychotherapie im Wandel. Von der Konfession zur Profession.* Göttingen: Hogrefe.

Green, M.A. & Curtis, G.C. (1988). Personality disorders in panic patients: Response to termination of antipanic medication. *Journal of Personality Disorders, 2*, 303-314.

Greenberg, L.S. (1979). Resolving splits: Use of the two-chair technique. *Psychotherapy: Theory, Research and Practice, 16*, 316-324.

Greenberg, L.S. & Safran, J.D. (1987). *Emotion in psychotherapy: Affect, cognition and the process of change.* New York: Guilford Press.

Greenberg, L.S. & Safran, J.D. (1989). Emotion in psychotherapy. *American Psychologist, 44*, 19-29.

Greenberg, L.S., Safran, J. & Rice, L. (1989). Experiential therapy. Its relation to cognitive therapy. In A. Freeman, K.M. Simon, L.E. Beutler & H. Arkowitz (Eds.), *Comprehensive handbook of cognitive therapy* (pp. 169-187). New York: Plenum Press.

Greenberg, L.S. & Webster, M. (1982). Resolving decisional conflict by means of two-chair dialogue: Relating process to outcome. *Journal of Counseling Psychology, 29*, 468-477.

Greenson, R.R. (1975). *Technik und Praxis der Psychoanalyse.* Stuttgart: Klett.

Grossmann, K.E. (1983). Bindungsgefühl. In H.E. Euler & H. Mandl (Hrsg.), *Emotionspsychologie. Ein Handbuch in Schlüsselbegriffen* (S. 168-177). München: Urban & Schwarzenberg.

Grossmann, K.E., August, P., Fremmer-Bombik, E., Friedl, A., Grossmann, K., Scheurer-Englisch, H., Spangler, G., Stephan, C. & Suess, G. (1989). Die Bindungstheorie: Modell und entwicklungspsychologische Forschung. In H. Keller (Hrsg.), *Handbuch der Kleinkindforschung* (S. 31-55). Berlin: Springer.

Grusec, J.E. & Lytton, H. (1988). *Social development. History, theory, and research.* New York: Springer.
Guilford, J.P. (1934). Introversion-extraversion. *Psychological Bulletin, 31,* 331-354.
Guilford, J.P. (1974). *Persönlichkeit. Logik, Methodik und Ergebnisse ihrer quantitativen Erforschung.* Weinheim: Beltz.
Guilford, J.P. (1975). Factors and factors of personality. *Psychological Bulletin, 82,* 802-814.
Guilford, J.P. (1977). Will the real factor of extraversion-introversion please stand up? A reply to Eysenck. *Psychological Bulletin, 84,* 412-416.
Haan, N. (1977). Coping and defending. Processes in self-environment organization. New York: Academic Press.
Hacker, W. (1978). Allgemeine Arbeits- und Ingenieurspsychologie (2. überarb. Aufl.). Bern: Huber.
Hackman, J.R. & Oldham, G.R. (1976). Motivation through the design of work: Test of a theory. *Organizational Behavior and Human Performance, 16,* 250-279.
Häfner, H. (1959). Das Gewissen in der Neurose. In E.V. Frankl, V.E. v. Gebsattel & J. Schultz (Hrsg.), *Handbuch der Neurosenlehre und Psychotherapie.* Band 2. *Spezielle Neurosenlehre* (S. 692-726). München: Urban & Schwarzenberg.
Harkness, A.R. (1992). Fundamental topics in the personality disorders: Candidate trait dimensions from lower regions of the hierarchy. *Psychological Assessment, 4,* 251-259.
Harrington, D.M., Block, J.H. & Block, J. (1987). Testing Carl Rogers' theory of creative environments: Child-rearing antecedents of creative potential in young adolescents. *Journal of Personality and Social Psychology, 52,* 851-856.
Harris, P. (1992). *Das Kind und seine Gefühle.* Bern: Huber.
Harrison, R.V. (1979). Person-environment fit and job stress. In C.L. Cooper & R. Payne (Eds.), *Stress at work* (pp. 175-205). Chicester: Wiley.
Hart, J., Binder, J. & Corriere, R. (1983). *Lebendiges Fühlen.* Frankfurt: Fachbuchhandlung für Psychologie.
Harter, S. (1983). Developmental perspectives on the self-system. In P.H. Mussen (Ed.), *Handbook of child psychology.* Vol. IV (pp. 275-385). New York: Wiley.
Headey, B. & Wearing, A. (1991). Subjective well-being: A stocks and flows framework. In F. Strack, M. Argyle & N. Schwarz (Eds.), *Subjective well-being. An interdisciplinary perspective* (pp. 49-73). Oxford: Pergamon Press.
Heckhausen, H. (1989). *Motivation und Handeln.* Berlin: Springer.
Heider, F. (1958). *The psychology of interpersonal relations.* New York: Wiley.
Henry, W., Schacht, T. & Strupp, H.H. (1990). Patient and therapist introject, interpersonal process, and differential therapy outcome. *Journal of Consulting and Clinical Psychology, 58,* 768-774.
Herbert, W. (1992). Wandel und Konstanz von Wertstrukturen (Speyerer Forschungsberichte 101). Speyer: Hochschule für Verwaltungswissenschaften, Forschungsinstitut für öffentliche Verwaltung.
Herrmann, T. (1969). *Lehrbuch der empirischen Persönlichkeitsforschung.* Göttingen: Hogrefe.
Herzberg, F. (1966). *Work and the nature of man.* New York: Mentor Books.
Hetherington, E.M., Reiss, D. & Plomin, R. (Eds.) (1994). *Separate social worlds of siblings: The impact of nonshared environment on development.* Hillsdale, N.J.: Erlbaum.

Hirschfeld, R.M.A., Klerman, G.L., Lavori, P., Keller, M.B., Griffith, P. & Coryell, W. (1989). Premorbid personality assessments of first onset of major depression. *Archives of General Psychiatry, 46*, 345-350.

Hjelle, L.A. & Ziegler, D.J. (1976). *Personality theories: Basic assumptions, research, and applications.* New York: McGraw-Hill.

Hofer, M.A., Wolff, E.T., Friedman, S.B. & Mason, J.W. (1972). A psychoendocrine study of bereavement. Parts I and II. *Psychosomatic Medicine, 34*, 481-504.

Hoffmann, J. (1993). *Vorhersage und Erkenntnis. Die Funktion von Antizipationen in der menschlichen Verhaltenssteuerung und Wahrnehmung.* Göttingen: Hogrefe.

Hole, G. (1989). Schuld und Schuldgefühle. In W. Pöldinger & W. Wagner, *Aggression, Selbstaggression, Familie und Gesellschaft. Das Mayerling-Symposium* (S. 81-99). Berlin: Springer.

Homme, L.E. (1965). Perspectives in psychology XXIV: Control of coverants, the operants of mind. *Psychological Record, 15*, 501-511.

Hormuth, S.E. (1991). Selbstaufmerksamkeit: Bedingungen des Auftretens und Konsequenzen für die Performanz. In J. Janssen, E. Hahn, H. Strang & M.M. Wegner (Hrsg.), *Konzentration und Leistung* (S. 51-62). Göttingen: Hogrefe.

Horney, K. (1951). *Der neurotische Mensch unserer Zeit.* Stuttgart: Kilpper.

Horney, K. (1991). *Unsere inneren Konflikte.* Frankfurt/M.: Fischer.

Horowitz, L. (1979). On the cognitive structure of interpersonal problems treated in psychotherapy. *Journal of Consulting and Clinical Psychology, 47*, 5-15.

Huber, G. (1981). *Psychiatrie. Systematischer Lehrtext für Studenten und Ärzte.* Stuttgart: Schattauer.

Huber, W. (1992). *Probleme, Ängste, Depressionen. Beratung und Therapie bei psychischen Störungen.* Bern: Huber.

Huf, A. (1992). *Psychotherapeutische Wirkfaktoren.* Weinheim: Psychologie Verlags Union.

Hultberg, P. (1988). Diskussionsbeitrag zu L. Wurmser, Gedanken zur Psychopathologie von Scham und Ressentiment. *Analytische Psychologie, 19*, 307-311.

Hussy, W. (1984/1986). *Denkpsychologie: Ein Lehrbuch.* Band I und Band II. Stuttgart: Kohlhammer.

Hyler, S., Reider, R. & Spitzer, R. (1983). *Personality Diagnostic Questionnaire PDQ.* New York: New York State Psychiatric Institute.

Israel, A. (1990). Kindheit in der DDR. Repressive Erziehung und ihre Folgen. *Psychomed, 2*, 104-107.

Izard, C.E. (1981). *Die Emotion des Menschen.* Weinheim: Beltz.

Izard, C.E. (1991). *The psychology of emotions.* New York: Plenum Press.

Izard, C.E. & Buechler, S. (1980). Aspects of consciousness and personality in terms of differential emotions theory. In R. Plutchik & H. Kellerman (Eds.), *Emotion. Theory, research, and experience.* Vol. 1. *Theories of emotion* (pp. 165-187). New York: Academic Press.

Jäger, A.O. (1984). Intelligenzstrukturforschung: Konkurrierende Modelle, neue Entwicklungen, Perspektiven. *Psychologische Rundschau, 35*, 21-35.

Jahoda, M. (1958). *Current concepts of positive mental health.* New York: Basic Books.

Jahoda, M. (1970). The psychological meaning of various criteria for positive mental health. In H. Wechsler, L. Solomon & B.M. Kramer (Eds.), *Social psychology and mental health* (pp. 28-35). New York: Holt, Rinehart & Winston.

Janke, W., Erdmann, G. & Kallus, W. (1978). *Streßverarbeitungsfragebogen.* Göttingen: Hogrefe.

John, O.P. (1990). The "Big Five" factor taxonomy: Dimensions of personality in the natural language and in questionnaires. In L. Pervin (Ed.), *Handbook of personality: Theory and research* (pp. 66-100). New York: Guilford Press.

John, O.P., Angleitner, A. & Ostendorf, F. (1988). The lexical approach to personality: A historical review of trait taxonomic research. *European Journal of Personality, 2*, 171-205.

Johnson, S. (1985). *Characterological transformation: The hard work miracle.* New York: Norton.

Jones, E.E. & Nisbett, R.E. (1971). *The actor and the observer: Divergent perceptions of the causes of behavior.* Morristown, N.J.: General Learning Press.

Jones, S.C. (1973). Self and interpersonal evaluations: Esteem theories versus consistency theories. *Psychological Bulletin, 79*, 185-199.

Jung, C.G. (1971). *Gesammelte Werke.* Band 6. *Psychologische Typen.* (9. erw. Aufl.). Olten: Walter.

Kallus, K.W. & Wittkowski, J. (1994). *Konstanz und Variabilität von Streßbewältigungsstrategien in der Lebensspanne von Erwachsenen einschließlich des hohen Alters* (Referat auf dem 39. Kongreß der Deutschen Gesellschaft für Psychologie in Hamburg 1994).

Kämmerer, A. (1983). *Die therapeutische Strategie "Problemlösen". Theoretische und empirische Perspektiven ihrer Anwendung in der Kognitiven Psychotherapie.* Münster: Aschendorff.

Kanfer, F.H., Reinecker, H. & Schmelzer, D. (1991). *Selbstmanagement Therapie.* Berlin: Springer.

Kanfer, F.H. & Schefft, B.K. (1988). *Guiding the process of therapeutic change.* Champaign, Ill.: Research Press.

Karasek, R.D. (1979). Job demands, job decision latitude and mental strain: Implications for job redesign. *Administrative Science Quarterly, 24*, 285-308.

Karoly, P. (1993). Mechanisms of self-regulation: A systems view. *Annual Review of Psychology, 44*, 23-52.

Kasten, H. (1983). Entwicklungspsychologische Ansätze. In H.A. Euler & H. Mandl (Hrsg.), *Emotionspsychologie. Ein Handbuch in Schlüsselbegriffen* (S. 85-93). München: Urban & Schwarzenberg.

Kegan, R. (1986). *Die Entwicklungsstufen des Selbst. Fortschritte und Krisen im menschlichen Leben.* München: Kindt.

Keller, H. & Boigs, R. (1989). Entwicklung des Explorationsverhaltens. In H. Keller (Hrsg.), *Handbuch der Kleinkindforschung* (S. 443-464). Berlin: Springer.

Keller, H. & Meyer, H.J. (1982). *Psychologie der frühesten Kindheit.* Stuttgart: Kohlhammer.

Kelley, H.H. (1967). Attribution theory in social psychology. In D. Levine (Ed.), *Nebraska symposium on motivation* (Vol. 15). Lincoln: University of Nebraska Press.

Kelly, G. (1955). *The psychology of personal constructs.* Vols. 1 and 2. New York: Norton.

Kemper, H. (1991). Theorie pädagogischer Institutionen. In L. Roth (Hrsg.), *Pädagogik. Handbuch für Studium und Praxis* (S. 293-303). München: Ehrenwirth.

Kent, M.W. & Rolf, J.E. (Eds.) (1979). *Primary prevention of psychopathology.* Vol. III: *Social competence in children.* Hanover, New Hampshire und London: University Press of New England.

Keßler, B.H. (1984 a). Verhaltenstherapie. In L.R. Schmidt (Hrsg.), *Lehrbuch der Klinischen Psychologie.* (2. neubearb. und erw. Aufl.) (S. 534-575). Stuttgart: Enke.

Keßler, B.H. (1984 b). Psychotherapeutische Prozesse. In L.R. Schmidt (Hrsg.), *Lehrbuch der Klinischen Psychologie* (S. 512-523). Stuttgart: Enke.

Keßler, B.H. & Hoellen, B. (1982). *Rational-emotive Therapie in der Klinischen Praxis. Eine Einführung.* Weinheim: Beltz.

Keßler, B.H. & Pfaff, H. (1984). Rational-emotive Psychotherapie. In L.R. Schmidt (Hrsg.), *Lehrbuch der Klinischen Psychologie* (S. 576-586). Stuttgart: Enke.

Keupp, H. (Hrsg.) (1979 a). *Normalität und Abweichung.* München: Urban & Schwarzenberg.

Keupp, H. (1979 b). Psychische Krankheit als hergestellte Wirklichkeit - eine Grenzbestimmung des Etikettierungsparadigmas. In H. Keupp (Hrsg.), *Normalität und Abweichung* (S. 199-212). München: Urban & Schwarzenberg.

Keupp, H. (1982). Krankheitsbegriff und Normalität. In R. Bastine, P.A. Fiedler, K. Grawe, S. Schmidtchen & G. Sommer (Hrsg.), *Grundbegriffe der Psychotherapie* (S. 225-227). Weinheim: edition psychologie.

Kiener, F. (1978). Empirische Kontrolle psychoanalytischer Thesen. In L.J. Pongratz (Hrsg.), *Klinische Psychologie.* 2. Halbband (S. 1200-1241) (= Handbuch der Psychologie in 12 Bänden. 8. Band. 2. Halbband). Göttingen: Hogrefe.

Kiesler, D.J. (1977). Die Mythen der Psychotherapieforschung und ein Ansatz für ein neues Forschungsparadigma. In F. Petermann (Hrsg.), *Psychotherapie-Forschung* (S. 7-50). Weinheim: Beltz.

Kiesler, D.J. (1982). Interpersonal theory for personality and psychotherapy. In J.C. Anchin & D.J. Kiesler (Eds.), *Handbook of interpersonal psychotherapy* (pp. 3-24). New York: Pergamon.

Kiesler, D.J. (1983). The 1982 interpersonal circle: A taxonomy for complementarity in human transactions. *Psychological Review, 90,* 185-214.

Kiesler, D.J. (1986). The 1982 interpersonal circle: An analysis of DSM-III personality disorders. In T. Millon & G.L. Klerman (Eds.), *Contemporary directions in psychopathology: Toward the DSM-IV* (pp. 571-597). New York: Rowald.

Kirschenbaum, D.S. (1987). Self-regulatory failure: A review with clinical implications. *Clinical Psychology Review, 7,* 77-104.

Klages, H., Franz, G. & Herbert, W. (1987). *Sozialpsychologie der Wohlfahrtsgesellschaft. Zur Dynamik von Wertorientierungen, Einstellungen und Ansprüchen.* Frankfurt: Campus.

Klages, L. (1926). *Die Grundlagen der Charakterkunde.* Leipzig: Barth.

Klaus, G. & Buhr, M. (Hrsg.) (1974^{12}). *Philosophisches Wörterbuch.* In 2 Bänden. Leipzig: VEB Verlag Enzyklopädie Leipzig.

Klaus, G. & Liebscher, H. (1974). *Systeme, Informationen, Strategien. Eine Einführung in die kybernetischen Grundgedanken der System- und Regelungstheorie, Informationstheorie und Spieltheorie.* Berlin: VEB Verlag Technik.

Klerman, G.L., Weissman, M.M. & Rounsaville, B.J. (1984). *Interpersonal psychotherapy of depression.* New York: Basic Books.

Kline, P. & Barrett, P. (1983). The factors in personality questionnaires among normal subjects. *Advances of Behavior Research and Therapy, 5,* 141-202.

Klinger, E. (1977). *Meaning and void. Inner experience and the incentives in people's lives.* Minneapolis: University of Minnesota Press.

Klix, F. (1980). *Erwachendes Denken. Eine Entwicklungsgeschichte der menschlichen Intelligenz.* Berlin: Verlag der Wissenschaften.

Koenigsberg, H.W., Kaplan, R.D., Gilmore, M.M. & Cooper, A.M. (1985). The relationship between syndrome and personality disorder in DSM-III: Experience with 2.462 patients. *American Journal of Psychiatry, 142,* 207-212.

Kohlberg, L. (1974). *Zur kognitiven Entwicklung des Kindes.* Frankfurt: Suhrkamp.

Kornhauser, A. (1965). *Mental health of the industrial worker. A Detroit study.* New York: Wiley.

Korunka , Ch., Frank, H. & Becker, P. (1993). Persönlichkeitseigenschaften von Unternehmensgründern. Erfolgsfaktor oder vernachlässigbare Restgröße in der Theorie der Unternehmensgründung? *Internationales Gewerbearchiv, 41,* 169-188.

Krampen, G. (1985). Aufmerksamkeits-Orientierung. In T. Herrmann & E.D. Lantermann (Hrsg.), *Persönlichkeitspsychologie. Ein Handbuch in Schlüsselbegriffen.* (S. 354-361). München: Urban & Schwarzenberg.

Krampen, G. (1987). *Handlungstheoretische Persönlichkeitspsychologie.* Göttingen: Hogrefe.

Krampen, G. (1994). *Grundlagen und Strategien einer handlungstheoretischen Persönlichkeitsdiagnostik.* Trierer Psychologische Berichte. Band 21, Heft 4. Universität Trier. Fachbereich I - Psychologie.

Krause, R. (1982). Psychoanalyse. In R. Bastine, P.A. Fiedler, K. Grawe, S. Schmidtchen & G. Sommer (Hrsg.), *Grundbegriffe der Psychotherapie* (S. 280-286). Weinheim: edition psychologie.

Krieger, W. (1992 a). *Computergestützte Exploration psychosozialer Anforderungen und Ressourcen (CEPAR).* Unveröff. Diss. Universität Trier. Fachbereich I - Psychologie.

Krieger, W. (1992 b). Soziale Beziehungen am Arbeitsplatz. Belastung oder Stütze. *Psychosozial, 15,* 23-32.

Kruse, O. (1986). Emotionstheoretische Erklärungsansätze in der Psychotherapie. *Verhaltenstherapie und psychosoziale Praxis, 18,* 454-475.

Kuhl, J. (1983 a). *Motivation, Konflikt und Handlungskontrolle.* Berlin: Springer.

Kuhl, J. (1983 b). Emotion, Kognition und Motivation: I. Auf dem Wege zu einer systemtheoretischen Betrachtung der Emotionsgenese. *Sprache und Kognition, 2,* 1-27.

Kuhl, J. (1983 c). Emotion, Kognition und Motivation: II. Die funktionale Bedeutung der Emotionen für das problemlösende Denken und für das konkrete Handeln. *Sprache und Kognition, 2,* 228-253.

Kuhl, J. (1987). Action control: The maintenance of motivational states. In F. Halisch & J. Kuhl (Eds.), *Motivation, intention, and volition* (pp. 279-291). Berlin: Springer.

Kuhl, J. & Kazen-Saad, M. (1988). A motivational approach to volition: Activation and de-activation of memory representations related to uncompleted intentions. In V. Hamilton, G.H. Bower & N. Frijda (Eds.), *Perspectives on emotion and motivation* (pp. 63-85). Dordrecht: Kluwer.

Kurz, W.K. (1991 a). *Suche nach Sinn. Seelsorgerliche, logotherapeutische, pädagogische Perspektiven.* Würzburg: Stephans-Buchhandlung Wolfgang Mittelstädt.

Kurz, W. K. (1991 b). Die Sinn- und Wertfrage im Rahmen der Logotherapie und Tiefenpsychologie. *Ärztliche Praxis und Psychotherapie, 13,* 21-31.

Kutter, P. (1983). Spezielle Emotionen aus psychoanalytischer Sicht. In H.A. Euler & H. Mandl (Hrsg.), *Emotionspsychologie. Ein Handbuch in Schlüsselbegriffen* (S. 204-211). München: Urban & Schwarzenberg.

Lamb, M.E., Ketterlinus, R.D. & Fracassa, M.P. (1992[3]). Parent-child relationships. In M.H. Bornstein & M.E. Lamb (Eds.), *Developmental psychology. An advanced textbook* (pp. 465-518). Hillsdale, N.J.: Erlbaum.

Lambert, M.J. (1979). *The effects of psychotherapy.* Vol. 1. Montreal: Eden Press.

Längle, A. (Hrsg.) (1985). *Wege zum Sinn. Logotherapie als Orientierungshilfe.* München: Piper.

Lantermann, E.D. (1983 a). Handlung und Emotion. In H.A. Euler & H. Mandl (Hrsg.), *Emotionspsychologie. Ein Handbuch in Schlüsselbegriffen* (S. 273-282). München: Urban & Schwarzenberg.

Lantermann, E.D. (1983 b). Kognitive und emotionale Prozesse beim Handeln. In H. Mandl & G.L. Huber (Hrsg.), *Emotion und Kognition* (S. 248-281). München: Urban & Schwarzenberg.

Lantermann, E.-D. (1994). *Emotionale und analytische Modalitäten als emergente Eigenschaften psychophysischer Regulationssysteme* (Referat auf dem 39. Kongreß der Deutschen Gesellschaft für Psychologie in Hamburg).

Laux, L. & Weber, H. (1993). *Emotionsbewältigung und Selbstdarstellung.* Stuttgart: Kohlhammer.

Lazare, A., Klerman, G.L. & Armor, D.J. (1966). Oral, obsessive and hysterical personality patterns. *Archives of General Psychiatry, 14,* 624-630.

Lazare, A., Klerman, G.L. & Armor, D.J. (1970). Oral, obsessive and hysterical personality patterns. Replication of factor analysis in an independent sample. *Journal of Psychiatric Research, 7,* 275-290.

Lazarus, A.A. (1971). *Verhaltenstherapie im Übergang.* München: Reinhardt.

Lazarus, A.A. (1978) *Multimodale Verhaltenstherapie.* Frankfurt: Fachbuchhandlung für Psychologie.

Lazarus, R.S. (1981). Streß und Streßbewältigung - Ein Paradigma. In S.-H. Filipp (Hrsg.), *Kritische Lebensereignisse* (S. 198-232). München: Urban & Schwarzenberg.

Lazarus, R.S. (1982). Thoughts on the relations between emotions and cognitions. *American Psychologist, 37,* 1019-1024.

Lazarus, R.S. (1983). The costs and benefits of denial. In S. Breznitz (Ed.), *The denial of stress* (pp. 1-30). New York: International Universities Press.

Lazarus, R.S. (1984). On the primacy of cognition. *American Psychologist, 39,* 124-129.

Lazarus, R.S. (1991 a). Progress on a cognitive-motivational-relational theory of emotion. *American Psychologist, 46,* 819-834.

Lazarus, R.S. (1991 b). *Emotion and adaptation.* New York: Oxford University Press.

Lazarus, R.S. & Folkman, S. (1984). *Stress, appraisal, and coping.* New York: Springer.

Leary, T. (1957). *Interpersonal diagnosis of personality: A functional theory and methodology for personality evaluation.* New York: Ronald Press.

Leary, T. & Coffey, H.S. (1955). Interpersonal diagnosis: Some problems of methodology and validation. *Journal of Abnormal and Social Psychology, 50,* 110-124.

Leplow, B. & Ferstl, R. (1994). Psychophysiologische Störungen. In H. Reinecker (Hrsg.), *Lehrbuch der Klinischen Psychologie. Modelle psychischer Störungen* (S. 479-501). Göttingen: Hogrefe.

Lerner, A. (1970[2]). *Grundzüge der Kybernetik.* Berlin: VEB Verlag Technik.

Leventhal, H. & Everhart, D. (1979). Emotion, pain, and physical illness. In C.E. Izard (Ed.), *Emotions in personality and psychology* (pp. 263-299). New York: Plenum Press.

Leventhal, H. & Scherer, K.R. (1987). The relationship of emotion to cognition: A functional approach to a semantic controversy. *Cognition and Emotion, 1*, 3-28.

Lewin, K. (1963). *Feldtheorie in den Sozialwissenschaften.* Bern: Huber.

Lewis, H.B. (1971). *Shame and guilt in neurosis.* New York: International Universities Press.

Lewis, M. (1992). *Shame. The exposed self.* New York: Free Press.

Liebhart, E.H. (1978). Therapie als kognitiver Prozeß. In L.J. Pongratz (Hrsg.), *Handbuch der Psychologie.* Band 8. *Klinische Psychologie.* 2. Halbband (S. 1785-1819). Göttingen: Hogrefe.

Lindemann, E. (1944). Symptomatology and management of acute grief. *American Journal of Psychiatry, 101*, 141-148.

Little, M.I. (1981). *Transference neurosis and tranference psychosis.* New York: Jason Aronson.

Little, B.R., Lecci, L. & Watkinson, B. (1992). Personality and personal projects: Linking Big Five and PAC units of analysis. *Journal of Personality, 60*, 501-525.

Livesley, W.J. (1986). Trait and behavioral prototypes of personality disorder. *American Journal of Psychiatry, 143*, 728-732.

Livesley, W.J. (1987). Theoretical and empirical issues in the selection of criteria to diagnose personality disorders. *Journal of Personality Disorders, 1*, 88-94.

Livesley, W.J., Jackson, D.N. & Schroeder, M.L. (1989). A study of the factorial structure of personality pathology. *Journal of Personality Disorders, 3*, 292-306.

Livesley, W.J., Jackson, D.N. & Schroeder, M.L. (1992). Factorial structure of traits delineating personality disorders in clinical and general population samples. *Journal of Abnormal Psychology, 101*, 432-440.

Loehlin, J.C. (1968). *Computer models of personality.* New York: Random House.

Loevinger, J. (1966). The meaning and measurement of ego development. *American Psychologist, 21*, 195-206.

Lohmann, J. (1980). Ziele und Strategien psychotherapeutischer Verfahren. In W. Wittling (Hrsg.), *Handbuch der Klinischen Psychologie.* Band 2. *Psychotherapeutische Interventionsmethoden* (S. 15-46). Hamburg: Hoffmann & Campe.

Lösel, F., Kolip, P. & Bender, D. (1992). Streß-Resistenz im Multiproblem-Milieu. Sind seelisch widerstandsfähige Jugendliche "Superkids"? *Zeitschrift für Klinische Psychologie, 21*, 48-63.

Luborsky, L., Crits-Christoph, P., Mintz, J. & Auerbach, A. (1988). *Who will benefit from psychotherapy?* New York: Basic Books.

Luborsky, L., Mintz, J., Auerbach, A., Christoph, P., Bachrach, H., Todd, T., Johnson, M., Cohen, M. & O'Brien, C. (1980). Predicting the outcome of psychotherapy: Findings of the Penn Psychotherapy Project. *Archives of General Psychiatry, 37*, 471-481.

Lukas, E. (1990). *Geist und Sinn. Logotherapie - Die dritte Wiener Schule der Psychotherapie.* München: Psychologie Verlags Union.

Lukas, E. (1992). Logotherapie nach Viktor E. Frankl. *Logotherapie und Existenzanalyse, 1*, 32-41.

Lukesch, H. (1975 a). Erziehungsstile als abhängige und unabhängige Variable. In H. Lukesch (Hrsg.), *Auswirkungen elterlicher Erziehungsstile* (S. 8-13). Göttingen: Hogrefe.

Lukesch, H. (Hrsg.) (1975 b). *Auswirkungen elterlicher Erziehungsstile.* Göttingen: Hogrefe.

Lukesch, H. (1981). Erziehungsstile. In H. Schiefel & A. Krapp (Hrsg.), *Handlexikon zur Pädagogischen Psychologie* (S. 112-116). München: Ehrenwirth.

Luria, A. (1961). The role of speech in the regulation of normal and abnormal behaviors. New York: Liveright.

Maaz, H.-J. (1990). *Der Gefühlsstau.* Berlin: Argon.

Maccoby, E.A. & Martin, J.A. (1983[4]). Socialization in the context of the family: Parent-child interaction. In P.H. Mussen (Ed.), *Handbook of child psychology.* Vol. IV. *Socialization, personality, and social development* (pp. 1-101). New York: Wiley.

MacKenzie, J. (1988). Three superfactors in the 16 PF and their relations to Eysenck's P, E and N. *Personality and Individual Differences, 9,* 843-850.

MacKenzie, K.R. (1994). Using personality measurements in clinical practice. In P.T.Jr. Costa & T.A. Widiger (Eds.), *Personality disorders and the five-factor model of personality* (pp. 237-250). Washington DC: American Psychological Association.

Magnusson, D. (1990). Personality development from an interactional perspective. In L.A. Pervin (Ed.), *Handbook of personality: Theory and Research* (pp. 193-222). New York: Guilford Press.

Mandl, H. & Euler, H.A. (1983). Begriffsbestimmungen. In H.A. Euler & H. Mandl (Hrsg.), *Emotionspsychologie. Ein Handbuch in Schlüsselbegriffen* (S. 5-11). München: Urban & Schwarzenberg.

Mandl, H., Friedrich, H.F. & Hron, A. (1986). Psychologie des Wissenserwerbs. In B. Weidenmann & A. Krapp (Hrsg.), *Pädagogische Psychologie* (S. 143-218). München: Psychologie Verlags Union.

Mandl, H. & Huber, G.L. (Hrsg.) (1983). *Emotion und Kognition.* München: Urban & Schwarzenberg.

Margraf, J. & Schneider, S. (1994). Klassifikatorische Diagnostik, strukturierte Interviews und Therapieindikation. In H. Reinecker (Hrsg.), *Lehrbuch der Klinischen Psychologie. Modelle psychischer Störungen* (S. 45-83). Göttingen: Hogrefe.

Marks, I.M. (1969). *Fears and phobias.* New York: Academic Press.

Marks, I.M. (1987). *Fears, phobias, and rituals. Panic, anxiety, and their disorders.* New York: Oxford University Press.

Martin, E., Ackermann, U., Udris, I. & Oegerli, K. (1980). *Monotonie in der Industrie. Eine ergonomische, psychologische und medizinische Studie an Uhrenarbeitern.* Bern: Huber.

Martin, J.A. & Elmer, E. (1992). Battered children grown-up: A follow-up study of individuals severely maltreated as children. *Child Abuse and Neglect, 16,* 75-87.

Maser, J.D., Kaelber, C. & Weise, R.E. (1991). International use and attitudes toward DSM-III and DSM-III-R: Growing consensus in psychiatric classification. *Journal of Abnormal Psychology, 100,* 271-279.

Maslow, A. A. (1981). *Motivation und Persönlichkeit.* Reinbek bei Hamburg: Rowohlt.

Mavissakalion, M. & Hamann, M.S. (1986). DSM-III personality disorder in agoraphobia. *Comprehensive Psychiatry, 27,* 471-479.

McAdams, D.P. (1992). The five-factor model in personality: A critical appraisal. *Journal of Personality, 60,* 329-361.

McCann, J. (1991). Convergent and discriminant validity of the MCMI-II and MMPI Personality Disorders Scales. *Psychological Assessment: A Journal of Consulting and Clinical Psychology, 3,* 9-18.

McCord, W., McCord, J. & Zola, I.K. (1959). *Origins of crime.* New York: Columbia University Press.

McCrae, R.R. (1991). The five-factor model and its assessment in clinical settings. *Journal of Personality Assessment, 57*, 399-414.
McCrae, R.R. (1994). A reformulation of axis II: Personality and personality-related problems. In P.T.Jr. Costa & T.A. Widiger (Eds.), *Personality and the five-factor model of personality* (pp. 303-309). Washington DC: American Psychological Association.
McCrae, R.R. & Costa, P.T. (1985). Comparison of EPI and Psychoticism Scales with measures of the five-factor model of personality. *Personality and Individual Differences, 13*, 563-572.
McCrae, R.R. & John, O.P. (1992). An introduction to the five-factor model and its applications. *Journal of Personality , 60*, 175-215.
McLemore, C.W. & Benjamin, L. (1979). Whatever happened to interpersonal diagnosis: A psychosocial alternative to DSM III. *American Psychologist, 34*, 17-34.
McLemore, C.W. & Brokaw, D.W. (1987). Personality disorders as dysfunctional interpersonal behavior. *Journal of Personality Disorders, 1*, 270-285.
Mead, G.H. (1934). *Mind, self, and society*. Chicago: University of Chicago Press.
Mees, U. (1991). *Die Struktur der Emotionen*. Göttingen: Hogrefe.
Meichenbaum, D.H. (1979). *Kognitive Verhaltensmodifikation*. München: Urban & Schwarzenberg.
Meichenbaum, D.H. & Cameron, R. (1974). The clinical potential of modifying what clients say to themselves. In M.J. Mahoney & C.E. Thoresen (Eds.), *Self-control: Power to the person* (pp. 263-290). Monterey, Ca.: Brooks / Cole.
Meltzoff, J. & Kornreich, M. (1970). *Research in psychotherapy*. Chicago: Atherton.
Menninger, K. (1968). *Das Leben als Balance*. München: Piper.
Merton, R.K. (1948). The self-fulfilling prophecy. *Antioch Review, 8*, 193-210.
Meyer, W.-U. (1983). Attributionstheoretische Ansätze. In H.A. Euler & H. Mandl (Hrsg.), *Emotionspsychologie. Ein Handbuch in Schlüsselbegriffen* (S. 80-85). München: Urban & Schwarzenberg.
Miller, G.A., Galanter, E. & Pribram, K.H. (1960). *Plans and the structure of behavior*. New York: Holt, Rinehart & Winston.
Miller, J.G. (1975). General systems theory. In A.M. Freedman, H.I. Kaplan & B.J. Sadock (Eds.), *Comprehensive textbook of psychiatry -II*. Vol. 1 (Second edition) (pp. 75-88). Baltimore: William & Wilkens.
Miller, T.R. (1991). The psychotherapeutic utility of the five-factor model of personality: A clinician's experience. *Journal of Personality Assessment, 57*, 415-433.
Millon, T. (1969). *Modern psychopathology*. Philadelphia: Saunders.
Millon, T. (1981). *Disorders of personality: DSM-III, Axis II*. New York: Wiley.
Millon, T. (1987). *Manual for the MCMI-II* (2nd ed.). Minneapolis: National Computer Systems.
Mingers, A. (1995). *Entwicklung und Erprobung eines Diagnostikums zu einem Circumplexmodell des Erziehungsverhaltens*. Unveröff. Dipl.Arb. Universität Trier, Fachbereich I - Psychologie.
Minuchin, S. (1977). *Familie und Familientherapie*. Freiburg: Lambertus.
Mischel, W. (1974). Processes in delay of gratification. In L. Berkowitz (Ed.), *Advances in experimental social psychology* (Vol. 7) (pp. 249-292). New York: Academic Press.
Mischel, W. & Mischel, H.N. (1977). Self-control and the self. In T. Mischel (Ed.), *The self: Psychological and philosophical issues*. Totowa, N.J.: Rowan and Littlefield.
Mittag, O. (1994). *Sterbende begleiten*. Stuttgart: Thieme.

Mohr, G. (1990). Arbeit und Gesundheit. In R. Schwarzer (Hrsg.), *Gesundheitspsychologie. Ein Lehrbuch* (S. 229-244). Göttingen: Hogrefe.
Montada, L. (1978). *Schuld als Schicksal? Zur Psychologie des Erlebens moralischer Verantwortung.* (Berichte aus der Arbeitsgruppe "Verantwortung, Gerechtigkeit, Moral". Nr. 1). Universität Trier. Fachbereich I - Psychologie.
Montada, L. (1982 a). Die geistige Entwicklung aus der Sicht Jean Piagets. In R. Oerter & L. Montada (Hrsg.), *Entwicklungspsychologie. Ein Lehrbuch* (S. 375-424). München: Urban & Schwarzenberg.
Montada, L. (1982 b). Entwicklung moralischer Urteilsstrukturen und Aufbau von Werthaltungen. In R. Oerter & L. Montada (Hrsg.), *Entwicklungspsychologie. Ein Lehrbuch* (S. 633-673). München: Urban & Schwarzenberg.
Montada, L. (1989). Bildung der Gefühle? *Zeitschrift für Pädagogik, 35*, 293-312.
Morey, L.C. (1985). An empirical comparison of interpersonal and DSM-III approaches to classification of personality disorders. *Psychiatry, 48*, 358-364.
Morey, L.C. (1988). The categorical representation of personality disorder: A cluster analysis of DSM-III-R personality features. *Journal of Abnormal Psychology, 97*, 314-321.
Morey, L.C. (1993). Psychological correlates of personality disorders. *Journal of Personality Disorders, Supplement*, 149-166.
Morey, L.C., Waugh, M.H. & Blashfield, R.K. (1985). MMPI scales for DSM-III personality disorders: Their derivation and correlates. *Journal of Personality Assessment, 49*, 245-251.
Mowrer, O.H. (1965). Learning theory and behavior therapy. In B.B. Wolman (Ed.), *Handbook of clinical psychology* (pp. 242-276). New York: McGraw-Hill.
Mowrer, O.H. (1972). Conscience and the unconscious. In R.C. Johnson, P.R. Dokecki & O.H. Mowrer (Eds.), *Conscience, contract, and social reality* (pp. 349-371). New York: Holt, Rinehart & Winston.
Mullahy, P. (1975). Harry Stuck Sullivan. In A.M. Freedman, H.I. Kaplan & B.J. Saddock (Eds.), *Comprehensive textbook of psychiatry - II.* Vol. 1. (pp. 598-613). Baltimore: Williams & Wilkins.
Mummendey, A. & Schreiber, H.-J. (1983). Neid und Eifersucht. In H.A. Euler & H. Mandl (Hrsg.), *Emotionspsychologie. Ein Handbuch in Schlüsselbegriffen* (S. 195-200). München: Urban & Schwarzenberg.
Mussen, P.H., Conger, J.J. & Kagan, J. (1976). *Lehrbuch der Kinderpsychologie.* Stuttgart: Klett.
Neisser, U. (1974). *Kognitive Psychologie.* Stuttgart: Klett.
Neisser, U. (1979). *Kognition und Wirklichkeit. Prinzipien und Implikationen der kognitiven Psychologie.* Stuttgart: Klett-Cotta.
Neraal, T. & Breuer, M. (1989). Geschichte unter Verschluß. Vergangenheitsbewältigung in der Therapie einer depressiven Familie. *Psychosozial, 38*, 12-19.
Neumann, O. (1987). Zur Funktion der selektiven Aufmerksamkeit für die Handlungssteuerung. *Sprache & Kognition, 6*, 107-125.
Neumann, O. (1992). Theorien der Aufmerksamkeit: von Metaphern zu Mechanismen. *Psychologische Rundschau, 43*, 83-101.
Noller, P., Law, H. & Comrey, A.L. (1987). Cattell, Comrey, and Eysenck personality factors compared: More evidence for the five robust factors. *Journal of Personality and Social Psychology, 53*, 574-782.
Nolting, H.-P. (1978). Zur Erklärung von Sündenbock-Phänomenen. *Gruppendynamik, 9*, 197-207.

Norman, W.T. (1963). Toward an adequate taxonomy of personality attributes: Replicated factor structure in peer nomination personality ratings. *Journal of Abnormal and Social Psychology, 66*, 754-583.

Norman, W.T. (1969). To see ourselfness as others see us: Relations among self-perception, peer perceptions, and expected peer perceptions of personality attributes. *Multivariate Behavioral Research, 4*, 417-443.

Noyes, R., Reich, J., Christiansen, J., Suelzer, M., Pfahl, B. & Coryell, W.A. (1990). Outcome of panic disorder: Relationship to diagnostic subtypes and comorbidity. *Archives of General Psychiatry, 47*, 809-818.

Nübling, R., Schmidt, J., Wittmann, W.W. & Lamprecht, F. (1994). *Die Bedeutung von Psychotherapiemotivation und Krankheitskonzept für die Inanspruchnahme psychotherapeutischer Leistungen.* (Referat auf dem 39. Kongreß der Deutschen Gesellschaft für Psychologie in Hamburg).

Oatley, K. (1990). Wozu brauchen wir Gefühle? *Psychologie heute, 17*, 30-35.

Oerter, R. (1969). *Moderne Entwicklungspsychologie.* Donauwörth: Auer.

Oerter, R. (1982 b). Zur Entwicklung der Motivation und Handlungssteuerung. In R. Oerter & L. Montada (Hrsg.), *Entwicklungspsychologie. Ein Lehrbuch* (S. 567-632). München: Urban & Schwarzenberg.

Oerter, R. (1982 c). Jugendalter. In R. Oerter & L. Montada (Hrsg.), *Entwicklungspsychologie. Ein Lehrbuch* (S. 242-313). München: Urban & Schwarzenberg.

Oesterreich, R. (1981). *Handlungsregulation und Kontrolle.* München: Urban & Schwarzenberg.

Öhman, A. (1988). Preattentive processes in the generation of emotions. In V. Hamilton, G.H. Bower & N.H. Frijda (Eds.), *Cognitive perspectives on emotion and motivation* (pp. 127-143). Dordrecht: Kluwer Academic Publisher.

Oldenbürger, H.-A. (1983). Clusteranalyse. In J. Bredenkamp & H. Feger (Hrsg.), *Strukturierung und Reduzierung von Daten* (= Enzyklopädie der Psychologie. Themenbereich B. Serie I, Band 4) (S. 390-439). Göttingen: Hogrefe.

Orford, J. (1986). The rules of interpersonal complementarity: Does hostility beget hostility and dominance, submission? *Psychological Review, 93*, 365-377.

Orlinsky, D.E. & Howard, K.I. (1986). Process and outcome in psychotherapy. In S.L. Garfield & A.E. Bergin (Eds.), *Handbook of psychotherapy and behavior change* (3rd ed.) (pp. 311-381). New York: Wiley.

Ornstein, R.E. (1989). *Multimind.* Paderborn: Junfermann.

Oser, F. & Althof, W. (1992). *Moralische Selbstbestimmung. Modelle der Entwicklung und Erziehung im Wertebereich.* Stuttgart: Klett-Cotta.

Ostendorf, F. (1990). *Sprache und Persönlichkeitsstruktur. Zur Validität des Fünf-Faktoren-Modells der Persönlichkeit.* Regensburg: Roderer.

Ostendorf, F. (1994). *Die "Fünf-Faktoren" Taxonomie: Robuste Dimensionen der Personenbeurteilung in Rating- und Fragebogendaten* (Referat auf dem 39. Kongreß der Deutschen Gesellschaft für Psychologie in Hamburg).

Ostendorf, F. & Angleitner, A. (1992). On the generality and comprehensiveness of the Five-Factor model of personality. Evidence for five robust factors in questionnaire data. In G.V. Caprara & G.L. van Heck (Eds.), *Modern personality psychology. Critical reviews and new directions* (pp. 73-109). Harvester: Wheatsheaf.

Parkes, C.M., Stevenson-Hinde, J. & Marris, P. (1991). *Attachment across the life cycle.* London: Tavistock/Routledge.

Parloff, M.B., Waskow, I.E. & Wolfe, B.E. (1978). Research on therapist variables in relation to process and outcome. In S.L. Garfield & A.E. Bergin (Eds.), *Handbook of psychotherapy and behavior change* (2nd ed.) (pp. 233-282). New York: Wiley.

Patterson, G.R. (1979). A performance theory for coercive family interaction. In R. Cairns (Ed), *The analysis of social interactions* (pp. 119-161). Hillsdale, N.J.: Erlbaum.

Paulhus, D. & Martin, C. (1988). Functional flexibility: A new conception of interpersonal flexibility. *Journal of Personality and Social Psychology, 55*, 88-101.

Paulus, P. (1994). *Selbstverwirklichung und psychische Gesundheit. Konzeptionelle Analysen und ein Neuentwurf.* Göttingen: Hogrefe.

Pawlik, K. (1968). *Dimensionen des Verhaltens.* Bern: Huber.

Pawlik, K. (Hrsg.) (1976). *Diagnose der Diagnostik. Beiträge zur Diskussion der psychologischen Diagnostik in der Verhaltensmodifikation.* Stuttgart: Klett.

Paykel, E.S. & Prusoff, B.A. (1973). Relationships between personality dimensions: Neuroticism and extraversion against obsessive, hysterical and oral personality. *British Journal of Social and Clinical Psychology, 12*, 309-318.

Pelzmann, L. (1983). Arbeitslosenforschung. In G. Lüer (Hrsg.), *Bericht über den 33. Kongreß der Deutschen Gesellschaft für Psychologie in Mainz 1982* (S. 674-681). Göttingen: Hogrefe.

Perls, F. (1980). *Gestalt, Wachstum, Integration.* Paderborn: Junfermann.

Perls, F., Hefferline, R. & Goodman, P. (1951). *Gestalt therapy.* New York: Dell.

Perrez, M. (1990). Behandlung und Therapie (Psychotherapie): Systematik und allgemeine Aspekte. In M. Perrez & U. Baumann (Hrsg.), *Lehrbuch der Klinischen Psychologie.* Band 2. *Intervention* (S. 99-116). Bern: Huber.

Perrez, M., Minsel, B. & Wimmer, H. (1974). *Eltern-Verhaltenstraining.* Salzburg: Otto Müller.

Perrez, M., Minsel, B. & Wimmer, H. (1985). *Was Eltern wissen sollten. Eine psychologische Schule für Eltern, Lehrer und Erzieher.* Salzburg: Otto Müller.

Perrez, M. & Reicherts, M. (1992). *Stress, coping, and health. A situation-behavior approach. Theory, methods, applications.* Seattle, Göttingen: Hogrefe.

Perrig, W.J., Wippich, W. & Perrig-Chiello, P. (1993). *Unbewußte Informationsverarbeitung.* Bern, Göttingen: Huber.

Pervin, L.A. (1990). A brief history of modern personality theory. In L.A. Pervin (Ed.), *Handbook of personality: Theory and research* (pp. 3-18). New York: Guilford Press.

Pfohl, B., Black, D., Noyes, R., Coryell, W. & Barrash, J. (1991). Axis I and axis II comorbidity findings: Implication for validity. In J.M. Oldham (Ed.), *Personality disorders: New perspectives on diagnostics validity.* (Progress in psychiatry. No. 20) (pp. 147-161). Washington, D.C.: American Psychiatric Press.

Piaget, J. (1969). *Das Erwachen der Intelligenz beim Kinde.* Stuttgart: Klett.

Piaget, J. (1974). *Der Aufbau der Wirklichkeit beim Kinde.* Stuttgart: Klett.

Piaget, J. (1981). *Intelligence and affectivity: Their relationship during child development.* Palo Alto, Calif.: Annual Reviews Incorporation.

Piers, G. & Singer, M.B. (1953). *Shame and guilt: A psychoanalytic and cultural study.* Springfield, Illinois: Charles C. Thomas.

Platt, J.J., Spivack, G. & Swift, M. (1975). *Interpersonal problem-solving group-therapy.* Philadelphia: Hahnemann Medical College and Hospital.

Plog, U. (1982). Menschenbilder in der Psychotherapie. In R. Bastine, P.A. Fiedler, K. Grawe, S. Schmidtchen & G. Sommer (Hrsg.), *Grundbegriffe der Psychotherapie* (S. 236-239). Weinheim: edition psychologie.

Plomin, R. (1994). *Nature, nurture and psychology* (Mittagsvorlesung auf dem 39. Kongreß der Deutschen Gesellschaft für Psychologie in Hamburg).

Plomin, R., Chipuer, H.M. & Neiderhiser, J.M. (1994). Behavioral genetic evidence for the importance of nonshared environment. In E.M. Hetherington, D. Reiss & R. Plomin (Eds.), *Separate social worlds of siblings. The impact of nonshared environment on development* (pp. 1-31). Hillsdale, N.J.: Erlbaum.
Plomin, R. & Daniels, D. (1987). Why are children in the same family so different from each other? *Behavioral and Brain Sciences, 10,* 1-16.
Plomin, R., DeFries, J.C. & McClearn, G.E. (1990). *Behavioral genetics: A primer* (2nd ed.). New York: Freeman.
Plomin, R. & Neiderhiser, J.M. (1992). Genetics and experience. *Current Directions in Psychological Science, 1,* 160-163.
Plutchik, R. (1980). A general psychoevolutionary theory of emotion. In R. Plutchik & H. Kellerman (Eds.), *Emotion. Theory, research, and experience.* Vol. 1. *Theories of emotion* (pp. 3-33). New York: Academic Press.
Plutchik, R. & Kellerman, H. (Eds.) (1980). *Emotion. Theory, research, and experience.* Vol. 1. *Theories of emotion.* New York: Academic Press.
Plutchik, R. & Kellerman, H. (Eds.) (1983). *Emotion. Theory, research, and experience.* Vol. 2. *Emotions in early development.* New York: Academic Press.
Pollak, J.M. (1979). Obsessive-compulsive personality: A review. *Psychological Bulletin, 86,* 225-241.
Pongratz, L.J. (Hrsg.) (1977). *Klinische Psychologie.* 1. Halbband. (= Handbuch der Psychologie in 12 Bänden. 8. Band. 1. Halbband). Göttingen: Hogrefe.
Pongratz, L.J. (1983). *Hauptströmungen der Tiefenpsychologie.* Stuttgart: Kroner.
Posner, M.I. & Snyder, C.R.R. (1975). Attention and cognitive control. In R.L. Solso (Ed.), *Information processing and cognition. The Loyola Symposium* (pp. 55-85). Hillsdale, N.J.: Erlbaum.
Powers, W.T. (1973). *Behavior: The control of perception.* Chicago: Aldine.
Prenzel, M. & Schiefele, H. (1986). Konzepte der Veränderung und Erziehung. In B. Weidenmann & A. Krapp (Hrsg.), *Pädagogische Psychologie* (S. 105-142). München: Psychologie Verlags Union.
Probst, P. (1982). Psychotherapie in der Familie. In R. Bastine, P.A. Fiedler, K. Grawe, S. Schmidtchen & G. Sommer (Hrsg.), *Grundbegriffe der Psychotherapie* (S. 95-97). Weinheim: edition psychologie.
Pulkkinen, L. (1982). Self-control and continuity from childhood to late adolescence. In P.B. Baltes & O.G. Jr. Brim (Eds.), *Life-span development and behavior.* Vol. 4 (pp. 63-105). New York: Academic Press.
Pulkkinen, L. (1992). Life-styles in personality development. Special issue: Longitudinal research and personality. *European Journal of Personality, 6,* 139-155.
Quitmann, H. (1985). *Humanistische Psychologie.* Göttingen: Hogrefe.
Quitmann, H., Tausch, A.-M. & Tausch, R. (1974). Selbstkommunikation von Jugendlichen und ihren Eltern. Zusammenhang mit Psychoneurotizismus und elterlichem Erziehungsverhalten. *Zeitschrift für Klinische Psychologie, 3,* 193-204.
Rachman, S.J. & de Silva, P. (1978). Abnormal and normal obsessions. *Behaviour Research and Therapy, 16, 233-248.*
Rauh, H. (1982). Frühe Kindheit. In R. Oerter & L. Montada (Hrsg.), *Entwicklungspsychologie. Ein Lehrbuch* (S. 124-194). München: Urban & Schwarzenberg.
Reich, J. (1987). Instruments measuring DSM-III and DSM-III-R personality disorders. *Journal of Personality Disorders, 1,* 220-240.
Reich, J. & Green, A. (1991). Effect of personality disorders on outcome of treatment. *Journal of Nervous and Mental Disease, 179,* 74-82.

Reich, J., Noyes, R.Jr. & Troughton, E. (1987). Dependent personality disorder associated with phobic avoidance in patients with panic disorder. *American Journal of Psychiatry, 144*, 323-326.

Reich, J., Yates, W. & Nduaguba, M. (1989). Prevalence of DSM-III personality disorders in the community. *Social Psychiatry and Psychiatric Epidemiology, 24*, 12-16.

Reinecker, H. (Hrsg.) (1994 a). *Lehrbuch der Klinischen Psychologie. Modelle psychischer Störungen* (2. überarb. und erw. Aufl.). Göttingen: Hogrefe.

Reinecker, H. (1994 b). Forschungsprobleme in der Klinischen Psychologie. In H. Reinecker (Hrsg.), *Lehrbuch der Klinischen Psychologie. Modelle psychischer Störungen* (S. 25-44). Göttingen: Hogrefe.

Reinecker, H. (1994 c). Soziale und spezifische Phobien. In H. Reinecker (Hrsg.), *Lehrbuch der Klinischen Psychologie. Modelle psychischer Störungen* (S. 91-115). Göttingen: Hogrefe.

Reinecker, H. (1994 d). Zwangshandlungen und Zwangsgedanken. In H. Reinecker (Hrsg.), *Lehrbuch der Klinischen Psychologie. Modelle psychischer Störungen* (S. 157-176). Göttingen: Hogrefe.

Reiter, L. (1984). Partnerschafts- und Familientherapie. In L.R. Schmidt (Hrsg.), *Lehrbuch der Klinischen Psychologie* (S. 649-658). Stuttgart: Enke.

Revenstorf, D. (1992). Richtungen und Ansätze der Psychotherapie. In R. Bastine (Hrsg.), *Klinische Psychologie.* Band 2 (S. 309-360). Stuttgart: Kohlhammer.

Reykowski, J. (1981). Persönlichkeit als System der Regulation von Tätigkeiten: Regulationstheorie der Persönlichkeit. In T. Tomaszewski (Hrsg.), *Zur Psychologie der Tätigkeit* (S. 55-83). Berlin: Deutscher Verlag der Wissenschaften.

Richter, H.E. (1967). *Eltern, Kind und Neurose: Psychoanalyse der kindlichen Rolle.* Stuttgart: Klett.

Richter, N. (1994). *Bedeutung und Zusammenhänge von Sinn, Werten, innerem Halt und Zielen im Leben von Menschen. Eine empirische Untersuchung.* Unveröff. Dipl.Arb. Universität Hamburg. Fachbereich Psychologie.

Ricks, D.F. (1974). Supershrink: Methods of a therapist judged sucessful on the basis of adult outcomes of adolescent patients. In D.F. Ricks, M. Roff & A. Thomas (Eds.), *Life history research in psychopathology* (pp. 275-297). Minneapolis: University of Minnesota Press.

Riemann, F. (1985). *Grundformen der Angst. Eine tiefenpsychologische Studie.* München: Reinhardt.

Rogers, C.R. (1957). The necessary and sufficient conditions of therapeutic personality change. *Journal of Consulting Psychology, 21*, 95-103.

Rogers, C.R. (1959). A theory of therapy, personality, and interpersonal relationships, as developed in the client-centered framework. In S. Koch (Ed.), *Psychology: A study of a science.* Vol. 3 (pp. 184-256). New York: McGraw-Hill.

Rogers, C.R. (1973). *Die klient-bezogene Gesprächstherapie.* München: Kindler.

Rogers, C.R. & Dymond, R.F. (1954). *Psychotherapy and personality change.* Chicago: University of Chicago Press.

Rohsenow, D.J. & Smith, R.E. (1982). Irrational beliefs as predictors of negative affective states. *Motivation and Emotion, 6*, 299-314.

Rokeach, M. (1973). *The nature of human values.* Riverside, N.Y.: The Free Press.

Rokeach, M. (Ed.) (1979). *Understanding human values: Individual and societal.* New York: The Free Press.

Rosenberg, M. (1979). *Conceiving the self.* New York: Basic Books.

Rotter, J.B. (1954). *Social learning and clinical psychology*. New York: Prentice-Hall.
Roy, A. (1991). Personality variables in depressed patients and normal controls. *Neuropsychobiology, 23*, 119-123.
Roy-Byrne, P., Ashleigh, E.A. & Carr, J. (1988). Personality and the anxiety disorders: A review of clinical findings. In R. Noyes, M. Roth & G.D. Burrows (Eds.), *Handbook of anxiety* (pp. 175-188). New York: Elsevier.
Royce, J.R. & Powell, A. (1983). *Theory of personality and individual differences. Factors, systems, and processes*. Englewood Cliffs, N.J.: Prentice-Hall.
Rutter, M. (1979). Protective factors in children's responses to stress and disadvantage. In M.W. Kent & J.E. Rolf (Eds.), *Primary prevention of psychopathology*. Vol. III. *Social competence in children* (pp. 49-74). Hanover, N.H.: University Press of New England.
Rutter, M. (1985). Resilience in the face of adversity. Protective factors and resistance to psychiatric disorder. *British Journal of Psychiatry, 147*, 598-611.
Rutter, M. (1990). Psychological resilience and protective mechanisms. In J. Rolf, A. Masten, D. Cicchetti, K. Nuechterlein & S. Weintraub (Eds.), *Risk and protective factors in the development of psychopathology* (pp. 181-214). New York: Cambridge University Press.
Sachse, R. (1992). *Zielorientierte Gesprächspsychotherapie. Eine grundlegende Neukonzeption*. Göttingen: Hogrefe.
Safran, J.D. & Segal, Z.V. (1990). *Interpersonal process in cognitive therapy*. New York: Basic Books.
Salloch-Vogel, R.-R. & Vogel, R. (1986). Zur Schuldfrage in der Therapie - Beachtung von Scham und Schuld als Voraussetzung für Genesung. In Deutsche Hauptstelle gegen die Suchtgefahren, *Sinnfrage und Suchtprobleme: Menschenbild, Wertorientierung, Therapieziele* (S. 74-86). Hamm: Hoheneck.
Sander, K. (1973). Der Einfluß von Persönlichkeits-Ausgangsvariablen des Klienten auf dessen selbstexploratives Verhalten in der Gesprächspsychotherapie. *Zeitschrift für Klinische Psychologie und Psychotherapie, 21*, 40-45.
Sander, K. (1975). Der Einfluß von Ausgangs-Persönlichkeitsmerkmalen des Klienten auf den Behandlungserfolg in klientenzentrierter Gesprächstherapie. *Zeitschrift für Klinische Psychologie, 4*, 137-147.
Sanderson, C. & Clarkin, J.F. (1994). Use of the NEO-PI personality dimensions in differential treatment planning. In P.T.Jr. Costa & T.A. Widiger (Eds.), *Personality disorders and the five-factor model of personality* (pp. 219-235). Washington DC: American Psychological Association.
Satir, V. (1977). *Familienbehandlung. Kommunikation und Beziehung in Theorie, Erleben und Therapie*. Freiburg: Lambertus.
Schacht, T.E. (1993). How do I diagnose thee? Let me count the dimensions. *Psychological Inquiry, 4*, 115-118.
Schaefer, E.S. (1959). A circumplex model for maternal behavior. *Journal of Abnormal and Social Psychology, 59*, 226-235.
Schaefer, E.S. (1961). Converging conceptual models for maternal behavior and for child behavior. In J.C. Glidewell (Ed.), *Parental attitudes and child behavior* (pp. 124-146). Springfield: C.C. Thomas.
Schaefer, E.S. (1965). A configurational analysis of children's reports of parent behavior. *Journal of Consulting Psychology, 29*, 552-557.
Schank, R.C. & Abelson, R.P. (1977). *Scripts, plans, goals and understanding*. Hillsdale, N.J.: Erlbaum.
Schenk, J. (1980). Konservatismus und Klerikalismus. *Psychologische Beiträge, 22*, 145-162.

Schepank, H. (1987). *Psychogene Erkrankungen der Stadtbevölkerung. Eine epidemiologisch-tiefenpsychologische Feldstudie in Mannheim.* Berlin: Springer.

Scherer, K.R. (1984). On the nature and function of emotion: A component process approach. In K.R. Scherer & P. Ekman (Eds.), *Approaches to emotion* (pp. 293-317). London: Erlbaum.

Scherer, K.R. (1990 a). Theorien und aktuelle Probleme der Emotionspsychologie. In K.R. Scherer (Hrsg.), *Psychologie der Emotion.* (= Enzyklopädie der Psychologie. Thembereich C. Serie IV. Band 3) (S. 1-38). Göttingen: Hogrefe.

Scherer, K.R. (1990 b). *Psychologie der Emotion.* (= Enzyklopädie der Psychologie. Themenbereich C. Serie IV. Band 3). Göttingen: Hogrefe.

Scherer, K.R., Summerfield, A.B. & Wallbott, H.G. (1983). Cross-national research on antecedents and components of emotion: A progress report. *Social Science Information, 22,* 355-385.

Schlien, J.M. (1966). Comparison of results with different forms of psychotherapy. In G.E. Stollak, B.G.Jr. Guerney & M. Rothberg (Eds.), *Psychotherapy research. Selected readings* (pp. 156-162). Chicago: Rand McNally.

Schmalt, H.-D. (1983). Motivation and Emotion. In H.A. Euler & H. Mandl (Hrsg.), *Emotionspsychologie. Ein Handbuch in Schlüsselbegriffen* (S. 249-255). München: Urban & Schwarzenberg.

Schmelzer, D. (1983). Problem- und zielorientierte Therapie: Ansätze zur Klärung der Ziele und Werte von Klienten. *Verhaltensmodifikation, 4,* 130-156.

Schmidt, H.-D. (1982). *Grundriß der Persönlichkeitspsychologie.* Berlin: VEB Deutscher Verlag der Wissenschaften.

Schmidt, J.A., Wagner, C.C. & Kiesler, D.J. (1993). DSM-IV Axis II: Dimensionality ratings? "Yes"; Big Five? "Perhaps later". *Psychological Inquiry, 4,* 119-121.

Schmidt, L.R. (1984 a). Klinische Klassifikation: Systeme und Probleme. In L.R. Schmidt (Hrsg.), *Lehrbuch der Klinischen Psychologie* (2. neu bearb. und erw. Aufl.) (S. 82-99). Stuttgart: Enke.

Schmidt, L.R. (1984 b). Überblick zur Psychodiagnostik. In L.R. Schmidt (Hrsg.), *Lehrbuch der Klinischen Psychologie* (S. 131-138). Stuttgart: Enke.

Schmidt, L.R., Häcker, H., Cattell, R.B., Schwenkmezger, P. & Utz, H.E. (1975). *Objektive Testbatterie OA-TP 75.*Testmappe. Weinheim: Beltz.

Schmidt, R.A. (1988). *Motor control and learning. A behavioral emphasis* (2nd ed.). Champaign, Ill.: Human Kinetics.

Schmitz, B., Fydrich, T., Dietrich, G., Heinicke, S., König, J., Obermeier, L. & Schifferer, E. (1994). *Der Einfluß komorbider Persönlichkeitsstörungen auf den Behandlungserfolg bei psychischen und psychosomatischen Störungen* (Referat auf dem 39. Kongreß der Deutschen Gesellschaft für Psychologie in Hamburg).

Schneewind, K.A. (1975 a). Elterliche Erziehungsstile: Einige Anmerkungen zum Stand der Forschung. In W.H. Tack (Hrsg.), *Bericht über den 29. Kongreß der Deutschen Gesellschaft für Psychologie in Salzburg 1974.* Band 2 (S. 165-176). Göttingen: Hogrefe.

Schneewind, K.A. (1975 b). Auswirkungen von Erziehungsstilen. Überblick über den Stand der Forschung. In H. Lukesch (Hrsg.), *Auswirkungen elterlicher Erziehungsstile* (S. 14-27). Göttingen: Hogrefe.

Schneewind, K.A. Schröder, G. & Cattell, R.B. (1983). *Der 16-Persönlichkeits-Faktoren-Test (16 PF).* Testmanual. Bern: Huber.

Schneider, K. & Dittrich, W. (1990). Evolution und Funktion von Emotionen. In K.R. Scherer (Hrsg.), *Psychologie der Emotion.* (= Enzyklopädie der

Psychologie. Themenbereich C. Serie IV. Band 3) (S. 41-114). Göttingen: Hogrefe.

Schroeder, M.L., Wormworth, J.A. & Livesley, W.J. (1992). Dimensions of personality disorder and their relationships to the Big Five dimensions of personality. *Psychological Assessments, 4*, 47-53.

Schroeder, M.L., Wormworth, J.A. & Livesley, W.J. (1994). Dimensions of personality disorder and the five-factor model of personality. In P.T.Jr. Costa & T.A. Widiger (Eds.), *Personality disorders and the five-factor model of personality* (pp. 117-127). Washington, DC: American Psychological Association.

Schulte, D. (1980). Diagnostik in der Klinischen Psychologie: Problemanalyse und Therapieplanung. In W. Schulz & M. Hautzinger (Hrsg.), *Klinische Psychologie und Psychotherapie*. Band 2. *Indikation, Diagnostik, Psychotherapieforschung* (S. 163-175). Tübingen: DGVT und GwG.

Schulte, D. (1986). Verhaltenstherapeutische Diagnostik. In Deutsche Gesellschaft für Verhaltenstherapie (Hrsg.), *Verhaltenstherapie. Theorien und Methoden* (S. 16-42). Tübingen: DGVT.

Schulte, D. & Wittchen, H.-U. (1988). Wert und Nutzen klassifikatorischer Diagnostik für die Psychotherapie. *Diagnostica, 34*, 85-98.

Schultz-Hencke, H. (1982). *Der gehemmte Mensch*. Stuttgart: Thieme.

Schwartz, S.H. & Bilsky, W. (1987). Toward an universal psychological structure of human values. *Journal of Personality and Social Psychology, 53*, 550-562.

Schwarzer, R. (1993 a). Defensiver und funktionaler Optimismus als Bedingungen für das Gesundheitsverhalten. *Zeitschrift für Gesundheitspsychologie, 1*, 7-31.

Schwarzer, R. (1993 b). *Streß, Angst und Handlungsregulation*. 3. Aufl. Stuttgart: Kohlhammer.

Schwarzer, R. & Leppin, A. (1991). Soziale Unterstützung und Wohlbefinden. In A. Abele & P. Becker (Hrsg.), *Wohlbefinden. Theorie - Empirie - Diagnostik* (S. 175-189). Weinheim: Juventa.

Scott, W.A. (1968). Conceptions of normality. In E.F. Borgatta & W.W. Lambert (Eds.), *Handbook of personality theory and research* (pp. 974-1006). Chicago: Rand McNally.

Seibel, H.D. & Lühring, H. (1984). *Arbeit und psychische Gesundheit*. Göttingen: Hogrefe.

Seidenstücker, G. (1984). Indikation in der Psychotherapie: Entscheidungsprozesse - Forschung - Konzepte und Ergebnisse. In L.R. Schmidt (Hrsg.), *Lehrbuch der Klinischen Psychologie* (S. 443-511). Stuttgart: Enke.

Seitz, W. & Jankowski, P. (1969). Zusammenhänge zwischen elterlichem Erziehungsstil und Persönlichkeitszügen der Kinder. *Zeitschrift für erziehungswissenschaftliche Forschung, 3*, 88-116.

Seitz, W., Wehner, E.G. & Henke, M. (1970 a). Ähnlichkeit des Erziehungsstils zwischen Müttern und Vätern 7 bis 8jähriger Jungen. *Zeitschrift für Entwicklungspsychologie und Pädagogische Psychologie, 2*, 1-14.

Seitz, W., Wehner, E.G. & Henke, M. (1970 b). Zusammenhänge zwischen elterlichem Erziehungsstil und Persönlichkeitszügen 7 bis 8jähriger Jungen. *Zeitschrift für Entwicklungspsychologie und Pädagogische Psychologie, 2*, 165-180.

Seligman, M.E.P. (1975). *Helplessness. On depression, development, and death*. San Francisco: Freeman.

Seligman, M.E.P. (1991). *Pessimisten küßt man nicht. Optimismus kann man lernen*. München: Droemer Knaur.

Semmer, N. (1984). *Streßbezogene Tätigkeitsanalyse*. Weinheim: Beltz.

Semmer, N. & Pfäfflin, M. (1978). *Interaktionstraining. Ein handlungstheoretischer Ansatz zum Training sozialer Fertigkeiten*. Weinheim: Beltz.

Shafar, S. (1976). Aspects of phobic illness - a study of 90 personal cases. *British Journal of Medical Psychology, 49*, 221-236.

Shallice, T. (1978). The dominant action system: An information-processing approach to consciousness? In K.S. Pape & J.L. Singer (Eds.), *The stream of consciousness* (pp. 117-157). New York: Plenum Press.

Shannon, C.E. & Weaver, W. (1949). *The mathematical theory of communication.* Illinois, Urbana: University of Illinois Press.

Shibutani, T. (1961). *Society and personality.* Englewood Cliffs, N.J.: Prentice-Hall.

Shure, M. & Spivack, G. (1982). Interpersonal problem solving in young children: A cognitive approach to prevention. *American Journal of Community Psychology, 10*, 341-356.

Six, B. (1985). Wert und Werthaltung. In T. Herrmann & E.-D. Lantermann (Hrsg.), *Persönlichkeitspsychologie. Ein Handbuch in Schlüsselbegriffen* (S. 401-415). München: Urban & Schwarzenberg.

Skinner, H.A. (1981). Toward the integration of classification theory and methods. *Journal of Abnormal Psychology, 90*, 68-87.

Sloane, R.B., Staples, F.R., Cristol, A.H., Yorkston, N.J. & Whipple, K. (1981). *Analytische Psychotherapie und Verhaltenstherapie.* Stuttgart: Enke.

Smith, C.A. & Lazarus, R.S. (1993). Appraisal components, core relational themes, and the emotions. *Cognition and Emotion, 7*, 233-269.

Snyder, M. (1987). *Public appearances / private realities. The psychology of self-monitoring.* New York: Freeman.

Soldz, S., Budman, S., Demby, A. & Merry, J. (1993). Representation of personality disorders in circumplex and five-factor space: Explorations with a clinical sample. *Psychological Assessment, 5*, 41-52.

Solomon, R.L. (1980). The opponent-process theory of acquired motivation. The costs of pleasure and the benefits of pain. *American Psychologist, 35*, 691-712.

Sommer, G. (1977). Kompetenzerwerb in der Schule als primäre Prävention. In G. Sommer & H. Ernst (Hrsg.), *Gemeindepsychologie. Therapie und Prävention in der sozialen Umwelt* (S. 70-98). München: Urban & Schwarzenberg.

Spreen, O. (1963). *MMPI Saarbrücken. Handbuch.* Bern: Huber.

Sroufe, L.A. (1981). Die Organisation der emotionalen Entwicklung. In K. Foppa & R. Grouer (Hrsg.), *Kognitive Strukturen und ihre Entwicklung* (S. 14-34). Bern: Huber.

Stangl, W. (1987). Der Zusammenhang zwischen elterlichem Verhalten und kindlicher Persönlichkeit. *Psychologie in Erziehung und Unterricht, 34*, 264-286.

Stapf, K.H., Herrmann, T., Stapf, A. & Stäcker, K.H. (1972). *Psychologie des elterlichen Erziehungsstils.* Bern: Huber.

Stäudel, T. (1983). Problemlösen und Emotion. In H.A. Euler & H. Mandl (Hrsg.), *Emotionspsychologie. Ein Handbuch in Schlüsselbegriffen* (S. 255-262). München: Urban & Schwarzenberg.

Stäudel, T. (1987). *Problemlösen, Emotionen und Kompetenz. Die Überprüfung eines integrativen Konstrukts.* Regensburg: Roderer.

Staufenbiehl, T. & Borg, I. (1989). Zur Validität von Werte-Inventaren. *Diagnostica, 35*, 109-121.

Stein, E.V. (1978). *Schuld im Verständnis der Tiefenpsychologie und Religion.* Olten: Walter.

Steinebach, C. (1984). *Affektive und kognitive Entwicklungsorientierungen in Partnerschaften - Altersvergleichende Analysen.* Unveröff. Dipl.-Arbeit. Universität Trier. Fachbereich I - Psychologie.

Steinhausen, D. & Langer, K. (1977). *Clusteranalyse. Einführung in Methoden und Verfahren der automatischen Klassifikation.* Berlin: Walter de Gruyter.

Steinmeyer, E.M. (1988). Psychologische Modelle der Entstehung affektiver Störungen. In D. v. Zerssen & H.J. Möller (Hrsg.), *Affektive Störungen* (S. 221-231). Berlin: Springer.

Stern, W. (1994). *Die Differentielle Psychologie in ihren methodischen Grundlagen.* (Nachdruck der 2. Aufl., 1911). Bern: Huber.

Stierlin, H. (1982). Dynamische Familientherapie. In R. Bastine, P.A. Fiedler, K. Grewe, S. Schmidtchen & G. Sommer (Hrsg.), *Grundbegriffe der Psychotherapie* (S. 98-103). Weinheim: edition psychologie.

Strack, S. (1987). Development and validation of an adjective check list to assess the Millon personality types in a normal population. *Journal of Personality Assessment, 51,* 572-587.

Strelau, J., Angleitner, A., Bantelmann, J. & Ruch, W. (1990). The Strelau Temperament Inventory - Revised (STI): Theoretical considerations and scale development. *European Journal of Personality, 4,* 209-235.

Stroebe, W. & Stroebe, M. (1991). Partnerschaft, Familie und Wohlbefinden. In A. Abele & P. Becker (Hrsg.), *Wohlbefinden. Theorie - Empirie - Diagnostik* (S. 155-174). Weinheim: Juventa.

Strotzka, H. (1975). Was ist Psychotherapie? In H. Strotzka (Hrsg.), *Psychotherapie: Grundlagen, Verfahren, Indikationen* (S. 3-6). München: Urban & Schwarzenberg.

Strupp, H.H. & Binder, J.L. (1984). *Psychotherapy in a new key: A guide to time-limited dynamic psychotherapy.* New York: Basic Books.

Stumpf, H. (1993). The factor structure of the Personality Research Form: A cross-national evaluation. *Journal of Personality, 61,* 27-48.

Sturzbecher, D. (1993). Jugendliche in Brandenburg - Auf der Suche nach Orientierung. In Forschungsinstitut der Friedrich-Ebert-Stiftung (Hrsg.), *Entstehung von Fremdenfeindlichkeit. Die Verantwortung von Politik und Medien* (S. 51-72). Bonn: Forschungsinstitut der Friedrich-Ebert-Stiftung.

Sullivan, H.S. (1953). *The interpersonal theory of psychiatry.* New York: Norton.

Süss, H.J. & Martin, K. (1978). Gestalttherapie. In L.J. Pongratz (Hrsg.), *Handbuch der Psychologie.* Band 8. *Klinische Psychologie.* 2. Halbband (S. 2725-2750). Göttingen: Hogrefe.

Svebak, S., Ursin, H., Endresen, I., Hjelmen, A.M. et al. (1991). Back pain and the experience of stress, efforts and moods. *Psychology and Health, 5,* 307-314.

Swensen, C.H.Jr. (1972 a). Sexual behavior and psychopathology: A test of Mowrer's hypothesis. In R.C. Johnson, P.R. Dokecki & O.H. Mowrer (Eds.), *Conscience, contract, and social reality* (pp. 372-376). New York: Holt, Rinehart & Winston.

Swensen, C.H.Jr. (1972 b). Sexual behavior and psychopathology: A study of college men. In R.C. Johnson, P.R. Dokecki & O.H. Mowrer (Eds.), *Conscience, contract and social reality* (pp. 377-379). New York: Holt, Rinehart & Winston.

Tack, W.H. (1976). Diagnostik als Entscheidungshilfe. In K. Pawlik (Hrsg.), *Diagnose der Diagnostik. Beiträge zur Diskussion der psychologischen Diagnostik in der Verhaltensmodifikation* (S. 103-130). Stuttgart: Klett.

Tack, W.H. (1984). Entscheidungsstrategien im diagnostischen Prozeß. In L.R. Schmidt (Hrsg.), *Lehrbuch der Klinischen Psychologie* (S. 139-163). Stuttgart: Enke.

Tangney, J.P., Wagner, P., Fletcher, C. & Gramzow, R. (1992). Shamed into anger? The relation of shame and guilt to anger and self-reported aggression. *Journal of Personality and Social Psychology, 62,* 669-675.

Tausch, A. (1987). *Gespräche gegen die Angst.* Reinbek bei Hamburg: Rowohlt.

Tausch, R. (1992). Vergeben. Ein bedeutsamer seelischer Vorgang. *Logotherapie & Existenzanalyse, 1,* 61-92.

Tausch, R., Köhler, H., Bommert, H. & Schulz v. Thun, F. (1972). Zur Charakterisierung des Lehrer- und Schülerverhaltens im Unterricht. *Westermanns Pädagogische Beiträge, 24,* 119-128.

Tausch, R. & Tausch, A.-M. (1979[9]). *Erziehungspsychologie. Begegnung von Person zu Person.* Göttingen: Hogrefe.

Tausch, R. & Tausch, A.-M. (1990). *Gesprächspsychotherapie.* Göttingen: Hogrefe.

Taylor, G. (1985). *Pride, shame, and guilt.* Oxford: Clarendon Press.

Taylor, S. & Brown, J. (1988). Illusion and well-being: A social-psychological perspective on mental health. *Psychological Bulletin, 103,* 193-210.

Taylor, S.E. & Schneider, S.K. (1989). Coping and the simulation of events. *Social Cognition, 7,* 174-194.

Tellegen, A. (1993). Folk concepts and psychological concepts of personality and personality disorder. *Psychological Inquiry, 4,* 122-130.

Tellegen, A. & Walter, N.G. (in press). Exploring personality through test construction: Development of the Multidimensional Personality Questionnaire. In S.R. Briggs & J.M. Cheek (Eds.), *Personality measures: Development and evaluation* (Vol. 1). Greenwich, CT: JAI.

Todt, E. (1989). Diagnose von Werthaltungen. *Diagnostica, 35,* 97-108.

Tognoli, J. (1987). Residential environments. In D. Stokols & I. Altman (Eds.), *Handbook of environmental psychology.* Vol. I (pp. 655-690). New York: Wiley.

Toman, W. (1978). Ziele der Psychotherapie. In L.J. Pongratz (Hrsg.), *Handbuch der Psychologie.* Band 8. *Klinische Psychologie.* 2. Halbband (S. 1820-1848). Göttingen: Hogrefe.

Tomkins, S.S. (1980). Affect as amplification: Some modifications in theory. In R. Plutchik & H. Kellerman (Eds.), *Emotion. Theory, research and experience.* Vol. 1. *Theories of emotion* (pp. 141-164). New York: Academic Press.

Torgersen, S. (1980). The oral, obsessive, and hysterical personality syndromes: A study of hereditary and environmental factors by means of the twin method. *Archives of General Psychiatry, 37,* 1272-1277.

Traxel, W. (1983). Zur Geschichte der Emotionskonzepte. In H.A. Euler & H. Mandl (Hrsg.), *Emotionspsychologie. Ein Handbuch in Schlüsselbegriffen* (S. 11-18). München: Urban & Schwarzenberg.

Tress, W. (1986). *Das Rätsel der seelischen Gesundheit.* Göttingen: Vandenhoeck & Ruprecht.

Trommsdorf, G. & Kornadt, H.-J. (1993). Kompetenzen sozialer Motivation im Kulturvergleich: Bedingungen ihrer Entwicklung. In L. Montada (Hrsg.), *Bericht über den 38. Kongreß der Deutschen Gesellschaft für Psychologie in Trier 1992.* Band 2 (S. 987-990). Göttingen: Hogrefe.

Trower, P., Bryant, B. & Argyle, M. (1978). *Social skills and mental health.* London: Methuen.

Trull, T.J. (1992). DSM-III-R personality disorders and the five-factor model of personality: An empirical comparison. *Journal of Abnormal Psychology, 101,* 553-560.

Trull, T.J. (1993). Temporal stability and validity of two personality disorder inventories. *Psychological Assessment, 5,* 11-18.

Tscheulin, D. (1983). Über differentielles therapeutisches Vorgehen in der klientenzentrierten Therapie. In D. Tscheulin (Hrsg.), *Beziehung und Technik in der klientenzentrierten Therapie* (S. 53-64). Weinheim: Beltz.

Tscheulin, D. (1992). *Wirkfaktoren psychotherapeutischer Intervention.* Göttingen: Hogrefe.

Turner, R.M., Meles, D. & DiTomasso, R. (1983). A controlled comparison among social phobics, obsessive-compulsives, agoraphobics, sexual disorders and simple phobics. *Behavior Research and Therapy, 21,* 181-183.

Tyrer, P., Strauss, J. & Cicchetti, D. (1983). Temporal reliability of personality in psychiatric patients. *Psychological Medicine, 13,* 393-398.

Überla, K. (1968). *Faktorenanalyse.* Berlin: Springer.

Udris, I. (1976). *Beanspruchungserlebnis und Persönlichkeit. Ein empirischer Beitrag zu einem differentiellen Ansatz.* Bern / Frankfurt: Lang.

Ulich, D. & Salisch, M. von (1993). Emotionale Entwicklung. In L. Montada (Hrsg.), *Bericht über den 38. Kongreß der Deutschen Gesellschaft für Psychologie in Trier 1992.* Band 2 (S. 991-993). Göttingen: Hogrefe.

Ulich, E., Groskurth, P. & Bruggemann, A. (1973). *Neuere Formen der Arbeitsgestaltung. Möglichkeiten und Probleme einer Verbesserung der Qualität des Arbeitslebens.* Frankfurt: EVA.

Ullrich, R. & Ullrich de Muynck, R. (Hrsg.) (1978). *Soziale Kompetenz. Experimentelle Ergebnisse zum Assertiveness-Training-Programm ATP.* Band 1. *Meßmittel und Grundlagen.* München: Pfeiffer.

Ullrich, R. & Ullrich de Muynck, R. (1980). *Diagnose und Therapie sozialer Störungen.* München: Pfeiffer.

Ullrich de Muynck, R. & Ullrich, R. (1979). *Der Unsicherheitsfragebogen. Testmanual und Anleitung für den Therapeuten.* Teil II. München: Pfeiffer.

Vaillant, G.E. (1980). *Werdegänge. Erkenntnisse der Lebenslauf-Forschung.* Reinbek bei Hamburg: Rowohlt.

Vogel, G. & Schulte, D. (1991). Der Prozeß therapeutischer Entscheidungen. In D. Schulte (Hrsg.), *Therapeutische Entscheidungen* (S. 151-180). Göttingen: Hogrefe.

Waller, N.G. & Ben-Porath, Y.S. (1987). Is it time for clinical psychology to embrace the five-factor model of personality? *American Psychologist, 42,* 887-889.

Waller, N.G. & Zavala, J.D. (1993). Evaluating the Big Five. *Psychological Inquiry, 4,* 131-134.

Watson, J.S. & Ramey, C.T. (1972). Reactions to response-contingent stimulation in early infancy. *Merrill-Palmer Quarterly, 18,* 219-227.

Watzlawick, P. (1983). *Anleitung zum Unglücklichsein.* München: Piper.

Watzlawick, P., Beavin, J.H. & Jackson, D.D. (1974). *Menschliche Kommunikation: Formen, Störungen, Paradoxien.* Bern: Huber.

Weber, H. (1993). Dem Phlegma eine Chance! Argumente gegen das Persönlichkeitsideal des problemzentriert Bewältigenden. In L. Montada (Hrsg.), *Bericht über den 38. Kongreß der Deutschen Gesellschaft für Psychologie in Trier 1992* (S. 770-779). Göttingen: Hogrefe.

Weiner, B. (1982). The emotional consequences of causal ascriptions. In M.S. Clark & S.T. Fiske (Eds.), *Affect and cognition: The 17th Annual Carnegie Symposium on Cognition* (pp. 185-209). Hillsdale, N.J.: Erlbaum.

Weiner, B. (1992). *Human motivation: Metaphors, theories, and research.* Newbury Park, CA: Sage.

Weiner, H. (1977). *Psychobiology and human disease.* Amsterdam: Elsevier.

Weinstein, N.D. (1987). Unrealistic optimism about susceptibility to health problems: Conclusions from a community-wide sample. *Journal of Behavioral Medicine, 10,* 481-500.

Welsh, G.S. (1956). Factor dimensions A und R. In G.S. Welsh & W.G. Dahlstrom (Eds.), *Basic readings on the MMPI in psychology and medicine* (pp. 264-281). Minneapolis: University of Minnesota Press.

Werner, E.E. (1985). Stress and protective factors in children's lives. In A.R. Nicol (Ed.), *Longitudinal studies in child psychology and psychiatry* (pp. 335-355). Chichester: Wiley.
Werner, E.E. & Smith, R. (1982). *Vulnerable, but invincible.* New York: McGraw-Hill.
Westmeyer, H. (1984). Methodologische Probleme der Wertforschung in der Psychologie. In A. Stiksrud (Hrsg.), *Jugend und Werte* (S. 32-44). Weinheim: Juventa.
White, R.W. (1959). Motivation reconsidered: The concept of competence. *Psychological Review, 66,* 297-333.
Wicker, F.W., Payne, G.C. & Morgan, R.D. (1983). Participant descriptions of guilt and shame. *Motivation and Emotion, 7,* 25-39.
Widiger, T.A. (1993 a). The DSM-III-R categorial personality disorder diagnoses: A critique and an alternative. *Psychological Inquiry, 4,* 75-90.
Widiger, T.A. (1993 b). Reply to commentators: From B to Z. *Psychological Inquiry, 4,* 135-141.
Widiger, T.A. & Rogers, J.H. (1989). Prevalence and comorbidity of personality disorders. *Psychiatric Annals, 19,* 132-136.
Wiggins, J.S. (1982). Circumplex models of interpersonal behavior in clinical psychology. In P.C. Kendall & J.N. Butcher (Eds.), *Handbook of research methods in clinical psychology* (pp. 183-221). New York: Wiley.
Wiggins, J.S. & Pincus, A.L. (1989). Conceptions of personality disorders and dimensions of personality. *Psychological Assessment: A Journal of Consulting and Clinical Psychology, 1,* 305-316.
Wiggins, J.S., Trapnell, P. & Phillips, N. (1988). Psychometric and geometric characteristics of the revised Interpersonal Adjective Scales (IAS-R). *Multivariate Behavioral Research, 23,* 517-530.
Wills, T.A. (1981). Downward comparison principles in social psychology. *Psychological Bulletin, 90,* 245-271.
Winell, M. (1987). Personal goals: The key to self-direction in adulthood. In M.E. Ford & D.H. Ford (Eds.), *Humans as self-constructing living systems. Putting the framework to work* (pp. 261-287). Hillsdale, N.J.: Erlbaum.
Wittchen, H.-U., Saß, H., Zaudig, M. & Koehler, K. (1989). *Diagnostisches und Statistisches Manual Psychischer Störungen DSM-III-R.* Weinheim: Beltz.
Wittchen, H.-U., Schramm, E., Zaudig, M. & Unland, H. (1993). SKID-II. *Strukturiertes Klinisches Interview für DSM-III-R Achse II (Persönlichkeitsstörungen).* Manual und Interviewheft. Weinheim: Beltz.
Wittchen, H.-U. & Schulte, D. (1988). Diagnostische Kriterien und operationalisierte Diagnosen. Grundlagen der Klassifikation psychischer Störungen. *Diagnostica, 34,* 3-27.
Witter, H. (1970). *Grundriß der gerichtlichen Psychologie und Psychiatrie.* Berlin: Springer.
Wittmann, W.W. & Matt, G.E. (1986). Meta-Analyse als Integration von Forschungsergebnissen am Beispiel deutschsprachiger Arbeiten zur Effektivität von Psychotherapie. *Psychologische Rundschau, 37,* 20-40.
Wohlwill, J.F. (1984). What are sensation seekers seeking? *Behavioral and Brain Sciences, 7,* 453.
Wolff, C.T., Friedman, S.B., Hofer, M.A. & Mason, J.W. (1964). Relationship between psychological defenses and mean urinary 17-hydroxycorticosteroid excretion rates. Parts I and II. *Psychosomatic Medicine, 26,* 576-609.
Wolpe, J. (1972). *Praxis der Verhaltenstherapie.* Bern: Huber.
Wolpert, E. (1980). Analytische Therapieverfahren. In W. Wittling (Hrsg.), *Handbuch der Klinischen Psychologie.* Band 2. *Psychotherapeutische Interventionsmethoden* (S. 288-365). Hamburg: Hoffmann & Campe.

Wurmser, L. (1988). Gedanken zur Psychopathologie von Scham und Ressentiment. *Analytische Psychologie, 19*, 283-306.
Wurmser, L. (1993 a). "Die blutige Fußspur im Schnee". Scham, Schuld und Gewissenskonflikte in der Psychotherapie. *Praxis der Psychotherapie und Psychosomatik, 38*, 65-75.
Wurmser, L. (1993 b). *Die Maske der Scham. Die Psychoanalyse von Schameffekten und Schamkonflikten* (2. erw. Aufl.). Berlin: Springer.
Yntema, D.B. & Trask, F.P. (1963). Recall as a search process. *Journal of Verbal Learning and Verbal Behavior, 2*, 65-74.
Zajonc, R.B. (1980). Feeling and thinking. Preferences need no inferences. *American Psychologist, 35*, 151-175.
Zapf, D. (1991). Arbeit und Wohlbefinden. In A. Abele & P. Becker (Hrsg.), *Wohlbefinden. Theorie - Empirie - Diagnostik* (S. 227-244). Weinheim: Juventa.
Zielke, M. (Hrsg.) (1982). *Diagnostik in der Psychotherapie.* Stuttgart: Kohlhammer.
Zimbardo, P.G. (1992[5]). *Psychologie* (5. neu übers. und bearb. Aufl.). Berlin: Springer.
Zimmerman, M. & Coryell, W. (1989). DSM-III personality disorder diagnosis in a non-patient sample: Demographic correlates and comorbidity. *Archives of General Psychiatry, 46*, 682-689.
Zuckerman, M. (1971). Dimensions of sensation seeking. *Journal of Consulting and Clinical Psychology, 36*, 45-52.
Zuckerman, M. (1979). *Sensation seeking: Beyond the optimal level of arousal.* Hillsdale, N.J.: Erlbaum.
Zuckerman, M. (1989). Personality in the third dimension: A psychobiological approach. *Personality and Individual Differences, 10*, 391-418.
Zuckerman, M. (1992). *The psychobiology of personality.* New York: Cambridge University Press.
Zuckerman, M., Kuhlman, D.M. & Camac, C. (1988). What lies beyond E and N? Factor analyses believed to measure basic dimensions of personality. *Journal of Personality and Social Psychology, 54*, 96-107.
Zuckerman, M., Kuhlman, D.M., Thornquist, M. & Kiers, H. (1991). Five (or three) robust questionnaire scale factors of personality without culture. *Personality and Individual Differences, 12*, 929-941.

Sachwortverzeichnis